Reinhold Decker / Ralf Wagner

Marketingforschung

Reinhold Decker / Ralf Wagner

Marketingforschung

Methoden und Modelle zur Bestimmung des Käuferverhaltens

REDLINE WIRTSCHAFT
bei verlag moderne industrie

Die Deutsche Bibliothek – CIP-Einheitsaufnahme

Decker, Reinhold:
Marketingforschung : Methoden und Modelle zur Bestimmung des Käuferverhaltens / Reinhold Decker/Ralf Wagner. – München : Redline Wirtschaft bei Verl. Moderne Industrie, 2002
ISBN 3-478-37370-0

Umschlaggestaltung: mi, J. Echter
Druck: Himmer, Augsburg
Bindung: Thomas, Ausgburg
Printed in Germany 37370/080201
ISBN 3-478-37370-0

Vorwort

Die Qualität von Marketingentscheidungen hängt in hohem Maße vom Umfang und von der Güte der zur Verfügung stehenden Informationen ab. Die Bereitstellung solcher Informationen ist Aufgabe der Marketingforschung. Sie bedient sich hierzu eines breiten Spektrums an Methoden und Modellen unterschiedlichster Herkunft und unterschiedlichsten Anspruchsniveaus.

Ziel dieses Buches ist es, den Leser in die Lage zu versetzen, das vorgestellte Instrumentarium zielgerichtet einzusetzen. Um dies zu erreichen, haben wir uns um ein ausgewogenes Verhältnis zwischen Theorie und Anwendung, Letzteres in Form von zahlreichen (Rechen-) Beispielen, bemüht. Darüber hinaus finden sich bei allen behandelten Themen ergänzende Quellenverweise zur Abrundung und Vertiefung der Materie. Besonderer Wert wurde hierbei auf eine angemessene Berücksichtigung der einschlägigen internationalen Literatur gelegt. Die eher modellorientierten Ausführungen sollen beim Leser Interesse an der Marketing*forschung* wecken und ihm tiefere Einblicke in das überaus spannende Käuferverhalten ermöglichen.

Bei der Erstellung des Buches wurden wir von verschiedenen Personen tatkräftig unterstützt. Ohne ihre Hilfe wäre vieles mühseliger gewesen. Frau Dr. *Claudia Bornemeyer*, Frau *Antonia Hermelbracht*, Frau Dipl.-Math. *Katharina Monien* und Frau *Daniela Schmidt* M.A. waren uns bei der kritischen Durchsicht des Manuskripts eine unverzichtbare Hilfe. Herr Dr. *Thorsten Temme* hat maßgeblich an der Erstellung des Vorlesungsskripts, aus dem einige Kapitel des Buches hervorgegangen sind, mitgewirkt. Frau *Martina Heidemann* hat über Wochen hinweg in akkurater Weise die handschriftlichen Korrekturen eingearbeitet und uns beim finalen Korrekturlesen unterstützt. Ihnen allen gebührt unser herzlicher Dank.

Unser ausdrücklicher Dank gilt darüber hinaus Prof. Dr. *Udo Wagner* von der Universität Wien für die befruchtenden Gespräche und Diskussionen in der Startphase der Bucherstellung. Nicht minder prägend war der seit vielen Jahren bestehende enge wissenschaftliche und persönliche Kontakt zu Prof. Dr. *Wolfgang Gaul* von der Universität Karlsruhe. Aber auch das überaus angenehme und in vielerlei Hinsicht stimulierende kollegiale Umfeld an der Fakultät für Wirtschaftswissenschaften der Universität Bielefeld hat zum Gelingen des Buches beigetragen.

Bielefeld, im März 2002

Reinhold Decker *Ralf Wagner*

Vorwort

Inhaltsverzeichnis

Abbildungsverzeichnis ix

Tabellenverzeichnis xiii

Symbolverzeichnis xvii

1 Käuferverhalten und Marketingforschung 1

1.1 Begriffsabgrenzungen und Einordnung 1

1.2 Dimensionen der Erforschung des Käuferverhaltens 7

1.3 Paradigmen des Käuferverhaltens 8

1.4 Aufgaben der Marketingforschung und korrespondierende Buchinhalte . . 11

2 Marketingforschung als Institution und Funktion 15

2.1 Institutionelle Aspekte 15

2.1.1 Bemerkungen zur Historie 15

2.1.2 Formen der Marketingforschung 18

2.1.3 Stellung der Marketingforschung innerhalb des Marketing 22

2.1.4 Organisationsformen der externen Marketingforschung 28

2.1.5 Marketingforschung und Ethik 31

2.2 Funktionale Aspekte 33

2.2.1 Ablauf von Marketingforschungsprojekten 33

2.2.2 EDV-Werkzeuge 39

2.2.3 Besonderheiten der internationalen Marketingforschung 44

3 Theoretische Grundlagen der Marketingforschung 47

3.1 Wissenschaftstheoretische Aspekte 47

3.1.1 Grundbegriffe 47

3.1.2 Hempel-Oppenheim-Schema 58
3.1.3 Kausalität in der Marketingforschung 60
3.1.4 Methoden zur Überprüfung von Kausalität 63
3.2 Entscheidungstheoretische Aspekte der Erkenntnisgewinnung 66
3.2.1 Grundbegriffe 66
3.2.2 Modellierung von Informationsbeschaffungsentscheidungen 71

4 Prüfen und Testen von Untersuchungsergebnissen 81
4.1 Grundlagen des statistischen Testens 81
4.2 Parametertests in der Marketingforschung 86
4.2.1 Einstichprobentest für Anteilswerte 86
4.2.2 Einstichprobentest für arithmetische Mittel bei bekannter Varianz 91
4.2.3 Einstichprobentest für arithmetische Mittel bei unbekannter Varianz 93
4.2.4 Einstichprobentest für Varianzen 94
4.2.5 Zweistichprobentest für arithmetische Mittel 95
4.2.6 Signifikanztest für Korrelationen 97
4.3 Verteilungstests in der Marketingforschung 98
4.3.1 Test auf Anpassung einer Verteilung 98
4.3.2 Test auf Merkmalsunabhängigkeit 101
4.3.3 Test auf Stichprobenhomogenität 103
4.4 Macht eines statistischen Tests 105

5 Sekundärdaten in der Marketingforschung 107
5.1 Zusammenhang zwischen Primär- und Sekundärforschung 107
5.2 Ablauf und Quellen der Sekundärforschung 109
5.3 Datenbanken und Internet in der Marketingforschung 115
5.3.1 Sekundärforschung in Datenbanken 115
5.3.2 Sekundärforschung im Internet 117
5.4 Grenzen der Sekundärforschung und Metaanalyse 121

6 Experimente in der Marketingforschung 125
6.1 Aufbau von Experimenten 125
6.2 Elementare Experimentdesigns 128
6.2.1 Pre-experimentelle Designs 129
6.2.2 Echte experimentelle Designs 131

6.2.3 Quasi-experimentelle Zeitreihendesigns 132
6.3 Erweiterte Experimentdesigns 135
6.3.1 Vollständig randomisierte Designs 136
6.3.2 Randomisierte Blockdesigns 138
6.3.3 Faktorielle Designs 139
6.3.4 Orthogonalität 142
6.3.5 Lateinisches Quadrat 143
6.4 Auswertung experimenteller Daten und Gültigkeit der Resultate 144

7 Erhebungsverfahren der Primärforschung **151**
7.1 Formen der Datenerhebung 151
7.1.1 Schriftliche Befragungen 152
7.1.2 Interviews 155
7.1.3 Beobachtungen 157
7.2 Typisierung von Befragungen 161
7.2.1 Formen der Befragung 161
7.2.2 Arten der Befragung 162
7.3 Fragebogengestaltung 164
7.3.1 Prozess der Fragebogenentwicklung 164
7.3.2 Aufbau von Fragebögen und Filterführung 167
7.3.3 Frageformulierung und Fragetypen 170
7.4 Besonderheiten computergestützter Befragungen 173
7.4.1 Computer Assisted Personal Interviewing 173
7.4.2 Computer Assisted Telephone Interviewing 174
7.5 Interaktive Befragungssysteme 176
7.6 Maßnahmen zur Erhöhung der Antwortrate 180

8 Auswahl der Untersuchungseinheiten **183**
8.1 Grundlagen der Stichprobenbildung 183
8.1.1 Stichprobe und Auswahlfehler 183
8.1.2 Erstellung eines Auswahlplans 185
8.2 Zufällige Auswahl 187
8.2.1 Prinzipien des zufälligen Ziehens 187
8.2.2 Einfache Zufallsauswahl und Kontrolle des Zufallsfehlers 188
8.2.3 Geschichtete Auswahl 193

8.2.4 Klumpenauswahl 194
8.2.5 Mehrstufige und sequenzielle Auswahl 195
8.3 Nicht-zufällige Auswahl 196
8.3.1 Auswahl aufs Geratewohl 197
8.3.2 Quotenverfahren 197
8.3.3 Konzentrationsverfahren 198
8.3.4 Schneeballverfahren 198
8.4 Sonderformen der Stichprobenbildung 199
8.4.1 Random Route-Verfahren 199
8.4.2 ADM-Master-Sample 199

9 Panel- und Testmarktforschung **203**
9.1 Gegenstand und Arbeitsfelder der Panelforschung 203
9.2 Scanning als Instrument zur Erhebung von Paneldaten 205
9.2.1 Historische Entwicklung des Scanning 205
9.2.2 Verfügbare Technologien 206
9.2.3 Typen gebräuchlicher Scannerdaten 208
9.2.4 Nutzen des POS-Scanning für Einzelhandel und Marketing 211
9.3 Stichprobenbildung beim Panel 213
9.4 Formen von Panels 214
9.4.1 Verbraucherpanel 214
9.4.2 Handelspanel 215
9.4.3 Single-Source und elektronische Testmärkte 216
9.4.4 Umfrage- bzw. Mailpanel 219
9.5 Kennzahlen auf Basis von Paneldaten 219
9.6 Probleme bei der Durchführung von Panels 223

10 Messmethodik und Skalenkonstruktion **227**
10.1 Problemstellungen des Messens und Skalierens 227
10.2 Skalen in der Marketingforschung 228
10.2.1 Definition einer Skala 228
10.2.2 Skalenniveau und Unterscheidung von Skalen 230
10.3 Skalierungsverfahren 235
10.3.1 Ratingskalen 235
10.3.2 Paarvergleichsverfahren und „Law of Comparative Judgement“ . . 238

10.3.3 Rangordnungs- und Konstantsummenverfahren 245
10.4 Spezielle Einstellungsskalen 248
10.4.1 Methode der summierten Einschätzungen 248
10.4.2 Semantisches Differenzial 250
10.4.3 Methode der gleich erscheinenden Intervalle 251
10.4.4 Skalogramm-Analyse 254

11 Methoden zur Gütebewertung und Validierung **259**
11.1 Kriterien zur Bewertung von Untersuchungsergebnissen 259
11.2 Überprüfung der Reliabilität 263
11.2.1 Grundüberlegungen und Formen der Reliabilität 263
11.2.2 Reliabilitätsprüfung mittels Testwiederholung 265
11.2.3 Reliabilitätsprüfung mittels Paralleltest 266
11.2.4 Reliabilitätsprüfung mittels Testhalbierung 267
11.2.5 Überprüfung der internen Konsistenz 269
11.3 Überprüfung der Validität 271
11.3.1 Formen der Validität 271
11.3.2 Validitätsprüfung anhand der Multimerkmale-Multimethoden-Matrix 274
11.3.3 Kausalanalytische Validitätsprüfung 278
11.3.4 Resampling und Kreuzvalidierung 283

12 Fehlende Werte und deren Behandlung **285**
12.1 Auftreten und Ursachen von fehlenden Werten 285
12.2 Zufälliges und systematisches Fehlen von Werten 287
12.2.1 Mechanismen des zufälligen Fehlens 287
12.2.2 Chi-Quadrat-Test auf zufälliges Fehlen 288
12.3 Möglichkeiten des Umgangs mit fehlenden Werten 293

13 Verbundmessung in der Warenkorbanalyse **297**
13.1 Gegenstand und historische Entwicklung 297
13.2 Definition von Verbund und Verbundbeziehungen 300
13.3 Generierung von Frequenzmatrizen und Plasmoden 301
13.4 Koeffizientengestützte Verbundmessung 304
13.5 Visualisierung von Verbundbeziehungen 307
13.5.1 Verbundmessung mittels Clusteranalyse 307

13.5.2 Verbundmessung mittels multidimensionaler Skalierung 307
13.6 Verbundanalyse mittels Assoziationsregeln 308
13.6.1 Methodik 308
13.6.2 Anwendungsbeispiel 312
13.6.3 Kriterien zur Bewertung von Assoziationsregeln 314

14 Messung der Kundenzufriedenheit 319
14.1 Begriffsabgrenzung und Problemstellung 319
14.2 Einfache Ansätze zur Zufriedenheitsmessung 321
14.3 Zufriedenheitsmessung mittels ausgewählter multivariater Verfahren . . . 329
14.3.1 Varianzanalytische Auswertung von Zufriedenheitsexperimenten . 329
14.3.2 Zufriedenheitsmessung mittels Kausalanalyse 334

15 Modelle zur Responsemessung auf Konsumgütermärkten 339
15.1 Gegenstand und Ziel der Modellierung 339
15.2 Responsemessung mit einfachen Marktreaktionsmodellen 341
15.2.1 Bemerkungen zur Modellkonstruktion 342
15.2.2 Ausgewählte Modellvarianten 342
15.2.3 Anwendungsbeispiel zur Marktreaktionsmodellierung 347
15.3 Multinomiale Logitmodelle zur Analyse individueller Wahlhandlungen . . 350
15.3.1 Herleitung des Basismodells 351
15.3.2 Modellerweiterungen 355
15.4 Attraktionsmodelle zur Marktanteilsanalyse 361
15.4.1 Marktanteilstheorem als Ausgangspunkt 362
15.4.2 Modellspezifikationen 362
15.4.3 Anwendungsbeispiel zu den Attraktionsmodellen 365
15.5 Responsemodellierung mit künstlichen neuronalen Netzen 367
15.5.1 Grundprinzip der Modellierung 367
15.5.2 Responsemessung mittels MLP 369
15.5.3 Anwendungsbeispiel zum MLP 373

16 Stochastische Modelle zur Analyse des Käuferverhaltens auf Konsumgütermärkten 377
16.1 Grundlagen der stochastischen Modellierung des Käuferverhaltens 377
16.1.1 Modellierungsidee und Abgrenzung 378
16.1.2 Ausprägungsformen von SMK 379

16.2 Modellierung einzelner Dimensionen der Kaufentscheidung 386
16.2.1 Modelle zur Analyse der Markenwahl 386
16.2.2 Modelle zur Analyse des Produktkaufverhaltens 393
16.3 Simultane Modellierung von Produktkauf- und Markenwahlverhalten . . . 403
16.3.1 Dynamisches Negativ-Multinomial-Modell 404
16.3.2 Anwendungsbeispiel zum dynamischen NM-Modell 410
16.4 Modellierung von Werbekontakt und Kaufverhalten 412
16.4.1 Dynamisches Negativ-Binomial/Beta-Binomial-Modell 413
16.4.2 Anwendungsbeispiel zum NB/BB-Modell 415
16.5 Transformation geäußerter Kaufabsichten in Kaufwahrscheinlichkeiten . . 417
16.5.1 Kaufabsicht und Kaufverhalten 417
16.5.2 Beta-Binomial-Modell für Kaufabsichtsdaten 419
16.5.3 Anwendungsbeispiel zum BB-Modell 424
16.6 Kritische Würdigung der Modelle 427

Literaturverzeichnis **429**

Anhang: Verteilungen **457**

Index **467**

Abbildungsverzeichnis

1.1 *Semiotische Einordnung des Informationsbegriffs* 3

1.2 *Marketingforschung im Spannungsfeld zwischen Theorie und Realität* . . . 5

1.3 *Von der Marketingforschung zur Marketingplanung* 6

1.4 *Marketingforschung als Komponente eines Marketinginformationssystems* 7

1.5 *Für die Marketingforschung relevante Fragestellungen des Käuferverhaltens* 8

1.6 *SOR-Paradigma des individuellen Käuferverhaltens* 9

1.7 *Schwerpunkte der am SOR-Paradigma orientierten Käuferverhaltensforschung* 11

2.1 *Idealtypischer Ablauf von Marketingforschungsprojekten* 34

3.1 *Idealtypischer Ablauf von (Marketing-) Forschungsprozessen* 51

3.2 *Erkenntnisgewinn im Marketingforschungsprozess* 52

3.3 *Hempel-Oppenheim-Schema der wissenschaftlichen Erklärung* 58

3.4 *Erklärung und Prognose des Käuferverhaltens nach dem Hempel-Oppenheim-Schema* 59

3.5 *Zusammenhänge im Grundmodell der Entscheidungstheorie* 70

3.6 *Entscheidungsbaum zur Bayes-Analyse im Automobilbeispiel* 80

4.1 *Dichtefunktion und Ablehnungsbereich bei einseitiger Fragestellung* 88

4.2 *Dichtefunktion und Ablehnungsbereiche bei zweiseitiger Fragestellung gemäß Szenarium 2* 90

4.3 *Dichtefunktionen und Ablehnungsbereiche beim Test zweier Punkthypothesen gemäß Szenarium 3* 91

4.4 *OC-Kurven* 106

5.1 *Zusammenhang zwischen Primär- und Sekundärforschung* 108

5.2 *Klassifikationsschema für Sekundärdaten* 114

5.3 *Arbeitsschritte in der Sekundärforschung* 114
5.4 *Unterscheidung von Datenbanken* 116
5.5 *Beispiel einer Datenbankabfrage* 117

6.1 *Wirkungsbeziehungen in einem Experiment* 126
6.2 *Marktanteilsentwicklungen der etablierten Marken* 133

7.1 *Hypothetisches Entscheidungsnetz zum Kauf eines Deodorants* 160
7.2 *Ausschnitt aus einem Hypothesentableau* 164
7.3 *Prozess der Fragebogenentwicklung* 166
7.4 *Ausschnitt aus dem Einleitungsteil eines Fragebogens* 168
7.5 *Beispiel für eine Filterfrage* 169
7.6 *Geschlossene Frage mit zusätzlicher offener Antwortmöglichkeit* 171
7.7 *Gestaltungsmöglichkeiten von Ratingfragen* 172
7.8 *Beispiel einer zusammengesetzten Ratingfrage* 172
7.9 *Ausschnitt aus einem interaktiven Internet-Fragebogen zu einer BWL-Vorlesung* 177

8.1 *Systematik der Fehler bei empirischen Messungen* 184
8.2 *Entscheidungsalternativen bei der Erstellung eines Auswahlplans* 186
8.3 *Baukastenprinzip des ADM-Master-Sample* 201

9.1 *Phasenorientierte Darstellung unterschiedlicher Nutzenaspekte und Problemfelder beim POS-Scanning* 212
9.2 *Grundmodell eines elektronischen Mikrotestmarkts* 217
9.3 *Funktionsweise des Targetable TV-Systems von GfK-BehaviorScan* 218

10.1 *Beispiel einer einfachen Ratingskala* 228
10.2 *Präferenzranking von Automarken* 230
10.3 *Ratingskalen mit verbaler Stimulusdarbietung* 236
10.4 *Ratingskala mit numerischer Stimulusdarbietung* 236
10.5 *Ratingskala mit graphischer Stimulusdarbietung* 236
10.6 *Skalen mit kombinierten Kommunikationsformen* 237
10.7 *Exemplarischer Aufbau einer Paarvergleichsskala* 239
10.8 *Resultierende Skala gemäß des „Law of Comparative Judgement“* 242
10.9 *Resultat eines Beurteilungsprozesses* 243
10.10 *Dichte der Urteilsdifferenz* 244

10.11 *Beispiel zum Rangordnungsverfahren* . . . 246
10.12 *Exemplarische Konstantsummenskala* . . . 247
10.13 *Exemplarische Präferenzmessung mittels Dollar-Metrik* . . . 248
10.14 *Polaritätsprofile auf Basis eines semantischen Differenzials* . . . 251
10.15 *Beurteilung der Preiswürdigkeit eines Produkts mittels Guttman-Skala* . . 255

11.1 *Zusammenhang zwischen Reliabilität und Validität* . . . 260
11.2 *Prozess der Entwicklung eines reliablen und validen Messmodells* . . . 262
11.3 *Aufbau einer MTMM-Matrix („3T3M-Matrix")* . . . 275
11.4 *Pfaddiagramm zur Analyse einer MTMM-Matrix* . . . 280

12.1 *Alternative Formen des Umgangs mit fehlenden Werten* . . . 293

13.1 *Vierfeldertafel zur Beurteilung der Verbundintensität* . . . 303
13.2 *Vierfeldertafeln für die Artikel* i_2 *und* i_3 . . . 303
13.3 *Vierfeldertafeln für die übrigen Verbundbeziehungen (bei direkter Einzählung)* . . . 304
13.4 *Dendrogrammdarstellung der gemessenen Verbundintensitäten* . . . 307
13.5 *Visualisierung der Verbundbeziehungen mittels MDS* . . . 308

14.1 *Struktur der Theorie der (nicht-) bestätigten Erwartungen* . . . 320
14.2 *Systematisierung von Ansätzen zur Zufriedenheitsmessung* . . . 322
14.3 *Fehlerarten im geschäftlichen Kundenkontakt* . . . 323
14.4 *Messung der Zufriedenheit mit den Gebrauchsanweisungen eines Elektrogeräteherstellers* . . . 326
14.5 *Zufriedenheit-Wichtigkeit-Karte für die Gebrauchsanweisungen eines Elektrogeräteherstellers* . . . 327
14.6 *Zufriedenheit-Wichtigkeit-Karte mit Box-Plot* . . . 328
14.7 *Struktur eines LISREL-Modells zur Zufriedenheitsmessung* . . . 336
14.8 *Identifiziertes Kausalmodell für das Elektrogerätebeispiel* . . . 337
14.9 *Kausalmodell für die Zufriedenheit mit einem Maschinenbauunternehmen* 338

15.1 *Beispiel einer S-förmigen Responsefunktion* . . . 346
15.2 *Zeitliche Entwicklung der Marketingvariablen der drei Marken* . . . 347
15.3 *Tatsächliche und mit dem additiven Marktreaktionsmodell geschätzte Marktanteile* . . . 349
15.4 *Eigenschaftsspezifische Präferenzschätzungen im Zwei-Segmente-Fall* . . . 360

15.5 *Tatsächliche und mit dem erweiterten MNL-Modell geschätzte Marktanteile* 366
15.6 *Möglicher Aufbau eines dreischichtigen MLP* 368
15.7 *Adaptierter Backpropagation-Algorithmus* 372
15.8 *Tatsächliche und mit einem MLP geschätzte Absatzanteile ausgewählter Marken* 374

16.1 *Mögliche Strukturierung stochastischer Modelle des Käuferverhaltens* . . . 382
16.2 *Aggregierte Fluktuations- und Übergangsmatrix* 390
16.3 *Mögliche Verläufe der Dichtefunktion einer Gammaverteilung* 396
16.4 *In den Jahren 1974 bis 1976 beobachtete und geschätzte Kauferwartung in Bezug auf Marke 4* 412
16.5 *Beobachtete und prognostizierte Marktanteilsentwicklung der Marke 1* . . 416
16.6 *Strukturelle Zusammenhänge bei der Kaufabsichtsmodellierung* 420
16.7 *Mögliche Verläufe der Dichtefunktion einer Betaverteilung* 421

Tabellenverzeichnis

2.1 *Entwicklung der Marketingforschung und zeitgleiche Ereignisse in Wissenschaft und Technik* . . . 17

2.2 *Exemplarische Klassifikation von Gütern* . . . 20

2.3 *Spannungsfeld aus Intensität und Spezifität der Marketingforschung* . . . 27

2.4 *Gründe für und gegen die Externalisierung der betrieblichen Marketingforschung* . . . 27

2.5 *Top 10 der kommerziellen Marktforschungsunternehmen in Europa* . . . 29

2.6 *Richtlinien der amerikanischen Marketing Research Association für ethisch korrekte Marketingforschung* . . . 32

2.7 *Ausgewählte Expertensysteme für Marketingforschung und Datenanalyse* . 44

3.1 *Typen von Aussagen in der Marketingforschung* . . . 50

4.1 *Entscheidungen beim statistischen Prüfen von Hypothesen* . . . 84

4.2 *Daten für die Korrelationsbetrachtung* . . . 97

4.3 *Datentableau für den Anpassungstest* . . . 99

4.4 *Schätzwerte einer Poissonverteilung* . . . 100

4.5 *Datengrundlage für den Unabhängigkeitstest* . . . 101

4.6 *Erwartete Zellenhäufigkeiten bei Merkmalsunabhängigkeit* . . . 103

4.7 *Datengrundlage für den Homogenitätstest* . . . 104

5.1 *Eigenschaften der Datengrundlagen in der Marketingforschung* . . . 109

5.2 *Ausgewählte externe Quellen der Sekundärforschung* . . . 111

5.3 *Möglichkeiten der Sekundärforschung im Internet* . . . 118

5.4 *Ausgewählte Internet-Suchmaschinen* . . . 120

6.1 *Exemplarisches Resultat eines Experiments zur Wirkung von Verkaufsförderungsmaßnahmen* . . . 126

6.2 *Alternative elementare Experimentdesigns* . . . 129
6.3 *Vergleichende Gegenüberstellung der behandelten Experimentdesigns* . . . 134
6.4 *Formen erweiterter Experimentdesigns* . . . 135
6.5 *Schematische Darstellung der Messwerte bei einem vollständig randomisierten Design* . . . 137
6.6 *Vollständig randomisiertes Design für das Verkaufsförderungsbeispiel* . . . 138
6.7 *Zuordnung der Messwerte beim randomisierten Blockdesign* . . . 139
6.8 *Randomisiertes Blockdesign für das Verkaufsförderungsbeispiel* . . . 140
6.9 *Zuordnung der Messwerte beim bifaktoriellen* 3 × 3*-Design* . . . 140
6.10 *Einzelvergleiche bei drei Faktorstufen und korrespondierende Kontrastkoeffizienten* . . . 142
6.11 *Exemplarischer Aufbau eines lateinischen Quadrats* . . . 144
6.12 *Exemplarischer Aufbau eines griechisch-lateinischen Quadrats* . . . 144
6.13 *Zahlenbeispiel für das lateinische Quadrat* . . . 145
6.14 *ANOVA-Tafel zum Verkaufsförderungsexperiment* . . . 147
6.15 *Zusammenhang zwischen Validität und Untersuchungsumfeld* . . . 148

7.1 *Analphabetenrate in ausgewählten Ländern zum Ende des zwanzigsten Jahrhunderts* . . . 153
7.2 *Vor- und Nachteile interaktiver Befragungssysteme* . . . 179

9.1 *Ausgewählte Handelspanels in Deutschland* . . . 215
9.2 *Gegenüberstellung unterschiedlich aufgebauter elektronischer Mikrotestmärkte* . . . 218
9.3 *Gegenstände der Analyse von Paneldaten* . . . 220
9.4 *Exemplarische Kaufhistorien* . . . 222
9.5 *Ausgewählte Ergebnisse für die Warengruppe Waschmittel* . . . 224
9.6 *Ausgewählte Ergebnisse für die Warengruppe Erdnussbutter* . . . 225

10.1 *Individuelle Paarvergleichsmatrix (in Ausgangsform)* . . . 240
10.2 *Individuelle Paarvergleichsmatrix (in Dreiecksform)* . . . 240
10.3 *Inkonsistente individuelle Paarvergleichsmatrix (in Dreiecksform)* . . . 241
10.4 *Exemplarische aggregierte Dominanzmatrix* . . . 241
10.5 *Relative Dominanzmatrix* . . . 241
10.6 *Rechenbeispiel für das „Law of Comparative Judgement“* . . . 242
10.7 *Exemplarische Rangfrequenzmatrix* . . . 246
10.8 *Mögliches Reaktionsschema eines Statements* . . . 253

10.9 *Exemplarisches inkonsistentes Skalogramm* 256

10.10 *Aus dem Beispiel resultierende Reproduktionsfehler* 256

11.1 *Systematik möglicher Reliabilitätsprüfungen* 264

11.2 *Datengrundlage zur Überprüfung der Split-half-Reliabilität* 268

11.3 *Exemplarische Varianz-Kovarianzmatrix* 270

11.4 *Beispiel einer MTMM-Matrix* 276

11.5 *t-Werte ausgewählter Monomerkmal-Multimethoden-Korrelationen* 277

12.1 *Daten einer fiktiven Befragung zum Kauf eines Produkts* 290

12.2 *Zwischenergebnisse zum Test von Kim und Curry* 292

12.3 *Kurzdarstellung ausgewählter Imputationsansätze* 295

12.4 *Datenbasis nach Imputation mittels Zero-order-Regression* 296

13.1 *Datenbeispiel mit drei Warenkörben* 298

13.2 *Quantitative Ansätze zur Verbundmessung* 299

13.3 *Datenbeispiel mit sechs Transaktionen und vier Artikeln* 301

13.4 *Frequenzmatrix mit direkter Einzählung* 302

13.5 *Frequenzmatrix mit modifizierter Einzählung* 303

13.7 *In der Literatur diskutierte Assoziations- bzw. Verbundkoeffizienten* 306

13.8 *Verbundintensitäten auf Basis der direkt eingezählten Plasmoden* 306

13.9 *Rekodierte Datenbasis mit sechs Transaktionen* 312

13.10 *Zuordnung der Transaktionen zu den Items* 312

13.11 *Mögliche Assoziationsregeln und deren Bewertung* 313

14.1 *Datengrundlage des Zufriedenheitsexperiments* 330

15.1 *Tatsächliche Marktanteile der drei Marken* 347

15.2 *Parameterschätzer und Anpassungsgüten der Marktreaktionsmodelle* 348

15.3 *Bogenresponseelastizitäten auf Basis des additiven Marktreaktionsmodells für Periode 3* 350

15.4 *Im Validierungszeitraum neu eingeführte Artikel* 360

15.5 *Prognosen für die beiden neu eingeführten Artikel* 361

15.6 *Parameterschätzer und Anpassungsgüte des erweiterten MNL-Modells* . . 365

15.7 *Bogenresponseelastizitäten auf Basis des MNL-Modells für Periode 3* . . . 366

15.8 *Profile der verwendeten Datengrundlagen* 374

15.9 *Mit dem MLP berechnete Responseelastizitäten für Periode 10* 375

15.10 *Anwendungen neuronaler Netze im Kontext der Responsemodellierung* . . 376

16.1 *Exemplarische Kaufgeschichte eines Konsumenten k* 386

16.2 *Beobachtete Produktkaufklassenhäufigkeiten* 400

16.3 *Gerundete Kaufklassenhäufigkeiten und Anpassungsgüten ausgewählter Marken für den Gesamtzeitraum* 410

16.4 *Beobachtete und geschätzte unbedingte Markenwechselwahrscheinlichkeiten für eine ausgewählte Periode* 411

16.5 *Beobachtete und prognostizierte (in Klammern) relative Kaufklassenhäufigkeiten bei Marke 1* 416

16.6 *Beobachtete und prognostizierte relative Medienkontaktklassenhäufigkeiten bei Marke 1* 417

16.7 *Beobachtete Anzahl der Nennung einzelner Kaufabsichtskategorien* 424

16.8 *Geschätzte Anzahl der Nennungen einzelner Kaufabsichtskategorien* 426

16.9 *Geschätzte kategorienspezifische Produktkaufhäufigkeiten* 426

Symbolverzeichnis

a	Alternative
$\mathbb{A}$	Menge von Alternativen/Items
$\mathcal{A}$	Anzahl der Transaktionen im Kauf-Kauf-Fall
$ALPHA$	Cronbach-α
ARF	Anzahl der Reproduktionsfehler
ATT	Attraktion
b	(Wert einer) Hilfsvariable
B	Zufallsvariable für Anteil oder Obergrenze von b
$\mathbb{B}$	Menge von Items
$\mathcal{B}$	Anzahl der Transaktionen im Kauf-Nichtkauf-Fall
$BIAS$	Bias
c	Anteil in einer Stichprobe
C	Zufallsvariable für einen Stichprobenanteil
$\mathbb{C}$	Menge von Items („Itemmenge")
$\tilde{\mathbb{C}}$	Menge von Itemmengen
$\mathcal{C}$	Anzahl der Transaktionen im Nichtkauf-Kauf-Fall
$CONF(.)$	Konfidenz
$CONV(.)$	Conviction
$\mathbb{D}$	potenziell häufige Itemmenge
$\tilde{\mathbb{D}}$	Menge von potenziell häufigen Itemmengen
$\mathcal{D}$	Anzahl an Transaktionen im Nichtkauf-Nichtkauf-Fall
e	Ergebnis
$E(.)$	Erwartungswert
$\mathbb{E}$	Menge von Ergebnissen
$\boldsymbol{E}$	Ergebnismatrix oder Einheitsmatrix
ELA	Elastizität
EW	Einstellungswert
ERR	Fehlermaß
$f(.)$	Funktion
F	F-verteilte Zufallsvariable
$F(.)$	Verteilungsfunktion
$\boldsymbol{F}$	Fluktuationsmatrix
FG	Freiheitsgrad
FS	Fehlerspanne

g	Index
G	Obergrenze von Index g
h	Häufigkeit
H	(kumulierte) Häufigkeit oder Zufallsvariable für Häufigkeiten
i	Index oder Artikel/Item
I	Obergrenze von Index i
$\mathbb{I}$	Menge von Artikeln/Items
INF	Information
$ITER$	Iterationszahl
j	Index
J	Obergrenze von Index j
k	Index für Konsumenten/Probanden/Fragebögen/Transaktionen
K	Obergrenze von Index k oder Hilfsvariable
$\mathbb{K}$	Menge/Gruppe von Konsumenten oder Probanden
KI	Kaufintensität
KOS	Kosten
$\boldsymbol{K}$	Opportunitätskostenmatrix
KR	Konvergenzrate
l	Index
L	Obergrenze von Index l
$\mathbb{L}$	Indexmenge
$LIFT(.)$	Lift
m	Index für Marken
M	Obergrenze von Index m
MA	Marktanteil
MEM	mittlere Einkaufsmenge
MKF	mittlere Kauffrequenz
MQA	mittlere quadratische Abweichung
MQF	mittlerer quadratischer Fehler
MPF	mittlerer prozentualer Fehler
n	Anzahl
N	Umfang einer Stichprobe
N^{GG}	Umfang der Grundgesamtheit
o	Ordnung
p	Wahrscheinlichkeit
$P(.)$	Wahrscheinlichkeit
$\boldsymbol{P}$	Übergangsmatrix
PEN	Penetration/Marktdurchdringung
PKH	Produktkaufklassenhäufigkeit
PV	Produktabverkauf
PW	Präferenzwert
q	Hilfsvariable
Q	Hilfsvariable
$\mathbb{Q}$	Menge von Transaktionen
r	Korrelation

$\bar{r}$	mittlere Korrelation
R	Zufallsvariable für die Korrelation
R^2	Bestimmtheitsmaß
$\mathbb{R}$	Menge der reellen Zahlen
$\mathcal{R}$	Relation
REL	Reliabilität
REP	Reproduzierbarkeit
RET	Retentionsfähigkeit
s^2	(Stichproben-) Varianz
S^2	Zufallsvariable für die (Stichproben-) Varianz
$SUP(.)$	Support
t	Index für Perioden oder Prüfgröße für einen t-Test
T	Obergrenze von Index t oder t-verteilte Zufallsvariable
$\mathbb{T}$	Transaktion (Menge von Artikeln/Items)
TS	Total Switching
u	Nutzen
U	Zufallsvariable für den Nutzen
$\boldsymbol{U}$	Entscheidungsmatrix
UZ	Übergangszeit
v	Responsekomponente oder Hilfsvariable
$Var(.)$	Varianz
VK	Verbundkoeffizient
w	Umweltzustand
$\mathbb{W}$	Menge von Umweltzuständen
WI	Wert eines Informationsstands
WKA	Wiederkäuferanteil
WKR	Wiederkaufrate
x	Messwert für eine erklärende/unabhängige Variable
$\boldsymbol{x}$	Variablenvektor
$\bar{x}$	Mittelwert
X	erklärende (Zufalls-) Variable
$\mathbb{X}$	Menge von Merkmalsausprägungen oder Messwerten
$\bar{X}$	(Zufalls-) Variable für einen Mittelwert
$\boldsymbol{X}$	Indikatormatrix
y	Messwert für eine erklärte/abhängige Variable
$\bar{y}$	Mittelwert
Y	erklärte (Zufalls-) Variable
z	Hilfsvariable
Z	(Zufalls-) Variable
$\mathcal{Z}$	Relativ
α	Irrtumswahrscheinlichkeit bzw. Signifikanzniveau
β	Parameter oder Irrtumswahrscheinlichkeit
γ	Parameter
δ	Parameter oder Störgröße/Zufallsfehler

Δ	Hilfsgröße
$\boldsymbol{\delta}$	Fehlervektor
ϵ	Störgröße/Zufallsfehler
ζ	Störgröße/Zufallsfehler
η	Parameter
$\boldsymbol{\eta}$	Parametervektor
θ	Parameter
$\boldsymbol{\Theta}$	Matrix von Fehlervarianzen
ϑ	Präferenz
$\boldsymbol{\vartheta}$	Präferenzvektor
κ	Parameter
λ	Faktorladung oder Kaufrate
$\bar{\lambda}$	mittlere Kaufrate
$\boldsymbol{\Lambda}$	Matrix von Faktorladungen
μ	Erwartungswert/Mittelwert
ξ	Faktor/hypothetisches Konstrukt
$\boldsymbol{\xi}$	Vektor von Faktoren
π	Anteil in der Grundgesamtheit
ϖ	Eigenwert
ρ	erklärte Varianz
σ^2	Varianz
$\boldsymbol{\Sigma}$	Varianz-Kovarianz-/Korrelationsmatrix
τ	Zeitpunkt, Kaufgelegenheit oder Kaufakt
ϕ	Korrelation/Kovarianz von Faktoren
$\boldsymbol{\Phi}$	Matrix von Faktorkorrelationen
χ^2	Prüfgröße für einen χ^2-Test
ω	Steuerparameter

Kapitel 1

Käuferverhalten und Marketingforschung

1.1 Begriffsabgrenzungen und Einordnung

Vor einer eingehenden Auseinandersetzung mit instrumentellen und methodischen Details einer Disziplin sollte im Interesse einer möglichst klaren Abgrenzung der in die Betrachtungen einzubeziehenden Problembereiche eine genaue Definition zentraler Begriffe erfolgen. Zunächst bedarf es somit der Klärung des Terminus „Marketing", wie er in diesem Buch verstanden und verwendet wird.

Der einschlägigen Literatur folgend wird **Marketing** als die Führung eines Unternehmens vom Absatzmarkt her verstanden. Es besteht somit die Absicht, die Käufer eines Produkts oder die Kunden eines Unternehmens besser als andere zu kennen und zu bedienen. Sie sind in nachhaltiger Weise vom eigenen Angebot zu überzeugen, um die angestrebten Unternehmensziele, etwa einen bestimmten Jahresüberschuss oder Marktanteil, zu erreichen. Eine marktorientierte Unternehmensführung setzt somit eine profunde Käuferkenntnis voraus, die es durch ein geeignetes Instrumentarium zu erlangen gilt. Diese globale Sichtweise kann unter Bezugnahme auf die Definition der *American Marketing Association* konkretisiert werden. Hiernach ist Marketing „ ...the process of planning and executing the conception, pricing, promotion, and distribution of ideas, goods, and services to create exchanges that satisfy individual and organizational objectives". Die Planungsorientierung des Marketing tritt in dieser Definition deutlich zutage.

Forschung wird im Folgenden als Streben nach Entdeckung und Begründung sowie Bestätigung oder Verwerfung möglichst allgemeiner Aussagen verstanden. *Green et al.* (1988, S. 2) verwenden eine weitgehend analoge Definition: „**Research** connotes a systematic and objective investigation of a subject or a problem in order to discover relevant information or principles."

Damit kann **Marketingforschung**, in enger Anlehnung an den im angloamerikanischen Sprachraum üblichen Begriff „Marketing Research", als das Bemühen um adäquate Beschreibung, Erklärung und Prognose von Faktoren, die das Verhalten von Anbietern und Nachfragern von Gütern und Leistungen[1] bestimmen, verstanden werden. Die in der deutschsprachigen Literatur etablierten Bezeichnungen „Absatz- bzw. Konsumentenforschung" erfassen den Gegenstandsbereich der Marketingforschung somit nur in Ausschnitten. Die Aspekte des Verhaltens der konkurrierenden Anbieter und der Wettbewerbsinteraktion bieten, wie beispielsweise *Wagner* (2001) aufzeigt, interessante und anspruchsvolle Herausforderungen für die Marketingforschung. *Böhler* (1992, S. 17) versteht unter Marketingforschung die systematische Sammlung, Aufbereitung und Analyse von Daten, die sich auf Probleme des „Vermarktens" von Gütern und Dienstleistungen beziehen und folgt damit der allgemeineren Perspektive.

Zentraler Gegenstand der Marketingforschung ist die zweckgerichtete Bereitstellung von Informationen für Absatzentscheidungen. In wettbewerbsorientierten Gesellschaften avanciert Information zusehends zu einem, wenn nicht sogar zu dem zentralen Erfolgsfaktor. *Berthel* (1992, Sp. 872 ff.), *Gaul, Both* (1990, S. 77) und *Gemünden* (1993) folgend kann **Information** unter pragmatischen Gesichtspunkten als eine Menge von Aussagen verstanden werden, die den Kenntnis- und Wissensstand eines Individuums oder einer Organisation über ein Objekt oder einen Vorgang in einer gegebenen Situation und Umwelt verbessern. *Heinrich* (1996) umschreibt Informationen deshalb auch als „Stücke von Wissen". In der Informationstheorie werden Informationen abstrakt als Folgen von Signalen aufgefasst und Gesetzmäßigkeiten bei deren Übertragung, Verarbeitung sowie Speicherung untersucht. Die in Anlehnung an *Augustin* (1990) und *Aamodt, Nygård* (1995) erstellte Abbildung 1.1 bettet den Begriff der Information in die Begriffswelt der **Semiotik**[2] ein. Bestimmungsfaktoren der Information sind demnach die Syntax, die aus einer Folge von Signalen, etwa in Form von Zeichen oder Symbolen, mehr oder weniger abstrakte **Daten** werden lässt, und die Semantik. Mit der Semantik gibt man diesen Daten eine konkrete Bedeutung und macht sie so zu für Dritte nachvollziehbaren und verständlichen Informationen. Gelingt es, einer Information eine praktische Relevanz zu verleihen, so wird sie zu zweckgebundenem **Wissen**.

Die *American Marketing Association* definiert Marketingforschung („Marketing Research") als Funktion „...that links the consumer, customer, and public to the marketer through information – information used to identify and define marketing opportunities and problems; generate, refine, and evaluate marketing actions; monitor marketing performance; and improve understanding of marketing as a process. Marketing research specifies the information required to address these issues; designs the method for collecting information; manages and implements the

[1] Soweit der gerade behandelte Sachverhalt nichts anderes angeraten erscheinen lässt, werden wir uns im Folgenden auf die Verwendung der bezugsneutralen Bezeichnungen „Produkt", „Gut" und „Leistung" beschränken und hierunter auch spezifische Begriffsinhalte, wie z.B. „Dienstleistung", „Fähigkeit" oder „Idee", subsumieren.

[2] Die Semiotik kann der Definition der Deutschen Gesellschaft für Semiotik folgend als Lehre von den Prozessen der Zeichenproduktion und -interpretation aufgefasst werden.

sinnvoll. Abbildung 1.2 stellt eine in dieser Hinsicht erweiterte Variante entsprechender Überlegungen von *Meffert* (1992, S. 8) dar. Die **Marketingtheorie** ist in diesem Zusammenhang als interdisziplinäre Domäne betriebswirtschaftlicher Forschung zu verstehen, die zur Lösung ihrer spezifischen Probleme auf Erkenntnisse anderer Wissenschaftszweige, insbesondere (in alphabetischer Reihenfolge) der Anthropologie, der Informatik, der Mathematik (inkl. Statistik und Operations Research), der Psychologie, der Soziologie und der Volkswirtschaftslehre, zurückgreift.

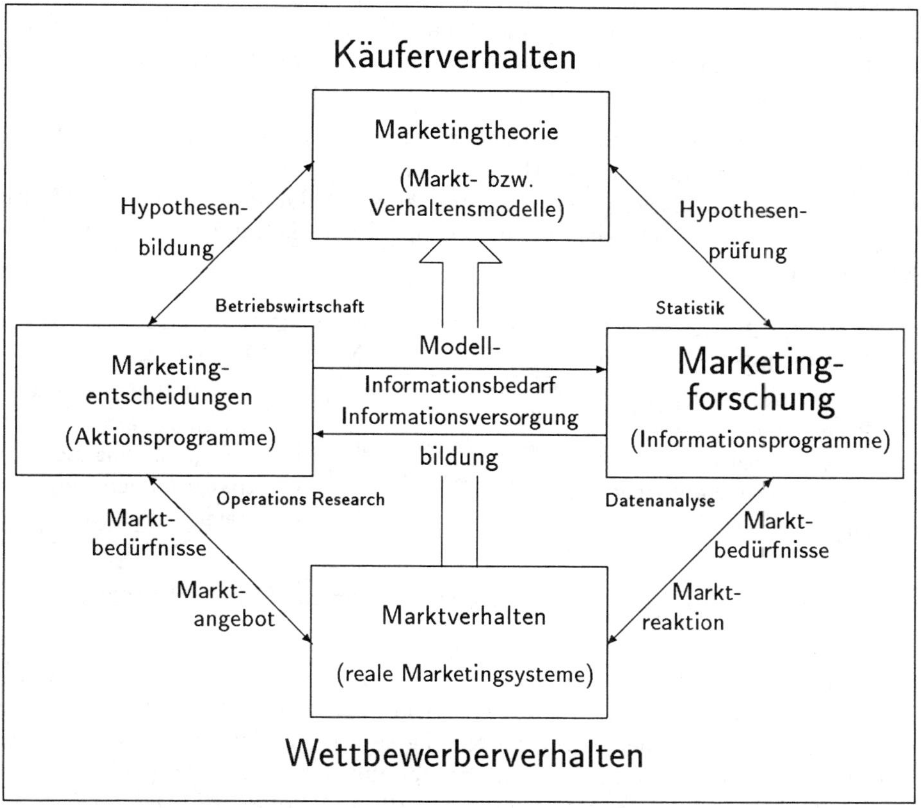

Abbildung 1.2: *Marketingforschung im Spannungsfeld zwischen Theorie und Realität*

Unter inhaltlichen Gesichtspunkten bemüht man sich in der Marketingtheorie um die Ableitung von Aussagen über die Hintergründe, das Entstehen, den Verlauf und die Bewertung von Urteilsfindungsprozessen im Allgemeinen bzw. Kaufentscheidungen im Besonderen. Dabei spielen verhaltensorientierte Ansätze (zur Analyse des Marktverhaltens von Individuen und Organisationen) eine mindestens ebenso

griff auf sozial-psychologische Theorien im Zusammenhang mit der Marktforschung sogar für „zwingend erforderlich, um interessierende Phänomene zu erklären und Handlungsoptionen abzuleiten".

große Rolle wie managementorientierte Ansätze (zur Bestimmung einer „optimalen“ Unternehmenspolitik). Der Schwerpunkt der Ausführungen in diesem Buch liegt auf den zuerst genannten.

Der Begriff **Käuferverhalten** umschreibt das Verhalten, welches Konsumenten (in Abgrenzung zu Organisationen, für die analoge Begriffsbestimmungen möglich sind) bei der Suche nach, dem Kauf, dem Ge- und Verbrauch oder der Inanspruchnahme von Produkten und Leistungen, von denen sie annehmen, dass sie ihre Bedürfnisse befriedigen können, an den Tag legen. Von der Erforschung des individuellen (d.h. konsumentenbezogenen) Kaufverhaltens verspricht man sich u.a. Hinweise auf die Entscheidungsproblematik, der sich die Käufer beim Einsatz von Ressourcen (in Form von Geld, Zeit und Anstrengungen) zum Zweck ihrer Bedürfnisbefriedigung gegenübersehen.

Ausgehend von einem Verständnis der Marketingforschung als Instrument zur Entscheidungsvorbereitung für das Marketingmanagement lässt sich (wie in Abbildung 1.3 vereinfacht dargestellt) eine unmittelbare Abhängigkeit profunder Marketingplanungen von der Qualität vorausgegangener Marketingforschungsaktivitäten konstatieren.

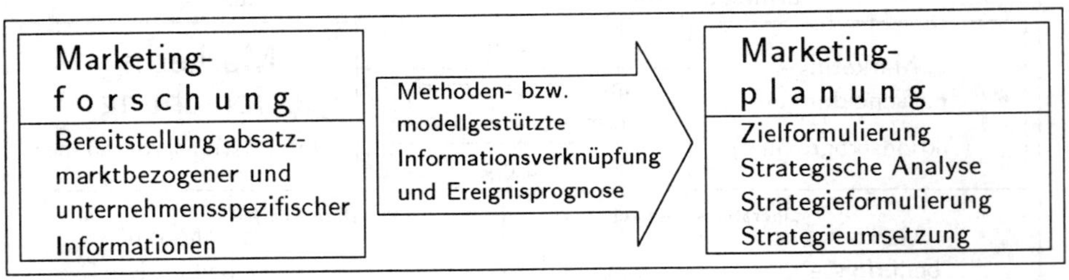

Abbildung 1.3: *Von der Marketingforschung zur Marketingplanung*

Für Unternehmen, die selbst regelmäßig und umfassend Marketingforschung betreiben und darin eine für verschiedene Unternehmensbereiche und Hierarchieebenen geeignete Entscheidungsvorbereitung sehen, empfiehlt sich die Einbettung derselben in ein übergeordnetes, benutzerfreundliches **Marketinginformationssystem** (MIS). Die an *Green et al.* (1988, S. 19) und *Kotler, Bliemel* (1995, S. 182) angelehnte Abbildung 1.4 zeigt den grundsätzlichen Aufbau eines solchen Systems.

Die in der Abbildung dargestellten Aufgaben und Interdependenzen innerhalb eines MIS verdeutlichen, dass die Realisation solcher Systeme ohne den Einsatz von EDV heute undenkbar ist. Bei der Entscheidung über die individuelle Ausgestaltung eines MIS in einem Unternehmen sind neben dem substanziellen Informationsbedarf auch Unternehmensgröße und Finanzkraft zu berücksichtigen, da einerseits die Vorteile aus einem MIS überproportional mit der Unternehmensgröße wachsen und andererseits erhebliche Aufwendungen mit der Implementation eines MIS verbunden sind.

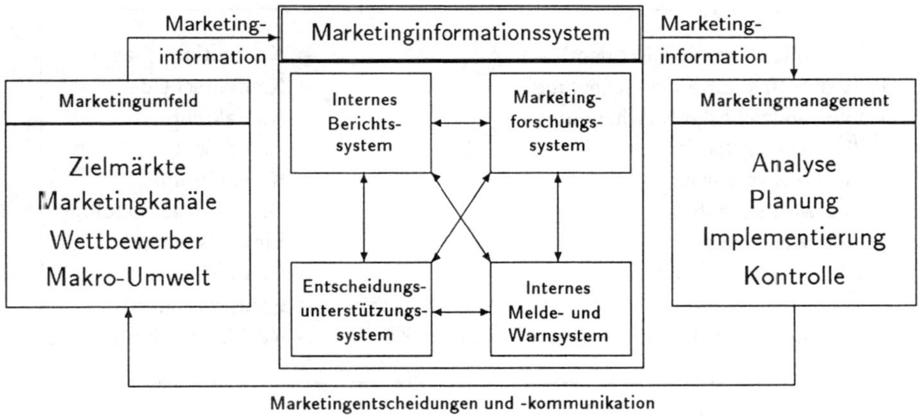

Abbildung 1.4: *Marketingforschung als Komponente eines Marketinginformationssystems*

1.2 Dimensionen der Erforschung des Käuferverhaltens

Betrachtet man das individuelle Kauf- und Konsumverhalten nicht als absolut unvorhersehbares Phänomen, das jeglicher Berechenbarkeit bzw. Antizipierbarkeit entbehrt, und akzeptiert stattdessen vielmehr die Existenz gewisser Regularien, so erfordert der effiziente Einsatz der Marketinginstrumente fundierte Kenntnisse eben dieser, das Verhalten der Marktteilnehmer bestimmenden „Gesetzmäßigkeiten"[6]. Diese beruhen beispielsweise auf den die betreffenden Akteure charakterisierenden Merkmalen. Die in Abbildung 1.5 zusammengestellten und an *Kotler, Bliemel* (1995, S. 278) angelehnten elf W's des Käuferverhaltens liefern in plakativer Form eine erste Vorstellung von den im vorliegenden Kontext mit dem Instrumentarium der Marketingforschung zu behandelnden Fragestellungen.

Die einzelnen Fragen sind in unterschiedlichem Maße einer systematischen Beantwortung zugänglich. Während die ersten sieben Fragen mehr oder weniger „direkt" beantwortbar erscheinen, z.B. mittels geeignet ausgestalteter Befragungen oder Beobachtungen, verbirgt sich hinter der Bestimmung der individuellen Kaufziele und -praktiken sowie der Nachkaufwirkungen im Grunde genommen die Notwendigkeit, in den Konsumenten „hineinzuschauen". Zugang zu diesem – für die Planung Erfolg versprechender Marketingstrategien in von Wettbewerb gekennzeichneten Märkten essenziellen – Wissen können z.B. projektive Verfahren der Marketingforschung und Experimente liefern.

---

[6]Die Anführungsstriche sollen andeuten, dass es sich nicht um Gesetzmäßigkeiten im streng naturwissenschaftlichen Sinne handeln kann, sondern um mit einer gewissen Wahrscheinlichkeit eintretende Ereignisse oder Phänomene.

Wer oder Was initiiert den Kauf?	→ Kaufinitiator/-anlass
Wer trifft die Kaufentscheidung?	→ Kaufentscheider
Wer vollzieht die Kaufhandlung?	→ Kaufakteur
Was wird gekauft?	→ Kaufobjekt
Wann wird gekauft?	→ Kaufzeitpunkt
Wo wird gekauft?	→ Ort der Kaufhandlung
Wie viel wird gekauft?	→ Einkaufsmenge
Warum wird gekauft?	→ Kaufziel(e)
Wie wird gekauft?	→ Kaufpraktik(en)
Welche Konsequenzen resultieren aus dem Kauf?	→ Nachkaufwirkung(en)

Abbildung 1.5: *Für die Marketingforschung relevante Fragestellungen des Käuferverhaltens*

1.3 Paradigmen des Käuferverhaltens

Wer sich in wissenschaftlicher Weise mit einer Problemstellung zu befassen gedenkt, sollte zunächst einen Blick auf die gedankliche Welt werfen, in der er später zu argumentieren beabsichtigt. In der Marketingforschung gilt dies schon deshalb in besonderem Maße, als hier häufig die im Bewusstsein eines Menschen ablaufenden Entscheidungsprozesse als Untersuchungsgegenstand im Mittelpunkt des Interesses stehen. Eine mögliche Basis für die Abgrenzung unterschiedlicher „Denkwelten" liefert die Orientierung an den mit dem jeweiligen Wissensgebiet verbundenen Lehrmeinungen und Paradigmen.

Ein **Paradigma** bezeichnet ein gedankliches Weltbild, das von einer wissenschaftlichen Gemeinschaft (etwa von den sich mit Fragestellungen der Marketingforschung beschäftigenden Forschern und Hochschullehrern) akzeptiert und kommuniziert wird. Die Anhänger eines Paradigmas (vgl. *Kuhn* (1973))

- beschäftigen sich mit ähnlichen Problemen,
- haben gleichartige Auffassungen über die Vorgehensweise bei der Lösung von Problemen,
- akzeptieren übereinstimmend bestimmte Theorien, Methoden und Forschungsergebnisse,
- nehmen gleiche Standpunkte zu wissenschaftstheoretischen Fragen ein,
- verwenden zentrale Fachbegriffe in weitgehend übereinstimmender Weise und
- arbeiten mit Lehrbüchern, deren Inhalte im Kern sehr ähnlich sind.

Ein Paradigma erlangt eben diesen Status, wenn es bei der Lösung von Problemen, die ein Kreis von Fachleuten als wichtig erachtet, erfolgreicher ist als die mit ihm konkurrierenden Alternativen. Es kann im Sinne des vor allem in den USA verbreiteten wissenschaftstheoretischen Pragmatismus als „gültig" bzw. „wahr" angesehen werden, wenn es sich in der wissenschaftlichen Praxis bewährt hat.

Die nachfolgenden Ausführungen sollen dem Leser die in diesem Buch verfolgte Sichtweise näher bringen und so ein tieferes Verständnis der weiteren Argumentationen bewirken. Ausgangspunkt ist die Tatsache, dass mit der Etablierung der empirischen Marketingforschung an den amerikanischen Universitäten in den 60er Jahren die Erforschung des Kauf- und Konsumentenverhaltens zu einem vorrangigen Forschungsziel avancierte, wobei der **positivistischen Forschungsrichtung** besondere Bedeutung zukommt. Nach *Kroeber-Riel* (1995, Sp. 1234 ff.) ist diese Form der Forschung darauf ausgerichtet, generalisierbare und empirisch begründete Hypothesen und Theorien zu formulieren, die ihrerseits dazu dienen sollen, das Kauf- und Konsumentenverhalten zu erklären, Prognosen über das Verhalten zu erstellen und Empfehlungen über Möglichkeiten der zweckorientierten Beeinflussung des Verhaltens abzugeben.

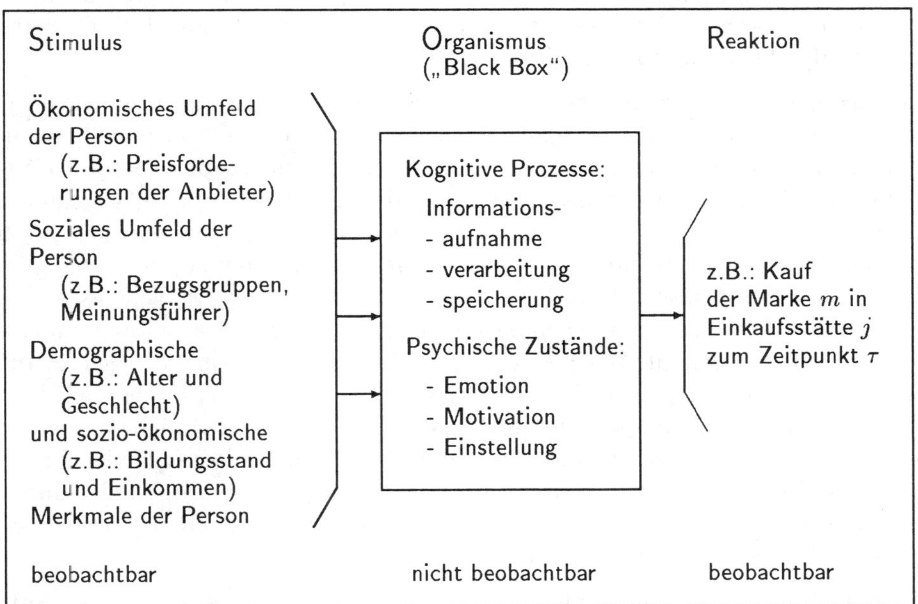

Abbildung 1.6: *SOR-Paradigma des individuellen Käuferverhaltens*

Um unter praktischen Gesichtspunkten zu gehaltvollen Aussagen über das Verhalten von Individuen zu kommen, bietet es sich an (vgl. Abbildung 1.6), entsprechende Untersuchungen und Analysen an den Basiselementen Stimulus (S),

Organismus (O) und Reaktion (R) des **Neo-Behaviorismus**[7] zu orientieren. Die Abkürzungen aufgreifend spricht man in der einschlägigen Literatur auch häufig vom **SOR-Paradigma**. Diese Sichtweise findet jedoch nur geteilte Zustimmung. Kritische Anmerkungen aus Sicht der Verhaltenswissenschaft finden sich z.B. bei *Behrens* (1995). Dennoch ist das SOR-Paradigma ein vergleichsweise weit tragender Bezugsrahmen für die Erforschung des Käuferverhaltens.

Die an dem in Abbildung 1.6 veranschaulichten SOR-Paradigma orientierte Marketingforschung geht von der Vorstellung aus, dass bestimmte, zumeist direkt beobachtbare Stimuli (z.B. die Einflüsse des sozialen Umfelds, in dem sich ein Individuum bewegt, oder seine aktuelle wirtschaftliche Situation) im Organismus der betreffenden Person bewusst oder unbewusst in Form von kognitiven Prozessen (z.B. das Lernen und Erinnern von Produktinformationen) verarbeitet werden, Veränderungen psychischer Zustände (z.B. die Änderung der Einstellung gegenüber einem Produkt) hervorrufen und schließlich zu ebenfalls häufig direkt beobachtbaren Reaktionen (z.B. die Realisation des Kaufs eines bestimmten Produkts in einem bestimmten Laden) führen. Ein besonderes Problem für die angewandte Marketingforschung ist dabei die Erfassung und Interpretation der in Verbindung mit einer Kaufentscheidung im Organismus respektive im Bewusstsein des Individuums vorherrschenden Zustände und ablaufenden Prozesse. Abbildung 1.7 gibt einen komprimierten Überblick über Gegenstand und Inhalt entsprechender Untersuchungs- und Analysebemühungen.

Die neo-behavioristischen Forschungsansätze unterscheiden sich grundlegend von den aus der Mikroökonomie hervorgehenden Modellen des Konsumentenverhaltens. Letztere basieren im Regelfall auf dem Konzept des **„Homo oeconomicus"**, dessen erklärtes Ziel in der Maximierung des in einer gegebenen Entscheidungssituation zu erreichenden persönlichen Nutzens besteht. Dabei werden dem Homo oeconomicus die Eigenschaften der vollständigen Kenntnis der eigenen, wohl geordneten Bedürfnisstruktur, des vollständigen Marktüberblicks, des Fehlens markenbezogener Präferenzen und der unbegrenzten Informationsverarbeitungskapazität per Annahme zuerkannt. Wie aus Abbildung 1.7 ersichtlich, sind aber gerade diese Aspekte aufgrund ihrer zentralen Bedeutung für das Käuferverhalten Gegenstand der Untersuchung. Somit wird in der Marketingforschung eine differenziertere Betrachtungsweise angestrebt, wobei jedoch auch Gemeinsamkeiten beider Disziplinen zutage treten. So findet beispielsweise das in Kapitel 15 vorgestellte und auf der mikroökonomischen Nutzentheorie aufbauende Logit-Modell vielfache Anwendung im Kontext der Marketingforschung.

Eine Alternative zur Nutzenmaximierungsprämisse ist das Konzept des **„Satisfier"**. Dieser sucht unter den ihm zugänglichen Leistungsangeboten nach jenen Alternativen, die für ihn in der gegebenen Entscheidungssituation akzeptabel er-

---

[7] Der Neo-Behaviorismus ist eine Richtung der Verhaltensforschung, die zwar grundsätzlich mit beobachteten und messbaren Größen arbeitet, aber – im Gegensatz zum Behaviorismus – auch nicht-beobachtbare Faktoren berücksichtigt. Der **Behaviorismus** geht in seinen Ursprüngen u.a. auf die Forschungsarbeiten von *John B. Watson* zu Beginn des 20. Jahrhunderts zurück (vgl. *Watson* (1997)).

scheinen. Findet er eine solche „akzeptable“ Alternative nicht, so verändert er sein Anspruchsniveau, um sich auf diese Weise eine neue Alternativenmenge zu erschließen. Dem eingeschränkt rationalen Verhalten wird auch in der jüngeren Literatur zur Mikroökonomie zunehmend Beachtung geschenkt.

Stimulusbezogene Aspekte	
Aktivierung:	• Spezifikation und Messung der Aktivierung von Individuen sowie Implikationen für das Marketing
Persönlichkeit und Umwelt:	• Verhaltensbestimmende Einflüsse der individuellen Persönlichkeit sowie der physischen und sozio-kulturellen Umwelt eines Konsumenten
Organismusbezogene Aspekte	
Kognitive Prozesse:	• Informationsaufnahme (Funktionsweise des menschlichen Gedächtnisses, Wahrnehmung von Informationen und Messung der Informationsaufnahme) • Informationsverarbeitung und -speicherung (Prozesse des Denkens, Lernens, Erinnerns und Vergessens, Messung der Informationsverarbeitung und -speicherung sowie Informationsüberlastung)
Psychische Zustände:	• Emotionen und Motive (Spezifizierung und Messung dieser Konstrukte, Theorien zu ihrer Erklärung sowie Implikationen für das Marketing) • Einstellungen (Spezifizierung und Messung des Konstrukts, Theorien zu seiner Erklärung und Operationalisierung sowie Implikationen für das Marketing)
Reaktionsbezogene Aspekte	
Kaufentscheidung:	• Entstehen und Rolle von Kaufabsichten
Kaufhandlung:	• Arten und Formen des Kaufens in Geschäften und in der Wohnung
Kaufwirkung:	• Zufriedenheit im Zusammenhang mit einem realisierten Kaufakt und Entstehung von langfristiger Markentreue

Abbildung 1.7: *Schwerpunkte der am SOR-Paradigma orientierten Käuferverhaltensforschung*

1.4 Aufgaben der Marketingforschung und korrespondierende Buchinhalte

Die Diskussion von Methoden und Modellen der Marketingforschung sollte einhergehen mit einer Betrachtung der Aufgaben, mit denen der Marketingforscher bei seiner Arbeit konfrontiert wird. Die nachfolgende Aufstellung gibt einen ersten Eindruck von der Art dieser Aufgabenstellungen und stellt exemplarische Bezüge zu Inhalten einzelner Kapitel dieses Buchs her:

Datenbeschaffung

Welche Datenquellen stehen für die Untersuchung der Struktur und Entwicklung eines Markts zur Verfügung? Welche Vor- und Nachteile sind mit der Nutzung elektronischer Mikrotestmärkte verbunden?

Antworten auf solche Fragen findet der Leser u.a. in den Kapiteln „Sekundärdaten in der Marketingforschung“ (Kap. 5) sowie „Panel- und Testmarktforschung“ (Kap. 9).

Operationalisierung

Wie erfolgt die Messung des „Images“ von Produkten? Wird durch eine Kundenbeobachtung im Laden auch tatsächlich das gemessen, was im Kern von Interesse ist, etwa die individuelle Produktpräferenz?

Antworten auf solche Fragen findet der Leser u.a. in den Kapiteln „Erhebungsverfahren der Primärforschung“ (Kap. 7), „Messmethodik und Skalenkonstruktion“ (Kap. 10) und „Methoden zur Gütebewertung und Validierung“ (Kap. 11).

Repräsentanz

Liefern die durch eine Befragung gewonnenen Erkenntnisse ein für die Bevölkerung der Bundesrepublik Deutschland repräsentatives Bild?
Können die Resultate einer experimentellen Prüfung der Preissensibilität verallgemeinert werden?

Antworten auf solche Fragen findet der Leser u.a. in den Kapiteln „Experimente in der Marketingforschung“ (Kap. 6), „Auswahl der Untersuchungseinheiten“ (Kap. 8) und „Prüfen und Testen von Untersuchungsergebnissen“ (Kap. 4).

Auswertung

Wie ist mit fehlenden Werten infolge von unvollständig beantworteten Fragebögen umzugehen? Welches mathematische Modell eignet sich zur Analyse des Kaufs von Alltagsprodukten wie z.B. Zahnpasta oder Kaffee?

Antworten auf solche Fragen findet der Leser u.a. in den Kapiteln „Fehlende Werte und deren Behandlung“ (Kap. 12), „Modelle zur Responsemessung auf Konsumgütermärkten“ (Kap. 15) und „Stochastische Modelle zur Analyse des Käuferverhaltens auf Konsumgütermärkten“ (Kap. 16).

Interpretation

Wie sind Bondaten des Einzelhandels im Hinblick auf die Existenz von Kaufverbundwirkungen zu deuten? Kann die geäußerte Zufriedenheit mit einer Produkteigenschaft als Indikator für die Gesamtzufriedenheit mit dem Produkt herangezogen werden?

Antworten auf solche Fragen findet der Leser in den Kapiteln „Verbundmessung in der von Warenkorbanalyse“ (Kap. 13) und „Messung der Kundenzufriedenheit“ (Kap. 14).

Der Stellenwert der exemplarisch aufgeführten Fragestellungen hängt wesentlich von der jeweils gewählten Betrachtungsperspektive ab und kann deshalb nur am konkreten Einzelfall festgemacht werden. Darüber hinaus ist darauf hinzuweisen, dass die als erste Orientierung angegebenen Kapitelreferenzen der Natur der Sache entsprechend weder erschöpfend noch überschneidungsfrei sind.

Kapitel 2

Marketingforschung als Institution und Funktion

2.1 Institutionelle Aspekte

2.1.1 Bemerkungen zur Historie

Genau wie das Marketing ist auch die Marketingforschung eine vergleichsweise junge Disziplin, deren eigentliche „Geschichte" – sieht man einmal von den mehr oder weniger sporadischen Hinweisen auf die Notwendigkeit der Beschaffung entscheidungsrelevanter Informationen in den frühen Werken zur Volkswirtschaft und zur Handelsbetriebslehre als Vorgänger der Betriebswirtschaftslehre ab – im 20. Jahrhundert beginnt. Die Ursprünge der „modernen" Marketingforschung liegen zu einem wesentlichen Teil in den USA. Der in Tabelle 2.1 in Anlehnung an *Kotler, Bliemel* (1995), *Kapferer* (1994), *Hüttner* (1997) und *Meffert* (2001) dargestellte geschichtliche Abriss soll dem Leser eine ungefähre Vorstellung davon vermitteln, wann welche Technik zum ersten Mal in nennenswertem Ausmaß in der einschlägigen Diskussion zur Marketingforschung auftrat. Für eine allgemeinere zeitliche Einordnung der einzelnen Angaben sind zusätzlich mit einem Stern (⋆) gekennzeichnete bedeutende Ereignisse aus Wissenschaft und Technik aufgenommen worden.

vor 1910
• Direkte Beobachtung • Einfache Formen der Umfrage ⋆ Erster Motorflug (1903) ⋆ Veröffentlichung der speziellen Relativitätstheorie (1905)
1910 – 1919
• Verkaufsanalyse • Einfache (Betriebs-) Kostenanalyse • Gründung des „Bureau of Business Research" (USA, 1911) ⋆ Entwicklung des ersten Massenspektrographen (1919)

1920 – 1929
• Strukturierte Fragebogengestaltung • Survey-Techniken ⋆ Gründung des Instituts für Wirtschaftsbeobachtung (D, 1925) ⋆ Erste Tests von Flüssigkeitsraketen (1926)
1930 – 1939
• Stichprobenauswahl nach dem Quotenverfahren • Einfache Korrelationsanalyse • Distributionskostenanalyse • Absatzmessung in Verkaufsstellen des Einzelhandels • Gründung der GfK-Nürnberg (D, 1934) aus dem Inst. für Wirtschaftsbeobachtung ⋆ Erfindung des Radars (1935)
1940 – 1949
• Stichprobenauswahl nach wahrscheinlichkeitstheoretischen Methoden • Grundformen der Regressionsanalyse • Anwendung der schließenden Statistik in der Marketingforschung • Verbraucher- und Handelspanel ⋆ Herstellung der ersten elektronischen Rechenanlage (1944)
1950 – 1959
• Kognitive Motiv(ations)forschung • Anwendung von Methoden des Operations Research (1957) • Multiple Regressions- und Korrelationsanalyse • Experimentelles Design • Instrumentelle Einstellungsmessung ⋆ Erster künstlicher Satellit im Weltraum
1960 – 1969
• Faktoren- und Diskriminanzanalyse • Bayes'sche Analyse • Entscheidungstheorie in der Marketingforschung • Skalierungsmethoden in der Marketingforschung • Marketingsimulationsmodelle • Computerbasierte Marketinginformationssysteme • Multidimensionale Skalierung ⋆ Elektronische Datenverarbeitung in Unternehmen ⋆ Die ersten Menschen betreten den Mond (1969)
1970 – 1979
• Multidimensionale Skalierung in der Marketingforschung • Ökonometrische und stochastische Modelle des Käuferverhaltens • Clusteranalyse • Umfassende Marketingplanungsmodelle • Laborgestützte Testmarktsimulation (z.B. ASSESSOR und PERCEPTOR) • Konsumententypologien • Methoden der Positionierungsanalyse • Decision Calculus von *J. D. C. Little* (1970) • Erstes POS-Scanning bei *The Kroger & Co.* (USA) mittels UPC-Kodierung (1972) • Einführung der EAN-Kodierung in 13 europäischen Ländern (1977) ⋆ Erste Landung einer unbemannten Raumsonde auf dem Mars (1976)

1980 – 1989
• Kausalanalytische Strukturgleichungssysteme (z.B. LISREL)
• Computergestützte Befragungssysteme (z.B. CATI)
• Conjoint Measurement/–Analyse
• Life-Style-Analysen
• Decision Support-Systeme und Expertensysteme im Marketing
⋆ 1-Megabit-Chip erreicht Serienreife (1985)
1990 bis heute
• MADAKOM-Projekt[1] der Centrale für Coorganisation (D, 1991)
• Marketingforschungsapplikationen im Internet
• Neuronale Netze und Assoziationsregeln
• Stochastische Modelle des Wettbewerbsverhaltens
• Data Mining und Data Warehouse
• Knowledge Discovery in Databases
• Intelligente Agenten und Web Mining
⋆ Anzahl der WWW-Server übersteigt weltweit die 300.000-Grenze (1995)
⋆ Sojourner landet auf dem Mars (1997)

Tabelle 2.1: *Entwicklung der Marketingforschung und zeitgleiche Ereignisse in Wissenschaft und Technik*

Die mit einem Punkt (•) gekennzeichnete Zuordnung des erstmaligen Einsatzes der Instrumente zu den jeweiligen Dekaden bezieht sich – um dies ausdrücklich zu betonen – auf Anwendungen in der Marketingforschung. Beispielsweise sind Verfahren des Operations Research bereits im zweiten Weltkrieg zur Minimierung der Verluste alliierter Konvois durch die Angriffe deutscher Unterseeboote eingesetzt worden. In der Psychologie wurden Skalierungsverfahren von *Likert* bereits 1932 zur Einstellungsmessung eingesetzt und *Bowley* und *Burnett-Hurst* haben ein Random Sample-Verfahren zur Stichprobenauswahl bereits 1915 für eine Studie zur Armut in der Bevölkerung genutzt. Die zeitliche Zuordnung ist somit als Adaption einschlägiger Techniken in der Marketingforschung zu relativieren.

Zusammenfassend kann festgehalten werden, dass die frühen Phasen durch die schrittweise Aufnahme einschlägiger Vorgehensweisen aus „benachbarten" Disziplinen gekennzeichnet sind. Beginnend mit den Marketingsimulationsmodellen, dem Decision Calculus und der Testmarktsimulation wurden in der Marketingforschung aber auch eigenständige Modelle und Methoden entwickelt. Gleichzeitig verringerte sich der zeitliche Rückstand der Marketingforschung zu anderen Entwicklungen in Wissenschaft und Technik. Die Auseinandersetzung mit Expertensystemen erfolgt im Marketing weitgehend parallel zu anderen Wissenschaftsdisziplinen (vgl. *Decker, Gaul* (1990)). Heute ermöglichen z.B. „Virtual Reality"-Technologien das Testen von Neuproduktkonzepten, ohne dass die Produkte in physischer Form erstellt werden müssen (vgl. *Dahan, Srinivasan* (2000)), beispielsweise in der Form virtueller Car-Clinics[2] (vgl. *Erdmann* (1996)).

[1] **MADAKOM** steht für MArktDAtenKOMmunikation.

[2] In diesen werden neue Automobilprototypen hinsichtlich ihrer Akzeptanz bei den Konsumenten überprüft.

Bei der Bewertung der zeitlichen Abstände sind grundlegende Unterschiede in der naturwissenschaftlich-technischen Erkenntnisgewinnung und der empirischen Sozialforschung, zu der auch die Marketingforschung zu zählen ist, zu beachten. Während in der naturwissenschaftlich-technischen Forschung die Durchführung von Experimenten zur Überprüfung wissenschaftlicher Erkenntnisse respektive zur Aufdeckung von Irrtümern und somit die Bezugnahme zum realen Erkenntnisgegenstand eine vergleichsweise lange Tradition hat, wurde dies, wie *Maus* (1967) darlegt, in der empirischen Sozialforschung von bedeutenden Fachvertretern zunächst abgelehnt. Darüber hinaus besteht im sozialwissenschaftlichen Kontext oftmals das Problem, dass viele das menschliche Verhalten beeinflussende Faktoren nur schwerlich isoliert betrachtet werden können und der Marketingforscher sich daher mit der Erklärung eines gewissen Teils des beobachteten Verhaltens durch eine Theorie begnügen muss. Aber gerade der gezielte Methodeneinsatz und die konsequente Überprüfung aller Spekulationen, Hypothesen und Theorien qualifizieren die Marketingforschung als wissenschaftliche Disziplin und unterscheiden sie von der frühen, primär deskriptiven und an die Praxis gerichteten Handelsbetriebslehre. Analog zur naturwissenschaftlich-technischen Forschung können qualitative Überlegungen auf ihren Erklärungsgehalt für real beobachtetes Verhalten hin untersucht werden und im Falle der mehrfachen Bewährung auch die Ableitung von Empfehlungen für die Praxis rechtfertigen.

2.1.2 Formen der Marketingforschung

Die Ziele – und damit unmittelbar zusammenhängend natürlich auch die Einsatzgebiete – der Marketingforschung ergeben sich aus dem grundsätzlichen Informationsbedarf im Marketing. Je nach Planungsperspektive kann z.B. zwischen strategischer und operativer Informationsbeschaffung unterschieden werden. Die **strategische Marketingforschung** hat die langfristige Entwicklung von Märkten (z.B. im Hinblick auf deren Volumen, Wachstumsdynamik und Zusammensetzung) zur Absicherung strategischer Marketingentscheidungen zum Gegenstand. Auf betrieblicher Ebene können u.a. die Zukunftsperspektiven einzelner strategischer Geschäftseinheiten und/oder die langfristigen Marktchancen neuer Produktkonzepte im Mittelpunkt des Interesses stehen. Einen weiteren Schwerpunkt kann die Beobachtung und Auswertung von Frühwarnindikatoren, etwa zur rechtzeitigen Erkennung nachfragerelevanter Trends, darstellen. In diesem Zusammenhang beschreibt der Begriff des **Monitoring** die gezielte Suche nach spezifischen Informationen in genau abgegrenzten, entscheidungsrelevanten Bereichen. Im Gegensatz dazu bezeichnet man die offene Suche nach unternehmensinternen und -externen Signalen mit langfristiger Bedeutung als **Scanning**[3]. Instrumentelle Unterstützung bieten in der Praxis rechnerbasierte Marketinginformationssysteme.

[3] Der Begriff des Scanning im vorliegenden Kontext ist grundlegend von der optischen Datenerfassung im Einzelhandel mittels entsprechender Lesegeräte zu unterscheiden. Letzteres wird ebenfalls als Scanning bezeichnet und ist, wie in Kapitel 9 detailliert dargelegt wird, eine bedeutende Datenquelle in der Marketingforschung.

Sie umfassen, wie *Decker, Wagner* (2001d) ausführen, neben geeigneten Daten im Regelfall auch Implementationen korrespondierender Verfahren zu deren Analyse. *Wagner* (2001, S. 49 ff.) verdeutlicht in diesem Kontext die Notwendigkeit der systematischen, computergestützten Informationssammlung im Rahmen von „Competitive Intelligence"-Systemen auch für wettbewerbsbezogene Aspekte der strategischen Marketingforschung. Die **operative Marketingforschung** hingegen bezieht sich auf einen eng abgegrenzten zeitlichen Horizont und kann u.a. Informationen über die bisherige und gegenwärtige Wirkung von absatzpolitischen Maßnahmen und das Ausmaß des Erreichens gesteckter Marketingziele liefern. Die kurzfristige Prognose von Marketing-Mix-Wirkungen wird üblicherweise der operativen Marketingforschung zugeordnet.

In analoger Weise kann in Anlehnung an *Rogge* (1992, S. 25 f.) zwischen prospektiver, rekognoszierender (bestätigender) und retrospektiver Marketingforschung unterschieden werden. Ausgehend von in der Vergangenheit beobachteten Gesetzmäßigkeiten versucht die **prospektive Marketingforschung** mittels geeigneter Prognoseverfahren z.B. Informationen über das zukünftige Kaufverhalten von Konsumenten zu gewinnen. Eine mit Einschränkungen (vgl. Kapitel 16) geeignete Grundlage sind die zum gegenwärtigen Zeitpunkt in Bezug auf ein interessierendes Produkt geäußerten Kaufabsichten. Die **rekognoszierende Marketingforschung** zielt u.a. auf die Überprüfung bzw. Kontrolle laufender Marketingmaßnahmen im Hinblick auf deren Zielkonformität ab. Sie kann dabei helfen, aktuelle Marketingentscheidungen bezüglich ihrer möglichen Folgen zu beurteilen. Die **retrospektive Marketingforschung** schließlich befasst sich mit der Sammlung und Auswertung von marketingrelevanten Daten der Vergangenheit. Informationen dieser Art können neben ihrer rein deskriptiven Funktion auch den Ausgangspunkt bilden für die Ableitung von Gesetzmäßigkeiten hinsichtlich des Verhaltens der Marktteilnehmer. Hiervon ausgehend lassen sich dann wiederum z.B. quantitative Marktresponsemodelle entwickeln, die eine Beurteilung der Wirkung einzelner Marketingmaßnahmen in der Vergangenheit („Responsemessung") und die Generierung von Prognosen für die Zukunft ermöglichen.

Genau wie die zeitliche kann auch die geographische Dimension als Klassifikationskriterium für den Gegenstand der Marketingforschung verwendet werden. Üblicherweise wird zwischen nationaler und internationaler Marketingforschung unterschieden. Die **nationale Marketingforschung** zielt, wie der Begriff schon vermuten lässt, auf die Bereitstellung von Markt- und Käuferinformationen zum jeweils betrachteten Inland ab. Die **internationale Marketingforschung** hingegen richtet ihren Fokus auf den Prozess des Ex- und Imports von Gütern und Leistungen bis hin zur Bereitstellung von Informationen zur Entwicklung globaler, international standardisierter Marketingstrategien. Eine Besonderheit ist hierbei die häufig erforderliche Konzentration auf mehrere Märkte mit u.U. sehr heterogener Teilnehmerstruktur. Wie in Unterabschnitt 2.2.3 detailliert ausgeführt wird, sind in der internationalen Marketingforschung Anforderungen zu beachten, denen auf nationaler Ebene allenfalls sekundäre Bedeutung beigemessen wird.

Eine weitere Unterscheidung von Ausprägungsformen der Marketingforschung kann hinsichtlich des sachlichen Gegenstands vorgenommen werden. Einen Überblick über mögliche Systematisierungen von Konsum- und Industriegütern in der einschlägigen Literatur bietet Tabelle 2.2.

Klassifikation von Konsumgütern		Klassifikation von Industriegütern	
... nach der Nutzung	... nach dem Kaufverhalten	... nach dem Verwendungszweck	... nach dem Geschäftstyp
Verbrauchsgüter Gebrauchsgüter Dienstleistungen	Convenience goods Shopping goods Specialities	Anlagegüter Zubehör Halbfertigfabrikate Roh- und Betriebsstoffe	Zulieferergeschäft Systemgeschäft Anlagengeschäft Produktgeschäft

Tabelle 2.2: *Exemplarische Klassifikation von Gütern*

Im Mittelpunkt des Interesses der **Marketingforschung für Konsumgüter** steht die Gewinnung von Informationen über das Kauf- und Angebotsverhalten in Bezug auf Konsumgüter verschiedenster Ausprägung. Nach der Art ihrer Nutzung werden, wie in der Tabelle dargestellt, Verbrauchsgüter, Gebrauchsgüter und Dienstleistungen unterschieden. Verbrauchsgüter sind Güter, die im Normalfall im Laufe eines einzigen oder einiger weniger Verwendungseinsätze aufgebraucht werden (z.B. Lebensmittel oder Treibstoffe). **Gebrauchsgüter** sind Güter, die sich für wiederholte Verwendungseinsätze eignen (z.B. Haushaltseinrichtungen oder Fahrzeuge). **Dienstleistungen** werden als augenblickliche (z.B. Beratungen oder medizinische Behandlungen) oder zukünftige (z.B. im Falle von Versicherungen) Leistungen angeboten. Hinsichtlich des Kaufverhaltens ist eine Unterscheidung in Güter des täglichen Bedarfs („Convenience goods"), wie z.B. Lebensmittel oder Haushaltskurzwaren, Güter des gehobenen Bedarfs („Shopping goods"), wie z.B. Schuhe oder Haushaltsgeräte, und Spezialitäten („Speciality goods"), wie z.B. Schmuck oder exklusive Kleidung, möglich.

Die **Marketingforschung für Industriegüter**[4] zielt analog auf die Beschaffung von Informationen über das Kauf- und Angebotsverhalten gewerblich tätiger Organisationen ab. Industriegüter sind dadurch gekennzeichnet, dass sie von den Käufern entweder dazu verwendet werden, Güter oder Leistungen für die Fremdbedarfsdeckung zu erstellen, oder, dass sie (unverändert) an Dritte weiterveräußert werden.[5] Industriegütermärkte zeichnen sich durch ihre in aller Regel vergleichs-

[4] In der deutschsprachigen Fachliteratur ist der synonym gebrauchte Begriff des Investitionsgütermarketing weit verbreitet. Gelegentlich wird das Industriegütermarketing auch mit dem Business-to-Business-Marketing aus der anglo-amerikanischen Literatur gleichgesetzt. Tatsächlich reicht das Business-to-Business-Marketing jedoch weiter, da es, wie *Backhaus* (1997) ausführt, auch Geschäftsbeziehungen zwischen unterschiedlichen Handelsstufen, beispielsweise die Belieferung des Einzelhandels durch den Großhandel, umfasst.

[5] Zur Vertiefung dieser Thematik sei z.B. auf *Engelhardt* (1995, Sp. 1056 ff.) oder *Backhaus* (1997) verwiesen.

weise geringe Anzahl an Teilnehmern und die damit einhergehende hohe Transparenz aus. Dies wirkt sich (im Gegensatz zu den oftmals nachfragerseitig atomistisch strukturierten Konsumgütermärkten) positiv auf die Datenerhebung aus. Zu einer wahren Herausforderung kann indessen die häufig zu beobachtende Sensibilität der Beteiligten insbesondere im Zusammenhang mit der Beschaffung wettbewerbsrelevanter Informationen werden.

Unter methodischen Gesichtspunkten kann die Marketingforschung in Anlehnung an *Malhotra* (1999, S. 16 f.) in die Bereiche Aufgabenidentifikation („Problem identification research") und Aufgabenlösung („Problem solving research") unterteilt werden. Die Aufgabenidentifikation zielt auf die Bestimmung und Charakterisierung von Aufgaben ab, derer man sich bisher vielleicht noch nicht oder zumindest noch nicht in ausreichendem Maße bewusst gewesen ist, bzw. die in Zukunft u.U. in Erscheinung treten könnten. Der Autor nennt in diesem Zusammenhang die Marktpotenzialforschung, die Marktanteilsforschung, die Imageforschung, die Erforschung von Marktcharakteristika, die Absatzanalyse und die Prognose von Absatz- und Geschäftsverläufen. Die Aufgabenlösung umfasst u.a. die Segmentierungsforschung (z.B. die Bestimmung von Zielmärkten oder Lebensstilprofilen), die Produktforschung (z.B. die Durchführung von Neuprodukttests oder die Bestimmung potenzieller Neuproduktpositionen), die Preisforschung (z.B. die Messung der individuellen Preisresponse oder die Berechnung aussagekräftiger Preiselastizitäten) und die Distributionsforschung (z.B. die Bestimmung der Images unterschiedlicher Absatzmittler oder der Distributionsintensität in einzelnen Produktbereichen). Die Aufgabenidentifikation dient somit der Konkretisierung des eigentlichen Untersuchungsgegenstands und geht der Aufgabenlösung voraus. Eine Zuordnung einzelner Methoden der Marketingforschung erscheint nicht sinnvoll.

Darüber hinaus sind folgende begriffliche Abgrenzungen in der einschlägigen Literatur etabliert:

Primärforschung versus Sekundärforschung[6]

Gegenstand der Primärforschung ist die Erschließung, Beschaffung und Aufbereitung neuer Daten, z.B. im Rahmen von Kundenbefragungen. Bei der Sekundärforschung beschränkt man sich auf die Erschließung, Beschaffung und Aufbereitung bereits vorhandener Daten, z.B. in Form von Vertreterberichten.

Institutsgebundene versus innerbetriebliche Marketingforschung

Die institutsgebundene Marketingforschung wird in aller Regel von kommerziell ausgerichteten Marktforschungsinstituten ausgeführt. Diese werden in das gesamte Spektrum unterschiedlicher Leistungen der Marketingforschung abdeckende **Vollserviceinstitute** und **Spezialinstitute** mit besonderen Kompetenzen, z.B. in der Erforschung des Kaufverhaltens von Senioren oder

[6] Korrespondierende Termini sind Feldforschung („Field research") und Schreibtischforschung („Desk research").

in der Behandlung von Internetfragestellungen, unterteilt. Die innerbetriebliche Marketingforschung ist das betriebliche Pendant zu den Instituten, wobei die für die Marketingforschung abgestellten Mitarbeiter u.U. davon profitieren können, dass sie sich über Jahre hinweg mit denselben Märkten beschäftigen. Eine detaillierte Erörterung der Umstände, die für oder gegen den Unterhalt einer eigenen Abteilung für Marketingforschung sprechen, erfolgt in Abschnitt 2.1.3.

Herstellerbezogene versus handelsbezogene Marketingforschung

Im Mittelpunkt der herstellerbezogenen Marketingforschung steht die Informationsbereitstellung für die Hersteller von Gütern und Leistungen, z.B. im Kontext der Neuproduktentwicklung. Die handelsbezogene Marketingforschung ist in analoger Weise auf groß- oder einzelhandelsspezifische Fragestellungen ausgerichtet, z.B. auf die Messung der Kundenzufriedenheit oder die Beobachtung des Kundenlaufverhaltens in einer Einkaufsstätte.

Exploratorische versus konfirmatorische Marketingforschung

Ziel der exploratorischen Marketingforschung ist die Aufdeckung a priori unbekannter Marktstrukturen und Verhaltensmuster zum Zweck eines zusätzlichen Erkenntnisgewinns. Bei der konfirmatorischen Marketingforschung steht die empirische Überprüfung bereits vorliegender Hypothesen über das Markt- und Käuferverhalten im Mittelpunkt.

Kommerzielle versus nicht-kommerzielle Marketingforschung

Eine kommerzielle Zielsetzung der Aktivitäten ist bei institutsgebundenen Formen in direkter und bei der innerbetrieblichen Marketingforschung zumindest in indirekter Form gegeben. Nicht-kommerzielle Marketingforschung umfasst die einschlägigen Aktivitäten nicht-kommerzieller Einrichtungen, z.B. dergestalt, dass die Mitarbeiter eines universitären Marketinglehrstuhls zum Zweck des wissenschaftlichen Erkenntnisgewinns eigenständig Marktuntersuchungen vornehmen.

2.1.3 Stellung der Marketingforschung innerhalb des Marketing

Die Stellung der Marketingforschung innerhalb des betrieblichen Marketing hängt von verschiedenen Faktoren ab, die im Folgenden dargestellt werden sollen:

Aktionsfeld

Ist ein Unternehmen z.B. auf einem oder mehreren Konsumgütermärkten aktiv, so wird es sich in aller Regel einem großen, mehr oder weniger anonymen Kreis von Nachfragern (Konsumenten, privaten Haushalten), aber auch zumeist einer größeren Anzahl von Konkurrenten gegenübersehen. Häufig werben auf solchen anbieterseitig polypolistisch oder doch zumindest oligopolistisch strukturierten Märkten sehr viele Marken um die Gunst ihrer Käufer. Man denke beispielsweise an die

Märkte für Rauchtabake oder Erfrischungsgetränke. Gleichzeitig sind diese Märkte durch die regelmäßige Einführung neuer Marken, aber auch das Aufgeben bereits im Markt vertretener Marken gekennzeichnet. So komplex sich solche Märkte in ihrer Struktur und Zusammensetzung darstellen, so aufwendig gestaltet sich auch die Informationsbeschaffung über sie. Zumeist ist diese nur in stichprobenartiger Weise und mit beträchtlichem finanziellen und/oder organisatorischen Aufwand möglich.

Im Industriegütermarketing findet man indes eine andere Situation vor. Die Mehrstufigkeit solcher Märkte, d.h. die Tatsache, dass dem unmittelbaren Abnehmer der von einem Anbieter bereitgestellten Leistungen in der Regel weitere Marktstufen folgen, die über den letztendlichen Markterfolg des Industriegüteranbieters (mit-) entscheiden, erschwert die Beschaffung geeigneter Marketinginformationen. Bei Einzelfertigungen (z.B. im Großgerätebau) oder Systemgeschäften (z.B. im Bereich der Computer- und Nachrichtentechnik) ist darüber hinaus zu beachten, dass die Individualität der jeweiligen Problemstellung und des damit korrespondierenden Informationsbeschaffungsproblems den Einsatz „klassischer" Instrumente der Marketingforschung u.U. einschränken. Gleichzeitig erlaubt die überschaubare Anzahl der Anbieter und Nachfrager nicht selten die Durchführung von Vollerhebungen. So bieten sich zur Datenerhebung beispielsweise persönliche Befragungen im Rahmen von Messeveranstaltungen an. Einen detaillierten Überblick über Besonderheiten der quantitativen und der qualitativen Nachfrageanalyse im Industriegütermarketing bietet *Backhaus* (1997, S. 49 ff.).

Absatzstufe

Nach wie vor konzentrieren sich die meisten Beiträge zu Fragestellungen der Marketingforschung auf die Perspektive der Hersteller abgepackter Produkte des täglichen Bedarfs. Die weiteren Ausführungen in diesem Buch werden ebenfalls überwiegend dieser Perspektive folgen.

Abhandlungen mit Bezug auf die Marketingforschung für den Groß- und Einzelhandel finden sich in der Literatur bereits vergleichsweise früh. Der Begriff des Marketing und somit auch der Marketingforschung ist hingegen erst relativ spät aus der anglo-amerikanischen Literatur übernommen worden. *Seÿffert* (1951, S. 412 ff.) etwa umschreibt die Aufgaben der „Markterkundung" als Bestimmung des Marktfelds, als Bedarfs- und Konsumanalyse sowie als Waren-, Werbe- und Absatzanalyse. Auch die in der modernen Marketingforschung etablierte Unterteilung in Sekundär- und Primärforschung findet sich unter Begrifflichkeiten wie „kritisches Exzerpieren eigener und fremder Quellmaterialien" sowie „spezielle Befragungen im Markte selbst". Die Beobachtung als Instrument zur Informationsgewinnung im Handelskontext wird bereits in den Lehrbüchern von *Ruberg* (1932) und *Kosiol* (1932) behandelt. Die in der Literatur vorgestellten frühen Beispiele standardisierter Fragebögen – entsprechende Vorschläge finden sich z.B. bei *Seÿffert* (1929, S. 429 ff.) – sind inhaltlich allerdings primär auf den Informationsbedarf der Hersteller ausgerichtet. Hinsichtlich der Datenauswertung verweist bereits *Seÿffert* (1951, S. 415 ff.) auf die Vorteile der Anwendung von Methoden aus der Statistik, so dass dieser Teil der Handelsforschung durchaus als ein historischer Vorgänger der modernen Marketingforschung angesehen werden kann. Auch sind im Kontext der Handelsforschung bereits recht früh eigenständige Modelle, beispielsweise zur Beschreibung der Verbundbeziehungen in Warenkörben (vgl. *Hauzeneder* (1975) und *Böcker* (1978)) oder zur Bestimmung optimaler Standorte von Einkaufsstätten (vgl. *Huff* (1964)), entwickelt worden. Darüber hinaus wurden Methoden zur Beantwortung spezifischer Fragestellungen, wie beispielsweise das „Mental Mapping" von Supermärkten (vgl. *Sommer, Aitkens* (1982)), vorgestellt. Gleichwohl mangelt es derzeit noch an geschlossenen Abhandlungen zur Marketingforschung für Handelsbetriebe. *Berekoven* (1995, S. 368) stellt im Hinblick auf Anwendungen in der Praxis fest: „Es fehlt an Know-how, es fehlt das Geld, und nicht zuletzt mangelt es an Einsichten in die Notwendigkeit einer gezielten und systematischen Informationsgewinnung."

Dennoch wird den Aufgaben und Methoden der Marketingforschung in der Literatur zur Handelsbetriebslehre in den letzten Jahren vermehrt Aufmerksamkeit geschenkt. Einer der Gründe dürfte in der zunehmenden Penetration der elektronischen Datenverarbeitung im Einzelhandel und den damit einhergehenden Möglichkeiten der Datenerfassung und -auswertung zu sehen sein.

Vergleichsweise umfassende Abhandlungen zur praktischen Marketingforschung im Handel haben *Heemeyer* (1981) und *Maurer* (1993) vorgelegt. Überlegungen zum Einsatz quantitativer Methoden und Modelle mit datenanalytischem Hintergrund sind auch heute noch eher die Ausnahme. Interessante Ansatzpunkte in dieser Richtung finden sich im deutschen Sprachraum in erster Linie bei *Müller-Hagedorn* (1998), einigen auf unterschiedliche Spezialprobleme zugeschnittenen Dissertations- und Habilitationsschriften sowie in dem von *V. Trommsdorff* herausgegebenen Jahrbuch der Forschungsstelle für den Handel, Berlin, und den Mitteilungen des Instituts für Handelsforschung an der Universität zu Köln. Das Jahrbuch bietet darüber hinaus einen Literaturdienst zur Handelsforschung, in dem Forschungsergebnisse aus nationalen und internationalen Zeitschriften, Sammelbänden und aktuellen Dissertationen vorgestellt werden.

Vor allem die wissenschaftliche Auseinandersetzung mit Möglichkeiten der absatzpolitischen Nutzung von Scannerdaten stellt heute einen Schwerpunkt der quantitativen Marketingforschung im Einzelhandel dar. In jüngster Vergangenheit sind insbesondere Data Mining-Ansätze zur Auswertung großer Mengen von POS-Scannerdaten in den Mittelpunkt des wissenschaftlichen und praktischen Interesses gerückt. Beispiele und Anwendungshinweise hierzu finden sich z.B. bei *Decker et al.* (1998), *Säuberlich* (2000) und *Decker, Wagner* (2001a,b).

Produktprogramm bzw. Sortiment

Betrachtet man die Marketingforschung aus produktprogramm- bzw. sortimentspolitischer Sicht, so zeigen sich gravierende Unterschiede in der Anwendbarkeit verfügbarer Instrumentarien und der Fokussierung einschlägiger wissenschaftlicher Bemühungen. Als relativ ausgereift können z.B. die Möglichkeiten zur Informationsbeschaffung im Zusammenhang mit der Vermarktung von Einzelprodukten für Massenmärkte bezeichnet werden. Wesentlich bescheidener fällt hingegen das Spektrum an Möglichkeiten in Bezug auf ganze Produktprogramme (Herstellerperspektive) bzw. Sortimente (Handelsperspektive) aus. Im zuerst genannten Fall verdienen z.B. die in den letzten Jahren verstärkt vorangetriebenen Entwicklungen zur Unterstützung von Produktlinienentscheidungen[7] besondere Beachtung. Die datengestützte Vorbereitung von Planungsentscheidungen auf Sortimentsebene ist z.B. Gegenstand der seit Mitte der neunziger Jahre intensiver geführten Diskussionen zu Möglichkeiten der Warenkorbanalyse im Rahmen des Category Management („Warengruppenmanagement").

Unternehmensgröße

Der maßgeblich von *Williamson* (1975) entwickelte institutionenökonomische Transaktionskostenansatz bietet einen geeigneten Bezugsrahmen für die Erläuterung der Stellung der Marketingforschung in Abhängigkeit von der Größe eines Unternehmens. Werden Institute mit den Aufgaben der Marketingforschung betraut, so fallen externe Transaktionskosten an. Hierbei handelt es sich um Kosten für die Anbahnung, den Abschluss, die Überwachung und die Durchsetzung eines entsprechenden Kooperationsabkommens. Als korrespondierende interne Transaktionskosten im Falle einer unternehmensinternen Marketingforschung nennen *Gümbel, Woratschek* (1995) die Kosten für die Information, Koordination, Kontrolle und Kommunikation innerhalb des Unternehmens. Bei größeren Unternehmen zählt die Marketingforschung zu den regelmäßig zu bewältigenden Aufgaben, für die in vielen Fällen eigene Abteilungen eingerichtet werden. Bei kleineren Unternehmen ohne eine solche Abteilung sind die Kosten der Informationsbeschaffung auf Basis der Kompetenzen einzelner Mitarbeiter zu prüfen. Dabei ist zu beachten, dass die Kosten für die Koordination aller Aktivitäten des Forschungsprozesses bei nicht-standardisierten Abläufen überproportional anwachsen können. Darüber hinaus ist die Leistungskontrolle bei Unternehmen mit wenig Mitarbeitern problematisch, da für eine Kontrolle im eigentlichen Sinne zumindest zwei Personen (der ausführende und der kontrollierende) über entsprechendes Methodenwissen verfügen sollten. Auch die Kommunikation der Ergebnisse ist durch die Reputation eines externen und in Bezug auf die innerbetrieblichen Interessenlagen neutralen Instituts oftmals einfacher. Die Tendenz zum externen Bezug aller Leistungen der Marketingforschung mit abnehmender Unternehmensgröße erscheint somit durchaus rational begründbar.

Unter informationsökonomischen Gesichtpunkten weist *Kaas* (1990) auf den Zusammenhang zwischen Informationskosten und „Moral Hazard" (Verschweigen von Qualitätsmängeln) hin. Die Gefahr von Mängeln im Untersuchungsdesign, fehlerhaften Stichprobendefinitionen, unsachgemäßen Methodeneinsätzen oder Fehlinterpretationen der Resultate aufgrund mangelnder Professionalität auf Seiten der Mitarbeiter, die bei kleinen Unternehmen oftmals eine Vielzahl weiterer Aufgaben zu bewältigen haben, verstärken den Trend zur externen Vergabe. Marketingfor-

[7] Zur Vertiefung dieser Thematik sei z.B. auf *Dobson, Kalish* (1988), *Aust* (1996) und *Decker, Bornemeyer* (2000) verwiesen.

schung ist aber auch Vertrauenssache, was viele Institute dazu bewegt, durch den Verweis auf bekannte Referenzkunden, die Mitgliedschaft in einschlägigen Berufsverbänden sowie zunehmend auch durch ISO-Zertifizierung Qualität zu signalisieren.

Zielgruppe

Betrachtet man die Marketingforschung aus dem Blickwinkel der von einem Unternehmen anvisierten Zielgruppe, so bietet die Transaktionskostentheorie wiederum einen geeigneten Rahmen zur Bewertung. Das entscheidende Kriterium ist die Frage, ob es sich um einen sehr speziellen, also einmaligen, oder einen mehrfach auftretenden Informationsbedarf handelt. In der Terminologie der Transaktionskostentheorie ist dies die „Spezifität“ einer Aufgabe (vgl. *Picot* (1989)). Für den Fall des wiederholt auftretenden Informationsbedarfs, etwa der Analyse des Images konkurrierender Produkte des täglichen Bedarfs, haben zumindest die größeren kommerziellen Institute vielfach bewährte standardisierte Dienstleistungen im Angebot. Handelt es sich hingegen nicht um einen Massenmarkt, sondern um einen speziellen Kreis von Nachfragern oder Güter mit besonderen Eigenschaften, etwa Perücken oder spezielle Medikamente, so sind von der Marketingforschung auch spezielle Leistungen zu erbringen. Gleiches gilt auch für die Vermarktung von technologischen Innovationen, für die zumindest in der Einführungsphase zumeist nur bestimmte Käuferschichten in Betracht kommen. In solchen Fällen ist z.B. der Aufbau einschlägiger Adressenkarteien zur Stichprobenbildung und die Entwicklung geeigneter Befragungsstrategien mit vergleichsweise hohem Aufwand verbunden.

Grundlegend gilt, dass der externe Zukauf von Marketingforschungsleistungen um so attraktiver wird, je geringer die Spezifität der zu behandelnden Problemstellung ist. So können beispielsweise kleinere Handwerksbetriebe die Aufgaben der Marketingforschung in der Regel bedenkenlos an die jeweiligen Handwerksinnungen delegieren, wenn sich die Präferenzen der Kunden eines Betriebs nicht oder kaum von denen eines anderen im selben Kammerbezirk unterscheiden. Der einzelne Betriebsinhaber kann sich in diesem Fall auf die Auswertung einschlägiger Mitteilungen von Verbänden, Industrie- und Handelskammern oder Innungen im Sinne einer Sekundäranalyse beschränken. Gleichwohl kann sich, wie *Decker et al.* (2000) aufzeigen, für einen Existenzgründer, der beispielsweise eine technologische Innovation vermarkten möchte, durchaus die Notwendigkeit der Durchführung eigener Primäruntersuchungen ergeben. Bezeichnet man die bisher nur aus dem Blickwinkel der Unternehmensgröße betrachtete Häufigkeit, mit der Leistungen der Marketingforschung zur betrieblichen Entscheidungsunterstützung herangezogen werden, als Intensität, so resultiert das in Tabelle 2.3 dargestellte Spannungsfeld aus Intensität und Spezifität der betrieblichen Marketingforschung.

Aus der Tabelle wird noch einmal das Dilemma kleinerer Unternehmen offensichtlich, falls sich diese mit ihren Produkten oder Dienstleistungen an eine sehr spezielle Zielgruppe richten. Ihnen kann nur bei Problemstellungen geringer Spezifität in uneingeschränktem Maße zum Beauftragen eines externen Instituts geraten werden. Ist die Spezifität hingegen hoch, so sollten die zu prüfenden Hypothe-

		Spezifität der Aufgabe	
		gering	hoch
Intensität der Durchführung	gering	Betrauung eines externen Instituts	Kooperative Abwicklung mit einem oder mehreren Instituten
	hoch	Betrauung eines externen Instituts oder Abwicklung durch eine eigene Abteilung	Abwicklung durch eine eigene Abteilung

Tabelle 2.3: *Spannungsfeld aus Intensität und Spezifität der Marketingforschung*

sen und das Untersuchungsdesign von den Mitarbeitern des Unternehmens nach Möglichkeit selbst entwickelt oder doch zumindest maßgeblich mitgestaltet werden. Die Umsetzung in Fragebögen, die Durchführung der Datenerhebung und -auswertung sowie die Kommunikation der aus der Datenauswertung gewonnenen Resultate kann hingegen an ein externes Institut vergeben werden. Die Mitarbeiter des betreffenden Unternehmens repräsentieren in diesem Fall einen Bestand an „aufgabenspezifischen Qualifikationen", die nur mit vergleichsweise hohen Transaktionskosten extern zu beschaffen sind. Treten in einem Unternehmen Marketingforschungsaufgaben von hoher Spezifität mit hoher Intensität auf, so erscheint die Einrichtung einer eigenen Abteilung und somit die Bündelung der Kompetenzen sinnvoll. Sind die Aufgaben hingegen von geringer Spezifität und treten sie mit vergleichsweise hoher Intensität auf, so ist abzuwägen, ob eher durch extern oder durch intern organisierte Marketingforschung Vorteile aus den „Economies of Scale and Scope" realisiert werden können.

Für externe Institute sprechen beispielsweise ...	Gegen externe Institute sprechen beispielsweise ...
• die umfassende Kenntnis des verfügbaren Methodenspektrums, • die vorhandene Erfahrung aus ähnlichen Projekten, • die Kompetenz in Bezug auf Datenerhebung und Datenerfassung, • die Erfahrung in der projektbezogenen Kosten- und Zeitplanung, • die Kostenvorteile bei Nutzung von Standardangeboten und • die emotionale und organisatorische Unabhängigkeit.	• die geringe Vertrautheit mit den zu lösenden Problemen, • die möglichen interpersonellen oder kommunikativen Probleme, • die Gefahr gewinn- statt qualitätsorientierter Auftragsabwicklung, • die Gefahr von Folgerisiken im Falle von Indiskretion, • die Kostennachteile bei Insellösungen und Sonderwünschen und • die fehlende/geringe Identifikation mit den spezifischen Unternehmensinteressen.

Tabelle 2.4: *Gründe für und gegen die Externalisierung der betrieblichen Marketingforschung*

Neben diesen vornehmlich kostenbezogenen Kriterien ist zu beachten, dass der ausschließlich externe Bezug von Informationen aus der Marketingforschung die Gefahr einer Angleichung des Wissenstands an den der Wettbewerber mit sich bringt. *Kaas* (1990, S. 541) hebt in diesem Zusammenhang zu Recht hervor, dass die bessere Kenntnis der Nachfrager, mit dem Ziel, diese auch besser bedienen zu können als die Konkurrenz, essenzieller Bestandteil des Marketing ist.

Allgemeine Gründe für und gegen die externe Vergabe von Marketingforschungsaufgaben enthält die an *Berekoven et al.* (1999, S. 39) angelehnte Tabelle 2.4. Zumindest was die Durchführung von Primärerhebungen angeht, zeichnet sich in den letzten Jahren eine gewisse Tendenz zur Externalisierung von Marketingforschungsleistungen ab.

2.1.4 Organisationsformen der externen Marketingforschung

Hinsichtlich ihrer generellen Funktionalität lassen sich drei Typen von externen Leistungserstellern unterscheiden, und zwar die „klassischen" kommerziellen Marktforschungsinstitute, einschlägige kommerzielle Information Broker und nicht-erwerbswirtschaftlich organisierte Einrichtungen mit mehr oder weniger stark ausgeprägten Informationsbereitstellungsfunktionen. Im deutschsprachigen Raum und in den USA kommt, gemessen am Umsatz, dem zuerst genannten Typ die größte Bedeutung zu.

Bei den **kommerziellen Marktforschungsinstituten** unterscheidet man, wie bereits auf S. 21 kurz erwähnt, üblicherweise zwischen Vollservice- und Spezialinstituten. Nach *Malhotra* (1999, S. 16 ff.) und *Tull, Hawkins* (1993, S. 16 ff.) können die von **Spezialinstituten** erbrachten Serviceleistungen wiederum untergliedert werden in kundenindividuelle Services, Feldservices, Gemeinschaftsservices („Syndicated services") und Datenanalyseservices. Ein **kundenindividueller Service** liegt vor, wenn das beauftragte Institut den Kunden bei der Entwicklung und Durchführung eines kompletten Marketingforschungsprojekts unterstützt. Diese Art der Inanspruchnahme von Marketingforschungsdiensten bietet sich besonders für Unternehmen mit kleiner oder fehlender Marketingforschungsabteilung an. Aber auch für andere Unternehmen sind die Dienste nützlich, falls sich das Unternehmen einem neuen Typ von Aufgabenstellungen gegenübersieht oder „veraltete und verkrustete" Denkstrukturen in den betreffenden Abteilungen aufbrechen möchte. **Feldserviceinstitute** haben sich auf die Erhebung und Erfassung von Daten (z.B. in Form von persönlichen Fokusgruppen-Interviews) spezialisiert. **Gemeinschaftsserviceinstitute** schließlich sammeln Informationen, die sie denjenigen Unternehmen zur Verfügung stellen, mit denen entsprechende Abonnementabkommen bestehen. Typische Beispiele sind Fernsehpanels, die in regelmäßigen Abständen Informationen über das TV-Nutzungsverhalten der teilnehmenden Haushalte liefern. Potenzielle Abonnenten solcher Informationen sind z.B. Fernsehanstalten sowie Werbeagenturen mit TV-Engagement.

Information Broker sind Personen oder Agenturen, die sich darauf spezialisiert haben, ihren Kunden gegen Bezahlung aufgabenspezifische Informationen zu beschaffen oder den Zugang zu diesen herzustellen.[8] Eine wichtige Datenquelle für diese Form der Marketingforschung sind nationale und internationale (Online-) Datenbanken. Ihre Erfahrung mit solchen Einrichtungen versetzt Information Broker in die Lage, die benötigten Informationen oftmals schneller aufzufinden und zu extrahieren, als dies „Datenbank-Laien" möglich wäre. In Einzelfällen übernehmen Information Broker auch die Auswertung der Daten. Je mehr Informationen global zugänglich werden, desto schwieriger wird es, die viel zitierte „Stecknadel im Heuhaufen" zu finden. Durch den gezielten Einsatz der mittlerweile in beachtlicher Anzahl und Qualität verfügbaren Internet-Suchdienste können aber auch qualifizierte Abteilungen innerhalb größerer Unternehmen Information Broker-Funktionen übernehmen.

Zu den **nicht-erwerbswirtschaftlich organisierten Einrichtungen** lassen sich z.B. die an Hochschulen angesiedelten Lehr- und Forschungseinrichtungen zählen, die im Rahmen eigener Forschungsvorhaben Marketingforschungsprojekte in Kooperation mit Unternehmen durchführen. Funktion und Ausstattung dieser Einrichtungen bringen es mit sich, dass eine solche Zusammenarbeit nur dann für beide Seiten von wirklichem Interesse sein kann, wenn die Bearbeitung innovativer Aufgaben bei gleichzeitig eher geringem Datenbeschaffungs- und -erfassungsaufwand im Vordergrund steht.

In Tabelle 2.5 sind die Top 10 Anbieter der kommerziellen Marketingforschung in Europa auf Basis der Angaben in *Bates* (2000) zusammengestellt. Die ebenfalls dargestellten weltweiten Erlöse aus Leistungen der Marketingforschung sowie die Nation des Hauptsitzes der jeweiligen Unternehmen vermitteln einen Eindruck von dem in dieser Branche mittlerweile erreichten Ausmaß an Globalisierung.

Name	Zentrale	Europäische Erlöse 1999 (Mio. Euro)	Weltweite Erlöse 1999 (Mio. US$)
A.C. Nielsen Corp.	USA	488	1.524
IMS Health Inc.	USA	479	1.276
TN Sofres plc	UK	422	601
The Kantar Group	UK	408	774
GfK Group AG	D	315	414
NFO Worldwide Inc.	USA	197	547
IPSOS Group S.A.	F	173	246
Information Resources Inc.	USA	117	546
United Information Group Ltd.	UK	106	246
Sample Institut GmbH & Co KG	D	51	59

Tabelle 2.5: *Top 10 der kommerziellen Marktforschungsunternehmen in Europa*

[8] Zunehmend bieten auch konventionelle Unternehmensberatungen solche Leistungen an.

Bezogen auf den bundesdeutschen Markt ist die GfK-Gruppe der umsatzstärkste Anbieter[9], gefolgt von Infratest und Nielsen. Den Angaben von *Bates* (2000) folgend belegten die bundesdeutschen Anbieter 1999 im innereuropäischen Ranking mit 24,5 % Marktanteil den zweiten Platz hinter den britischen Anbietern mit 27,6 % und gefolgt von den französischen Wettbewerbern mit 17,6 %. Der deutsche Markt ist mit 34,9 % Marktanteil am gesamteuropäischen Markt, gefolgt vom britischen mit 29,0 % und französischen mit 11,0 %, der bedeutendste europäische Markt für kommerzielle Leistungen der Marketingforschung.

Der europäische Markt für Leistungen der Marketingforschung ist im Vergleich von 1996 und 1997 um 15 %, von 1997 und 1998 um 12 % und von 1998 und 1999 um 10 % inflationsbereinigt gewachsen. In den zum Betrachtungszeitpunkt noch nicht zur europäischen Union gehörenden osteuropäischen Staaten lag das Wachstum durchweg höher, wobei das geringere Basisniveau zu beachten ist. In Polen beispielsweise betrug das Wachstum von 1998 bis 1999 immerhin 23 %.

Im europäischen Durchschnitt entfielen 54 % der Aufwendungen auf die „ad hoc"-Forschung, also Studien zu einem speziellen Informationsbedarf im Marketingmanagement. Davon flossen $\frac{4}{5}$ in die Anwendungen quantitativer und $\frac{1}{5}$ in Anwendungen qualitativer Methoden der Marketingforschung. Die verbleibenden 46 % wurden für kontinuierliche Aktivitäten der Marketingforschung aufgewandt, wobei mehr als die Hälfte auf die Panelforschung und somit wiederum auf ein Teilgebiet der quantitativen Marketingforschung entfielen.

In Anbetracht des großen Interesses der Managementpraxis an der Marketingforschung ist auch ihre Auswirkung auf den Unternehmenserfolg zu hinterfragen. Der kausale Zusammenhang zwischen einer verbesserten Informationslage bei der Entscheidungsfindung, den folglich besseren Entscheidungen und dem somit höheren Unternehmenserfolg wird in vielen Publikationen postuliert und erscheint auch intuitiv plausibel. Der empirische Nachweis dieses Zusammenhangs gelingt jedoch nicht ohne weiteres, wie beispielsweise die Studie von *Hart, Diamantopoulos* (1993) belegt. Vielmehr ist die systematische Nutzung von Möglichkeiten der modernen Marketingforschung elementarer Bestandteil der Führung eines Unternehmens entsprechend der Marktgegebenheiten (vgl. *Slater, Narver* (1995)). *Raguragavan et al.* (2001) haben in ihrer Arbeit mehrere Faktoren herausgearbeitet, die die Nutzung der Marketingforschung durch Unternehmen determinieren. Neben den Nutzenabwägungen im Hinblick auf gegenwärtige Entscheidungen sind auch die Rechtfertigung früherer Entscheidungen und die Wissenserweiterung im Sinne des organisationalen Lernens von Bedeutung (vgl. *Barabba, Zaltman* (1991, S. 249 ff.)). In Anlehnung an *Kortam et al.* (1999) können die „funktionale" Nutzung im Kontext von Simulationen und Prognosen, die „wissenserwerbsbezogene" und die „symbolische" Nutzung zur Absicherung von Entscheidungen im Sinne der Reduktion von Unsicherheit unterschieden werden.

[9]Die Angaben entstammen einem Vortrag von H. Scheffler (Geschäftsführer der EMNID GmbH & Co. KG, dem derzeit siebtgrößten Anbieter in der Bundesrepublik) an der Universität Bielefeld.

2.1.5 Marketingforschung und Ethik

Eine im Zusammenhang mit der Marketingforschung immer wieder aufgeworfene Frage ist die nach der Akzeptierbarkeit der Methoden und Resultate vor dem Hintergrund allgemein vertretener ethischer Werte.[10] Die Diskussion reicht vom generellen Recht eines jeden auf Unantastbarkeit seiner Privat- und Intimsphäre bis hin zur Ächtung von Forschungspraktiken, die sich auf die Vermarktung von umweltbelastenden (z.B. Automobile) oder gesundheitsschädigenden (z.B. Zigaretten) Produkten beziehen. In unmittelbarem Zusammenhang damit steht die Forderung nach einem verantwortungsvollen Umgang mit den durch die Marketingforschung gewonnenen Erkenntnissen, und zwar vor allem dann, wenn es um die Umsetzung problematischer Marketingkonzepte geht. Die Orientierung an gewissen, allgemein akzeptierten ethischen Grundsätzen kommt nicht nur den betroffenen Untersuchungspersonen, sondern auch den Marketingforschung betreibenden Institutionen selbst zugute, da – wie *Kimmel* (1999) betont – auf diese Weise einer sich ausbreitenden Unlust zur Teilnahme an Untersuchungen nachhaltig vorgebeugt werden kann.

Ethischen Belangen sollte sowohl in den Beziehungen

- zwischen Marketingforschern und Auftraggebern
  (z.B. die Bereitschaft zur Offenlegung methodischer Schwachstellen einer Studie, um möglicherweise schwerwiegenden Fehlentscheidungen auf Basis der aus den Untersuchungsergebnissen gewonnenen Erkenntnisse zu vermeiden, oder die grundsätzliche Geheimhaltung der Untersuchungsergebnisse gegenüber Dritten) als auch in denen
- zwischen Marketingforschern und Untersuchungspersonen
  (z.B. die Einräumung der Möglichkeit zur Löschung der im Rahmen von Beobachtungsprozessen erhaltenen Informationen dergestalt, dass die betreffenden Untersuchungspersonen unmittelbar nach Abschluss der Beobachtung über diesen Vorgang informiert und um ihre nachträgliche Zustimmung gebeten werden, oder die generelle Vermeidung von Untersuchungsbedingungen, die nicht mit der Würde und Freiheit des Menschen im Einklang stehen) und
- zwischen Marketingforschern und der Öffentlichkeit
  (z.B. die Darlegung der grundsätzlichen Vorgehensweise bei Marketingforschungsvorhaben mit dem Ziel der Erhöhung des Vertrauens in die Arbeitsweise und Ergebnisse der Marketingforscher)

Rechnung getragen werden.

---

[10] Die **Ethik** befasst sich mit den moralischen Werten und Normen, die das tägliche menschliche Handeln bestimmen. Die Literatur zur Marketingforschung (vgl. *Churchill* (1996, S. 63 ff.) oder *Srnka* (1997)) unterscheidet bei der Behandlung von Fragestellungen der Ethik zwei wesentliche Theorierichtungen, und zwar die teleologischen und die deontologischen Ansätze. Während die teleologischen Ansätze menschliches Handeln nach seinen Folgen beurteilen, basieren die deontologischen Ansätze auf der Annahme, dass der Mensch bestimmte höhere Pflichten hat (z.B. die Pflicht zur Treue, Gerechtigkeit und Güte) und beurteilen das Handeln danach, ob es zu deren Erfüllung beiträgt.

Der besondere Stellenwert von Fragen der Ethik in der Marketingforschung kommt u.a. in den Initiativen einschlägiger Organisationen, etwa der Europäischen Gesellschaft für Meinungs- und Marketingforschung *ESOMAR* („Internationaler Kodex für die Praxis der Markt- und Sozialforschung") oder der American Marketing Association („Marketing Research Code of Ethics"), zum Ausdruck. Exemplarisch sind in Tabelle 2.6 die von der amerikanischen Marketing Research Association (MRA) formulierten und *Aaker et al.* (1998, S. 778) entnommenen Ethikrichtlinien wiedergegeben.

The Code of Professional Ethics and Practices	
1.	To maintain high standards of competence and integrity in marketing and survey research.
2.	To maintain the highest level of business and professional conduct and to comply with Federal, State and local laws, regulations and ordinances applicable to my business practices and those of my company.
3.	To exercise all reasonable care and to observe the best standards of objectivity and accuracy in the development, collection, processing and reporting of marketing and survey research information.
4.	To protect the anonymity of respondents and hold all information concerning an individual respondent privileged, such that this information is used only within the context of the particular study.
5.	To thoroughly instruct and supervise all persons for whose work I am responsible in accordance with study specifications and general research techniques.
6.	To observe the rights of ownership of all materials received from and/or developed for clients, and to keep in confidence all research techniques, data and other information considered confidential by their owners.
7.	To make available to clients such details on the research methods and techniques of an assignment as may be reasonably required for proper interpretation of the data, providing this reporting does not violate the confidence of respondents or clients.
8.	To promote the trust of the public for marketing and survey research activities and to avoid any procedure which misrepresents the activities of a respondent, the rewards of cooperation or the uses of data.
9.	To refrain from referring to membership in this organization as proof of competence, since the organization does not so certify any person or organization.
10.	To encourage the observance of principles of this code among all people engaged in marketing and survey research.

Tabelle 2.6: *Richtlinien der amerikanischen Marketing Research Association für ethisch korrekte Marketingforschung*

Neben solchen Selbstverpflichtungen ist die ethische Verantwortung der Marketingforschung aber auch in Gesetzesform geregelt. Exemplarisch sind hier die eng gefassten Rahmenvorgaben zum Schutz der Anonymität persönlicher Daten zu nennen. Verbraucherschutz und gesellschaftliche Verantwortung unternehmerischen Handelns sind zentrale Ansatzpunkte einer Diskussion, die in den letzten Jahren aufgrund des sich immer weiter ausdehnenden Aktionsbereichs der Marketingforschung, insbesondere im Bereich der experimentellen Forschung, auch in der einschlägigen Literatur ihren Niederschlag gefunden hat. Beispiele für unethische Praktiken in der Marketingforschung findet der interessierte Leser in *McDaniel, Gates* (1999, S. 681 ff.).

2.2 Funktionale Aspekte

2.2.1 Ablauf von Marketingforschungsprojekten

In der einschlägigen Literatur lässt sich bis dato keine allgemein akzeptierte Vorgehensweise bei der Durchführung von Marketingforschungsprojekten ausmachen. Dennoch kann aus dem Vergleich der unterschiedlichen Vorschläge ein idealtypischer Prozessverlauf abgeleitet werden. Abbildung 2.1 enthält ein an die Vorgehensempfehlungen verschiedener Quellen, wie z.B. *Tull, Hawkins* (1993, S. 52), *Churchill* (1996, S. 53 ff.) und *Nieschlag et al.* (1997, S. 685), angelehntes Ablaufschema. Mit Blick auf die in diesem Buch in besonderer Ausführlichkeit vorgestellten Formen der Informationsbeschaffung orientiert sich die angegebene Struktur am Grundgedanken einer primärstatistischen Datenerhebung, wie sie sich beispielsweise im Rahmen von Konsumentenbefragungen anbieten würde. Im Einzelfall können bzw. müssen Schritte übergangen oder wiederholt werden. Ein stringent sequenzielles Abarbeiten des Schemas ist nicht immer möglich. Die einzelnen Schritte lassen sich wie folgt charakterisieren:

1. Spezifikation des Untersuchungsgegenstands

Zunächst sind Thema, Zielsetzung und Umfang des Projekts zu bestimmen. Da bereits an dieser Stelle der Grundstein für den späteren Erfolg der Untersuchung gelegt wird, muss bei allen Beteiligten Klarheit über den konkreten Informationsbedarf bestehen bzw. geschaffen werden. Als besonders vorteilhaft, weil mit nur vergleichsweise geringem Aufwand verbunden, erweist sich in dieser Projektphase eine systematische Ideengenerierung unter angemessener Einbeziehung möglichst aller an der Untersuchung Beteiligten im Rahmen von Brainstorming-Sitzungen.[11]

[11] Das **Brainstorming** ist eine Kreativitätstechnik, die darauf abzielt, in einer kompetenten Gruppe zu einem bestimmten Problem in relativ kurzer Zeit eine möglichst große Anzahl an Fragestellungen und Lösungsvorschlägen zu generieren. Das Verfahren wurde in den 30-er Jahren von *Alex F. Osborn* entwickelt und zählt heute zu den am häufigsten angewandten Kreativitätstechniken. Es ist ohne großen Aufwand durchführbar, hat sich in vielen praktischen Anwendungen bewährt und zielt auf die Erzeugung einer „Ideenlawine“ durch freies Assoziieren sowie die Kombination und Weiterentwicklung bereits geäußerter Gedanken und Ideen.

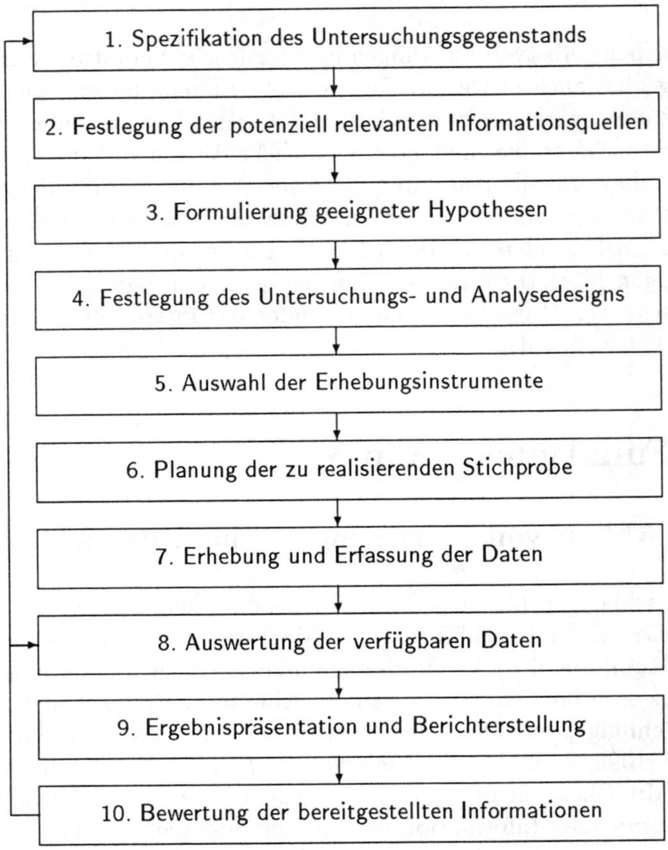

Abbildung 2.1: *Idealtypischer Ablauf von Marketingforschungsprojekten*

Den Abschluss des ersten Projektschritts sollte – zumindest bei größeren Vorhaben – eine präzise Zeit- und Finanzplanung bilden. Gegenstand der Zeitplanung ist die möglichst genaue Fixierung des Beginns und des Abschlusses der einzelnen Projektschritte unter Berücksichtigung ausreichender Puffer für eventuelle Rückschläge und Unvorhersehbarkeiten. Hilfestellung können hierbei die aus der operativen Projektplanung bekannten Netzplantechniken[12] bieten. Aus der Zeitplanung folgt fast unweigerlich die Notwendigkeit einer genauen Planung des voraussichtlich erforderlichen Finanzmittelrahmens. Für kommerziell operierende Marktforschungsinstitute ist dies ein selbstverständlicher Bestandteil ihrer Angebotskalkulation. Aber auch innerbetriebliche Marketingforschungsprojekte sollten auf einer soliden finanziellen Basis begründet sein, um einem für alle Beteiligten unerfreulichen Abbruch in einer späteren Phase des Projekts infolge erschöpfter finanzieller Ressourcen vorzubeugen. Die wesentlichen Planungselemente („Was ist wann wie zu tun?") sollten idealerweise in einem Pflichtenheft festgehalten werden.

[12] Eine tiefer gehende Behandlung dieser Techniken findet sich z.B. in *Neumann, Morlock* (1993) und *Hauke, Opitz* (1996).

2. Festlegung der potenziell relevanten Informationsquellen

In einem unmittelbaren Zusammenhang mit der Formulierung des Informationsbedarfs steht die Notwendigkeit der Bestimmung der in Betracht kommenden Informationsquellen.[13] Hierunter fällt einerseits die Entscheidung über die Verwendung bzw. Verwendbarkeit von primär- und sekundärstatistischen Quellen unter Kosten- und Qualitätsgesichtspunkten. Andererseits sind der erforderliche technische und organisatorische Aufwand für deren Nutzung und die Zugangsmöglichkeiten zu den Datenquellen zu prüfen.

3. Formulierung geeigneter Hypothesen

Spekulationen und Vermutungen sind in statistisch überprüfbare Hypothesen zu überführen. Obwohl nicht alle im Verlauf einer Untersuchung u.U. noch relevant werdenden Aspekte bereits zu Beginn antizipierbar sind, hilft der Aufbau eines Hypothesengeflechts[14] bei der Fokussierung auf das Wesentliche, was z.B. bei der Auswahl der Erhebungsinstrumente von Vorteil ist. Dem Marketingforscher wird auf diese Weise die präzise Differenzierung zwischen Faktischem (was man sicher weiß) und Hypothetischem[15] (was man zu wissen glaubt) möglich.

4. Festlegung des Untersuchungs- und Analysedesigns

Je nach Zielsetzung einer Untersuchung ist zwischen deskriptiven, exploratorischen und konfirmatorischen Vorgehensweisen bzw. Kombinationen daraus zu unterscheiden.[16] Das gewählte Untersuchungsdesign hat gleichzeitig unmittelbaren Einfluss auf die Zusammensetzung des Erhebungsinstrumentariums und das spezifische Analysedesign. Darüber hinaus sollten z.B. Haushaltsbefragungen zur Vermeidung unnötiger Verzögerungen so terminiert werden, dass sie nicht in Zeiträume fallen, in denen die zu Befragenden aller Wahrscheinlichkeit nach im Urlaub oder anderweitig unerreichbar sind. Die vorausschauende Festlegung des Analysedesigns ermöglicht eine Eignungsprüfung der zu erheben Daten im Hinblick auf die angestrebte Analyseform und liefert bereits frühzeitig Hinweise darauf, welche Art von Ergebnissen man mit der betreffenden Untersuchung zu generieren in der Lage ist.[17]

---

[13] Ob letzten Endes alle grundsätzlich in Erwägung zu ziehenden Informationsquellen auch tatsächlich in Anspruch genommen werden, ist in dieser Projektphase noch nicht sicher zu sagen.

[14] Die Forderung geht mit der grundsätzlichen Entscheidung für eine konfirmatorische Vorgehensweise einher und ist nicht immer zu erfüllen. Gerade bei der Erkundung neuer Themengebiete macht die Unbekanntheit derselben ein offenes, exploratorisches Vorgehen unverzichtbar. Dennoch sollte sich der Marketingforscher aber so weit über sein Tun im Klaren sein, dass er die als möglich erachteten Implikationen in Form von (Hypo-) Thesen zu artikulieren vermag. Ziel ist die Fokussierung der Forschungsbemühungen anstelle eines „Herumstocherns im Nebel".

[15] Eine solche Hypothese könnte in der einfachsten Form z.B. lauten (Hintergrund seien Überlegungen zum Ausbau des öffentlichen Verkehrsnetzes einer Stadt): „Die Ein- und Auspendler bevorzugen bei ihrer Fahrt zwischen Wohnung und Arbeit private Beförderungsmittel."

[16] Dies steht nicht im Widerspruch zu den Ausführungen unter Schritt 3, da eine Untersuchung durchaus Merkmale mehrerer Vorgehensweisen in sich vereinen kann.

[17] Im Zusammenhang mit dem Analysedesign ist auch über die konkrete Kodierung der zu erhebenden Daten nachzudenken. Insbesondere bei der Durchführung schriftlicher Befragungen kommt diesem Aspekt im Hinblick auf die explizite Vorgabe möglicher Antwortkategorien zentrale Bedeutung zu.

5. Auswahl der Erhebungsinstrumente

Die Spanne der in Frage kommenden Instrumente reicht – je nach Untersuchungskontext – von der Datenbankauswertung mittels Inhaltsanalyse über Befragung und Experiment bis hin zu computergestützten Formen der Datenerhebung. Bereits in dieser Phase des Marketingforschungsprozesses sollte dem mit der Art und Qualität des jeweiligen Instrumentariums korrespondierenden und in Kapitel 12 genauer behandelten Problem fehlender Werte Rechnung getragen werden. So kann sich z.B. im Falle einer schriftlichen Befragung von Probanden hohen Alters mit u.U. bereits eingeschränkter kognitiver Leistungsfähigkeit und bei Nichtverfügbarkeit einer geeigneten Interviewerunterstützung ein unvertretbar hoher Anteil fehlender Werte (in Form der Nichtbeantwortung einzelner Fragen oder des Nichtausfüllens ganzer Fragebögen) mit entsprechenden Konsequenzen für die Qualität der zu erzielenden Auswertungsergebnisse ergeben (vgl. *Wagner et al.* (1997)).

6. Planung der zu realisierenden Stichprobe

Die Stichprobenplanung stellt eines der zentralen Probleme im Zusammenhang mit der Durchführung von Marketingforschungsprojekten dar, weshalb diesem Aspekt auch ein eigenes Kapitel (Kap. 8) gewidmet wurde. In Anlehnung an *Lehmann* (1989, S. 68) lassen sich vier grundsätzliche Fragen zur ersten Orientierung formulieren:

1. Von wem (z.B. den jugendlichen Konsumenten im Alter von 14 bis 18 Jahren) oder was (z.B. dem POS-Scanning an der Kasse) erwartet man Informationen?
2. Wie viele Einzelmessungen (z.B. Interviews bzw. Scanning-Vorgänge) sollen vorgenommen werden bzw. werden als erforderlich und ausreichend erachtet?
3. Auf welche Art und Weise (z.B. per telefonischer Ansprache) kann ein Kontakt zu den ausgewählten „Informanten“ hergestellt werden?
4. Wie sollen die einzelnen Untersuchungseinheiten (z.B. die Jugendlichen bzw. die Warenkörbe) vor dem Hintergrund beschränkter finanzieller oder zeitlicher Ressourcen sowie dem Wunsch nach ausreichender Repräsentativität selektiert werden?

7. Erhebung und Erfassung der Daten

Wenngleich die Datenerhebung im Grunde genommen nichts anderes ist als die Umsetzung der vorausgegangenen Planungen durch ausführende Instanzen (z.B. fachgerecht eingewiesene Interviewer oder geeignet ausgestattete Scannerkassenterminals), handelt es sich keineswegs um eine „Phase geplanter Passivität“. Vielmehr sollte mittels kontinuierlicher Kontrolle der laufenden Erhebung, soweit dies ökonomisch vertretbar erscheint, dem angestrebten Qualitätsanspruch Rechnung getragen werden. Analoges gilt für die EDV-technische Erfassung der erhobenen Daten gemäß vorgegebenem Kodierplan, falls dies nicht bereits im Rahmen der

Erhebung erfolgt (z.B. bei computergestützten Befragungen). Eine mögliche Form der simultanen Ablaufkontrolle besteht in Testanalysen der bereits verfügbaren Daten. Auf diese Weise erhält der Marketingforscher einen ersten Eindruck von den sich abzeichnenden Ergebnissen und kann nötigenfalls (z.B. beim Verdacht des Auftretens von interviewerinduzierten Antwortverzerrungen oder -verweigerungen) – soweit dies noch möglich ist – korrigierend eingreifen.

Abhängig von Art und Form der Datenerhebung kann sich der Aufwand im Zusammenhang mit der EDV-basierten Datenerfassung – und dies dürfte bei aussagekräftigen Stichprobengrößen die Regel sein – von Untersuchung zu Untersuchung stark unterscheiden. Während sich z.B. im Falle von Scannerdaten die Arbeit im Idealfall auf die geeignete Zusammenstellung der Messungen an unterschiedlichen Kassen beschränkt, kann die Erfassung von papiergestützten Fragebögen ohne weiteres mehrere Manntage[18] in Anspruch nehmen, was sich unmittelbar auf die Kosten auswirkt. Jedoch ist die beste Vorarbeit (z.B. bei der Erstellung des Fragebogens) vergebens, wenn sich aufgrund einer nachlässigen Arbeitsweise bei der Datenerfassung Fehler (z.B. in Form von Tippfehlern) in die resultierende Datengrundlage einschleichen.

8. Auswertung der verfügbaren Daten
Nachdem in Projektschritt 4 bereits das Analysedesign (gemäß damaligem Kenntnisstand) festgelegt wurde, sind die im aktuellen Schritt durchzuführenden Analysen als das praktische „Handwerk" des Marketingforschers zu bezeichnen. Kommerzielle Softwarepakete (vgl. Unterabschnitt 2.2.2) stellen für diesen Zweck geeignete statistische und graphische Werkzeuge zur Verfügung. Die Spannweite solcher Auswertungen reicht von einfachen deskriptiven Datenaufbereitungen in Form von Torten- oder Stabdiagrammen (deskriptive Analyse) über statistische Überprüfungen von zuvor formulierten Hypothesen (induktive Analyse) bis hin zu umfassenden multivariaten Analysen, mit deren Hilfe Zusammenhänge zwischen mehreren interessierenden Variablen untersucht werden können. Voraussetzung für solche Analysen sind fundierte Kenntnisse der wichtigsten deskriptiven und induktiven bzw. uni- und multivariaten Verfahren der Statistik[19]. Die Notwendigkeit speziellen Methodenwissens wird insbesondere beim Einsatz leistungsfähiger Statistiksoftware schnell offensichtlich.

9. Ergebnispräsentation und Berichterstellung
Die inhaltliche Interpretation der numerischen Analyseergebnisse, z.B. im Hinblick auf resultierende Handlungsoptionen, ist im Vorfeld einer Untersuchung kaum planbar. Spätestens hier wird die kooperative Zusammenarbeit zwischen Marketingforscher und Marketingmanagement zum bedeutenden Erfolgsfaktor. Die gewonnenen Erkenntnisse sollten idealerweise allen im ersten Projektschritt identifizierten Interessensgruppen in adäquater Weise zugänglich gemacht und nach

[18] Ein „Manntag" entspricht der durch eine qualifizierte Person an einem durchschnittlichen Arbeitstag erbrachten Arbeitsleistung.

[19] Einen guten Überblick hierüber geben z.B. *Hartung* (1995), *Bleymüller et al.* (1996), *Fahrmeir et al.* (Hrsg.) (1996), *Backhaus et al.* (2000) und *Bamberg, Baur* (2001).

Möglichkeit auch kritisch mit ihnen diskutiert werden.[20] Auf diese Weise kann die Grundlage für ein ganzheitliches, d.h. aufeinander abgestimmtes Vorgehen der betroffenen Entscheidungs- und Leistungsträger innerhalb des Unternehmens geschaffen werden. Die richtige Wahl des Anspruchsniveaus der Ausführungen in solchen Präsentationen, d.h. die bewusste Berücksichtigung des u.U. unterschiedlichen methodischen und/oder sachlichen Wissensstands des Auditoriums erfordert sehr viel Fingerspitzengefühl und kann durchaus über Erfolg oder Misserfolg eines ganzen Marketingforschungsprojekts entscheiden. Das Argumentations- und Schlussfolgerungsniveau sowie die Präsentationsdynamik muss dem zu erwartenden Wissensstand und Auffassungsvermögen der Zuhörer entsprechen. Analoges gilt auch für die Ausgestaltung des schriftlichen Projektberichts. Dieser sollte im Interesse der Vermeidung einer unnötigen Informationsflut so knapp wie möglich und so detailliert wie nötig sein. Die wichtigsten Ergebnisse des in der Regel mehrseitigen ausführlichen Berichts sollten in stichwortartiger Form extrahiert und auf einem zusätzlichen ein- bis maximal zweiseitigen Handout („Executive Summary“) zusammengestellt werden.

10. Bewertung der bereitgestellten Informationen

Nach Abschluss der Maßnahmen in Projektschritt 9 sollten die vom Auditorium der mündlichen Präsentation bzw. den Lesern der schriftlichen Dokumentation geäußerten Anmerkungen und Kritiken aufgegriffen und im Hinblick auf ihre inhaltliche Relevanz und Tragfähigkeit überprüft werden. Es ist nicht ungewöhnlich, dass im Licht der Resultate und Erkenntnisse einer Studie neue Ideen vom Marketingmanagement entwickelt und damit einhergehend auch neue Fragen an die Marketingforscher herangetragen werden. In Einzelfällen kann es sogar erforderlich werden, die Schritte 8 und 9 partiell oder vollständig zu wiederholen. Decken die Informationen den Bedarf des Marketingmanagement bzw. der Unternehmensleitung in angemessenem Maße ab, so kann die Studie als erfolgreich abgeschlossen bezeichnet werden. Aber auch dann, wenn neue Fragen und damit korrespondierende Informationsdefizite identifiziert werden, ist das Ziel der Marketingforschung als wissenschaftliche Disziplin erreicht, falls die aufgetretenen Fragen nicht das Ergebnis fehlerhafter Vorgehensweisen sind. Die Tatsache, dass die in einem solchen Fall eventuell erforderlich werdende Durchführung weiterer Studien zusätzliche Aufwendungen und Verzögerungen von Entscheidungen zur Folge haben kann, sollte im Interesse des Strebens nach maximaler Ergebnisqualität nach Möglichkeit in Kauf genommen werden.

Das vorgestellte „10-Schritte-Schema“ sollte allerdings nicht als unverrückbarer Königsweg für die Durchführung von Marketingforschungsprojekten verstanden werden. Es liefert vielmehr Anhaltspunkte für eine idealisierte Vorgehensweise, deren praktische Umsetzung (z.B. aufgrund vorgegebener finanzieller oder zeitlicher Rahmenbedingungen) häufig nur mit Abstrichen möglich sein wird.

---

[20] In der Realität wird von dieser idealtypischen Vorgehensweise aber häufig insoweit abgewichen, als letzten Endes derjenige über die Zugänglichkeit der erzielten Resultate entscheidet, der dafür in finanzieller oder anderer Hinsicht die Verantwortung übernommen hat.

2.2.2 EDV-Werkzeuge

Die effiziente Durchführung umfangreicher Marketingforschungsvorhaben ist heute in den meisten Fällen nur noch unter intensiver EDV-Nutzung möglich. Eine softwareseitige Unterstützung kann in mehreren Phasen des Forschungsprozesses und in unterschiedlichem Kontext in Anspruch genommen werden. Die meisten dieser Werkzeuge können sowohl auf Personalcomputern (PC) als auch auf Workstations und Großrechnern genutzt werden, mit zunehmender Tendenz zum Einsatz auf dem zuerst genannten Rechnertyp. Nicht zuletzt aufgrund der z.T. recht deutlichen Unterschiede hinsichtlich Preis, Leistungsumfang und Benutzerfreundlichkeit weisen die Programme divergierende Verbreitungsgrade in der Praxis auf. Von ihrer grundsätzlichen Ausrichtung her handelt es sich in allen Fällen um Statistikpakete mit mehr (z.B. INF*ACT) oder weniger (z.B. S-Plus) stark ausgeprägter Affinität zur Marketingforschung.

Die nachfolgenden Charakterisierungen ausgewählter Pakete (in alphabetischer Ordnung) erheben keinen Anspruch auf Vollständigkeit und sollen nur eine erste Orientierung bieten. Auch enthalten sich die Verfasser aufgrund der großen Dynamik im Bereich der Softwareentwicklung bzw. -weiterentwicklung bewusst einer abschließenden vergleichenden Bewertung und verweisen stattdessen auf einschlägige Untersuchungen, z.B. die von *Bankhofer, Hilbert* (1997).

aTRACKtive[21]**:** Das von der GfK Nürnberg entwickelte Analysewerkzeug ist ein PC-gestütztes System zur Auswertung von Verbraucherpaneldaten. Die Software ermöglicht die direkte Auswertung von Produktgruppen und ganzen Warenkörben. Analysegegenstände können z.B. das Markenwechselverhalten, Käuferwanderungen, Gewinner und Verlierer sowie das Erst- und Wiederkaufverhalten sein.

EXPRESS[22]**:** Die von IRI Information Resources Inc. speziell zur Realisation unternehmensweit einsetzbarer Informationssysteme entwickelte Software eignet sich u.a. für umfassende OLAP-Anwendungen.[23] Auf einem mehrdimensionalen relationalen Datenmodell mit integriertem Data-Dictionary[24] basierend vereinigt EXPRESS verschiedene, zur Lösung komplexer Aufgabenstellungen relevante Softwarekomponenten.

---

[21] Eine detailliertere Beschreibung kann GfK ScanLine, Heft Juni 1998, entnommen werden.

[22] Die Angaben entstammen einer Produktbeschreibung von IRI Information Resources Inc. im Internet aus dem Jahr 1998.

[23] **OLAP** ist die Abkürzung für „OnLine Analytical Processing" und steht – vereinfacht dargestellt – für eine Technologie, die eine mehrdimensionale Sicht auf Daten und damit auch komplexere Anfragen zur Entscheidungsunterstützung erlaubt (vgl. *Decker et al.* (1998) und *Decker, Wagner* (2001c)).

[24] Ein Data Dictionary ist ein Verzeichnis von Daten, beispielsweise innerhalb eines Datenbanksystems.

IBM-Intelligent Miner[25]**:** Der von IBM angebotene Intelligent Miner for Data ermöglicht das systematische „Durchsuchen" großer Datenmengen mit dem Ziel des Auffindens interessanter Zusammenhänge zwischen verschiedenen Datenelementen. Mit Hilfe spezieller Verfahren („Knowledge Discovery Tools") können in den Daten, z.B. in Form von Assoziationen, Mustern oder Trends, verborgene Informationen aufgedeckt werden. Der **Intelligent Miner for Text** leistet Analoges im Kontext des Information Retrieval in Textdateien (z.B. in Form von Online News, E-Mails oder Web-Seiten des Internet).

INF*ACT[26]**:** Bei der von A.C. Nielsen in ihrer ersten Version bereits vor mehr als 25 Jahren entwickelten Software handelt es sich nach Angaben des Herstellers um ein leistungsfähiges Marketinginformationssystem zur Analyse vielfältiger unternehmensexterner und -interner Daten, das einen schnellen Datenzugriff, ein automatisches Berichtswesen sowie Möglichkeiten der Verdichtung von Daten zu Schlüsselinformationen bietet, und das sich durch seine einfache Bedienung und Einsetzbarkeit auszeichnet.

INMARKT Express: Das für die Analyse von Daten aus dem GfK Handelspanel entwickelte Programm der GfK Nürnberg erlaubt unter einer einheitlich gestalteten Windows-Benutzeroberfläche Datenselektionen und -sortierungen sowie die Berechnung einfacher deskriptiver Statistiken. Die Ausgabe der Resultate erfolgt in Form von Tabellen und Graphiken.

IRI DataServer Analyzer[27]**:** Das von IRI Information Resources Inc. entwickelte Analyse- und Berichtsinstrument eröffnet unterschiedliche Sichtweisen auf Marktforschungsdaten, hilft bei der Beantwortung von Fragen des strategischen und operativen Marketing (z.B. im Kontext der Wettbewerbsanalyse, der Neuprodukteinführung und der Werberesponseanalyse), liefert graphische und tabellarische Präsentationsvorlagen und zeichnet sich durch seine Komfortabilität und Benutzerfreundlichkeit aus.

LISREL[28]**:** Das von *K. G. Jöreskog* und *D. Sörbom* entwickelte Progamm eignet sich speziell für die Schätzung linearer Strukturgleichungsmodelle und zur Durchführung konfirmatorischer Faktorenanalysen. Mit seiner Hilfe lassen sich auf elegante Weise Beziehungen zwischen latenten, nicht beobachtbaren Größen (etwa der Einstellung eines Konsumenten) und beobachtbaren Variablen (etwa der getroffenen Produktkaufentscheidung) operationalisieren und überprüfen.

---

[25] Die Angaben entstammen Produktbeschreibungen im Internet und eigenen Anwendungserfahrungen.

[26] Die Angaben entstammen einem Beitrag von *Lillegaard* (1987) und Unternehmensdokumentationen der A.C. Nielsen GmbH aus dem Jahr 1997.

[27] Die Angaben entstammen Dokumentationen der GfK Panel Services GmbH aus dem Jahr 1995 und einer Produktbeschreibung von IRI Information Resources Inc. im Internet aus dem Jahr 1998.

[28] Der Programmname LISREL steht für „LInear Structural RELationship". Ein interessanter Einsatzbereich von LISREL im Kontext der Marketingforschung ist die Zufriedenheitsmessung.

MARK²MAN: Bei dem MARKtforschung & MARKeting MANagement-System von *Gaul, Baier* (1994) handelt es sich um eine Entscheidungsunterstützungssoftware, welche die Anwendung komplexer wissenschaftlicher Methoden auf Aufgabenstellungen aus Marktforschung und Marketing unter einer benutzerfreundlichen Oberfläche erlaubt. Das System ist so konstruiert, dass der Benutzer – quasi auf Tastendruck und ohne spezifisches Methodenwissen – ganze Folgen von Datenauswertungen aktivieren kann. Als Anwendungsgebiete stehen Marktsegmentierung, Präferenzanalyse und Positionierungsanalyse ebenso zur Verfügung wie Auswahlmodellierung, Test- und Pre-Testmarktmodellierung sowie Portfolioanalyse. Das System ist allerdings nur für die Analyse vergleichsweise kleiner Datensätze ausgelegt und eignet sich deshalb primär für Lern- und Übungszwecke.

Minitab[29]**:** Die in ihrer ersten Version bereits vor mehr als 25 Jahren entwickelte Statistiksoftware der Minitab Inc. kann zwischenzeitlich im positiven Sinne schon fast als archetypisches Statistikpaket bezeichnet werden, das – ursprünglich primär für den akademischen Gebrauch konzipiert – heute auch in verschiedenen betrieblichen Bereichen Verwendung findet. Das mit einem durchaus beachtlichen Methodenvorrat ausgestattete Programm gilt als einfach handhabbar und ist, was die erforderlichen Statistikkenntnisse angeht, auch von „Nichtspezialisten“ sinnvoll einsetzbar.

Model Express: Das von der GfK Nürnberg angebotene Analysetool ermöglicht die modellgestützte Auswertung von Daten der GfK im Hinblick auf produkt- und vertriebsspezifische Fragestellungen. Darüber hinaus bietet es die Möglichkeit der Berechnung deskriptiver Statistiken. Die Ausgabe der Ergebnisse erfolgt ähnlich wie bei INMARKT Express über Tabellen und Graphiken.

SAS: Das „Statistical Analysis System“ des SAS Institute Inc. zählt zu den mächtigsten und leistungsfähigsten Statistikpaketen überhaupt und stellt eine selbst für Experten schon fast unüberschaubare Menge an datenanalytischen Auswertungsinstrumenten und -optionen zur Verfügung. Es eignet sich besonders für das Management und die Analyse großer Datenmengen sowie für die Anwendung komplexerer statistischer Methoden. Die Analyseergebnisse können in vielfältiger Weise graphisch und tabellarisch aufbereitet werden. Das System verfügt über eine eigene Programmiersprache, mit deren Hilfe sich z.B. selbst erstellte und von SAS bereitgestellte Analyseprozeduren verknüpfen lassen. Durch umfangreiche Dokumentationen wird eine methodische Transparenz erreicht, die dem Anwender auch einen Blick „hinter die Kulissen“ erlaubt. Die aktuelle Version von SAS bietet darüber hinaus umfassende Werkzeuge zur Realisation von Data Warehouse- und Data Mining-Anwendungen in Form des „SAS-Enterprise Miner“[30]. Die Mächtigkeit von

[29] Die Angaben entstammen einer Produktbeschreibung von Minitab Inc. im Internet aus dem Jahr 1998.

[30] Der Enterprise Miner verfügt über ein breites Spektrum von Analysemethoden (z.B. Clus-

SAS schlägt sich allerdings – will man sich nicht auf vorgefertigte „Analysefenster“ beschränken und je nach vorhandener Programmiererfahrung – in einer längeren Einarbeitungszeit nieder. Insoweit bietet sich SAS vor allem für die wiederholte Durchführung von Analysen an.

S-Plus[31]**:** Die von Mathsoft Inc. angebotene Datenanalysesoftware kombiniert anspruchsvolle Analyse- und Visualisierungstechniken mit einer benutzerfreundlichen Oberfläche sowie der Möglichkeit zur eigenen Nutzung der zugrunde liegenden objektorientierten Datenmodellierungssprache. Mit mehr als 2.000 vorgefertigten Datenanalysefunktionen und der leistungsfähigen Programmiersprache von S-Plus wird in besonderem Maße die Entwicklung individueller, aufgabenspezifischer Anwendungsprogramme unterstützt. S-Plus eignet sich damit vor allem für im Umgang mit Programmiersprachen geübte Benutzer, die sich regelmäßig mit „Nichtstandardproblemen“ der Datenanalyse konfrontiert sehen.

SPSS: Das „Statistical Package for the Social Sciences“ der SPSS Inc. dürfte das mit am häufigsten in der angewandten Marktforschung eingesetzte Programmsystem sein.[32] Der Methodenumfang erscheint zwar nicht so groß wie der von SAS, deckt aber dennoch viele der für Fragestellungen der Marketingforschung relevanten Analysebereiche ab. Die große Verbreitung von SPSS in der Marketingforschung resultiert neben dem Leistungsumfang auch aus der vergleichsweise einfachen Handhabung. Als leistungsfähiges Data Mining-Werkzeug stellt SPSS das Clementine-Paket[33] zur Verfügung, das in seiner Anwendung ähnliche Leistungen bietet wie die entsprechenden Instrumente von SAS und IBM. Die Datenauswertung erfolgt auf Basis benutzerfreundlich zu erstellender Analysegraphen („Rapid Modeling Environment“), mit denen der gesamte Analyseprozess anschaulich visualisiert werden kann.

SYSTAT[34]**:** Das zu den führenden Statistikpaketen für wissenschaftliche Anwendungen zählende Produkt der SPSS Inc. richtet sich in erster Linie an Wissenschaftler, Ingenieure und Statistiker und bietet eine besonders leistungsfähige Graphikbibliothek. Das Paket verfügt neben dem üblichen statistischen Instrumentarium über alle relevanten multivariaten Verfahren und eignet sich gut für die deskriptive und exploratorische Datenanalyse. Darüber hinaus

---

teranalyse, Entscheidungsbäume, Regressionsanalyse und Neuronale Netze) und leistungsfähigen Visualisierungswerkzeugen, die dem Anwender die schnelle und einfache Auswertung großer Datenmengen erlauben. Diese Angaben entstammen den Produktdokumentationen aus dem Jahr 2000.

[31] Die Angaben entstammen einer Produktbeschreibung von Mathsoft Inc. im Internet aus dem Jahr 1998.

[32] *Bortz, Döring* (1995, S. 637) führen aus, dass es sich auch um das weltweit verbreitetste Statistikpaket handelt.

[33] Die Ausführungen zu Clementine beruhen auf einer umfassenden Produktdarstellung von Version 5.1.

[34] Die Angaben entstammen u.a. einer Produktbeschreibung von SPSS Inc. im Internet aus dem Jahr 1998.

ermöglicht es, genau wie SAS und SPSS, die Speicherung von Analyseergebnissen im HTML-Format[35], was z.B. deren Veröffentlichung im World Wide Web (WWW) erleichtert.

QPS[36]: Die von Market Research Software Ltd. vertriebene Software liefert Unterstützung bei der Durchführung von Marktuntersuchungen, bietet Möglichkeiten zum Design von Fragebögen, zur Telefonbefragung, zur Erfassung, Prüfung und Analyse der Daten sowie zur Generierung von Ergebnisberichten. Die benutzerseitige Systemsteuerung erfolgt mittels einer eigenen Kommandosprache.

Darüber hinaus existiert noch ein breites Spektrum weiterer Werkzeuge, angefangen bei der speziell für mathematisch-statistische Probleme entwickelten Programmiersprache APL bis hin zu leistungsfähigen Expertensystemen, von denen eine Auswahl in Tabelle 2.7 dargestellt ist.

Name	Anwendungsgebiet	Literaturhinweis
COVERSTORY	Extraktion und Aufbereitung der wesentlichen Informationen aus Scannerdaten	*Schmitz et al.* (1990)
DANEX	Unterstützung bei der problemadäquaten Auswahl und dem Einsatz spezieller Datenanalyseverfahren im Rahmen der Marktforschung	*Böckenholt et al.* (1989)
INFER	Automatisierte Analyse und Interpretation von Scannerdaten und Erstellung von Berichten	*Rangaswamy et al.* (1991)
PANELYSER	Verdichtung, Auswertung und Kommentierung großer Mengen von Daten (wie sie z.B. mittels Panels erhoben werden können) sowie Ermittlung und Analyse von Marktanteilsverschiebungen im Zeitablauf	*Beys* (1994)
PROMOTION DETECTIVE	Aufspüren von Werbeaktionen durch Auswertung von Scannerdaten	*McCann, Gallagher* (1990)
SCAN*EXPERT	Identifikation wichtiger Marktereignisse und -gegebenheiten auf der Basis von Scannerdaten	*Bayer, Harter* (1991)
SHANEX	Analyse der Ursachen von Veränderungen des Marktanteils eines Produkts	*Alpar* (1991)

[35] HTML steht für „HyperText Markup Language" und ist eine einfache Kommandosprache zur Erstellung von WWW-Seiten.

[36] Die Angaben entstammen u.a. einer Produktbeschreibung der ESOMAR im Internet aus dem Jahr 1998.

SPOTLIGHT	Analyse von Marktdaten zur Beschreibung und Begründung von Markenperformance und Marktanteilsentwicklungen inkl. Ergebnisdarstellung in Form von Management-Reports	*O. V.* (1997)
WIMDAS	Vorbereitung von Marketingentscheidungen unterschiedlichster Art durch die wissens- und modellbasierte Aufbereitung und Auswertung von Marketingdaten unterschiedlicher Herkunft[37] (Nachfolger von DANEX)	*Gaul, Schader* (Hrsg.) (1994)

Tabelle 2.7: *Ausgewählte Expertensysteme für Marketingforschung und Datenanalyse*

Ein **Expertensystem** ist vereinfacht ausgedrückt ein Computerprogramm, das in der Lage ist, in bestimmten Bereichen („Domänen") Fragen zu beantworten, die normalerweise umfangreichen menschlichen Sachverstand („Expertise") erfordern. Dazu ist Wissen z.B. in Form von Regeln in einer Wissensbasis abgelegt.

2.2.3 Besonderheiten der internationalen Marketingforschung

Die Ausweitung des internationalen Handels und die zunehmende Anzahl weltweit operierender Unternehmen induziert einen wachsenden Bedarf an international ausgerichteter Marketingforschung. Durch die großen internationalen Wirtschaftsblöcke, wie z.B. die EU (Europäische Union) oder die NAFTA (North American Free Trade Agreement), und die damit für die Mitgliedsstaaten einhergehenden Erleichterungen im länderübergreifenden Waren- und Zahlungsverkehr erfährt dieser Bedarf noch eine zusätzliche Verstärkung. Vor diesem Hintergrund kann die **internationale Marketingforschung** in Anlehnung an *Craig, Douglas* (2000) als Marketingforschung definiert werden, die zur Unterstützung der Entscheidungsfindung in Bezug auf mehr als ein Land durchgeführt wird. Eine zentrale Aufgabe der internationalen Marketingforschung besteht somit in der Reduktion der Komplexität und Unsicherheit interessierender Auslandsmärkte durch die Bereitstellung länderrelevanter Informationen. Hierbei ist auf ein ausgewogenes Verhältnis zwischen Globalisierung und lokaler Adaption zu achten. Wenngleich sich die Methoden der internationalen Marketingforschung nicht grundsätzlich von ihrem nationalen Pendant unterscheiden, so sind doch einige Besonderheiten zu beachten (vgl. *Berekoven et al.* (1999, S. 320 ff.) und *Craig, Douglas* (2000)):[38]

[37] Das System verwaltet und benutzt u.a. eine Vielzahl von quantitativen Modellen zur Marktsegmentierung und zur Positionierungsanalyse (WIMDAS-PS) sowie zur Analyse des Käuferverhaltens (WIMDAS-KVA). Dabei finden alle in der Marketingforschung gängigen Daten (angefangen bei individuellen Paarvergleichsdaten bis hin zu Single Source-Daten) Berücksichtigung (1994) und *Decker* (1994b)).

ausführliche Behandlung methodischer Aspekte der internationalen Marketingfor- ferenziert nach Prozessschritten, kann *Malhotra et al.* (1996) entnommen werden.

Sprache

Die Übersetzung von Fragebögen kann notwendig werden, wenn ein Fragebogen in Länder mit verschiedenen Sprachen verschickt werden soll. Ausgangspunkt für eine internationale Befragung kann ein in deutscher Sprache verfasster und möglichst unmissverständlich formulierter **Masterfragebogen** sein, der dann in Zusammenarbeit mit einem qualifizierten „Native Speaker" in die jeweilige Zielsprache übersetzt wird. Durch die im Anschluss von einem zweiten, unabhängigen Übersetzer durchzuführende Rückübersetzung der fremdsprachlichen Fragebogenversion ins Deutsche können z.B. missverständlich formulierte Fragen frühzeitig erkannt und korrigiert bzw. beseitigt werden. Eine mögliche Alternative sind Parallelübersetzungen („Komitee-Übersetzungen"), bei denen, wie es der Name andeutet, mehrere Übersetzer gleichzeitig den Originalfragebogen in die Zielsprache übersetzen, mit anschließendem Abgleich der Einzelresultate.

Vergleichbarkeit

Die von Land zu Land mitunter unterschiedliche technische Ausstattung von Einzelhandelsgeschäften mit Scannertechnologien bringt es z.B. mit sich, dass Handelspanels je nach Land eine deutlich differierende Marktabdeckung erreichen. Während in Deutschland die Auszeichnung mit EAN-Code zumindest im Bereich der abgepackten Konsumgüter schon seit längerem die 90%-Grenze überschritten hat, ist dieser Wert für einige südeuropäische Länder derzeit noch deutlich niedriger. Die Konsequenzen dieser divergierenden Entwicklungen im Hinblick auf die Vergleichbarkeit von Marktanalysen auf Basis von POS-Scannerdaten liegen auf der Hand. Weitere typische Problemfelder sind die z.T. beträchtlichen länderspezifischen Differenzen in den wirtschaftlichen Statistiken und Einkommensdaten, in den Berechnungsmethoden für die Statistiken und den zugrunde liegenden Definitionen bzw. Kategoriebildungen. Schließlich sind noch die länderspezifischen Antwortstile der Befragten zu berücksichtigen. So neigen z.B. die Angehörigen einiger Nationalitäten bei die eigene Persönlichkeit betreffenden Fragen zu Übertreibungen, während bei anderen aufgrund des landesspezifischen Normen- und Rollenverständnisses eher mit Untertreibungen zu rechnen ist. Hieraus ergeben sich z.B. Fragen nach der Äquivalenz der in den einzelnen Ländern zum Einsatz kommenden Konstrukte sowie der messtechnischen Vergleichbarkeit der Untersuchungsergebnisse verschiedener Ländern.

Stichproben

Im internationalen Kontext weist die qualitative und quantitative Stichprobenplanung eine Reihe von Facetten auf, die es frühzeitig in das Untersuchungsdesign einzubeziehen gilt. So ist z.B. in der Regel nicht zu erwarten, dass sich die Bevölkerungen unterschiedlicher Länder in soziodemographischer Hinsicht und bezüglich kultureller Gepflogenheiten gleich zusammensetzen. Analoges gilt auch für die (technisch bedingte) Erreichbarkeit der im Verlauf eines Projekts u.U. auf elektronischem Weg (z.B. telefonisch oder über das Internet) zu befragenden Haushalte und die grundsätzliche Bereitschaft der Probanden zu einer diesbezüglichen Kooperation. Auch bereits vermeintlich einfache Sekundärprobleme, etwa die Beschaffung aktueller Händler- oder Haushaltsanschriften, kann bei fehlender Infrastruktur (z.B. das Fehlen eines geeigneten Angebotes derselben durch qualifizierte Adressverlage) ernsthafte Schwierigkeiten bereiten. Fragen der Reliabilität, der kulturübergreifenden Konsistenz und der Validität (insbesondere Diskriminanzvalidität und nomologische Validität) kommt herausragende Bedeutung zu.

Datenkompatibilität

Das Entstehen von Kompatibilitätsproblemen zwischen unterschiedlichen Daten(kodierungs)systemen lässt sich recht anschaulich an der – trotz grundsätzlich gleicher Zielsetzung – unterschiedlichen Form der Strichkodierung für abgepackte Produkte veranschaulichen. Dem in Deutschland und Österreich üblichen 13-stelligen EAN-Code steht z.B. in den USA der 12-stellige UPC-Code gegenüber (vgl. Kapitel 9). Schwierigkeiten können sich aber auch aus der elektronischen Datenübertragung (etwa von einer ausländischen Unternehmensfiliale in die Marktforschungsabteilung der inländischen Unternehmenszentrale) ergeben. Erste viel versprechende Perspektiven im Hinblick auf die Reduktion solcher Datenaustauschprobleme ergeben sich aus den Bemühungen um eine unternehmens-, branchen- und nationalitätenunabhängige Normung der auszutauschenden Daten im Rahmen von EDIFACT[39].

---

[39] **EDIFACT** steht für „Electronic Data Interchange for Administration, Commerce and Transport". Eine Übersicht über EDIFACT-Standards in einzelnen Konsumgüterbranchen sowie über Potenziale und Schwachstellen des EDIFACT-Ansatzes kann *Hildebrandt, Kamlage* (1995) entnommen werden.

Kapitel 3

Theoretische Grundlagen der Marketingforschung

3.1 Wissenschaftstheoretische Aspekte

3.1.1 Grundbegriffe

Jede in der Marketingforschung durchgeführte Aktivität zielt zumindest mittelbar auf die Gewinnung von Erkenntnissen über real existierende Sachverhalte oder aber die Absicherung derselben durch abermalige Überprüfung ab. Dazu werden Begriffe und Prinzipien benutzt, die z.T. auch im täglichen Sprachgebrauch üblich sind. In Abhängigkeit vom jeweiligen Kontext und vom Bildungsniveau bzw. der Ausbildung einer Person können diese zu unterschiedlichen Implikationen und Assoziationen führen. Exemplarisch sei an dieser Stelle auf Begriffe wie „Aussage", „Merkmal" oder „Modell" verwiesen. Um Missverständnissen so weit wie möglich vorzubeugen, werden nachfolgend – die Darstellungen von *Eichhorn* (1972), *Kuhn* (1973), *Seiffert* (1989), *Roth* (Hrsg.) (1995), *Bortz, Döring* (1995) und *Schnell et al.* (1999) aufgreifend – wichtige Begriffe und Prinzipien aus der Wissenschaftstheorie erläutert.

Ausgangspunkt der Betrachtungen ist der Begriff der **Wissenschaftstheorie** selbst. Gegenstand dieser „Theorie von der Wissenschaft" ist die Erörterung der Grundlagen und Methoden der Wissenschaft bzw. die Beschreibung des tatsächlichen Verhaltens von Wissenschaftlern sowie die Analyse wissenschaftlicher Aussagen. Diese Aussagen können sowohl deskriptiver, also beschreibender, als auch normativer und somit richtungsweisender Art sein. Ziel der wissenschaftlichen Tätigkeit ist der Zugewinn an Erkenntnissen durch möglichst exakte Beschreibungen, erklärungskräftige Theorien sowie fruchtbare Methodologien zur Beantwortung interessierender Fragestellungen. Hierbei lassen sich *Eberhard* (1987, S. 16 ff.) folgend **phänomenale** (d.h. das Erscheinungsbild des Erkenntnisgegenstands betreffende), **kausale** (d.h. die Ursachen und Hintergründe des Erkenntnisgegenstands betreffende) und **aktionale** (d.h. die Einwirkungsmöglichkeiten bezüglich des Erkenntnisgegenstands betreffende) Erkenntnisinteressen unterscheiden. Der Marketingforschung kommt in diesem Zusammenhang eine beschreibende, erklärende und prognostische Funktion zu. Zum Stellenwert theoretischer Betrachtungen in der Marketingforschung bemerken *Malhotra et al.* (1999, S. 177) sehr treffend: „Marketing research must be grounded in theory. Theory enables us to meaningfully interpret and integrate the findings with previous research. Due to an underutilization of existing theory, our understanding of several substantive areas is limited despite numerous studies."

Die zentrale Begriffswelt einer gleichermaßen wissenschaftlich fundierten wie praktisch umsetzbaren Marketingforschung lässt sich (in alphabetischer Reihenfolge) wie folgt umreißen:

Aussagen sind zur Bearbeitung interessierender Fragen aufgestellte Behauptungen, die wahr oder falsch sein können (z.B.: „Unterschwellige Werbung beeinflusst das Kaufverhalten von Konsumenten.").

Axiome sind Aussagen („Wahrheiten"), die keines Beweises bedürfen bzw. ohne einen solchen hingenommen werden und den Ausgangspunkt für andere Aussagen bilden.

Gesetzmäßigkeiten[1] sind allgemein bewährte bzw. in mehrfacher empirischer Überprüfung nicht widerlegte und somit Allgemeingültigkeit besitzende Hypothesen.

Hypothesen sind begründete und mehr oder weniger bewährte Aussagen, deren „Gültigkeit" nicht auf einen bestimmten raum-zeitlichen Rahmen beschränkt ist, denen zumindest implizit eine „wenn-dann"-Struktur[2] zugrunde liegt und die empirisch überprüfbar respektive falsifizierbar sind (z.B.: „Wenn der Preis eines Produkts fällt, dann steigt sein Absatz.").[3]

Hypothetische Konstrukte dienen der Erfassung nicht-beobachtbarer Sachverhalte, werden ohne notwendige Beziehungen zu realen Verhaltensbeobachtungen definiert und lassen sich nur indirekt über geeignete Indikatoren oder Messmodelle erfassen und quantifizieren.

---

[1] Die in den Sozialwissenschaften betrachteten Gesetzmäßigkeiten sind grundlegend von den formalen Gesetzen, wie sie dem Leser vielleicht aus der Physik oder auch der theoretischen Volkswirtschaftslehre geläufig sind, zu unterscheiden. Letztere können bei Akzeptanz eines entsprechenden Modells und der zugrunde liegenden Axiome mit Hilfe mathematischer Techniken bewiesen werden.

[2] Eine Hypothese stellt somit eine Beziehung zwischen mindestens zwei Merkmalen dar.

[3] Die Aussage „Wenn der Preis eines Produkts fällt, dann *kann* sein Absatz steigen." ist also keine Hypothese.

Merkmale dienen der Beschreibung von Objekten (z.B. Produkte) und können verschiedene Ausprägungen (z.B. die verschiedenen Preise der Produkte) aufweisen.

Methoden sind planmäßige, systematische Vorgehensweisen zur Erreichung eines gesetzten Ziels, etwa zur Lösung einer Datenauswertungsaufgabe.

Methodologien sind die Lehren von den wissenschaftlichen Methoden bzw. den Theorien der wissenschaftlichen Methoden (Wissenschaftstheorie im engeren Sinne).

Modelle im wissenschaftlichen Sinne sind vereinfachte Abbilder realer Tatbestände (etwa das Verhalten der Kunden in einem Laden) die Strukturgleichheit oder doch zumindest Strukturähnlichkeit zum Realsystem aufweisen. Es handelt sich somit um zweckorientierte, Relationen bewahrende Abbildungen der Realität.

Objekte können im Kontext der Marketingforschung beispielsweise Produkte, Konsumenten oder Anbieter sein. Sie sind häufig Gegenstand der Analyse, wobei aus großen Objektmengen, etwa der Gesamtheit aller Konsumenten in einem Land, zweckmäßigerweise Stichproben geeigneten Umfangs gezogen werden.

Paradigmen sind gedankliche Weltbilder, die von einer wissenschaftlichen Gemeinschaft akzeptiert und kommuniziert werden. Sie erlangen ihren Status dadurch, dass sie bei der Lösung von Problemen, die ein Kreis von Fachleuten als wichtig erachtet hat, erfolgreicher waren und sind als die mit ihnen konkurrierenden.

Theoreme sind aus einem relativ allgemeinen System von Aussagen abgeleitete relativ spezielle Aussagen.

Theorien[4] sind Systeme von Aussagen in Form von Annahmen, Hypothesen, Axiomen und Theoremen über die Gegenstände eines bestimmten Forschungsgebiets.

Variablen sind Symbole („Platzhalter“) für eine Menge von Merkmalsausprägungen, beispielsweise die saisonbedingt variierenden Preise eines Produkts. Sie dienen der Beschreibung von Merkmalsunterschieden bei einer Menge von Objekten, etwa den miteinander konkurrierenden Marken einer Produktkategorie und können eine unterschiedliche formale Gestalt (z.B. stetige versus diskrete Variablen) bzw. empirische Bedeutung (z.B. manifeste, d.h. direkt beobachtbare versus latente, d.h. nicht direkt beobachtbare Variablen) besitzen.

[4] *Popper* (1989) folgend können Theorien nicht aus beobachteten Tatbeständen erschlossen werden. Sie sind vielmehr das Ergebnis des Zusammenwirkens kühner Spekulation, konsistenter Argumentation sowie Prüfung und Bewährung an der Erfahrung.

Zur Abgrenzung zwischen Modell und Theorie ist anzumerken, dass eine Theorie dann Modelleigenschaften aufweist, wenn die theoretischen Aussagen den Versuch der Abbildung interessierender Objektzusammenhänge darstellen. Modelle können deshalb unter bestimmten Voraussetzungen zur Theorieprüfung, d.h. zur Bewährung von Hypothesen herangezogen werden. Zum Begriff der Aussage sei darüber hinaus noch angemerkt, dass sich im Kontext der Marketingforschung verschiedene Typen von Aussagen unterscheiden lassen. Einen entsprechenden Überblick mit Beispielen aus unterschiedlichen Themenfeldern des Marketing gibt Tabelle 3.1.

Empirische Aussagen (z.B. in Form von Preiselastizitäten)	Logische Aussagen (z.B. in Form von mikroökonomischen Theoremen)
Deskriptive Aussagen (z.B. in Form von Kundenprofildarstellungen)	Normative Aussagen (z.B. in Form des MRA-Kodexes auf S. 32)
Deterministische Aussagen (z.B. in Form von Naturgesetzen)	Stochastische Aussagen (z.B. in Form von Absatzprognosen)
Aussagen mit fallweiser Gültigkeit (z.B. in Form preisbezogener Qualitätsurteile)	Aussagen mit allgemeiner Gültigkeit (z.B. in Form von juristischen Gesetzestexten)
Singuläre Aussagen (z.B. als Ergebnis von periodischen Marktanteilsmessungen)	Nomologische Aussagen[5] (z.B. in Form von Marktreaktionsfunktionen)
Wenn-dann-Aussagen (z.B. in der Art: „Wenn ein Produkt gut ist, dann wird es auch gekauft.")	Je-desto-Aussagen (z.B. in der Art: „Je höher die Werbeaufwendungen, desto besser verkauft sich ein Produkt.")

Tabelle 3.1: *Typen von Aussagen in der Marketingforschung*

In Abbildung 3.1 ist in Anlehnung an *Bunge* (1967) der Ablauf von (Marketing-) Forschungsprozessen skizziert. Demzufolge sollte die jeweils vorliegende Fragestellung auf Basis bzw. unter Berücksichtigung der hierzu bereits verfügbaren Erkenntnisse formuliert werden. *Bortz, Döring* (1995, S. 35) sehen den Beitrag, um den eine Untersuchung das bereits gesicherte Wissen bezüglich eines Untersuchungsgegenstands erweitert, als ein Qualitätskriterium empirischer Untersuchungen. Dies unterstreicht auch die Bedeutung einer fundierten Sekundäranalyse in der Marketingforschung.

Die in der Marketingforschung zum Einsatz kommenden Prüftechniken sind vorwiegend statistische Tests. Der Beweis einer Hypothese ist auf diesem Weg jedoch nicht möglich. Hypothesen können durch die Anwendung solcher Tests entweder zurückgewiesen oder nicht zurückgewiesen werden. Im Falle der Zurückweisung

[5] Die **Nomologie** ist eine Teildisziplin der Philosophie, die sich mit den Gesetzmäßigkeiten des Denkens beschäftigt.

stellt sich die Frage, ob die Hypothese endgültig zu verwerfen ist, ob sie verfeinert werden sollte oder aber, ob die Ausgangsbedingungen („Antezedenzbedingungen“) verschärft und somit der Gültigkeitsbereich und die Allgemeinheit der Hypothese eingeschränkt werden sollten.

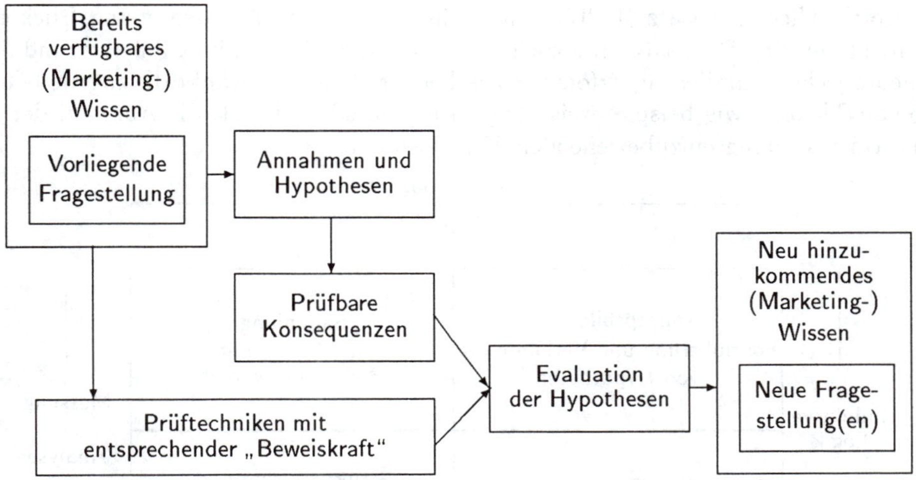

Abbildung 3.1: *Idealtypischer Ablauf von (Marketing-) Forschungsprozessen*

Unabhängig von der gewählten Methodik können Forschungsaktivitäten in Anlehnung an *Zaltman et al.* (1973, S. 18) und *Hildebrandt* (2000, S. 37) auf den in Abbildung 3.2 dargestellten Prozess zurückgeführt werden. Dabei bedeutet **Deduktion** die Ableitung eines speziellen Sachverhalts („des Speziellen“) aus einem allgemein gültigen Kontext („dem Allgemeinen“) oder, um in obiger Begriffswelt zu bleiben, die Ableitung von speziellen Aussagen aus allgemeineren Aussagen mittels logischer Schlussfolgerungsregeln. Analog versteht man unter **Induktion** das Schließen von einem speziellen Sachverhalt auf allgemein Gültiges (idealerweise auf Gesetzmäßigkeiten).

Ausgangspunkt des skizzierten Prozesses ist die Konzeptbildung und die Festlegung des theoretischen Fundaments. Aus der sich auf diese Weise ergebenden theoretischen Struktur des interessierenden Phänomens bzw. der Notwendigkeit ihrer empirischen Überprüfung folgt fast zwangsläufig die Festlegung der Art und des Inhalts der zu erhebenden Daten. Mit der zweckorientierten Aufbereitung und Auswertung derselben wird die Basis für die Zurückweisung oder Nicht-Zurückweisung der postulierten Hypothesen geschaffen. Der hieraus resultierende Erkenntnisgewinn kann dann seinerseits zum Ausgangspunkt eines erneuten Forschungsprozesses werden.

Die induktive Logik in der hier betrachteten Form wird auch als empirische Generalisierung bezeichnet und stützt sich auf mehrere Untersuchungen. Die Wiederholung von Untersuchungen, sowohl in der wissenschaftlichen Grundlagenforschung als auch in der betrieblichen Anwendung im Sinne eines permanenten Monitoring (z.B. der Kundenpräferenzen und der Kundenzufriedenheit), hat somit gerade unter qualitativen Gesichtspunkten ihre Berechtigung. Bei der empirischen Generalisierung kann *Bass, Wind* (1995) folgend zwischen dem Theorie-Empirie-Theorie-Empirie-Ansatz (TETE) und dem Empirie-Theorie-Empirie-Theorie-Ansatz (ETET) unterschieden werden. Auf den ersten Blick erscheint der TETE-Ansatz im Forschungszyklus gemäß Abbildung 3.2 aufgrund der theoretischen Fundierung Erfolg versprechender. Jedoch schränkt die zugrunde liegende Theorie, wie beispielsweise *Opp* (1994, S. 68) aufzeigt, die Auswahl der in die Untersuchung einzubeziehenden Variablen ein.

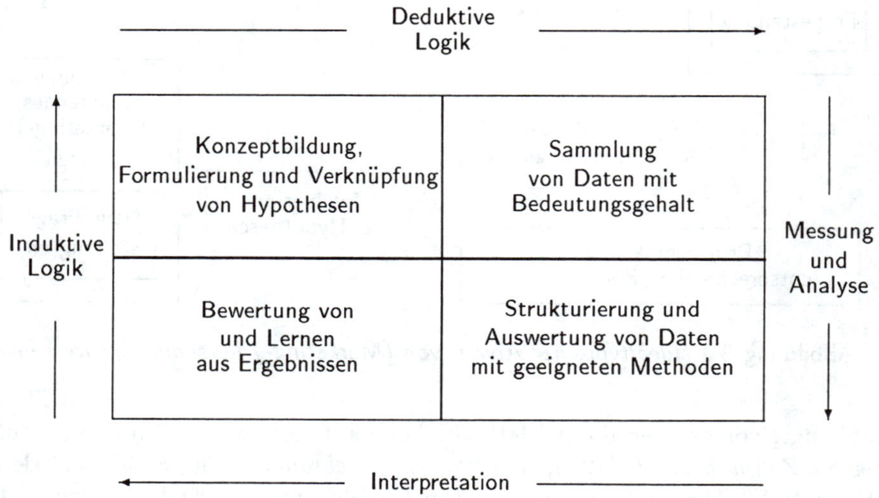

Abbildung 3.2: *Erkenntnisgewinn im Marketingforschungsprozess*

In dieser Kontroverse führt z.B. *Bass* (1995) die Entwicklung der in Kapitel 16 dargestellten multivariaten Erweiterung des Negativ-Binomial-Modells als ein erfolgreiches Beispiel der ETET-Vorgehensweise an. *Ehrenberg* (1994, S. 80 f.) wiederum verweist auf die Einführung des in Kapitel 15 dargestellten multinomialen Logit-Modells in die Marketingforschung durch *Guadagni, Little* (1983) als Beispiel einer erfolgreichen Forschungstätigkeit mit theoretischem Ausgangspunkt.

In Anlehnung an *Bunge* (1967) sind zusammenfassend folgende Anforderungen an einen „idealen" **Forschungsprozess** zu stellen:

- Den Ausgangspunkt der Forschungsarbeit sollen geeignet formulierte und für den betreffenden Kontext fruchtbare Fragen darstellen.
- Zur Beantwortung der gestellten Fragen sollen wohl begründete und überprüfbare Annahmen und Hypothesen formuliert werden.
- Die getroffenen Annahmen sind bezüglich ihrer Realitätsnähe zu überprüfen.

- Aus den einer Forschungsbemühung zugrunde liegenden Annahmen müssen sich relevante Konsequenzen ableiten lassen.
- Die Hypothesen sind einer genauen (idealerweise statistischen) Prüfung zu unterziehen und die Ergebnisse im Sinne der Ausgangszielsetzung(en) zu interpretieren.
- Zur Überprüfung der Hypothesen müssen geeignete Techniken bereitgestellt bzw. gegebenenfalls auch neu entwickelt werden.
- Die gewählten Techniken sind im Hinblick auf ihre Relevanz, Präzision und Zuverlässigkeit zu überprüfen.
- Es sollen Bereiche, in denen die Annahmen und Techniken zulässig erscheinen, bestimmt und weiterführende sowie noch offene Fragestellungen benannt werden.

Zu den Techniken sind die statistischen Verfahren der Datenauswertung, wie etwa die in Kapitel 4 dargestellten Tests, aber auch die verschiedenen Ansätze zur quantitativen Modellbildung zu zählen. Da die wissenschaftliche Auseinandersetzung mit Determinanten und Ausdrucksformen des Käuferverhaltens in vielen Fällen untrennbar mit der Formulierung geeigneter Modelle verbunden ist, erscheint es sinnvoll, sich dieser Thematik noch etwas genauer zuzuwenden.

Modelle sind der Analyse oftmals leichter zugänglich als das real zu beobachtende Käuferverhalten. Sie bieten die Möglichkeit, Eingriffe in die „modellierte Welt“ vorzunehmen, die am „lebenden Objekt“ nicht möglich oder zu teuer wären. Sie können zum Verständnis realer Entscheidungsvorgänge beitragen und spielen deshalb in der Marketingforschung eine bedeutende Rolle. Modelle erleichtern die Strukturierung komplexer Beziehungsgeflechte, ermöglichen ein systematisches Studium der interessierenden realen Phänomene und unterstützen die Formulierung entsprechender Theorien. Modelle sind somit Kommunikationsinstrumente, die die Diskussion relevanter Phänomene erleichtern sollen.

Der qualifizierte Umgang mit Modellen bedingt auch die Auseinandersetzung mit den Grenzen der Modellierbarkeit und möglicherweise bestehenden Einschränkungen hinsichtlich der Übertragbarkeit der damit gewonnenen Erkenntnisse auf reale Gegebenheiten. In Anlehnung an *Williams* (1992, S. 148 ff.) können folgende, von der *British Market Research Society* im Jahr 1973 formulierte Deskriptoren zur **Klassifikation von Modellen** herangezogen werden:

Mikro- versus Makromodelle

Bei Mikromodellen wird jedes Individuum/jede Einheit eines Markts bzw. dessen/deren Reaktion(en) auf Umwelteinflüsse für sich allein betrachtet. Makromodelle bilden den Markt oder einen mehrere Individuen umfassenden Teilmarkt als Ganzes ab und beschreiben globale Marktreaktionen.

Daten- versus theoriebasierte Modelle

Datenbasierte Modelle gehen aus den Resultaten entsprechender Datenaufbereitungen und -analysen hervor. Theoriebasierte Modelle hingegen entstehen aus logischen Überlegungen hinsichtlich eines interessierenden Sachverhalts und haben in der Marketingforschung oftmals ihren Ursprung in verwandten Wissenschaftsdisziplinen.

„Low"- versus „Medium"- versus „High Level"-Modelle

Mit den genannten Deskriptoren wird die im jeweiligen Fall vorliegende Komplexität des Ansatzes zum Ausdruck gebracht. Wichtige Kriterien zur Bestimmung des Komplexitätsgrads von Modellen sind die Anzahl der berücksichtigten Variablen und der zu ihrer Verknüpfung herangezogene Formalismus. Mit dem Komplexitätsgrad steigt in der Regel auch der für die Modellidentifikation erforderliche Datenumfang.

Beschreibungs- versus Erklärungs- versus Prognosemodelle

Mit dieser Differenzierung wird z.B. zwischen Modellen unterschieden, die das Käuferverhalten beschreiben, solchen, die sich um die Erklärung von beobachtetem Verhalten bemühen und solchen, die Vorhersagen über das zukünftige Verhalten in zuvor spezifizierten Kaufsituationen ermöglichen.

Verhaltensmodelle versus statistische Modelle

Bei Verhaltensmodellen interpretiert man das Verhalten von Einzelnen oder Gruppen von Individuen als Reaktion auf die Konfrontation mit bestimmten Stimuli. Verhaltensmodelle basieren damit auf einem mehr oder weniger umfassenden, implizit gegebenen Annahmengeflecht. Bei statistischen Modellen hingegen werden die Modellgrößen („Modellparameter") explizit durch die zur Anwendung kommenden statistischen Prozeduren bestimmt.

Allgemeine Modelle versus ad hoc-Modelle

Modelle des zuerst genannten Typs lassen sich z.B. auf verschiedene Individuen oder Märkte anwenden, während Modelle des zweiten Typs „ad hoc" auf eine bestimmte Situation zugeschnitten werden und zunächst einmal nur für diese Gültigkeit besitzen.

Statische versus dynamische Modelle

Bei statischen Modellen wird das interessierende Phänomen für einen festen Zeitpunkt abgebildet, zeitabhängige Effekte bleiben hierbei unberücksichtigt. Bei dynamischen Modellen beschreibt man das Verhalten eines Individuums, eines Markts oder – allgemeiner – eines Systems im Zeitablauf. Dabei können sich sowohl die Modellgrößen als auch deren Wirkungsbeziehungen zueinander im Zeitablauf ändern.

Qualitative versus quantitative Modelle

Qualitativ formulierte Modelle verzichten auf eine explizite Operationalisierung der berücksichtigten Modellgrößen (bzw. -variablen) und der zugehörigen Interaktionsbeziehungen. Stattdessen wird eine verbale oder graphische Darstellung der Zusammenhänge angestrebt. Im Gegensatz dazu wird bei quantitativen Modellen versucht, die relevanten Sachzusammenhänge durch geeignete mathematische Formalismen greifbar und kommunizierbar zu machen. Insbesondere im Bereich der Kaufverhaltensmodellierung spielt die geeignete Quantifizierung der relevanten Einfluss- und Reaktionsgrößen eine wichtige Rolle, weil dadurch die Qualität der Erklärung des gegenwärtigen und die Qualität von Prognosen des zukünftigen Käuferverhaltens wesentlich beeinflusst wird.

Eine abweichende, jedoch nicht vollständig disjunkte Systematik von Deskriptoren zur Charakterisierung von Modellen schlagen *Leeflang et al.* (2000, S. 37) vor. Sie betrachten die folgenden Aspekte:

Beabsichtigter Modelleinsatz

Der beabsichtigte Modelleinsatz kann die Beschreibung und Prognose von Sachverhalten sowie die Ableitung normativer Handlungsempfehlungen im Sinne eines optimalen Verhaltens sein.[6]

Ebene der Nachfrage

In der Marketingforschung wird die Nachfrage oftmals als Absatzvolumen einer Produktkategorie, als Absatzvolumen einzelner Marken oder aber als Marktanteil der Marken modelliert. Anhand dieser Kategorisierung werden jedoch nur die Makromodelle gemäß obiger Systematik erfasst.

Berücksichtigung verhaltenswissenschaftlicher Details

Hier unterscheiden die Autoren zwischen Modellen ohne verhaltenswissenschaftliche Fundierung, wie beispielsweise die von *Hanssens et al.* (2001) diskutierten Marktanteilsmodelle auf der Basis autoregressiver Prozesse, solchen mit einigen verhaltenswissenschaftlichen Details, wie beispielsweise das von *Urban, Hauser* (1993) diskutierte SPRINTER-Modell zur Neuproduktbewertung, und Modellen mit zahlreichen verhaltenswissenschaftlichen Details, wie beispielsweise das von *Petty, Cacioppo* (1986) vorgeschlagene Elaboration Likelihood-Modell.

Berücksichtigung kausaler Einflüsse

Mittels zeitreihenanalytischer Modelle können z.B. die Änderungen von Abverkaufsmengen und Marktanteilen im Zeitverlauf untersucht werden, wobei nicht notwendigerweise auf erklärende Variablen zurückgegriffen werden

[6] Der von *Williams* (1992) hervorgehobene Erklärungsaspekt wurde bei dieser Systematik zu einem eigenständigen Deskriptor ausgebaut.

muss. Soll hingegen gezielt der Einfluss der Marketinginstrumente auf das Käuferverhalten untersucht werden, so ist der Rückgriff auf die in Abschnitt 3.1.3 erläuterten Kausalitätskonzepte und der Einsatz spezieller ökonometrischer Modelle erforderlich.

Berücksichtung des Mehrmarkenfalls

Aus historischer Perspektive heraus kann festgestellt werden, dass die überwiegende Zahl der (formalen) Modelle in der Marketingforschung auf einzelne Marken zugeschnitten sind und diese in normativen Modellen so behandelt werden, als ob jeder Hersteller mit nur einer Marke im Markt präsent wäre. In der Realität ist es hingegen häufig so, dass ein Hersteller gleichzeitig mit mehreren Marken im Markt vertreten ist. Darüber hinaus kommt dem Marketing für ganze Produktlinien große Bedeutung zu. Daher sind in diesen Modellen auch Kannibalisierungseffekte[7] zu berücksichtigen.

Zur qualitativen **Beurteilung von Modellen** können in Anlehnung an *Little* (1970), *Gaul, Both* (1990) und *Williams* (1992) die folgenden Kriterien herangezogen werden. Diese sollten bereits in der Phase der Modellformulierung angemessene Berücksichtigung finden:

Aussagefähigkeit

Ein Modell sollte einen substanziellen Beitrag zur Beschreibung, Erklärung und/oder Prognose eines relevanten Phänomens liefern.

Einfachheit

Eine einfache, auf die zentralen Variablen und Beziehungszusammenhänge beschränkte Modellstruktur erleichtert das Verständnis und fördert die Akzeptanz beim Anwender.

Flexibilität

Das Modell sollte mit vertretbarem Aufwand auf modifizierte Problemstellungen und Datenstrukturen angepasst werden können. Gerade in der Analyse empirischer Daten besteht die Gefahr der Konstruktion überspezialisierter „Einwegmodelle“ (ad hoc-Modelle) aus denen sich u.U. keine generalisierbaren Aussagen ableiten lassen.

Kontrollierbarkeit

Die Modellkonstruktion sollte eine Kontrolle der Reaktionen des Modells auf Änderungen der Eingabedaten erlauben.

Originalität

Ein Modell kann nur dann zur Erweiterung des Wissens über ein interessierendes Phänomen beitragen, wenn es entweder eine neue Sicht auf den zu

---

[7] Diese bezeichnen den Übergang der Nachfrage von einem eigenen Produkt auf ein anderes eigenes Produkt substitutiven Charakters.

modellierenden Sachverhalt bzw. Teilaspekte desselben liefert oder durch die Verknüpfung bereits vorhandener Wissensinhalte neues, zusätzliches Wissen hervorbringt.

Robustheit

Ein Modell wird insbesondere dann das Vertrauen eines Anwenders gewinnen können, wenn es keine unplausiblen Outputs liefert, die resultierenden Werte also in einem für den jeweiligen Untersuchungsgegenstand sinnvollen Bereich liegen. Auch sollten mehrmalige Anwendungen auf geeignete Problemstellungen konsistente und verlässliche Ergebnisse liefern. Die Eigenschaft der Robustheit von Modellen[8] der Marketingforschung ist von der Robustheit von Statistiken[9] und der Robustheit statistischer Tests[10] abzugrenzen.

Transparenz

Ein hohes Maß an Durchschaubarkeit der Modellzusammenhänge trägt dazu bei, dass ein Ansatz nicht selbst als „Black Box" betrachtet und abgelehnt wird.

Validität

Das Modell sollte im Hinblick auf seine Richtigkeit hinsichtlich des abzubildenden Phänomens überprüfbar sein.

Vollständigkeit

Bei der Modellformulierung ist darauf zu achten, dass alle als relevant erachteten Aspekte des abzubildenden Phänomens angemessene Berücksichtigung finden.

Die genannten Kriterien sollten den Leser in die Lage versetzen, die in den noch folgenden Kapiteln behandelten Modelle im Anwendungskontext zu beurteilen. Auf diese Weise soll einer blinden Modellgläubigkeit ebenso vorgebeugt werden wie den im Marketing immer noch nicht gänzlich abgebauten Vorbehalten gegenüber quantitativen Modellen.

---

[8] Die Forderung nach der Robustheit von Modellen ist seit der Publikation des „Decision Calculus"-Konzepts von *Little* (1970) Gegenstand zahlreicher Stellungnahmen zur Modellbildung in der Marketingforschung, ohne dass jedoch in gleichem Maße auf die konkrete Messung der Robustheit und die Konsequenzen dieser Forderung eingegangen wird. *Leeflang et al.* (2000) konkretisieren den Begriff der Robustheit anhand der Korrektheit von Marginaleffekten und Änderungen derselben (beispielsweise bei Preiselastizitäten), sowie der Sinnfälligkeit von Interaktionseffekten zwischen erklärten und erklärenden Variablen, deren Änderungen die Marginaleffekte hervorrufen. Gestützt auf diese Kriterien nennen die Autoren eine Reihe von Modellen, die als nicht robust zu bezeichnen sind und dennoch mit großem Erfolg in der Marketingforschung eingesetzt werden, und verfeinern den Begriff der Robustheit zu einer Robustheit in Abhängigkeit von der beabsichtigten Modellverwendung.

[9] Beispielsweise ist das einfache arithmetische Mittel als Lageparameter anfällig gegenüber Ausreißern, der Median jedoch nicht.

[10] Ein Test gilt als robust, wenn er in Bezug auf das Nichterfüllen der zugrunde liegenden Annahmen wenig sensitiv ist.

3.1.2 Hempel-Oppenheim-Schema

Einen geeigneten Rahmen zur Erläuterung des Begriffs der **Erklärung** sozialwissenschaftlicher Phänomene bildet das in Abbildung 3.3 dargestellte Schema der wissenschaftlichen Erklärung nach *Hempel, Oppenheim* (1948), das kurz als „**Hempel-Oppenheim-Schema**" bezeichnet wird.

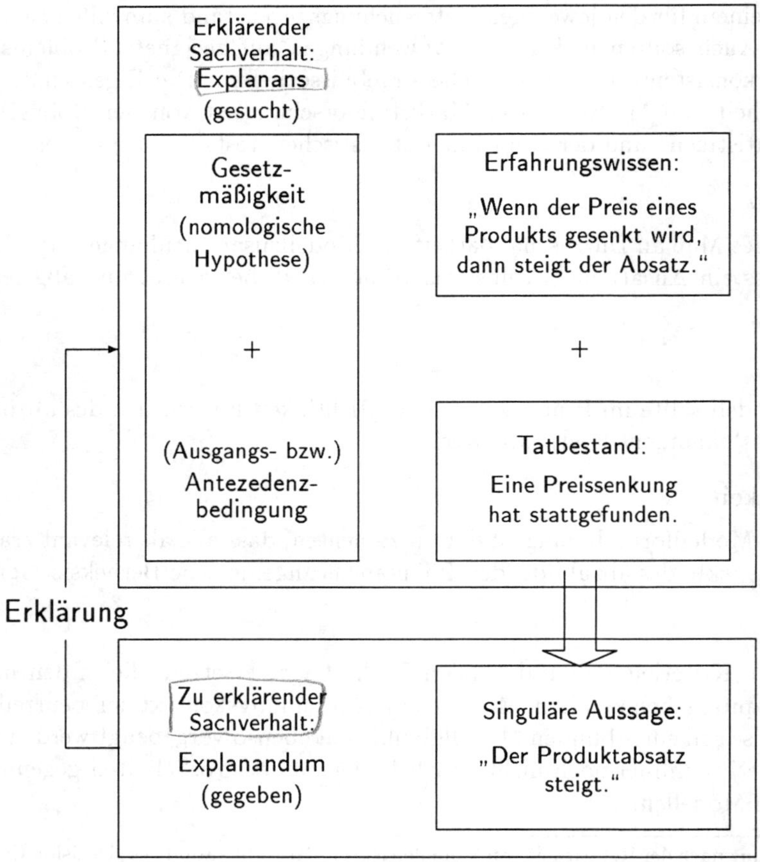

Abbildung 3.3: *Hempel-Oppenheim-Schema der wissenschaftlichen Erklärung*

Die Autoren unterscheiden zwischen Explanans als dem erklärenden und Explanandum als dem erklärten Sachverhalt. Das Explanandum ist eine singuläre Aussage, die sich im Kontext der Marketingforschung zumeist auf einen direkt beobachtbaren Tatbestand, beispielsweise die Änderung der Absatzmenge eines Produkts, bezieht. Das Explanans besteht aus einer nomologischen Hypothese und der Antezedenzbedingung, deren Erfüllung für die Überprüfung der Gesetzmäßigkeit anhand des Explanandums notwendig ist. Eine Umkehrung in dem Sinne, dass die Nichterfüllung der Antezedenzbedingung und das Nichteintreten des Explanandums auch die in der nomologischen Hypothese formulierte Gesetzmäßigkeit rechtfertigen, ist nicht zulässig.

Hierbei ist zu beachten, dass sich die Antezedenzbedingung im Kontext der Marketingforschung nicht zwingend auf einen direkt beobachtbaren Tatbestand, etwa eine Preissenkung, sondern durchaus auch auf latente Konstrukte, beispielsweise die Einstellung gegenüber einer Marke oder die Motivation eines Konsumenten zum Kauf eines Produkts, beziehen kann. Das Hempel-Oppenheim-Schema bietet allerdings, wie beispielsweise *Roth* (1995, S. 104) ausführt, nur dann eine adäquate Orientierung, wenn folgende Voraussetzungen erfüllt sind:

1. Das Explanandum muss aus dem Explanans logisch korrekt ableitbar sein.
2. Im Explanans muss zumindest ein näherungsweise allgemein gültiges Gesetz enthalten sein, das zur logischen Ableitung unbedingt benötigt wird.
3. Das Explanans muss empirischen Gehalt besitzen.
4. Die Aussagen des Explanans müssen wahr oder zumindest „gut bestätigt" sein.

Innerhalb des Hempel-Oppenheim-Schemas weisen Erklärung und Prognose eine identische logische Struktur auf. Eine Prognose ist, wie in Abbildung 3.4 am Beispiel der Untersuchung des Käuferverhaltens verdeutlicht wird, die „Umkehrung" einer Erklärung.

	Erklärung des Verhaltens	Prognose des Verhaltens
gegeben	beobachtetes Käuferverhalten (Explanandum)	Gesetzmäßigkeit(en) und Ausgangsbedingung(en) des Käuferverhaltens (Explanans)
gesucht	Gesetzmäßigkeit(en) und Ausgangsbedingung(en) des Käuferverhaltens (Explanans)	resultierendes Käuferverhalten (Explanandum)

Abbildung 3.4: *Erklärung und Prognose des Käuferverhaltens nach dem Hempel-Oppenheim-Schema*

Die in der Abbildung dargestellte Prognose des Verhaltens ist in den Sozialwissenschaften und damit auch in der Marketingforschung im Hinblick auf ihre Präzision zu relativieren. Während im naturwissenschaftlichen Kontext beispielsweise aufgrund existierender Gravitationsgesetze und entsprechender Antezedenzbedingungen (die sicherstellen, dass der Fall nicht anderweitig verhindert wird) sicher prognostiziert werden kann, dass ein einmal hoch gehobener Gegenstand nach dem Loslassen sofort wieder zu Boden fällt, ist eine solche präzise Prognose beim

Käuferverhalten leider nicht möglich. Zum einen wirken in der Regel mehrere Faktoren, etwa die Werbung für ein interessierendes Produkt, die Werbung für konkurrierende Produkte, die Entwicklung des verfügbaren Einkommens und die Tagesverfassung, gleichzeitig auf das Verhalten der Konsumenten. Zum anderen erscheinen Konsumentenreaktionen irrational, wenn beispielsweise ein vom Preis-Leistungs-Verhältnis her schlechteres Produkt einzig aufgrund des vermeintlich zeitgemäßen Images konkurrierenden und qualitativ hochwertigeren Produkten vorgezogen wird. Um die empirisch belegbaren Zusammenhänge der Sozialwissenschaften dennoch einer wissenschaftlichen Analyse und Prüfung zugänglich zu machen, sind die im folgenden Abschnitt dargestellten Kausalitätskonzepte entwickelt worden.

3.1.3 Kausalität in der Marketingforschung

Die Notwendigkeit einer wissenschaftstheoretischen Diskussion von Kausalitätskonzepten in der Marketingforschung ergibt sich aus deren direktem Einfluss auf die Modellbildung. Zur Prüfung der Frage, ob bei einem interessierenden Tatbestand ein Merkmal des betreffenden Untersuchungsobjekts in die Modellierung aufgenommen werden soll oder nicht, dienen Kausalitätstests, wie sie beispielsweise von *Bult et al.* (1997) und *Leeflang et al.* (2000) im Überblick dargestellt werden. Diese beruhen zumeist auf dem Kausalitätskonzept von *Granger* (1969):

> „A variable x is said to cause another variable y, with respect to a given information set containing x and y, if the y-values can be predicted better using past values of x and y than using the past value of y alone."

Diese Kausalitätsdefinition ist jedoch nur auf Prognoseprobleme anwendbar und darüber hinaus auf die zeitpunktbezogenen Werte zweier direkt beobachtbarer Variablen beschränkt.[11] Der Erstellung experimenteller Untersuchungsdesigns oder der Messung nicht direkt beobachtbarer Variablen, etwa der Einstellung von Konsumenten gegenüber einzelnen Marken, sind andere Kausalitätskonzepte zugrunde zu legen.

Bagozzi (1980, S. 29 ff.) und *Hunt* (1991, S. 84 ff.) verweisen im Kontext der Marketingforschung auf die **„INUS"-Bedingung**[12]. Hiernach zeichnen sich Kausalitätsbeziehungen dadurch aus, dass die Ausprägung einer Einflussgröße zwar nicht hinreichender, wohl aber notwendiger Teil einer Bedingung, die Bedingung selbst jedoch nicht notwendig, aber sehr wohl hinreichend für bestimmte Ausprägungen der abhängigen Variable ist. Beispielsweise ist ein bekannter Markenname oftmals notwendig, aber nicht hinreichend für die gehobene Qualitätswahrnehmung eines

---

[11] *Judge et al.* (1985, S. 667 ff.) weisen in diesem Zusammenhang noch auf zwei weitere, technisch bedingte Einschränkungen dieses Kausalitätskonzepts hin, nämlich die Beschränkung auf lineare Prognosen und die Reduktion der Prognosegüte auf den quadratischen Fehler.

[12] INUS ist die Abkürzung für „Insufficient-Necessary-Unnecessary-Sufficient".

Produkts. Denn häufig sind noch weitere Aspekte für die Qualitätswahrnehmung relevant. Die Qualitätswahrnehmung durch die Konsumenten ist zwar hinreichend, aber nicht notwendig für ein Qualitätsurteil, da dieses beispielsweise auch auf Basis entsprechender Tests in Verbraucherzeitschriften zustande gekommen bzw. ein Qualitätsurteil auch ohne Kenntnis des Markennamens gefällt worden sein könnte.

Bereits *Stegmüller* (1969) hat auf die Problematik der Unschärfe des Begriffs „Kausalität“ hingewiesen. Auch die nahe liegende Beschränkung auf die Bezeichnung „funktionaler Zusammenhang“ hilft nicht weiter, da diese, wie beispielsweise *Hildebrandt* (1983, S. 15) darlegt, eine Symmetrieannahme im umgangssprachlichen Sinne impliziert. Ungeachtet dessen kommt, *Bagozzi* (1980, S. 29) folgend, dem Verständnis der Kausalität zentrale Bedeutung im Hinblick auf die Vermeidung eines blinden Empirismus einerseits und steriler Tautologien andererseits zu, so dass die detaillierte Betrachtung dieses Konzepts in einem Lehrbuch (und nicht nur dort) geboten erscheint.

Da es sich bei der Kausalität um ein hypothetisches Konstrukt handelt, ist sie weder direkt beobachtbar noch theoretisch beweisbar, sondern allenfalls in einem zuvor akzeptierten definitorischen Rahmen statistisch ableitbar. Als wesentliche Eigenschaften einer **Kausalbeziehung** sind die Regelmäßigkeit der Verbindung zwischen Ursache und Wirkung und die Gesetzesartigkeit zu nennen.

Mit

x	=	mögliche Ursache (z.B. der Preis eines Produkts) für einen interessierenden Tatbestand (z.B. den Produktabsatz)
x^{int}	=	intervenierende[13] Einflussgröße (z.B. die Preissensibilität der Käufer)
y	=	zu erklärender Tatbestand, an dem die Wirkung (z.B. ein Absatzrückgang bei dem betreffenden Produkt) der Ursache und möglicher intervenierender Einflüsse festgemacht wird
x^{komp}, y^{komp}	=	Komplementärereignisse zu x bzw. y
u_1, w_2	=	Umweltzustände zu den Zeitpunkten 1 bzw. 2

lassen sich verschiedene **Arten von Kausalität** veranschaulichen, wobei die verwendeten Pfeile die Richtung derselben andeuten:

1. **Monokausalität**:

$$x \longrightarrow y$$

beschreibt den Fall, dass die Ursache x den Tatbestand respektive die Wirkung y zur Folge hat.[14]

[13] Intervenierende Variablen sind Größen, die in einem Modell die Beziehung zwischen zwei Variablen beeinflussen. Sie können beobachtbarer oder nicht-beobachtbarer, also latenter Natur sein.

[14] Der Einfachheit halber ist im Folgenden nur noch von der „Wirkung“ die Rede.

2. **Multikausalität**:

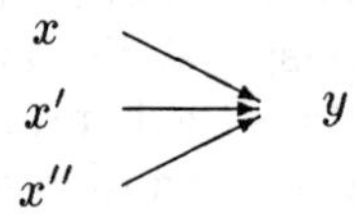

   beschreibt den Fall, dass das gemeinsame Auftreten der Ursachen x, x' und x'' die Wirkung y hat.

3. **Kausalität mit Intervention:**

$$x \longrightarrow x^{int} \longrightarrow y$$

   beschreibt den Fall, dass die Ursache x über die intervenierende Einflussgröße x^{int} die Wirkung y hat.

4. **Quasi-deterministische Kausalität:**

$$x|w_1 \longrightarrow y|w_2$$

   beschreibt den Fall, dass die Ursache x im Umweltzustand w_1 zum Zeitpunkt 1 hinreichend für die Wirkung y im Umweltzustand w_2 zum Zeitpunkt 2 ist. Die Wirkung y kann aber auch eintreten, ohne dass (zuvor) die Ursache x gegeben ist.

5. **Streng-deterministische Kausalität:**

$$x|w_1 \longrightarrow y|w_2 \quad \text{und} \quad x^{komp}|w_1 \longrightarrow y^{komp}|w_2$$

   beschreibt den Fall, dass die Ursache x sowohl notwendige als auch hinreichende Bedingung für die Wirkung y ist.

6. **Stochastische Kausalität:**

$$x \wedge x'|w_1 \longrightarrow y|w_2, \; x^{komp} \wedge x'|w_1 \longrightarrow y^{komp}|w_2$$
$$\text{und}$$
$$x \wedge x'^{komp}|w_1 \longrightarrow y^{komp}|w_2$$

   beschreibt den Fall, dass die Ursache x im Umweltzustand w_1 zum Zeitpunkt 1 eine notwendige, aber keine hinreichende Bedingung für die Wirkung y im Umweltzustand w_2 zum Zeitpunkt 2 ist.

Auf dieser Basis können **Bedingungsanalysen** durchgeführt werden. Diese eignen sich nach *Bagozzi* (1980, S. 13 ff.) und *Hildebrandt* (1983, S. 16 f.) zumindest zur partiellen Beantwortung nachfolgender Fragen:

1. Wie sind Kausalaussagen mit Gesetzescharakter von solchen ohne diese Eigenschaft zu unterscheiden?

2 Impliziert Kausalität grundsätzlich Asymmetrie zwischen Ursache und Wirkung, und wenn ja, wie lässt sich diese kennzeichnen?

3 Wie können „wahre“ Ursachen von anderen Einflüssen abgegrenzt werden?

Neben der Unterscheidung zufälliger und systematischer Regularien bereitet in der Marketingforschung insbesondere die Abgrenzung „wahrer“ Ursachen von anderen kausalen Einflüssen Probleme. So führen z.B. *Bortz, Döring* (1995, S. 17) aus, dass axiomatisch begründete und in diesem Sinne „wahre“ Gesetze zur Erklärung sozialwissenschaftlicher Phänomene bisher nicht etabliert werden konnten. Den deduktiv-nomologischen Erklärungen kommt daher in den Sozialwissenschaften – und somit auch in der Marketingforschung – eine andere Bedeutung zu als etwa in den Naturwissenschaften der der theoretischen Volkswirtschaftslehre. An die Stelle formaler Gesetze treten in den Sozialwissenschaften mehr oder weniger begründete bzw. empirisch abgesicherte Theorien, aber eben auch subjektive Vermutungen und Überzeugungen, deren Erklärungswert nicht gegeben, sondern Gegenstand empirischer Forschung ist.

Sowohl für die inhaltliche als auch für die statistische Prüfung von interessierenden Zusammenhängen ist es wichtig, zwischen Kausal- und Korrelationshypothesen zu unterscheiden. Eine **Kausalhypothese** bezieht sich auf die Verursachung („Erzeugung“) eines oder mehrerer Tatbestände („Phänomene“) und beschreibt immer einen bedingten Zusammenhang. Eine **Korrelationshypothese** hingegen betrifft lediglich das Zusammentreffen von zwei oder mehr Phänomenen. Bei den Aussagen „Preissenkungen verursachen Absatzsteigerungen.“ und „x verursacht y.“ handelt es sich demzufolge um Kausalhypothesen. Aussagen wie „Wenn die Nachfrage nach Lebkuchen steigt, steigt auch die Nachfrage nach Glühwein.“ oder „Wenn x auftritt, tritt auch y auf.“ mögen zwar inhaltlich durchaus sinnvoll sein, sie beschreiben aber nicht notwendigerweise einen kausalen, sondern u.U. nur einen korrelativen Zusammenhang. Die Beispiele lassen auch den semantischen Unterschied zwischen Kausal- und Korrelationshypothesen deutlich werden.

Die Prüfung von Korrelationshypothesen, die auch als „**Zusammenhangshypothesen**“ bezeichnet werden, ist aufgrund der vielfach gegebenen Operationalisierbarkeit mittels entsprechender Korrelationskoeffizienten und passender Signifikanztests deutlich einfacher als die im Folgenden dargestellte Prüfung von Kausalhypothesen. Die grundsätzliche Vorgehensweise bei der statistischen Prüfung von Korrelationshypothesen wird in Kapitel 4 aufgezeigt.

3.1.4 Methoden zur Überprüfung von Kausalität

Für die Überprüfung von Kausalität in der Marketingforschung bieten sich die in Kapitel 6 ausführlich dargestellten Experimente an. Dabei ist eine Experimentalsituation angestrebt, die nicht durch „irrelevante“ Drittvariablen beeinflusst wird. Eine absolute Kontrolle störender Einflüsse ist jedoch nicht immer möglich. Um diesem Problem Rechnung zu tragen, wird folgende Unterscheidung des Untersuchungsaufbaus getroffen:

Quasi-experimentelle Untersuchungen

Hier handelt es sich um Untersuchungen in natürlicher („biotischer") Umgebung, beispielsweise in real existierenden Einzelhandelsgeschäften, mit statistischer Kontrolle von Änderungswirkungen einzelner Experimentalvariablen. Das Interesse gilt dabei häufig den zeitlichen Änderungen dieser Variablen, etwa den absatzbeeinflussenden Wirkungen von Preisänderungen bei einem Produkt über mehrere Wochen hinweg. Die Auswertung der Daten aus solchen Quasi-Experimenten wird als **Längsschnittsanalyse** bezeichnet. Aber auch die Erhebung von **Querschnittsdaten** (und die korrespondierende Ausawertung als Querschnittsanalyse), bei denen sich die Betrachtungen auf die Änderungswirkungen unterschiedlicher Ausprägungen interessierender Experimentalvariablen bei einer größeren Anzahl von Objekten oder Orten zu einem festen Zeitpunkt beziehen, kann auf ein Quasi-Experiment zurückgehen. Ein Beispiel hierfür ist die Untersuchung des Zusammenhangs zwischen dem Einkommen ausgewählter Privathaushalte und deren Nachfrage nach einem Neuprodukt unmittelbar nach dessen Markteinführung. Die beobachteten mutmaßlichen Wirkungen, etwa mögliche Absatzänderungen von Produkten, sind bei quasi-experimentellen Untersuchungen das Ergebnis vermutlich verursachender Einflüsse von nicht gezielt zu Experimentzwecken manipulierten Situationsvariablen. Für das Beispiel der Preiswirkungen bedeutet dies, dass nur die regulären Preisvariationen im Zeitablauf oder über unterschiedliche Untersuchungsorte hinweg in die Untersuchung einfließen.

Experimentelle Untersuchungen

Untersuchungen dieser Art finden zwar in einer mehr oder weniger künstlichen, dafür aber hinsichtlich des Einflusses nicht interessierender Faktoren besser zu kontrollierenden Umgebung statt. In der Marketingforschung werden solche Experimente in erster Linie als Laboruntersuchungen und in „kontrollierten" Testmärkten durchgeführt. Gelingt es der Experimentleitung, alle außer den für die konkret vermutete Kausalität relevanten Variablen konstant zu halten, so spricht man von einem **„idealen" oder „echten" Experiment**. Die mutmaßlichen Wirkungen, sofern solche im Experiment nachgewiesen werden können, sind dann einzig das Ergebnis der gezielt manipulierten Einflussgrößen.

Während bei idealen Experimenten Kausalitäten vergleichsweise einfach (beispielsweise mittels partieller Korrelationen) operationalisiert werden können, ist bei Quasi-Experimenten die Feststellung des Einflusses der nicht kontrollierbaren Störungen erforderlich. Ein in der Marketingforschung zunehmend Verbreitung findendes Verfahren, dessen Anwendung in Kapitel 14 im Rahmen der Kundenzufriedenheitsmessung und in Kapitel 11 im Rahmen der Konstruktvalidierung demonstriert wird, ist die Kausalanalyse.

Hildebrandt (1983, S. 21 f.) folgend gilt die Vermutung des Vorliegens einer Kausalität zwischen zwei Variablen X und Y genau dann als gerechtfertigt, wenn die folgenden Voraussetzungen erfüllt sind:

- Die beiden Variablen X und Y kovariieren, d.h. sie sind statistisch signifikant miteinander korreliert.
- Es existiert eine Theorie oder zumindest eine Hypothese in Bezug auf die Richtung der zwischen X und Y bestehenden Beziehung der Art:

  $$X \longrightarrow Y, \; X \longleftarrow Y \quad \text{oder} \quad X \longleftrightarrow Y$$

  d.h. „X beeinflusst Y“, „Y beeinflusst X“ oder „X und Y beeinflussen sich gegenseitig“.
- Die zeitliche Abfolge von X und Y steht im Einklang mit der zugrunde liegenden Theorie bzw. Hypothese. Bei $X \longrightarrow Y$ beispielsweise kann X dann nicht Ursache von Y sein, wenn X zeitlich nach Y eintritt.
- Sind gleichzeitig die kausalen Beeinflussungen mehrerer Variablen zu berücksichtigen, z.B. in der Art:

  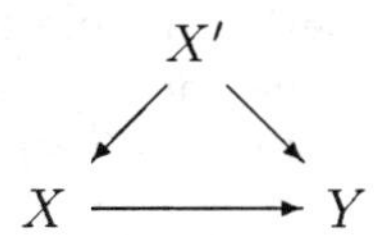

  so muss die Kovariation zwischen den speziell interessierenden Variablen X und Y auch nach der Korrektur um den Einfluss der Variable X' signifikant sein.

Zentrales Ziel der experimentellen Marketingforschung ist demnach die Überprüfung vermuteter kausaler Abhängigkeiten zwischen relevanten Marketingkonstrukten, etwa der Nachweis eines Zusammenhangs zwischen der Einstellung gegenüber einem Produkt und der produktbezogenen Kaufabsicht. In diesem Sinne lässt sich die Existenz eines kausalen Zusammenhangs im Kontext einer verhaltenswissenschaftlich orientierten Marketingforschung (vgl. *Hildebrandt, Trommsdorff* (1983, S. 140)) auf den ebenso einfachen wie einsichtigen Nenner bringen: Ein kausaler Zusammenhang erfordert, dass „das Eintreten eines Ereignisses (einer Ursache) immer zum Eintreten eines anderen Ereignisses (einer Wirkung) führt“.

3.2 Entscheidungstheoretische Aspekte der Erkenntnisgewinnung

3.2.1 Grundbegriffe

In der betrieblichen Marketingforschung sind neben den rein untersuchungstechnischen Aspekten auch die damit einhergehenden Zeit- und Kostenbelastungen zu berücksichtigen. Im Vorfeld einer jeden Untersuchung sollten Nutzen und Aufwand der Informationsbeschaffung gegeneinander abgewogen werden. Eine **Entscheidungssituation** (bzw. ein Entscheidungsproblem) liegt vor, wenn ein Entscheidungsträger, etwa die Marketingleitung eines Unternehmens, unter Berücksichtigung vorgegebener Zielsetzungen eine Wahl zwischen zwei oder mehr sich gegenseitig ausschließenden Handlungsmöglichkeiten zu treffen hat. Die Handlungsmöglichkeiten werden in der betriebswirtschaftlichen Entscheidungstheorie auch als **Alternativen** bezeichnet. Gegenstand der Entscheidungstheorie sind *Bamberg, Coenenberg* (2000) folgend „die logischen und empirischen Analysen des rationalen oder intendiert rationalen Entscheidungsverhaltens“. *Dinkelbach* (1993, Sp. 931) versteht unter dem Begriff der Entscheidungstheorie eine Disziplin, „die alle mit Entscheidungsproblemen bzw. mit Entscheidungsmodellen zusammenhängenden Fragen soweit wie möglich analysiert und strukturiert.“ Ein **Entscheidungsmodell** wird hierbei als die formale Darstellung eines Entscheidungsproblems, die zumindest eine mehrelementige Alternativenmenge und wenigstens eine auf dieser Menge definierte Zielfunktion enthält, verstanden.

Die Beziehung zwischen Entscheidung und Information stellt *Wittmann* (1980) als Grundhypothese der Entscheidungstheorie dar: „Je höher der Wissensstand, desto höher ist die Qualität der Entscheidung, wobei das Wissen hier zweckorientiert ist, d.h. der Entscheidungsvorbereitung dient, und somit als Information bezeichnet werden kann.“ **Informationen** sind in diesem Kontext als Aussagen zu verstehen, die den Erkenntnisstand eines Subjekts (z.B. eines Produktmanagers) in Bezug auf ein Objekt (z.B. ein zu betreuendes Neuprodukt) in einer gegebenen Situation (z.B. der nationalen Markteinführung des Produkts) zur Bewältigung einer Aufgabe (z.B. der Entwicklung einer produktspezifischen Handlungsstrategie) verbessern. Der den nachfolgenden Betrachtungen zugrunde gelegte Informationsbegriff steht somit im Einklang mit der auf S. 2 dargelegten Definition.

Zur Bestimmung des Werts einer Information bietet sich der Rückgriff auf das so genannte **Grundmodell der Entscheidungstheorie** an, wobei die im Folgenden gewählte Notations- und Darstellungsweise im Wesentlichen an *Göppl* (1983) und *Bamberg, Coenenberg* (2000) angelehnt ist. Ausgangspunkt sei eine Entscheidungssituation, in der aus einer gegebenen Alternativenmenge eine Alternative respektive eine Handlungsoption auszuwählen ist. Zentrale Eigenschaften des Grundmodells sind der fehlende Zeitbezug sowie die Beschränkung auf nur einen Entscheidungsträger und nur eine Zielsetzung. Trotz dieser – auf den ersten Blick vielleicht etwas restriktiv anmutenden – Modellstruktur lässt sich damit das Informationsbeschaffungsproblem bereits durchaus adäquat behandeln.

Es sei:

$\mathbb{A}$ = Menge der zur Auswahl stehenden Alternativen $a_1, \ldots, a_i, \ldots, a_I$ (z.B. unterschiedliche Markteinführungspreise für ein Neuprodukt)

$\mathbb{W}$ = Menge der möglicherweise eintretenden Umweltzustände $w_1, \ldots, w_j, \ldots, w_J$ (z.B. die Entwicklung der Gesamtnachfrage, Maßnahmen konkurrierender Anbieter und Ähnliches)

$\mathbb{E}$ = Menge $\{e_{ij} := e(a_i, w_j) | a_i \in \mathbb{A}, w_j \in \mathbb{W}\}$ der zu erzielenden Ergebnisse e_{ij} als Konsequenz respektive als Funktion der Realisation von Alternative a_i im Umweltzustand w_j (z.B. die sich für bestimmte Preis-Nachfrage-Konstellationen ergebenden Absatzmengen)

Die Elemente e_{ij} der Ergebnismenge $\mathbb{E}$ resultieren aus der Anwendung der (Ergebnis-) Funktion $e(.)$[15] auf die Tupel des kartesischen Produkts[16] $\mathbb{A} \times \mathbb{W}$ und können in einer **Ergebnismatrix** $\boldsymbol{E}$ angeordnet werden:

$$\boldsymbol{E} = (e_{ij})_{I \times J} \quad = \begin{pmatrix} e_{11} & \cdots & e_{1j} & \cdots & e_{1J} \\ \vdots & & \vdots & & \vdots \\ e_{i1} & \cdots & e_{ij} & \cdots & e_{iJ} \\ \vdots & & \vdots & & \vdots \\ e_{I1} & \cdots & e_{Ij} & \cdots & e_{IJ} \end{pmatrix} \tag{3.1}$$

Anhand der Kenntnisse hinsichtlich des Eintretens der Umweltzustände werden verschiedene Entscheidungssituationen unterschieden:

Entscheidung unter Sicherheit

Mit jeder Alternative a_i korrespondiert genau ein Element der Ergebnismatrix $\boldsymbol{E}$, da die Menge $\mathbb{W}$ genau ein Element enthält.

Entscheidung unter Risiko

Die möglichen Umweltzustände $w_1, \ldots, w_J$ treten mit subjektiven (z.B. von Experten geschätzten) oder objektiven (z.B. aufgrund historischer Daten berechneten) Wahrscheinlichkeiten ein.

Entscheidung unter Ungewissheit

Es ist lediglich bekannt, welche Zustände $w_1, \ldots, w_J$ möglich sind. Die Wahrscheinlichkeiten für das Eintreten der einzelnen Zustände sind jedoch unbekannt. Man spricht in diesem Zusammenhang auch von „objektiver Unsicherheit“ oder „Ungewissheit im eigentlichen Sinne“.

[15] Die Funktion $e(.)$ kann (muss aber nicht) eine deterministische Funktion sein. Im nichtdeterministischen Fall führt das wiederholte Zusammentreffen einer Handlungsalternative und eines Umweltzustands nicht notwendigerweise zum gleichen Ergebnis (vgl. *Bamberg, Coenenberg* (2000, S. 25)).

[16] Das kartesische Produkt zweier endlicher Mengen kombiniert jedes Element der ersten Menge mit jedem Element der zweiten Menge (vgl. *Opitz* (1991, S. 115 f.)).

Die Entscheidung für die Auswahl einer Alternative a_i $(i = 1, \ldots, I)$ basiert auf einem **Zielsystem**, das aus einer oder mehreren **Zielgrößen**[17] und **Präferenzrelationen** bestehen kann. Letztere lassen sich untergliedern in:

Indifferenz:	$\sim$	„Gleichbewertung zweier Alternativen"
Präferenz:	$\succeq$	„Gleich- oder Besserbewertung einer Alternative gegenüber einer anderen"
strenge Präferenz:	$\succ$	„Besserbewertung einer Alternative gegenüber einer anderen"

Zur Quantifizierung der möglichen Entscheidungsergebnisse, d.h. zur Bewertung der Elemente der Ergebnismatrix $\boldsymbol{E}$ wird eine **Nutzenfunktion** u (für „utility") herangezogen, die die Ergebnisse e_{ij} in die Menge der reellen Zahlen abbildet. Formal lässt sich dies wie folgt zum Ausdruck bringen:

$$u : \mathbb{E} \rightarrow \mathbb{R} \quad \text{und} \quad e_{ij} \mapsto u(e_{ij}) \in \mathbb{R} \quad \forall\, i, j$$

$\mathbb{E}$ muss dabei „relationeneindeutig"[18] in $\mathbb{R}$ abgebildet werden, d.h. für zwei Ergebnisse e_{ij} und $e_{i'j'}$ muss gelten:

$$\begin{aligned} e_{ij} \sim e_{i'j'} \quad &\Leftrightarrow \quad u(e_{ij}) = u(e_{i'j'}) \\ e_{ij} \succeq e_{i'j'} \quad &\Leftrightarrow \quad u(e_{ij}) \geq u(e_{i'j'}) \\ e_{ij} \succ e_{i'j'} \quad &\Leftrightarrow \quad u(e_{ij}) > u(e_{i'j'}) \end{aligned}$$

Die Nutzenfunktion selbst kann nun ihrerseits wiederum auf zwei verschiedene Arten genauer spezifiziert werden. Ausschlaggebend für den jeweiligen Spezifikationsansatz ist die Frage, ob man beim Vergleich verschiedener Nutzenwerte lediglich feststellen möchte, ob der eine Nutzenwert größer, kleiner oder gleich einem anderen Nutzenwert ist, oder ob zusätzlich auch die Differenz zwischen den zu vergleichenden Nutzenwerten von Interesse ist. Im ersten Fall handelt es sich um ein ordinales Nutzenkonzept, im zweiten um ein kardinales.

Notwendige Bedingungen für die Existenz einer **ordinalen Nutzenfunktion** sind:

- **Vergleichbarkeitsaxiom**:[19]
  Für zwei Ergebnisse e_{ij} und $e_{i'j'}$ kann mithilfe der oben eingeführten Präferenzrelationen immer angegeben werden, ob entweder $e_{ij} \succ e_{i'j'}$, $e_{i'j'} \succ e_{ij}$ oder $e_{ij} \sim e_{i'j'}$ gilt.

- **Transitivitätsaxiom**:
  Für drei Ergebnisse e_{ij}, $e_{i'j'}$ und $e_{i''j''}$ folgt aus $e_{ij} \succeq e_{i'j'}$ und $e_{i'j'} \succeq e_{i''j''}$ stets auch $e_{ij} \succeq e_{i''j''}$.

---

[17] Im Falle des Vorliegens mehrerer Zielgrößen repräsentieren die Elemente der Ergebnismenge auch entsprechend mehrere Maßzahlen, beispielsweise Marktanteil und resultierenden Gewinn.

[18] Die Abbildung erfolgt unter Beibehaltung der zwischen den betreffenden Elementen bestehenden Beziehungen (Relationen).

[19] Das Axiom ist gleichbedeutend mit der Forderung nach Vollständigkeit des Ordnungsrelationensystems.

Das ordinale Nutzenkonzept erscheint dann adäquat, wenn man die Skalierbarkeit des Nutzens der auf diese Weise zu beschreibenden Ergebnisse für ausreichend hält.[20] Beim kardinalen Nutzenkonzept geht man hingegen davon aus, dass der Nutzen der Ergebnisse nicht nur skalierbar, sondern sogar messbar, d.h. konkret quantifizierbar ist. Damit sind Angaben darüber möglich, in welchem Maße ein Ergebnis einem anderen vorgezogen wird. An die Existenz einer **kardinalen Nutzenfunktion** sind allerdings neben der Vergleichbarkeit und der Transitivität noch zwei weitere notwendige Bedingungen zu knüpfen:

- **Stetigkeitsaxiom**:
  Für drei Ergebnisse e_{ij}, $e_{i'j'}$ und $e_{i''j''}$ mit Präferenzbeziehung $e_{ij} \succeq e_{i'j'} \succeq e_{i''j''}$ existiert ein $x \in [0;\ 1]$, so dass gilt: $xe_{ij} + (1-x)e_{i''j''} \sim e_{i'j'}$.

- **Substitutionsaxiom**:
  Für drei Ergebnisse e_{ij}, $e_{i'j'}$ und $e_{i''j''}$ sowie ein beliebiges $x \in [0;\ 1]$ mit $e_{ij} \succeq e_{i'j'}$ gilt stets $xe_{ij} + (1-x)e_{i''j''} \succeq xe_{i'j'} + (1-x)e_{i''j''}$.

Durch die (ordinale oder kardinale) Nutzenfunktion u wird jedem Ergebnis $e_{ij} \in \mathbb{E}$ der Nutzenwert $u_{ij} := u(e_{ij}) \in \mathbb{R}$ zugeordnet. Ersetzt man jedes Element der Ergebnismatrix durch den ihm zugeordneten Nutzen, so erhält man die **Entscheidungsmatrix**[21]:

$$\boldsymbol{U} = (u_{ij})_{I \times J} = \begin{pmatrix} u_{11} & \cdots & u_{1j} & \cdots & u_{1J} \\ \vdots & & \vdots & & \vdots \\ u_{i1} & \cdots & u_{ij} & \cdots & u_{iJ} \\ \vdots & & \vdots & & \vdots \\ u_{I1} & \cdots & u_{Ij} & \cdots & u_{IJ} \end{pmatrix} = \begin{pmatrix} u(e_{11}) & \cdots & u(e_{1j}) & \cdots & u(e_{1J}) \\ \vdots & & \vdots & & \vdots \\ u(e_{i1}) & \cdots & u(e_{ij}) & \cdots & u(e_{iJ}) \\ \vdots & & \vdots & & \vdots \\ u(e_{I1}) & \cdots & u(e_{Ij}) & \cdots & u(e_{IJ}) \end{pmatrix}$$

Zur Bewertung der Ergebnisse können anstelle der ursprünglichen Nutzenwerte aber auch die daraus ableitbaren **Opportunitätskosten**[22] herangezogen werden. Die entsprechende Kostenfunktion könnte z.B. folgende Form besitzen:

$$KOS_{ij}^{opp} = \max_{l=1,\ldots,I} \{u_{lj}\} - u_{ij} \quad \forall\ i, j \tag{3.2}$$

[20] Dies ist z.B. dann der Fall, wenn die in eine entsprechende Untersuchung einbezogenen Konsumenten im Rahmen von paarweisen Produktvergleichen nur anzugeben haben, welches der jeweils einander gegenübergestellten Produkte sie (aufgrund des unterstellten, aber nicht näher quantifizierbaren Gebrauchsnutzens) im Falle einer diesbezüglichen Kaufentscheidung vorziehen würden.

[21] Liegen die Ergebnisse z.B. in Form von Erlösen oder Deckungsbeiträgen vor, so können diese mit dem Nutzen gleichgesetzt werden, d.h. es gilt dann $u(e_{ij}) = e_{ij}\ \forall\ i, j$.

[22] Im entscheidungstheoretischen Kontext bezeichnen Opportunitätskosten den entgangenen Nutzen, der durch die Wahl eines anderen Elements der Alternativenmenge (anstelle des gerade betrachteten) erzielbar gewesen wäre. Dieser Opportunitätskostenbegriff ist somit allgemeiner als der auf Deckungsbeiträge abzielende betriebswirtschaftliche Opportunitätskostenbegriff aus der Kostenrechnung (vgl. *Kistner, Steven* (1997, S. 150 ff.)).

Wendet man diese Kostenfunktion beispielsweise auf die Entscheidungsmatrix

$$\boldsymbol{U} = \begin{pmatrix} 8 & 2 & 3 & 5 \\ 5 & 7 & 3 & 10 \end{pmatrix}$$

an, so ergibt sich hieraus die Opportunitätskostenmatrix:

$$\boldsymbol{K}^{opp} = \begin{pmatrix} 0 & 5 & 0 & 5 \\ 3 & 0 & 0 & 0 \end{pmatrix}$$

Zusammenfassend können folgende – zum Zweck der Veranschaulichung in Abbildung 3.5 noch einmal in graphischer Weise zueinander in Beziehung gesetzten – wesentlichen **Kennzeichen einer Entscheidungssituation** festgehalten werden:

1. Alternativen- und Zustandsmenge
2. Kenntnisstand bezüglich der Umweltzustände (Sicherheit, Risiko oder Ungewissheit)
3. Ergebnis- und Entscheidungsmatrix
4. Präferenzrelation

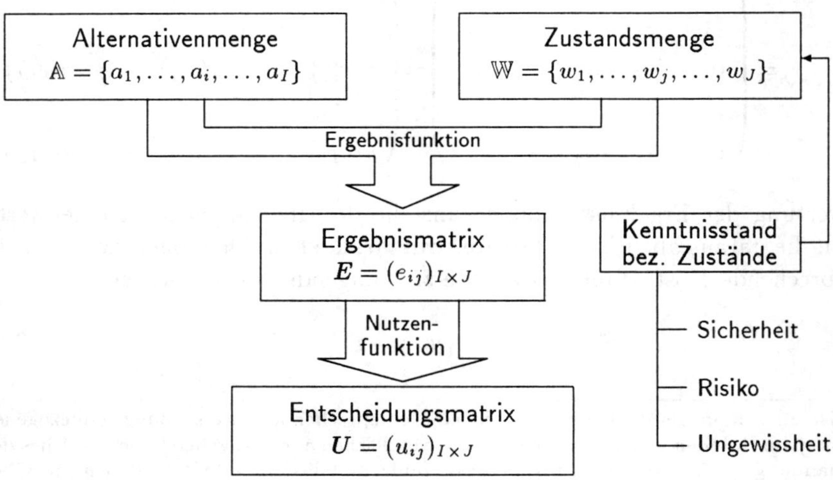

Abbildung 3.5: *Zusammenhänge im Grundmodell der Entscheidungstheorie*

In der täglichen Marketingpraxis wissen die Entscheider zwar häufig, welche das Ergebnis der Alternativenauswahl beeinflussenden Umweltzustände in einer vorliegenden Entscheidungssituation eintreten können, d.h. wie sich die Zustandsmenge zusammensetzt. Sie vermögen aber – so wünschenswert dies für eine zielgerichtete

Planung auch sein mag – oft nicht mit letzter Sicherheit vorherzusagen, wann die einzelnen Zustände tatsächlich eintreten werden.[23] Aufgrund früherer Erfahrungen sind sie jedoch vielleicht in der Lage, Wahrscheinlichkeiten für das Eintreten der einzelnen Zustände anzugeben. Im Sinne obiger Definition liegt dann eine Entscheidung unter Risiko vor.

3.2.2 Modellierung von Informationsbeschaffungsentscheidungen

Die in Abbildung 3.5 dargestellte Struktur des Grundmodells der Entscheidungstheorie lässt sich in eleganter Weise für die Modellierung der für die betriebliche Marketingforschung besonders wichtigen **Informationsbeschaffungsentscheidungen** nutzen. Den folgenden Ausführungen hierzu liegen die entsprechenden Darstellungen von *Büning et al.* (1981), *Green et al.* (1988), *Lehmann* (1989), *Hammann, Erichson* (2000) und *Bamberg, Coenenberg* (2000) zu Grunde.

Zwei im Vorfeld der Beschaffung von (Marketing-) Informationen zu beantwortende Kernfragen lauten:

1. Sollen für die vorliegende Fragestellung überhaupt Informationen beschafft werden, und wenn ja, auf welche Art und Weise und in welchem Umfang?

2. Ist der mit einer Informationsbeschaffung verbundene finanzielle Aufwand geringer als die durch die resultierende Verbesserung der Planungsgrundlage verursachte Ertragserhöhung, „lohnt" sich also die Informationsbeschaffung?

Die Beantwortung der beiden Fragen ist in der Regel nicht unabhängig voneinander möglich und bedarf – will man sich nicht nur auf subjektive Intuition verlassen – einer genaueren Analyse der Rahmenbedingungen der Beschaffungsentscheidung. Als geeignetes Verfahren hierfür erweist sich z.B. die ***Bayes*-Analyse**, deren Ergebnisse sich in einem **Entscheidungsbaum**[24] darstellen lassen. Ziel dieser Analysen ist die Abschätzung des Wertes einer Informationsbeschaffung. Die im Folgenden betrachteten Ansätze lassen sich nach *Green et al.* (1988, S. 66) in

- **a priori-Analyse**, im Sinne einer Entscheidungsfindung ohne zusätzliche Informationsbeschaffung,

- **a posteriori-Analyse**, im Sinne einer Entscheidungsfindung unter Berücksichtigung von „alten" und „neuen" (zusätzlichen) Informationen, und

[23] Dies gilt nicht nur für marketingrelevante Umweltzustände, sondern es ist z.B. auch davon auszugehen, dass die Besitzer eines Aktienpakets sehr wohl wissen, dass der Aktienkurs „ihres" Unternehmens auch einmal sinken kann. Sie wissen eben nur leider nicht wann.

[24] Ein **Entscheidungsbaum** ist eine graphische Visualisierung von Entscheidungssituationen, wobei die Zweige des Baums die Handlungsalternativen und die Verzweigungsknoten die jeweils resultierenden Ergebnisse repräsentieren.

- **pre posteriori-Analyse**, im Sinne einer Klärung der Frage, ob vor einer anstehenden Entscheidung „neue" (zusätzliche) Informationen beschafft werden sollen,

unterteilen. Bei der betrieblichen Informationsbeschaffung liegt der Interessenschwerpunkt der Marketingforschung auf der pre posteriori-Analyse.

Zur Veranschaulichung der drei Analyseformen bedienen wir uns einer bereits von *Büning et al.* (1981) in analogem Kontext angewandten Darstellungsweise. Ausgangspunkt der Betrachtungen ist die folgende Entscheidungssituation:

Der Automobilhersteller *Forpel* stehe vor der Entscheidung, zusätzlich zu einer bereits erfolgreich vertriebenen PKW-Variante 1 mit Benzinmotor eine bis auf die Motorisierung identische Variante 2 dieses Fahrzeugs mit Dieselmotor auf den Markt zu bringen. Daraus ergeben sich die beiden Handlungsalternativen:

a_1: Einführung der Fahrzeugvariante 2

a_2: Verzicht auf eine entsprechende Neuprodukteinführung

Als Entscheidungsvariable fungiere der bei beiden Fahrzeugvarianten als identisch angenommene Stückdeckungsbeitrag.[25] Ziel des gesamten Vorhabens sei eine Erhöhung des Gesamtdeckungsbeitrags aufgrund der Erschließung neuer Käuferschichten und der damit verbundenen Marktanteilssteigerungen bei konstantem Gesamtmarktvolumen. Die Erreichung dieses Ziels sei nun von verschiedenen Umweltzuständen, z.B. den Reaktionen der anvisierten Käuferzielgruppe, den möglichen (Gegen-) Maßnahmen der Konkurrenz und eventuellen Kannibalisierungseffekten innerhalb der eigenen Produktpalette abhängig. Als „aggregiertes" Maß all dieser Reaktionen (im Sinne obigen Ergebnisbegriffs) diene der resultierende Marktanteil von *Forpel*.

Die Marketingstrategen von *Forpel* gehen von drei möglichen Umweltzuständen infolge der Einführung von Fahrzeugvariante 2 aus:

w_1: Der bisherige (und allein mit Variante 1 erzielte) Marktanteil von 20 % ändert sich trotz Angebotsausweitung nicht, da die anvisierte Käuferschicht kein nennenswertes Interesse an Variante 2 signalisiert und die „Diesel-Konkurrenz" darüber hinaus mit massiven Gegenmaßnahmen aufwartet.

w_3: Der Marktanteil von *Forpel* steigt auf erfreuliche 26 %, da das Interesse bei der fokussierten Zielgruppe sehr groß ist und die Konkurrenz der Neuprodukteinführung nur sehr verhalten entgegentritt.

w_2: Der Marktanteil pendelt sich bei moderaten 23 % ein, da sowohl die Reaktion der Kunden als auch die der Konkurrenz zwischen den „Extremen" w_1 und w_3 liegt.

[25] Die Gleichheit der Stückdeckungsbeiträge resultiert aus dem Umstand, dass die Ausstattung mit einem Dieselmotor für das Unternehmen zwar teurer ist, die erhöhten Produktionskosten aber durch den höheren am Markt erzielbaren Absatzpreis wieder kompensiert werden können.

Dem Entscheidungskalkül liegen folgende betriebswirtschaftlichen Eckdaten zugrunde:

- Das relevante Marktvolumen sei im dreiperiodigen Analysezeitraum konstant und liege bei 100.000 Fahrzeugen pro Periode.
- Der Stückdeckungsbeitrag betrage jeweils 1.000 Euro.
- Die Gesamtkosten für die Neuprodukteinführungsmaßnahme werden mit 2.000.000 Euro angesetzt.

Die aufgeführten Markt- und Kalkulationsdaten führen auf die Entscheidungsmatrix

$$\boldsymbol{U} = \begin{pmatrix} 18 & 21 & 24 \\ 20 & 20 & 20 \end{pmatrix} \qquad \text{[Angaben in Mio. Euro]}$$

und die damit korrespondierende Opportunitätskostenmatrix

$$\boldsymbol{K}^{opp} = \begin{pmatrix} 2 & 0 & 0 \\ 0 & 1 & 4 \end{pmatrix} \qquad \text{[Angaben in Mio. Euro].}$$

Unterstellt man zu Vergleichszwecken zunächst den für praktische Anwendungen wohl eher unrealistischen Fall einer **Entscheidung unter Sicherheit**, so würde dies beim Eintritt von Zustand w_1 (wegen $u_{11} = 18 < u_{21} = 20$)[26] die Wahl der Alternative a_2, beim Zustand w_2 die Wahl der Alternative a_1 und beim Zustand w_3 ebenfalls die Wahl der Alternative a_1 zur Folge haben. Interessanter ist indes die Betrachtung der drei eingangs erwähnten Analyseformen a priori, a posteriori und pre posteriori.

Ausgangspunkt der **a priori-Analyse** ist die Annahme, dass zu der vorliegenden Neuprodukteinführungsentscheidung keine zusätzlichen Informationen herangezogen werden.

Um in einer solchen Situation zu einer nach Möglichkeit eindeutigen Entscheidung zu gelangen, bedarf es geeigneter **Entscheidungsregeln**. Diese können z.B. auf einer **Bewertungsfunktion** $f(.)$, mit der alle zur Auswahl stehenden Handlungsalternativen bezüglich aller möglichen Umweltzustände bewertet werden, basieren. Es ist dann jene Alternative a^* zu wählen, für die die Bewertungsfunktion den noch genauer zu spezifizierenden optimalen Wert $f(a^*)$ annimmt.

Sei

$$u_i^{min} = \min_j\{u_{ij}\} \quad \text{und} \quad u_i^{max} = \max_j\{u_{ij}\} \qquad \forall\, i \tag{3.3}$$

und entsprechend für obiges Zahlenbeispiel

$$u_1^{min} = 18,\ u_2^{min} = 20 \quad \text{und} \quad u_1^{max} = 24,\ u_2^{max} = 20,$$

dann können mithilfe der Bewertungsfunktion $f(.)$ verschiedene Entscheidungsregeln formuliert werden:

[26] Der Einfachheit halber verzichten wir bei dieser und den weiteren Beispielrechnungen auf die explizite Größenordnungsangabe „in Mio. Euro".

Maximax-Regel: Es wird jene Alternative a^* gewählt, deren maximales Ergebnis das größte unter allen maximalen Ergebnissen ist:

$$f(a^*) = \max_i\{u_i^{max}\} \tag{3.4}$$

Die Regel entspricht einer „optimistischen" Betrachtungsweise, da nur die jeweils „günstigsten" Umweltzustände in die Bewertung der beiden Alternativen einfließen. Sie liefert für unser Beispiel das Resultat $f(a^*) = \max\{24;\ 20\} = 24$ und somit die Entscheidung für Alternative a_1.

Maximin-Regel (*Wald*-Regel): Es wird jene Alternative a^* gewählt, deren minimales Ergebnis das größte unter allen minimalen Ergebnissen ist:

$$f(a^*) = \max_i\{u_i^{min}\} \tag{3.5}$$

Die Regel entspricht somit einer „pessimistischen" Betrachtungsweise und liefert für unser Beispiel das Resultat $f(a^*) = \max\{18;\ 20\} = 20$ und damit die Entscheidung für Alternative a_2.

***Hurwicz*-Regel:** Es wird jene Alternative a^* gewählt, für die bei beliebigem $x \in [0;\ 1]$ gilt:

$$f(a^*) = \max_i\{xu_i^{max} + (1-x)u_i^{min}\} \tag{3.6}$$

Diese Regel entspricht gewissermaßen einem „Kompromiss" zwischen den beiden vorausgegangenen Regeln und liefert in unserem Beispiel für $x = 0,5$ das Resultat

$$\begin{aligned} f(a^*) &= \max\{0,5 \cdot 24 + 0,5 \cdot 18;\ 0,5 \cdot 20 + 0,5 \cdot 20\} \\ &= \max\{21;\ 20\} = 21 \end{aligned}$$

und damit die Entscheidung für Alternative a_1. Durch entsprechende Wahl von x kann der Entscheider das Ausmaß seines Optimismus bzw. Pessimismus bezüglich des Eintretens der Umweltzustände zum Ausdruck bringen. Für $x = 1$ resultiert die Maximax- und für $x = 0$ die Maximin-Regel. Die Größe x kann deshalb auch als „Optimismusfaktor" bezeichnet werden.

Minimax-Regret-Regel (*Savage-Niehans-Regel*): Es wird jene Alternative a^* gewählt, deren maximale Opportunitätskosten die kleinsten unter allen maximalen Opportunitätskosten sind:

$$f(a^*) = \min_i\{\max_j\{KOS_{ij}^{opp}\}\} \tag{3.7}$$

Im vorliegenden Beispiel liefert diese Regel das Resultat

$$f(a^*) = \min\{\max\{2;\ 0;\ 0\}, \{\max\{0;\ 1;\ 4\}\} = \min\{2;\ 4\} = 2$$

und damit die Entscheidung für Alternative a_1.

Im Interesse einer realitätsnäheren Betrachtungsweise sollen nun zusätzlich Wahrscheinlichkeiten für das Eintreten der möglichen Umweltzustände Berücksichtigung finden, d.h. es wird von einer **Entscheidung unter Risiko** ausgegangen. Die Einbeziehung subjektiver – weil z.B. vom Management vorab festgelegter oder geschätzter – a priori-Wahrscheinlichkeiten $p(w_j)$ für das Auftreten der Umweltzustände w_j $(j = 1, \ldots, J)$ führt zu folgender modifizierten Bewertungsfunktion:

$$f(a^*) = \max_i \left\{ \sum_{j=1}^{J} u_{ij}\, p(w_j) \right\} \tag{3.8}$$

Auch diese allgemein gültige Grundform bedarf wieder einer genaueren Spezifikation in der Form von Regeln:

***Laplace*-Regel:** Es wird unterstellt, dass – aufgrund fehlender zusätzlicher Informationen – jeder der möglichen Umweltzustände mit der gleichen Wahrscheinlichkeit eintreten kann, d.h. es sei $p(w_1) = \cdots = p(w_J) := \frac{1}{J}$, und es wird jene Alternative a^* gewählt, für die gilt:

$$f(a^*) = \max_i \left\{ \frac{1}{J} \sum_{j=1}^{J} u_{ij} \right\} \tag{3.9}$$

In unserem Beispiel liefert diese, den Erwartungswert als Entscheidungskriterium verwendende Regel das Resultat

$$\begin{aligned} f(a^*) &= \max \left\{ \frac{1}{3}(18 + 21 + 24);\ \frac{1}{3}(20 + 20 + 20) \right\} \\ &= \max\{21;\ 20\} = 21 \end{aligned}$$

und damit die Entscheidung für Alternative a_1.

Erwarteter-Geldwert-Regel: Ausgangspunkt ist die Annahme zumindest partiell verschiedener Eintrittswahrscheinlichkeiten für die möglichen Umweltzustände. D.h. es wird unterstellt, dass $p(w_j) \neq p(w_l)$ für mindestens ein $j \neq l$ gegeben ist. Der Wert eines Informationsstands werde dabei mit WI bezeichnet. Dann wird jene Alternative a^* gewählt, für die gilt:

$$f^{prior}(a^*) = \max_i \underbrace{\left\{ \sum_{j=1}^{J} u_{ij}\, p(w_j) \right\}}_{(=:\, WI_i^{prior})} =:\ WI^{prior} \tag{3.10}$$

Die Regel beruht, wenn man die Werte u_{ij} der Entscheidungsmatrix als Erlösgrößen interpretiert, auf der maximalen Erlös- bzw. Gewinnerwartung ohne Informationsbeschaffung. Unterstellt man für das Zahlenbeispiel exemplarisch die Wahrscheinlichkeitswerte $p(w_1) = 0,2$, $p(w_2) = 0,5$ und $p(w_3) = 0,3$, so führt dies zu dem Resultat

$$\begin{aligned} f^{prior}(a^*) &= \max\{18 \cdot 0,2 + 21 \cdot 0,5 + 24 \cdot 0,3;\ 20 \cdot 0,2 + 20 \cdot 0,5 + 20 \cdot 0,3\} \\ &= \max\{21,3;\ 20\} = 21,3 \end{aligned}$$

und mithin auf die Entscheidung für Alternative a_1.

Erwartete-Opportunitätskosten-Regel: Ausgangspunkt ist analog zur vorangegangenen Regel die Annahme zumindest partiell verschiedener Eintrittswahrscheinlichkeiten für die möglichen Umweltzustände. Es wird nun aber jene Alternative a^* gewählt, für die gilt:

$$f(a^*) = \min_i \left\{ \sum_{j=1}^{J} KOS_{ij}^{opp}\, p(w_j) \right\} \tag{3.11}$$

Die Regel basiert auf der minimalen Opportunitätskostenerwartung ohne Informationsbeschaffung. Unter Beibehaltung oben angegebener Wahrscheinlichkeitswerte führt dies zu dem Resultat

$$\begin{aligned} f(a^*) &= \min\{2 \cdot 0,2 + 0 \cdot 0,5 + 0 \cdot 0,3;\ 0 \cdot 0,2 + 1 \cdot 0,5 + 4 \cdot 0,3\} \\ &= \min\{0,4;\ 1,7\} = 0,4 \end{aligned}$$

und somit zur Entscheidung für Alternative a_1.

Beurteilt der Entscheider die Unsicherheit hinsichtlich der möglicherweise eintretenden Umweltzustände und das daraus resultierende Risiko einer Fehlentscheidung als unvertretbar hoch, so erscheint die Beschaffung zusätzlicher Informationen sinnvoll. Dieser Aspekt des Entscheidungsverhaltens wird in der **a posteriori-Analyse** aufgegriffen. Ausgangspunkt ist die Annahme, dass eine zusätzliche Information *INF* grundsätzlich verfügbar und auch abrufbar ist. Ziel der Berechnungen ist nun die Bestimmung der **a posteriori-Wahrscheinlichkeit** $p(w_j|INF)$ für das Eintreten des Umweltzustands w_j, wenn der Entscheider bereits über die Information *INF* verfügt.

Mit

$p(w_j)$	=	a priori-Wahrscheinlichkeit für das Eintreten des Umweltzustands w_j
$p(INF\|w_j)$	=	bedingte Wahrscheinlichkeit für den Erhalt der Information *INF* unter der Voraussetzung, dass Umweltzustand w_j vorliegt
$p(INF)$	=	Wahrscheinlichkeit für das Auftreten von Information *INF*

berechnet sich diese Wahrscheinlichkeit gemäß des ***Bayes*-Theorems** als:

$$p(w_j|INF) = \frac{p(INF|w_j)\, p(w_j)}{\sum_{l=1}^{J} p(INF|w_l)\, p(w_l)} = \frac{p(INF|w_j)\, p(w_j)}{p(INF)} \qquad \forall\, j \tag{3.12}$$

Modifizierte Erwarteter-Geldwert-Regel: Unter Berücksichtigung der soeben eingeführten a posteriori-Wahrscheinlichkeit wird jene Alternative a^* gewählt, für die gilt:

$$f^{post}(a^*) = \max_i \underbrace{\left\{ \sum_{j=1}^{J} u_{ij}\, p(w_j|INF) \right\}}_{(=: WI_i^{post})} \tag{3.13}$$

Genau wie bei der entsprechenden Regel in der a priori-Analyse werden die Werte u_{ij} der Entscheidungsmatrix wieder als Erlösgrößen interpretiert, jetzt allerdings zur Bestimmung der maximalen Erlös- bzw. Gewinnerwartung bei Vorliegen von Information *INF*.

Um die vorgestellte Methodik an unserem Automobilbeispiel veranschaulichen zu können, soll Folgendes gelten: Die Variante 2 von *Forpel* sei auf einem geeigneten Testmarkt erprobt worden. Dabei konnte für beide Fahrzeuge der Marke *Forpel* ein Marktanteil von beachtlichen 24 % erzielt werden. Vor diesem Hintergrund nimmt das Marketingmanagement von *Forpel* nun eine Schätzung der Wahrscheinlichkeiten dafür vor, dass das Testmarktergebnis respektive die Information $INF = 0,24$ realisierbar ist, wenn die drei bereits bekannten möglichen Umweltzustände als realistisch anzunehmen sind. Aufgrund früherer Erfahrungen im Zusammenhang mit analogen Problemstellungen kommt man zu folgenden Schätzungen der bedingten Wahrscheinlichkeiten:

j	w_j [in %]	$p(INF = 0,24 \vert w_j)$
1	20	0,15
2	23	0,2
3	26	0,4

Unter Hinzunahme der a priori-Wahrscheinlichkeiten $p(w_j)$ können dann die interessierenden a posteriori-Wahrscheinlichkeiten $p(w_j|INF)$ berechnet werden:

j	w_j [in %]	$p(w_j)$	$p(INF \vert w_j)$	$p(INF \vert w_j) \cdot p(w_j)$	$p(w_j \vert INF)$
1	20	0,2	0,15	0,03	0,12
2	23	0,5	0,2	0,1	0,4
3	26	0,3	0,4	0,12	0,48
$\sum$	-	1,0	-	0,25 $=: p(INF)$	1,0

Damit ergibt sich für die Bewertungsfunktion

$$\begin{aligned} f^{post}(a^*) &= \max\{18 \cdot 0,12 + 21 \cdot 0,4 + 24 \cdot 0,48;\ 20 \cdot 0,12 + 20 \cdot 0,4 + 20 \cdot 0,48\} \\ &= \max\{22,08;\ 20\} = 22,08 \end{aligned}$$

und es fällt erneut die Entscheidung zugunsten von Alternative a_1.

Bei der abschließend zu behandelnden **pre posteriori-Analyse** wird, wie bereits eingangs angedeutet, der Frage nachgegangen, ob sich die Beschaffung von zusätzlicher Information überhaupt lohnt. Es soll also bereits vor der Informationsbeschaffung geklärt werden, ob diese zu einer derartigen Verbesserung der Entscheidungsgrundlage beiträgt, dass der Wert der zusätzlichen Information die mit ihrer Beschaffung verbundenen Kosten übersteigt. Dabei ist zu beachten, dass eine Informationsbeschaffung zu unterschiedlichen Informationen führen kann. Beispielsweise sind in der Testmarktsimulation für *Forpel* unterschiedliche Marktanteilsprognosen möglich. Folglich müssen die Ergebnisse unterschiedlicher a posteriori-Analysen antizipiert werden, d.h. es sind K bedingte Wahrscheinlichkeiten $p(INF_k|w_j)$ (mit $k = 1, \ldots, K$) für J mögliche Umweltzustände sowie K Wahrscheinlichkeiten $p(INF_k)$ im Voraus zu bestimmen. Darüber hinaus wird auch hier eine geeignete Entscheidungsregel benötigt. Zunächst ermittelt man den erwarteten Geldwert auf Basis der a posteriori-Wahrscheinlichkeit bezüglich Information INF_k mit

$$f_k^{post}(a^*) = \max_i \underbrace{\left\{ \sum_{j=1}^{J} u_{ij}\, p(w_j|INF_k) \right\}}_{(=:\, WI_{ik}^{post})} \qquad \forall\ k \tag{3.14}$$

und den daraus resultierenden erwarteten Geldwert der Informationsbeschaffung, d.h. die maximale Erlös- bzw. Gewinnerwartung bei Informationsbeschaffung:

$$f(a^*) = \sum_{k=1}^{K} f_k^{post}(a^*)\, p(INF_k) =: WI^{pre-post} \tag{3.15}$$

Mit $\Delta WI := WI^{pre-post} - WI^{prior}$ als dem Nettowert der Informationsbeschaffung und KOS als den korrespondierenden Beschaffungskosten ergibt sich schließlich die zur Entscheidungsfindung heranzuziehende

Informationsbeschaffungsregel: Die Beschaffung zusätzlicher Information ist genau dann von Vorteil respektive „lohnenswert“, wenn $\Delta WI > KOS$ gilt.

Um auch diesen Modellierungsaspekt anhand des Automobilbeispiels demonstrieren zu können, sei angenommen, dass das Einholen von Testmarktinformationen im Hause *Forpel* Kosten in Höhe von $KOS = 0,5$ Mio. Euro verursachen würde. Darüber hinaus werden vom Marketingmanagement von *Forpel* die folgenden vier (in Marktanteilsprognosen zum Ausdruck kommenden und zu Anschauungszwecken angegebenen) Testmarktergebnisse für möglich gehalten:

$$INF_1 = 22\ \% \qquad INF_2 = 24\ \%$$

$$INF_3 = 25\ \% \qquad INF_4 = 28\ \%$$

Auf Basis seiner bisherigen Erfahrungen nimmt das Marketingmanagement eine Schätzung der bedingten Wahrscheinlichkeiten $p(INF_k|w_j)$ für die vier vorliegenden Testmarktergebnisse vor und kommt dabei zu folgenden Resultaten:

j	w_j [in %]	$p(w_j)$	$p(INF_1 \mid w_j)$	$p(INF_2 \mid w_j)$	$p(INF_3 \mid w_j)$	$p(INF_4 \mid w_j)$
1	20	0,2	0,2	0,55	0,15	0,1
2	23	0,5	0,45	0,2	0,2	0,15
3	26	0,3	0,05	0,05	0,4	0,5

Hieraus ergeben sich dann die Wahrscheinlichkeiten

$$p(INF_1) = 0,28 \qquad p(INF_2) = 0,225$$

$$p(INF_3) = 0,25 \qquad p(INF_4) = 0,245$$

für das Auftreten der einzelnen Informationen und die nachstehenden a posteriori-Wahrscheinlichkeiten:

j	$p(w_j \mid INF_1)$	$p(w_j \mid INF_2)$	$p(w_j \mid INF_3)$	$p(w_j \mid INF_4)$
1	0,143	0,489	0,12	0,082
2	0,804	0,444	0,4	0,306
3	0,053	0,067	0,48	0,612

Mit den in dieser Weise aufbereiteten Daten sind wir in der Lage, die erwarteten Geldwerte auf Basis der a posteriori-Wahrscheinlichkeiten bezüglich Information $INF_1, \ldots, INF_4$ zu bestimmen:

$$\begin{aligned}
f_1^{post}(a^*) &= \max_i\{18 \cdot 0,143 + 21 \cdot 0,804 + 24 \cdot 0,053; \\
&\quad\; 20 \cdot 0,143 + 20 \cdot 0,804 + 20 \cdot 0,053\} = \max_i\{20,73;\ 20,0\} = 20,73 \\
f_2^{post}(a^*) &= \max_i\{18 \cdot 0,489 + 21 \cdot 0,444 + 24 \cdot 0,067;\ 20\} \\
&= \max_i\{19,734;\ 20,0\} = 20,0 \\
f_3^{post}(a^*) &= \max_i\{18 \cdot 0,12 + 21 \cdot 0,4 + 24 \cdot 0,48;\ 20\} \\
&= \max_i\{22,08;\ 20,0\} = 22,08 \\
f_4^{post}(a^*) &= \max_i\{18 \cdot 0,082 + 21 \cdot 0,306 + 24 \cdot 0,612;\ 20\} \\
&= \max_i\{22,59;\ 20,0\} = 22,59
\end{aligned}$$

Damit lassen sich auch der erwartete Geldwert der Informationsbeschaffung

$$\begin{aligned}
f(a^*) &= 20,73 \cdot 0,28 + 20,0 \cdot 0,225 + 22,08 \cdot 0,25 + 22,59 \cdot 0,245 \\
&= 21,359 =: WI^{pre-post}
\end{aligned}$$

und der Nettowert der Informationsbeschaffung $\Delta WI = 21,359 - 21,3 = 0,059$ bestimmen. Wegen $\Delta WI = 0,059 < 0,5 = KOS$ resultiert die Einsicht, dass sich die Informationsbeschaffung, obwohl der erwartete Geldwert der Informationsbeschaffung mit immerhin 59.000 Euro deutlich positiv ausfällt, im vorliegenden Szenarium nicht zu lohnen scheint und deshalb unterbleiben sollte. Die anhand des Automobilbeispiels exemplarisch aufgezeigte Entscheidungssituation lässt sich auch, wie in Abbildung 3.6 geschehen, anschaulich als **Entscheidungsbaum** darstellen.

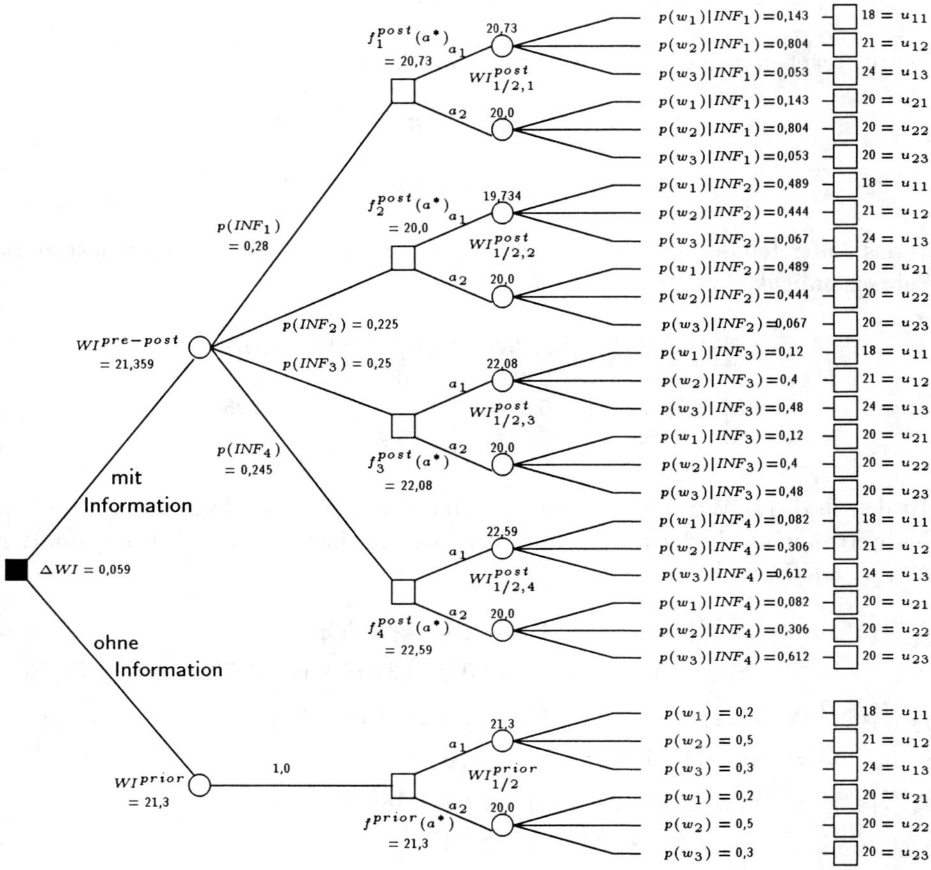

Abbildung 3.6: *Entscheidungsbaum zur Bayes-Analyse im Automobilbeispiel*

Der Nutzen einer solchen graphischen Repräsentation tritt besonders dann recht deutlich zutage, wenn die im Rahmen von entsprechenden Analysen offen gelegten Optionen einem größeren Kreis von Entscheidern präsentiert und mit diesen diskutiert werden sollen.

Kapitel 4

Prüfen und Testen von Untersuchungsergebnissen

4.1 Grundlagen des statistischen Testens

Die Prüfung des empirischen Gehalts theoretischer Überlegungen und Konzepte ist eine zentrale Aufgabe der Marketingforschung. Immer dann, wenn zum Zweck des Erkenntnisgewinns in Bezug auf einen Sachverhalt (z.B. den Pro-Kopf-Verbrauch von Bier in einem Land) anstelle einer Vollerhebung auf eine Stichprobe (aus der Grundgesamtheit der Bierkonsumenten) zurückgegriffen werden muss, stellt sich die Frage nach deren statistischer Aussagekraft. Die statistische Überprüfung zuvor formulierter Hypothesen soll Aussagen über den Wahrheitsgehalt derselben ermöglichen. Eine Beweisführung im formalen Sinne ist mit stichprobenbasierten Tests nicht möglich.

Angenommen eine Brauerei benötigt den gegenwärtigen Pro-Kopf-Verbrauch an Bier in dem von ihr belieferten Absatzgebiet zur Planung ihrer zukünftigen Distributionspolitik. Da eine Vollerhebung aus Kostengründen nicht in Frage kommt, entschließt sie sich dazu, in zwei in sich abgeschlossenen Regionen ihreres Absatzgebiets Befragungen vom Stichprobenumfang $N_1 = 100$ bzw. $N_2 = 200$ durchzuführen. Stichprobe 1 liefert einen mittleren Pro-Kopf-Verbrauch von $\bar{x}_1 = 120$ Liter, Stichprobe 2 hingegen einen Wert von $\bar{x}_2 = 150$ Liter. Für den Bierproduzenten stellt sich nun die Frage, ob die beobachteten Mittelwertabweichungen zufälliger Natur, d.h. lediglich die Folge eines Erhebungsfehlers sind, oder ob in den beiden Regionen tatsächlich ein unterschiedliches Verbrauchsverhalten vorliegt. Die zuverlässige Beantwortung dieser Frage hat für den Hersteller unmittelbaren Einfluss auf die regional zu planenden Liefervolumina.

Möglichkeiten der inferenzstatistischen[1] Behandlung dieser und ähnlicher Problemstellungen sind Gegenstand der weiteren, an entsprechenden Darstellungen bei *Böhler* (1992), *Hartung* (1995), *Bleymüller et al.* (1996), *Pfeifer, Schuchmann* (1997), *Hammann, Erichson* (2000) und *Bamberg, Baur* (2001) orientierten Ausführungen in diesem Kapitel.

Ausgangspunkt aller im Folgenden vorgestellten statistischen Tests bilden auf die jeweilige Problemstellung zugeschnittene Hypothesen. Ziel der Tests ist die Beantwortung der Frage, ob die in Bezug auf eine gegebene Grundgesamtheit formulierten Hypothesen zu verwerfen sind oder nicht. Da eine Hypothesenbestätigung im üblichen Sinne nicht möglich ist, kommt der „geschickten" Formulierung der zu prüfenden Hypothesen besondere Bedeutung zu. Die solchen Untersuchungen zugrunde liegende Theorie bezeichnet man auch als **Testtheorie** oder seltener, dafür aber (wie noch zu sehen sein wird) im Grunde genommen treffender, als „**Messfehlertheorie**".

Unter statistischen Gesichtspunkten lassen sich grundsätzlich zwei Arten von zu prüfenden Hypothesen unterscheiden, und zwar

1. Hypothesen über die unbekannten **Parameter** einer Grundgesamtheit (z.B. zur Überprüfung der statistischen Aussagefähigkeit eines beobachteten Stichprobenparameters, etwa eines arithmetischen Mittels) und

2. Hypothesen über die unbekannte **Verteilung** einer Grundgesamtheit (z.B. zur Überprüfung der Übereinstimmung der in einer Stichprobe beobachteten Verteilung einer interessierenden Größe mit der für die Grundgesamtheit unterstellten Verteilung).

In Abhängigkeit vom Typ der zu überprüfenden Hypothese werden **Parametertests** und **Verteilungstests** unterschieden. Eine weitere Differenzierung ist die in „**parametrische Testverfahren**" und „**nichtparametrische Testverfahren**". Bei nichtparametrischen Tests ist die Teststatistik unabhängig von der Verteilung der Grundgesamtheit, weshalb diese auch als **verteilungsfreie Verfahren** bezeichnet werden. Verteilungsfreie Verfahren haben den Vorteil, dass sie keine speziellen Verteilungsannahmen erfordern. Sie sind daher auch unabhängig vom Skalenniveau der Daten einsetzbar (vgl. *Büning, Trenkler* (1994)).

Sowohl bei den Parametertests als auch bei den Verteilungstests geht man von einem Hypothesenpaar, bestehend aus **Nullhypothese** H_0 und **Alternativhypothese** H_1, aus. Üblicherweise bezeichnet H_0 die durch den jeweiligen Test zu prüfende Hypothese, während H_1 als „Gegenannahme" zur Nullhypothese verstanden werden kann. Letztere sollte – wie noch deutlich werden wird – sinnvollerweise den zu prüfenden inhaltlichen Zusammenhang enthalten. In diesem Sinne wird durch die Nullhypothese häufig das Fehlen von Unterschieden, Zusammenhängen,

[1] Unter **statistischer Inferenz** versteht man das Schließen auf neue Fakten durch die Anwendung statistischer Methoden auf bereits bekannte Fakten respektive Daten.

Veränderungen, Einflüssen und Ähnliches zum Ausdruck gebracht. Ein Beispiel für eine Nullhypothese ist die Aussage:

> „Der durchschnittliche Bierkonsum in Region 1 unterscheidet sich nicht von dem in Region 2."

Die Alternativhypothese hierzu lautet:

> „Der durchschnittliche Bierkonsum in beiden Regionen ist verschieden."

Bezeichnet man mit Θ_1 den tatsächlichen respektive „wahren" durchschnittlichen Bierkonsum in Region 1 und mit Θ_2 jenen in Region 2, so lassen sich die beiden verbal formulierten Hypothesen zur Durchführung eines Parametertests wie folgt in statistisch prüfbare Hypothesen übersetzen:

$$\mathsf{H}_0\colon \Theta_1 = \Theta_2$$

$$\mathsf{H}_1\colon \Theta_1 \neq \Theta_2$$

Aufgrund der Identitätsannahme bezieht sich die Nullhypothese in obigem Beispiel nur auf den für die Parameter Θ_1 und Θ_2 angenommenen Wert. Man spricht deshalb auch von einer **einfachen Hypothese** oder **Punkthypothese**. Im Fall der Alternativhypothese sind hingegen die Werte unter- und oberhalb des Identitätspunkts von Interesse. Wir haben es also mit einem sich aus zwei Teilen zusammensetzenden Betrachtungsbereich respektive einer **zusammengesetzten Hypothese** oder **Bereichshypothese** zu tun. Bei der dahinter stehenden Fragestellung handelt es sich folglich um eine **zweiseitige Fragestellung**. Eine **einseitige Fragestellung** würde z.B. bei folgender Bereichshypothese vorliegen:

$$\mathsf{H}_1\colon \Theta_1 < \Theta_2$$

Abhängig von der Art der Fragestellung (einseitig oder zweiseitig) ist die Anwendung eines **einseitigen** oder eines **zweiseitigen Tests** erforderlich.

Mögliche Formen der konkreten Ausgestaltung von Null- und Alternativhypothese sind beispielsweise:

$\mathsf{H}_0\colon \Theta_1 = 120$ (Punkthypothese)

$\mathsf{H}_1\colon \Theta_1 > 120$ (einseitige Bereichshypothese)

oder

$\mathsf{H}_0\colon \Theta_1 = 120$ (Punkthypothese)

$\mathsf{H}_1\colon \Theta_1 \neq 120$ (zweiseitige Bereichshypothese)

Die inferenzstatistische Überprüfung einer so spezifizierten Hypothese setzt die Ziehung einer Stichprobe geeigneten Umfangs voraus, auf deren Basis dann eine Wahrscheinlichkeitsaussage darüber getroffen wird, ob die vorliegende Nullhypothese für die zugrunde liegende Grundgesamtheit zurückzuweisen ist oder nicht. Hierbei ist zu beachten, dass die Tatsache, dass eine Nullhypothese stichprobengestützt nicht abgelehnt werden konnte, keinesfalls automatisch als „Beweis“ für deren Richtigkeit aufgefasst werden darf. Es ist vielmehr so, dass es die zur Hypothesenprüfung herangezogenen Daten nicht angemessen erscheinen lassen, an der Gültigkeit der – und das ist entscheidend – auf die Grundgesamtheit bezogenen Nullhypothese zu zweifeln.

Eine erweiterte Form der statistischen Hypothesenprüfung ist die in Kapitel 11 zur Validierung herangezogene Formulierung „ganzheitlicher“ Testansätze. *Bagozzi* (1984) und *Hildebrandt* (2000, S. 50 ff.) erläutern dies am Beispiel der Überprüfung komplexer kausaler Beziehungen auf theoretischer Ebene mittels Kausalanalyse. Ein weiteres anschauliches Beispiel für diese Form des Prüfens von Zusammenhängen findet sich im Kontext der Zufriedenheitsmessung (Kapitel 14).

Bei der Durchführung statistischer Hypothesenprüfungen können nun zwei Arten von Fehlern auftreten. Zum einen kann es passieren, dass man die Nullhypothese ablehnt und sich damit implizit für die Alternativhypothese entscheidet, obwohl erstere auf die Grundgesamtheit bezogen zutreffend gewesen wäre (**Fehler 1. Art**). Zum anderen kann aber auch der Fall eintreten, dass die Nullhypothese nicht abgelehnt wird, obwohl sie nicht mit der Grundgesamtheit im Einklang steht (**Fehler 2. Art**). Die skizzierten Zusammenhänge sind in Tabelle 4.1 noch einmal übersichtlich dargestellt.

	Wahrer Tatbestand	
Entscheidung	H_0 trifft zu.	H_0 trifft nicht zu.
H_0 wird nicht abgelehnt.	richtige Entscheidung	Fehler 2. Art (β-Fehler)
H_0 wird abgelehnt.	Fehler 1. Art (α-Fehler)	richtige Entscheidung

Tabelle 4.1: *Entscheidungen beim statistischen Prüfen von Hypothesen*

Kern eines statistischen Tests ist die **Test-** oder **Prüfstatistik**, mit deren Hilfe der für die Hypothesenprüfung herangezogenen Stichprobe ein numerischer **empirischer Wert** z^{emp} zugeordnet wird. Falls dieser Wert hinreichend groß ausfällt, ist die Nullhypothese zugunsten der Alternativhypothese abzulehnen. Ein kleiner Wert würde umgekehrt die Nullhypothese stützen.

Wann der empirische Wert als hinreichend groß zu bezeichnen ist, hängt von der mit der Teststatistik korrespondierenden Verteilungsannahme, der Zahl der Freiheitsgrade und der Wahrscheinlichkeit für einen Fehler 1. Art[2] ab. Die **Freiheits-**

[2] Es wird nur die Wahrscheinlichkeit für den Fehler 1. Art angegeben, da ein geringer Wert

grade[3] FG ergeben sich aus der Anzahl frei variierender Stichprobenwerte. Um eine Entscheidung in Bezug auf H_0 treffen zu können, benötigt man einen geeigneten Vergleichswert, den so genannten **kritischen Wert** z^{krit}. Die Nullhypothese wird genau dann verworfen, wenn die **Irrtumswahrscheinlichkeit**, d.h. die Wahrscheinlichkeit für einen Fehler 1. Art, kleiner oder gleich dem vorher spezifizierten **Signifikanzniveau** α ist, bzw. dann, wenn $z^{emp} > z^{krit}$ gilt.[4] Der Wert z^{krit} hängt dabei vom gewählten α ab. Das Intervall $(z^{krit}; \infty)$ bezeichnet man deshalb als **Ablehnungsbereich** des Tests, den Wert $1-\alpha$ als **Vertrauenswahrscheinlichkeit**.

In der praktischen Marketingforschung hat sich in diesem Zusammenhang folgende graduelle Unterscheidung als sinnvoll erwiesen: Ist der jeweilige empirische Wert z^{emp} größer als der mit $\alpha = 0,05$ einhergehende kritische Wert z^{krit}, so bezeichnet man das Testergebnis als **signifikant**. Ist die Irrtumswahrscheinlichkeit α sogar kleiner als 0,01, so liegt ein **hoch signifikantes** Resultat vor.

Bei der Durchführung statistischer Tests empfiehlt sich die Orientierung an nachfolgendem, an *Bleymüller et al.* (1996, S. 102 ff.) angelehnten **Sechs-Punkte-Schema des Testens**:

1. Formulierung der zu prüfenden Hypothesen
2. Wahl eines geeigneten statistischen Tests
3. Festlegung des Signifikanzniveaus und – falls erforderlich – Bestimmung der Anzahl der Freiheitsgrade
4. Bestimmung des kritischen Werts und des Ablehnungsbereichs
5. Berechnung des empirischen Werts
6. Vergleich des empirischen mit dem kritischen Wert und Ergebnisinterpretation

Ein weiteres Kriterium zur Charakterisierung statistischer Tests ist die Anzahl der in die Betrachtungen einbezogenen Stichproben. Bei einem **Einstichprobentest** basiert die Entscheidung über die Ablehnung oder Nichtablehnung der Nullhypothese auf einer einzigen Stichprobe. Analog bezeichnet man eine Hypothesenprüfung auf Basis zweier Stichproben als **Zweistichprobentest**.

---

hierfür mit einer hohen Wahrscheinlichkeit für einen Fehler 2. Art einhergeht.

[3] Berechnet man beispielsweise aus einer Stichprobe vom Umfang N den Mittelwert $\bar{x}$ als Schätzer für den bezüglich der Grundgesamtheit gültigen Erwartungswert, so können nur $N-1$ Werte frei variieren. Der „letzte“, d.h. der N-te Wert ist aufgrund der Kenntnis des Mittelwerts eindeutig bestimmt, die Erwartungswertschätzung hat im vorliegenden Fall somit $FG = N - 1$ Freiheitsgrade.

[4] Die vorliegende Entscheidungsregel und die sich direkt anschließenden Betrachtungen beziehen sich exemplarisch auf den Fall einer einseitigen Fragestellung.

4.2 Parametertests in der Marketingforschung

4.2.1 Einstichprobentest für Anteilswerte

Wir beginnen unsere Verfahrensbetrachtungen mit einem einfachen Test zur Überprüfung eines **Anteilswerts** Θ. Bei der Bestimmung von Anteilswerten ist grundsätzlich zwischen dem homograden Fall, bei dem das interessierende Merkmal auf einer Nominalskala gemessen wird (z.B. Kauf oder Nichtkauf eines Produkts), und dem heterograden Fall, bei dem ein metrisch skaliertes Merkmal vorliegt (z.B. das Einkommen von Haushalten), zu unterscheiden. Der vorzustellende Test ist anwendbar, wenn bei heterograder Problemstellung

1. die Standardabweichung σ in der Grundgesamtheit bekannt und
2. die Grundgesamtheit vom Umfang N^{GG} normalverteilt oder der realisierte Stichprobenumfang $N > 30$ ist.

Der im Folgenden mit B bezeichnete und als Zufallsvariable aufgefasste Anteilswert mit konkreter Realisation b ist nach *Bleymüller et al.* (1996, S. 102) genau dann näherungsweise normalverteilt, wenn gilt:[5] $N \cdot \Theta_0(1 - \Theta_0) \geq 9$. Hierbei bezeichnet Θ_0 den in einem konkreten Anwendungsfall zu erwartenden bzw. für die Grundgesamtheit unterstellten „wahren" Anteilswert.

Beispiel: Auf einem elektronischen Mikrotestmarkt wurde für ein neu auf den Markt zu bringendes kalorienfreies Bier der Marke *BIEMA* in einer Stichprobe vom Umfang $N = 100$ ein Marktanteil von 20 % ($b = 0,2$) beobachtet. Die Geschäftsführung von *BIEMA* stellt sich nun die Frage, ob vor diesem Hintergrund die ursprünglich als realistisch erachtete Prognose, mit der Einführung des Neuprodukts auf dem nationalen Gesamtmarkt einen Marktanteil von 15 % ($\Theta_0 = 0,15$) erreichen zu können, wohl noch zu überbieten ist.

1. Unterstellt man, dass die ursprüngliche Vermutung der *BIEMA*-Geschäftsführung gerechtfertigt war, so lassen sich folgende, die skizzierte einseitige Fragestellung repräsentierenden Hypothesen formulieren:

   H_0: $\Theta = \Theta_0 = 0,15$ (Punkthypothese)
   (Der für das Neuprodukt von *BIEMA* zu erwartende Marktanteil beträgt 15 %.)

[5] Bei Betrachtung eines dichotomen Merkmals ist der Anteilswert in einer Stichprobe ohne Zurücklegen vom Umfang N eine Zufallsvariable mit den möglichen Ausprägungen $0, \frac{1}{N}, \frac{2}{N}, \cdots, \frac{N-1}{N}$ und 1. Je größer der Stichprobenumfang gewählt wird, desto „dichter" liegen die möglichen Realisationen beieinander, wobei sehr kleine und sehr große Anteilswerte eine geringere Realisationswahrscheinlichkeit haben als Anteilswerte im mittleren Bereich. Für $N \cdot \Theta_0(1 - \Theta_0) \geq 9$ kann sogar näherungsweise eine Normalverteilung der Anteilswerte unterstellt werden, obwohl Anteilswerte größer 1 und kleiner 0 eine Realisationswahrscheinlichkeit von 0 besitzen.

H_1: $\Theta > \Theta_0 = 0,15$ (einseitige Bereichshypothese)
(Es ist mit einem Marktanteil von über 15 % zu rechnen.)

2. Da für den Produzenten aus verkaufspolitischen Gründen letzten Endes nur relevant ist, ob die potenziellen Kunden sein Neuprodukt (das interessierende Ereignis Neuproduktkauf tritt ein) oder irgendein anderes Bier kaufen (das Ereignis Neuproduktkauf tritt nicht ein), haben wir es im vorliegenden Fall mit einer dichotomen Grundgesamtheit zu tun. Weiterhin ist wegen

$$N \cdot \Theta_0(1-\Theta_0) = 100 \cdot 0,15(1-0,15) = 12,75 \geq 9$$

die Normalverteilungsannahme gerechtfertigt, so dass zur Überprüfung obigen Hypothesenpaars der Z-**Test** zur Anwendung kommen kann. Als Prüfgröße dient die standardnormalverteilte Zufallsvariable

$$Z = \frac{B-\Theta_0}{\sigma_B} = \frac{B-\Theta_0}{\sqrt{\frac{\Theta_0(1-\Theta_0)}{N}}} \tag{4.1}$$

mit Erwartungswert 0 und Standardabweichung 1. Man macht sich also den Umstand zunutze, dass unter den gegebenen Voraussetzungen nach dem zentralen Grenzwertsatz (vgl. *Hartung* (1995, S. 121 f.)) der beobachtete Anteilswert $b = 0,2$ aus einer normalverteilten Grundgesamtheit mit Erwartungswert $E(B) = \Theta_0 = 0,15$ und Varianz

$$Var(B) = \sigma_B^2 = \frac{\Theta_0(1-\Theta_0)}{N} = \frac{0,15(1-0,15)}{100} = 0,001275 \tag{4.2}$$

(bzw. Standardabweichung $\sigma_B = 0,0357$) stammt. Basiert die durchzuführende Hypothesenprüfung indes auf einem im Vergleich zum Umfang N^{GG} der Grundgesamtheit eher „kleinen" Stichprobenumfang N, so sollte dies durch die Beziehung $\sigma_B^2 = \frac{\Theta_0(1-\Theta_0)}{N} \cdot \frac{N^{GG}-N}{N^{GG}-1}$ bei der Berechnung der Varianz Berücksichtigung finden.

3. Das Signifikanzniveau des Tests wird von der *BIEMA*-Geschäftsführung auf $\alpha = 0,05$ festgelegt.

4. Der zur Bestimmung des Ablehnungsbereichs (bei einseitiger Fragestellung) benötigte kritische Wert z^{krit} kann bei gegebenem Signifikanzniveau direkt der im Anhang dieses Buchs abgedruckten Standardnormalverteilungstabelle entnommen werden. Für $\alpha = 0,05$ bzw. $1-\alpha = 0,95$ erhalten wir $z^{krit} = 1,65$.

5. Zur Bestimmung des empirischen Werts greifen wir auf die bereits oben eingeführte Teststatistik zurück und erhalten:

$$z^{emp} = \frac{b-\Theta_0}{\sqrt{\frac{\Theta_0(1-\Theta_0)}{N}}} = \frac{0,2-0,15}{\sqrt{\frac{0,15\cdot 0,85}{100}}} = \frac{0,05}{0,0357} = 1,40$$

Der korrespondierende **kritische Anteilswert** bestimmt sich analog wie folgt: $b^{krit} = \Theta_0 + z^{krit} \cdot \sigma_B = 0,15 + 1,65 \cdot 0,0357 = 0,2089$

6. Stellt man nun den empirischen und den kritischen Wert gegenüber und wendet die eingangs formulierte Entscheidungsregel (Ablehnung von H_0, falls $z^{emp} > z^{krit}$) an, so legt dies wegen

$$z^{emp} = 1,40 \leq 1,65 = z^{krit}$$

die Nichtablehnung der Nullhypothese nahe. Der auf dem Mikrotestmarkt beobachtete Marktanteil von 20 % kann offensichtlich noch nicht als statistisch gesicherter Hinweis auf einen größeren als den ursprünglich vermuteten Marktanteil des Neuprodukts von 15 % interpretiert werden. Die unmittelbare Nähe des Beobachtungswerts (0,2) zum kritischen Anteilswert (0,2089) zeigt jedoch die Sensitivität hinsichtlich des gewählten Signifikanzniveaus. Bereits bei einer etwas größeren Irrtumswahrscheinlichkeit von $\alpha = 0,1$ (und $z^{krit} = 1,28$) wäre H_0 zu verwerfen gewesen.

Die in der vorliegenden Datenkonstellation auf der Normalverteilung (mit Dichtefunktion $f(b|0,15;0,0357^2)$) basierende **Testverteilung** hat die in Abbildung 4.1 dargestellte Form.[6] Des Weiteren sind in der Graphik zu Veranschaulichungszwecken die berechneten kritischen Werte und der damit einhergehende Ablehnungsbereich des Tests eingetragen.

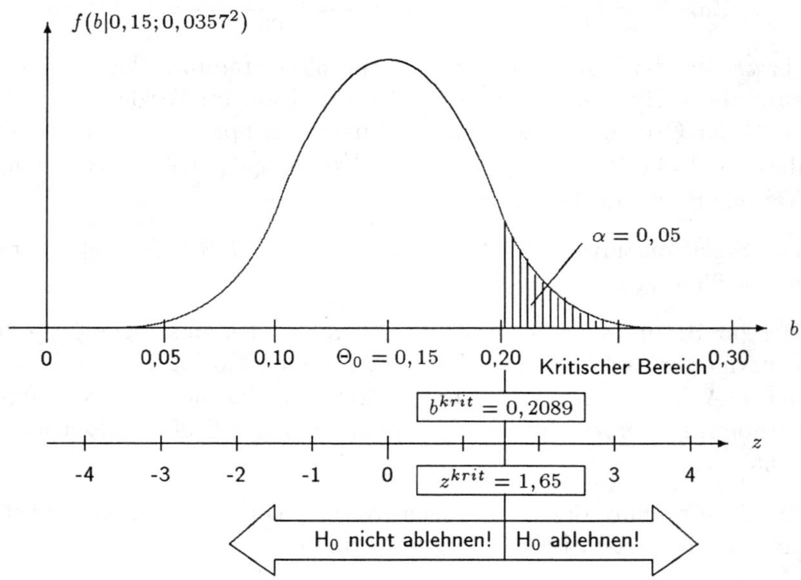

Abbildung 4.1: *Dichtefunktion und Ablehnungsbereich bei einseitiger Fragestellung*

[6] Die hier und im weiteren Verlauf der Ausführungen gewählte Darstellungsweise ist an die nach Ansicht der Verfasser gelungene Visualisierung analoger Sachverhalte bei *Bleymüller et al.* (1996) angelehnt.

Anhand von drei alternativen Szenarien soll nun – am Beispiel des Einstichprobentests für Anteilswerte – der Einfluss der Art und Weise, wie das zu prüfende Hypothesenpaar formuliert wird, erläutert werden. Aus Gründen der Vergleichbarkeit der Effekte bleiben alle anderen Rahmendaten konstant (ceteris paribus-Betrachtung).

Szenarium 1: Das eher pessimistisch eingestellte Marketingmanagement von *BIEMA* geht davon aus, dass für das Neuprodukt sogar nur höchstens 15 % Marktanteil erreicht werden können. Die beiden entsprechenden einseitigen Bereichshypothesen lauten:

$$\mathsf{H}_0\colon \Theta \leq \Theta_0 = 0,15$$

$$\mathsf{H}_1\colon \Theta > \Theta_0 = 0,15$$

Geht man wieder von der Entscheidungsregel „H_0 ablehnen, wenn $z^{emp} > 1,65$ gilt.“ aus, so repräsentiert $\alpha = 0,05$ das maximale Signifikanzniveau des Tests, das genau für $\Theta = \Theta_0$ erreicht wird. Für jeden Wert $\Theta < \Theta_0$ gilt entsprechend auch $\alpha < 0,05$. Es bleibt also auf jeden Fall bei der Nichtablehnung der Nullhypothese.

Szenarium 2: Die mit dem produktspezifischen Kaufverhalten der Biertrinker bestens vertraute Marktforschungsabteilung des Hauses *BIEMA* schließt sich zwar der Meinung der Geschäftsführung hinsichtlich des als realistisch erachteten Marktanteils von genau 15 % an, hält aber jede Abweichung hiervon unter kapazitätsplanerischen Gesichtspunkten für problematisch und stellt deshalb der Nullhypothese eine entsprechende zweiseitige Bereichshypothese gegenüber:

$$\mathsf{H}_0\colon \Theta = \Theta_0 = 0,15$$

$$\mathsf{H}_1\colon \Theta \neq \Theta_0 = 0,15$$

Für den sich daraus ergebenden zweiseitigen Test erhält man – ceteris paribus – wegen der Symmetrie der Standardnormalverteilung die kritischen Werte

$$z_u^{krit} = -1,96 \quad \text{und} \quad z_o^{krit} = +1,96$$

bzw.

$$\begin{aligned} b_u^{krit} &= \Theta_0 + z_u^{krit} \cdot \sigma_B = 0,15 - 1,96 \cdot 0,0357 = 0,08 \text{ und} \\ b_o^{krit} &= \Theta_0 + z_o^{krit} \cdot \sigma_B = 0,22. \end{aligned}$$

Der Ablehnungsbereich setzt sich somit aus zwei gleich großen Teilbereichen zusammen, deren jeweilige innere Grenzen 0,08 bzw. 0,22 für $\frac{\alpha}{2}$ der Standardnormalverteilungstabelle im Anhang entnommen werden können. Auch jetzt wird die Nichtablehnung der Nullhypothese beibehalten. Abbildung 4.2 veranschaulicht diesen Sachverhalt graphisch.

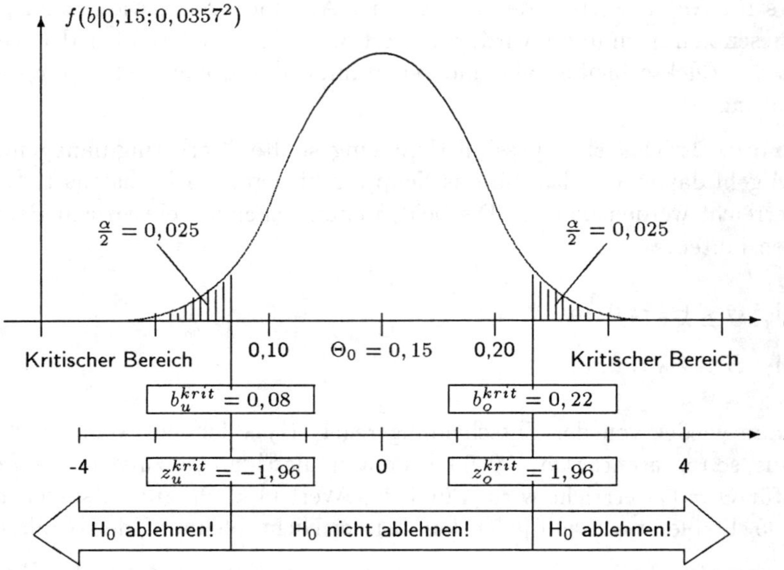

Abbildung 4.2: *Dichtefunktion und Ablehnungsbereiche bei zweiseitiger Fragestellung gemäß Szenarium 2*

Szenarium 3: Im Zuge der ganz offensichtlich bestehenden Uneinigkeit über die Formulierung geeigneter Hypothesen meldet sich auch die Abteilung für Neuproduktentwicklung von *BIEMA* zu Wort und behauptet, dass das Produkt aufgrund seiner nahezu völligen Kalorienfreiheit eine so hohe Attraktivität besitzen würde, dass der beobachtete Marktanteilswert wohl lediglich der Anfang einer äußerst positiven Marktentwicklung für *BIEMA* sei und man guten Gewissens sogar auf einen Marktanteil von 25 % hoffen könne. Die mit dieser sehr euphorischen Aussage korrespondierenden Punkthypothesen lauten somit:

$$\mathrm{H}_0\colon \Theta = \Theta_0 = 0,15$$

$$\mathrm{H}_1\colon \Theta = \Theta_1 = 0,25$$

Sollte die Alternativhypothese tatsächlich korrekt sein, dann wäre der Stichprobenanteilswert B ebenfalls standardnormalverteilt mit Erwartungswert $E(B) = \Theta_1 = 0,25$ und Varianz

$$Var(B) = \sigma_B^2 = \frac{\Theta_1(1-\Theta_1)}{N} = \frac{0,25 \cdot 0,75}{100} = 0,001875$$

woraus sich – wiederum ceteris paribus – ein kritischer Wert von

$$z^{krit} = \frac{b^{krit} - \Theta_1}{\sigma_B} = \frac{0,2089 - 0,25}{0,0433} = -0,949$$

ergibt. Aus der Standardnormalverteilungstabelle erhält man die entsprechende Wahrscheinlichkeit von 0,171 für einen Fehler 2. Art (β-Fehler), d.h. die ungerechtfertigte Ablehnung der in Wahrheit korrekten Alternativhypothese H_1. Zur Veranschaulichung der Zusammenhänge sei auf die graphische Darstellung in Abbildung 4.3 verwiesen.

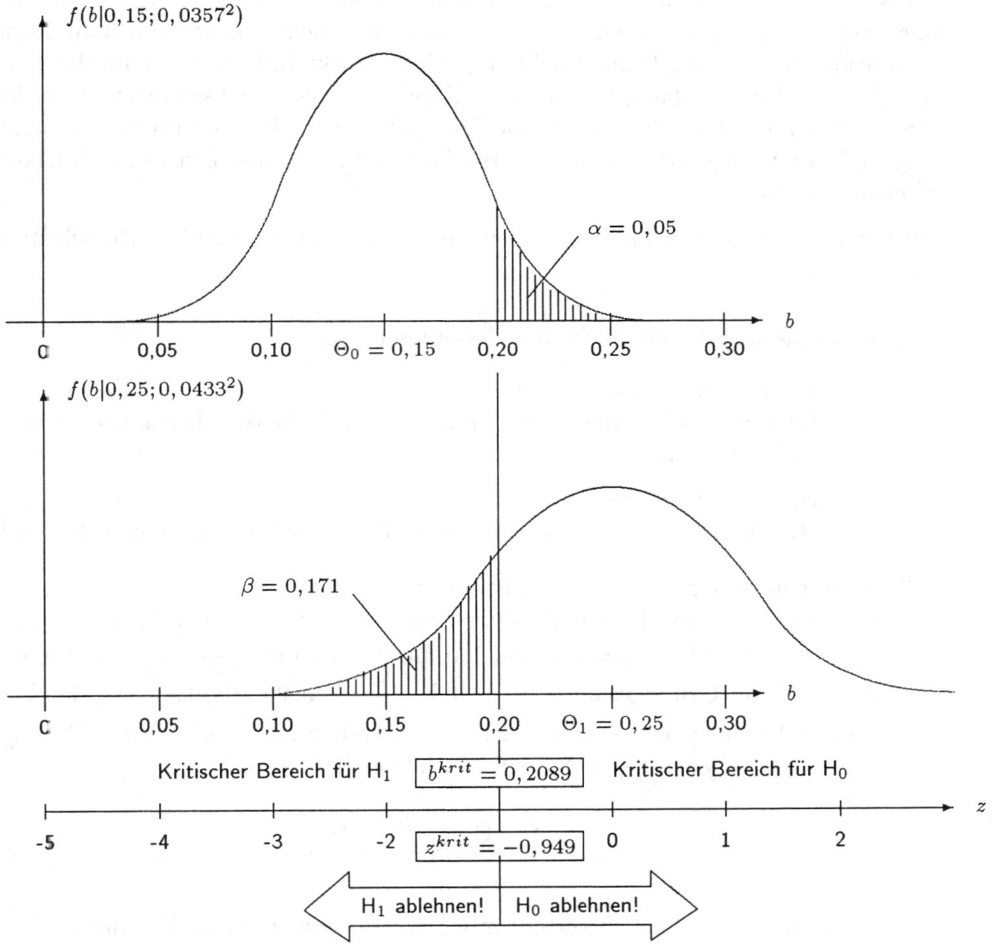

Abbildung 4.3: *Dichtefunktionen und Ablehnungsbereiche beim Test zweier Punkthypothesen gemäß Szenarium 3*

4.2.2 Einstichprobentest für arithmetische Mittel bei bekannter Varianz

Gegenstand dieses Tests ist der statistische Vergleich des auf Basis einer Stichprobe berechneten arithmetischen Mittels $\bar{x}$ (die zugehörige Zufallsvariable sei mit $\bar{X}$

bezeichnet) mit dem für die Grundgesamtheit als wahr angenommenen mittleren Wert Θ_0. Dabei wird unterstellt, dass die zugehörige Varianz in der Grundgesamtheit (in guter Näherung) bekannt ist.

Beispiel: Aus früheren Untersuchungen zum jährlichen Pro-Kopf-Verbrauch von Bier sei bekannt, dass zumindest bis zur Einführung des neuen kalorienfreien Produkts der Marke *BIEMA* der mittlere Bierverbrauch bei $\Theta_0 = 120$ Liter mit einer Standardabweichung von $\sigma = 18$ lag. Eine erneute, genau ein Jahr nach Einführung des *BIEMA*-Produkts durchgeführte Marktstudie mit Stichprobenumfang $N = 100$ liefert das überraschende Ergebnis eines Durchschnittsverbrauchs von $\bar{x} = 150$ Liter. Es stellt sich nun die Frage, ob sich der Bierverbrauch insgesamt aufgrund der Verfügbarkeit eines kalorienfreien Produkts bei konstanter Varianz σ^2 geändert hat.

Zur Beantwortung dieser Frage bedienen wir uns wieder des Sechs-Punkte-Schemas des Testens.

1. Formulierung der zu prüfenden Hypothesen:

   $\mathsf{H}_0\colon \Theta = \Theta_0 = 120$
   (Der durchschnittliche Pro-Kopf-Verbrauch an Bier beträgt auch weiterhin 120 Liter.)

   $\mathsf{H}_1\colon \Theta \neq \Theta_0 = 120$
   (Der Bier-Verbrauch hat sich durch die *BIEMA*-Einführung geändert.)

2. Wahl eines geeigneten statistischen Tests:
   Bei Gültigkeit von H_0 ist die Zufallsvariable $\bar{X}$ normalverteilt mit Erwartungswert $E(\bar{X}) = \Theta_0 = 120$ und Varianz $Var(\bar{X}) = \frac{\sigma^2}{N}\frac{N^{GG}-N}{N^{GG}-1}$. Bei hinreichend großer Grundgesamtheit (so dass $\frac{N}{N^{GG}} < 0,05$ gilt) kann bei der Varianzberechnung der Gewichtungsfaktor entfallen und es gilt: $Var(\bar{X}) = \frac{\sigma^2}{N}$ bzw. $\sigma_{\bar{X}} = \frac{\sigma}{\sqrt{N}} = \frac{18}{\sqrt{100}} = 1,8$. Die Teststatistik

   $$Z = \frac{\bar{X} - \Theta_0}{\sigma_{\bar{X}}} = \frac{\bar{X} - \Theta_0}{\sigma}\sqrt{N} \tag{4.3}$$

   ist dann standardnormalverteilt mit Erwartungswert 0 und Varianz 1.

3. Festlegung des Signifikanzniveaus: Es sei $\alpha = 0,01$.

4. Bestimmung des kritischen Werts und des Ablehnungsbereichs:
   Für das angegebene Signifikanzniveau ergibt sich bei zweiseitiger Fragestellung

   $$z_u^{krit} = -2,58 \quad \text{und} \quad z_o^{krit} = +2,58$$

   mit den korrespondierenden Ablehnungsbereichen:

   $$(-\infty;\ -2,58) \quad \text{und} \quad (2,58;\ \infty)$$

5. Berechnung des empirischen Werts:

$$z^{emp} = \frac{\bar{x} - \Theta_0}{\sigma_{\bar{X}}} = \frac{150 - 120}{1,8} = 16,67$$

6. Vergleich des empirischen mit dem kritischen Wert und Ergebnisinterpretation:

$$z^{emp} = 16,67 > 2,58 = z_o^{krit} \qquad \Rightarrow \mathsf{H}_0 \text{ ist abzulehnen.}$$

Der durchschnittliche Pro-Kopf-Verbrauch von Bier hat sich demzufolge seit Einführung des *BIEMA*-Produkts signifikant verändert.

4.2.3 Einstichprobentest für arithmetische Mittel bei unbekannter Varianz

Die grundsätzliche Zielsetzung dieses Tests ist identisch mit der des vorausgegangenen. Die nun als unbekannt angenommene „wahre" Varianz σ^2 in der Grundgesamtheit ist mithilfe der empirischen Stichprobenvarianz s^2 zu schätzen. Die zugehörige Zufallsvariable für die Stichprobenvarianz sei analog mit S^2 bezeichnet.

Beispiel: Unter ansonsten gleichen Rahmenbedingungen wie in Unterabschnitt 4.2.2 soll das unbekannte σ durch die im Rahmen der nach Einführung des *BIEMA*-Produkts durchgeführten Marktstudie bestimmten Stichprobenstandardabweichung $s = 25$ approximiert werden.

Die systematische Abarbeitung unseres Sechs-Punkte-Schemas des Testens liefert die folgenden Resultate:

1. Formulierung der zu prüfenden Hypothesen:

$$\mathsf{H}_0\colon \Theta = \Theta_0 = 120$$
$$\mathsf{H}_1\colon \Theta \neq \Theta_0 = 120$$

2. Wahl eines geeigneten statistischen Tests:
Bei einer nach wie vor normalverteilten Grundgesamtheit „sehr großen Umfangs" und unbekannter Varianz ist die Teststatistik

$$T = \frac{\bar{X} - \Theta_0}{S} \sqrt{N} \tag{4.4}$$

student-t-verteilt[7] mit $FG = N - 1$ Freiheitsgraden, weshalb dieser Test als **t-Test** bezeichnet wird. Die Reduktion der Anzahl frei variierender Beobachtungen um 1 resultiert aus der Notwendigkeit der Berechnung des relevanten Streuparameters aus der zur Verfügung stehenden Stichprobe.

[7]Die genannte Verteilung geht auf den Mathematiker und Bierbrauer *W. S. Gosset* (1876 - 1937) zurück, der diese im Jahr 1908 unter dem Pseudonym Student publizierte.

3. Festlegung des Signifikanzniveaus und Bestimmung der Anzahl der Freiheitsgrade: Es sei $\alpha = 0,05$ bei $FG = 100 - 1 = 99$.

4. Bestimmung des kritischen Werts und des Ablehnungsbereichs:
Für das angegebene Signifikanzniveau ergibt sich bei zweiseitiger Fragestellung aus der im Anhang tabellierten t-Verteilung

$$t_u^{krit} = -1,984 \qquad \text{und} \qquad t_o^{krit} = +1,984$$

mit den korrespondierenden Ablehnungsbereichen:

$$(-\infty;\ -1,984) \qquad \text{und} \qquad (1,984;\ \infty)$$

5. Berechnung des empirischen Werts:

$$t^{emp} = \frac{\bar{x} - \Theta_0}{s}\sqrt{N} = \frac{150 - 120}{25} 10 = 12$$

6. Vergleich des empirischen mit dem kritischen Wert und Ergebnisinterpretation:

$$t^{emp} = 12 > 1,984 = t_o^{krit} \qquad \Rightarrow \mathsf{H}_0 \text{ ist abzulehnen.}$$

Nach wie vor erscheint also die Annahme eines signifikant gestiegenen mittleren Bierverbrauchs als Planungsgrundlage angemessen.

4.2.4 Einstichprobentest für Varianzen

Analog zu den beiden vorausgegangenen Tests besteht auch die Möglichkeit eines Varianzvergleichs. Wir gehen dabei wiederum der Einfachheit halber von einer normalverteilten Grundgesamtheit aus.

Beispiel: Die nahe liegende Vermutung, dass die Neueinführung eines kalorienfreien Biers den Bierkonsum, z.B. durch dessen besondere Attraktivität für gesundheitsbewusste Konsumenten, weitreichend verändert haben könnte, lässt beim *BIEMA*-Management Zweifel an der Richtigkeit der den bisherigen Berechnungen zugrunde gelegten Varianzen aufkommen. Man entschließt sich zur Durchführung einer weiteren, kleineren (von der in Unterabschnitt 4.2.2 zitierten gänzlich unabhängigen, aber inhaltlich analog gestalteten) Marktstudie vom Umfang $N = 30$. Bei dieser ergibt sich eine Stichprobenvarianz von $s^2 = 484$. Dem Unternehmen stellt sich nun die Frage, ob durch das Angebot des neuen Biers die Varianz im Pro-Kopf-Verbrauch von Bier (gegenüber dem ursprünglichen als „wahr" erachteten Wert von $\Theta_0 = 324 = 18^2$) gestiegen ist.

Die Anwendung des Sechs-Punkte-Schemas liefert für das skizzierte Szenarium die folgenden Resultate:

1. Formulierung der zu prüfenden Hypothesen:

   H_0: $\Theta = \Theta_0 = 324$
   (Die Varianz im Pro-Kopf-Verbrauch liegt unverändert bei 324.)
   H_1: $\Theta > \Theta_0 = 324$
   (Die Varianz im Pro-Kopf-Verbrauch von Bier ist gestiegen.)

2. Wahl eines geeigneten statistischen Tests:
   Bei normalverteilter Grundgesamtheit ist die für diesen Fall heranzuziehende Teststatistik

   $$\chi^2 = \frac{(N-1)S^2}{\Theta_0} \tag{4.5}$$

   chi-quadratverteilt mit $FG = N - 1$ Freiheitsgraden. Die Zufallsvariable S^2 steht hierbei für die Stichprobenvarianz.

3. Festlegung des Signifikanzniveaus und Bestimmung der Anzahl der Freiheitsgrade: Es sei $\alpha = 0,05$ bei $FG = 30 - 1 = 29$.

4. Bestimmung des kritischen Werts und des Ablehnungsbereichs:
   Für das angegebene Signifikanzniveau ergibt sich bei einseitiger Fragestellung aus der χ^2-Verteilungstabelle im Anhang ein kritischer Wert von $\chi^{2\ krit} = 42,55$ und damit der für H_0 relevante Ablehnungsbereich $(42,55;\ \infty)$.

5. Berechnung des empirischen Werts:

   $$\chi^{2\ emp} = \frac{(N-1)s^2}{\Theta_0} = \frac{29 \cdot 484}{324} = 43,321$$

6. Vergleich des empirischen mit dem kritischen Wert und Ergebnisinterpretation:

   $$\chi^{2\ emp} = 43,321 > 42,55 = \chi^{2\ krit} \qquad \Rightarrow H_0 \text{ ist abzulehnen.}$$

   Das *BIEMA*-Management kann bei den weiteren Planungen somit davon ausgehen, dass sich auch die Streuung der individuellen Verbrauchsmengen signifikant erhöht hat.

4.2.5 Zweistichprobentest für arithmetische Mittel

Die bisher vorgestellten Hypothesenprüfungen basierten auf jeweils genau einer Stichprobe. In bestimmten Fällen, z.B. bei der Analyse des Kauf- und Konsumverhaltens innerhalb unterschiedlicher Marktsegmente, kann es aber auch erforderlich werden, bestimmte stichprobenspezifische Parameter statistisch miteinander zu vergleichen. Wir wollen das Vorgehen in einem solchen Fall am Beispiel des Vergleichs zweier arithmetischer Mittel demonstrieren. Dabei wird vorausgesetzt, dass die beiden Stichproben, aus denen die Mittelwerte berechnet wurden, voneinander unabhängig sind und aus normalverteilten Grundgesamtheiten stammen.

Beispiel: Die Erkenntnisse aus den bisherigen Untersuchungen lassen im Hause *BIEMA* die Vermutung aufkommen, dass der jährliche Pro-Kopf-Verbrauch von Bier in dem betrachteten Absatzgebiet stark vom Geschlecht des jeweiligen Biertrinkers abhängt. Zwei aus diesem Grund unabhängig voneinander durchgeführte Befragungen männlicher und weiblicher Konsumenten liefern folgende Resultate: In der „Männerstichprobe" vom Umfang $N_1 = 100$ ergibt sich ein Mittelwert von $\bar{x}_1 = 160$ Liter, während die $N_2 = 200$ Probanden umfassende „Frauenstichprobe" lediglich einen Mittelwert von $\bar{x}_2 = 125$ Liter aufweist. Die zusätzlich berechneten Standardabweichungen lauten $s_1 = 9$ und $s_2 = 25$. Vor dem Hintergrund zukünftiger Marketingmaßnahmen soll nun ein statistischer Test Gewissheit schaffen:

1. Formulierung der zu prüfenden Hypothesen:

   H_0: $\Theta_1 = \Theta_2$
   (Geschlechtsbedingte Unterschiede im Pro-Kopf-Verbrauch von Bier existieren nicht.)

   H_1: $\Theta_1 \neq \Theta_2$
   (Männer und Frauen zeigen ein unterschiedliches Verbrauchsverhalten.)

2. Wahl eines geeigneten statistischen Tests:
   Bei normalverteilter Grundgesamtheit und ausreichend großen Stichproben (auch Letzteres wird im vorliegenden Fall als gegeben betrachtet) ist die Teststatistik

   $$Z = \frac{\bar{X}_1 - \bar{X}_2}{\sqrt{\frac{S_1^2}{N_1} + \frac{S_2^2}{N_2}}} \tag{4.6}$$

   asymptotisch standardnormalverteilt. Die Zufallsvariablen S_1 und S_2 fungieren dabei als Schätzer für die „wahren" Standardabweichungen σ_1 und σ_2 in der Grundgesamtheit. Analoges gilt für die Zufallsvariablen $\bar{X}_1$ und $\bar{X}_2$ in Bezug auf die „wahren" Mittelwerte Θ_1 und Θ_2.

3. Festlegung des Signifikanzniveaus: Es sei $\alpha = 0,01$.

4. Bestimmung des kritischen Werts und des Ablehnungsbereichs:
   Für das angegebene Signifikanzniveau ergeben sich bei zweiseitiger Fragestellung die Ablehnungsbereiche $(-\infty;\ -2,58)$ und $(2,58;\ \infty)$.

5. Berechnung des empirischen Werts:

   $$z^{krit} = \frac{\bar{x}_1 - \bar{x}_2}{\sqrt{\frac{s_1^2}{N_1} + \frac{s_2^2}{N_2}}} = \frac{160 - 125}{\sqrt{\frac{81}{100} + \frac{625}{200}}} = 17,644$$

6. Vergleich des empirischen mit dem kritischen Wert und Ergebnisinterpretation:

   $$z^{emp} = 17,644 > 2,58 = z_o^{krit} \qquad \Rightarrow \mathsf{H}_0 \text{ ist abzulehnen.}$$

   Offensichtlich bestehen auf dem betrachteten Markt signifikante geschlechtsspezifische Unterschiede im durchschnittlichen Pro-Kopf-Verbrauch von Bier.

4.2.6 Signifikanztest für Korrelationen

Eine wichtige Kenngröße zur Beschreibung linearer Zusammenhänge zwischen zwei metrisch skalierten Variablen (z.B. zwischen Werbeaufwand und Absatzentwicklung eines Produkts im Zeitablauf) ist der auf dem Intervall [-1,0; 1,0] definierte **Korrelationskoeffizient** nach *Bravais-Pearson*:

$$r = \frac{\sum_{k=1}^{N}(x_k - \bar{x})(y_k - \bar{y})}{\sqrt{\sum_{k=1}^{N}(x_k - \bar{x})^2 \cdot \sum_{k=1}^{N}(y_k - \bar{y})^2}} \tag{4.7}$$

Dabei bezeichnen N die Anzahl relevanter Beobachtungen (Stichprobenumfang), x_k bzw. y_k die Ausprägungen der beiden interessierenden Variablen X und Y bei der k-ten Beobachtung und $\bar{x}$ bzw. $\bar{y}$ die entsprechenden Mittelwerte. Ziel des im Folgenden vorzustellenden Tests ist die Überprüfung der statistischen Aussagekraft (Signifikanz) empirisch gemessener Korrelationen.

Beispiel: Nachdem das *BIEMA*-Management nunmehr die Kaufverhaltensrelevanz des Geschlechts beim Bierkonsum erkannt hat, entschließt man sich zu einer genaueren Untersuchung des individuellen Kaufverhaltens auf dem nationalen Biermarkt. Mit Blick auf die zukünftige Preispolitik soll in einem ersten Schritt festgestellt werden, ob der jährliche Pro-Kopf-Verbrauch (Y) der eigenen Biermarke mit dem Einkommen (X) in Geldeinheiten (GE) der betreffenden Konsumenten in Beziehung steht. Erste Anhaltspunkte in dieser Frage verspricht man sich von einer einfachen Korrelationsbetrachtung.

Konsument (k)	1	2	3	4	5	6	7	8	9	10	11	12	13	14	15
Einkommen (x_k) [1.000 GE]	3,3	4,3	2,8	2,9	3,7	3,4	4,1	3,5	2,9	4,2	3,8	4,0	4,8	4,1	3,8
Verbrauch (y_k) [in Liter]	130	151	112	114	157	153	141	124	102	165	137	144	126	162	145

Tabelle 4.2: *Daten für die Korrelationsbetrachtung*

Die zu diesem Zweck herangezogenen und in Tabelle 4.2 dargestellten Daten liefern eine Korrelation von $r = 0,613$, deren Aussagekraft es zu beurteilen gilt:

1. Formulierung der zu prüfenden Hypothesen:

   H_0: $\Theta = \Theta_0 = 0$
   (Die beiden Variablen X und Y sind nicht korreliert.)

   H_1: $\Theta \neq \Theta_0 = 0$
   (Die berechnete Korrelation ist signifikant von 0 verschieden.)

2. Wahl eines geeigneten statistischen Tests:
   Kann für die Zufallsvariablen X und Y zumindest näherungsweise eine Normalverteilung angenommen werden, so ist die Teststatistik

$$T = \frac{R}{\sqrt{1 - R^2}}\sqrt{N - 2} \tag{4.8}$$

student-t-verteilt mit $FG = N - 2$ Freiheitsgraden. Die Korrelation der beiden Variablen wird durch die Zufallsvariable R repräsentiert.

3. Festlegung des Signifikanzniveaus und Bestimmung der Anzahl der Freiheitsgrade: Es sei $\alpha = 0,05$ bei $FG = 15 - 2 = 13$ (da je Variable ein Mittelwert in die Korrelationsberechnung einfließt).

4. Bestimmung des kritischen Werts und des Ablehnungsbereichs:
Für das angegebene Signifikanzniveau ergeben sich bei zweiseitiger Fragestellung die Ablehnungsbereiche $(-\infty; \; -2,16)$ und $(2,16; \; \infty)$.

5. Berechnung des empirischen Werts:

$$t^{emp} = \frac{r}{\sqrt{1-r^2}}\sqrt{N-2} = \frac{0,613}{\sqrt{1-0,613^2}}\sqrt{13} = 2,797$$

6. Vergleich des empirischen mit dem kritischen Wert und Ergebnisinterpretation:

$$t^{emp} = 2,797 > 2,16 = t_o^{krit} \qquad \Rightarrow \mathsf{H}_0 \text{ ist abzulehnen.}$$

Das *BIEMA*-Management kann somit von einem signifikanten korrelativen Zusammenhang zwischen Einkommen und Bierkonsum ausgehen.

4.3 Verteilungstests in der Marketingforschung

Im Folgenden werden Möglichkeiten der Überprüfung von Hypothesen in Bezug auf unbekannte Verteilungen in Grundgesamtheiten vorgestellt. Ziel der entsprechenden statistischen Tests ist es, herauszufinden, ob die in einer Stichprobe beobachtete Verteilung einer Zufallsvariable mit jener übereinstimmt, die man als für die Grundgesamtheit gültig erachtet.

4.3.1 Test auf Anpassung einer Verteilung

Mit Hilfe des im Anschluss näher betrachteten **Chi-Quadrat-Anpassungstests** kann überprüft werden, ob zwischen den in einer Stichprobe beobachteten $(h_1^{beob}, \ldots, h_j^{beob}, \ldots, h_J^{beob})$ und den aufgrund der für die Grundgesamtheit getroffenen Verteilungsannahme erwarteten Häufigkeiten $(h_1^{erw}, \ldots, h_j^{erw}, \ldots, h_J^{erw})$ ein signifikanter Unterschied besteht. Der Test hat also den Vergleich einer „Stichprobenverteilung" mit einer angenommenen „Grundverteilung" zum Gegenstand.[8] Es sei bereits an dieser Stelle darauf hingewiesen, dass zur Gewährleistung des Erhalts verlässlicher Resultate bei Chi-Quadrattests darauf zu achten ist, dass die zu

[8] Im Kontext der stochastischen Kaufverhaltensmodellierung (vgl. Kapitel 16) ist diese Zielsetzung gleichzusetzen mit der Frage, ob eine empirisch beobachtete Verteilung in adäquater Weise durch die im jeweiligen Modell angenommene (theoretische) Verteilung beschrieben werden kann.

erwartenden Häufigkeiten größer oder gleich 5 sind. Falls erforderlich sollte vor Anwendung des Tests eine geeignete Zusammenfassung der betroffenen Zellenwerte des Datentableaus (s.u.) erfolgen.

Beispiel: Aufgrund umfassender Marktbeobachtungen und damit einhergehender Voruntersuchungen konkretisiert sich beim Bierproduzenten *BIEMA* die Vermutung, dass die Häufigkeiten, mit denen die Konsumenten des relevanten Absatzgebiets Käufe des kalorienfreien Biers tätigen, ein bestimmtes Muster aufweisen. Konkret glaubt man im Hause *BIEMA*, Anzeichen dafür vorgefunden zu haben, dass die Häufigkeiten der Anzahl der Kaufakte, die die Konsumenten pro Monat in Bezug auf diese Marke tätigen, einer Poissonverteilung[9] genügen. Eine aus diesem Anlass durchgeführte Datenerhebung mittels repräsentativer Konsumentenbefragung liefert die in Tabelle 4.3 dargestellten Daten. Der Wert 47 in der vierten Spalte der dritten Zeile bedeutet beispielsweise, dass in der zugrunde liegenden Stichprobe vom Umfang $N = \sum_{j=1}^{J=5} h_j^{beob} = 1.000$ insgesamt $h_3^{beob} = 47$ Konsumenten genau 2-mal (x_3) pro Monat die Marke *BIEMA* gekauft haben.

Zellenindex (j)	1	2	3	4	5
Anzahl getätigter Kaufakte (x_j)	0	1	2	3	≥ 4
Beobachtete Häufigkeit (h_j^{beob})	702	238	47	5	8

Tabelle 4.3: *Datentableau für den Anpassungstest*

Auch die Darstellung der Verteilungstests bedient sich wieder des Sechs-Punkte-Schemas des Testens. Zunächst sind die erwarteten Häufigkeiten zu berechnen. Gemäß der getroffenen Verteilungsannahme wird unterstellt, dass die beobachteten Häufigkeiten h_j^{beob} mithilfe der **Wahrscheinlichkeitsfunktion der Poissonverteilung**

$$P(X = x) = \frac{\mu^x}{x!} \exp(-\mu) \qquad \text{für } x = 0, 1, 2, \ldots \tag{4.9}$$

angenähert werden können. Im vorliegenden Kontext kann der vor der Hypothesenprüfung zu bestimmende Parameter μ als „mittlere Kaufintensität" interpretiert werden. Als Schätzer für diesen Parameter verwenden wir das Stichprobenmittel $\bar{x}$ mit:

$$\bar{x} = \frac{1}{N} \cdot \sum_{j=1}^{J} x_j h_j^{beob} = \frac{1}{1.000} \cdot \sum_{j=1}^{5} x_j h_j^{beob} = \frac{0 \cdot 702 + \cdots + 4 \cdot 8}{1.000} = 0,379 \tag{4.10}$$

Die Häufigkeitsklasse „≥ 4" wird dabei – in Ermangelung genauerer Daten und unter Inkaufnahme der daraus u.U. resultierenden Ungenauigkeit – im weiteren Verlauf durch den Wert 4 repräsentiert.

[9] Die Poissonverteilung eignet sich speziell zur Beschreibung selten auftretender Ereignisse.

Mit der solchermaßen spezifizierten Poissonverteilung können die benötigten erwarteten Häufigkeiten

$$h_j^{erw} = N \cdot P(X = x_j)$$
$$= 1.000 \cdot \frac{0,379^{x_j}}{x_j!} \exp(-0,379) \qquad \text{für } j = 1, 2, \ldots, 5 = J \tag{4.11}$$

berechnet werden. Als Ergebnis erhalten wir die in Tabelle 4.4 angegebenen Schätzer für die erwarteten Häufigkeiten.

Beobachtungsindex (j)	1	2	3	4	5
Anzahl getätigter Kaufakte (x_j)	0	1	2	3	≥ 4
Erwartete Häufigkeit (h_j^{erw})	684,55	259,44	49,16	6,21	0,59

Tabelle 4.4: *Schätzwerte einer Poissonverteilung*

Wegen $h_5^{erw} < 5$ (s.o.) empfiehlt es sich, die erwarteten Werte für $j = 4$ und $j = 5$ zu einem Wert $h_4^{'erw} = 6,21 + 0,59 = 6,8$ zusammenzufassen.

Mithilfe des Chi-Quadrat-Anpassungstests kann nun ein Vergleich der vorliegenden Häufigkeiten vorgenommen werden:

1. Formulierung der zu prüfenden Hypothesen:

   H_0: Die beobachteten Häufigkeiten entstammen einer poissonverteilten Grundgesamtheit.

   H_1: Der Nachweis poissonverteilter Häufigkeiten ist nicht möglich.

2. Wahl eines geeigneten statistischen Tests:
   Als Teststatistik dient die als Zufallsvariable betrachtete kumulierte, gewichtete, quadratische Abweichung zwischen den ebenfalls als Zufallsvariablen aufgefassten beobachteten und erwarteten Häufigkeiten:

   $$\chi^2 = \sum_{j=1}^{J} \frac{(H_j^{beob} - H_j^{erw})^2}{H_j^{erw}} \tag{4.12}$$

   Der chi-quadratverteilten Zufallsvariable χ^2 liegen J Beobachtungen und I zu schätzende Parameter zugrunde. Die Anzahl der Freiheitsgrade beträgt somit $FG = J - I - 1$.

3. Festlegung des Signifikanzniveaus und Bestimmung der Anzahl der Freiheitsgrade: Es sei $\alpha = 0,01$ bei $FG = 5 - 1 - 1 = 3$.

4. Bestimmung des kritischen Werts und des Ablehnungsbereichs:
   Für das angegebene Signifikanzniveau ergibt sich aus der χ^2-Verteilungstabelle im Anhang bei einseitiger Fragestellung der Ablehnungsbereich $(11,34;\ \infty)$.

5. Berechnung des empirischen Werts[10]:

$$\chi^{2\ emp} = \sum_{j=1}^{4} \frac{(h_j^{beob} - h_j^{erw})^2}{h_j^{erw}}$$
$$= \frac{(702 - 684,55)^2}{684,55} + \cdots + \frac{(13 - 6,8)^2}{6,8} = 7,964$$

6. Vergleich des empirischen mit dem kritischen Wert und Ergebnisinterpretation:

$\chi^{2\ emp} = 7,964 \leq 11,34 = \chi^{2\ krit}$ $\Rightarrow$ H_0 kann nicht abgelehnt werden.

Offensichtlich ist die Vermutung poissonverteilter Häufigkeiten im vorliegenden Fall angemessen.

4.3.2 Test auf Merkmalsunabhängigkeit

Eine Aufgabe der Marketingforschung ist der Nachweis der Existenz (bzw. analog des Fehlens) einer gegenseitigen Abhängigkeit zwischen interessierenden Merkmalen eines Untersuchungsobjekts. Der in diesem Abschnitt vorzustellende **Chi-Quadrat-Unabhängigkeitstest** erlaubt die Überprüfung der Unabhängigkeit zweier mindestens nominalskalierter Merkmale. Als Datengrundlage dient die Kreuztabellierung der Merkmalsausprägungen in Kontingenztafeln.

Beispiel: Die Frage nach einem möglichen Zusammenhang zwischen der Entscheidung zum Kauf einer bestimmten Biermarke und dem Geschlecht des betreffenden Konsumenten lässt das *BIEMA*-Management nicht mehr los. Im Rahmen einer Kundenbefragung in einem von *BIEMA* und den relevanten Konkurrenten belieferten Getränkemarkt werden deshalb $N = 72$ Käuferinnen und Käufer beim Verlassen des Markts gefragt, welche Biermarke sie soeben erstanden haben. Der Einfachheit halber beschränkt man sich auf eine Aufteilung der mit i indizierten Biermarken in *BIEMA* ($i = 1$) und andere ($i = 2$). Das Geschlecht wird mit $j = 1$ für männlich und $j = 2$ für weiblich kodiert. Die Ergebnisse der Befragung respektive die resultierenden Zellenhäufigkeiten h_{ij}^{beob} sind in Tabelle 4.5 zusammengestellt.

	Geschlecht (j)		
Marke (i)	1 (männlich)	2 (weiblich)	$\sum_j$
1 (*BIEMA*)	$h_{11}^{beob} = 25$	$h_{12}^{beob} = 14$	$h_{1\bullet}^{beob} = 39$
2 (andere)	$h_{21}^{beob} = 12$	$h_{22}^{beob} = 21$	$h_{2\bullet}^{beob} = 33$
$\sum_i$	$h_{\bullet 1}^{beob} = 37$	$h_{\bullet 2}^{beob} = 35$	$h_{\bullet\bullet}^{beob} = 72$

Tabelle 4.5: *Datengrundlage für den Unabhängigkeitstest*

[10] Man beachte die Zusammenfassung der letzten beiden beobachteten Häufigkeiten in der Variable $h_4^{'beob}$.

Der Wert $h_{11}^{beob} = 25$ beispielsweise gibt die Anzahl der Fälle in der Stichprobe an, in denen sich Männer für die Marke *BIEMA* entschieden haben. Mit dem Chi-Quadrat-Unabhängigkeitstest kann nun der Frage nachgegangen werden, ob die Merkmale Geschlecht und (präferierte) Biermarke voneinander unabhängig sind:

1. Formulierung der zu prüfenden Hypothesen:

   H_0: Die Merkmale Biermarkenwahl und Geschlecht sind voneinander unabhängig.

   H_1: Zwischen den betrachteten Merkmalen besteht eine Abhängigkeit.

2. Wahl eines geeigneten statistischen Tests:
   Als Teststatistik kommt analog zum vorausgegangenen Test wieder die als Zufallsvariable betrachtete kumulierte, gewichtete, quadratische Abweichung

   $$\chi^2 = \sum_{i=1}^{I} \sum_{j=1}^{J} \frac{(H_{ij}^{beob} - H_{ij}^{erw})^2}{H_{ij}^{erw}} \qquad (4.13)$$

   zwischen den beobachteten und den erwarteten Zellenhäufigkeiten in der Kontingenztafel zum Einsatz. Den verwendeten Bezeichnern kommen folgende allgemeine Bedeutungen zu:

i, j	=	Index für die Zeilen bzw. Spalten der Kontingenztafel
H_{ij}^{beob}	=	Zufallsvariable für die beobachtete (Zellen-) Häufigkeit des Zusammentreffens der Merkmalsausprägung i beim Merkmal Biermarkenwahl und Merkmalsausprägung j beim Merkmal Geschlecht
H_{ij}^{erw}	=	Zufallsvariable für die korrespondierende erwartete Zellenhäufigkeit

   Im Fall der Unabhängigkeit der beiden Merkmale gilt (vgl. *Bleymüller et al.* (1996, S. 131)):

   $$H_{ij}^{erw} = \frac{1}{N} \cdot H_{i\bullet}^{beob} \cdot H_{\bullet j}^{beob} \qquad \forall\, i, j \qquad (4.14)$$

   mit

$H_{i\bullet}^{beob}$	=	Zufallsvariable für die Randhäufigkeit bezüglich Zeile i (mit $H_{i\bullet}^{beob} = \sum_{j=1}^{J} H_{ij}^{beob}$)
$H_{\bullet j}^{beob}$	=	Zufallsvariable für die Randhäufigkeit bezüglich Spalte j (mit $H_{\bullet j}^{beob} = \sum_{i=1}^{I} H_{ij}^{beob}$)
N	=	Stichprobenumfang (mit $N = \sum_{i=1}^{I} H_{i\bullet}^{beob} = \sum_{j=1}^{J} H_{\bullet j}^{beob}$)

   Die Teststatistik ist chi-quadratverteilt mit $FG = (I-1) \cdot (J-1)$ Freiheitsgraden.

3. Festlegung des Signifikanzniveaus und Bestimmung der Anzahl der Freiheitsgrade: Es sei $\alpha = 0,05$ bei $FG = (2-1) \cdot (2-1) = 1$.

4. Bestimmung des kritischen Werts und des Ablehnungsbereichs:
   Für das angegebene Signifikanzniveau ergibt sich bei einseitiger Fragestellung der Ablehnungsbereich $(3,84;\ \infty)$.

5. Berechnung des empirischen Werts:
   Bestimmt man die erwarteten Zellenhäufigkeiten gemäß Gleichung 4.14, so erhält man die in Tabelle 4.6 wiedergegebenen Werte.

	Geschlecht (j)		
Marke (i)	1	2	$\sum_j$
1	20,0	19,0	39
2	17,0	16,0	33
$\sum_i$	37	35	72

Tabelle 4.6: *Erwartete Zellenhäufigkeiten bei Merkmalsunabhängigkeit*

Hieraus ergibt sich dann der benötigte empirische Wert:

$$\begin{aligned}\chi^{2\ emp} &= \sum_{i=1}^{2}\sum_{j=1}^{2}\frac{(h_{ij}^{beob}-h_{ij}^{erw})^2}{h_{ij}^{erw}} = \frac{(25-20)^2}{20}+\cdots+\frac{(21-16)^2}{16} \\ &= 5,60\end{aligned}$$

6. Vergleich des empirischen mit dem kritischen Wert und Ergebnisinterpretation:

$$\chi^{2\ emp} = 5,60 > 3,84 = \chi^{2\ krit} \qquad \Rightarrow \text{H}_0 \text{ ist abzulehnen.}$$

   Zwischen dem Geschlecht eines Konsumenten und der präferierten Biermarke besteht also ein signifikanter Zusammenhang.

4.3.3 Test auf Stichprobenhomogenität

Ein Test auf Stichprobenhomogenität ist erforderlich, wenn die Inhalte zweier Stichproben unter statistischen Gesichtspunkten zueinander in Beziehung gesetzt werden sollen. Bei dem im Folgenden vorzustellenden **Chi-Quadrat-Homogenitätstest** handelt es sich um einen Zweistichprobentest, der die Überprüfung des gemeinsamen Ursprungs zweier Stichproben aus einer Grundgesamtheit ermöglicht.

Beispiel: Zur zielgruppengerechten Planung regionaler Marketingmaßnahmen entschließt sich das *BIEMA*-Management, eine Analyse des Markenwahlverhaltens in zwei unterschiedlichen, von ihrem Umsatz her aber besonders wichtigen Absatzgebieten (Segmenten) durchzuführen. Gegenstand der Analyse ist das Kaufverhalten in Bezug auf fünf miteinander konkurrierende Marken ($i = 1, \ldots, 5$), die

Marke *BIEMA* eingeschlossen. Der Stichprobenumfang in Segment $j = 1$ beträgt $N_1 = 100$ und in Segment $j = 2$ $N_2 = 200$. Tabelle 4.7 enthält die auf die einzelnen Marken entfallenden Käuferzahlen.

Gewählte Marke (i)	Anzahl Käufer im Segment $j = 1$	Anzahl Käufer im Segment $j = 2$	$\sum_j$
1	25	35	60
2	10	20	30
3	15	35	50
4	40	85	125
5	10	25	35
$\sum_i$	100	200	300

Tabelle 4.7: *Datengrundlage für den Homogenitätstest*

Der Wert 25 in der zweiten Spalte der zweiten Zeile beispielsweise gibt die Anzahl der Probanden wieder, die sich im relevanten Betrachtungszeitraum in Segment 1 für die Marke 1 entschieden haben. Die subjektiv empfundene Unterschiedlichkeit der Proportionen in den beiden Segmenten lässt nun doch Zweifel an der anfangs im Hause *BIEMA* vertretenen Meinung der Identität der Markenpräferenzen über die Absatzgebiete hinweg aufkommen. Um sicherzugehen, soll ein entsprechender Chi-Quadrat-Homogenitätstest die im Raum stehende „Identitätsfrage" beantworten helfen. Die dabei verwendeten Variablen und Parameter sind analog zum vorausgegangenen Test auf Merkmalsunabhängigkeit definiert.

1. Formulierung der zu prüfenden Hypothesen:

   H_0: Die Markenpräferenzen in den beiden Segmenten stimmen überein, d.h. beide Stichproben entstammen derselben Grundgesamtheit.

   H_1: Die beiden Segmente repräsentieren unterschiedliche Markenpräferenzen.

2. Wahl eines geeigneten statistischen Tests:
   Als Teststatistik kommt abermals die als Zufallsvariable betrachtete kumulierte, gewichtete, quadratische Abweichung

$$\chi^2 = \sum_{i=1}^{I} \sum_{j=1}^{J} \frac{(H_{ij}^{beob} - H_{ij}^{erw})^2}{H_{ij}^{erw}}$$

   zwischen den beobachteten und den erwarteten Zellenhäufigkeiten zur Anwendung. Unterstellt man (was im vorliegenden Fall getan wird), dass die Homogenität der beiden Stichproben in der Unabhängigkeit der die Stichprobe charakterisierenden Merkmale Markenwahl und Segmentzugehörigkeit zum Ausdruck kommt, so muss in Analogie zum Unabhängigkeitstest wiederum gelten:

$$H_{ij}^{erw} = \frac{1}{N} \cdot H_{i\bullet}^{beob} \cdot H_{\bullet j}^{beob} \qquad \forall\ i, j$$

Obige Teststatistik ist damit ebenfalls wieder chi-quadratverteilt mit $FG = (I-1)\cdot(J-1)$ Freiheitsgraden.

3. Festlegung des Signifikanzniveaus und Bestimmung der Anzahl der Freiheitsgrade: Es sei $\alpha = 0,05$ bei $FG = (5-1)\cdot(2-1) = 4$.

4. Bestimmung des kritischen Werts und des Ablehnungsbereichs:
Für das angegebene Signifikanzniveau ergibt sich bei einseitiger Fragestellung der Ablehnungsbereich $(9,49;\ \infty)$.

5. Berechnung des empirischen Werts:
Unter Verwendung der in Schritt 2 genannten Rechenvorschrift für die erwarteten Zellenhäufigkeiten ergibt sich der gesuchte empirische Wert:

$$\begin{aligned}\chi^{2\ emp} &= \sum_{i=1}^{5}\sum_{j=1}^{2}\frac{(h_{ij}^{beob}-h_{ij}^{erw})^2}{h_{ij}^{erw}} = \frac{(25-20)^2}{20}+\cdots+\frac{(25-23,33)^2}{23,33}\\ &= 2,58\end{aligned}$$

Der Wert 20 beispielsweise ergibt sich aus $\frac{60\cdot 100}{300}$.

6. Vergleich des empirischen mit dem kritischen Wert und Ergebnisinterpretation:

$$\chi^{2\ emp} = 2,58 \le 9,49 = \chi^{2\ krit} \quad \Rightarrow \mathsf{H}_0 \text{ kann nicht ablehnt werden.}$$

Es kann also davon ausgegangen werden, dass beide Stichproben derselben Grundgesamtheit entstammen.

4.4 Macht eines statistischen Tests

Eine bei der Durchführung empirischer Untersuchungen immer wieder zu beantwortende Frage ist die nach dem „optimalen“ Stichprobenumfang (vgl. Kapitel 8). Während es der Wunsch nach verlässlichen Testergebnissen oftmals angeraten erscheinen lässt, die Stichprobe möglichst groß zu wählen, sind diesem Bestreben in der Realität schon aus Kostengründen in aller Regel Grenzen gesetzt. Erste Hinweise im Hinblick auf eine geeignete Stichprobengröße können die **Operationscharakteristik** und die **Macht eines Tests** liefern.

In Anlehnung an *Bleymüller et al.* (1996, 105 f.) und *Hartung* (1995, S. 135 f.) definieren wir die **Operationscharakteristik** (OC) als Wahrscheinlichkeit[11]

$$\beta = f(\Theta_1) \tag{4.15}$$

[11] Zur Erinnerung: β war am Anfang des Kapitels als die Wahrscheinlichkeit für die unrechtmäßige Ablehnung der Alternativhypothese eingeführt worden.

mit Θ_1 als dem bei Gültigkeit der Alternativhypothese H_1 wahren Parameter. Die graphische Repräsentation der angegebenen Funktion wird auch als **OC-Kurve** bezeichnet und kann zur „manuellen" Bestimmung eines geeigneten Stichprobenumfangs herangezogen werden. Die Wahrscheinlichkeit

$$1 - \beta = 1 - f(\Theta_1) \tag{4.16}$$

beschreibt analog die so genannte **Macht** (oder Güte) **eines Tests**. Abbildung 4.4 veranschaulicht den dargestellten Funktionalzusammenhang für den Fall eines variierenden Stichprobenumfängs $N_1 < N_2 < N_3$ bei identischem Signifikanzniveau α.

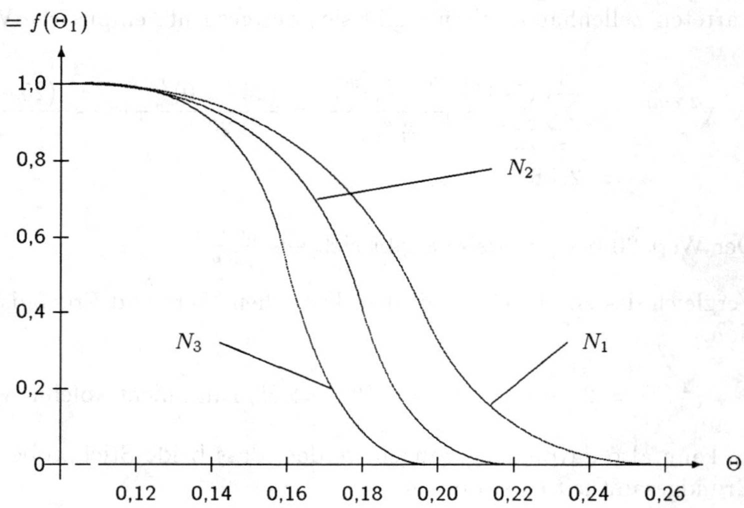

Abbildung 4.4: *OC-Kurven*

Die OC-Kurve verläuft umso steiler, je größer der Stichprobenumfang gewählt wird. Mit zunehmender „Steilheit" des Kurvenverlaufs nimmt auch die **Trennschärfe** des jeweiligen Tests zu. Die Wahrscheinlichkeit einer unrechtmäßigen Ablehnung der Alternativhypothese H_1: $\theta = \theta_1 = 0,18$ beispielsweise wäre demnach beim Stichprobenumfang N_2 kleiner als bei N_1 und größer als bei N_3.

Kapitel 5

Sekundärdaten in der Marketingforschung

5.1 Zusammenhang zwischen Primär- und Sekundärforschung

Sekundärdaten sind Daten, die bereits zu einem früheren Zeitpunkt und in der Regel für einen anderen als den aktuell vorliegenden Untersuchungszweck erhoben wurden. Da die Beschaffung solcher Daten vom Schreibtisch aus betrieben werden kann, wird diese Form der Marketingforschung als „**Desk-Research**" bezeichnet. Die **Sekundärforschung** bildet sowohl in der Unternehmenspraxis als auch in wissenschaftlichen Studien den Ausgangspunkt qualifizierter Forschungstätigkeit.

Im Vorfeld der Erstellung eines Untersuchungsdesigns für eine eigene Primärerhebung ist zunächst zu prüfen, welche einschlägigen Untersuchungen bereits zu der aktuellen oder ähnlichen Fragestellungen existieren und zu welchen Resultaten diese Untersuchungen gegebenenfalls geführt haben. Auch wenn zu einer neuen Aufgabenstellung noch keine Untersuchungen vorliegen, kann die Sekundärforschung einen Bezugsrahmen bereitstellen, anhand dessen sich die Resultate einer Primäruntersuchung bewerten und interpretieren lassen. Darüber hinaus schafft die Sekundärforschung die Voraussetzung für den effizienten Einsatz der Primärerhebungsmethoden, da die Aufgabenstellung der Primärforschung erst auf Basis sorgfältiger Sekundäranalysen hinreichend präzise formuliert werden kann.

Die Abgrenzung zwischen Primär- und Sekundärforschung erfolgt anhand des Zwecks der Datenerhebung. Während die Sekundärdaten ursprünglich für einen anderen Untersuchungszweck (erster Untersuchungszweck) erhoben wurden, umfasst die Primärforschung die Erhebung und Auswertung geeigneter Daten für den aktuell vorliegenden Untersuchungszweck (zweiter Untersuchungszweck). Sind bei einer neuen Aufgabenstellung die ursprünglichen Rohdaten nicht (mehr) zugänglich, so bleibt die Sekundärforschung auf die Auswertung aggregierter Daten, etwa in Form von Abschlussberichten und Tabellenbänden, beschränkt. Der strukturelle Zusammenhang zwischen Primär- und Sekundärforschung ist in der an *Rogge* (1992, S. 51 f.) angelehnten Abbildung 5.1 dargestellt.

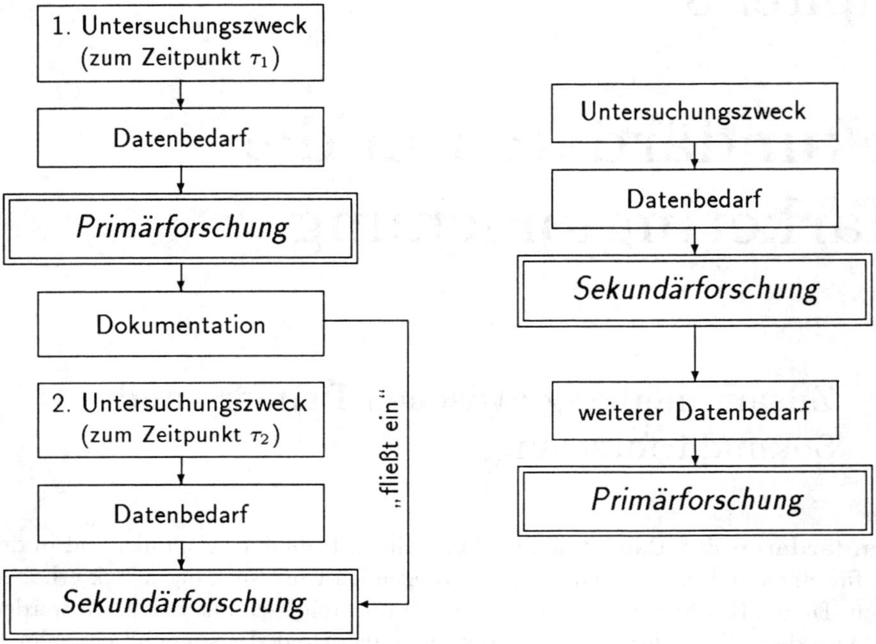

Abbildung 5.1: *Zusammenhang zwischen Primär- und Sekundärforschung*

In der linken Graphik von Abbildung 5.1 ist der Zusammenhang aus dem Blickwinkel der Datenerhebung und der Datenverwendung dargestellt. Zur Verdeutlichung wird von zwei Betrachtungszeitpunkten τ_1 und τ_2 ausgegangen, d.h. die abermalige Nutzung der Daten als Sekundärdaten erfolgt nach ihrer Nutzung in der Primärforschung. In der rechten Graphik wird hingegen die idealtypische Vorgehensweise des Marketingforschers aufgezeigt, bei der die Sekundärforschung vor der Primärforschung erfolgt. In der Praxis können im Einzelfall aber auch zeitliche Überlappungen auftreten. Die Detailplanung einer Primärerhebung sollte jedoch erst dann erfolgen, wenn die Sekundärforschung bereits so weit fortgeschritten ist, dass der Datenbedarf der Primärerhebung exakt beschrieben werden kann. Sind geeignete Sekundärdaten ausreichender Aktualität vorhanden, so kann der Informationsbedarf im Idealfall vollständig auf der Basis sorgfältiger Sekundärforschung gedeckt werden. In Tabelle 5.1 sind wichtige Eigenschaften von Primär- und Sekundärdaten gegenübergestellt.

	Primärdaten	Sekundärdaten
Erhebungszweck	aktuelle Fragestellung	andere Fragestellung(en)
Erhebungsprozess	zumeist aufwendig	zumeist einfach
Erhebungsqualität	gut beeinflussbar	nicht beeinflussbar
Erhebungsdauer	eher lang	eher kurz
Erhebungskosten	eher hoch	eher gering

Tabelle 5.1: *Eigenschaften der Datengrundlagen in der Marketingforschung*

Der in Tabelle 5.1 angeführte Vorteil der schnelleren Verfügbarkeit der Sekundärdaten gewinnt, wie *Wind* (1997) ausführlich begründet, für die Marketingforschung immer mehr an Bedeutung. Denn bei zunehmender Dynamik des Wettbewerbs müssen auch die Resultate der Marketingforschung immer schneller zur Verfügung stehen, damit sie als Grundlage zur Entscheidung überhaupt noch Verwendung finden können.

5.2 Ablauf und Quellen der Sekundärforschung

Ausgangspunkt der Sekundärforschung ist das jeweilige Untersuchungsziel, wobei in einem ersten Schritt der **Informationsbedarf** bestimmt werden muss. *Gaul, Both* (1990) nennen folgende Bestimmungsgrößen des Informationsbedarfs:

- organisatorische Rahmenbedingungen (externes und internes Umfeld des Untersuchungsgegenstands)
- subjektbezogene Faktoren (z.B. kognitiver Stil und Persönlichkeitsmerkmale der Entscheider)
- aufgabenbezogene Faktoren (z.B. Komplexität der Aufgaben und Grad der Unsicherheit)

Andere Autoren, wie z.B. *Standop* (1995, Sp. 964), unterscheiden darüber hinaus zwischen einem objektiven und einem subjektiven Informationsbedarf. Von einem objektiven Informationsbedarf ist auszugehen, wenn genau bekannt ist, welche Information wofür benötigt wird und der Bedarf an eindeutigen Kriterien festzumachen ist. Andernfalls ist von einem subjektiven Informationsbedarf auszugehen.

Zur Erfassung des Informationsbedarfs geeignete Kriterien sind z.B.:

- Aggregationsniveau
  (Welchen Verdichtungsgrad dürfen bzw. sollen die Informationen aufweisen?)
- Entscheidungsphase
  (Mit welcher Phase des zugrunde liegenden Entscheidungsprozesses werden die Informationen benötigt?)

- Bedarfsfrequenz
  (In welcher Regelmäßigkeit fällt der Informationsbedarf an?)

- Informationsgegenstand
  (Zu welchem Sachverhalt sollen Informationen beschafft werden?)

Nachdem alle relevanten Aspekte des Informationsbedarfs bestimmt sind, kann mit der Informationssuche begonnen werden. Die heranzuziehenden Quellen werden in unternehmensinterne und unternehmensexterne unterschieden. Interne Quellen sind beispielsweise Absatzstatistiken, Berichte von Außendienstmitarbeitern und Kundendateien. Besondere Bedeutung kommt in diesem Zusammenhang den **Data-Warehouse-Implementationen** zu. Basis eines Data-Warehouse ist, wie beispielsweise *Decker et al.* (1998) ausführen, eine Datenbank, in der im Gegensatz zu den operativen EDV-Systemen im Unternehmen auch vergangenheitsbezogene Daten gespeichert sind. Durch das **Online-Analytical-Processing (OLAP)** können die Daten schnell und auf dem jeweils erforderlichen Aggregationsniveau verfügbar gemacht werden. Eine weitere unternehmensinterne Datenquelle sind **Marketinginformationssysteme**, die, wie etwa *Decker, Wagner* (2001d) aufzeigen, relevante Informationen über aktuelle Entwicklungen (beispielsweise Absatz- und Lagerbestandszahlen) auf Wunsch auch in Form standardisierter Berichte bereitstellen können. Eine Auswahl unternehmensexterner Quellen für die Sekundärforschung ist der in Anlehnung an *Höft* (2000) erstellten Tabelle 5.2 zu entnehmen.

Neben den dort aufgeführten Quellen existieren zu vielen relevanten Themen einschlägige Publikationen in Form von Zeitschriften, Büchern, Sammelmappen und CD-ROMs. Aufgrund seines besonderen Stellenwerts wird auf das Internet als Datenquelle im nächsten Unterabschnitt detailliert eingegangen. Trotz des breiten Spektrums an externen sekundärstatistischen Quellen kann eine solche Aufzählung immer nur exemplarischen Charakter haben, weshalb der Erfolg bei der Suche nach geeigneten Informationsquellen maßgeblich vom Engagement und der Erfahrung des Marketingforschers abhängt.

Besondere Aufmerksamkeit sollte bei der Nutzung von Sekundärquellen, wie bereits im Zusammenhang mit Tabelle 5.1 erkennbar wurde, der Qualität der damit verfügbaren Daten geschenkt werden. *Malhotra* (1999, S. 115 ff.) führt folgende Kriterien zur Bewertung der Qualität von Sekundärdaten an:

Erhebungsmethodik

Zur Beurteilung der eingesetzten Erhebungsmethodik sind – so weit dies möglich ist – die Größe der Stichprobe, die erzielte Rücklaufquote, die Güte der ausgefüllten Fragebögen hinsichtlich Vollständigkeit und inhaltlicher Konsistenz, aber auch das Fragebogendesign und gegebenenfalls die Intervieweranweisungen zu prüfen. Analoges gilt für elektronisch (z.B. mittels Scanning) und durch Beobachtung gewonnene Daten.

Ämter, Behörden und Kammern
Statistisches Bundesamt und statistische Landesämter • Bundes- und Landesministeren • Bundesanstalt für Arbeit • Pressestellen von Landes- und Bundesregierung • Bundeszentrale für politische Bildung • Bundesstelle für Außenhandelsinformationen (BfAI) • Regionale Industrie- und Handelskammern (IHK) • Auslandshandelskammern • Deutsche Botschaften im Ausland • Diplomatische Vertretungen ausländischer Staaten im Inland
Verbände und einschlägige Organisationen
Deutscher Industrie- und Handelstag (DIHT) • Bundesverband der Deutschen Industrie (BDI) • Industriefachverbände • Informationszentralen unterschiedlicher Wirtschaftszweige • Zentralverband des Deutschen Handwerks (ZDH) • Bundesverband Deutscher Unternehmensberater (BDU) • Hauptgemeinschaft des Deutschen Einzelhandels (HDE) • Rat des Deutschen Handels (RDH) • Regionale Einzelhandelsverbände (EHV) • Bundesverband deutscher Banken (BdB) • Rationalisierungskuratorium der Deutschen Wirtschaft (RKW) • Deutsches Institut für Normung (DIN) • Berufsverbände unterschiedlicher Ausrichtung • Zentralausschuss der Werbewirtschaft (ZAW) • Ländervereine • Niederlassungen deutscher Unternehmen im Ausland • Niederlassungen ausländischer Unternehmen in Deutschland
Datenbanken
GENIOS (Wirtschaftsdatenbanken) • DATA STAR (CH) • DIALOG (USA) • STN International • ORBIT SEARCH SERVICE • Gesellschaft für betriebswirtschaftliche Informationen (GBI) • Bliss (Betriebswirtschaftliche Literatur) • FITT (Firmeninformationen) • PRODUKT (Produkt- und Marktinformationen) • PREDICAST (London) • FIZ Technik
Wirtschaftsinformationsdienste
Vereinigte Wirtschaftsdienste (VWD) • Zeitungsausschnittsdienste • Bild- und Kartendienste • Werbebeobachtungsdienste • Stiftung Warentest • Arbeitsgemeinschaft der Verbraucher (AgV) • Verbraucherzentralen • Wirtschaftsauskunfteien
Forschungs- und Beratungseinrichtungen
Deutsches Institut für Wirtschaftsforschung (DIW) • Rheinisch-Westfälisches Institut für Wirtschaftsforschung (RWI) • Institut für Wirtschaftsforschung • IFO-Institut für Wirtschaftsforschung • Institut für Weltwirtschaft an der Universität Kiel • Institut für Wirtschaftsforschung Halle (IWH) • Institut der deutschen Wirtschaft • Institut für Handelsforschung an der Universität Köln • Forschungsstelle für den Handel • Institute der Fraunhofer-Gesellschaft • Institute der Max-Planck-Gesellschaft • Deutsche Forschungsgemeinschaft (DFG) • Arbeitskreis Deutscher Marktforschungsinstitute (ADM) • Bund Deutscher Markt- und Sozialforscher (BVM) • Europäische Gesellschaft für Meinungs- und Marketingforschung (ESOMAR)
Finanzdienstleister und Banken
Deutsche Bundesbank und Landeszentralbanken • Kreditanstalt für Wiederaufbau (KfW) • Ausfuhrkreditanstalt (AKA) • Hermes Kreditversicherung • Geschäftsbanken und Versicherungen

Tabelle 5.2: *Ausgewählte externe Quellen der Sekundärforschung*

Präzision und Fehlerhaftigkeit

Hinsichtlich der Präzision einer Untersuchung ist zunächst die Angemessenheit des zugrunde liegenden Forschungsansatzes und des daraus resultierenden Untersuchungsdesigns zu bewerten. Die Art der Stichprobenbildung und das Vorgehen bei der Datenerhebung sind weitere Kriterien zur Beurteilung. Eng mit dem Untersuchungsdesign verknüpft ist auch die Auswahl und der Einsatz der Verfahren zur Datenauswertung, die ebenfalls zur Bewertung herangezogen werden sollten.

Aktualität

Die Aktualität von Sekundärdaten ist weniger vom Zeitpunkt ihrer Veröffentlichung als viel mehr vom Zeitpunkt oder Zeitraum ihrer Erhebung abhängig und sollte vor dem inhaltlichen Hintergrund des aktuellen Untersuchungsgegenstands bewertet werden. So ist beispielsweise das Nutzungsverhalten des Internet, bedingt durch die rasche technische Entwicklung und sinkende Zugangskosten, einem schnelleren Wandel unterworfen als beispielsweise das Auswahlverhalten in Bezug auf Wohnungsausstattungen.

Zielsetzung

Der Zweck einer Untersuchung (erste Untersuchung), die als Sekundärquelle Verwendung finden soll, wird selten vollständig mit dem Zweck der Sekundäruntersuchung (zweite Untersuchung) übereinstimmen. Unter inhaltlichen Gesichtspunkten ist deshalb zu prüfen, inwieweit in der Sekundärquelle auch tatsächlich relevante Aspekte berücksichtigt wurden und ob bzw. wie diese zur Erreichung der aktuellen Zielsetzung genutzt werden können.

Inhalt und Gehalt der Sekundärdaten

Beide Aspekte beziehen sich auf die Definition von Maßgrößen, die insbesondere bei latenten (d.h. nicht direkt beobachtbaren) Einflüssen bis zu einem gewissen Grad im Ermessen des Autors einer Sekundärquelle liegt. Darüber hinaus sind die genaue Definition der verwendeten Variablen sowie die zwischen diesen Variablen untersuchten Beziehungen zu berücksichtigen.

Zuverlässigkeit

Die Verlässlichkeit einer Sekundärquelle kann vielfach anhand der Expertise ihrer Autoren oder Bearbeiter und deren fachlicher Reputation bewertet werden. Ein weiterer Indikator für die Verlässlichkeit einer Quelle ist ihre Anerkennung durch Dritte, die u.a. darin zum Ausdruck kommt, dass auch andere Forscher in ihren Untersuchungen darauf Bezug nehmen.

Über die genannten Kriterien hinaus führen *Sudman, Blair* (1998, S. 143 ff.) noch folgende Aspekte an:

Geographische Übertragbarkeit

Da sich die Verhaltensweisen und Präferenzen der Konsumenten nicht nur im Zeitablauf ändern, sondern z.T. auch regional unterschiedlich entwickeln, ist die Übertragbarkeit der Daten aus Sekundärquellen auch unter geographischen Gesichtspunkten kritisch zu hinterfragen.

Interessen der Auftraggeber

Falls dem Auftraggeber einer Untersuchung, respektive der initiierenden und finanzierenden Institution, besondere Interessen hinsichtlich des Untersuchungsresultats unterstellt werden können bzw. müssen, so ist zu prüfen, ob alle relevanten Aspekte des Untersuchungsgegenstands berücksichtigt wurden. Bereits durch die Auswahl der einzelnen Untersuchungsmerkmale besteht z.B. die Möglichkeit einer interessengesteuerten Verzerrung der finalen Resultate.

Interessen der publizierenden Institution

Durch die nachträgliche Auswahl einzelner Resultate aus einer im Grundsatz neutralen und in methodischer Hinsicht einwandfreien Studie können interessengesteuerte Verzerrungen hervorgerufen werden. Aus diesem Grund sollte nicht nur die Interessenlage der eine Untersuchung initiierenden, sondern auch die der publizierenden Institution hinterfragt werden, falls sich diese unterscheiden.

Eine gute Sekundärquelle sollte alle genannten Kriterien erfüllen. Das bedeutet, dass beispielsweise eine hinsichtlich ihrer Verlässlichkeit fragwürdige Quelle auch dann nicht in die weiteren Betrachtungen einfließen sollte, wenn sie aktuell ist und einen direkten inhaltlichen Bezug zur Fragestellung aufweist. Darüber hinaus erscheint der Rückgriff auf Sekundärdaten aus unterschiedlichen Quellen empfehlenswert, um durch die sich etwaig ergebenden Widersprüche mögliche Schwachpunkte einzelner Datenquellen aufzudecken.

Im Anschluss an die Auswahl geeigneter Sekundärquellen sind diese zunächst zu systematisieren, zu klassifizieren und zu vergleichen. Die Systematisierung erfolgt zweckmäßigerweise nach inhaltlichen Gesichtspunkten. Das in Abbildung 5.2 dargestellte Klassifikationsschema für Sekundärdaten geht auf einen ähnlichen Vorschlag von *Malhotra* (1999, S. 117) zurück.

Im Rahmen der Sekundärdatenanalyse sind die Daten geeignet zu verdichten und der eigenen Zielsetzung entsprechend zu analysieren und zu interpretieren. Ein sich dabei einstellender zusätzlicher Informationsbedarf kann u.U. sogar ein wiederholtes Durchlaufen des gesamten – in Abbildung 5.3 in kompakter Weise dargestellten – Prozesses erforderlich machen (vgl. *Beutelmeyer, Kaplitza* (1995)).

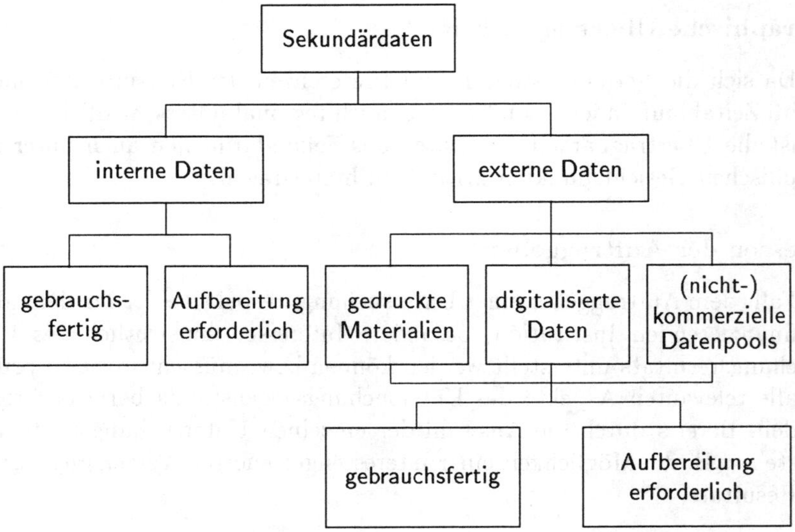

Abbildung 5.2: *Klassifikationsschema für Sekundärdaten*

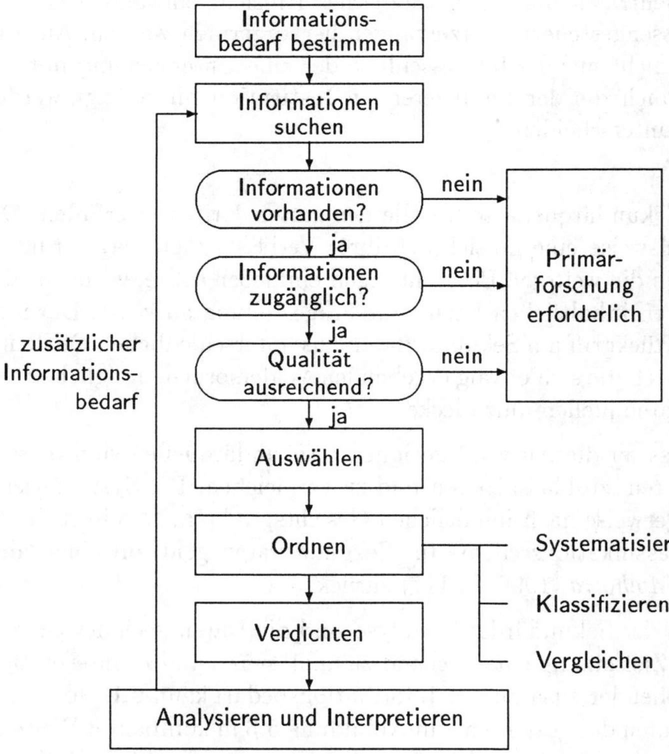

Abbildung 5.3: *Arbeitsschritte in der Sekundärforschung*

Eine Primärerhebung sollte somit erst dann geplant und konzipiert werden, wenn die verfügbaren Sekundärquellen so weit ausgewertet sind, dass keine unvorhergesehenen Informationsdefizite mehr zu erwarten und alle verbliebenen nur durch eine Primärerhebung zu beseitigen sind.

5.3 Datenbanken und Internet in der Marketingforschung

5.3.1 Sekundärforschung in Datenbanken

Datenbanken sind Sammlungen größerer Mengen von logisch zusammenhängenden Daten, die hinsichtlich unterschiedlicher Kriterien miteinander verknüpft werden können. Diese Kriterien werden als Dimensionen bezeichnet. Der Zugang zu den Daten erfolgt heute in der Regel über ein Datenbankmanagementsystem. Dabei handelt es sich um Software, die den Aufbau, die Kontrolle und Veränderungen der Datenbestände sowie Datenabfragen und die Verwaltung von Zugriffsrechten unterstützt. Die meisten Datenbanken erlauben darüber hinaus auch eine „direkte“ Abfrage mittels der normierten Abfragesprache SQL („Structured Query Language“). Auf diese Weise ist auch der Datenaustausch zwischen Datenbanken sowie zwischen Datenbanken und einschlägiger Software zur Datenauswertung möglich. Zu den derzeit weit verbreiteten Datenbanken zählen ACCESS, ADABAS, DB2, IMS, ORACLE und UDS.

Durch Datenbanken mit wirtschafts- oder technologierelevanten Inhalten kann sich der Marketingforscher heute unterschiedlichste Informationen erschließen. Mit Bezugnahme auf Tabelle 5.2 sind exemplarisch zu nennen:

- welt- und volkswirtschaftliche Informationen
- juristische und technische Informationen
- sozial- und verhaltenswissenschaftliche Informationen
- branchenspezifische Informationen
- Informationen über Unternehmen und Geschäftsverbindungen
- Produktnachweise und -beschreibungen

Heinzelbecker (1995) führt aus, dass Online-Datenbanken vornehmlich Brancheninformationen, Firmen- und Kreditinformationen, volkswirtschaftliche Daten sowie Börseninformationen bereitstellen. Offline-Datenbanken, die beispielsweise auf CD-ROM erhältlich sind, liefern hingegen auch häufig Produktinformationen. Die rasche Ausbreitung verschiedener Kommunikationstechnologien und -dienste bei gleichzeitig tendenziell sinkenden Kosten der Datenübertragung begünstigen jedoch die weitere Verbreitung von Online-Datenbanken, so dass sich eine detailliertere Betrachtung von Offline-Konzepten an dieser Stelle erübrigt. Im Hinblick auf deren Nutzung in der Marketingforschung bietet es sich an, Datenbanken entsprechend ihres Zugangs und ihres Inhalts gemäß Abbildung 5.4 zu unterscheiden.

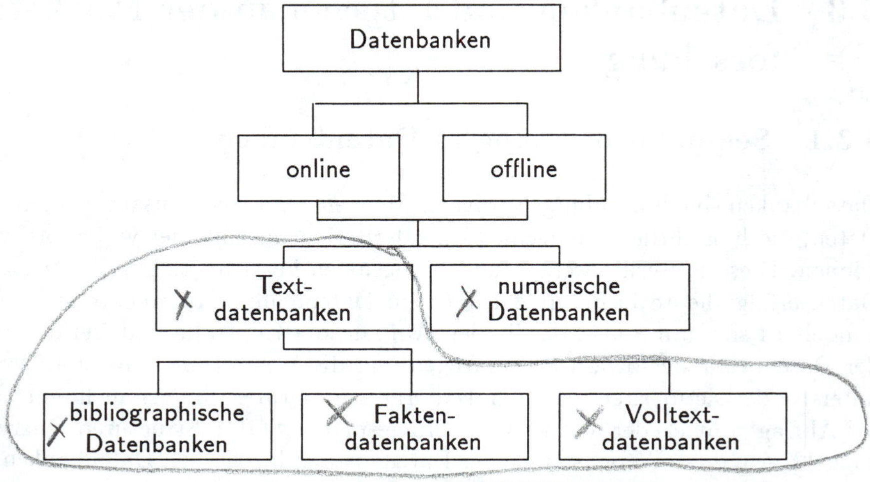

Abbildung 5.4: *Unterscheidung von Datenbanken*

Während bei **Online-Datenbanken** ein unmittelbarer Zugriff via Internet oder andere Kommunikationsdienste möglich ist, erfordert die Nutzung von **Offline-Datenbanken** in der Regel die Installation der Datenbank auf eigenen Rechnern. Online-Datenbanken sind ferner in klassische Online-Dienste, die den wiederholten Rückgriff auf die Inhalte ermöglichen, und „Ticker-Dienste", die in erster Linie der Beschaffung kurzlebiger Informationen dienen, zu unterscheiden. In **numerischen Datenbanken** können beispielsweise Absatz- und Umsatzzahlen verwaltet werden, wobei die Ausgabe der Daten im Rahmen einer Abfrage entweder als sequenzielle Datendateien oder in Form von Diagrammen, Tabellen oder standardisierten Berichten erfolgen kann. In Abbildung 5.5 sind exemplarisch die Resultate einer Recherche im OECD Statistical Compendium (Ausgabe 1#2000) zur erwarteten Nachfrageentwicklung („DEMAND FUTURE TENDENCY") in der Tschechischen Republik und in Polen für den Zeitraum 1997 bis 1999 gegenübergestellt.

Textdatenbanken enthalten beispielsweise Adressen oder Dokumente und sind, wie in Abbildung 5.4 dargestellt, wiederum in bibliographische Datenbanken, Faktendatenbanken und Volltextdatenbanken zu unterscheiden. Bibliographische Datenbanken, wie beispielsweise ABI/INFORM, BLISS und ECONLIT, enthalten Literaturhinweise und z.T. auch Kurzzusammenfassungen der Inhalte der erfassten Quellen. Aber auch die Bestandskataloge von Bibliotheken (OPAC) zählen zu den bibliographischen Datenbanken. **Faktendatenbanken** bieten z.B. Kurzzusammenfassungen von Fachinformationen, Adressen von Unternehmen (z.B. die Hoppenstedt-Firmendatenbank in GENIOS) und Ähnliches. In **Volltextdatenbanken** schließlich können z.B. komplette Aufsätze aus Fachzeitschriften abgerufen werden. Beispiele sind die Absatzwirtschaft-Datenbank in GENIOS und die ELSEVIER-Science Zeitschriftenartikeldatenbank.

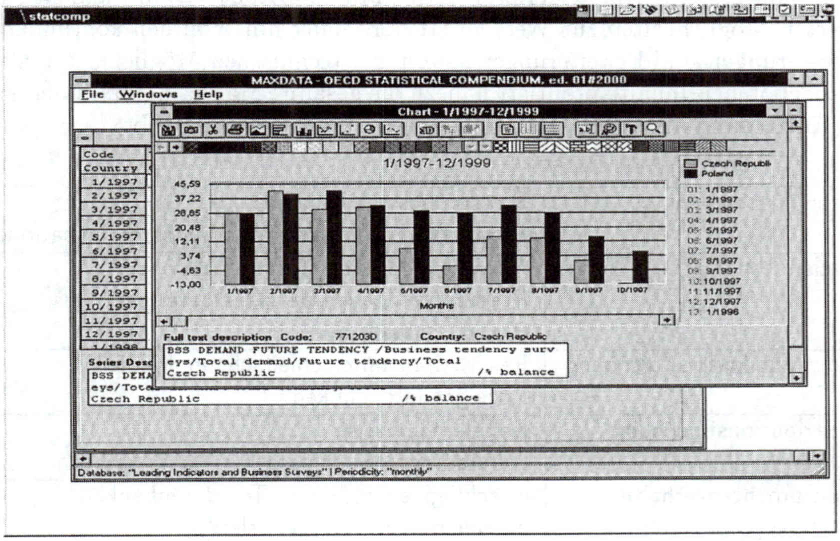

Abbildung 5.5: *Beispiel einer Datenbankabfrage*

Allein über GENIOS waren zum Zeitpunkt der Erstellung dieses Buches über 500 einzelne Datenbanken via Internet abfragbar, wobei Anzahl und Inhalt der Datenbanken einer kontinuierlichen Veränderung und Erweiterung unterliegen. Durch die Verknüpfung von Datenbanken mit dem Internet ist nicht nur der Zugang, sondern auch die technische Durchführung von Abfragen für den Benutzer in den letzten Jahren deutlich erleichtert worden. Anstelle des recht mühseligen Umgangs mit einer datenbankspezifischen Befehlssyntax können die Abfragen heute fast durchgängig mittels benutzerfreundlich gestalteter Abfragemasken und Navigationshilfen im World Wide Web (WWW) erfolgen.

5.3.2 Sekundärforschung im Internet

Durch das Internet sind sowohl die Möglichkeiten der Primär- als auch die der Sekundärforschung deutlich erweitert worden. Die Entwicklung innovativer Werkzeuge ist derzeit noch in vollem Gange, und auch die Anzahl der z.B. mittels HTML oder JavaScript[1] erstellten Internet-Seiten im WWW wächst mit scheinbar kon-

[1] Hierbei handelt es sich um eine plattformunabhängige Programmiersprache für Applikationen im WWW, die auch Animationen und Interaktionen zwischen Server und Client ermöglicht.

tinuierlich zunehmender Dynamik. Trotz der derzeit noch recht unterschiedlichen Angaben zur Repräsentativität der Internet-Nutzergemeinde kann wohl insgesamt davon ausgegangen werden, dass mit wachsender Verbreitung und Akzeptanz dieses Netzdienstes zukünftig alle sozialen Schichten darin „vertreten" sein werden. In Tabelle 5.3 sind exemplarisch einige Möglichkeiten der Sekundärforschung im Internet dargestellt. *Kassler* (1997) weist in diesem Kontext auf die deutlich verbesserten Möglichkeiten zur Wettbewerbsforschung hin. Von den kontinuierlichen Verbesserungen und Erweiterungen sowohl der technischen Möglichkeiten als auch der angebotenen Inhalte profitiert nahezu die gesamte Marketingforschung, so dass jede Aufzählung dieser Art notwendigerweise unvollständig bleibt.

Produktforschung	Newsgroups für Kunden Produktvergleiche von Verbraucherorganisationen
Preisforschung	Auswertungen von Online-Auktionen Preisempfehlungen der Wettbewerber Preisdatenbanken
Kommunikationsforschung	Reichweiten unterschiedlichster Medien Anzeigendatenbanken
Distributionsforschung	Händlernachweise Lieferantenverzeichnisse
Konsumentenverhalten	einschlägige Studien in Textdatenbanken branchenspezifische Newsletter Kaufverhaltensdaten in numerischen Datenbanken
Wettbewerbsverhalten	Handelsregisterdatenbanken Benchmarking-Datenbanken Geschäftsberichte Produktinformationen und Kundenzeitschriften branchenspezifische Newsletter Neuproduktankündigungen

Tabelle 5.3: *Möglichkeiten der Sekundärforschung im Internet*

Die nachfolgende Auflistung gibt einen Eindruck von den für die Sekundärforschung im Internet relevanten Instrumenten:

Internet-Portale

Hierbei handelt es sich – analog zu den Portalen von Gebäuden – um hervorgehobene Zugänge zu Informationsangeboten im WWW. Sie sollen dem Nutzer Orientierung und einen strukturierten Zugang zu gesuchten Inhalten bieten. Darüber hinaus können ergänzende, für das Marketing relevante Funktionen, wie etwa die Annahme von Bestellungen oder die Abwicklung von Zahlungen, integriert werden. *Skiera, Spann* (2001) verweisen als exemplarische Internet-Portale auf die Angebote der Hersteller von Internet-Browsern und jene von Online-Diensten.

WWW-Kataloge

WWW-Kataloge sind strukturierte, zumeist thematisch geordnete und redaktionell bearbeitete Linksammlungen. Sie bieten einen guten Einstieg in die Internet-Recherche, da die Zuordnung der Links in der Regel geprüft ist.

Newsgroups und Mailing-Listen

Dienste dieser Kategorie ermöglichen die Beobachtung laufender und die Recherche in archivierten Diskussionen. Darüber hinaus können sie als Quelle von E-Mail-Adressen für Online-Befragungen im Rahmen der Primärforschung dienen.

Suchmaschinen

Suchmaschinen ermöglichen stichwortbasierte Informationsabfragen, wobei zumeist mehrere Stichwörter durch bool'sche Operatoren miteinander verknüpft werden können. Nachteilig erweist sich die bei ungenügender Eingrenzung der interessierenden Thematik oftmals große Anzahl von „Treffern", d.h. von Dokumenten, in denen der Suchbegriff zwar erwähnt ist, die aber ansonsten recht wenig mit der interessierenden Thematik zu tun haben, sowie die mangelnde Aktualität vieler Verweise („tote Links"). In Tabelle 5.4 sind einige ausgewählte Suchmaschinen dargestellt.

Meta-Suchmaschinen

Diese ermöglichen die gleichzeitige Recherche mittels mehrerer Suchmaschinen durch lediglich eine Abfrage. Die jeweilige Suchanfrage wird von der Meta-Suchmaschine an mehrere, eventuell einschlägig spezialisierte Suchmaschinen weitergegeben. Die von der Meta-Suchmaschine gebündelte Rückmeldung enthält oftmals eine noch größere Anzahl von Treffern als die Recherche mit einfachen Suchmaschinen, wodurch (je nach Arbeitsweise der gewählten Meta-Suchmaschine) das Ausmaß an Redundanz u.U. erhöht wird. Einige ausgewählte Meta-Suchmaschinen sind in Tabelle 5.4 beschrieben.

Intelligente Agenten

Hierbei handelt es sich um lernfähige Suchsysteme, die nach Abschluss der Lernphase selbstständig das Internet nach den gewünschten Informationen durchsuchen und die Resultate an den Auftraggeber übermitteln. *Caglayan, Harrison* (1998) führen die Intelligenz solcher Software-Agenten, wie diese Tools auch bezeichnet werden, auf die Dimensionen Wissen, Denken und Lernen zurück. Beim Wissen kann wieder zwischen statisch vorhandenem Vorwissen (in Form von bereits implementierten Fakten und Regeln) sowie dynamisch erlerntem Wissen (in Form von Informationen, die durch Interaktion mit der Umgebung gewonnen werden) unterschieden werden.

(Volltext)-Suchmaschinen	
Alltheweb/FAST	ca. 575 Mio. Dokumente; sehr schnell
AltaVista	ca. 350 Mio. Dokumente; zahlreiche Möglichkeiten zur Eingrenzung der Treffermenge; eher langsam
Excite	zahlreiche Differenzierungsmöglichkeiten in der „advanced search"
Fireball	speziell für deutschsprachige Informationen; zahlreiche Suchmöglichkeiten inkl. Meta-Tag-Generator
Google	ca. 750 Mio. Dokumente; zusätzliche Archivierung aller Seiten; relativ schnell
Hotbot	relativ kleiner Datenbestand; gut geeignet für komplexe Suchanfragen; relativ schnell
Northern Light	ca. 330 Mio. Dokumente; thematische Vorsortierung der Suchergebnisse („Custom Search Folders")
Meta-Suchmaschinen	
C-Net Search.com	verschiedene Suchmöglichkeiten in zahlreichen Kategorien; insgesamt mehr als 800 Suchmaschinen nutzbar
Intelliseek	viele verschiedene Kategorien; zahlreiche Suchmöglichkeiten; Überprüfbarkeit der Treffer auf veraltete („tote") Links
Ixquick	durchsucht zahlreiche deutschsprachige und internationale Suchdienste
Metacrawler	durchsucht internationale Suchdienste; zahlreiche Möglichkeiten zur Eingrenzung der Treffermenge
MetaGer	durchsucht zahlreiche deutschsprachige Quellen (Volltextsuchmaschinen, Verzeichnisse, Newsgroup-Archive)
Metaspinner	durchsucht eine große Zahl deutscher und internationaler Volltextsuchmaschinen und Kataloge; Möglichkeit der Suche in diversen Spezialkategorien

Tabelle 5.4: *Ausgewählte Internet-Suchmaschinen (Quelle: Bibliothek der Universität Bielefeld, Stand: Frühjahr 2001)*

Um das Konzept der intelligenten Agenten zu verdeutlichen, kann mit Bezug auf *Runte* (2000) festgehalten werden, dass diese am häufigsten in Form von Empfehlungssystemen (Recommender-Systeme) zum Einsatz kommen. Der Marketingforscher interagiert dabei mit dem System z.B. aus der Motivation heraus, eine Empfehlung für die bezüglich einer zuvor spezifizierten Thematik relevanten Publikationen zu erhalten. Die den Empfehlungssystemen zugrunde liegenden Filtermethoden lassen sich in inhaltsbasierte, kollaborative und bedingungsbasierte Ansätze unterteilen. Die Systeme sind auf diese Weise in der Lage, ihre Empfehlungen auf die individuellen Präferenzen der Anwender zuzuschneiden. *Brabänder, Theobald* (1998) zeigen, dass intelligente Agenten die Möglichkeit eröffnen, auf bequeme Art und Weise nach Informationen im WWW zu suchen, seine Suchstrategie genau an das zu erforschende Thema anzupassen und eine qualitativ bessere Trefferquote zu erzielen. Ob sich intelligente Agenten als innovatives Instrument der Sekundärforschung im Internet in Zukunft auf breiter Basis durchsetzen werden, bleibt abzuwarten.

Trotz verstärkter Anstrengungen sind bei weitem nicht alle Angebote im Internet durch die beschriebenen Suchdienste gezielt identifizierbar, weshalb der Marketingforscher auch nach Abschluss einer Recherche die Existenz weiterer relevanter Sekundärquellen im Internet nicht mit Sicherheit ausschließen kann. Daher bietet es sich an, zusätzlich die jeweils relevanten Diskussionsforen, Newsgroups und Mailing-Listen in die Informationssuche einzubeziehen, um so Aufschluss über gängige Referenzen im Internet zu erhalten.

5.4 Grenzen der Sekundärforschung und Metaanalyse

Dem Vorteil des in der Regel vergleichsweise kostengünstigen und schnellen Zugriffs auf Sekundärquellen stehen jedoch auch einige nicht zu vernachlässigende Nachteile bzw. Einschränkungen gegenüber. Ergänzend zu obigen Qualitätsaspekten bzw. diese noch einmal unterstreichend sind zu nennen:

Zugang und Verfügbarkeit

Immer wieder kommt es vor, dass im Zuge der Informationssuche Verweise auf Quellen gefunden werden, die möglicherweise bereits entscheidende Aspekte des vorliegenden Untersuchungsgegenstands abdecken, jedoch nicht oder nicht mehr direkt zugänglich sind. Typische Ursachen hierfür sind Vertraulichkeitszusagen und Sperrvermerke bei unternehmensinternen Daten. Aber auch Untersuchungen, die z.B. im Zuge noch nicht abgeschlossener Prüfungsleistungen an Universitäten (etwa in Form von Diplomarbeiten oder Dissertationen) durchgeführt werden, sind normalerweise nicht öffentlich zugänglich. Auch werden einschlägige, von kommerziellen Marktforschungsinstituten angebotene Untersuchungen im Regelfall nur gegen ein entsprechendes Entgelt abgegeben. Hier sollte durch gezielte Anfrage beim Anbieter einer solchen Studie zunächst geklärt werden, ob diese wirklich den erhofften Inhalt aufweist, um so den potenziellen Nutzen der Quelle hinsichtlich des eigenen Untersuchungsziels möglichst exakt einstufen und den Kosten gegenüberstellen zu können. Auch werden z.B. im Rahmen der Aktualisierung des Internet-Angebots von Unternehmen und Institutionen ältere Quellen nicht mehr über das Netz oder aber an anderer als der ursprünglichen Stelle bereitgestellt, was dann zu den bekannten „toten“ Internet-Links führt.

Relevanz, Objektivität und Genauigkeit

Bei der elektronischen Informationssuche werden die Quellen anhand geeigneter Suchbegriffe identifiziert. Bei genauerer Durchsicht kann sich dann jedoch herausstellen, dass die erhaltenen Resultate wenig oder keine Relevanz für den eigenen Untersuchungsgegenstand aufweisen. Darüber hinaus ist auch die Objektivität der Quellen (insbesondere dann, wenn diese von Institutionen angeboten werden, die mit ihrer Arbeit bestimmte Interessen verfolgen) kritisch zu hinterfragen. Es ist deshalb immer zu prüfen, ob in der betreffenden Quelle die wichtigsten Aspekte des eigenen Untersuchungsgegenstands überhaupt aufgegriffen wurden, oder ob nicht bereits durch die Auswahl der berücksichtigten Aspekte ein Fazit entsprechend der jeweiligen Interessenlage induziert wird. Liegt der zur Disposition stehenden Sekundärquelle eine Befragung zugrunde, so sind auch die möglichst wertfreie Fragenformulierung und das methodische Vorgehen hinsichtlich der Hypothesenbildung und der -prüfung (vgl. Abschnitt 3.1) zu hinterfragen. Darüber hinaus sind auch die Reliabilität und die Validität (vgl. Kapitel 11) wichtige Kriterien zur Bewertung einer Sekundärquelle.

Repräsentativität und Aktualität

Die Repräsentativität der Ergebnisse ist bei Sekundäruntersuchungen nicht zu beeinflussen und oftmals im Nachhinein nur schwer zu kontrollieren. Vor der Interpretation entsprechender Ergebnisse sollte deshalb z.B. geprüft werden, ob alle Beobachtungen gleich oder ob einige stärker gewichtet wurden. Ein bedeutendes Problem ist die Aktualität der Sekundärquellen, falls grundlegende Änderungen hinsichtlich des Untersuchungsgegenstands im Zeitablauf nicht ausgeschlossen werden können. Daher sollten nach Möglichkeit nur aktuelle Quellen in die Sekundäruntersuchung aufgenommen werden, es sei denn, die Analyse zeitlicher Entwicklungen ist expliziter Untersuchungsgegenstand. Gerade durch die Verwendung veralteter Sekundärquellen besteht die Gefahr einer inadäquaten Hypothesenformulierung in der darauf aufbauenden Primäruntersuchung.

Aggregationsniveau und mangelnde Vergleichbarkeit

In der Mehrzahl der Fälle bilden bereits durchgeführte Datenauswertungen und nicht etwa die originären Rohdaten die Grundlage einer Sekundäruntersuchung. Je nach Auswertungsform stehen u.U. Daten unterschiedlichen Aggregationsniveaus zur Verfügung. In *Wagner* (2001, S. 87 ff.) wird ausführlich dargelegt, dass Aggregationen nicht nur über einzelne Beobachtungen hinweg möglich sind, sondern dass diese auch über die Zeit, über Untersuchungsgegenstände und über -gebiete (im geographischen Sinn) hinweg erfolgen können. Die Sekundärquellen sind in diesem Fall nicht direkt miteinander vergleichbar.

Darüber hinaus ist grundsätzlich zu beachten, dass eine breit angelegte Suche nach Sekundärquellen zu einer unüberschaubaren Anzahl von möglicherweise interessanten Quellen (bzw. Quellenverweisen) führen kann. Daher ist es unerlässlich, systematisch vorzugehen. Vor einer konkreten Suche sollten die relevanten Suchbegriffe und zumindest deren englische Übersetzung präzise festgelegt werden. Ein **Suchprotokoll**, in dem beispielsweise Datenbank, Suchbegriff und gefundene Quelle(n) verzeichnet werden, schützt dabei vor redundanten Arbeitsschritten. Auch kann auf diese Weise dem Problem der **Informationsüberflutung**[2] (im Sinne von zu vielen Daten in zu vielen Quellen) vorgebeugt werden.

Gerade bei unterschiedlichen methodischen Vorgehensweisen können in sozialwissenschaftlichen Untersuchungen divergierende, sich teilweise sogar widersprechende Resultate zu einem Sachverhalt auftreten. Diese sind in der Sekundärforschung detailliert gegenüberzustellen, um Hinweise auf möglicherweise existierende methodenbedingte „**Artefakte**“ zu erhalten. Ein Beispiel für ein solches Artefakt ist die vermeintlich bessere Varianzerklärung durch eine einfache, anstelle einer multiplen Korrespondenzanalyse (vgl. *Greenacre* (1993, S. 145)). Unterschiede in der der Wahl des Schätzverfahrens zur Identifikation von Kausalmodellen und damit einhergehend Unterschiede in der Güte der Modellanpassung im Vergleich deutschsprachiger und internationaler (d.h. in international anerkannten, englischsprachigen Zeitschriften erschienenen) Publikationen konnten beispielsweise *Homburg, Baumgartner* (1995) nachweisen.

Eine besondere Form der Auswertung von Sekundärquellen sind **Metaanalysen**. Hierbei handelt es sich um statistische Analysen der Befunde einer größeren Anzahl von Studien zu einem Themenkreis mit dem Ziel der Ableitung generalisierter Erkenntnisse. *Farley, Lehmann* (1986) führen folgende Vorteile von Metaanalysen an:

- Der Nutzen eines Literaturüberblicks steigt sowohl hinsichtlich des substanziellen Gehalts als auch hinsichtlich des Entwurfs weiterer Forschungsdesigns.
- Das akkumulierte Wissen aus verschiedenen Studien kann mit quantitativen Methoden zusammengefasst werden.
- Die Ursachen für systematische Unterschiede in den Resultaten einzelner Studien können identifiziert werden.
- Neue Hypothesen können entwickelt werden.
- Neue Primäruntersuchungen können gezielt auf bisher vernachlässigte Aspekte des Untersuchungsgegenstands ausgerichtet werden, wodurch die Leistungsfähigkeit des Forschungsbetriebs steigt.
- Resultate von Studien, die gemäß unterschiedlicher Forschungsparadigmen (vgl. Abschnitt 3.1) angelegt wurden, lassen sich gezielt bewerten und es können auch im Hinblick auf neue Forschungsparadigmen effiziente Designs entwickelt werden.

Seit Anfang der achtziger Jahre werden auch in der Marketingforschung vermehrt Metaanalysen durchgeführt und publiziert. Exemplarisch sei hier auf die Arbeiten zum „Sales Force Management“ von *Churchill et al.* (1985), zur Einstellungstheorie

---

[2] Unter Bezugnahme auf Definition von Information als zweckgebundenem Wissen handelt es sich genau genommen nicht um eine Informations-, sondern um eine „Datenüberflutung“.

von *Farley et al.* (1981) und *Sheppard et al.* (1988), zur Diffusion von Innovationen von *Sultan et al.* (1990), zum Einfluss des Preises, des Markennamens und der Einkaufsstätte auf die wahrgenommene Produktqualität von *Rao, Monroe* (1989) und zur Zufriedenheit im vertikalen Marketing von *Geyskens et al.* (1999) verwiesen. Besondere Erwähnung verdient in diesem Zusammenhang das 1995 erschienene Sonderheft „Empirical Generalizations“ der Zeitschrift *Marketing Science*, in dem verschiedene Aspekte zur Metaanalyse von führenden Wissenschaftlern behandelt wurden. Auch zu methodischen Aspekten der Marketingforschung sind bereits metaanalytisch angelegte Untersuchungen durchgeführt worden. Exemplarisch sind hier die Untersuchungen zur Heteroskedastizität in Regressionsmodellen von *Chandrashekaran, Walker* (1993), zum Cronbach-α von *Peterson* (1994) und zum Bestimmtheitsmaß R^2 von *Reisinger* (1997) zu nennen.

In der Metaanalyse kommen vornehmlich statistische Tests zum Einsatz, wobei im Regelfall die Untersuchungshypothesen in der Weise formuliert werden, dass die Ausprägungen einer interessierenden Größe (beispielsweise die Signifikanz des Preiseinflusses auf die Kaufentscheidung) unabhängig von den Ausprägungen anderer Größen (beispielsweise dem jeweiligen Stichprobenumfang oder dem jeweils verwendeten Schätzverfahren) sind. Geeignete Tests werden in Kapitel 4 und bei *Wolf* (1986) vorgestellt.

Kapitel 6

Experimente in der Marketingforschung

6.1 Aufbau von Experimenten

Experimente stellen ein Instrument zur Erhebung von Daten mit dem konkreten Ziel der empirischen Überprüfung von Kausalhypothesen dar (vgl. *Hammann, Erichson* (2000, S. 181)). Dabei werden unabhängige Variablen durch den Experimentator (bei gleichzeitiger Kontrolle aller anderen relevanten Einflussfaktoren) variiert, um deren Wirkung auf die abhängige(n) Variable(n) messen zu können.

Von der exploratorischen Forschung lässt sich die experimentelle durch das Vorliegen präziser Forschungsziele im Sinne einer Hypothesenprüfung anstelle einer Hypothesengenerierung unterscheiden. Die Abgrenzung zur rein deskriptiven Forschung erfolgt anhand der gezielten Kontrolle „störender" Einflüsse. Dazu unterteilt man z.B. die Menge der betrachteten Testeinheiten, etwa Konsumenten oder Einzelhandelsgeschäfte, in eine Experimentalgruppe $\mathbb{K}^{EGR}$ und eine analog strukturierte Kontrollgruppe $\mathbb{K}^{CGR}$. Letztere ist nicht den experimentellen Stimuli ausgesetzt. Experimente werden deshalb auch als kontrollierte Tests bezeichnet.

Der skizzierte Zusammenhang kommt in anschaulicher Weise durch die an *Meffert* (1992, S. 208) angelehnte und mit dem in Kapitel 1 dargestellten SOR-Paradigma korrespondierende Abbildung 6.1 zum Ausdruck. Die eher verhaltenswissenschaftlich motivierte Graphik stellt allerdings noch kein Experimentdesign im Sinne der Ausführungen dieses Kapitels dar, sondern ist lediglich eine Visualisierung des mit einem Experiment korrespondierenden Wirkungsgefüges.

Als wesentliche Merkmale eines Experiments nennt *Böhler* (1992, S. 33) das Vorliegen einer zu überprüfenden Kausalhypothese, die Existenz von Einflüssen einer oder mehrerer unabhängiger Variablen auf eine oder mehrere abhängige Variablen sowie die Konstanthaltung aller Störvariablen und die Variation der Experimentalfaktoren.

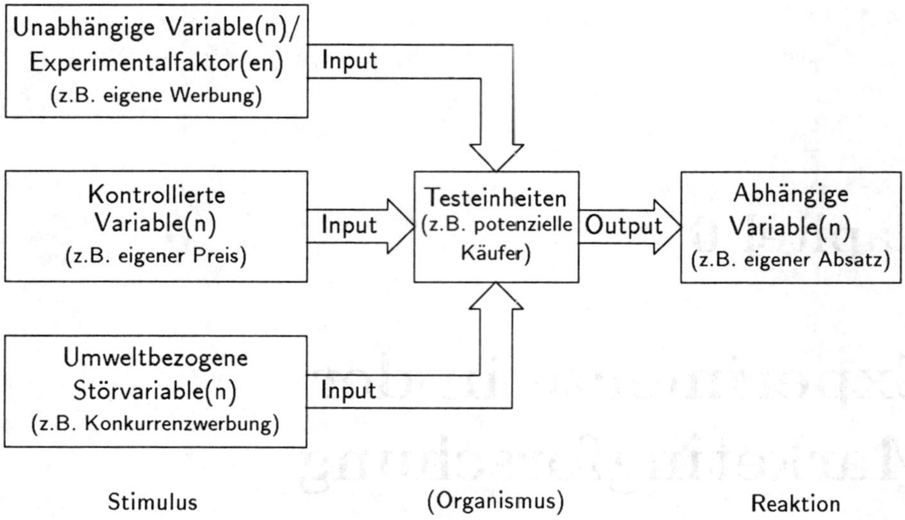

Abbildung 6.1: *Wirkungsbeziehungen in einem Experiment*

Zur Veranschaulichung dieser Merkmale diene das folgende Marketingbeispiel: Eine Einzelhandelskette sei daran interessiert, den Einfluss unterschiedlicher Verkaufsförderungsmaßnahmen auf den Abverkauf ihrer Produkte zu untersuchen. Dabei werden die Kategorien „Einsatz einer Werbedame", „Sonderpreisaktion" und „Produktpräsentation in speziellen Schütten" unterschieden. Um den vermuteten Effekt zu überprüfen, wird ein Experiment durchgeführt, bei dem in jeweils fünf von 15 zufällig ausgewählten Filialen eine der genannten drei Maßnahmen realisiert wird. Ergebnis des Experiments sind die in Tabelle 6.1 zusammengestellten beobachteten Abverkaufsdaten.

Verkaufsförderungsmaßnahme	Umsatz [in 1.000 Euro]				
Werbedame	10	9	10	8	8
Preisaktion	6	4	7	3	2
Schütte	5	6	5	2	5

Tabelle 6.1: *Exemplarisches Resultat eines Experiments zur Wirkung von Verkaufsförderungsmaßnahmen*

Die vergleichsweise hohen Werte in der ersten Datenzeile der Tabelle deuten darauf hin, dass der Einsatz einer Werbedame generell einen höheren Umsatz zur Folge hat als die beiden anderen Maßnahmen. Ob dieser Unterschied tatsächlich statistische Aussagekraft besitzt, kann jedoch allein durch visuelle Prüfung nicht mit letzter Sicherheit festgestellt werden. Hier scheint die Anwendung geeigneter Prüfverfahren angebracht.

In Anlehnung an *Böhler* (1992) und *Hüttner* (1997) können folgende Kriterien zur Beschreibung von Experimenten herangezogen werden:

1. Art der Datenerhebung:
   - Beobachtung (z.B. Scanning von Warenkörben an der Supermarktkasse)
   - Befragung (z.B. Erinnerungsmessungen bei Werbewirkungskontrollen)
2. Untersuchungsumfeld:
   - Laborexperiment (z.B. Testmarktsimulationen für Neuprodukte)
   - Feldexperiment (z.B. Testplatzierungen von Neuprodukten in einem realen Supermarkt)
3. Kontrollstruktur:
   - Ex-post-facto-Experiment[1] (z.B. Messung und nachträglicher Vergleich des Einflusses unterschiedlicher Promotion-Maßnahmen auf den Produktabsatz in verschiedenen Filialen einer Supermarktkette)
   - projektives Experiment (z.B. aktive, systematische Manipulation der Promotion-Maßnahmen in verschiedenen Filialen einer Supermarktkette mit dem Ziel des Wirkungsvergleichs bei gleichzeitiger Kontrolle aller sonstigen Einflussgrößen)
4. zeitliche Messfolge:
   - sukzessives Experiment (z.B. Absatzmessungen im Verlauf einer Werbekampagne)
   - simultanes Experiment (z.B. gleichzeitige Wirkungsmessung alternativer Promotion-Maßnahmen in verschiedenen Supermarktfilialen)
5. Versuchsplanung:
   - elementares Experimentdesign (Überprüfung eines hypothetischen Sachverhalts anhand eines Experimentalfaktors mit zwei Ausprägungsstufen und Auswertung über Differenzenbetrachtung)
   - erweitertes Experimentdesign (Überprüfung eines hypothetischen Sachverhalts anhand von mindestens einem Experimentalfaktor mit mindestens zwei Ausprägungsstufen und Auswertung mittels Streuungsbetrachtung respektive Varianzanalyse)

[1] Die Meinungen darüber, ob es sich in diesem Fall überhaupt um ein „echtes" Experiment handelt, divergieren in der Literatur. Eine ausführliche Behandlung von Ex-post-facto-Experimenten kann *Schnell et al.* (1999) entnommen werden.

Darüber hinaus ist an dieser Stelle auch die bereits in Abschnitt 3.1.3 vorgenommene Unterscheidung von **echten Experimenten** und **Quasi-Experimenten** wieder aufzugreifen. Bei dem zuerst genannten Typ geht man von einer zufälligen Zuordnung der Experimentaleinheiten und der Experimentalfaktoren zu den Experimental- und Kontrollgruppen („Randomisierung") aus und realisiert die Kontrolle der Experimentalfaktoren vollständig über die Kontrollgruppe(n). Analog spricht z.B. *Böhler* (1992, S. 46) von einem **Quasi-Experiment**, wenn mindestens eine der folgenden Einschränkungen vorliegt:

- keine vollständige Kontrolle der Experimentalfaktoren
- keine zufällige Auswahl der Testeinheiten bzw. Verteilung derselben auf die einzelnen Gruppen
- keine zufällige Zuweisung der Experimentalfaktoren („Treatments") zu den Testeinheiten
- Fehlen einer Kontrollgruppe

Auch wenn die Erfüllung aller Kriterien in einer speziellen Untersuchungssituation nicht möglich erscheint und somit ein Quasi-Experiment anstelle eines echten Experiments durchgeführt werden muss, so sollten doch bereits im Untersuchungsdesign geeignete Maßnahmen vorgesehen werden, um die Abweichung der auf diese Weise gewonnenen Daten von denjenigen aus echten Experimenten zu minimieren. Die Methodik zur Auswertung der Daten kann dann im Grundsatz beibehalten werden. So empfehlen beispielsweise *Dillon et al.* (1990, S. 239) beim Fehlen geeigneter Randomisierungsmöglichkeiten für die Bildung von Experimental- und Kontrollgruppe, die Gruppenzusammensetzung gezielt anhand bestimmter Kriterien (z.B. Soziodemographika) vorzunehmen. Man bezeichnet diese Vorgehensweise, wie auf Seite 136 weiter ausgeführt wird, als „Matching" der Testeinheiten im Hinblick auf die Gruppenzugehörigkeit.

6.2 Elementare Experimentdesigns

Gegenstand **„elementarer"** oder **„klassischer" Experimentdesigns** ist die Überprüfung der Auswirkungen eines Experimentalfaktors auf eine abhängige Größe unter Konstanthaltung aller übrigen Einflussfaktoren. Durch den Vergleich der Ausprägungen der abhängigen Größe bei unterschiedlichen Ausprägungen des Experimentalfaktors erhält man eine Vorstellung vom Ausmaß und der Richtung der Faktorwirkungen. Die in Anlehnung an *Malhotra* (1999, S. 223 ff.) erstellte Tabelle 6.2 vermittelt einen ersten Eindruck vom Spektrum möglicher Experimentvarianten.

Pre-experimentelle Designs	Echte experimentelle Designs	Quasi-experimentelle Zeitreihendesigns
Nachher-Messung einer Gruppe: $\mathbb{K}^{EGR}: \quad x \quad y_1$	Vorher-Nachher-Messung mit Kontrollgruppe: $\mathbb{K}^{EGR}: RAN \quad y_1 \quad x \quad y_2$ $\mathbb{K}^{CGR}: RAN \quad y_3 \quad\quad y_4$	Einfaches Zeitreihendesign: $\mathbb{K}^{EGR}: \quad y_1 y_2 y_3 \quad x \quad y_4 y_5 y_6$
Nachher-Messung verschiedener Gruppen: $\mathbb{K}^{EGR}: \quad x \quad y_1$ $\mathbb{K}^{CGR}: \quad\quad y_2$	Nachher-Messung mit Kontrollgruppe: $\mathbb{K}^{EGR}: RAN \quad x \quad y_1$ $\mathbb{K}^{CGR}: RAN \quad\quad y_2$	Multiples Zeitreihendesign $\mathbb{K}^{EGR}: \quad y_1 y_2 y_3 \quad x \quad y_4 y_5 y_6$ $\mathbb{K}^{CGR}: \quad y_7 y_8 y_9 \quad\quad y_{10} y_{11} y_{12}$
Vorher-Nachher-Messung derselben Gruppe: $\mathbb{K}^{EGR}: \quad y_1 \quad x \quad y_2$	Solomon-Vier-Gruppen-Design: $\mathbb{K}_1^{EGR}: RAN \quad y_1 \quad x \quad y_2$ $\mathbb{K}_1^{CGR}: RAN \quad y_3 \quad\quad y_4$ $\mathbb{K}_2^{EGR}: RAN \quad\quad x \quad y_5$ $\mathbb{K}_2^{CGR}: RAN \quad\quad\quad y_6$	
Vorher-Nachher-Messung verschiedener Gruppen: $\mathbb{K}_1^{EGR}: \quad y_1$ $\mathbb{K}_2^{EGR}: \quad\quad x \quad y_2$		

Tabelle 6.2: *Alternative elementare Experimentdesigns*

Den in der Tabelle verwendeten Variablen kommen dabei folgende Bedeutungen zu:

$\mathbb{K}^{EGR}$	=	Experimentalgruppe („Experimental Group")
$\mathbb{K}^{CGR}$	=	Kontrollgruppe („Control Group")
x	=	Einwirken des experimentellen Stimulus („Treatment", Experimentalfaktor)
y_i	=	Wert der abhängigen Variable („Wirkung") bei der i-ten Beobachtung
RAN	=	Randomisierung der Testeinheiten und Experimentalfaktoren

6.2.1 Pre-experimentelle Designs

Die einfachste Form von Experimenten dieser Art besteht in der Messung der abhängigen Variable nach Einsatz des Experimentalfaktors bei nur einer Gruppe von Testeinheiten. Man spricht deshalb auch von einer **Nachher-Messung einer Gruppe** („One-Shot Case Study"). Die Kurzdarstellung hierfür lautet:

$$\mathbb{K}^{EGR}: \quad x \quad y_1$$

Die resultierende Faktorwirkung Δy ergibt sich aus der Differenz zwischen dem Messergebnis y_1 und einer – z.B. auf Basis entsprechender Plausibilitätsüberlegungen – vorgegebenen hypothetischen Größe y^{HYP} gemäß:

$$\Delta y = y_1 - y^{HYP} \tag{6.1}$$

Ganz analog gestaltet sich die **Nachher-Messung verschiedener Gruppen** („Posttest-Only Design with Nonequivalent Groups" oder „Static Group Design"), bei der, wie es der Terminus schon andeutet, eine Messung der abhängigen Variable bei verschiedenen (Teilnehmer-) Gruppen nach Einsatz des Experimentalfaktors erfolgt. Die Festlegung, welche Gruppe letztlich zur Experimental- und welche zur Kontrollgruppe wird, ergibt sich aus der Zuordnung des Experimentalfaktors zu einer der beiden Gruppen. Die Kurzdarstellung hierfür lautet:

$$\begin{array}{lll} \mathbb{K}^{EGR}: & x & y_1 \\ \mathbb{K}^{CGR}: & & y_2 \end{array}$$

Die resultierende Faktorwirkung ergibt sich aus der Differenz zwischen den Messergebnissen der Experimental- und denen der Kontrollgruppe:

$$\Delta y = y_1 - y_2 \tag{6.2}$$

Bei der **Vorher-Nachher-Messung derselben Gruppe** („One-Group Pretest-Posttest-Design") erstreckt sich die Messung der abhängigen Variable vor und nach Einsatz des Experimentalfaktors auf eine Gruppe von Testeinheiten. Die Kurzdarstellung hierfür lautet:

$$\mathbb{K}^{EGR}: \quad y_1 \quad x \quad y_2$$

Die resultierende Faktorwirkung ergibt sich aus der Differenz zwischen den Messergebnissen vor und nach Einsatz des Experimentalfaktors:

$$\Delta y = y_2 - y_1 \tag{6.3}$$

Bei der **Vorher-Nachher-Messung verschiedener Gruppen** („Separate Sample Pretest-Posttest Design") erfolgt die Messung der abhängigen Variable bei der einen Gruppe vor und bei einer anderen Gruppe nach Einsatz des Experimentalfaktors. Eine Unterscheidung in Experimental- und Kontrollgruppe findet nicht statt. Die Kurzdarstellung hierfür lautet:

$$\begin{array}{llll} \mathbb{K}_1^{EGR}: & y_1 & & \\ \mathbb{K}_2^{EGR}: & & x & y_2 \end{array}$$

Die resultierende Faktorwirkung ergibt sich aus der Differenz zwischen den Messergebnissen der unterschiedlichen Gruppen bzw. Zeitpunkte:

$$\Delta y = y_2 - y_1 \tag{6.4}$$

Die pre-experimentellen Designs unterscheiden sich von den im Folgenden vorzustellenden echten experimentellen Designs im Wesentlichen dadurch, dass keine Randomisierung der Zuordnung der Testeinheiten und der Experimentalfaktoren erfolgt. Somit ermöglichen pre-experimentelle Designs lediglich Quasi-Experimente.

6.2.2 Echte experimentelle Designs

Bei der **Vorher-Nachher-Messung mit Kontrollgruppe** („Pretest-Posttest Control Group Design“) erfolgt die Messung der abhängigen Variable vor und nach Einsatz des Experimentalfaktors in der Experimental- und der Kontrollgruppe bei zufälliger Zuweisung der Testeinheiten und des Experimentalfaktors zu den Gruppen (*RAN*). Die Kurzdarstellung hierfür lautet:

$$\begin{array}{llllll} \mathbb{K}^{EGR}: & RAN & y_1 & x & y_2 \\ \mathbb{K}^{CGR}: & RAN & y_3 & & y_4 \end{array}$$

Die resultierende Faktorwirkung ergibt sich aus der Differenz zwischen den Unterschieden der Messergebnisse in der Experimental- und denen in der Kontrollgruppe, d.h. in der Form:

$$\Delta y = (y_2 - y_1) - (y_4 - y_3) \tag{6.5}$$

Bei der **Nachher-Messung mit Kontrollgruppe** („Posttest-Only Control Group Design“) erfolgt die Messung der abhängigen Variable in Experimental- und Kontrollgruppe nach Einsatz des Experimentalfaktors bei zufälliger Zuweisung der Testeinheiten und des Experimentalfaktors zu den Gruppen:

$$\begin{array}{llll} \mathbb{K}^{EGR}: & RAN & x & y_1 \\ \mathbb{K}^{CGR}: & RAN & & y_2 \end{array}$$

Die Faktorwirkung ergibt sich aus der Differenz zwischen den Messergebnissen der Experimental- und denen der Kontrollgruppe:

$$\Delta y = y_1 - y_2 \tag{6.6}$$

Beim **Solomon-Vier-Gruppen-Design** („Solomon Four-Group Design“) erfolgt die Messung der abhängigen Variable vor und nach Einsatz des Experimentalfaktors in einer ersten Experimental- und einer ersten Kontrollgruppe und die Messung der abhängigen Variable in einer zweiten Experimental- und einer zweiten Kontrollgruppe nur nach Einsatz des Experimentalfaktors. Es handelt sich somit um eine Kombination von Vorher-Nachher-Messung und Nachher-Messung mit Kontrollgruppe. Die Zuweisung der Testeinheiten und des Experimentalfaktors zu den Gruppen erfolgt zufällig. Damit ergibt sich folgende Experimentstruktur:

$$\begin{array}{llllll} \mathbb{K}_1^{EGR}: & RAN & y_1 & x & y_2 \\ \mathbb{K}_1^{CGR}: & RAN & y_3 & & y_4 \\ \mathbb{K}_2^{EGR}: & RAN & & x & y_5 \\ \mathbb{K}_2^{CGR}: & RAN & & & y_6 \end{array}$$

Unter der Annahme, dass sowohl die zweite Experimental- als auch die zweite Kontrollgruppe im Mittel die gleichen Werte aufweisen wie die jeweiligen Gruppen mit Vormessung (für $\mathbb{K}_2^{EGR}$ und $\mathbb{K}_2^{CGR}$ wird eine fiktive Vormessung über das arithmetische Mittel simuliert), erhält man aus (vgl. *Green et al.* (1988, S. 223) und *Churchill* (1999, S. 163 ff.))

$$\begin{array}{lllll} \mathbb{K}_1^{EGR}: & RAN & y_1 & x & y_2 \\ \mathbb{K}_1^{CGR}: & RAN & y_3 & & y_4 \\ \mathbb{K}_2^{EGR}: & RAN & 1/2(y_1+y_3) & x & y_5 \\ \mathbb{K}_2^{CGR}: & RAN & 1/2(y_1+y_3) & & y_6 \end{array}$$

die Faktorwirkung:

$$\Delta y = \left(y_5 - \frac{y_1 + y_3}{2}\right) - \left(y_6 - \frac{y_1 + y_3}{2}\right) = y_5 - y_6 \tag{6.7}$$

Darüber hinaus kann die Faktorwirkung aber auch über die folgenden Einzeldifferenzen quantifiziert werden: $y_2 - y_1$, $y_2 - y_4$, $y_5 - y_6$, $y_4 - y_3$ und $(y_2 - y_1) - (y_4 - y_3)$. Weiterhin besteht die Möglichkeit der Bestimmung des interaktionsbezogenen Testeffekts Δy^{ITE}, indem die beiden Experimentalgruppen miteinander verglichen werden („Interaction Testing Effect"):

$$\Delta y^{ITE} = (y_2 - y_1) - \left(y_5 - \frac{y_1 + y_3}{2}\right) \tag{6.8}$$

6.2.3 Quasi-experimentelle Zeitreihendesigns

Bei dieser Form von Experimenten erfolgt die Messung der abhängigen Variable bei einer Gruppe bis zum und nach dem Zeitpunkt des Einsatzes des Experimentalfaktors in gleichbleibenden Abständen. Die Versuchsanordnung eines solchen **einfachen Zeitreihendesigns** entspricht einer erweiterten konventionellen Zeitreihenanalyse. Entsprechende Designs sind z.B. im Rahmen eines Verbraucherpanels möglich. Zugrunde liegt die Annahme, dass alle Einflüsse auf die abhängige Variable dem „charakteristischen Muster" einer Zeitreihe entsprechen, wobei die Präsentation des Experimentalfaktors als möglicher Strukturbruch aufzufassen ist. Unterbleibt dieser, so hat der Experimentalfaktor keine Wirkung auf die interessierende abhängige Größe. Die Notationsweise für den exemplarischen Fall von sechs Messzeitpunkten lautet:

$$\mathbb{K}^{EGR}: y_1 \quad y_2 \quad y_3 \quad x \quad y_4 \quad y_5 \quad y_6$$

Die resultierende Faktorwirkung kann durch die Separierung von Störvariablen und Experimentalfaktoren mittels des Instrumentariums der Zeitreihenanalyse (vgl. *Schlittgen, Streitberg* (1999)) bestimmt werden. Im einfachsten Fall geschieht dies über die Mittelwertdifferenz der Vorher- und Nachher-Messungen:

$$\Delta y = 1/3(y_4 + y_5 + y_6) - 1/3(y_1 + y_2 + y_3) \tag{6.9}$$

Eine methodische Erweiterung ist das **multiple Zeitreihendesign**, das sich durch die zusätzliche Einführung einer entsprechenden Kontrollgruppe ergibt:

$$\begin{array}{llllllll} \mathbb{K}^{EGR}: & y_1 & y_2 & y_3 & x & y_4 & y_5 & y_6 \\ \mathbb{K}^{CGR}: & y_7 & y_8 & y_9 & & y_{10} & y_{11} & y_{12} \end{array}$$

Das nachfolgende Beispiel geht auf eine entsprechende Darstellung in *Dillon et al.* (1990, S. 246 ff.) zurück und veranschaulicht die Messung der Wirkung des Markteintritts eines Neuprodukts (Kaugummi):

$\mathbb{K}^{EGR}$: y_1 y_2 y_3 y_4 y_5 x y_6 y_7 y_8 y_9 y_{10} y_{11}

⇑ ⇑ ⇑ ⇑ ⇑ ⇑ ⇑ ⇑ ⇑ ⇑ ⇑ ⇑

Feb Mär Apr Mai Jun *Markteintritt* Jul Aug Sep Okt Nov Dez

Monatliche Vorher-Messung:

- Markenbewusstsein
- Käuferwahrnehmung
- Nutzung
- ...

Monatliche Nachher-Messung:

- Markenbewusstsein
- Käuferwahrnehmung
- Nutzung
- ...

Unterschiedliche potenzielle Auswirkungen der Neuprodukteinführung (x) auf die Marktanteilsentwicklungen bereits etablierter, konkurrierender Marken $m = 1, \ldots, 4$ sind in Abbildung 6.2 dargestellt.

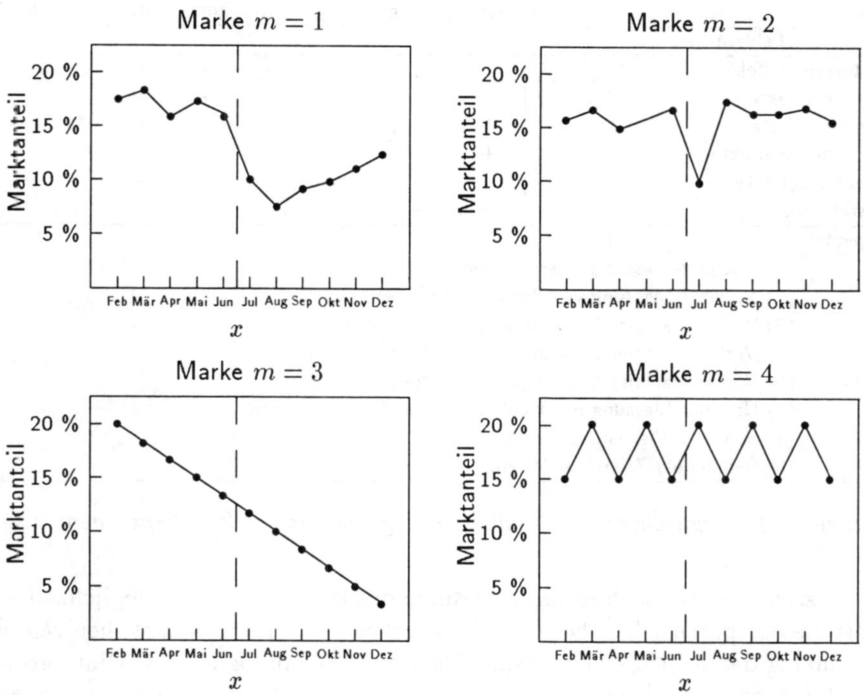

Abbildung 6.2: *Marktanteilsentwicklungen der etablierten Marken*

Während es bei den Marken $m = 1$ und $m = 2$ infolge des Markteintritts des Neuprodukts tatsächlich zu einem (wenn auch unterschiedlich stark ausgeprägten)

Strukturbruch kommt, bleiben die Marktanteilsentwicklungen der beiden anderen Marken hiervon offensichtlich unberührt. Hätte man die Betrachtungen allerdings nur auf die beiden Perioden unmittelbar vor (y_5) und nach (y_6) der Produkteinführung beschränkt, so wäre man vermutlich fälschlicherweise bei allen vier Marken zu dem Schluss gekommen, dass ein entsprechender Einfluss auf den jeweiligen Marktanteil vorliegt.

Die Darstellungen von *Dillon et al.* (1990, S. 249), *Tull, Hawkins* (1993, S. 226) und *Malhotra* (1999, S. 229) zusammenfassend sind die vorgestellten Experimentdesigns in Tabelle 6.3 noch einmal anhand ausgewählter Vergleichskriterien gegenübergestellt.

	Designs							
Vergleichskriterien	(1)	(2)	(3)	(4)	(5)	(6)	(7)	(8)
Berücksichtigung zeitlicher Tendenzen	nein	nein	ja	ja	ja	nein	ja	ja
Durchführung einer Randomisierung	nein	nein	nein	nein	ja	ja	ja	nein
Vorliegen einer Kontrollgruppe	nein	ja	nein	nein	ja	ja	ja	nein
Berechenbarkeit von Testeffekten	nein	nein	nein	nein	nein	nein	ja	nein
Kosten	gering	gering	gering	mittel	hoch	mittel	hoch	hoch
Potenzielle Fehlerquellen								
Hintergrundeffekte	−	+	−	−	+	+	+	−
Reifungseffekte	−	+	−	−	+	+	+	+
Vormesseffekte	+	+	−	+	+	+	+	+
Instrumentaleffekte	+	+	−	−	+	+	+	+
Selektionseffekte	−	−	+	−	+	−	+	−
Ausfalleffekte	−	−	−	+	−	−	+	−

Legende:

(1) Nachher-Messung einer Gruppe
(2) Nachher-Messung verschiedener Gruppen
(3) Vorher-Nachher-Messung derselben Gruppen
(4) Vorher-Nachher-Messung verschiedener Gruppen
(5) Vorher-Nachher-Messung mit Kontrollgruppe
(6) Nachher-Messung mit Kontrollgruppe
(7) Solomon-Vier-Gruppen-Design
(8) (einfaches) Zeitreihendesign

Tabelle 6.3: *Vergleichende Gegenüberstellung der behandelten Experimentdesigns*

Ein Pluszeichen deutet dabei an, dass durch das jeweilige Design Möglichkeiten zur Kontrolle der potenziellen Fehlerquelle gegeben sind. Ein Minuszeichen repräsentiert analog das Fehlen einer entsprechenden Kontrollmöglichkeit. Hintergrundeffekte („History") sind Ereignisse, die außerhalb des Experiments aber zeitgleich mit diesem stattfinden und eventuell Einfluss auf den Experimentausgang haben können (z.B. Konkurrenzaktivitäten während eines Feldexperiments zur Wirkung unterschiedlicher Werbemaßnahmen). Reifungseffekte („Maturation") bezeichnen in analogem Sinne die Möglichkeit von Veränderungen bei den Testeinheiten selbst im Laufe der Zeit (z.B. Einstellungsänderungen mit zunehmendem Alter der Probanden). Ein Vormesseffekt („Testing“) liegt vor, wenn eine vorausgegangene Beobachtung eine nachfolgende beeinflusst, ohne dass dies auf den Experimentalfaktor zurückzuführen wäre (z.B. Inkonsistenzen im Antwortverhalten von Befragten). Instrumentaleffekte („Instrumentation“) sind zu befürchten, wenn das Messinstrumentarium im Verlauf des Experiments Änderungen erfährt oder wechselt (z.B. Lerneffekte bei Interviewern). Selektionseffekte („Selection bias“) können sich ergeben, wenn die Auswahl der Testeinheiten zu Gruppen führt, die sich bezüglich der abhängigen Variable unterscheiden, ohne dass bereits eine Konfrontation mit dem Experimentalfaktor stattgefunden hat (z.B. unterschiedliche Ladengestaltungen beim experimentellen Test alternativer Händler-Promotions). Ausfalleffekte („Mortality“) schließlich treten auf, wenn Testeinheiten während des Experiments ausfallen bzw. nicht mehr zur Verfügung stehen (z.B. ungeplantes Ausscheiden von Probanden).

6.3 Erweiterte Experimentdesigns

Erweiterte Experimentdesigns, die auch als **statistische Designs** bezeichnet werden, ermöglichen die Messung des Einflusses von mehr als einer unabhängigen Variablen auf eine interessierende abhängige Größe und erlauben damit in einem höheren Maße die systematische Kontrolle externer Einflüsse, die u.U. die Experimentergebnisse verzerren könnten. Darüber hinaus sind sie ein probates Strukturierungsinstrument für den Fall, dass mehrere Einzelexperimente, etwa als Bestandteile eines übergeordneten Gesamtexperiments, simultan durchgeführt werden sollen. Tabelle 6.4 gibt einen Überblick über die im Folgenden betrachteten Experimentdesigns. Die Ausführungen hierzu orientieren sich u.a. an *Tull, Hawkins* (1993, S. 226 ff.), *Aaker et al.* (1998, S. 351 ff.), *Sudman, Blair* (1998, S. 215 ff.) und *Malhotra* (1999, S. 230 ff.).

	Anzahl Experimentalfaktoren	Anzahl Störvariablen
Vollständig randomisierte Designs	1	0
Randomisierte Blockdesigns	1	1
Faktorielle Designs	>1	0

Tabelle 6.4: *Formen erweiterter Experimentdesigns*

Verzichtet man auf die Berücksichtigung von Störeinflüssen, so stellt z.B. die gleichzeitige Überprüfung der Wirkung von drei Ausprägungen x_1, x_2, x_3 eines Experimentalfaktors eine mögliche Form solcher Experimente dar:

$$\begin{array}{llll} \mathbb{K}_1^{EGR}: & RAN & x_1 & y_1 \\ \mathbb{K}_2^{EGR}: & RAN & x_2 & y_2 \\ \mathbb{K}_3^{EGR}: & RAN & x_3 & y_3 \end{array}$$

Ist man hingegen an der Kontrolle von Störeinflüssen interessiert, so bietet sich die Durchführung wiederholter Messungen, so genannter **Replikationen**, in Verbindung mit einer inferenzstatistischen Datenauswertung an. Unter einer Replikation wird im vorliegenden Kontext die vollständige Wiederholung des Messvorgangs eines Experiments verstanden. Die Auswertung eines solchen Experiments kann z.B. durch einfache Mittelwertvergleiche für die einzelnen Ausprägungen des Experimentalfaktors bzw. Kombinationen derselben, bezüglich derer wiederholte Messungen bei der abhängigen Variable vorgenommen wurden, erfolgen. Eine geeignete Methode hierfür ist die Varianzanalyse. Sie dient, wie in Abschnitt 6.4 noch detailliert dargestellt wird, der Auswertung der aus den Experimenten gewonnenen Daten und ermöglicht die statistische Überprüfung der zugrunde liegenden Hypothesen.

6.3.1 Vollständig randomisierte Designs

Ein **vollständig randomisiertes Design** („Completely Randomized Design") ist durch die Betrachtung genau eines Experimentalfaktors mit $i = 1, \ldots, I$ Ausprägungen (Faktorstufen) gekennzeichnet. Die Berücksichtigung von Störeinflüssen erfolgt hierbei indirekt über die Replikationen auf den einzelnen Faktorstufen. Konkret sind folgende Schritte zu durchlaufen:

1. Festlegung der Anzahl I der relevanten Faktorstufen
2. Festlegung des Umfangs K der Gesamtstichprobe und Auswahl der Testeinheiten (z.B. Konsumenten)
3. Verteilung der Testeinheiten auf I Teilstichproben bzw. Gruppen $\mathbb{K}_i$ vom Umfang $|\mathbb{K}_i|$ mit $K = \sum_{i=1}^{I} |\mathbb{K}_i|$ bzw. Festlegung der Anzahl K_i der Replikationen auf Faktorstufe i
4. Zuweisung der Gruppen zu jeweils einer Faktorstufe, so dass jede Gruppe von Testeinheiten mit genau einer Ausprägung des betrachteten Experimentalfaktors „konfrontiert" wird.[2]

Die Verteilung auf die einzelnen Gruppen kann *Erichson* (1995) folgend grundsätzlich auf zweierlei Arten geschehen:

- **Matching:** Die Testeinheiten werden so auf die Gruppen aufgeteilt, dass weitgehende Gleichheit hinsichtlich für den Untersuchungsgegenstand relevanter Merkmale gegeben ist.
- **Randomisierung:** Die Aufteilung der Testeinheiten auf die Gruppen erfolgt nach dem Zufallsprinzip, so dass sich die Unterschiede zwischen den Gruppen bis auf zufällige Abweichungen ausgleichen.

[2] Es ist zu beachten, dass im Folgenden sowohl die Faktorstufen als auch die damit korrespondierenden Gruppen mit i indiziert werden.

Als vorteilhaft erweist sich bei der Randomisierung – neben der einfachen Durchführung – vor allem die Tatsache, dass bei hinreichender Gruppengröße die Anwendung statistischer Tests auf Signifikanz (z.B. von Mittelwertabweichungen) möglich wird. In den weiteren Ausführungen wird deshalb implizit von einer randomisierten Verteilung der Testeinheiten ausgegangen.

Die oben eingeführten Bezeichner ermöglichen eine schematische Anordnung der Beobachtungen y_{ik} ($i = 1, \ldots, I$; $k = 1, \ldots, K_i$) der abhängigen Variable Y gemäß Tabelle 6.5. Für die als Zufallsgröße aufgefasste Variable Y wird dabei eine Normalverteilung mit Erwartungswert $\mu = E(Y)$ und Varianz σ^2 unterstellt.

	Replikationen				
Faktorstufe	1	...	k	...	K_i
1	y_{11}	...	y_{1k}	...	y_{1K_1}
⋮	⋮		⋮		⋮
i	y_{i1}	...	y_{ik}	...	y_{iK_i}
⋮	⋮		⋮		⋮
I	y_{I1}	...	y_{Ik}	...	y_{IK_I}

Tabelle 6.5: *Schematische Darstellung der Messwerte bei einem vollständig randomisierten Design*

Das auf dieser Basis spezifizierbare varianzanalytische Modell lautet:

$$y_{ik} = \mu + \eta_i + \epsilon_{ik} \qquad \forall\, i, k \tag{6.10}$$

mit

y_{ik} = k-ter Beobachtungswert („Experimentausgang") in Gruppe i
μ = Mittelwert der Grundgesamtheit
η_i = Effekt bzw. Einfluss der i-ten Faktorstufe
ϵ_{ik} = (als stochastische Größe angenommene) Störvariable

Bei dem in Gleichung 6.10 dargestellten Modell der einfaktoriellen Varianzanalyse wird angenommen, dass sich die k-te Beobachtung y_{ik} für die abhängige Variable Y bei Vorliegen von Faktorstufe i in den in der Grundgesamtheit im Mittel zu erwartenden Wert μ, den Einfluss η_i der i-ten Stufe des betrachteten Experimentalfaktors und eine, alle weiteren nicht explizit berücksichtigten Einflüsse erfassende Variable ϵ_{ik} zerlegen lässt. Als Schätzer für μ wird der aus der gesamten Stichprobe berechnete Mittelwert $\bar{y}$ herangezogen.

Die skizzierte Vorgehensweise lässt sich exemplarisch anhand eines Experiments zur Untersuchung des Einflusses alternativer Verkaufsförderungsmaßnahmen in Einzelhandelsgeschäften auf den Absatz eines in dieser Weise zu unterstützenden Produkts demonstrieren. Ausgangspunkt der Betrachtung seien $K = 27$ Geschäfte (Testeinheiten). Untersuchungsmerkmal (abhängige Variable) ist die Absatzmenge des betrachteten Produkts. Der Experimentalfaktor Verkaufsförderungsmaßnahme (unabhängige Variable) tritt hierbei in drei Ausprägungen auf:

$i = 1$: Einsatz einer das Produkt präsentierenden Werbedame
$i = 2$: Produktangebot in Verbindung mit einer Preisaktion
$i = 3$: Exponierte Präsentation des Produkts in kassennaher Schütte

Entwirft man vor diesem Hintergrund ein vollständig randomisiertes Design mit zufälliger Zuweisung der 27 Geschäfte zu jeweils einer der drei Faktorausprägungen, so kann dies z.B. zu der in Tabelle 6.6 wiedergegebenen Einteilung führen.

	Replikationen								
Faktorstufe	1	2	3	4	5	6	7	8	9
Werbedame	10	1	11	7	18	8	9	14	22
Preisaktion	5	6	2	27	17	25	24	15	21
Schütte	4	13	12	19	3	20	26	23	16

Tabelle 6.6: *Vollständig randomisiertes Design für das Verkaufsförderungsbeispiel*

Das vorliegende Design liefert somit $K_i = K/I = 27/3 = 9$ Replikationen für jede Faktorstufe i. Zu beachten ist, dass die Tabellenelemente $1, \ldots, 27$ die Ladennummern und nicht etwa die Absatzmengen y_{ik} in den einzelnen Läden repräsentieren.

6.3.2 Randomisierte Blockdesigns

Bei einem **randomisierten Blockdesign** („Randomized Block Design") erfolgt die explizite Einbeziehung genau einer Störvariablen[3], von der ein Einfluss auf das Experimentergebnis ausgehen könnte, durch geeignete Zusammenfassung der Replikationen zu J Blöcken. Hierbei wird von der Annahme ausgegangen, dass die Unterschiede zwischen den einzelnen Blöcken größer sind als die Variabilität innerhalb der Blöcke. Eine entsprechende schematische Anordnung der Messungen (Beobachtungswerte) y_{ijk} der abhängigen Variable Y kann Tabelle 6.7 entnommen werden. Der Index k deutet dabei auf die k-te Messung im Block j der Gruppe i hin (mit $k = 1, \ldots, K_{ij}$ und $K_i = \sum_{j=1}^{J} K_{ij}$).

Das hiermit korrespondierende varianzanalytische Modell lautet:

$$y_{ijk} = \mu + \eta_i + \tilde{\eta}_j + \epsilon_{ijk} \qquad \forall\, i, j, k \tag{6.11}$$

mit

y_{ijk} = k-ter Beobachtungswert im j-ten Block in der i-ten Gruppe
μ = Mittelwert der Grundgesamtheit
η_i = Effekt der i-ten Faktorstufe
$\tilde{\eta}_j$ = Effekt des j-ten Blocks
ϵ_{ijk} = (stochastische, nicht über die Blockung erfasste) Störvariable

[3] Im Fall des Verkaufsförderungsbeispiels könnten Störeinflüsse z.B. aus den Geschäften selbst oder dem gewählten Betrachtungszeitpunkt resultieren.

	Blöcke				
Faktorstufe	1	...	j	...	J
1	$y_{111}, \ldots, y_{11K_{11}}$	...	$y_{1j1}, \ldots, y_{1jK_{1j}}$	...	$y_{1J1}, \ldots, y_{1JK_{1J}}$
$\vdots$	$\vdots$		$\vdots$		$\vdots$
i	$y_{i11}, \ldots, y_{i1K_{i1}}$	...	$y_{ij1}, \ldots, y_{ijK_{ij}}$	...	$y_{iJ1}, \ldots, y_{iJK_{iJ}}$
$\vdots$	$\vdots$		$\vdots$		$\vdots$
I	$y_{I11}, \ldots, y_{I1K_{I1}}$	...	$y_{Ij1}, \ldots, y_{IjK_{Ij}}$	...	$y_{IJ1}, \ldots, y_{IJK_{IJ}}$

Tabelle 6.7: *Zuordnung der Messwerte beim randomisierten Blockdesign*

Interaktionen zwischen den Faktorstufen und den Blöcken finden im vorliegenden Modell keine Berücksichtigung. Es erfolgt lediglich eine Herauslösung des Blockungseffekts aus dem Störterm des einfachen randomisierten Designs. Ist die Anzahl der Replikationen je Block und Faktorstufe gleich, so gilt[4] $K_{ij} = \tilde{K} \; \forall \, i, j$.

Die skizzierte Methodik wird wieder am Beispiel des Verkaufsförderungsexperiments veranschaulicht. Die erforderliche Blockung der Geschäfte kann hier z.B. anhand des jeweiligen Umsatzes (dem unterstellt wird, dass er einen störenden Einfluss auf das Experiment respektive die resultierende Datenqualität haben könnte) vorgenommen werden. Hierzu erfolgt zunächst eine Rangreihung (und entsprechende Nummerierung) der Geschäfte nach ihren bisherigen Umsätzen in aufsteigender Reihenfolge von 1 bis 27. Sollen beispielsweise generell drei Messwiederholungen innerhalb eines Blocks realisiert werden, so berechnet sich die Anzahl der zu bildenden Blöcke gemäß:

$$\frac{\text{Anzahl der Geschäfte}}{\text{Anzahl der Faktorstufen} \cdot \text{Anzahl (gewünschter) Messwiederholungen}} = \frac{27}{3 \cdot 3} = 3 \quad (6.12)$$

Die systematische Zuordnung von jeweils neun Geschäften zu den drei Blöcken erfolgt dann dergestalt, dass im ersten Block die neun Geschäfte mit den niedrigsten Umsätzen, im zweiten die mit den neun mittleren Umsätzen und im dritten Block schließlich die Geschäfte mit den neun höchsten Umsätzen liegen. Die blockinterne Zuordnung der Geschäfte zu den einzelnen Faktorstufen erfolgt indes wiederum nach dem Zufallsprinzip. Auf diese Weise könnte sich z.B. die in Tabelle 6.8 dargestellte Aufteilung ergeben.

6.3.3 Faktorielle Designs

Faktorielle Designs („Factorial Designs") eignen sich für die Untersuchung der Wirkung von zwei oder mehr Experimentalfaktoren und den zwischen diesen bestehenden Interaktionen. Voraussetzung hierfür ist die Verfügbarkeit einer ausreichenden Anzahl der Replikationen für die betreffenden Faktorkombinationen. Den einfachsten Fall dieser Experimentform stellt ein **bifaktorielles Design** dar, mit:

[4] Der Index k läuft dabei innerhalb jeder Block-Faktorstufen-Kombination von 1 bis $\tilde{K}$.

i = Index der Stufen des ersten Faktors ($i = 1, \ldots, I$)
j = Index der Stufen des zweiten Faktors ($j = 1, \ldots, J$)
k = Index für Replikationen ($k = 1, \ldots, K_{ij}$)

		Faktorstufe		
Block	Rang	Werbedame	Preisaktion	Schütte
		3	5	9
1	1 – 9	4	2	8
		1	7	6
		14	18	17
2	10 – 18	16	13	15
		12	11	10
		27	22	21
3	19 – 27	19	23	26
		25	24	20

Tabelle 6.8: *Randomisiertes Blockdesign für das Verkaufsförderungsbeispiel*

Ein vollständiges faktorielles Design umfasst somit $I \cdot J$ Faktorstufenkombinationen. Eine entsprechende schematische Anordnung für den exemplarischen Fall $I = J = 3$ kann Tabelle 6.9 entnommen werden.

	Faktor II (Geschäftstyp)		
Faktor I (Verkaufsförderungsmaßnahme)	$j = 1$ (Discounter)	$j = 2$ (Fachgeschäft)	$j = 3$ (Supermarkt)
$i = 1$ (Werbedame)	y_{111} ⋮ y_{11k} ⋮ $y_{11K_{11}}$	y_{121} ⋮ y_{12k} ⋮ $y_{12K_{12}}$	y_{131} ⋮ y_{13k} ⋮ $y_{13K_{13}}$
$i = 2$ (Preisaktion)	y_{211} ⋮ y_{21k} ⋮ $y_{21K_{21}}$	y_{221} ⋮ y_{22k} ⋮ $y_{22K_{22}}$	y_{231} ⋮ y_{23k} ⋮ $y_{23K_{23}}$
$i = 3$ (Schütte)	y_{311} ⋮ y_{31k} ⋮ $y_{31K_{31}}$	y_{321} ⋮ y_{32k} ⋮ $y_{32K_{32}}$	y_{331} ⋮ y_{33k} ⋮ $y_{33K_{33}}$

Tabelle 6.9: *Zuordnung der Messwerte beim bifaktoriellen* 3×3*-Design*

Zur Veranschaulichung wurde das Verkaufsförderungsbeispiel um den Faktor Geschäftstyp in den Ausprägungen „Discounter“, „Fachgeschäft“ und „Supermarkt“ erweitert. Das entsprechende varianzanalytische Modell hat dann die Form:

$$y_{ijk} = \mu + \eta_i + \eta'_j + \eta''_{ij} + \epsilon_{ijk} \qquad \forall\, i, j, k \tag{6.13}$$

mit

y_{ijk}	=	k-ter Beobachtungswert für die Kombination aus i-ter Stufe des Faktors I und j-ter Stufe des Faktors II
μ	=	Mittelwert der Grundgesamtheit
η_i	=	(Haupt-) Effekt der i-ten Stufe von Faktor I
η'_j	=	(Haupt-) Effekt der j-ten Stufe von Faktor II
η''_{ij}	=	aus beiden Faktoren resultierender Interaktionseffekt
ϵ_{ijk}	=	(stochastische) Störvariable

Als problematisch erweist sich hierbei die Tatsache, dass die Anzahl der Kombinationsmöglichkeiten multiplikativ mit der Anzahl der Experimentalfaktoren bzw. deren Ausprägungen steigt. Dies kann schnell zu umfangreichen Designs mit entsprechend hohem Messaufwand führen.

Ist die Anzahl der Replikationen je Faktorstufe und über beide Faktoren hinweg gleich, so vereinfacht sich die Notation wieder dergestalt, dass gilt $K_{ij} = \tilde{K}\ \forall\, i, j$.

Faktorielle Designs können in der Marketingforschung in verschiedenen Ausgestaltungen zur Anwendung kommen:

1. Bei einem **symmetrischen faktoriellen Design**, das auch als **quadratisches faktorielles Design** bezeichnet wird, ist die Anzahl der Faktorstufen für jeden Faktor gleich. Im bifaktoriellen Fall gilt also $I = J$.

2. Ein **asymmetrisches (rechteckiges) faktorielles Design** liegt vor, wenn die Anzahl der Faktorstufen unterschiedlich ausfällt. Im bifaktoriellen Fall gilt demzufolge $I \neq J$.

3. Bei einem **balancierten faktoriellen Design** ist die Anzahl der Replikationen, die jeder Kombination von Faktorausprägungen zugeordnet werden, gleich groß. Im bifaktoriellen Fall gilt $K_{ij} = \tilde{K}\ \forall\, i, j$.

4. Bei einem **unbalancierten faktoriellen Design** gilt entsprechend $K_{ij} \neq K_{i'j'}$ für mindestens ein $i \neq i'$ oder $j \neq j'$.

5. Von einem **unvollständigen faktoriellen Design** spricht man, wenn die Messung von mindestens einer Faktorstufenkombination nicht vorgesehen bzw. nicht möglich ist.

6. Ein **fraktionelles faktorielles Design** liegt z.B. vor, wenn der Messaufwand durch eine Reduktion der Faktorstufenkombinationen und die Konzentration auf die Haupteffekte reduziert wird.

6.3.4 Orthogonalität

Die Eigenschaft der Orthogonalität besagt im vorliegenden Kontext, dass das Ergebnis eines Einzelvergleichs keine Informationen darüber liefern kann, wie das Ergebnis eines anderen Einzelvergleichs ausfallen wird. Die Vergleiche sind somit im mathematischen Sinne unabhängig. *Czienskowski* (1996) spricht deshalb auch von der „Orthogonalität von Einzelvergleichen".

Beim Beispiel des Einsatzes der Verkaufsförderungsinstrumente wäre ein Einzelvergleich z.B. der Vergleich (Δ_1) der mittleren Absatzmenge ($\bar{y}_1$) beim Einsatz einer Werbedame mit der mittleren Absatzmenge ($\bar{y}_2$) bei einer Preisaktion. Weitere Einzelvergleiche für die einzelnen Ausprägungen des Faktors Verkaufsförderung wären anhand der mittleren Absatzmenge bei einer Preisaktion und dem Einsatz von Schütten (Δ_2) sowie dem Einsatz der Werbedame und dem Einsatz von Schütten (Δ_3) möglich. In Tabelle 6.10 sind die drei Einzelvergleiche formal dargestellt.

	Einzelvergleiche		
Faktorstufe	$\Delta_1 = \bar{y}_1 - \bar{y}_2$	$\Delta_2 = \bar{y}_2 - \bar{y}_3$	$\Delta_3 = \bar{y}_1 - \bar{y}_3$
Werbedame ($i = 1$)	(+1) $\bar{y}_1$	(0) $\bar{y}_1$	(+1) $\bar{y}_1$
Preisaktion ($i = 2$)	(-1) $\bar{y}_2$	(+1) $\bar{y}_2$	(0) $\bar{y}_2$
Schütte ($i = 3$)	(0) $\bar{y}_3$	(-1) $\bar{y}_3$	(-1) $\bar{y}_3$

Tabelle 6.10: *Einzelvergleiche bei drei Faktorstufen und korrespondierende Kontrastkoeffizienten*

In den Spalten 2 bis 4 der Tabelle sind zusätzlich in Klammern die **Kontrastkoeffizienten** z_{ij}^{KTR} für die einzelnen Faktorstufen i ($i = 1, 2, 3 = I$) angegeben. Die j-te Linearkombination aus den Mittelwerten $\bar{y}_i$ wird als **Kontrast** bezeichnet, wenn gilt:

$$\sum_{i=1}^{I} z_{ij}^{KTR} = 0 \qquad \forall\, j \tag{6.14}$$

Somit stellt z.B. die Linearkombination $\Delta_4 = (-1)\bar{y}_1 + (-1)\bar{y}_2 + (+2)\bar{y}_3$ einen Kontrast dar.

Bezüglich zweier Kontraste Δ_j und $\Delta_{j'}$ liegt gemäß *Montgomery* (1997, S. 98) Orthogonalität vor, wenn gilt:[5]

$$\sum_{i=1}^{I} z_{ij}^{KTR}\, z_{ij'}^{KTR} = 0 \qquad \text{mit} \quad j \neq j' \tag{6.15}$$

[5] Die in Gleichung 6.15 angegebene Orthogonalitätsbedingung ist äquivalent zur Definition der Orthogonalität zweier Vektoren in der linearen Algebra, wonach das Skalarprodukt der beiden Vektoren gleich Null sein muss. Ist mehr als ein Faktor zu berücksichtigen, so kann eine analoge Definition der Orthogonalität auf Basis der Design-Matrix erfolgen, die dem Leser möglicherweise bereits aus der Regressionsanalyse bekannt ist (vgl. *Montgomery* (1997, S. 549)).

Für die Kontraste Δ_1 und Δ_2 liegt demzufolge keine Orthogonalität vor, da

$$(+1) \cdot (0) + (-1) \cdot (+1) + (0) \cdot (-1) = -1$$

Und auch bei den Kontrastpaaren Δ_2 und Δ_3 bzw. Δ_1 und Δ_3 liegt keine Orthogonalität vor. Die Kontraste Δ_1 und Δ_4 hingegen besitzen die Eigenschaft der Orthogonalität, da

$$(+1) \cdot (-1) + (-1) \cdot (-1) + (0) \cdot (+2) = 0$$

Die Bedeutung der Orthogonalität von Einzelvergleichen respektive Kontrasten liegt wie *Czienskowski* (1996) ausführt, nicht in der inhaltlichen Interpretation der Auswertung experimenteller Daten, sondern in den statistischen Eigenschaften der Datenauswertung. Während bei orthogonalen Kontrasten die Entscheidung über eine Nullhypothese (z.B., dass sich der mittlere Absatz beim Einsatz einer Werbedame nicht vom mittleren Absatz bei einer Preisaktion unterscheidet) keinen Einfluss auf die Bewertung anderer Nullhypothesen ausübt, erhöht sich im nichtorthogonalen Fall die Wahrscheinlichkeit für den Fehler 1. Art.

6.3.5 Lateinisches Quadrat

Ein in der Literatur zur Marketingforschung immer wieder herausgestelltes Experimentdesign ist das **Lateinische Quadrat** („Latin Square Design"). Hierbei handelt es sich um eine spezielle Versuchsanordnung zur gleichzeitigen Prüfung des Einflusses von drei Experimentalfaktoren, also ein „trifaktorielles" Design, mit jeweils gleich großer Anzahl I der Faktorstufen. Die Zuordnung der Faktorstufen zu den Zellen einer symmetrischen Matrix erfolgt dabei dergestalt, dass jede Faktorstufe in jeder Spalte und in jeder Zeile der Matrix genau ein Mal vorkommt. Auf diese Weise lässt sich die Anzahl der Faktorstufenkombinationen in Grenzen halten, ohne allzu große Abstriche hinsichtlich der Ergebnisqualität hinnehmen zu müssen. Aufgrund der spezifischen Struktur dieses Designs werden nur I^2 anstatt der bei einem entsprechenden vollständigen Design zu erwartenden I^3 Kombinationen von Faktorstufen berücksichtigt. Die Anwendung dieses Designs ist allerdings nur dann sinnvoll, wenn die Interaktionseffekte zwischen den einzelnen Faktorstufen vernachlässigbar sind. Ein lateinisches Quadrat ist obigen Abgrenzungen zufolge fraktionell, symmetrisch und balanciert.

Eine schematische Anordnung für drei Faktoren I, II und III mit je drei durch entsprechende Indizierungen kenntlich gemachten Faktorstufen ist in Tabelle 6.11 gegeben. Zur Veranschaulichung wurde das Verkaufsförderungsbeispiel abermals um einen Faktor Wochentag in den Ausprägungen „Montag", „Mittwoch" und „Samstag" erweitert. Die Erweiterung dieses Typs von Experimentdesigns auf vier Faktoren mit analogen Eigenschaften wird als **griechisch-lateinisches Quadrat** bezeichnet. Eine entsprechende Darstellung enthält Tabelle 6.12. In Fortführung obigen Beispiels sei Faktor IV die Uhrzeit in den Ausprägungen „8.00–11.00", „11.00–14.00" und „14.00–18.00".

		Faktor III (Wochentag)		
		$l = 1$ (Montag)	$l = 2$ (Mittwoch)	$l = 3$ (Samstag)
Faktor II (Geschäfts-typ)	$j = 1$ (Discounter)	$i = 1$ (Werbedame)	$i = 2$ (Preisaktion)	$i = 3$ (Schütte)
	$j = 2$ (Fachgeschäft)	$i = 2$ (Preisaktion)	$i = 3$ (Schütte)	$i = 1$ (Werbedame)
	$j = 3$ (Supermarkt)	$i = 3$ (Schütte)	$i = 1$ (Werbedame)	$i = 2$ (Preisaktion)

Tabelle 6.11: *Exemplarischer Aufbau eines lateinischen Quadrats*

		Faktor III (Wochentag)		
		Montag	Mittwoch	Samstag
Faktor II (Geschäfts-typ)	Discounter	Werbedame 8.00-11.00	Preisaktion 11.00-14.00	Schütte 14.00-18.00
	Fachgeschäft	Preisaktion 14.00-18.00	Schütte 8.00-11.00	Werbedame 11.00-14.00
	Supermarkt	Schütte 11.00-14.00	Werbedame 14.00-18.00	Preisaktion 8.00-11.00

Tabelle 6.12: *Exemplarischer Aufbau eines griechisch-lateinischen Quadrats*

Die Belegung des linken oberen Tabellenfelds deutet an, dass die Verkaufsförderungsmaßnahme Werbedame an einem Montag in einem Discounter in der Zeit von 8.00 bis 11.00 Uhr zum Einsatz kam. Die Anzahl der Faktorstufenkombinationen beträgt auch bei diesem speziellen lateinischen Quadrat gerade I^2.

6.4 Auswertung experimenteller Daten und Gültigkeit der Resultate

Am Beispiel des trifaktoriellen Designs in Form eines lateinischen Quadrats wird im Folgenden das Vorgehen bei der varianzanalytischen Auswertung solcher Daten exemplarisch dargestellt. Ausgangspunkt ist die in Tabelle 6.13 wiedergegebene und an *Tull, Hawkins* (1993, S. 669) angelehnte Datengrundlage. Hintergrund des Experiments sei die Frage, ob sich die drei betrachteten Verkaufsförderungsmaßnahmen (Experimentalfaktor) unter expliziter Kontrolle des Einflusses von Geschäftstyp und Wochentag unterschiedlich auf den Absatz des betrachteten Produkts auswirken. Die in Tabelle 6.13 dargestellten Beobachtungswerte sind die Absatzzahlen entsprechend der jeweiligen Faktorstufenkombination. So steht z.B. der Wert 51 im oberen linken Feld der Tabelle für die Absatzmenge des Produkts an einem Montag in einem Discounter in Verbindung mit der Verkaufsförderungsmaßnahme Werbedame.

Geschäftstyp	Wochentag			Zeilenmittelwert
	Montag	Mittwoch	Samstag	
Discounter	51	59	67	59
Fachgeschäft	32	66	49	49
Supermarkt	37	52	37	42
Spaltenmittelwert	40	59	51	50

Tabelle 6.13: *Zahlenbeispiel für das lateinische Quadrat*

Das entsprechende trifaktorielle varianzanalytische Modell ohne Interaktionseffekte hat die folgende Form:[6]

$$y_{ijl} = \mu + \eta_i + \eta'_j + \eta''_l + \epsilon_{ijl} \qquad \forall\, i, j, l \tag{6.16}$$

mit

- y_{ijl} = Beobachtungswert (Produktabsatz) für die Kombination aus i-ter ($i = 1, \ldots, I = 3$) Stufe des Experimentalfaktors Verkaufsförderungsmaßnahme, j-ter ($j = 1, \ldots, J = 3$) Stufe des Faktors Geschäftstyp und l-ter ($l = 1, \ldots, L = 3$) Stufe des Faktors Wochentag
- μ = Mittelwert des Produktabsatzes
- η_i = Effekt der i-ten Stufe des Experimentalfaktors
- η'_j = Effekt der j-ten Stufe des Faktors Geschäftstyp
- η''_l = Effekt der l-ten Stufe des Faktors Wochentag
- ϵ_{ijl} = (stochastische) Störvariable

Im Folgenden wird – um das Instrumentarium der Varianzanalyse anwenden zu können – vorausgesetzt, dass die Störvariable mit konstanter Varianz normalverteilt ist. Die möglicherweise bestehenden Interaktionseffekte zwischen den drei Faktoren werden als vernachlässigbar angenommen.

Die mittlere quadratische Gesamtabweichung ist gegeben durch:

$$\begin{aligned} MQA^{gesamt} &= \frac{1}{J \cdot L - 1} \cdot \sum_{j=1}^{J} \sum_{l=1}^{L} (y_{ijl} - \bar{y})^2 \qquad (6.17) \\ &= \frac{1}{3 \cdot 3 - 1} \left((51-50)^2 + (59-50)^2 + \cdots + (37-50)^2 \right) \\ &= \frac{1.294}{8} = 161{,}75 \end{aligned}$$

Dabei bezeichnet $\bar{y}$ den Mittelwert über alle beobachteten Absätze.

Sei weiterhin $\bar{y}_j$ der mittlere Absatz bezüglich der j-ten Stufe des Faktors Geschäftstyp. Dann kann unter Heranziehung der Mittelwerte auf Faktorstufenebene

[6] Auf den Index k kann im vorliegenden Fall verzichtet werden, da für jede Faktorstufenkombination genau ein Beobachtungswert respektive eine Absatzzahl vorliegt.

die mittlere quadratische Abweichung bezüglich des Faktors Geschäftstyp wie folgt berechnet werden (Zeilenbetrachtung):

$$\begin{aligned} MQA^{Zeilen} &= \frac{J}{J-1} \cdot \sum_{j=1}^{J} (\bar{y}_j - \bar{y})^2 \qquad (6.18) \\ &= \frac{3}{3-1}\left((59-50)^2 + (49-50)^2 + (42-50)^2\right) \\ &= \frac{438}{2} = 219 \end{aligned}$$

Mit $\bar{y}_l$ als dem Absatzmittel bezüglich der l-ten Stufe des Faktors Wochentag gilt analog für die entsprechende quadratische Abweichung (Spaltenbetrachtung):

$$\begin{aligned} MQA^{Spalten} &= \frac{L}{L-1} \cdot \sum_{l=1}^{L} (\bar{y}_l - \bar{y})^2 \qquad (6.19) \\ &= \frac{3}{3-1}\left((40-50)^2 + (59-50)^2 + (51-50)^2\right) \\ &= \frac{546}{2} = 273 \end{aligned}$$

Zur Berechnung der mit den einzelnen Ausprägungen des Experimentalfaktors korrespondierenden Absatzmittel $\bar{y}_i$ ist die in Tabelle 6.11 dargestellte Zellenstruktur zugrunde zu legen. So gilt beispielsweise für den Effekt der ersten Faktorstufe (Werbedame): $\bar{y}_1 = 1/3(51 + 52 + 49) = 50,67$. Für die mittlere quadratische Abweichung bezüglich des Experimentalfaktors gilt dann (Zellenbetrachtung):

$$\begin{aligned} MQA^{Zellen} &= \frac{I}{I-1} \cdot \sum_{i=1}^{I} (\bar{y}_i - \bar{y})^2 \qquad (6.20) \\ &= \frac{3}{3-1}\left((50,67-50)^2 + (42,67-50)^2 + (56,67-50)^2\right) \\ &= \frac{296}{2} = 148 \end{aligned}$$

Der mittlere quadratische Fehler schließlich beträgt:

$$\begin{aligned} MQF = \frac{1}{(J-1)\cdot(L-2)} \cdot \Big(& (J \cdot L - 1) \cdot MQA^{gesamt} - (J-1) \cdot MQA^{Zeilen} \\ & -(L-1) \cdot MQA^{Spalten} - (I-1) \cdot MQA^{Zellen} \Big) \qquad (6.21) \end{aligned}$$

$$= \frac{1}{(3-1)\cdot(3-2)} \cdot ((3 \cdot 3 - 1) \cdot 161,75 - (3-1) \cdot 219 - (3-1) \cdot 273 - (3-1) \cdot 148)$$

$$= \frac{1}{2} \cdot (1.294 - 438 - 546 - 296) = \frac{1}{2} \cdot 14 = 7$$

Auf Basis der vorliegenden Kenngrößen kann nun die statistische Überprüfung der Signifikanz des Einflusses der drei Faktoren erfolgen. Im Fall eines signifikanten kausalen Einflusses sollten sich die quadrierten Abweichungen der jeweiligen Faktorstufen nicht nur zufällig voneinander unterscheiden. Im vorliegenden Fall kommt wegen der als normalverteilt angenommenen Störvariable der F-Test zur Anwendung. Für die drei betrachteten Faktoren gilt dann:

$$F^{Zeilen} = \frac{MQA^{Zeilen}}{MQF} = \frac{219}{7} = 31,29 \tag{6.22}$$

$$F^{Spalten} = \frac{MQA^{Spalten}}{MQF} = \frac{273}{7} = 39,00 \tag{6.23}$$

$$F^{Zellen} = \frac{MQA^{Zellen}}{MQF} = \frac{148}{7} = 21,14 \tag{6.24}$$

Die Eckdaten der statistischen Prüfung können in so genannten ANOVA-Tafeln[7] zusammengefasst werden. Tabelle 6.14 enthält die Werte für das Beispiel. Die erforderlichen kritischen F-Werte ($F_{1-\alpha;FG_1;FG_2}$) sind dem Anhang zu entnehmen.

Ursache der Varianz	Anzahl der Freiheitsgrade	Quadratische Abweichung	Mittlere quad. Abweichung	F^{emp}	$F^{krit}_{0,95;2;2}$
Verkaufsförderung	$I-1=2$	296	148	21,14	19,00
Geschäftstyp	$J-1=2$	438	219	31,29	19,00
Wochentag	$L-1=2$	546	273	39,00	19,00
Fehler	$(J-1)(L-2)=2$	14	7	-	-
Summe	8	1.294	-	-	-

Tabelle 6.14: *ANOVA-Tafel zum Verkaufsförderungsexperiment*

Ausgangspunkt der statistischen Prüfung sind folgende Hypothesen:

- H_0^{Ver}: $\eta_1 = \eta_2 = \eta_3 = 0$
  (Die Verkaufsförderung hat keinen Einfluss auf den Produktabsatz.)
- H_0^{Ges}: $\eta'_1 = \eta'_2 = \eta'_3 = 0$
  (Der Geschäftstyp hat keinen Einfluss auf den Produktabsatz.)
- H_0^{Wo}: $\eta''_1 = \eta''_2 = \eta''_3 = 0$
  (Der Wochentag hat keinen Einfluss auf den Produktabsatz.)

[7] ANOVA steht für „ANalyis Of VAriance".

Als Signifikanzniveau wurde $\alpha = 0,05$ gewählt. Der in der rechten Spalte der Tabelle angegebene kritische Wert der F-Verteilung ist für jeden Faktor kleiner als der jeweilige empirische F-Wert. Somit kann in allen drei Fällen die Hypothese eines fehlenden Einflusses des betreffenden Faktors anhand der vorliegenden Daten zurückgewiesen werden. Alle drei Faktoren scheinen also eine Wirkung auf den Produktabsatz zu haben.

Da im 3×3 lateinischen Quadrat die Anzahl der Freiheitsgrade immer nur gleich 2 ist, empfiehlt sich die mehrfache Wiederholung des Gesamtexperiments. Eine entsprechende Erweiterung der Gleichungen 6.17 bis 6.21 kann beispielsweise *Montgomery* (1997, S. 200 ff.) entnommen werden.

Das obige Beispiel macht deutlich, dass der Qualität der durch ein Experiment gewonnenen Daten besondere Bedeutung hinsichtlich der Gültigkeit der zu ziehenden Schlussfolgerungen zukommt. Zur Beurteilung der Güte empirischer Messungen wird, wie in Kapitel 11 ausführlich dargelegt ist, zwischen **interner Validität** und **externer Validität** unterschieden. Erstere bezeichnet im Kontext von Experimenten das Ausmaß, zu dem die Kontrolle von Störeinflüssen (vgl. Tabelle 6.3 auf S. 134) möglich war. In der externen Validität kommt die Gültigkeit der Ergebnisse für die Grundgesamtheit zum Ausdruck. Sie setzt somit die Repräsentativität der generierten Daten voraus. Der Zusammenhang zwischen dem Ausmaß der Validität und der Art der Durchführung eines Experiments ist in Tabelle 6.15 am Beispiel der Unterscheidung von Feld- und Laborexperiment dargestellt.

	Interne Validität	Externe Validität
Feldexperiment	tendenziell niedrig	tendenziell hoch
Laborexperiment	tendenziell hoch	tendenziell niedrig

Tabelle 6.15: *Zusammenhang zwischen Validität und Untersuchungsumfeld*

Die Bewertung als „tendenziell hoch“ oder „tendenziell niedrig“ soll andeuten, dass die individuelle Ausgestaltung der Experimente sehr wohl Einfluss auf die Validität hat und somit beispielsweise Laborexperimente nicht per se eine hohe interne Validität aufweisen. In Anlehnung an *Dillon et al.* (1990) und *Malhotra* (1999) sind folgende Ursachen für eine geringe oder gar fehlende externe Validität zu nennen:

1. Interaktionseffekte zwischen Experimentalfaktor und Vormessung infolge einer sich im Verlauf des Experiments verändernden Sensibilität der Testpersonen

2. Interaktionseffekte zwischen Experimentalfaktor und Testperson aufgrund von aus der Experimentsituation selbst resultierenden Reaktionsunterschieden

3. Realitätsverlust als Folge der Verwendung von Experimentalfaktoren oder Testpersonen, die nicht oder nur unzureichend den tatsächlichen Bedingungen entsprechen

Offensichtlich sind die Ursachen sowohl geringer interner als auch geringer externer Validität bereits im Aufbau von Experimenten zu suchen. Der sorgfältigen Konzeption der Experimente kommt somit ein hoher Stellenwert zu.

Kapitel 7

Erhebungsverfahren der Primärforschung

7.1 Formen der Datenerhebung

Die in Kapitel 5 aufgezeigten Grenzen einer sekundärstatistischen Datengewinnung aufgreifend ergibt sich für viele Untersuchungen die Notwendigkeit einer **Primärdatenerhebung**. Hierfür kommen

- schriftliche Befragungen,
- Interviews und
- Beobachtungen

infrage. Wie *Bausch* (1990, S. 69) im Hinblick auf die bundesdeutsche und *Churchill* (1999, S. 295) exemplarisch für die Forschungspraxis in Frankreich, den Niederlanden, der Schweiz und Großbritannien aufzeigen, werden in den genannten Ländern vornehmlich schriftliche Befragungen und persönliche Face-to-face-Interviews durchgeführt. In Schweden hingegen wird den Angaben von *Churchill* (1999) und *Sudman, Blair* (1998) zufolge die Methode des Telefoninterviews mit am häufigsten eingesetzt. Ursächlich hierfür sind kulturelle Unterschiede in den einzelnen Ländern, denen die Marketingforscher bei der Wahl der Datenerhebungsmethode Rechnung zu tragen haben. So werden beispielsweise persönliche Interviews in der Schweiz und in Großbritannien vornehmlich bei den Probanden zu Hause oder bei Fragestellungen aus dem Business-to-Business-Marketing in den Büros der Unternehmen einer Zielgruppe durchgeführt. In Frankreich und in den Niederlanden finden persönliche Interviews hingegen bevorzugt auf der Straße oder in Einkaufsstätten statt. Dabei ist zu berücksichtigen, dass Westeuropa insgesamt im Hinblick auf die Möglichkeiten der Datenerhebung noch als vergleichsweise homogen zu bewerten ist. Aus kulturellen Beweggründen heraus wird etwa die Mitwirkung bei von „fremden“ Interviewern durchgeführten Telefonumfragen in Japan häufig verweigert. In den USA, mit einer vergleichsweise liberalen und aufgeschlossenen Kultur, sind derartige Befragungen hingegen durchaus üblich. *Churchill* (1999, S. 294) weist in diesem Zusammenhang exemplarisch darauf hin, dass Haustürinterviews in Saudi-Arabien sogar verboten sind. *Batinic et al.* (Hrsg.) (1999) dokumentieren, dass bedingt durch die stetige Ausbreitung des Internet computergestützte Online-Befragungen zunehmend an Bedeutung und Attraktivität gewinnen. Fundierte Kenntnisse der Erhebungsverfahren in der Marketingforschung und ihrer Besonderheiten sind somit für die erfolgreiche Durchführung von Untersuchungen unverzichtbar.

7.1.1 Schriftliche Befragungen

Bei **schriftlichen Befragungen** werden den Probanden vorgefertigte Fragebögen entweder als Papierausdruck oder als Diskette („Disk-per-Mail-Befragung“) vorgelegt. Ein modernes Pendant ist die Präsentation eines starren Fragebogens im Internet.[1] Papiergestützte Fragebögen können neben der postalischen Zustellung auch in Einzelhandelsgeschäften, Restaurants, Hotels, Ferienanlagen, Krankenhäusern, Zügen, Flugzeugen usw. ausgelegt und nach dem Ausfüllen durch die Probanden wieder entgegengenommen bzw. eingesammelt werden. Gleiches gilt auch für „Klassenraumbefragungen“, bei denen die Probanden in einem geeigneten Raum unter Aufsicht des Untersuchungsleiters die Fragebögen ausfüllen.

Allen Varianten der schriftlichen Befragung ist gemein, dass die Probanden die Fragebögen selbstständig beantworten, wodurch ein Interviewereinfluss („Interviewerbias“) vermieden wird. Beim **Interviewerbias** handelt es sich um einen systematischen Fehler der Ergebnisse mündlicher Befragungen, der auf unbewusste (z.B. Auftreten, Sprechweise oder Aufzeichnungsverhalten) oder bewusste (z.B. Befragtenauswahl, unsachgemäße Fragestellung, Hinweise zur Fragenbeantwortung oder sogar die von *Hüttner* (1997, S. 90 f.) angeführte Fragebogenfälschung) Verhaltensweisen des Interviewers zurückzuführen ist. Darüber hinaus zeichnet sich die schriftliche Befragung durch ihre große regionale und soziale Reichweite sowie die in der Regel auch für die Probanden offensichtliche Anonymität aus. Die Kosten einer schriftlichen Befragung sind im Vergleich zu persönlichen Interviews eher gering. Die Probanden können sich vor der Entscheidung über die Teilnahme an der Befragung mit den Inhalten des Fragebogens auseinandersetzen, wodurch die Antwortbereitschaft zunehmen kann. Andererseits kann gerade bei Befragungen mit offensichtlich kommerziellem Hintergrund die Rücklaufquote gering sein, so dass ein ein- oder sogar mehrmaliges Nachfassen erforderlich wird.

---

[1] Durch geeignete Werkzeuge, wie z.B. CGI- oder Perl-Skripte, in Verbindung mit einer Datenbank können auch adaptive Fragebögen via Internet präsentiert werden. Auf diese Form der Befragung, bei der die zu stellenden Fragen jeweils entsprechend der vorherigen Antworten der Probanden ausgewählt werden, wird in Abschnitt 7.4 detailliert eingegangen.

Die demographische Struktur der erst bei gezieltem Nachfassen antwortenden Probanden weicht jedoch häufig, wie *Blasius, Reuband* (1996) aufzeigen, von jener der sofort antwortenden ab. *Eichner, Habermehl* (1982) weisen darauf hin, dass die Probanden bei schriftlichen Befragungen in einem Selbstselektionsprozess über die Teilnahme entscheiden. Die Repräsentativität ist somit nicht mit absoluter Sicherheit zu garantieren. *Klein, Porst* (2000) folgend sind durch diesen Prozess bestimmte Bevölkerungsgruppen in der resultierenden Stichprobe unterrepräsentiert. Die vorliegenden empirischen Befunde zur Teilnahme respektive Nichtteilnahme bestimmter ethnischer oder gesellschaftlicher Gruppen an schriftlichen Befragungen sind jedoch nicht widerspruchsfrei.

Eine mögliche Ursache für die Nichtteilnahme an einer schriftlichen Befragung ist die „Bildungsbarriere“, wonach unterstellt wird, dass bestimmte Bevölkerungsschichten (beispielsweise Probanden ohne Schulabschluss oder Probanden, die im Berufsalltag keine Schreibaufgaben zu verrichten haben) nur deshalb nicht an einer schriftlichen Befragung teilnehmen, weil sie Schwierigkeiten mit dem Ausfüllen der Fragebögen befürchten. *Blasius, Reuband* (1996) zufolge liefern aber auch die hierzu vorliegenden experimentellen Befunde kein eindeutiges Bild. Die unterschiedliche Relevanz dieser Problematik im internationalen Kontext kommt durch die an *Sudman, Blair* (1998, S. 633) angelehnte Tabelle 7.1 zum Ausmaß des Analphabetismus in verschiedenen Ländern deutlich zum Ausdruck.

Erdteil	Land	Anteil der Analphabeten [in %]
Europa	Deutschland	≤5
	Frankreich	≤5
	Großbritannien	≤5
	Italien	≤5
	Polen	≤5
Amerika	El Salvador	30
	Guatemala	45
	Kanada	≤5
	Mexiko	12
	USA	≤5
Asien	China	22
	Indien	48
	Pakistan	74
	Südkorea	12
	Taiwan	12
Afrika und Mittlerer Osten	Ägypten	54
	Äthiopien	76
	Iran	28
	Israel	≤5
	Südafrika	22

Tabelle 7.1: *Analphabetenrate in ausgewählten Ländern zum Ende des zwanzigsten Jahrhunderts*

Ähnlich problematisch erscheint die schriftliche Befragung von Senioren. Einerseits stellt beispielsweise *Költzer* (1995) anhand der demographischen Struktur der Bevölkerung der Bundesrepublik Deutschland in Kombination mit dem Anteil des frei disponiblen Einkommens die zunehmende Bedeutung dieser Zielgruppe für das Marketing heraus. Andererseits können Senioren neben der evtl. bestehenden Bildungsbarriere, wie *Dillman* (1978) und *Klein, Porst* (2000) ausführen, noch durch weitere Faktoren, etwa die fehlende Vertrautheit mit einer Tätigkeit wie dem Ausfüllen eines Fragebogens, von der Beantwortung eines solchen abgehalten werden. *Blasius, Reuband* (1996) weisen jedoch im Zusammenhang mit einer Gegenüberstellung unterschiedlicher Befragungsformen darauf hin, dass die schriftliche Befragung im Vergleich zum persönlichen Interview und zur telefonischen Befragung den höchsten Anteil älterer Probanden enthielt. Zusammenfassend kann der Schlussfolgerung von *Dillman* (1978) zugestimmt werden, dass die „Non-response", d.h. die Nichtteilnahme von Angehörigen einzelner soziodemographischer Gruppen an einer schriftlichen Befragung, wohl eher auf die konkrete Ausgestaltung von Anschreiben und Fragebogen als auf die jeweilige Prädisposition der Probanden zurückzuführen ist.

Konträr dazu stellt sich die Situation bei **Befragungen im Business-to-Business-Bereich** dar. So werden einigen Typen von Entscheidern, beispielsweise den Leitern von EDV-Abteilungen, in Einzelfällen mehrmals im Monat Fragebögen mit der Bitte um Beantwortung zugesandt. Vor dem Hintergrund einer zumeist ohnehin schon hohen Arbeitsbelastung ist die grundsätzliche Bereitschaft zur Teilnahme an Befragungen unter diesen Bedingungen tendenziell geringer. Hieraus resultieren besondere Anforderungen an das begleitende Anschreiben, das nach Möglichkeit betont knapp gehalten und immer an die jeweilige Zielperson persönlich gerichtet sein sollte. Neben der vollständigen Verweigerung der Teilnahme („Total Non-response") kann bei schriftlichen Befragungen auch die Verweigerung einzelner Antworten auf „heikle" Fragen („Item Non-response") auftreten (vgl. Kapitel 12). Als problematisch erweisen sich beispielsweise Fragen zum persönlichen Einkommen, Drogenkonsum oder Gesundheitszustand. Durch geeignete Befragungstechniken, etwa die im Folgenden ausführlich zu erörternden **projektiven Frageformulierungen**, kann diesem Effekt entgegengewirkt werden.

Ein weiterer bedeutender Aspekt schriftlicher Befragungen ist die Problematik der ausfüllenden Person. Grundsätzlich besteht hier die Gefahr, dass der Fragebogen gar nicht von dem angeschriebenen Probanden selbst, sondern einer anderen Person aus dem Haushalt oder – im Kontext von Business-to-Business-Fragestellungen – z.B. von Mitarbeitern des Sekretariats ausgefüllt wird. Auch ist im Nachhinein in aller Regel nicht mehr festzustellen, in welcher Situation und persönlichen Stimmung ein Fragebogen ausgefüllt wurde. Trotzdem gilt die Qualität der Daten aus schriftlichen Befragungen im Mittel als vergleichsweise hoch, da die Probanden sich ihre Antworten in Ruhe überlegen können und auch die Neigung zu sozial erwünschtem Antwortverhalten aufgrund der nicht-persönlichen Kommunikationsform geringer ist als bei persönlichen Face-to-face-Interviews. Daher ist es auch nicht verwunderlich, dass, wie *Klein, Porst* (2000) ausführen, über die

Hälfte der durch das Informationszentrum Sozialwissenschaften in Bonn in der Datenbank „Foris" dokumentierten Untersuchungen auf schriftlichen Befragungen beruht. Den Angaben von *Kaase* (Hrsg.) (1999, S. 145) zufolge ist dies auch bei über der Hälfte der von der Deutschen Forschungsgemeinschaft (DFG) geförderten sozial-wissenschaftlichen Forschungsprojekte der Fall.

7.1.2 Interviews

Das **Interview** ist eine Befragungsform, bei der ein oder mehrere geschulte Interviewer die Fragen stellen und die Antworten geeignet dokumentieren. In der Regel tritt einem oder mehreren Probanden nur ein Interviewer gegenüber. Der Einsatz mehrerer Interviewer ist eine Sonderform, die als Tendenz- oder Board-Interview bezeichnet wird. Kurze Interviews können auf der Straße, in Einzelhandelsgeschäften, auf Flughäfen usw. durchgeführt werden. Für längere Interviews empfiehlt es sich, entweder die Probanden zu Hause aufzusuchen oder sie in ein hierfür eingerichtetes Studio einzuladen. Für Business-to-Business-Fragestellungen bieten insbesondere Messen eine geeignete Umgebung für Interviews.

Interviews haben im direkten Vergleich mit schriftlichen Befragungen den Vorteil der höheren Flexibilität im Befragungsverlauf, da bei entsprechender Schulung der Interviewer eine komplexere Filterführung (vgl. Abschnitt 7.3) in die Fragebögen eingearbeitet werden kann. Auch können teilstandardisierte oder gänzlich unstandardisierte Befragungen in der Form von „**Tiefeninterviews**" vorgenommen werden. Die Ergebnisse solcher Interviews sind zumeist nur qualitativ auswertbar, beispielsweise mittels Verfahren der Inhaltsanalyse[2]. In der Marketingforschung findet diese Form der Informationsgewinnung insbesondere im Vorfeld von quantitativen Untersuchungen Anwendung. Eine genauere Auseinandersetzung mit verschiedenen Aspekten und Methoden der qualitativen Marketingforschung findet sich beispielsweise in *Tomczak* (1992) und *Müller* (2000). Eine detaillierte Darstellung der Einsatzbereiche qualitativer Interviews kann *Kepper* (2000, S. 170 ff.) entnommen werden.

Werden gleichzeitig mehrere Probanden der Befragung unterzogen, so bezeichnet man dies als **Gruppeninterview**. Der Strukturierungsgrad dieser Variante der qualitativen Marketingforschung ist vergleichsweise gering. Gleichzeitig bieten Gruppeninterviews die Möglichkeit zur Kosteneinsparung, falls sich auf diese Weise z.B. die Reiseaufwendungen der Interviewer (infolge des Wegfalls von Einzelterminen) senken lassen.

Ein bei sachgerechter Durchführung wichtiger Vorteil von Interviews liegt in der Möglichkeit der gezielten Auswahl der Probanden durch die Interviewer. Zu diesem Zweck erhält jeder Interviewer einen detaillierten Quotenplan. Dieser stellt sicher,

---

[2] Die **Inhaltsanalyse** ist eine auf speziellen Regeln basierende Technik zur Analyse von in Textform vorliegenden Materialien (z.B. Werbetexte oder eben Interviews) mit dem Ziel der Generierung aussagekräftiger Informationseinheiten (vgl. *Stier* (1999, S. 161 ff.) und *McDaniel, Gates* (1999, S. 221)).

dass die sozio-demographischen Merkmale einer Stichprobe mit denen der interessierenden Grundgesamtheit übereinstimmen, d.h. dass ein vorgegebener Stichprobenplan (vgl. Kapitel 8) eingehalten wird. Bei *Kaase* (Hrsg.) (1999, S. 30) wird in diesem Kontext auf die Gefahr der Stichprobenverzerrung für den Fall hingewiesen, dass ein Interviewer die Probanden z.B. ausschließlich aus seinem Bekannten- und Freundeskreis rekrutiert oder die Angaben der Probanden wissentlich nicht korrekt aufzeichnet, um auf diese Weise seine Quotenvorgaben mit möglichst geringem Aufwand zu erfüllen. Falls dies für einen Untersuchungsgegenstand von besonderer Relevanz ist, kann dem Problem – zumindest teilweise – durch die fortlaufende Nummerierung der Fragebögen jedes Interviewers und Eliminierung der zuletzt ausgegebenen Fragebögen entgegengetreten werden, da die Interviewer in der Regel erst gegen Ende einer Erhebung die Quotenmerkmale der noch fehlenden Interviewpartner kennen.

Der Einsatz von Interviewern bietet darüber hinaus den Vorteil, dass bedingt durch die persönliche Kommunikationsform die Gefahr eines Abbruchs durch den Probanden geringer ist als bei der schriftlichen Befragung, so dass tendenziell umfangreichere Fragenkataloge vorgelegt werden können. Des Weiteren ist die Befragungssituation zumindest teilweise kontrollierbar und es können z.B. Bilder und Produktproben präsentiert werden. Auch kann das Abarbeiten der Fragen entsprechend eines vorgegebenen Frageablaufs sichergestellt werden. Dies ist z.B. im Zusammenhang mit der Erhebung der ungestützten und gestützten Bekanntheit von Marken, Herstellern, Handelsketten usw. von Bedeutung.

Bei einer Erhebung der **ungestützten Bekanntheit** nennen die Probanden die ihnen im Zusammenhang mit dem Untersuchungsobjekt einfallenden Assoziationen oder Begriffe (etwa Markennamen) ohne weitere Hilfsmittel, also allein aus der Erinnerung heraus. Ziel ist die Messung des aktiven Wissens. Bei einer Erhebung der **gestützten Bekanntheit** von Untersuchungsobjekten wird den Probanden zur Unterstützung eine Liste mit Namen, Logos oder Ähnlichem präsentiert. Die Probanden benennen dann die ihnen hiervon bekannten Begriffe oder Aspekte. Die Messung zielt somit eher auf die Erfassung des passiven Wissens ab. Zur Vermeidung etwaiger Ergebnisverzerrungen muss bei kombinierten Erhebungen dieser Art zwingend die ungestützte Bekanntheit vor der gestützten Bekanntheit abgefragt werden.

Bei sehr anspruchsvollen Fragestellungen profitieren die Probanden von der Rückfragemöglichkeit beim Interviewer, wobei das Ausmaß des resultierenden Interviewerbias für jede Studie individuell zu prüfen ist. Auch sind die erhöhten Kosten für die Interviewer und deren Schulung, die zeitlichen und geographischen Beschränkungen der Reichweite sowie die Erreichbarkeit bestimmter Zielgruppen im Sinne der sozialen Reichweite zu beachten.

Eine Kombination der Vorteile aus schriftlicher Befragung und persönlichem Interview wird beim **Telefoninterview** angestrebt. *Noelle-Neumann, Petersen* (2000) nennen diesbezüglich die rasche Abwicklung der Erhebung bei vergleichsweise geringen Kosten und den reduzierten Interviewerbias, da der Interviewer dem Probanden nicht physisch gegenübertritt und in modernen Telefonstudios detaillierten Kontrollen ausgesetzt ist. *Reuband, Blasius* (2000) wiederum weisen auf den Nachteil der nicht vollständig überschaubaren Gesprächssituation aufseiten des Befragten hin. Darüber hinaus sind die Probanden im Augenblick des Anrufs, wenn dieser nicht bereits im Vorfeld angekündigt wurde, nicht auf eine Befragung vorbereitet. Es sollten daher kürzere Fragebögen als im persönlichen Interview zum Einsatz kommen. Dem Vorteil der höheren geographischen Reichweite stellen *Knesebeck, Lüschen* (2000) und *Stögbauer* (2000) eine reduzierte soziale Reichweite gegenüber, da bestimmte Bevölkerungsschichten nur eingeschränkt telefonisch erreichbar sind und die Antwortbereitschaft am Telefon, abhängig vom sozialen und kulturellen Umfeld, unterschiedlich ausfallen kann. Dieser Aspekt ist jedoch im Einzelfall vor dem Hintergrund der sozialen Reichweite alternativer Befragungsformen zu bewerten.

Eine weitere Einschränkung bei Telefoninterviews resultiert aus dem Umstand, dass beim derzeitigen Stand der Technik in Telefonumfragen ausschließlich verbale respektive akustische Stimuli präsentiert werden können. Dies impliziert den Verzicht auf zahlreiche Methoden der Marketingforschung, wie beispielsweise die Stapelskalierung oder den **thematischen Apperzeptionstest** (TAT)[3]. Verpackungs- und Werbemittel-Pretests beispielsweise sind mit Ausnahme von Radiospots nicht möglich. Die Einführung neuer Kommunikationsstandards wie jüngst UMTS („Universal Mobile Telecommunication System“) verspricht zwar grundsätzlich die Möglichkeit der Präsentation visueller Informationen via Telefon. Inwieweit diese Optionen aber tatsächlich auf breiter Basis zur Datenerhebung in Telefoninterviews nutzbar sein werden, bleibt abzuwarten. *Reuband* (2000) verweist in diesem Zusammenhang auf signifikante Unterschiede in den Antworten aus experimentellen telefonischen und schriftlichen Befragungen. Trotzdem ist das Telefoninterview, wie beispielsweise *Schnell et al.* (1999, S. 338) und *Noelle-Neumann, Petersen* (2000, S. 183) ausführen, von einer „quick-and-dirty“-Methode, als die es in den 70-er Jahren galt, zu der in der kommerziellen Marketingforschung mit am häufigsten genutzten Erhebungsmethode avanciert.

7.1.3 Beobachtungen

Zwar soll die Newton'sche Idee zur Begründung der Gravitation, wie *Ortoli, Witkowski* (1997) anmerken, der Legende nach auf die zufällige Beobachtung eines herabfallenden Apfels zurückzuführen sein, doch ist diese Beobachtung trotz ihrer bahnbrechenden Auswirkungen auf die Physik keine Beobachtung im wissenschaftlichen Sinne. Die wissenschaftliche Beobachtung unterscheidet sich von der Beobachtung im Alltag insbesondere dadurch, dass sie zielgerichtet, systematisch und methodisch kontrolliert erfolgt.

---

[3] Beim thematischen Apperzeptionstest wird jeder Versuchsperson eine Reihe von Bildern vorgelegt, zu der sie dann eine Geschichte erfinden oder deren Inhalte sie erläutern soll. Ziel dieser Form der indirekten Befragung ist die Offenlegung subjektiver Wünsche oder Vorstellungen.

Eine zielgerichtete Beobachtung zeichnet sich durch die bewusste Selektion des Beobachtungsgegenstands aus. Beispielsweise ist bei der Beobachtung der Verhaltensweisen von Kunden in einer Einkaufsstätte sowohl deren Bewegungsrichtung beim Durchqueren der Einkaufsstätte als auch die Verweildauer vor einzelnen Regalen von Interesse. Die Haarfarbe der Kunden erscheint in diesem Zusammenhang hingegen vernachlässigbar. Eine Beobachtung erfolgt systematisch, wenn sie ähnlich der Inhaltsanalyse durch ein System von im Voraus festgelegten Beobachtungskategorien gesteuert wird. Auch „explorative Beobachtungen", bei denen die Festlegung einer detaillierten Systematik von Kategorien im Vorhinein zunächst schwierig erscheint, weil beispielsweise hinsichtlich der Ursachen für bestimmte Verhaltensweisen nur vage Vermutungen vorliegen, sind in systematischer Weise durchzuführen. Zumindest über die möglicherweise relevanten Aspekte (Beobachtungskategorien) sollte man sich bereits im Vorfeld klar sein und es sollten grundsätzlich Beobachtungszeitpunkt, -dauer und -ort sowie die Person des Beobachters festgehalten werden.

Wenngleich die Entwicklung einer umfassenden Theorie der Beobachtung noch aussteht, kann die folgende an die Darstellungen von *Schnell et al.* (1999, S. 358 ff.) und *Stier* (1999, S. 168 f.) angelehnte Taxonomie der Vorgehensweisen als weitgehend akzeptiert betrachtet werden:

Kenntnis der Beobachteten von der Beobachtung

Werden die beobachteten Probanden von der Erhebung in Kenntnis gesetzt, so wird diese als **offene Beobachtung**, andernfalls als **verdeckte Beobachtung** bezeichnet. Die offene Beobachtung birgt die Gefahr in sich, dass die Probanden aufgrund des Wissens um die Beobachtung ihr Verhalten bewusst oder unbewusst verändern. Die verdeckte Beobachtung wiederum stößt schnell an ethisch-moralische Grenzen. Erscheint die verdeckte Beobachtung des Blickverhaltens und der Betrachtungsdauer zufällig vorbeikommender Passanten beim Pretest einer Plakatwerbung (beispielsweise an einer Bushaltestelle) noch unproblematisch, so ist die Messung der Aktivierungswirkung des Plakats mittels einer Infrarot-Wärmekamera ohne vorherige Einwilligung der Betroffenen gemäß der in Kapitel 2 vorgestellten Maßstäbe bereits durchaus kritisierbar. An dem Beispiel wird auch deutlich, dass Beobachtungen immer im Spannungsfeld zwischen einem möglichst natürlichen Verhalten der Beobachteten und dem Schutz ihrer Persönlichkeit stattfinden. Während konventionelle und unproblematische Formen der Beobachtung (etwa die Messung der Reichweite von Radiosendern durch Ablesen der eingestellten Sender an geparkten Autos im Zuge der allgemeinen Verbreitung elektronischer Displays) zunehmend schwieriger werden, erscheinen neue Formen, beispielsweise die Auswertung der Zugriffe auf Internet-Seiten („User-Tracking"), problematisch, da sich viele Internet-Nutzer des Umfangs der technischen Möglichkeiten ihrer Beobachtung nicht bewusst sind. In der kommerziellen Marketingforschung ist man deshalb schon früh dazu übergegangen, ausgewählte Probanden mit deren Einverständnis im Rahmen von

Verbraucherpanels zu beobachten. Die ersten Perioden des Beobachtungszeitraums, in denen besonders gravierende Verhaltensänderungen aufgrund der noch ungewohnten Beobachtungssituation zu erwarten sind, sollten dabei von der Auswertung ausgeschlossen werden. Eine Vertiefung dieser Thematik erfolgt in Kapitel 9.

Teilnahme des Beobachters

Bei der **teilnehmenden Beobachtung** greift der Beobachter aktiv in das Geschehen ein. Ein Beispiel hierfür ist die Beobachtung des Verhaltens von Mitarbeitern eines Einzelhandelsgeschäfts mit direktem Kundenkontakt bei Reklamationen. In diesem Fall ist der Beobachter mit dem die Reklamation testweise vortragenden „Kunden" identisch. Die **nicht-teilnehmende Beobachtung** ist tendenziell weniger von persönlichen Einflüssen des Beobachters geprägt. Dies bedingt, dass die Beobachtungsresultate in der Regel besser mit parallelen oder nachfolgenden Beobachtungen übereinstimmen, was den Ausführungen in Kapitel 11 vorgreifend als höhere Reliabilität bezeichnet wird. *Bortz, Döring* (1995) wenden gegen die teilnehmende Beobachtung ein, dass der Beobachter seine Aufmerksamkeit nicht vollständig der möglichst objektiven Protokollierung der Vorgänge bzw. Verhaltensweisen widmen kann, was die Qualität der gewonnenen Resultate infolge lückenhafter Darstellungen und subjektiver Fehleinschätzungen beeinträchtigen kann.

Beobachtungsumgebung

Hinsichtlich der Beobachtungsumgebung werden **Feldbeobachtungen** in natürlichen Handlungsumgebungen (z.B. in einem Ladenlokal oder an einer Bushaltestelle) von **Laborbeobachtungen** in „künstlichen", eigens für die Untersuchung geschaffenen Umwelten unterschieden. Bei Laborbeobachtungen können Störeinflüsse kontrolliert und apparative Beobachtungshilfen (beispielsweise die von *Kroeber-Riel, Weinberg* (1999) dargestellten Instrumente zur Blickverfolgung oder zur Aktivierungsmessung auf Basis elektrodermaler Reaktionen) eingesetzt werden. Die Laborumgebung kann jedoch Verhaltensänderungen bewirken, so dass die Gefahr einer systematischen Verzerrung der Beobachtungsresultate besteht. Eine elegante Methode zur Reduktion dieses Problems ist das **Compagnon-Verfahren** zur Werbewirkungsmessung. Dabei werden die zu beobachtenden Probanden in ein Studio eingeladen und nach der Begrüßung für einen kurzen Moment in ein „Wartezimmer" gebeten. In diesem mit Apparaturen zur verdeckten Blickbeobachtung ausgestatteten Raum, der äußerlich einem „normalen" Wartezimmer gleicht, liegen Zeitschriften mit den auf ihre Wirkung hin zu testenden Anzeigen aus. In dem Glauben, hier auf das eigentliche Experiment zu warten, können die Probanden dann scheinbar unbeobachtet die ausgelegten Zeitschriften einsehen. *Schweiger, Schrattenecker* (1995) weisen darauf hin, dass sich beim Compagnon-Verfahren die Ergänzung der Beobachtungen durch eine anschließende Befragung korrespondierenden Inhalts bewährt hat.

Vorstrukturierung der Beobachtung

Eine systematische Beobachtung erfordert, wie bereits dargestellt, eine möglichst konkrete Festlegung der Beobachtungskategorien. *Bortz, Döring* (1995) führen in diesem Zusammenhang aus, dass gerade bei teilnehmenden Beobachtungen der Strukturierungsgrad oftmals gering ist. Zwangsläufig wenig strukturiert verlaufen „**Protokolle lauten Denkens**", bei deren Erstellung der Beobachter die von den Probanden bei Konfrontation mit dem Untersuchungsgegenstand verbal geäußerten Gedanken protokolliert. Auf diese Weise kann beispielsweise die Informationsaufnahme und -verarbeitung eines Kunden beim Gang entlang der Regale eines Supermarkts „beobachtet" werden. Die resultierenden individuellen Protokolle können sodann z.B. mithilfe des Entscheidungsnetzansatzes von *Bettman* (1979) oder ähnlicher Methoden (z.B. assoziativen Netzen) ausgewertet werden.[4] In Abbildung 7.1 ist ein Entscheidungsnetz für den exemplarisch von *Williams* (1992, S. 168) beschriebenen Fall des Kaufs eines Deodorants dargestellt.

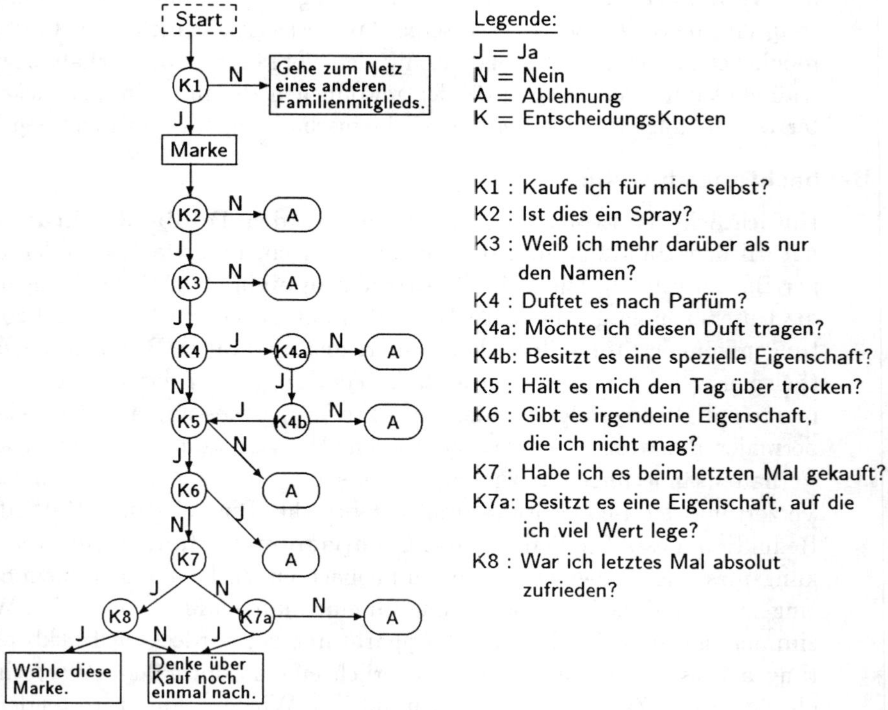

Abbildung 7.1: *Hypothetisches Entscheidungsnetz zum Kauf eines Deodorants*

[4] Gelingt es im Zuge der wiederholten Generierung individueller Entscheidungsnetze eine über alle oder zumindest einen Großteil der Netze identische Struktur zu identifizieren, so liefert dies Erkenntnisse im Hinblick auf das Zustandekommen von Kauf- oder Nichtkaufentscheidungen in interessierenden Produktkategorien. Dieses Wissen kann dann seinerseits wieder die Grundlage für die Entwicklung wirkungsvoller Werbekommuniqués bilden.

Selbstbeobachtung versus Fremdbeobachtung

Die **Selbstbeobachtung** ist als wissenschaftliche Methode umstritten[5], da aufgrund der Einheit von Beobachter und Beobachtetem die Beobachtungshaltung nicht mehr rezeptiv[6] ist. *Bortz, Döring* (1995) sehen in den resultierenden Daten eher die Basis für eine Hypothesengenerierung denn eine Hypothesenprüfung. In der kommerziellen Marktforschung sind Selbstbeobachtungen in Form von Verbraucherpanels weit verbreitet und mittlerweile in hohem Maße elaboriert. Darüber hinaus beruhen auch zahlreiche wissenschaftliche Studien auf entsprechenden Datengrundlagen. Tatsächlich erscheint die Verlässlichkeit solcher Daten vergleichsweise hoch, wenn die Beobachtungen sehr detailliert vorstrukturiert sind. Während früher die Selbstbeobachtung in Panels auf Basis von Einkaufstagebüchern vorgenommen wurde, dienen heute z.T. bereits die bei *Delmas, Levy* (1998) und in Kapitel 9 vorgestellten Handscanner den Panelhaushalten als apparative Hilfe zur Selbstbeobachtung ihres Einkaufsverhaltens. Bei der Fremdbeobachtung erfolgt die Beobachtung durch Dritte. Dem Vorteil des rezeptiven Beobachtungsverhaltens steht hier das Problem gegenüber, dass der Beobachter auf das visuell oder akustisch Wahrnehmbare beschränkt ist und die Qualität der Beobachtungsergebnisse stark von den individuellen Beobachtungsfähigkeiten abhängt.

Weitere Unterscheidungskriterien, etwa die Anzahl der Beobachter oder die Durchführungsform der Beobachtung (visuell versus apparativ), werden bei *Bortz, Döring* (1995) diskutiert.

7.2 Typisierung von Befragungen

7.2.1 Formen der Befragung

Bei den **Befragungsformen**, die von *Hüttner* (1997, S. 91) auch als „**Befragungstaktiken**" bezeichnet werden, erfolgt die Differenzierung nach der Art und Weise der Frageformulierung. Dabei wird zwischen direkter und indirekter (projektiver) Befragung unterschieden. **Direkte Befragungen** dienen der Erhebung „unproblematischer" Tatbestände ohne Umschweife. Werden hingegen „heikle" Tatbestände (z.B. Gewohnheiten beim Alkoholkonsum) durch direkte Befragungen ermittelt, so besteht die Gefahr der Verweigerung einer Antwort auf die betreffenden Fragen, des Erhalts „sozial erwünschter" Antworten[7] oder – im schlimmsten Fall

[5] Als störanfällig und kaum kontrollierbar gelten z.B. Beobachtungen „innerer Erlebnisse" (Introspektion).

[6] *Rogge* (1992, S. 72 f.) konkretisiert die rezeptive Haltung eines Beobachters anhand des Nichteingreifens in das beobachtete Geschehen und des Nichtveranlassens bestimmter Handlungen der Versuchspersonen.

[7] Eine solche Antwort gibt nicht den wirklichen Tatbestand wieder, sondern die Vermutungen des betreffenden Probanden hinsichtlich bestehender gesellschaftlicher Normen oder des ge-

– des Abbruchs der Teilnahme an der gesamten Befragung. Neben dem Alkohol- bzw. Drogenkonsum gelten z.B. auch Fragen zur persönlichen Gesundheit, zum eigenen Einkommen und Vermögen sowie zum individuellen Sexualverhalten als problematisch. Wann ein Befragungsgegenstand als „heikel" einzustufen ist[8], kann nicht allgemein gültig, sondern muss in Abhängigkeit vom Kreis der zu befragenden Personen bestimmt werden. So können auch scheinbar einfache Sachverhalte, wie beispielsweise die Frage nach der Konfektionsgröße für sehr beleibte Menschen oder die Frage nach der Schuhgröße für Frauen mit außergewöhnlich großen und Männer mit sehr kleinen Füßen unangenehm sein, da sich die Betroffenen bei wahrheitsgemäßer Beantwortung als „nicht den sozialen Normen entsprechend" darstellen würden. *Klein, Porst* (2000) schlagen vor, das Ausmaß, in dem ein Befragungsgegenstand als heikel für die jeweilige Zielgruppe einzustufen ist, im Vorfeld der eigentlichen Erhebung empirisch anhand des Anteils der Antwortverweigerungen (Item Non-response) zu bestimmen. Nach Auswertung eines dahin gehend ausgestalteten Pretests können gegebenenfalls Fragen zu problematischen Themen für die Hauptuntersuchung geeignet aufbereitet bzw. modifiziert werden.

Bei **indirekten Befragungen** werden die Fragen in entpersonifizierter Form gestellt. Zu diesem Zweck wird auf die direkte Ansprache „Sie" verzichtet und stattdessen auf allgemeinere Bezeichnungen wie „man", „viele" oder „einige" ausgewichen. Eine besondere Form der indirekten Befragung, die als psychologischer Test bezeichnet wird, basiert auf der Verwendung projektiver Fragen. Den Probanden werden hierbei mehrdeutige Stimuli (Fragen, Bilder, Aufgaben) präsentiert, aus denen die Absicht der Befragung nicht unmittelbar hervorgeht. Ziel dieser Befragungstaktik ist das Projizieren von Einstellungen, Werten oder Vorurteilen in die Antworten eines Probanden derart, dass Aussagen bzw. Informationen gewonnen werden, die der Proband bei direkter Fragestellung nicht zu liefern in der Lage bzw. bereit gewesen wäre. Alternative **projektive Verfahren**, wie etwa Bild- oder Personenzuordnungstests, Satz- und Wortergänzungstests (z.B. Rosenzweig-Test), Wortassoziationstests, Formdeuteverfahren (z.B. Rohrschach-Test) und der bereits an früherer Stelle erwähnte thematische Apperzeptionstest werden beispielsweise in *Axhausen* (1995) und *Hüttner* (1997) vorgestellt.

7.2.2 Arten der Befragung

Die Kategorisierung nach **Befragungsarten** dient der Unterscheidung alternativer formaler Vorgehensweisen bei der Befragung. Wichtige Kriterien sind der Befragungsgegenstand, der Befragtenkreis und die Befragungshäufigkeit.

Hinsichtlich des **Befragungsgegenstands** werden **Einthemenbefragungen**, d.h. die ausführliche Auseinandersetzung mit einem Themenkreis („Spezialbefragungen"), und **Mehrthemenbefragungen**, mit dem Ziel der Abfrage mehrerer voneinander unabhängiger Themenbereiche („Omnibus-Befragungen"), für einen

genwärtigen allgemeinen Meinungsklimas (vgl. *Reuband, Blasius* (1996)).

[8] *Kroeber-Riel, Weinberg* (1999, S. 65) kategorisieren diese als Fragen mit „sozialem Potenzial".

oder mehrere Auftraggeber, unterschieden. Mehrthemenbefragungen können weiter in Beteiligungsuntersuchungen und Standarduntersuchungen differenziert werden. **Beteiligungsuntersuchungen** sind zu festen (beispielweise monatlichen) Terminen von Instituten angebotene Befragungen, an denen sich die potenziellen Auftraggeber mit „Eingliederungsfragen" beteiligen können. **Standarduntersuchungen** hingegen sind Befragungen, die ohne festen Auftrag von Instituten durchgeführt werden und deren Ergebnisse z.B. in Form von periodisch erscheinenden Berichtsbänden veröffentlicht bzw. zum Kauf angeboten werden. Hierzu zählt u.a. die Allensbacher Werbeträgeranalyse (AWA), die vom Allensbacher Institut für Demoskopie jährlich erstellt und von zahlreichen Werbeagenturen der Auswahl von Werbemedien zugrunde gelegt wird.

Aus methodischer Sicht erscheint bei der **Omnibus-Befragung** vorteilhaft, dass Monotonie durch wechselnde Themen vermieden werden kann und dass auch die Gefahr von Ausstrahlungseffekten[9] einzelner Fragen auf andere Fragen bzw. deren Antworten durch die Vermeidung der einseitigen Konzentration auf nur einen Untersuchungsgegenstand reduziert wird, was sich positiv auf die Qualität der resultierenden Daten auswirkt. Dafür ist jedoch die Anzahl der Fragen, die zu einem Themenkomplex in eine Omnibus-Befragung aufgenommen werden können, begrenzt. In der Zeitschrift „Planung & Analyse" wurde (im Zeitraum der Erstellung dieses Buchs) am Ende eines jeden Hefts ein „Busfahrplan" kommerzieller Anbieter für Erhebungen in der Bundesrepublik angegeben.

Beim **Befragtenkreis** unterscheidet man die Befragung von Abnehmern (Konsumenten, Unternehmen und Organisationen) von der Befragung von Absatzmittlern (Groß- und Einzelhändler) und jener von Experten (z.B. Wissenschaftler oder Wirtschaftsprüfer). Die Befragungen können als Einzel- oder Gruppenbefragungen durchgeführt werden.

Hinsichtlich der **Befragungshäufigkeit** kann die einmalige Befragung zu einem Thema von der mehrmaligen Befragung im Rahmen der **Tracking-Forschung** abgegrenzt werden. Hierbei werden mit gleichem Untersuchungsdesign Daten zum gleichen Untersuchungsgegenstand zu verschiedenen Zeitpunkten erhoben. Unterscheiden sich die Teilnehmer bei den einzelnen Befragungen (wie dies beispielsweise bei der wiederholten Erhebung der Erwartungen an eine wissenschaftliche Ausbildung bei Studienanfängern zu erwarten ist), so handelt es sich um eine **Wellenerhebung**. Befragungen dieser Art dienen primär der Aktualisierung des Wissenstands zu einem bestimmten Untersuchungsgegenstand. Erfolgen die Erhebungen hingegen bei einem über einen längeren Zeitraum hinweg weitgehend gleich bleibenden Probandenstamm, so bezeichnet man dies als **Panelerhebung**. Anhand von Panelerhebungen, die ausführlich in Kapitel 9 dargestellt werden, können Verhaltensänderungen im Zeitablauf, etwa das Markenwechselverhalten von Konsumenten, untersucht werden.

---

[9] Auf S. 169 wird hierauf weiter eingegangen.

7.3 Fragebogengestaltung

7.3.1 Prozess der Fragebogenentwicklung

Ausgangspunkt der Fragebogengestaltung ist die sorgfältige Prüfung des Informationsbedarfs. Hierauf aufbauend sollten im Falle eines konfirmatorischen Untersuchungsansatzes, wovon im Weiteren exemplarisch ausgegangen wird, die interessierenden Sachverhalte („Arbeitshypothesen") in empirisch überprüfbare Hypothesen überführt respektive die untersuchungsrelevanten Tatbestände geeignet operationalisiert werden. Beispielsweise könnte die Vermutung, dass Akademiker schlechter durch Fernsehwerbung zu erreichen sind als Angehörige anderer Bildungsschichten, übersetzt werden in die Hypothesen:

- Der durchschnittliche tägliche TV-Konsum von Akademikern [in min] unterscheidet sich nicht von dem der Angehörigen anderer Bildungsschichten.
- Es liegt ein signifikanter Unterschied in Bezug auf die jeweiligen Mittelwerte vor.

Hypothesen dieser Art sind, wie bereits in Kapitel 4 gezeigt wurde, durch einen einfachen Test auf Mittelwertunterschiede statistisch überprüfbar. Besteht der zu untersuchende Sachverhalt hingegen in der Vermutung, dass Akademiker schlechter durch Fernsehwerbung zu erreichen sind, weil sie die Abende mit der Lektüre von Büchern verbringen, so ist neben dem TV-Konsum auch das Leseverhalten zu erfassen. Die Systematisierung der Befragungsgegenstände und der zu überprüfenden Hypothesen erfolgt zweckmäßigerweise anhand eines **Hypothesentableaus**, dessen grundsätzlicher Aufbau in Abbildung 7.2 dargestellt ist.

	Frage 1	Frage 2	Frage 3	Frage 4	Frage 5	...
Hypothese 1		X		X		...
Hypothese 2	X		X			...
Hypothese 3		X			X	...
Hypothese 4		X				...
Hypothese 5	X					...
⋮	⋮	⋮	⋮	⋮	⋮	⋱

Abbildung 7.2: *Ausschnitt aus einem Hypothesentableau*

Aus dem Hypothesentableau bzw. den darin gesetzten Kreuzen ist einerseits ersichtlich, ob alle zur Prüfung der aufgestellten Hypothesen relevanten Befragungsgegenstände durch mindestens eine Frage im Fragebogen erfasst wurden. Eine leere Hypothesenzeile weist auf das Fehlen einer entsprechenden Operationalisierung hin. Korrespondiert andererseits eine Frage nicht mit mindestens einer Hypothese, so ist zu prüfen, ob die Erhebung dieses Aspekts überhaupt notwendig erscheint.

Dies ist in der praktischen Marketingforschung genau dann zu bejahen, wenn die Daten dem exploratorischen Teil der Untersuchung zuzurechnen sind.

Die Bedeutung der vorbereitenden Arbeiten wird auch durch die Qualitätskriterien für Umfrageforschung der Deutschen Forschungsgemeinschaft (DFG) unterstrichen (vgl *Kaase* (Hrsg.)(1999) und *Noelle-Neumann, Petersen* (2000)):

- Festlegung und systematische Durchführung der zur Entwicklung eines Fragebogens erforderlichen Vorarbeiten unter Berücksichtigung einschlägiger Informationen zum Untersuchungsgegenstand (Sekundäranalyse).
- Zugriff auf Daten- und Fragenarchive, um neu zu gewinnende Ergebnisse beispielsweise in existierende Trendreihen einbetten zu können. Im Kontext der Marketingforschung wären als prominente Fragenarchive beispielsweise das „Handbook of Marketing Scales“ von *Bearden, Netemeyer* (1999) oder die von *Hofstede* (1980) publizierten Skalen zur Operationalisierung des kulturellen Umfelds der Konsumenten zu nennen.
- Rückgriff auf Instrumente aus der Grundlagenforschung, etwa **Split-Ballot-Experimente**[10], um die Effekte von Formulierungsänderungen und Reihenfolgeänderungen bei der Anordnung der Fragen im Fragebogen abschätzen zu können.
- Einbettung einzelner Fragen in ein System von aussagekräftigen Indikatoren und Einsatz sorgfältig platzierter Kontrollfragen, um die Zuverlässigkeit der Antworten überprüfen zu können.
- Organisation der Fragebogenerstellung in einem Team, in dem alle für die zu untersuchende Thematik relevanten Disziplinen und Sichtweisen vertreten sind, um das Risiko der Vernachlässigung wichtiger Facetten eines Untersuchungsgegenstands zu minimieren.
- Durchführung eines sorgfältigen Pretests des Fragebogens unter Feldbedingungen.
- Genaue Dokumentation der methodischen Erkenntnisse im Zusammenhang mit der Fragebogenentwicklung.

Für die kommerzielle Marketingforschung haben der Arbeitskreis Deutscher Markt- und Sozialforscher e.V. (ADM), die Arbeitsgemeinschaft Sozialwissenschaftlicher Institute e.V. (ASI) und der Berufsverband Deutscher Markt- und Sozialforscher e.V. (BVM) gemeinsame Standards zur Qualitätssicherung in der Markt- und Sozialforschung herausgegeben, in denen, *Sommer et al.* (1999, 29 ff.) folgend, ähnliche Regelungen

[10] Split-Ballot-Experimente, die auch als Methodensplit oder gegabelte Befragungen bezeichnet werden, dienen der Untersuchung von Instrumenteffekten („**Artefakte**“). Dazu wird eine Stichprobe in mehrere Substichproben unterteilt, innerhalb derer dann verschiedene Fragebogenversionen zum Einsatz kommen.

- zur Umsetzung der Forschungskonzeption in einem Fragebogen,
- zur Konzeption und Gestaltung des Fragebogens,
- zur Formulierung der Fragen,
- zur Überprüfung des Fragebogens durch einen Pretest und
- zur Übersetzung in andere Sprachen

dargestellt sind. Aus diesen Kriterien wird deutlich, dass „professionelle" Befragungen eine entsprechende Infrastruktur voraussetzen. Die Entwicklung eines Fragebogens durchläuft, wie allein schon durch den Begriff des Pretests als Qualitätskriterium zum Ausdruck kommt, einen stufenweisen Prozess, der in Abbildung 7.3 skizziert ist.

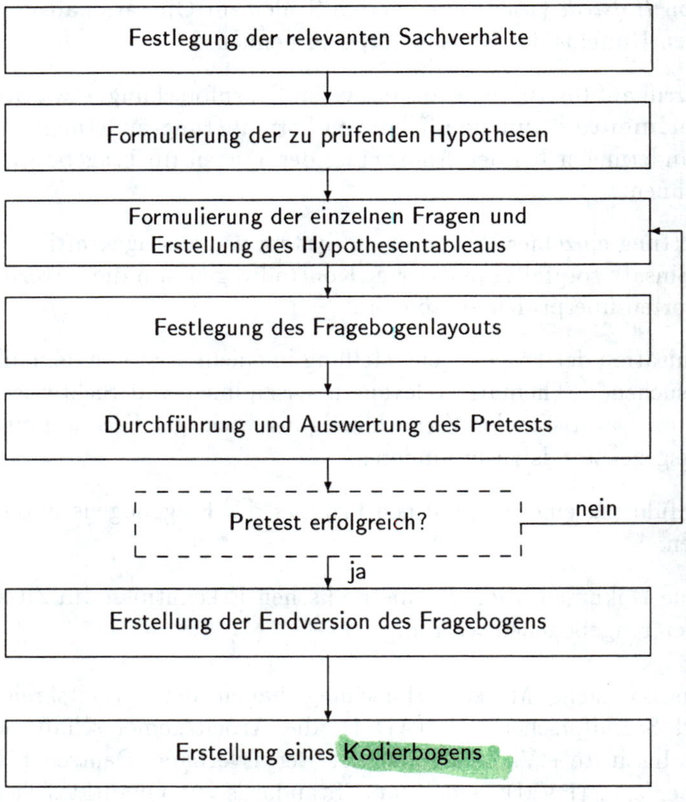

Abbildung 7.3: *Prozess der Fragebogenentwicklung*

Aus der Abbildung ist ersichtlich, dass die Arbeit an einem Fragebogen nicht mit der Fertigstellung seiner finalen Version endet. Von besonderer Bedeutung für die sich anschließende Datenauswertung ist die Erstellung eines **Kodierbogens**, anhand dessen die Antworten der Probanden in eine Datenmatrix übersetzt werden. Als kritisch erweist sich dabei der Umgang mit offenen Fragen (siehe S. 170) und fehlenden Antworten (vgl. Abschnitt 12.1).

Die individuellen Antworten zu den offenen Fragen sind in exhaustive (d.h. alle möglichen Ausprägungen abdeckende) und disjunkte (d.h. überschneidungsfreie) Gruppen zusammenzufassen. Die Partionierung der Gruppen ist in Abhängigkeit vom Untersuchungsgegenstand so zu wählen, dass in jede Gruppe ein hinreichend großer Teil von Antworten fällt, um aus diesen repräsentative Rückschlüsse ziehen zu können. Eine Antwortkodierung auf Basis von Binärvariablen bietet den Vorteil, dass die Antworten mittels geeigneter multivariater Verfahren der Datenanalyse zu den Antworten auf geschlossene Fragen in Beziehung gesetzt werden können. Bei der Erstellung von Kodierungsvorschriften für fehlende Werte sind die unterschiedlichen Ursachen für das Fehlen von Werten zu berücksichtigen, was in der einschlägigen Literatur auch als „**Flagging**" bezeichnet wird. Werden beispielsweise Antwortverweigerungen genauso kodiert wie aus gezielten Filterführungen im Fragebogen resultierende fehlende Werte, so führt der in Kapitel 12 dargestellte Test auf Zufälligkeit des Fehlens der Werte fälschlicherweise zu dem Resultat systematisch fehlender Werte mit entsprechenden Konsequenzen für die Datenauswertung.

7.3.2 Aufbau von Fragebögen und Filterführung

Ein Fragebogen beginnt mit einem **Einleitungsteil**, in dem die Befragten über den Zweck der Befragung aufgeklärt werden. Um Misstrauen abzubauen, sollten die Probanden auch einige Informationen über den Urheber der Untersuchung erhalten. Darüber hinaus sollte der letztmögliche Abgabe- oder Einsendetermin benannt werden. Eine geschickt gestaltete Aufklärung der Befragten dient der grundsätzlichen Motivation zur Teilnahme an der Befragung und fördert die Antwortbereitschaft. Soll der Fragebogen von den Befragten selbstständig ausgefüllt werden, so ist ein Anschreiben beizulegen, in dem eine Kontaktmöglichkeit für eventuelle Rückfragen und die Versicherung enthalten ist, dass alle Angaben streng vertraulich behandelt und nur anonymisiert ausgewertet werden. Da nicht ausgeschlossen werden kann, dass das Anschreiben beim Empfänger vom Fragebogen getrennt wird, sollte zumindest die Kontaktadresse im Einleitungsteil des Fragebogens sicherheitshalber wiederholt werden. Ein Ausschnitt aus dem Einleitungsteil eines exemplarischen Fragebogens ist in Abbildung 7.4 dargestellt.

Der Einleitungsteil beginnt mit einfach zu beantwortenden **Eisbrecherfragen** („Kontaktfragen"). Sie dienen in erster Linie dem Abbau von Berührungsängsten bei den Probanden und sollen ihnen das Gefühl vermitteln, in Bezug auf den vorliegenden Befragungsgegenstand Kompetenz zu besitzen, was sich wiederum positiv auf die Teilnahmebereitschaft auswirkt. Bereits diese Fragen sollten einen inhaltlichen Aspekt des Untersuchungsgegenstands abdecken, um den Fragebogen insgesamt möglichst kurz und kompakt zu halten.

Der vorliegende Fragebogen ist Teil einer Studie, die von der **Stadt Großdorf** in Kooperation mit dem **Lehrstuhl für Betriebswirtschaftslehre und Marketing der Universität Bielefeld** durchgeführt wird. Die Studie soll dazu beitragen, die **Wünsche und Bedürfnisse der Bürger** in Erfahrung zu bringen, um so das Angebot an städtischen Dienstleistungen zu verbessern.

Durch die vollständige Beantwortung der Fragen können Sie das zukünftige Angebot Ihrer Stadt aktiv mitgestalten. Selbstverständlich werden **alle** von Ihnen gemachten **Angaben streng vertraulich behandelt** und nicht an Dritte weitergegeben.
Für **Rückfragen** steht Ihnen Frau Müller, Referentin für Stadtmarketing, (Tel.: 01234/56789) gerne zur Verfügung.

Wir danken Ihnen schon jetzt sehr herzlich für Ihre Mitarbeit!

1. Für wie wichtig halten Sie regelmäßige Bürgerbefragungen?

Halte ich für ... völlig unwichtig □ -2 □ -1 □ 0 □ 1 □ 2 sehr wichtig

2. Wie zufrieden sind Sie generell mit dem bisherigen Leistungsangebot der Stadt?

Damit bin ich ... völlig unzufrieden □ -2 □ -1 □ 0 □ 1 □ 2 sehr zufrieden

⋮

Abbildung 7.4: *Ausschnitt aus dem Einleitungsteil eines Fragebogens*

Der **Hauptteil** des Fragebogens umfasst Sachfragen zum Untersuchungsgegenstand sowie Kontrollfragen. **Kontrollfragen** dienen der Überprüfung zuvor bereits gegebener Antworten.[11] Bei den **Sachfragen** ist auf eine präzise und unmissverständliche Formulierung zu achten. Monotonie und Langeweile sind durch eine geschickte Fragestellung möglichst zu vermeiden. Insbesondere wirken lange Sequenzen des gleichen Fragentyps („Itembatterien“) ermüdend. Im Einzelfall kann es sogar sinnvoll sein, analog zu den Eisbrecherfragen, für die Probanden interessante „**Pufferfragen**“ einzufügen, auch wenn der Fragebogen hierdurch etwas umfangreicher wird. Diese Fragen bieten den Befragten eine kurze kognitive Erholungspause und reduzieren zugleich die Gefahr ungewollter Ausstrahlungseffekte.

[11] Im Falle persönlicher Interviews können Kontrollfragen auch in der Weise in den Fragebogen aufgenommen werden, dass die Probanden diese mit ihrem Alltagswissen allenfalls zufällig, die Interviewer hingegen aufgrund entsprechender Informationen aus der vorangegangenen Interviewerschulung immer „richtig“ beantworten würden. Dadurch lassen sich Interviewer, die die Fragebögen in „Heimarbeit“ ausfüllen oder unvollständige Fragebögen „vervollständigen“, identifizieren.

Hinsichtlich der thematischen Anordnung der Fragen, also der „**Fragebogendramaturgie**“, sollten die Probanden nach Möglichkeit von den eher allgemeinen zu den spezielleren Inhalten geführt werden, wobei auf einen regelmäßigen Wechsel zwischen für die Befragten eher uninteressanten und spannenden Inhalten zu achten ist.

Der **Schlussteil** eines Fragebogens dient der Erfassung sozio-demographischer Merkmale der Probanden. Fragen dieser Kategorie sollten leicht zu beantworten sein, und sie sollten durch eine angemessene Formulierung und Platzierung auch nicht den Eindruck der Abfrage der Intimsphäre erwecken. Im Zweifelsfall kann die Beantwortung der in dieser Hinsicht kritischen Fragen freigestellt bzw. als „optional“ gekennzeichnet werden.

Bei der Fragebogenerstellung ist zu beachten, dass einige Befragte auf spezielle Fragen u.U. keine Antwort zu geben vermögen, weil sie z.B. zwar ein bestimmtes Produkt kennen, es aber noch nicht selbst benutzt haben, einen Werbespot noch nicht gesehen oder eine bestimmte Dienstleistung bisher noch nicht in Anspruch genommen haben. Um die Probanden in diesem Fall nicht durch für sie unbeantwortbare Fragen zu demotivieren oder gar zur Abgabe von Spekulationen zu verleiten, sollte der Fragebogen mit einer geeigneten **Filterführung** ausgestattet werden. Anhand der Filterfragen können die Befragten dann jeweils auf die nächste für sie relevante Frage verwiesen und auf diese Weise um die nicht beantwortbaren Fragen „herumgeführt“ werden. Ein Beispiel für eine einfache Filterführung ist in Abbildung 7.5 dargestellt.

15. Haben Sie das Produkt XY selbst schon einmal benutzt?

☐ ja: Bitte mit **Frage 16** fortfahren!
☐ nein: Bitte mit **Frage 17** fortfahren!

Abbildung 7.5: *Beispiel für eine Filterfrage*

Wichtig ist, dass die Filterführung in Fragebögen, die von den Probanden selbstständig auszufüllen sind, einfach und übersichtlich gestaltet wird. Beispielsweise sollte eine Filterführung nicht über einen Seitenwechsel hinweg erfolgen. Bei einer Unterstützung durch entsprechend geschulte Interviewer können auch komplexere Filterführungen realisiert werden. Eine wesentliche Hilfestellung bei komplexen Filterführungen bieten die in Abschnitt 7.4 vorgestellten Möglichkeiten der computergestützten Befragung.

Ein weiterer wichtiger Aspekt der Fragebogendramaturgie ist die Vermeidung der bereits im Zusammenhang mit der Erläuterung der Befragungsarten erwähnten Ausstrahlungseffekte. Die in Abbildung 7.4 demonstrierte Vorgehensweise, Globalurteile gleich zu Beginn des Fragebogens abzufragen, bietet neben der Eisbrecherfunktion auch noch den Vorteil, dass keine Ausstrahlungseffekte, im vorliegenden Fall beispielsweise durch Fragen nach der Zufriedenheit mit einzelnen Leistungskomponenten und deren Bedeutung für die Gesamtzufriedenheit, auftreten. Die Überlagerung eines nachgeordneten Sachverhalts durch einen übergeordneten Sachverhalt wird als **Haloeffekt** bezeichnet. Beispielsweise könnte die Qualitätseinschätzung italienischer Weine durch die grundsätzliche Einstellung zu Italien überlagert werden. Darüber hinaus kann es zu einem **Konsistenzeffekt** kommen. Wenn ein Proband beispielsweise mehrere positive Detailurteile über einzelne Produkteigenschaften abgegeben hat, und andere von ihm negativ bewertete Aspekte des Produkts aber nicht abgefragt wurden, so könnte er sich veranlasst fühlen, die Gesamtpräferenz für dieses Produkt höher anzugeben als es seiner wahren Präferenz entspricht, nur um damit ein konsistentes Antwortverhalten zu demonstrieren.

7.3.3 Frageformulierung und Fragetypen

Bei der Formulierung von Fragen sind folgende Regeln zu beachten (vgl. *Böhler* (1992, S. 89 f.)):

- Die Fragen sind so kurz und so einfach wie möglich zu halten.
- Sie müssen präzise und semantisch eindeutig sein.
- Es ist auf eine widerspruchsfreie und unmissverständliche Formulierung zu achten.
- Innerhalb einer Frage dürfen nicht verschiedene Untersuchungsgegenstände vermischt werden.
- Die Fragen sind neutral, d.h. weder stereotyp noch suggestiv zu formulieren.
- Die verwendete Sprache sollte dem Wissensstand und dem Bildungsniveau der Probanden angemessen sein.

Hinsichtlich des Fragetyps sind offene und geschlossene Fragen zu unterscheiden. **Offene Fragen** sind dadurch gekennzeichnet, dass die Befragten die Antwort frei formulieren können. Bei einer **geschlossenen Frage** hingegen wählen sie unter fest vorgegebenen Antwortalternativen aus. Die aus Fragen dieses Typs hervorgehenden Daten sind aufgrund der wohl definierten Antwortstruktur vergleichsweise gut auszuwerten. Sie erfordern im Gegenzug eine kritische Prüfung der als relevant erachteten Antwortalternativen. Werden hierbei wichtige Alternativen übersehen, so kann dies die Qualität der auf diese Weise zu generierenden Daten nachhaltig beeinträchtigen. Allerdings kann die Formulierung offener Fragen den Aufwand für die Datenerfassung deutlich erhöhen, da zunächst die Antworten der Probanden gesichtet und gegebenenfalls auch klassifiziert werden müssen, um sodann ein geeignetes Kodierungsschema zu entwickeln. Darüber hinaus besteht die Gefahr, dass offene Fragen beim selbstständigen Ausfüllen des Fragebogens von geringer involvierten Probanden schon allein aus Bequemlichkeit nicht oder nur unzureichend beantwortet werden. Ist die Nennung mehrerer Antworten auf eine Frage angestrebt, so besteht im Fall einer offenen Formulierung überdies die Gefahr, dass die Probanden implizit von der Annahme ausgehen, zwei bis drei Nennungen seien genug, während tatsächlich wesentlich mehr Antworten erwünscht sind. Indes können bei geschlossenen Fragen nur jene Antwortalternativen Berücksichtigung finden, die im Fragebogen explizit vorgegeben wurden. Für den Fall, dass die Menge der relevanten Antwortalternativen bei der Formulierung einer Frage im Vorhinein nicht vollständig festzulegen ist, bietet es sich an, die beiden Fragetypen, wie in Abbildung 7.6 exemplarisch dargestellt, zu kombinieren.

Welche der nachfolgend aufgelisteten Angebote des Internets nutzen Sie regelmäßig?

- ☐ Virtuelle Marktplätze
- ☐ Online-Nachrichtenmagazine
- ☐ Newsgroups
- ☐ Suchmaschinen
- ☐ andere, insbesondere: ______________________________

(Mehrfachnennungen sind möglich.)

Abbildung 7.6: *Geschlossene Frage mit zusätzlicher offener Antwortmöglichkeit*

Die offene Antwortoption löst in diesem Beispiel nicht nur das Problem, alle denkbaren Internet-Angebote aufzählen zu müssen, sondern sie bietet dem Probanden darüber hinaus die Möglichkeit, sich durch die Nennung spezieller Angebote als besonders fachkompetent zu präsentieren. Daher ist sie dazu geeignet, die Antwortbereitschaft zu erhöhen.

Eine besondere Form der geschlossenen Frageformulierung ist die **dichotome Frage**, bei der nur zwei sich gegenseitig ausschließende Antwortmöglichkeiten (z.B. ja/nein, stimme zu/lehne ab oder bekannt/nicht bekannt) vorgegeben werden. Die resultierenden Daten liegen folglich auf nominalem Skalenniveau[12] (z.B. in Form einer binären 0-1-Kodierung) vor und können daher (neben der rein deskriptiven Aufbereitung) nur mit speziell dafür ausgelegten Verfahren, etwa der Clusteranalyse, ausgewertet werden.

In der praktischen Marketingforschung haben daher Frageformulierungen auf Basis von Ratingskalen mit multiplen Antwortmöglichkeiten, so genannte **Ratingfragen**, weite Verbreitung gefunden. Abbildung 7.7 gibt einen Eindruck vom Spektrum der Gestaltungsmöglichkeiten. Exemplarisch wurde hierbei auf 5-stufige Skalen zurückgegriffen.

[12] Eine detaillierte Unterscheidung und Charakterisierung verschiedener Skalenniveaus erfolgt in Kapitel 10.

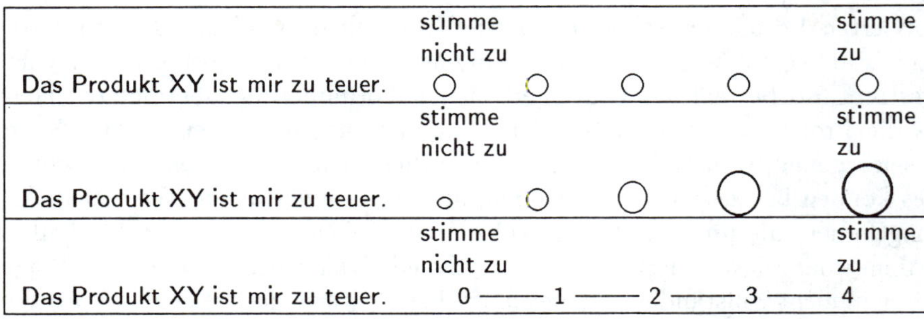

Abbildung 7.7: *Gestaltungsmöglichkeiten von Ratingfragen*

Bei der Beantwortung komplizierterer (z.B. aus mehreren Teilaspekten zusammengesetzter) Fragen können sich auch aufwendigere Visualisierungen, z.B. der in Abbildung 7.8 dargestellten Art, als zweckmäßig erweisen. Die scheinbar unerschöpfliche Vielfalt an Formen der Visualisierung von Antwortratings können ohne Zweifel das Ausfüllen eines Fragebogens erleichtern, wobei jedoch auch schnell zu viel des Guten getan ist und die Befragten eher abgelenkt als unterstützt werden.

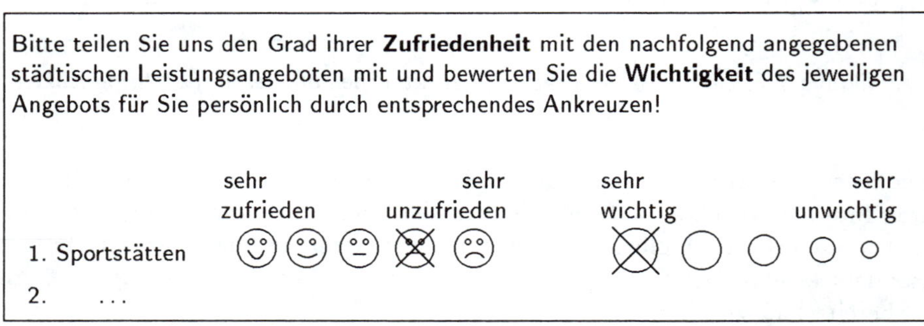

Abbildung 7.8: *Beispiel einer zusammengesetzten Ratingfrage*

Streng genommen werden bei Ratingfragen des in diesem Abschnitt betrachteten Typs nur Daten ordinalen Skalenniveaus erhoben. In praktischen Anwendungen liegt jedoch häufig die Vermutung nahe, dass die Probanden den Abstand zwischen den einzelnen Stufen der Skala als annähernd gleich groß annehmen. In diesem Fall können die Daten als metrisch skaliert interpretiert werden, was die Anwendung eines breiten Spektrums von Analysemethoden ermöglicht. Weitere Beispiele für Rating- und andere Skalen werden in Abschnitt 10.3 vorgestellt.

7.4 Besonderheiten computergestützter Befragungen

7.4.1 Computer Assisted Personal Interviewing

Insbesondere in der kommerziellen Marketingforschung werden die Interviewer zunehmend mit Computern zur Unterstützung ihrer Arbeit ausgestattet. Während die frühen Versuche **computergestützter Befragungen** („**Computer Assisted Personal Interviewing**" (CAPI)) aufgrund von technischen Restriktionen noch auf Teststudios beschränkt waren, sind mittlerweile Laptops und Notebooks im Einsatz. Die Eingaben durch den Interviewer oder den Befragten selbst können hierbei sowohl über die Tastatur als auch mittels spezieller Hilfsmittel (etwa Lesestifte) erfolgen.

Der Einsatz von Computern bietet mehrere Vorteile:

- Die ordnungsgemäße Einhaltung der Fragenabfolge kann sichergestellt werden.
- Die Antwortkontrolle erfolgt unmittelbar, so dass die Befragten gegebenenfalls um die Ergänzung unvollständiger Angaben gebeten werden können.
- Die Fragebögen können auch kompliziertere Filterführungen beinhalten, ohne dass Fehler durch unsachgemäße Navigation innerhalb derselben auftreten, da in Abhängigkeit von der Antwort auf eine Frage vom Computer automatisch die jeweils nächste Frage ausgegeben wird.
- Aufgrund der Automatisierbarkeit der Konsistenzprüfung von Antworten besteht die Möglichkeit der gezielten Einstreuung von Kontrollfragen.
- Die Abfolge der Fragen und die Reihenfolge einzelner Items innerhalb einer Frage können für jedes Interview individuell gesteuert werden. Erfolgt die Festlegung der Reihenfolge auf der Basis von Zufallszahlen, so wird dies als **Randomisierung** bezeichnet. Auf diese Weise lassen sich Ausstrahlungseffekte einzelner Fragebogenelemente vermindern.
- Ergänzend zur eigentlichen Antwort auf eine Frage kann auch die individuelle Antwortzeit („**Response Latency**") gemessen werden, was Rückschlüsse auf die Qualität der betreffenden Antwort zulässt. So führen beispielsweise *MacLachlan et al.* (1979) aus, dass die Abgabe einer unwahren Antwort oder das „Raten" eines Sachverhalts mehr Zeit in Anspruch nimmt als die wahrheitsgemäße Beantwortung. Die Interpretation von Antwortzeiten wird aber, wie beispielsweise *Hoepner* (1994, S. 93 ff.) darlegt, in der Literatur durchaus kontrovers diskutiert. Ein plausibler Vorteil der Antwortzeitmessung liegt in der schnellen und einfachen Identifikation nicht korrekt arbeitender Interviewer.

- Beim Conjoint Measurement, als einer speziellen Form der Befragung, kann die Konstruktion der Stimuli den Präferenzen der Probanden angepasst werden, so dass weniger Präferenzurteile abzugeben sind und damit die Belastung der Befragten reduziert wird. Diese als **adaptive Conjoint-Analyse** (ACA) bezeichnete Vorgehensweise basiert auf der sofortigen Auswertung der abgegebenen Urteile. Die Datenerhebung kann bei Erreichen einer stabilen und statistisch signifikanten Lösung beendet werden.

- Die Einflussmöglichkeiten der Interviewer und damit auch der Interviewerbias werden minimiert.

- Die erhobenen Daten stehen sofort in digitaler Form zur Verfügung, so dass keine eigenständige, möglicherweise sogar Fehler verursachende Datenerfassung notwendig ist. Es kann daher schneller mit der Auswertung begonnen werden.

Nachteilig an dieser Form der Unterstützung von persönlichen Befragungen ist die teilweise abschreckende Wirkung auf Personen, die nicht an den Umgang mit Computern gewöhnt sind. Darüber hinaus sind die Kosten für Hard- und Software sowie der erhöhte Aufwand im Zusammenhang mit der Interviewerschulung zu beachten. Hinsichtlich der eingesetzten Software haben die Programme CI2 und CI3 sowie ACA zur Durchführung adaptiver Conjoint-Analysen den Angaben von *Hoepner* (1994, S. 239 ff.) zufolge in Wissenschaft und Praxis weite Verbreitung gefunden. Die Verbreitung konkurrierender Produkte in der kommerziellen Marketingforschung kann beispielsweise der Studie von *Schneid* (1997) entnommen werden.

Die Weiterentwicklung computerbasierter Formen der Unterstützung bei persönlichen Interviews hat zur Realisation **interaktiver Befragungssysteme** geführt, die den gänzlichen Verzicht auf Interviewer ermöglichen. Diese in Abschnitt 7.5 detailliert dargestellten Systeme zur Befragung mittels „Computerized Self Administrated Questionaires" (CSAQ) werden beispielsweise auf Messen oder in Einzelhandelsgeschäften eingesetzt.

7.4.2 Computer Assisted Telephone Interviewing

Mit der Verbreitung des Telefons und der Verfügbarkeit entsprechender Rechnerleistungen sind auch die Möglichkeiten der Durchführung von Telefoninterviews und des gezielten Einsatzes von Computern zur Unterstützung derselben erweitert worden. Die Interviewdurchführung ist hierbei unmittelbar mit der Datenerfassung verknüpft. *Bechtloff* (1993) führt aus, dass bereits 1978 ein entsprechendes in Fortran IV entwickeltes computergestütztes Befragungssystem an der University of California erprobt wurde. *Grommé* (1998) bietet einen Überblick über mittlerweile, analog zum CAPI, auch für das **Computer Assisted Telephone Interviewing** (CATI) verfügbare Produkte kommerzieller Anbieter.

Bechtloff (1993, S. 226 ff.), *Schnell et al.* (1999, S. 351 ff.) und *Kaase* (1999, S. 40) nennen Funktionen, die von solchen Programmen übernommen werden sollten:

- Auswahl und Bereitstellung von Telefonnummern entsprechend der Vorgaben im Untersuchungsdesign
- Steuerung des gesamten Interviewablaufs inklusive der Filterführung
- Anzeige von Fehlern und notwendiger Rückfragen
- Rotation von Statements und Antwortvorgaben
- Bereitstellung von Zwischenergebnissen und unmittelbarer Datentransfer für die Auswertung
- Aufzeichnung der Antworten auf offene Fragen
- Abbruch und Wiederaufnahme von Interviews
- Erinnerungsfunktion, falls zwischen Interviewer und Befragtem ein bestimmter Interviewzeitpunkt verabredet wurde
- systematische Anrufwiederholung, falls eine Zielperson nicht erreicht wurde
- prozessbegleitende Kontroll- und Eingriffsmöglichkeiten bis hin zur (vorübergehenden) Übernahme des Interviews durch den Supervisor

Die Vorteile von CATI liegen neben den vergleichsweise geringen Kosten pro Interview und der schnellen Verfügbarkeit der Daten insbesondere in der besseren Stichprobenausschöpfung, da auch allgemein nur schwer zugängliche Personen (z.B. Manager, Politiker, Berufssportler und andere Eliten) via Telefon erreichbar sind. *Häder, Gabler* (2000) führen aus, dass mit CATI-Systemen durch zufällig erzeugte Ziffern in den Telefonnummern auch Personen ohne einen Eintrag in öffentlich zugänglichen Telefonteilnehmerverzeichnissen erreicht werden können. Darüber hinaus ist die Befragungssituation zumindest teilweise kontrollierbar und es können im Bedarfsfall zeitliche Verschiebungen des Interviews oder Unterbrechungen vorgenommen werden. Diesen Vorteilen stehen die Nachteile der vergleichsweise hohen Kosten für die Ausstattung eines Telefonstudios und der Aufwand für die Programmierung spezifischer Fragebögen bei kleineren Erhebungen gegenüber. *Nolle-Neumann, Petersen* (2000) kritisieren zudem, dass diverse Befragungstechniken nicht einsetzbar sind, da derzeit noch keine visuelle Präsentation der Stimuli in der breiten Bevölkerung via Telefon möglich ist. Trotzdem wird die Qualität der Daten aus Telefoninterviews von *Berekoven et al.* (1999, S. 111) höher als die der Daten aus konventionellen persönlichen Interviews eingestuft. Ergänzend weist *Simmet-Blomberg* (1995, Sp. 113) im Kontext international ausgerichteter Befragungen mittels CATI auf die unterschiedlichen Telefonanschlussdichten innerhalb einzelner sozio-demographischer Gruppen hin.

7.5 Interaktive Befragungssysteme

Von der computergestützten Befragung, bei der die Durchführung der Interviews durch entsprechende Software gesteuert und die Antworten protokolliert werden, lassen sich **interaktive Befragungssysteme** durch den gänzlichen Verzicht auf Leistungen eines Interviewers abgrenzen. Da die Ausgabe der Fragen in der Regel über den Bildschirm eines Computers und teilweise sogar die Erfassung der Antworten am Bildschirm („Touch-screen“) erfolgt, wird diese Form der Befragung auch als **Bildschirmbefragung** bezeichnet.

Der Einsatz interaktiver Befragungssysteme bietet sich beispielsweise dann an, wenn die interessierende Zielgruppe eine Affinität zu Computern aufweist und keine Scheu im Umgang mit dieser Technologie zeigt (wie z.B. die Besucher technologieorientierter Messen). Ein weiteres Beispiel für ein mögliches Einsatzgebiet sind Kundenbefragungen auf Bahnhöfen oder Flughäfen, bei denen die kontinuierliche Erfassung des Meinungsbilds möglichst vieler Probanden zu unterschiedlichen Zeitpunkten im Vordergrund steht.

Der grundsätzliche Aufbau interaktiver Befragungssysteme wurde bereits von *Meier* (1992) am Beispiel des **IBIS** (Interaktives Befragungs- und InstruktionsSystem) dargestellt. Dieses frühe System zeichnet sich durch seinen modularen Aufbau, die Lauffähigkeit auf verschiedenen Rechnerplattformen, die Möglichkeit der Definition von Makros, die realisierbare Variabilität bei den Antwortmöglichkeiten und die bereits implementierten Datenaufbereitungsfunktionen aus. Die Benutzerführung erfolgt über eine Steuerdatei, über die auch auf die Hauptfunktionen des Systems, nämlich die

- Ablaufsteuerung (Variablenzuweisung, Blockdefinition usw.),
- Bildschirmdarstellung (Textpositionierung, Farbgebung usw.),
- Antworterhebung (textuelle und numerische Eingabe),
- Antwortauswertung (Konsistenzprüfung, Wertebereichscheck usw.) und
- Ergebnisausgabe (Erstellung einer Protokolldatei usw.)

zugegriffen werden kann.

Von zunehmender Bedeutung für die Marketingforschung sind interaktive Online-Befragungen im Internet, insbesondere im World Wide Web (WWW). Eine **Online-Befragung** ist eine Befragung, bei der die Teilnehmer einen auf einem Internet-Server abgelegten Fragebogen, wie in Abbildung 7.9 dargestellt, online ausfüllen. Alternativ kann der Fragebogen aber auch von einem Server heruntergeladen oder via E-Mail versandt werden. Nach dem Ausfüllen wird der Fragebogen dann via E-Mail zurückgesandt.

Die interaktive Befragung unterscheidet sich von der konventionellen schriftlichen durch die Nutzung von Funktionen, die insbesondere die Filterführung bei Verzweigungsfragen erleichtern. Das einfache Ausdrucken eines WWW-basierten Fragebogens und das anschließende manuelle Ausfüllen des damit papiergestützt vorliegenden Fragebogens ist somit nicht zur interaktiven Befragung zu zählen.

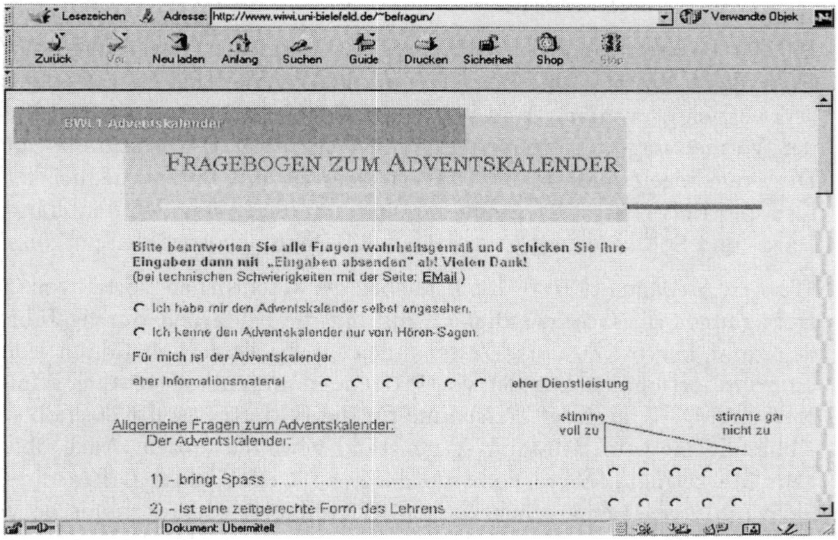

Abbildung 7.9: *Ausschnitt aus einem interaktiven Internet-Fragebogen zu einer BWL-Vorlesung*

Der Arbeitskreis Deutscher Markt- und Sozialforschungsinstitute e.V. (ADM), die Arbeitsgemeinschaft Sozialwissenschaftlicher Institute e.V. (ASI), der Berufsverband Deutscher Markt- und Sozialforscher e.V. (BVM) als Vertretungen der kommerziellen Marketingforscher und die Deutsche Gesellschaft für Online-Forschung e.V. (DGOF) als Fachvertretung hochschulgebundener Forschung haben gemeinsame Standards zur Qualitätssicherung bei Online-Befragungen herausgegeben. In diesen werden mit Stand Mai 2001 folgende Aspekte aufgegriffen:

Stichprobenauswahl

Da die Grundgesamtheit der im Internet erreichbaren Probanden weder zeitlich, sachlich noch geographisch klar definiert ist und sich zudem fortwährend ändert, ist eine echte Zufallsauswahl nicht realisierbar. Es wird daher empfohlen, die Teilnehmer einer Online-Befragung „aktiv" und offline (z.B. anhand eines Einwohnerverzeichnisses) zu rekrutieren. Auf diese Weise können sowohl Zufalls- als auch Quotenstichproben generiert werden. Bei einer passiven Probandenauswahl erfolgt lediglich ein Hinweis auf den Fragebogen, so dass dieser von jedem Internet-Nutzer nach eigenem Ermessen ausgefüllt werden kann oder auch nicht. Dies kann zu systematischen Auswahlfehlern führen und erlaubt keine Beurteilung der Ausschöpfungsquote (vgl. Abschnitt 7.6). Darüber hinaus besteht die Gefahr einer Verzerrung der Ergebnisse durch „professionelle" Befragungsteilnehmer, die nicht an der Befragung, sondern lediglich an den Incentives für die Teilnahme interessiert sind.

Durchführung der Befragung

Bei der Durchführung der Befragung sollte auf die Gewinnung von Meta-Daten (z.B. Browser- und Betriebssystemdaten oder History-Files der Benutzer) verzichtet werden. Der Einsatz von Cookies sollte auf die Zwecksetzung der Vermeidung von Doppelteilnahmen am Interview beschränkt bleiben. Die Fragebögen sind so zu gestalten, dass sie mit unterschiedlichen Browsern und Betriebssystemen nutzbar sind, um die Probanden unabhängig von Hard- und Softwareausstattung für die Teilnahme auswählen zu können.

Werner, Stephan (1997, S. 186 ff.) heben als wesentlichen Vorteil von Online-Befragungen die Geschwindigkeit, mit der die Feldarbeit durchgeführt werden kann, hervor. Zu kurze Zeitspannen für die Feldarbeit führen jedoch zu unterproportionalen Anteilen von Probanden mit nur gelegentlicher Internet-Nutzung. Die Länge der Zeitspanne für die Feldarbeit sollte deshalb stets in Abhängigkeit vom Befragungsgegenstand gewählt werden. Auch obliegt es dem Marketingforscher, Vorsorge dafür zu treffen, dass Dritte die Daten nicht im Internet eingesehen können. Einschlägige kryptographische Verfahren zur Verschlüsselung von Daten im Internet werden beispielsweise von *Ertel* (2001) vorgestellt.

Darstellung und Interpretation der Ergebnisse

Bei der Darstellung und Interpretation der Untersuchungsresultate sind insbesondere der Problematik der Stichprobendefinition und der Ausschöpfungsrate Rechnung zu tragen. Auch sind Angaben zu Art und Umfang der Feldkontrollen zu machen, damit der Einfluss professioneller „Incentive-Jäger" abgeschätzt werden kann.

Ein grundsätzliches Problem interaktiver Befragungssysteme ist die Stichprobenrepräsentativität in den für die Marketingforschung relevanten Themen. Bereits *Werner, Stephan* (1997, S. 191 ff.) haben darauf hingewiesen, dass gerade Intensivnutzer des Internets mit höherer Wahrscheinlichkeit an Online-Befragungen teilnehmen als Durchschnitts- oder Wenignutzer. Da der damit einhergehende systematische Bias wohl auch mit zunehmender Verbreitung des Internets und der hieraus resultierenden Angleichung der Internet-Gemeinde an die Grundgesamtheit der Bevölkerung erhalten bleiben dürfte, kommen *Bogner, Mayer* (2000) auf der Basis einschlägiger empirischer Untersuchungen zu dem Schluss, dass Online-Befragungen im Internet nur bei aktiver Offline-Auswahl der Teilnehmer zu für die Gesamtbevölkerung repräsentativen Ergebnissen führen können.

Die Interaktivität dieser Form der Befragung bringt aber auch deutliche Vorteile für den Marketingforscher mit sich. So können durch geeignet gestaltete Fragebögen die Probanden auf fehlende Antworten zu einzelnen Fragen oder inkonsistente Antworten hingewiesen werden. Idealerweise sollte ein netzbasiertes interaktives Befragungssystem die Fähigkeiten besitzen, durch die Voranalyse der bereits erhaltenen Antworten genau jene zu extrahieren, die noch Lücken aufweisen, und die korrespondierenden Fragen dem Interviewpartner erneut zur Beantwortung vorzulegen.

Gräf (1999) hat eine Übersicht über typische Fehler bei der Realisation von Online-Befragungen erstellt. Neben unpräzise formulierten Fragen und der Verwendung nicht erklärter Fachbegriffe wird dort auch die Länge der Fragebögen kritisiert. Um den vorzeitigen Abbruch einer Befragung zu vermeiden, wird als Faustregel eine maximale Länge von 15 bis 25 Fragen empfohlen. Darüber hinaus geben die Monotonie der Fragebögen und das Layout oftmals Anlass zur Kritik.

Unter Akzeptanzgesichtspunkten können zusammenfassend folgende Anforderungen an interaktive Befragungssysteme formuliert werden:

- vollständige Führung des Befragten während der gesamten Befragung
- Möglichkeit der variablen Abarbeitung der Fragen im Sinne einer Filterführung
- Verfügbarkeit schneller und umfassender Eingabekontrollen
- Fähigkeit zur flexiblen Protokollierung und Konsistenzprüfung der gegebenen Antworten
- Möglichkeit der simultanen Steuerung externer Peripheriegeräte, falls dies erforderlich sein sollte

In Tabelle 7.2 sind Vor- und Nachteile interaktiver Befragungssysteme aufgelistet.

Vorteile	Nachteile
Den Probanden kann die Möglichkeit geboten werden, die Dialogsprache selbst zu wählen.	Es entstehen Kosten für Hard- und Software.
Die Befragungsgeschwindigkeit kann von den Probanden bestimmt werden.	Bei den Probanden werden zumindest elementare Kenntnisse im Umgang mit Computern vorausgesetzt.
Die Interaktionsmöglichkeit mit dem Computer kann besonders jene zur Mitarbeit motivieren, die dem Neuen gegenüber aufgeschlossen sind.	Der Implementationsaufwand für ein umfassendes, d.h. alle Eventualitäten abfangendes Hilfe- und Erläuterungssystem kann beträchtlich sein.
Ein möglicher Interviewerbias entfällt.	Es ist kaum kontrollierbar, wer tatsächlich die Fragen beantwortet hat.
Die Grenzkosten für eine einzelne Befragung fallen mit wachsender Anzahl der teilnehmenden Probanden.	Das Fehlen einer zwischenmenschlichen Interaktionsmöglichkeit kann bestimmte Persönlichkeitstypen von der Mitarbeit abschrecken.

Tabelle 7.2: *Vor- und Nachteile interaktiver Befragungssysteme*

Die erwähnte Möglichkeit der simultanen Eingabeauswertung manifestiert sich nach *Churchill* (1996, S. 297) u.a. in einer erhöhten Personalisierung der gestellten Fragen, da das System die im Laufe der Befragung gewonnenen Erkenntnisse über den Probanden (z.B. dessen Geschlecht oder Alter) bei späteren Fragen gezielt einsetzen kann (z.B. in Form einer korrekten Anrede). Auf diese Weise kann zumindest subjektiv der Eindruck eines zwischen „Menschen" geführten Dialogs erzeugt und somit möglichen Akzeptanzbarrieren vorgebeugt werden. Darüber hinaus kann das System die in der Anfangsphase einer Befragung erhobenen Schlüsselinformationen dazu verwenden, ine probandenspezifische Ausgestaltung der nachfolgenden Fragen vorzunehmen. Bei der Messung des Images unterschiedlicher Produktmarken mittels interaktivem Befragungssystem etwa würden nur noch jene Produktattribute in die weitere Befragung einbezogen werden, die sich zuvor als für die Entscheidungsfindung des betreffenden Probanden relevant erwiesen haben. Die Präsentation derart „maßgeschneiderter" Fragen vermittelt dem Befragten ein Gefühl der Individualität, wie es bei der weitgehend starren Abarbeitung konventioneller, papiergestützter Fragebögen kaum möglich ist.

7.6 Maßnahmen zur Erhöhung der Antwortrate

Die **Antwortrate** („**Ausschöpfungsquote**") ist ein bedeutender Aspekt jeder Befragung, der beispielsweise von *Schnell et al.* (1999, S. 286 ff.) als Kriterium für die Beurteilung der Repräsentativität von Befragungen herangezogen wird. Vordergründig scheint die Anzahl auswertbarer Fragebögen bzw. Interviews im Zentrum des Interesses zu stehen. Diese darf nicht zu gering sein, damit die im Untersuchungsdesign gegebenenfalls vorgesehenen Tests und Datenanalyseverfahren zur Anwendung gelangen können. Wenn dem so wäre, könnte durch schlichte Erhöhung der Anzahl versandter Fragebögen in einer schriftlichen Befragung oder der kontaktierten Probanden in einer telefonischen Befragung der gewünschte Stichprobenumfang erzeugt werden.

Abgesehen von den zusätzlichen Kosten, die durch das Bemühen um eine höhere Anzahl von Kontakten entstehen, sind aber vor allem qualitative Aspekte zu berücksichtigen. Grundsätzlich kann nicht ausgeschlossen werden, dass die Antwortstruktur in den auf Anhieb erfolgreichen Kontakten von jener in den erfolglosen abweicht. Bei schriftlichen Befragungen beispielsweise werden die Probanden, die ihren Fragebogen nach einer bestimmten Zeit noch nicht zurückgesandt haben, durch ein entsprechendes „Erinnerungsschreiben" (erstes Nachfassen) nochmals auf die Teilnahme hingewiesen. Falls sich die Antwortstruktur in den Fragebögen, die erst im Zuge des Nachfassens eingehen, deutlich von jener in den bereits vorliegenden Fragebögen unterscheidet, so ist ein zweites und vielleicht sogar ein drittes Nachfassen anzuraten. Wird eine Befragung zu Themen mit einem hohen persönlichen Involvement, etwa dem Erfolg einer Raucher-Entwöhnungskur oder eines Aufenthalts in einer Diätklinik, durchgeführt, so ist z.B. folgendes Antwortmuster denkbar:

- Zunächst antworten überwiegend „erfolgreiche“ Personen, die nach Abschluss der Behandlung ihre Lebensweise dauerhaft geändert haben, da diese durch die Teilnahme an der Befragung ihre Selbstdisziplin demonstrieren können.
- Der Rücklauf infolge eines ersten Nachfassens enthält dann vergleichsweise viele Personen, die die Behandlung zwar bis zum Ende durchlaufen, ihre Lebensweise aber nach Abschluss der Kur nicht nachhaltig geändert haben, also gewissermaßen „rückfällig“ geworden sind.
- In einer weiteren Nachfassaktion stellt sich heraus, dass auffällig viele der erst jetzt antwortenden Personen die Behandlung erst gar nicht abgeschlossen haben und dieses Scheitern nur ungern eingestehen.

Porst et al. (1998) weisen darauf hin, dass realistischerweise neben den zufälligen Ausfällen immer auch systematische Ausfälle zu berücksichtigen sind. Um ein gezieltes Nachfassen zu ermöglichen, empfiehlt es sich, die Fragebögen geeignet zu nummerieren und diese Nummern den Kontaktpersonen zuzuordnen. Da mit jedem Nachfassen der relative Anteil der Nicht-Antwortwilligen in der ins Auge gefassten Reststichprobe zunimmt, geht die Resonanz auf Nachfassaktionen, wie etwa *Hippler, Seidel* (1985) anmerken, kontinuierlich zurück.

Da die Zielpersonen die Fragebögen nach einer gewissen Zeit möglicherweise nicht mehr griffbereit haben, bietet es sich an, der zweiten bzw. dritten Nachfassaktion nochmals ein Exemplar des Fragebogens beizulegen. *Thoma, Zimmermann* (1996) weisen darauf hin, dass die Resonanz auf eine Nachfassaktion möglicherweise gesteigert werden kann, wenn anstelle des originären Fragebogens nunmehr ein verkürzter Fragebogen vorgelegt wird. Darüber hinaus schlagen *Klein, Porst* (2000) vor, das Nachfassen aus Kostengründen auf einen Teil der Zielpersonen zu beschränken und den Rücklauf in der Auswertung entsprechend zu gewichten.

Weit verbreitet ist auch die Auslobung von Preisen unter den Einsendern vollständig ausgefüllter Fragebögen. Dazu wird dem Fragebogen meist ein separates Los beigelegt, um das Vertrauen in die Anonymität der Datenauswertung nicht durch den Eintrag von Name und Adresse in den Fragebogen zu erschüttern. Die Verknüpfung des Zurücksendens der Fragebögen mit einer Gewinnmöglichkeit kann jedoch auch nachteiligen Einfluss auf die Selbstselektion der Teilnehmer haben, da sich unterschiedliche sozio-demographische Gruppierungen oftmals auch hinsichtlich ihrer Bereitschaft zur Teilnahme an Verlosungen unterscheiden. Mittlerweile liegen zahlreiche Studien zum Einfluss dieser extrinsischen Anreize vor. *Klein, Porst* (2000) stellen zusammenfassend fest, dass die Belohnung für die Teilnehmer primär symbolischen Charakter haben sollte.

Große Beachtung in der empirischen Sozialforschung hat die von *Dillman* (1978) vorgestellte und auch für die empirische Marketingforschung relevante **Total-Design-Methode** zur Ausgestaltung schriftlicher Befragungen erlangt. Grundlegende Philosophie dieser Methode ist es, die technischen Rahmenbedingungen zu optimieren und die Kommunikation zwischen Forscher und Befragtem in den

Mittelpunkt zu stellen. Bewährte Elemente dieser Vorgehensweise zur Erhöhung der Antwortrate sind

- das Belohnen der Befragten durch Wertschätzung gerade ihres Urteils und Formulierung der Fragen in der Form einer „Beratung" durch die Befragten,
- die Reduktion des Aufwands in Verbindung mit der Beantwortung der Fragen durch Minimierung der erforderlichen mentalen Anstrengungen,
- die Vermeidung jeglicher monetärer Kosten für die Befragten,
- die Vertrauensbildung durch Bezugnahme auf bekannte und hinsichtlich ihrer Loyalität von den zu Befragenden vermutlich akzeptierte Personen oder Organisationen, falls solche mit der betreffenden Befragung in einer nachvollziehbaren Beziehung stehen sowie
- die Anknüpfung an möglicherweise bereits bestehende Beziehungen, etwa bei der Befragung der Kunden eines Unternehmens.

Darüber hinaus hat *Dillman* (1978) auch Empfehlungen zur formalen Gestaltung von Fragebögen zusammengestellt. So sollten beispielsweise Fragebögen als Booklets gestaltet werden. Zudem dürfen auf keinen Fall sozio-demographische Fragen am Anfang des Fragebogens stehen.

Kapitel 8

Auswahl der Untersuchungseinheiten

8.1 Grundlagen der Stichprobenbildung

8.1.1 Stichprobe und Auswahlfehler

Die Objekte bzw. Personen, an denen Messungen vorgenommen werden sollen, nennt man **Untersuchungseinheiten**. Ziel jeder Datenerhebung ist die Beschaffung von Informationen über Eigenschaften bzw. Merkmale einer Menge von Untersuchungseinheiten. Ein solches Merkmal könnte beispielsweise die Qualität eines Produkts, die Preiswürdigkeit einer neuen Dienstleistung oder die Bekanntheit einer Einzelhandelskette sein. Die Gesamtheit aller in eine Untersuchung einbezogenen Merkmale wird als **Untersuchungsgegenstand** bezeichnet. Ein Beispiel hierfür ist das Image eines Produkts oder Herstellers, das sich aus den Ausprägungen unterschiedlicher Merkmale ableiten lässt. Typische Untersuchungseinheiten im Kontext der Marketingforschung sind die Kunden eines Unternehmens oder die Käufer eines Produkts. Die Menge aller Untersuchungseinheiten wird als **Grundgesamtheit** bezeichnet.

Die korrekte Definition einer Grundgesamtheit bedarf eingehender Vorüberlegungen hinsichtlich des Untersuchungsgegenstands, da beispielsweise das Image einer Marke bei den Käufern dieser Marke anders sein kann als bei den Käufern konkurrierender Marken. Die folgenden Szenarien veranschaulichen am Beispiel einer Untersuchung für eine Einzelhandelskette die unterschiedlichen Optionen zur Bestimmung der Grundgesamtheit:

- Im Fall einer auf die Kundenbindung einer Einzelhandelskette gerichteten Untersuchung ist die Grundgesamtheit als die Menge der bisherigen Kunden zu definieren.

- Bei einer auf die Erschließung neuer Käuferkreise dieser Einzelhandelskette fokussierten Untersuchung ist die Grundgesamtheit hingegen mit der Menge der Kunden identisch, die ihre Käufe bis dato bei konkurrierenden Einzelhändlern getätigt haben.

- Besteht der Untersuchungsgegenstand hingegen in der Analyse des generellen Images der betrachteten Einzelhandelskette, so umfasst die zu betrachtende Grundgesamtheit sowohl die eigenen Kunden als auch die der konkurrierenden Einzelhändler.

Bei einer hinreichend kleinen Grundgesamtheit kann eine **Vollerhebung**, die in der einschlägigen Fachliteratur auch als **Zensus**[1] bezeichnet wird, durchgeführt werden. In der Marketingforschung trifft dies beispielsweise auf Erhebungen im Kontext des Business-to-Business-Marketing zu, wenn der Kreis der Abnehmer der betreffenden Produkte oder Dienstleistungen überschaubar ist. Eine grosse Zahl der Untersuchungseinheiten legt die Durchführung einer **Teilerhebung** nahe, um auf diese Weise Zeit und Kosten zu sparen. Dazu wird auf Basis der Grundgesamtheit eine Stichprobe der Untersuchungseinheiten derart „gezogen", dass die Ausprägungen der Untersuchungsmerkmale nicht nur für die jeweilige Stichprobe, sondern auch für die Grundgesamtheit Gültigkeit besitzen.

Diese grundsätzliche Forderung nach Repräsentativität ist in der praktischen Marketingforschung nur näherungsweise zu erfüllen, da jede Stichprobenziehung mit einem **Stichprobenfehler** einhergeht. Um diesen zu minimieren, sind verschiedene Auswahlprinzipien entwickelt worden, die sich in nicht-zufällige und zufällige Auswahlprinzipien unterscheiden lassen.

Bei einer **Zufallsstichprobe** hat jedes Element der Grundgesamtheit die gleiche von 0 verschiedene Wahrscheinlichkeit, in die Stichprobe zu gelangen. Der Stichprobenfehler ist in diesem Fall mit Instrumenten der Statistik abschätzbar. Bei einer **nicht-zufälligen Stichprobenziehung** werden die zu befragenden Personen oder Organisationen gezielt auf Basis a priori festgelegter Kriterien ausgewählt. Die an *Tull, Hawkins* (1993, 67 ff.) und *Hüttner* (1997, S. 13) angelehnte Abbildung 8.1 enthält eine Systematik der Fehler, die im Rahmen der empirischen Marketingforschung von Bedeutung sind.

<table>
<tr><td colspan="2">Zufällige Fehler</td><td colspan="2">Systematische Fehler</td></tr>
<tr><td>zufälliger Messfehler</td><td>zufälliger Auswahlfehler (Stichprobenfehler)</td><td>systematischer Auswahlfehler (Erfassungsfehler, Non-Response)</td><td>systematischer Messfehler</td></tr>
<tr><td></td><td colspan="2">Auswahlfehler</td><td></td></tr>
</table>

Abbildung 8.1: *Systematik der Fehler bei empirischen Messungen*

[1] Der in der empirischen Sozialforschung verbreitete Begriff des „Mikrozensus" zur Beschreibung einer Stichprobe aus der Bevölkerung (vgl. *Schnell et al.* (1999, S. 251)) erscheint daher leicht missverständlich.

Die in der Abbildung genannten Messfehler beziehen sich auf die Reliabilität und die Validität einer Messung und werden detailliert in Kapitel 11 behandelt. Sie sind streng von den Auswahlfehlern zu trennen.

Der **zufällige Auswahlfehler** kann anhand des folgenden Beispiels veranschaulicht werden: Ein Unternehmen hat im Rahmen eines Marketingforschungsprojekts den Anteil c von Personen ermittelt, die hinsichtlich eines Neuprodukts eine Kaufabsicht signalisiert haben. Es sei:

$$c = \frac{\text{Anzahl der Personen, die eine Kaufabsicht geäußert haben}}{\text{Anzahl der Personen in der Stichprobe}} = \frac{400}{2.000} = 0,2$$

Bezeichnet man den unbekannten „wahren“ Anteil der Kaufinteressierten, d.h. jenen Anteil der Grundgesamtheit, der bei Vollerhebung eine Kaufabsicht geäußert hätte, mit π und beträgt dieser beispielsweise genau 25 %, dann gilt im Sinne des Repräsentationsschlusses:

$$\pi = c \pm \text{Fehler} \qquad \text{also} \qquad 0,25 = 0,2 + \underbrace{0,05}_{\text{Fehler}}$$

Da die Verteilung des zufälligen Stichprobenfehlers für hinreichend große Stichproben zumindest näherungsweise mittels einer Normalverteilung beschrieben werden kann, ist die Bestimmung des Vertrauensintervalls, innerhalb dessen der wahre Wert in der Grundgesamtheit zu vermuten ist, problemlos möglich. Weitaus schwieriger gestaltet sich der Umgang mit dem **systematischen Auswahlfehler**. Einzelne Fehlerursachen können sich in ihrer Wirkung gegenseitig kompensieren oder verstärken, ohne dass darüber Wahrscheinlichkeitsaussagen abzuleiten sind. Neben den in Kapitel 7 dargelegten Ursachen systematischer Auswahlfehler durch die Fragebogengestaltung und die Offerierung extrinsischer Anreize können Fehler in der Erhebungsplanung (z.B. fehlerhafte Definition der Grundgesamtheit oder Verwendung ungeeigneter Auswahlmethoden) und in der praktischen Durchführung der Erhebung (z.B. schlechte Organisation der Feldarbeit oder Auswahl von Probanden entsprechend der Sympathien einzelner Interviewer) auftreten.

8.1.2 Erstellung eines Auswahlplans

Soll bei einer Untersuchung anstelle einer Vollerhebung eine Teilerhebung durchgeführt werden, so ist ein geeigneter **Auswahlplan** zu erstellen, in dem

- Auswahlbasis,
- Auswahlprinzip,
- Auswahltyp,
- Auswahltechnik und
- Auswahlumfang

festgelegt werden. Grundlage für einen Auswahlplan ist die korrekte Definition der Grundgesamtheit, die sich von der Definition der Auswahlbasis durch den Abstraktionsgrad unterscheidet. Die Grundgesamtheit ist durch eine Abgrenzung hinsichtlich des Untersuchungszeitraums, des Untersuchungsgebiets und des Untersuchungsobjekts gekennzeichnet. Im Gegensatz zu der vergleichsweise abstrakt definierten Grundgesamtheit ist die **Auswahlbasis** konkret durch Listen (z.B. Kundenlisten oder Einwohnermeldeverzeichnisse) oder andere formalisierte Zusammenstellungen beschrieben. Mögliche Ausprägungen der weiteren Elemente des Auswahlplans sind in der an *Hammann, Erichson* (2000, S. 133) angelehnten Abbildung 8.2 dargestellt.

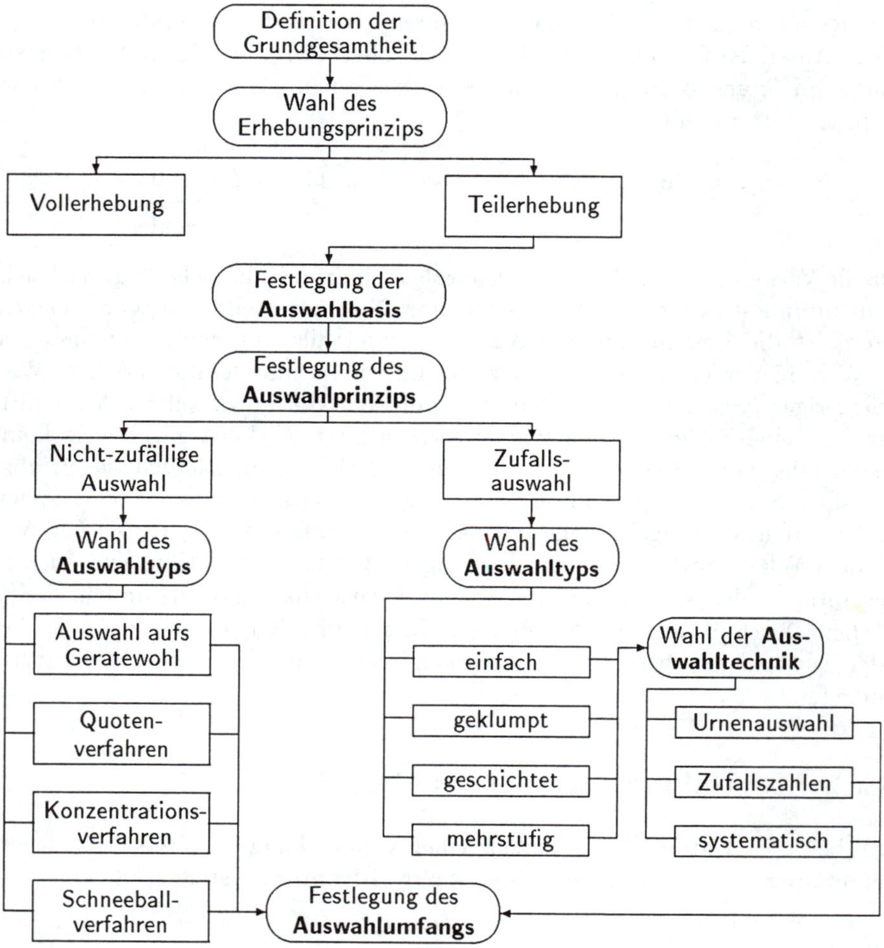

Abbildung 8.2: *Entscheidungsalternativen bei der Erstellung eines Auswahlplans*

Die willkürliche und scheinbar unsystematische Auswahl von Probanden, etwa im Zuge der verbreiteten Passantenbefragungen in Einkaufsstraßen an Samstagvormittagen, ist keine zufällige Auswahl. Dies erscheint auch unmittelbar einsichtig, da z.B. die im Einzelhandel beschäftigten Arbeitnehmer, falls sie zur relevanten Grundgesamtheit zählen, aufgrund ihrer Erwerbstätigkeit in den Erhebungszeiträumen nur mit sehr geringer Wahrscheinlichkeit in die resultierende Stichprobe gelangen können.

8.2 Zufällige Auswahl

8.2.1 Prinzipien des zufälligen Ziehens

Um eine echte Zufallsauswahl realisieren zu können, sind in der einschlägigen Literatur verschiedene Vorgehensweisen vorgeschlagen worden, auf die im Folgenden zusammenfassend dargestellt sind:

- Zur Selektion von Untersuchungseinheiten aus einer großen Auswahlbasis können mittels linearer Kongruenzgeneratoren **Pseudo-Zufallszahlen**[2] generiert werden. Der Rückgriff auf Zufallszahlen hat sich insbesondere in Form des Random-Digit-Dialing zur Auswahl von Interviewpartnern im Rahmen von Telefoninterviews bewährt, da auf diese Weise auch den nicht in den Telefonanschlussverzeichnissen aufgeführten Haushalten („Geheimnummern“) eine positive Auswahlwahrscheinlichkeit zukommt und der Auswahlfehler reduziert wird.

- Eine Alternative zu Zufallszahlen ist das **Schlussziffernverfahren**, bei dem die Auswahl der Untersuchungseinheiten aus einer durchnummerierten Liste entsprechend der Endziffer der Nummer in dieser Liste erfolgt. Es werden z.B. alle Untersuchungseinheiten mit der Endziffer 7 ausgewählt.

- Bei der **systematischen Zufallsauswahl** erfolgt die Auswahl jeder k-ten Untersuchungseinheit aus einer fortlaufend, aber nicht systematisch (periodisch) durchnummerierten Auswahlbasis, wobei $k = \lfloor \frac{N^{GG}}{N} \rfloor$ (mit N^{GG} als dem Umfang der Grundgesamtheit und N als dem geplanten Stichprobenumfang) gilt.[3]

- Die aus einer vorgegebenen Liste (etwa der Telefonliste eines Unternehmens oder einer Behörde) zu befragenden Personen können bei der **Buchstabenauswahl** z.B. gemäß des Anfangsbuchstabens ihres Nachnamens aus der Auswahlbasis selektiert werden. Hierbei ist zu beachten, dass sich ethnische

---

[2] Hierbei handelt es sich nicht um „echte“ Zufallszahlen, da Rechenanlagen im Gegensatz zum Menschen keine Zahlen raten können. **Zufallszahlengeneratoren** sind streng deterministische Rechenvorschriften, deren numerische Resultate den Aufbau der zugrunde liegenden Rechenvorschrift nicht mehr unmittelbar erkennen lassen und somit beim Betrachter den Eindruck eines zufälligen Ursprungs erwecken.

[3] Der Operator $\lfloor . \rfloor$ bewirkt eine Abrundung des Arguments auf den nächstkleineren ganzzahligen Wert.

Gruppen oftmals durch eine Häufung bestimmter Buchstaben in ihren Namen auszeichnen.

- Die Auswahl von Personen in einem bestimmten Haushalt kann durch die **Geburtstagsregel** erfolgen, bei der jenes Mitglied des betreffenden Haushalts ausgewählt wird, das z.B. vom Erhebungszeitpunkt aus gesehen als nächstes Geburtstag hat.

- Ebenfalls zur Auswahl von Personen aus einem Haushalt ist der „**Schwedenschlüssel**" entwickelt worden, der sich aus dem fortlaufenden Abarbeiten von Permutationen der Zahlen von 1 bis zur maximalen Haushaltsgröße in einer Grundgesamtheit ergibt.

Die alternativ zu verstehenden Vorgehensweisen können im Rahmen einer mehrstufigen Auswahl auch miteinander kombiniert werden. Beispielsweise ist es möglich, die Rahmen eines Telefoninterviews zu befragenden Haushalte durch Zufallszahlen zu ermitteln, und die konkret für das Gespräch heranzuziehende Person aus jedem Haushalt anhand der Geburtstagsregel zu bestimmen.

8.2.2 Einfache Zufallsauswahl und Kontrolle des Zufallsfehlers

Die **Zufallsauswahl** („Random Sampling") basiert auf der Bestimmung der Untersuchungseinheiten durch einen Zufallsmechanismus. Dieser gewährleistet die Objektivität der Auswahl, da das Auswahlergebnis nicht dem subjektiven Ermessen des Forschers oder gar des Interviewers unterliegt. Der Zufallsmechanismus ist so zu gestalten, dass jedes Element der Grundgesamtheit eine berechenbare und somit bekannte, von 0 verschiedene Wahrscheinlichkeit besitzt, in die Stichprobe zu gelangen. Die Zufallsziehung garantiert allerdings nicht die Repräsentativität der Stichprobe, da nur der systematische, jedoch nicht der zufällige Auswahlfehler reduziert wird. Aber auch der systematische Auswahlfehler kann nicht gänzlich ausgeschlossen werden, da z.B. einige der zufällig ausgewählten Probanden möglicherweise nicht erreichbar sind oder die Teilnahme an der Erhebung verweigern. Diese Personen dürfen keinesfalls durch andere erreichbare und auskunftswillige Probanden ersetzt werden, da dies einer systematischen Auswahl mit der Konsequenz eines höheren systematischen Auswahlfehlers gleichkommen würde. Darüber hinaus bringt eine Zufallsauswahl in der Regel einen höheren Planungs- und Durchführungsaufwand mit sich. Dafür eröffnet sie die Möglichkeit, die „wahren" Werte (Parameter) der Grundgesamtheit anhand von Stichprobenwerten innerhalb bestimmter „Toleranzbereiche", den **Konfidenz-** oder **Vertrauensintervallen**, zu schätzen und den Zufallsfehler auf Basis eines wahrscheinlichkeitstheoretischen Modells zu berechnen.

Bei der Berechnung von Vertrauensintervallen ist zwischen dem heterograden und dem homograden Fall zu unterscheiden. Im **heterograden Fall** sind die zu untersuchenden Merkmale quantitativ bzw. metrisch skaliert.[4] Beispiele sind das Einkommen einer Person oder der Marktanteil eines Produkts. Der „wahre“ (d.h. in der Grundgesamtheit vorliegende) Mittelwert eines betrachteten Merkmals wird im Folgenden mit μ und die zugehörige „wahre“ Varianz mit σ^2 bezeichnet. Für den auf Basis einer Stichprobe ermittelten empirischen Mittelwert verwenden wir die Variable $\bar{x}$ und für die empirische Stichprobenvarianz die Variable s^2.

Im **homograden Fall** sind die interessierenden Merkmale qualitativer Art und somit nicht-metrisch skaliert. Die Ausprägungen Gewohnheitsraucher, Gelegenheitsraucher und Nichtraucher beispielsweise charakterisieren ein **polytomes Merkmal**[5], während die schlichte Unterscheidung in Raucher und Nichtraucher ein **dichotomes Merkmal** beschreibt. Von besonderem Interesse ist hierbei die Übereinstimmung des „wahren“ Anteilswerts π einer Merkmalsausprägung in der Grundgesamtheit mit dem auf Basis der Stichprobe berechneten empirischen Anteilswert c sowie der „wahren“ Varianz σ^2 der Merkmalsausprägungen mit ihrem empirischen Pendant, das analog zum heterograden Fall mit s^2 bezeichnet wird.

Bei der **einfachen Zufallsauswahl**, die dem einfachen Urnenmodell[6] der Statistik entspricht, hat jedes Element der Grundgesamtheit vom Umfang N^{GG} eine von 0 verschiedene, identische Wahrscheinlichkeit $\frac{1}{N^{GG}}$, in die Stichprobe zu gelangen. Jede Kombination von N Elementen besitzt folglich die gleiche Wahrscheinlichkeit, eine Stichprobe zu bilden.

Die grundsätzliche Vorgehensweise zur Kontrolle des Zufallsfehlers soll nachfolgend am Beispiel einer fiktiven Erhebung für einen Mobilfunkanbieter demonstriert werden. Dieser interessiere sich u.a. für den Anteil der Studierenden an deutschen Hochschulen, die bereits über ein Handy verfügen, und für das Einkommen der Studierenden. Ausgangspunkt der Untersuchung sei also eine Unterscheidung in Handybesitzer und Nicht-Handybesitzer (dichotomes Merkmal) und das Einkommen der Studierenden (metrisches Merkmal).

Die wahren Werte für das durchschnittliche Einkommen μ der Studierenden und den Anteil π der Handybesitzer in der Grundgesamtheit berechnen sich wie folgt:

$$\mu = \frac{1}{N^{GG}} \sum_{k=1}^{N^{GG}} x_k \tag{8.1}$$

bzw.

$$\pi = \frac{\text{Anzahl der Handybesitzer in der Grundgesamtheit}}{N^{GG}} \tag{8.2}$$

mit x_k als dem Einkommen von Person k. Auf Basis einer einfachen Zufallsstichprobe vom Umfang N können für die wahren Parameter der Grundgesamtheit erwartungstreue und unverzerrte Schätzer bestimmt werden. Zu diesem Zweck

[4] Eine ausführlichere Erläuterung der Skalenniveaus erfolgt in Abschnitt 10.1.

[5] Im polytomen Fall kann das betreffende Merkmal eine beliebig große, aber endliche Anzahl von Ausprägungen aufweisen.

[6] Eine ausführliche Beschreibung des Urnenmodells kann z.B. *Bleymüller et al.* (1996) entnommen werden.

werden eine Zufallsvariable $\bar{X}$ für das arithmetische Mittel mit Realisation $\bar{x}$ und eine Zufallsvariable C für die relative Häufigkeit respektive den Anteilswert mit Realisation c eingeführt. Weiterhin gilt:

$$\bar{x} = \frac{1}{N}\sum_{k=1}^{N} x_k \qquad \text{und} \qquad c = \frac{\text{Anzahl der Handybesitzer in der Stichprobe}}{N} \tag{8.3}$$

Da $\bar{x}$ und c bei unterschiedlichen Stichproben aus derselben Grundgesamtheit unterschiedlich ausfallen können, ist der hierauf basierende Repräsentationsschluss mit einem Stichprobenfehler behaftet, der sich wie folgt quantifizieren lässt:

$$\mu = \bar{X} \pm \text{Stichprobenfehler} \qquad \text{bzw.} \qquad \pi = C \pm \text{Stichprobenfehler} \tag{8.4}$$

Die Frage nach dem Ausmaß des absoluten Stichprobenfehlers $|\mu - \bar{X}|$ bzw. $|\pi - C|$ kann, solange der wahre Wert der Grundgesamtheit nicht bekannt ist, nur in Form einer Wahrscheinlichkeitsaussage beantwortet werden.

Gemäß dem zentralen Grenzwertsatz (vgl. *Hartung* (1995, S. 121 f.) und *Bleymüller et al.* (1996, S. 77 ff.)) sind die Zufallsvariablen $\bar{X}$ und C unabhängig von der tatsächlichen Merkmalsverteilung für $N \to \infty$ approximativ normalverteilt.[7] D.h. es gilt:

$$\bar{X} \sim F^N\left(\mu; \frac{\sigma_{\bar{X}}^2}{N}\right) \qquad \text{mit} \qquad \sigma_{\bar{X}}^2 = \frac{1}{N}\sum_{k=1}^{N}(x_k - \mu)^2 \tag{8.5}$$

und

$$C \sim F^N\left(\pi; \frac{\sigma_C^2}{N}\right) \qquad \text{mit} \qquad \sigma_C^2 = \pi(1-\pi) \tag{8.6}$$

Bei „kleinen" Grundgesamtheiten ist die Stichprobenvarianz $\frac{\sigma_\bullet^2}{N}$ noch um den Korrekturfaktor $(N^{GG} - N)(N^{GG} - 1)^{-1}$ zu berichtigen. Hierauf kann jedoch verzichtet werden, wenn $\frac{N}{N^{GG}} < 0,05$ gilt.

Das **Konfidenzintervall**, d.h. der Bereich, in dem der unbekannte wahre (und durch die Stichprobe „angenäherte") Parameter einer Grundgesamtheit vermutet werden kann, ist abhängig vom Stichprobenumfang N und der **Irrtumswahrscheinlichkeit** α. Der Wert α gibt die Wahrscheinlichkeit dafür an, dass der wahre Parameter außerhalb des betrachteten Konfidenzintervalls liegt. Die vor der statistischen Analyse festzulegende Irrtumswahrscheinlichkeit ist somit ein Maß für die Genauigkeit, mit der eine Untersuchung durchgeführt werden soll. Je größer der Stichprobenumfang N ausfällt, desto geringer ist der zufällige Auswahlfehler und desto höher ist auch die Genauigkeit der Untersuchung. Die Grenzen der im vorliegenden Beispiel relevanten Konfidenzintervalle sind durch

$$\bar{X} - z\frac{\sigma_{\bar{X}}}{\sqrt{N}} \leq \mu \leq \bar{X} + z\frac{\sigma_{\bar{X}}}{\sqrt{N}} \qquad \text{bzw.} \qquad C - z\frac{\sigma_C}{\sqrt{N}} \leq \pi \leq C + z\frac{\sigma_C}{\sqrt{N}} \tag{8.7}$$

[7] Im Sinne einer „Faustregel" kann diese Annahme als angemessen erachtet werden, wenn $N > 30$ (vgl. *Bamberg, Baur* (2001, S. 141)) gilt. *Hartung* (1995, S. 272) fordert in analogem Kontext ein $N > 60$.

(mit z als dem Wert der standardisierten Normalverteilung[8] bei vorgegebener Irrtumswahrscheinlichkeit α) festgelegt. D.h. es gilt auch:

$$P\left(\bar{X} - z\frac{\sigma_{\bar{X}}}{\sqrt{N}} \leq \mu \leq \bar{X} + z\frac{\sigma_{\bar{X}}}{\sqrt{N}}\right) = 1 - \alpha \tag{8.8}$$

bzw.

$$P\left(C - z\frac{\sigma_C}{\sqrt{N}} \leq \pi \leq C + z\frac{\sigma_C}{\sqrt{N}}\right) = 1 - \alpha \tag{8.9}$$

Bei der Wahl des Signifikanzniveaus ist zu beachten, dass es sich im vorliegenden Fall um eine zweiseitige Überprüfung handelt, weshalb die Wahrscheinlichkeit einer Abweichung des wahren Parameters um mehr als die **Fehlerspanne** $FS = \frac{z\sigma_\bullet}{\sqrt{N}}$ in eine Richtung gerade $\frac{\alpha}{2}$ beträgt. Auch ist die Varianz der Ausprägungen eines Untersuchungsmerkmals in der Grundgesamtheit in der Marketingforschungspraxis üblicherweise nicht bekannt. Sie muss auf Basis der gezogenen Stichprobe abgeschätzt werden. Im heterograden Fall gilt:

$$s_{\bar{X}}^2 = \frac{1}{N-1}\sum_{k=1}^{N}(x_k - \bar{x})^2 \tag{8.10}$$

Im homograden Fall lautet die analoge Beziehung für die korrigierte, d.h. den Stichprobenumfang berücksichtigende Stichprobenvarianz (vgl. *Voß* (Hrsg.) (2000, S. 97 ff.) und *Böhler* (1992, S. 142 ff.)):

$$s_C^2 = \frac{N}{N-1}\,c\,(1-c) \tag{8.11}$$

Im Rahmen der beispielhaft betrachteten Untersuchung für den Mobilfunkanbieter seien $N = 200$ Studierende an verschiedenen deutschen Universitätsstandorten befragt worden. Dabei ergaben sich folgende Werte:

$$\bar{x} = \frac{1}{200}\sum_{k=1}^{200} x_k = 1.500 \qquad \text{bzw.} \qquad c = \frac{140}{200} = 0,7$$

bzw. für den heterograden Fall:

$$s_{\bar{X}}^2 = \frac{1}{200-1}\sum_{k=1}^{200}(x_k - \bar{x})^2 = 22.500 \qquad \text{bzw.} \qquad s_{\bar{X}} = 150$$

Varianz und Standardabweichung für den homograden Fall lassen sich unmittelbar berechnen. Es gilt:

$$s_C^2 = \frac{200}{200-1} \cdot 0,7 \cdot (1 - 0,7) = 0,211 \qquad \text{bzw.} \qquad s_C = 0,459$$

[8] Für $N \leq 30$ sind die z-Werte durch die entsprechenden Werte der Student-t-Verteilung mit $N - 1$ Freiheitsgraden zu ersetzen.

Bei einer Irrtumswahrscheinlichkeit von $\alpha = 0,05$ kann aus der Tabellierung der Standardnormalverteilung im Anhang ein Wert von $z = 1,96$ abgelesen werden. Die Konfidenzintervalle ergeben sich dann zu:

$$1.479,211 = 1.500 - 1,96\sqrt{\frac{22.500}{200}} \leq \mu \leq 1.500 + 1,96\sqrt{\frac{22.500}{200}} = 1.520,789$$

bzw.

$$0,636 = 0,7 - 0,064 \leq \pi \leq 0,7 + 0,064 = 0,764$$

Dies bedeutet, dass der wahre Mittelwert der studentischen Einkommen mit einer Wahrscheinlichkeit von $1 - \alpha = 0,95$ in dem Intervall [1.479,211; 1.520,789] liegt. Mit gleicher Wahrscheinlichkeit liegt der wahre Anteil der Handybesitzer im Intervall [0,636; 0,764].

Der vorgestellte Formalismus kann bei gegebener Irrtumswahrscheinlichkeit auch zur Bestimmung des erforderlichen Stichprobenumfangs eingesetzt werden. Bei einer vorgegebenen maximalen Fehlerspanne FS^{max} und einer Irrtumswahrscheinlichkeit α ist der minimale Stichprobenumfang N^{min} im heterograden Fall wie folgt zu berechnen:

$$N^{min} = \frac{z^2 \cdot s_{\bar{X}}^2}{(FS^{max})^2} \tag{8.12}$$

Im homograden Fall gilt analog:

$$N^{min} = \frac{z^2 \cdot s_C^2}{(FS^{max})^2} \tag{8.13}$$

Möchte das Mobilfunkunternehmen den Anteil der derzeitigen Handybesitzer auf 5 % genau und gleichzeitig das durchschnittliche Einkommen der Studierenden auf 50 DM genau bestimmen, so ist hierfür ein Mindeststichprobenumfang von[9]

$$\begin{aligned} N^{min} &= \max \begin{cases} \lceil \frac{1,96^2 \cdot 22.500}{50^2} \rceil = \lceil 34,574 \rceil = 35 & \text{(Durchschnittseinkom.)} \\ \lceil \frac{1,96^2 \cdot 0,211}{0,05^2} \rceil = \lceil 324,231 \rceil = 325 & \text{(Anteil Handybesitzer)} \end{cases} \\ &= 325 \end{aligned}$$

erforderlich. D.h. der ursprüngliche Stichprobenumfang von 200 Studierenden müsste noch deutlich erhöht werden.

Als nachteilig erweist sich bei der einfachen Zufallsauswahl der Umstand, dass zunächst eine vollständige und zugleich aktuelle Liste der Untersuchungseinheiten erstellt oder beschafft werden muss. Die nachfolgend behandelten alternativen Formen der Zufallsauswahl tragen diesem Problem z.T. Rechnung.

[9] Der Operator $\lceil . \rceil$ bewirkt eine Aufrundung des Arguments auf den nächsthöheren ganzzahligen Wert.

8.2.3 Geschichtete Auswahl

Bei der geschichteten Auswahl („Stratified Sampling“) erfolgt anhand externer Informationen, z.B. in Form amtlicher Einwohnermeldeverzeichnisse, eine Aufteilung der Grundgesamtheit in disjunkte Teilmengen, so genannte „Schichten“. Beispiele solcher Aufteilungen sind geographische Regionen (Stadtteile, Wahlkreise und Nielsengebiete[10]) oder Betriebe. Aus jeder Schicht werden einfache Zufallsstichproben gezogen, um die statistischen Kenngrößen der Untersuchungsmerkmale zu bestimmen.[11] Bei der Berechnung von Mittelwerten, Varianzen und Konfidenzintervallen für die Gesamtstichprobe ist gegebenenfalls eine Gewichtung entsprechend der Bedeutung der einzelnen Schichten vorzunehmen. Die Schichtung kann entweder proportional zum Anteil einer Schicht an der Grundgesamtheit oder disproportional nach einem anderen geeigneten Kriterium erfolgen. Das gewichtete arithmetische Mittel $\bar{x}$ der gesamten Stichprobe auf Basis der Mittelwerte $\bar{x}_i$ in den einzelnen Schichten i wird wie folgt berechnet:

$$\bar{x} = \frac{1}{N^{GG}} \sum_{i=1}^{I} N_i^{GG} \bar{x}_i \quad \text{mit } \bar{x}_i = \frac{1}{N_i} \sum_{k=1}^{N_i} x_{ik} \quad \forall\, i; \qquad N^{GG} = \sum_{i=1}^{I} N_i^{GG} \tag{8.14}$$

und

N^{GG}	=	Umfang der Grundgesamtheit
I	=	Anzahl gebildeter Schichten
N_i^{GG}	=	Umfang der Schicht i ($i = 1, \ldots, I$) in der Grundgesamtheit
N_i	=	Umfang der Stichprobe, die aus der i-ten Schicht gezogen wurde
x_{ik}	=	Wert des betrachteten Merkmals bei Untersuchungseinheit k in Schicht i

Für die Varianz der Ausprägungen eines Merkmals in der Gesamtstichprobe gilt gemäß *Bamberg, Baur* (2001, S. 245):

$$s^2 = \frac{1}{(N^{GG})^2} \sum_{i=1}^{I} \left(N_i^{GG}\right)^2 \frac{s_i^2 \left(N_i^{GG} - N_i\right)}{N_i \left(N_i^{GG} - 1\right)} \tag{8.15}$$

mit

$$s_i^2 = \frac{1}{N_i - 1} \sum_{k=1}^{N_i} \left(x_{ik} - \bar{x}_i\right)^2 \qquad \forall\, i \tag{8.16}$$

---

[10] Die Bundesrepublik Deutschland kann einer Strukturierung des Marktforschungsunternehmens A.C. Nielsen folgend in sieben **Nielsengebiete** eingeteilt werden:

Gebiet 1:	Bremen, Hamburg, Niedersachsen und Schleswig-Holstein
Gebiet 2:	Nordrhein-Westfalen
Gebiet 3a:	Hessen, Rheinland-Pfalz und Saarland
Gebiet 3b:	Baden-Württemberg
Gebiet 4:	Bayern
Gebiet 5:	Brandenburg, Mecklenburg-Vorpommern und Sachsen-Anhalt
Gebiet 6:	Sachsen und Thüringen

[11] Der Übersichtlichkeit halber beschränken wir unsere weiteren Betrachtungen auf den heterograden Fall, d.h. auf metrische Merkmale.

als der empirisch ermittelten Varianz der Merkmalsausprägungen in der i-ten Schicht.

Optimal erscheint eine Schichtung entsprechend der Stichprobenvarianzen innerhalb der einzelnen Schichten. Dies setzt detaillierte Kenntnisse der Grundgesamtheit, beispielsweise aus vorangegangenen Untersuchungen voraus. Ziel ist der Erhalt einer Schichtung mit geringen schichtinternen Varianzen und großer externer Varianz (zwischen den einzelnen Schichten), so dass die Mittelwerte der einzelnen Schichten hinsichtlich des Untersuchungsmerkmals möglichst deutlich differieren. Hierdurch kommt es zum **Schichtungseffekt**, der eine Erhöhung der Effizienz gegenüber der einfachen Zufallsauswahl bewirkt. Darüber hinaus bietet eine Schichtung den Vorteil, dass Informationen über einzelne Schichten, beispielsweise die darin repräsentierten Alters- oder Einkommensklassen, mit erhoben werden können.

Die Bestimmung des schichtspezifisch optimalen Stichprobenumfangs kann als konvexes Optimierungsproblem formuliert werden, dessen Zielfunktion die Minimierung der Varianz in den einzelnen Schichten zum Gegenstand hat. Als Nebenbedingung ist entweder der Gesamtstichprobenumfang oder noch besser ein Budget und Kostensätze für die Erhebungen innerhalb der einzelnen Schichten vorzugeben. *Bamberg, Baur* (2001, S. 247) heben drei Eigenschaften der Lösung des Optimierungsproblems hervor. Der Stichprobenumfang der i-ten Schicht ist umso größer zu wählen,

- je größer der betreffende Schichtumfang in der Grundgesamtheit ist,
- je höher die Varianz innerhalb der Schicht i ist und
- je geringer der schichtspezifische Kostensatz ausfällt.

Die genannten Kriterien können als „Faustregel“ für die Stichprobenplanung im Fall einer geschichteten Auswahl Verwendung finden.

8.2.4 Klumpenauswahl

Bei der Klumpenauswahl („Cluster Sampling“) erfolgt zunächst analog zur geschichteten Auswahl eine Aufteilung der Grundgesamtheit in disjunkte Teilmengen, die „Klumpen“. Dabei handelt es sich zumeist um natürliche Gruppierungen, etwa Betriebe, Regionen oder Haushalte. Aus den zur Verfügung stehenden Klumpen erfolgt sodann eine Zufallsauswahl. In den zufällig ausgewählten Klumpen werden schließlich alle Elemente erfasst. Somit bilden nicht einzelne Untersuchungseinheiten, sondern ganze Gruppen von Untersuchungseinheiten die Stichprobe. Eine Sonderform der Klumpenauswahl ist die **Flächenstichprobe**, bei der die Bildung von Klumpen durch die Aufteilung einer größeren geographischen Region in kleine Einheiten (Raster) und anschließende zufällige Auswahl einzelner Einheiten erfolgt. Als Auswahlgrundlage eignen sich z.B. Landkarten oder Stadtpläne.

Ein Vorteil der Klumpenauswahl liegt in der oftmals relativ einfach zu beschaffenden Auswahlbasis. Beispielsweise ist eine Liste aller Betriebe einer Branche leichter zu beschaffen als eine Liste aller Arbeitnehmer (als den interessierenden Untersuchungseinheiten) in allen Betrieben dieser Branche. Darüber hinaus ist die Durchführung einer Erhebung bei räumlicher Konzentration vergleichsweise kostengünstig, so dass bei gegebenem Budget die Realisierung „großer" Stichprobenumfänge möglich wird.

Die Berechnung des gewichteten arithmetischen Mittels der Ausprägungen eines Merkmals in einer aus I Klumpen bestehenden Gesamtstichprobe erfolgt gemäß:

$$\bar{x} = \frac{1}{N^{GG}} \sum_{i=1}^{I} N_i^{GG} \bar{x}_i \tag{8.17}$$

mit

$$\bar{x}_i = \frac{1}{N_i^{GG}} \sum_{k=1}^{N_i^{GG}} x_{ik} \qquad \forall i \quad \text{und} \quad N^{GG} = \sum_{i=1}^{I} N_i^{GG}$$

Analog zum Schichtenmodell (vgl. Gleichung 8.14) bezeichnet N_i^{GG} die Anzahl der Untersuchungseinheiten im i-ten Klumpen und x_{ik} den Wert des betrachteten Merkmals bei Untersuchungseinheit k im Klumpen i. Die Berechnung der externen Varianz zwischen den Klumpen erfolgt gemäß der Formel:

$$s^2 = \frac{1}{(I-1) \cdot N^{GG}} \sum_{i=1}^{I} N_i^{GG} \left(\bar{x}_i - \bar{x}\right)^2 \tag{8.18}$$

Vergleichbar mit dem Schichtungseffekt kann bei der Klumpenauswahl ein **Klumpungseffekt** auftreten. Erfolgt die Stichprobenbildung so, dass die Klumpen im Hinblick auf das Untersuchungsmerkmal heterogener sind als die Grundgesamtheit, so sinkt der zufällige Stichprobenfehler durch die Klumpenauswahl. In der praktischen Marketingforschung tritt jedoch häufiger der Fall ein, dass die Untersuchungseinheiten in einem oder mehreren Klumpen homogener sind als in der Grundgesamtheit, so dass der Stichprobenfehler steigt. *Hammann, Erichson* (2000, S. 145) führen hierzu aus, dass durch einen höheren Stichprobenumfang bei gegebenem Budget durch die Klumpenauswahl trotzdem präzisere Resultate als durch die einfache Zufallsauswahl erzielt werden können. Gelingt es, die Klumpenbildung im Hinblick auf das Untersuchungsmerkmal wirklich zufällig vorzunehmen, so tritt kein Klumpungseffekt auf und es bleibt dennoch der Vorteil des höheren Stichprobenumfangs erhalten.

8.2.5 Mehrstufige und sequenzielle Auswahl

Die **mehrstufige Auswahl** („Multistage Sampling") ist eine Verallgemeinerung der bereits beschriebenen Prinzipien zur Aufteilung von Grundgesamtheiten, bei der mindestens zwei Auswahlstufen durchlaufen werden. Im Fall einer zweistufigen Auswahl beispielsweise erfolgt auf der ersten Stufe zunächst eine Aufteilung der Grundgesamtheit (z.B. alle Haushalte eines Landes) in disjunkte Teilmengen von Untersuchungseinheiten (z.B. Städte und Gemeinden), die **Primäreinheiten**. Aus diesen wird dann durch einfache Zufallsauswahl die Primärstichprobe (z.B. bestehend aus einer bestimmten Anzahl von Teilmengen respektive Städten und Gemeinden) gezogen. Auf der zweiten Auswahlstufe werden dann durch erneute einfache Zufallsauswahl die interessierenden Untersuchungseinheiten je Teilmenge, die **Sekundäreinheiten** (z.B. die in einer Stadt oder Gemeinde konkret zu befragenden Haushalte) bestimmt. Das verwendete Auswahlverfahren kann auch von Stufe zu Stufe wechseln. Erfolgt ein solcher Wechsel, so handelt es sich um ein **kombiniertes mehrstufiges Auswahlverfahren**, andernfalls um ein **reines mehrstufiges Auswahlverfahren**.

Geeignet erscheinen mehrstufige Auswahlverfahren bei Grundgesamtheiten, die eine „natürliche" Hierarchie aufweisen, wie sie beispielsweise die Gliederung der Bundesrepublik Deutschland in verschiedene Bundesländer, Regierungsbezirke und Städte bzw. Gemeinden mit sich bringt. *Hammann, Erichson* (2000, S. 145) verweisen darüber hinaus auf die Möglichkeit der Kombination einer Flächenstichprobe mit anderen Auswahlverfahren, wenn für eine einfache Zufallsauswahl keine Auswahlbasis vorhanden ist.

Bei der **sequenziellen Auswahl** („Sequential Sampling") stehen, wie *Bausch* (1990) ausführt, Kosten-Nutzen-Abwägungen hinsichtlich der Stichprobengröße im Vordergrund. Es wird zunächst eine vergleichsweise kleine Stichprobe gezogen, um auf Basis dieser Daten zu entscheiden, ob die vorliegenden Untersuchungshypothesen bereits hinreichend genau geprüft werden können, oder ob weitere Untersuchungseinheiten in die Betrachtungen einzubeziehen sind. Der minimal erforderliche Stichprobenumfang wird somit „von unten" angenähert. Diese Vorgehensweise erscheint jedoch nur dann empfehlenswert, wenn bei der Erhebung keine Skaleneffekte durch Fixkostendegression zu erwarten sind und der zu untersuchende Tatbestand eine ausreichende Zeitinvarianz aufweist, so dass es durch die schrittweise Datenerhebung zu keiner Ergebnisverzerrung kommt.

8.3 Nicht-zufällige Auswahl

Bei der **nicht-zufälligen Auswahl** werden üblicherweise vier Vorgehensweisen unterschieden, und zwar die Auswahl aufs Geratewohl, die Quotenverfahren, die Konzentrationsverfahren und die Schneeballverfahren. Allen diesen Auswahlverfahren ist gemein, dass keine inferenzstatistischen Aussagen über Konfidenzintervalle oder notwendige Stichprobenumfänge abzuleiten sind. Dennoch finden diese Verfahren in der Marketingforschung aufgrund ihrer Einfachheit immer wieder Anwendung.

8.3.1 Auswahl aufs Geratewohl

Bei der **Auswahl aufs Geratewohl** („Convenience Sampling“) erfolgt die Auswahl der Untersuchungseinheiten mehr oder weniger willkürlich. Sie ist streng von der Zufallsauswahl zu unterscheiden, da nicht alle Elemente der Grundgesamtheit dieselbe, einige Elemente noch nicht einmal eine von 0 verschiedene Wahrscheinlichkeit haben, in die Stichprobe zu gelangen. Zwar kann diese Form der Auswahl ohne eine genaue Definition der Grundgesamtheit erfolgen, doch muss der Nutzen solcher Stichproben hinsichtlich der Repräsentativität hieraus zu gewinnender Erkenntnisse in Frage gestellt werden.

8.3.2 Quotenverfahren

Ziel der **Quotenverfahren** („Quota Sampling“) ist es, die Repräsentativität einer Stichprobe in der Weise zu gewährleisten, dass die Verteilung bestimmter Merkmale in der Stichprobe mit der Verteilung dieser Merkmale in der Grundgesamtheit übereinstimmt. Zu diesem Zweck werden die Untersuchungseinheiten gemäß zuvor festgelegter **Quotenmerkmale** ausgewählt. Die Quotenauswahl kommt in erster Linie bei der Befragung durch Interviewer zum Einsatz. Voraussetzung für die Anwendung von Quotenverfahren ist, dass die tatsächliche Verteilung der Quotenmerkmale in der Grundgesamtheit hinreichend genau bekannt ist. Darüber hinaus sollten die Quotenmerkmale möglichst stark mit den Untersuchungsmerkmalen korrelieren, sie müssen also „sachrelevant“ sein.

Zur Erzeugung der jeweiligen Teilauswahl werden den Interviewern Quotenanweisungen an die Hand gegeben, auf Basis derer sie dann die zu Befragenden nach eigenem Ermessen auswählen. Die Bestimmung von Quotenmerkmalen, die zum einen in einem sachlichen Zusammenhang mit den Untersuchungsmerkmalen stehen und zum anderen auch noch hinsichtlich ihrer Verteilung in der Grundgesamtheit bekannt sind, kann im Einzelfall schwierig sein. Dieses Problem wird häufig umgangen, indem demographische Merkmale (wie etwa Geschlecht, Alter, Beruf, Wohnort, Einkommen oder Familienstand) der potenziellen Probanden herangezogen werden, obwohl deren Sachbezug zum Untersuchungsgegenstand möglicherweise fraglich erscheint.

Vorteile der Quotenauswahl sind die vergleichsweise einfache und kostengünstige Durchführung sowie der Umstand, dass einzelne Untersuchungseinheiten bei Nichterreichbarkeit oder Antwortverweigerung durch andere Untersuchungseinheiten, die die Quotenmerkmale aufweisen, ersetzt werden können. Aus dem zuletzt genannten Vorteil wird jedoch auch ein Nachteil dieses Auswahlverfahrens, der **Bequemlichkeitseffekt**, offensichtlich. Dieser resultiert aus der Neigung vieler Interviewer, nur die leicht zu erreichenden Personen einer Zielgruppe zu kontaktieren. Darüber hinaus kann es zu Ergebnisverzerrungen kommen, wenn die Interviewer vornehmlich solche Personen auswählen, die ihnen subjektiv sympathisch erscheinen. Im Übrigen sind Klumpungseffekte, die aus der regionalen und sozialen Reichweite der Interviewer resultieren, zu berücksichtigen.

8.3.3 Konzentrationsverfahren

Bei den **Konzentrationsverfahren** wird systematisch ein Teil der Grundgesamtheit ausgewählt. Hierbei sind grundsätzlich zwei Vorgehensweisen zu unterscheiden:

- Beim **Abschneideverfahren** („Cut-off Technique") werden nur die für den Untersuchungsgegenstand besonders „interessanten" Erhebungseinheiten, beispielsweise die A-Kunden eines Unternehmens bei Fragestellungen der Kundenbindung, ausgewählt. Die Grundgesamtheit wird entsprechend der Bedeutung der Untersuchungseinheiten (z.B. gemessen in Umsatz je Kunde) geordnet. Sodann können die weniger relevanten Untersuchungseinheiten „abgeschnitten" und somit von der weiteren Betrachtung ausgeschlossen werden.

- Bei der **typischen Auswahl** werden die als für den vorliegenden Untersuchungsgegenstand besonders „typisch" erachteten Untersuchungseinheiten ausgewählt. Schwierigkeiten bereitet dabei die Bestimmung von Kriterien, anhand derer die Untersuchungseinheiten als typisch oder untypisch klassifiziert werden können. *Berekoven et al.* (1999, S. 57) bewerten dieses Verfahren als im Hinblick auf den Repräsentationsschluss nicht ausreichend methodisch gesichert.

Beide Vorgehensweisen sind durch eine vergleichsweise hohe Subjektivität gekennzeichnet und sollten deshalb allenfalls in explorativen Voruntersuchungen zur Anwendung kommen.

8.3.4 Schneeballverfahren

Schneeballverfahren („Snowball Sampling") dienen der Stichprobenbildung im Fall einer nur schwer erfassbaren Grundgesamtheit. Beispiele sind die Menge der Benutzer eines besonders exklusiven Produkts oder die Menge der Personen mit einem außergewöhnlichen Hobby. Bei Befragungen solcher Zielgruppen kann oftmals nur sehr schwer eine geeignete Auswahlbasis – etwa in Form einer Adress- oder Telefonnummernliste – erstellt werden. Ist jedoch ein erster Vertreter der Grundgesamtheit identifiziert, so kann dieser u.U. auf ihm bekannte Personen verweisen, die ebenfalls zu der interessierenden Grundgesamtheit zu zählen sind. Auf diesem Weg kommt sukzessive die Stichprobe zustande, wobei auch hier Klumpungseffekte zu beachten sind.

8.4 Sonderformen der Stichprobenbildung

8.4.1 Random Route-Verfahren

Das **Random Route-Verfahren** dient der Bestimmung der zu befragenden Haushalte bei persönlichen Interviews. Es eignet sich auch für den Fall, dass eine tragfähige Auswahlbasis, z.B. aufgrund ständiger Zu- und Abgänge der Wohnbevölkerung in Verbindung mit einer Dunkelziffer nicht ordnungsgemäß an- oder abgemeldeter Wohnsitze, nur schwer präzise zu ermitteln ist.

Ausgangspunkt ist die möglichst „zufällig“ ausgewählte Adresse eines Haushalts, aus dem aber noch niemand befragt wird. Von diesem „Startpunkt“ ausgehend werden die zu befragenden Haushalte von den Interviewern auf Basis detaillierter Begehungsanweisungen aufgesucht. Die Anweisungen an die Interviewer können beispielsweise folgende Form haben:

- Es ist grundsätzlich jeder sechste Haushalt zu befragen. Türklingeln an Mehrfamilienhäusern werden von unten beginnend gezählt.
- Vom Startpunkt aus wird in Verkehrsflussrichtung unter Einhaltung der Straßenseite vorgegangen.
- Es ist so lange geradeaus zu gehen, wie dies möglich ist. Ist dies nicht mehr möglich, so ist rechts abzubiegen.

Die Begehungsanweisungen müssen unmissverständlich und eindeutig formuliert sein, so dass die Interviewer keinerlei Interpretationsspielraum haben und sicher zu kontrollieren sind. *Schnell et al.* (1999, S. 266) zufolge sollte die Konzeption der Anweisungen ohne Rücksicht auf die örtlichen Gegebenheiten vorgenommen werden. Auf einer nachgelagerten Stufe sind dann die konkreten Interviewpartner aus den ausgewählten Haushalten festzulegen. Neben den vergleichsweise geringen Kosten und den guten Kontrollmöglichkeiten ist das Random Route-Verfahren durch die räumliche Konzentration und den damit einhergehenden Klumpungseffekt charakterisiert. *Berekoven et al.* (1999, S. 59) heben überdies hervor, dass der Stichprobenfehler nur näherungsweise zu bestimmen ist.

8.4.2 ADM-Master-Sample

Ein in Deutschland populäres Verfahren für die Stichprobenbildung in der Marketingforschung ist das **ADM-Master-Sample**. Die Abkürzung ADM verweist auf den Arbeitskreis Deutscher Marktforschungsinstitute e.V., der auf eine gemeinsame Initiative mehrerer kommerzieller Marktforschungsinstitute zur Erstellung eines gemeinsamen und kombinierbaren Konzepts für allgemeine Bevölkerungsumfragen in der Bundesrepublik Deutschland zurückgeht (vgl. *Schaefer* (1979)). Als

Grundgesamtheit dient die in privaten Haushalten lebende deutsche Bevölkerung ab einem Mindestalter von 14 Jahren. Die Auswahl der Untersuchungseinheiten erfolgt in drei Stufen:

1. Bestimmung der „Sampling Points“:
   Aus den Gemeindekarteien des Statistischen Bundesamts und den Wahlbezirksstatistiken für Bundes- und Landtagswahlen wird zunächst die Menge der relevanten Haushalte bestimmt. Diese Grundgesamtheit wird sodann in Teilmengen untergliedert[12], aus denen jeweils eine bestimmte Anzahl von Stimmbezirken, die Sampling Points, gezogen werden.

2. Bestimmung der Haushalte:
   Es können entweder alle Haushalte eines Sampling Points im Sinne einer Vollerhebung befragt werden oder es wird eine Zufallsauswahl vorgenommen. Für Letzteres sind alle Haushalte eines Sampling Points in eine Liste aufzunehmen, aus der dann mittels Zufallszahlen die im Einzelnen zu befragenden Haushalte bestimmt werden („Address-Random“). Eine Begehung kann nach dem Random Route-Verfahren erfolgen. Soll nur eine kleine Stichprobe realisiert werden, so kann die Auswahl der Haushalte auch auf eine geeignete Auflistung weniger Straßen bezogen werden.

3. Bestimmung der Interviewpartner im jeweiligen Haushalt:
   Die in einem bestimmten Haushalt zu befragende Person kann anhand des Schwedenschlüssels, der Geburtstagsregel oder einer anderen vor dem Interview definierten Zuordnung bestimmt werden. Wichtig ist, dass der Interviewer die Auswahl nicht nach eigenem Ermessen vornimmt, damit ein überproportionaler Anteil leicht erreichbarer Personen in der Stichprobe vermieden wird.

Auf jeder der drei Stufen lassen sich, je nach Aufgabenstellung einer Untersuchung, unterschiedliche Auswahlverfahren einsetzen, was letzten Endes zu einer Art „Baukasten“ für Bevölkerungsstichproben führt. Abbildung 8.3 gibt in Anlehnung an *Berekoven et al.* (1999, S. 61) und *Schaefer* (1979, S. 86) die grundsätzliche Struktur dieses Baukastensystems wieder.

Aus der Abbildung wird deutlich, dass die Richtlinien für die Stichprobendefinition flexibel genug gestaltet sind, um den individuellen Anforderungen einer jeden Untersuchung, aber auch den Möglichkeiten des jeweiligen Untersuchungsteams gerecht zu werden. Die ADM-Auswahlregeln sind seit ihrer ursprünglichen Formulierung bereits mehrfach modifiziert worden und lagen zum Zeitpunkt der Erstellung dieses Buchs in der Fassung von 1997 vor.

---

[12] Das Vorgehen entspricht einer Schichtung der Grundgesamtheit (vgl. Abbildung 8.3).

Stichprobenstufe	Baukasten-Elemente				Definitionen/ Grundsätze
1. Stichprobenstufe	Technischer Ablauf	Schichtung	Auswahlverfahren	Auswahlchance	
Auswahl der Sampling Points	1. Einphasig: Auswahl von STBZ = Sampling Point (ggf. Synthesierung)	Schichtungsmerkmale:	o uneingeschränkte o systematische Zufallsauswahl	o proportional Haushalte o proportional Wahlberechtigte o gleich	Mindestanforderungen bei der Auswahl der Schichtungsmerkmale bei nationalen Stichprobensystemen
	2. Zweiphasig: (a) Gemeindeauswahl	Schichtungsmerkmale	systematische Zufallsauswahl	o proportional Haushalte o proportional Einwohner durch „Selbstgewichtung“	
	(b) STBZ-Auswahl = Sampling Point	ggf. nach Stadtbezirken	o uneingeschränkte o systematische Zufallsauswahl	o proportional Haushalte o proportional Wahlberechtigte o gleich	
2. Stichprobenstufe	Auflistungsvorschrift	Auflistungsweg	Auflistungsumfang	Auswahlverfahren	
Auswahl der Haushalte	(a) Totalauflistung		alle Straßen/ Haushalte im STBZ	o uneingeschränkte o systematische Zufallsauswahl	(a) Definition des Privathaushalts (b) Operable Einheit = Türklingel (c) Auflistungsregeln
	(b) Partielle Vorabauflistung	o fest vorgegebene Straßen o Random Route	o Listung jedes k-ten Haushalts o k Haushalte in Reihe	o uneingeschränkte o systematische Zufallsauswahl	
	(c) Parallele Teilauflistung	o fest vorgegebene Straßen o Random Route	o Listung aller Haushalte o Listung der Zielhaushalte	systematische Zufallsauswahl	
3. Stichprobenstufe Auswahl der Zielperson	(a) ohne ZP = Hausfrau/ Haushaltsvorstand				Kontrolle der in der Hand des Interviewers liegenden Durchführung des Stichprobenplans
	(b) Random Auswahl	Auflistungsvorschrift: o fortlaufend nach Alter o vornamensalphabetisch	Auswahlvorschrift: o Zufallszahlenreihe o Schwedenschlüssel o „Nächster Geburtstag“		
	(c) Quotenauswahl	entsprechend vorgegebener Quoten			

Abbildung 8.3: *Baukastenprinzip des ADM-Master-Sample*

Kapitel 9

Panel- und Testmarktforschung

9.1 Gegenstand und Arbeitsfelder der Panelforschung

Ein **Panel** ist ein über einen längeren Zeitraum hinweg im Wesentlichen gleich bleibender Kreis von Adressaten, bei dem in regelmäßigen Abständen Erhebungen zu ähnlichen Untersuchungsgegenständen durchgeführt werden. *Tull, Hawkins* (1993, S. 145) definieren ein Panel als eine Gruppe von Individuen oder Organisationen, die sich bereit erklärt haben, über einen gewissen Zeitraum hinweg über ihr Verhalten zu berichten. Dieses „Verhalten" kann, wie im Weiteren noch erläutert wird, sehr unterschiedlicher Art sein. Die Spanne reicht von der einfachen Aufzeichnung artikelspezifischer Abverkaufszahlen beim traditionellen Handelspanel bis hin zur computergestützten Aufzeichnung des individuellen TV-Konsumverhaltens beim elektronischen Mikrotestmarkt. Paneldaten sind eine Kombination aus Längsschnittdaten (zeitliche Dimension) und Querschnittsdaten (Dimension der Panelteilnehmer).

Panels werden im betriebswirtschaftlichen Kontext hauptsächlich zur Marktanalyse, im sozialwissenschaftlichen Kontext auch zur Meinungsforschung (Demoskopie) unterhalten. Die bei der Panelforschung gegebene Gleichheit der Untersuchungsvariablen bzw. -merkmale im Zeitablauf trifft auch auf **Wellenerhebungen** (vgl. S. 163) zu. Bei diesen wird in jeder Periode zwar die gleiche, jedoch nicht zwangsläufig identische Stichprobe von Personen oder Organisationen befragt.

Für eine genauere Beschreibung der unterschiedlichen Realisationsformen von Panels bietet sich die Orientierung an folgenden drei Kriterien an:

Zielsetzung

Der Erfassung des „generellen" Kauf- und Konsumverhaltens von Endverbrauchern in Bezug auf Konsumgüter unterschiedlichster Sparten dienen **Standardpanels.** Darüber hinaus werden **Spezialpanels**, etwa Babypanels (Kaufverhalten in Bezug auf Babyartikel) und Drogeriepanels (Kaufverhalten in Bezug auf Drogerieartikel), unterhalten. Weitere Spezialpanels sind z.B. das

- **GfK-Fernsehpanel** (das mittels „GfK-Meter"[1] das Fernsehnutzungsverhalten bundesdeutscher Haushalte erfasst und auf dieser Basis aktuelle Informationen für Programmgestalter und Werbetreibende liefert) und das
- **ORF-Fernsehpanel** (das nach dem Prinzip des GfK-Meters („Telecontrol") die teilnehmenden Panelhaushalte in die Lage versetzt, unmittelbar im Anschluss an eine Fernsehsendung eine Bewertung derselben vorzunehmen und welches somit ein Höchstmaß an Datenaktualität bietet).

Kreis der Befragten

Teilnehmer an **Verbraucherpanels** sind entweder einzelne Personen (**Individualpanel**), Haushalte unterschiedlicher Größe (**Haushaltspanel**) oder Organisationen mit Großmengenverbrauch[2] (**Großverbraucherpanel**). **Handelspanels** umfassen entweder Einzelhandelsgeschäfte (**Einzelhandelspanel**) oder Großhandelsgeschäfte (**Großhandelspanel**) und beziehen sich somit ausschließlich auf den stationären Handel. Sie dienen in erster Linie der Aufzeichnung des Einkaufsverhaltens der Kunden in den jeweiligen Geschäften. Beim **Single-Source-Ansatz** schließlich werden Handels- und Haushaltspanel miteinander kombiniert, so dass nahezu alle für das Marketing relevanten Aspekte der Panelforschung in diesen Daten enthalten sind.

Datenerhebungsform

Bei einer Datengenerierung durch **Bestandsfortschreibung** werden die umgesetzten Mengen der interessierenden Produkte durch regelmäßige Abgleiche von Bestandsaufzeichnungen (Zwischeninventuren) bestimmt. Darüber hinaus können aber auch regelmäßig verfasste Ein- und Verkaufsberichte oder POS- bzw. Inhome-Scanningverfahren den Panelerhebungen zugrunde liegen. Voraussetzung für den Einsatz von Scanning-Technologien in der Marketingforschung ist die Existenz standardisierter Produktauszeichnungen. In Europa wird dies durch das **EAN**-Kodierungssystem („Eu-

[1] Hierbei handelt es sich um einen Mikrocomputer zur Speicherung von Fernsehnutzungsdaten. Aufgezeichnet wird z.B., wann welcher Kanal (und – bei Eingabe über eine spezielle Fernbedienung – auch von wem) genutzt wird. Die auf diese Weise erhobenen Daten werden nachts via Telefonleitung von den Panelhaushalten auf den GfK-Zentralrechner übertragen.

[2] Für das Marketing könnte beispielsweise das Einkaufsverhalten von Gastronomiebetrieben von Interesse sein.

ropäische ArtikelNummerierung"), in Amerika und Kanada durch das **UPC**-System („Universal Product Code") und in Japan durch das **JAN** („Japanese Article Numbering") gewährleistet. Ausgehend von der technischen Durchführung der Datenerfassung besteht auch die Möglichkeit der Unterscheidung in **traditionelle Panels** mit manueller Datenaufzeichnung und **Scanner-Panels**, bei denen die Datenerfassung mittels EDV-gestützter Apparaturen erfolgt.

Von *Fox et al.* (1993) liegt eine Meta-Studie zum Einsatz von Paneldaten in der Marketingforschung vor. Grundlage waren 71 in den Jahren 1975 bis 1991 in 12 führenden Journalen (wie z.B. dem Journal of Consumer Research und dem Journal of Marketing) publizierte Untersuchungen auf Basis von Verbraucherpanels. Hierbei stellte sich u.a. heraus, dass

- 58 % der Untersuchungen auf die Informationen aus kommerziell betriebenen Panels zurückgriffen,
- primär haushaltsbezogene Kaufverhaltensforschung betrieben wurde,
- Verhaltensmessungen zumeist über quantitative Größen erfolgten und
- eine deutliche Vernachlässigung des Reliabilitätsaspekts (vgl. Kapitel 11) zu verzeichnen war.

9.2 Scanning als Instrument zur Erhebung von Paneldaten

9.2.1 Historische Entwicklung des Scanning

Beim Scanning im Einzelhandelsgeschäft, das als **POS-Scanning**[3] bezeichnet wird, erfolgt simultan mit dem Kassiervorgang eine automatisierte Datenaufzeichnung. Grundlage ist die Markierung der zu scannenden Produkte mit Strichcodes, die durch ein Lesegerät erfasst werden können. *Goodstein* (1994) führt aus, dass das POS-Scanning 1972 erstmals in einem Supermarkt des US-amerikanischen Einzelhandelsunternehmens *The Kroger & Co* eingesetzt wurde. Ausgangspunkt hierfür war die Entwicklung des UPC-Systems im Jahr zuvor durch sechs führende Lebensmitteleinzelhandelsketten mit dem Ziel, eine standardisierte Methode zur Identifizierung von Produkten auf Basis des Herstellernamens und des Produkttyps bereitzustellen. In den folgenden Jahren nahm in den USA die Anzahl der Scannerinstallationen rasch zu. Im Jahr 1980 waren bereits mehr als 3.000 Märkte mit Scannerkassen ausgestattet. Nachdem 1977 sich 13 europäische Länder auf die Einführung der EAN-Kodierung geeinigt hatten, war auch in Europa der Weg

[3] POS ist die Abkürzung für „Point Of Sale".

für die Einführung dieser neuen Technologie bereitet. Die Penetrationszahlen der ersten Jahre wuchsen jedoch zunächst noch auf niedrigem Niveau. Beispielsweise waren 1987, also 10 Jahre nach Einführung des EAN-Codes, nur ca. 1.500 Märkte mit der neuen Technologie ausgestattet. Aber schon in den nächsten drei Jahren stieg dieser Wert auf mehr als das Dreifache an. Ende der neunziger Jahre lag die Installationszahl allein in Deutschland bei einer Größenordnung von 20.000 Märkten. Als Grund für die anfangs sehr zögerliche Penetration der Scannertechnologie in den bundesdeutschen Handelsunternehmen wird von *Gerling* (1994) das in der Einführungsphase verhältnismäßig hohe Preisniveau der erforderlichen Hard- und Software-Komponenten angeführt. Ein weiterer Grund lag in der noch fehlenden Erfahrung im Umgang mit vernetzten Computersystemen und der daraus resultierenden geringen Akzeptanz dieser Technologien. Die Skepsis in den Anfangsjahren aufseiten der Anwender sollte aber vor dem Hintergrund gesehen werden, dass gerade der Kassiervorgang zu den sensibelsten Prozessen innerhalb eines Einzelhandelsunternehmens gehört.

Auch die Verbreitung scannergestützter Datenerfassungstechnologien in Verbraucherpanels als Alternative zu konventionellen Haushaltstagebüchern verlief anfangs eher zögerlich. *Erichson* (1992, S. 204) berichtet, dass das Inhome-Scanning in Deutschland von der GfK/G&I (Nürnberg) bereits erprobt wurde, als der Hauptwettbewerber A.C. Nielsen (Frankfurt) den Aufbau eines entsprechenden Haushaltspanels gerade erst angekündigt hatte. Ursächlich für die zögerliche Entwicklung dürften u.a. die hohen Kosten für die Ausstattung der Haushalte mit Hard- und Software gewesen sein. Darüber hinaus müssen die Teilnehmer in die Handhabung des Scanners eingewiesen werden.

Eine kostengünstige Alternative zum Inhome-Scanning ist die elektronische Erfassung der Einkäufe direkt am POS. Hierbei müssen sich die Panelteilnehmer durch eine spezielle Identifikationskarte als zum betreffenden Panel gehörig identifizieren. Diese Form des Scannings führt jedoch zu einer Klumpung der Teilnehmer aus der näheren Umgebung der Einzelhandelsgeschäfte und hat darüber hinaus den Nachteil, dass nur die Einkäufe in den Stammgeschäften der Haushalte erfasst werden.

9.2.2 Verfügbare Technologien

Erichson (1992) und *Pötter* (1993) beschreiben die im Einzelhandel zum Einsatz kommenden Scanner als aus zwei **Hauptkomponenten** bestehend. Die erste Komponente ist die optische Erfassungseinheit, die die eingelesenen Strichcodes (z.B. EAN-Codes) in elektrische Signale umsetzt. Die zweite Komponente bildet ein Decoder, durch den die elektrischen Signale in (z.B. für das Kassenpersonal) lesbare Zeichen (Ziffern und/oder Buchstaben) umgewandelt werden. Alternativ können auch **OCR-Kodierungen**[4] zum Einsatz kommen. Da aber beide Ko-

[4] OCR ist die Abkürzung für „Optical Character Recognition". Hierbei handelt es sich um Klarschriftcodes, deren Fonts so ausgelegt sind, dass sie zuverlässig mit optischen Lesegeräten

dierungsformen, Strichcode und OCR, sowohl substitutiv als auch komplementär verwendet werden können, wird im Folgenden auf eine explizite Unterscheidung verzichtet.

Je nach Art der optischen Datenerfassung unterscheidet man Laserscanner und LED-Scanner[5]. **Laserscanner** lassen sich wiederum in stationäre, d.h. fest in den Kassentisch integrierte **Flachbettscanner** („Slot scanner") und mobile, d.h. in der Hand zu haltende **Abstandscanner** (Scannerpistolen) untergliedern. Sie arbeiten, wie der Terminus schon andeutet, mit einem Laserstrahl, der durch einen sich schnell bewegenden Spiegel abgelenkt wird. Gleitet der Laserstrahl über einen Strichcode, so wird der reflektierte Lichtstrahl durch ein Spiegel- und Linsensystem auf ein fotoelektrisches Element fokussiert. Dort wird das aufgenommene Signal digitalisiert und an den Decoder weitergegeben. Dieser wiederum liefert die dekodierten Daten an einen nachgelagerten Computer und an die den Aufzeichnungsvorgang durchführende Kasse. Als Vorteile der lasergestützten Technologie sind der relativ große Lesebereich (bis zu einem halben Meter Abstand zum Strichcodesymbol) und der vergleichsweise große Erfahrungsschatz hinsichtlich ihrer Anwendung in fast allen Bereichen des Handels zu nennen. Hinzu kommt, dass moderne Flachbettscanner mit mehreren Abtastlaserstrahlen arbeiten und somit eine spezielle Ausrichtung der zu scannenden Artikel nicht mehr erforderlich ist, was den Kassiervorgang vereinfacht und beschleunigt. Als nachteilig erweist sich die im Vergleich zur LED-Technik größere Störanfälligkeit der beweglichen Systemkomponenten und der in der Regel höhere Preis.

LED-Scanner (teilweise auch als CCD-Scanner[6] bezeichnet) arbeiten nach dem gleichen Prinzip wie Videokameras. Bei der Aufzeichnung eines Strichcodesymbols löst das vom zu scannenden Objekt reflektierte Licht eine elektrische Reaktion im CCD-Chip aus. Als Lichtquelle dient eine LED. Das eingelesene Symbol wird in einzelne matrixförmig angeordnete Bildpunkte aufgelöst und ist damit einer Auswertung zugänglich. Die Vorteile der CCD-Technologie liegen aufgrund des Fehlens beweglicher Teile vor allem in der geringeren Störanfälligkeit und im niedrigeren Preis. Als nachteilig erweist sich die Tatsache, dass eine valide Aufzeichnung praktisch nur dann möglich ist, wenn sich das Lesegerät sehr nah beim Strichcodesymbol befindet. Der Lesebereich ist damit wesentlich kleiner als beim Laserscanner.

Als interessante technische Neuerungen im Bereich des Scanning gelten z.B. die drahtlose Datenübertragung zwischen Scannerkasse und Filialrechner sowie die Verwendung von für das menschliche Auge „unsichtbaren" Strichcodes. Neben rein ästhetischen Aspekten (keine Beeinträchtigung der Verpackungsgestaltung wie bei den herkömmlichen Strichkodierungen) bieten diese noch den Vorteil der erschwerten Manipulierbarkeit von Kundenseite (z.B. durch gezieltes Überkleben oder Beschädigen der Strichcodes).

erfasst werden können (vgl. *Gaul, Both* (1990, S. 31 f.)).

[5]LED ist die Abkürzung für „Light Emitting Diode".

[6]CCD ist die Abkürzung für „Charge Coupled Device" (vgl. *Pötter* (1993, S. 14)).

Eine in den letzten Jahren diskutierte Form des Scanning ist das **Selfscanning**, bei dem der Kunde die Waren, die er zu kaufen beabsichtigt, selbst einscannt. Erste Versuche in dieser Richtung wurden bereits 1986 in den USA unternommen. Das Selfscanning kann entweder im Checkout-Bereich oder aber frei im Ladenraum respektive am Regal mittels speziell ausgestatteter Einkaufswagen erfolgen. Ein System des zuletzt genannten Typs befand sich z.B. bereits 1994/95 beim niederländischen Handelskonzern *Albert Heijn* testweise im Einsatz. Als Vorteile des Selfscanning werden die dadurch mögliche Verkürzung der Wartezeiten an den Kassen und die Entlastung des Kassenpersonals genannt. Nachteilig wirken sich die im Vergleich zu herkömmlichen Kassensystemen derzeit noch hohen Investitionskosten und die erforderliche vollständige Strichcodeauszeichnung des gesamten Sortiments aus.

Eine viel versprechende Entwicklung im POS-Scanning ist das Ende 1993 im südafrikanischen Supermarkt *Pick & Poy* erstmals getestete Artikelerkennungssystem **Supertag**. Bei diesem beispielsweise von *Jansen* (1994) detaillierter beschriebenen System brauchen die ausgezeichneten Artikel nicht mehr einzeln eingescannt zu werden. Stattdessen schiebt der Kunde seinen Einkaufswagen einfach durch ein elektronisches Messtor und initiiert damit die automatische Erfassung der im Wagen liegenden Artikel. Ermöglicht wird dies durch spezielle elektronische Preisschilder (Chips) an den einzelnen Artikeln, die mit Hilfe von Radiowellen unterschiedlicher Frequenz „gelesen“ werden. Eine gegenseitige Beeinflussung der verschiedenen Chips besteht dabei nicht. Die Vorteile dieser Innovation liegen auf der Hand: Verkürzung von Wartezeiten am Checkout, Einschränkung der Möglichkeiten zur kundenseitigen Preismanipulation und Reduktion der Fehlerquote beim Einlesen der Daten. Als Nachteile werden die noch vergleichsweise hohen Herstellungskosten der Preisschilder und Probleme des „Lesestrahls“ beim Durchdringen von metallischen Artikeln bzw. von Metallverpackungen angeführt. Den Angaben des das System vermarktenden Unternehmens *Trolly Scan (Pty) Ltd.* in Johannesburg zufolge waren im Jahr 1998 bereits 160 Unternehmen aus den USA, Neuseeland, Japan und Korea Mitglied in einer Usergroup, die das Scanning mit diesem System forcieren will.

9.2.3 Typen gebräuchlicher Scannerdaten

Je nach Quelle werden die in der Marketingforschung verbreiteten Scannerdaten um weitere Informationen ergänzt und sind daher auch für unterschiedliche Verwendungen geeignet. Es können drei Typen von Scannerdaten unterschieden werden:

Bondaten sind maximal disaggregierte Daten aus dem POS-Scanning. Folgende Fakten sind üblicherweise in einem Datensatz enthalten und charakterisieren somit einen Kaufakt:

- EAN- und/oder OCR-Code der gekauften Artikel
- zusätzliche interne Artikel- und Herstellercodes (z.B. unternehmensinterne Kennzeichnungen der Produkte)
- Stückpreise und Mengen der gekauften Artikel
- Kurztexte zur Identifikation der einzelnen Artikel („Bontext")
- Datum, Uhrzeit und Wochentag des Kassiervorgangs
- Kennzeichnung der Kasse
- Filialangaben
- evtl. vergebene Kundennummern
- Aktionscodes zur Kennzeichnung von Sonderangeboten, Zweitplatzierungen usw.

Bondaten eignen sich u.a. zur Analyse von Verbundwirkungen innerhalb von Sortimenten sowie für Fragestellungen der Platzierung von Produkten in den Outlets.

„Klassische" **Handelspaneldaten**, wie sie in Deutschland beispielsweise von der MADAKOM[7] bezogen werden können, sind bereits höher aggregiert. Üblicherweise enthält ein solcher Datensatz die folgenden Fakten:

- EAN- und/oder OCR-Code der verkauften Artikel
- Verkaufsmengen der Artikel einer Warengruppe je Woche
- Stückpreise der Artikel
- Kurztexte zur Identifikation der einzelnen Artikel
- Filialangaben
- Aktionscodes zur Kennzeichnung von Sonderangeboten, Zweitplatzierungen usw.

Absatzschwankungen im Tagesverlauf sind aufgrund der Aggregation nicht identifizierbar. Da die Daten nur noch die Abverkäufe einer Warengruppe und auch nicht die Zusammensetzung der einzelnen Bons beinhalten, sind auf dieser Basis z.B.

[7] MADAKOM ist die Abkürzung für MArktDAtenKOMmunikation und wurde als Arbeitsgruppe der Centrale für Coorganisation (Köln) im Jahr 1984 mit dem Ziel der gemeinsamen Datennutzung von Handel und Herstellern ins Leben gerufen. Zum Zeitpunkt der Erstellung dieses Buchs wurden Handelspaneldaten über die MADAKOM GmbH als Joint Venture der CCG (Köln) und der IRI/GfK Retail Services (Nürnberg) vermarktet.

keine sortimentsbezogenen Verbundanalysen mehr möglich. Diesen Einschränkungen stehen vielfältige Optionen zur Preis- und Promotion-Responsemessung gegenüber, da bei gleicher Datenmenge mehr Beobachtungsperioden abgedeckt werden. Auch eignen sich solche Daten, wie schon *Cooper, Nakanishi* (1988) demonstrieren, in hervorragender Weise zur Analyse der Wettbewerbsbeziehungen zwischen den konkurrierenden Artikeln einer Warengruppe. *Wagner* (2001) kommt in diesem Zusammenhang nach ausführlicher Diskussion unterschiedlicher Datenquellen zu dem Ergebnis, dass Handelspaneldaten eine sehr gute Basis zur Analyse der Wettbewerbsinteraktionen konkurrierender Hersteller sind, da sowohl die Maßnahmen der einzelnen Hersteller als auch die Wirkung der Maßnahmen erfasst sind.

Analog zu den Daten aus Handelspanels weisen jene aus **Verbraucherpanels** die folgende Struktur auf:

- EAN- und/oder OCR-Code der gekauften Artikel
- Ersatzcodes für nicht EAN-markierte Artikel (z.B. Obst vom Wochenmarkt)
- Stückpreise und Mengen der gekauften Artikel
- Kurztexte zur Identifikation der Artikel
- Kaufdatum
- Haushalts- oder Personenidentifikation

Darüber hinaus werden ergänzende Informationen, wie etwa

- sozio-demographische Daten der Panelteilnehmer,
- der Besitz langlebiger Gebrauchsgüter sowie
- die Medien- und Einkaufsstättennutzung

aufgezeichnet. Üblicherweise werden die Daten aus Verbraucherpanels auf einzelne Warengruppen bezogen bereitgestellt, weshalb die Daten neben der Analyse des individuellen Kaufverhaltens, wie *Klapper* (1998) und *Reutterer* (1997) zeigen, auch zur Analyse von Wettbewerbsstrukturen eingesetzt werden können.

Ein hervorstechender Vorteil von Scannerdaten aus Handels- und Verbraucherpanels besteht darin, dass nicht nur der jeweilige Kaufakt, sondern die gesamte Kaufsituation (d.h. auch die vom betreffenden Kunden in der Einkaufsstätte nicht gekauften Produktalternativen) dokumentiert werden kann. *Guadagni, Little* (1983, S. 205) stellten in diesem Zusammenhang schon früh fest: „The greatest advantage of scanner data, however, is that they provide the competitive environment of the consumer decision.".

Da die Daten, im Gegensatz beispielsweise zu Umfragen, wie *Poppe* (1990, S. 55) hervorhebt, unmittelbar für Analysen zur Verfügung stehen, können Änderungen im Verbraucher- oder auch im Wettbewerbsverhalten frühzeitig erkannt und Maßnahmen ergriffen werden. Überdies kann es sich als vorteilhaft erweisen, einen längeren Zeitraum in die modellgestützte Analyse einzubeziehen, um auch längerfristige Schwankungen und Trends berücksichtigen zu können. Da aber Scannerdaten bei kontinuierlicher Protokollierung schnell zu vergleichsweise großen Datenbeständen anwachsen, erscheint die Einrichtung eines Data-Warehouse empfehlenswert. Weiterführende Darstellungen hierzu findet der Leser z.B. in *Decker et al.* (1998) und *Decker, Wagner* (2001b).

9.2.4 Nutzen des POS-Scanning für Einzelhandel und Marketing

Bei den aus dem Scanning resultierenden Vorteilen werden in der einschlägigen Literatur Hard- und Softsavings unterschieden. Hardsavings sind Rationalisierungsvorteile, die insbesondere für die flächendeckende Ausbreitung des Scanning im Einzelhandel ursächlich sind. Softsavings hingegen ergeben sich aus den verbesserten Möglichkeiten der Betriebssteuerung im Einzelhandel, beispielsweise hinsichtlich der Vermeidung von „out of stock“-Situationen, und den vielfältigen in diesem Buch dargestellten Optionen zur Entscheidungsunterstützung mittels einschlägiger Methoden und Modelle zur Analyse des Käuferverhaltens. Im Einzelnen sind folgende Vorteile zu nennen:

- Verbesserung der Kassier- und damit auch der Datengenauigkeit durch den Wegfall von Einzelpreisauszeichnungen
- schnellere Verfügbarkeit interessierender Abverkaufsdaten
- Basis leistungsfähiger unternehmensinterner Marketinginformationssysteme
- Reduktion des papiergestützten Datentransfers
- schnelles Erkennen von Trendänderungen im Kaufverhalten
- Möglichkeit zur Unterstützung von Entscheidungen über die Verkaufsflächennutzung
- beschleunigte Erfolgskontrolle bei neu ins Sortiment aufgenommenen Produkten
- beschleunigte Erfolgskontrolle absatzpolitischer Maßnahmen
- artikelgenaue Aufdeckung von Inventurdifferenzen
- Möglichkeit der Erstellung detaillierter Umsatzstatistiken
- Identifikation von „Rennern“ und „Pennern“ innerhalb eines Sortiments
- Grundlage für Verbund- bzw. Warenkorbanalysen

- Datenerhebung bei Instore-Experimenten
- Datenbereitstellung auf maximal disaggregiertem Niveau[8]
- verbesserte Informationsgrundlage für Personaleinsatzplanungen in den betreffenden Handelsunternehmen

Einige dieser Vorteile, etwa die Möglichkeit der Erstellung von Umsatzstatistiken und die Berechnung von Flächenproduktivitäten sind vom Handel auch in „Eigenregie", d.h. ohne die Weitergabe der Daten in ein Panel realisierbar. Ein speziell auf die Bedürfnisse der Marktleiter vor Ort zugeschnittenes System zur Auswertung von Scannerdaten, bei dem ergänzende Informationen über die Wettbewerbssituation vom Benutzer als Schätzungen einzugeben sind, wurde von *Neubacher* (1996) vorgestellt. Für eine qualifizierte Entscheidungsunterstützung ist jedoch der Vergleich der Daten aus unterschiedlichen Outlets in Form eines Panels sinnvoll, beispielsweise um Ineffizienzen in der Personaleinsatzplanung aufdecken zu können. In der an *Gerling* (1994) angelehnten Abbildung 9.1 sind Nutzen und Aufgaben in unterschiedlichen Phasen der Bereitstellung und Verwendung von Scannerdaten am Beispiel des Lebensmitteleinzelhandels dargestellt.

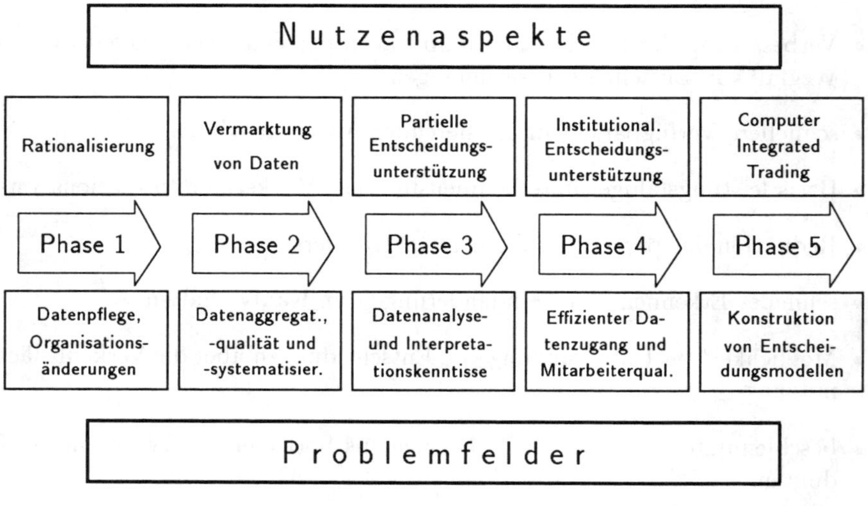

Abbildung 9.1: *Phasenorientierte Darstellung unterschiedlicher Nutzenaspekte und Problemfelder beim POS-Scanning*

[8] Dies bietet z.B. den Vorteil einer hohen Anzahl von Freiheitsgraden bei der Schätzung ökonometrischer Marktreaktionsmodelle. Bereits *Kucher* (1985, S. 20 ff.) betont die im Vergleich zu aggregierten Abverkaufsdaten verbesserte Zuordnung von Ursachen und Wirkungen. In Verbindung mit der höheren Variabilität der erklärenden und der erklärten Variablen in disaggregierten Daten werden im Regelfall bessere und vor allem unverzerrte Resultate erzielt. Eine weiterführende Darstellung des **Aggregationsbias** kann *Wagner* (2001, S. 87 ff.) entnommen werden.

In Phase 1 steht die Rationalisierung von Arbeitsabläufen (z.B. eine effiziente Preisauszeichnung sowie eine schnellere und genauere Abwicklung von Kassiervorgängen) im Vordergrund. Die in diesem Zusammenhang zu bewältigenden Aufgaben sind vor allem organisatorischer und technischer Natur. In Phase 2 erfolgt die mittelbare Nutzung der gewonnenen Daten. Zentrale Aufgabe ist die Gewährleistung einer hohen Datenqualität, die ihrerseits durch die Art und den Grad der durchgeführten Aggregationen und die Systematik der Datenhaltung bestimmt wird. Durch den Verkauf von Scannerdaten an Lieferanten und kommerzielle Marktforschungsinstitute können erste Erträge realisiert werden. Mit Phase 3 beginnt die Nutzung der Scannerdaten im Hinblick auf eine verbesserte Entscheidungsfindung. Erste Versuche hinsichtlich der Sortiments- und Aktionsplanung kennzeichnen diese Phase. Wertvolle Hilfestellungen können sich aus Kooperationen mit bedeutenden Lieferanten (z.B. im Rahmen des Category Management) ergeben. In Phase 4 werden längerfristig Erfolg versprechende Handlungsspielräume identifiziert und möglichst umfassend in die Tat umgesetzt. Voraussetzung ist die einschlägige Qualifikation der Mitarbeiter (z.B. im Umgang mit leistungsfähiger Software für die Datenanalyse). In Phase 5 erfolgt der Einsatz automatisierter, gegebenenfalls wissensbasierter Entscheidungsunterstützungssysteme (z.B. in Analogie zu den in Tabelle 2.7 auf S. 44 aufgeführten Systemen).

9.3 Stichprobenbildung beim Panel

Zentrale Aufgabe bei der Einrichtung eines Panels gleich welcher Art ist die Auswahl, aber vor allem die Gewinnung geeigneter Panelteilnehmer. Wichtige Aspekte sind hierbei

- die Größe und Struktur der durch das Panel zu repräsentierenden Grundgesamtheit,
- die im potenziellen Teilnehmerkreis grundsätzlich bestehende Kooperationsbereitschaft,
- das Ausmaß der mittelfristig zu erwartenden Panelsterblichkeit und
- das im fokussierten Teilnehmerkreis zu befürchtende Ausmaß an Paneleffekten.

Die Stichprobenbildung erfolgt als geschichtete oder mehrstufige Auswahl. Der Prozess einer mehrstufigen Teilnehmerauswahl für ein Verbraucherpanel (Haushaltspanel) kann in Anlehnung an *Hammann, Erichson* (2000, S. 169 f.) und *Berekoven et al.* (1999, S. 128) wie folgt gestaltet werden:

1. Schichtung der Grundgesamtheit (z.B. auf Basis von Landkreisen)
2. Systematische Auswahl repräsentativer Städte und Gemeinden aus jeder Schicht

3. Unterteilung der ausgewählten Gemeinden in geeignete Bezirke (z.B. Stimmbezirke)
4. Zufällige Auswahl von Bezirken aus jeder Gemeinde
5. Auswahl mehrerer Haushalte aus jedem ausgewählten Bezirk per Random Route-Verfahren
6. Bestimmung je einer (berichtenden) Person pro ausgewähltem Haushalt mittels Quotenverfahren
7. Versuch der Anwerbung der ausgewählten Personen

Zur Sicherstellung der Repräsentativität der resultierenden Teilnehmerstichprobe können noch zusätzliche Schichtungsmerkmale, z.B. in Form von Gemeindemerkmalen (Gemeindegröße, Anteil der Arbeiter bzw. Angestellter oder Ähnliches) bei Verbraucherpanels oder in Form von betriebswirtschaftlichen Kenngrößen (z.B. Umsätze oder Flächenproduktivitäten) bei Handelspanels, in den Auswahlprozess einbezogen werden. Dem gleichen Ziel dient auch die **Panelrotation**, d.h. die periodisch stattfindende Substitution eines Teils des Panels durch eine neue Teilauswahl respektive neu aufzunehmende Teilnehmer. Auf diese Weise kann auch einer sich im Laufe der Zeit einstellenden „Panelmüdigkeit" vorgebeugt werden.

9.4 Formen von Panels

9.4.1 Verbraucherpanel

Beim **traditionellen Haushaltspanel** erfolgt die Datenerhebung über spezielle Berichtsbögen oder Tagebücher. Die teilnehmenden Haushalte zeichnen täglich oder wöchentlich alle relevanten Daten über die von ihnen getätigten Einkäufe auf und senden diese in regelmäßigen Abständen an das die Panelerhebung durchführende (Marktforschungs-) Institut. Die Datengewinnung kann sich grundsätzlich auf alle den Haushalt betreffenden Einkäufe erstrecken und umfasst sowohl Ge- als auch Verbrauchsgüter. Berichtsbögen der G&I Nürnberg erfassen beispielsweise u.a. folgende Daten:

- Datum des Einkaufs
- Marke und Hersteller der gekauften Artikel
- Art der Artikel
- Packungsangaben (Einheitenanzahl, Packungsart, Gewicht pro Packung)
- Preis (pro Packungseinheit und insgesamt)
- Name und Art der Einkaufsstätte
- Entnahmeort (Regal oder Zweitplatzierung)

Die Erfassung der Einkäufe und des Konsumverhaltens von Einzelpersonen in **Individualpanels** erscheint notwendig, wenn die Aufzeichnungen in Bezug auf die interessierenden Produkte durch Dritte in einem Haushaltspanel zu ungenau ausfallen würden. Dies ist insbesondere bei personenbezogenen, mit einem hohen Involvement verbundenen Produkten (etwa Kosmetika oder Gesundheitsartikel) der Fall.

Eine umfassende Übersicht über mögliche Ausprägungsformen von Verbraucherpanels findet sich z.B. bei *Günther et al.* (1998a,b).

9.4.2 Handelspanel

Hierbei handelt es sich um Erhebungen, die bei einem repräsentativen, möglichst gleich bleibenden Kreis von Absatzmittlern (Groß- oder Einzelhändler) in regelmäßigen Abständen und über einen längeren Zeitraum hinweg zum gleichen Untersuchungsgegenstand vorgenommen werden. Der Schwerpunkt der Nutzung für Verbrauchsgüter liegt beim Lebensmitteleinzelhandel (LEH). Beispiele sind der Nielsen-LEH-Index oder das GfK-Handelspanel. Daneben existieren aber auch verschiedene Spezialformen, die beispielsweise auf Drogerien, Friseurgeschäfte, Parfümerien, Apotheken oder den Elektrofachhandel zugeschnitten sind. Zu den im Großhandel angesiedelten Panels zählen z.B. das GfK-Cash-and-Carry-Panel, der Nielsen-Lebensmittel-Sortimentsgroßhandelsindex und das GfK-Elektro-Großhandelspanel. Die in Anlehnung an *Berekoven et al.* (1999, S. 138) erstellte Tabelle 9.1 gibt einen Eindruck vom Spektrum heutiger Handelspanels.

Betreiber des Panels	Branchenbeispiele
GfK Nürnberg	Lebensmitteleinzelhandel
	Elektrofachhandel
	Drogeriemärkte, Drogerien und Parfümerien
	Gartencenter
	Schuhfachhandel
	Sportfachhandel
	Verbrauchermärkte
A.C. Nielsen	Lebensmitteleinzelhandel
	Apotheken, Drogerien und Drogeriemärkte
	Friseurgeschäfte

Tabelle 9.1: *Ausgewählte Handelspanels in Deutschland*

Die Datenerhebung kann im Handelspanel in traditioneller Form durch periodische (etwa im monatlichen oder zweimonatlichen Rhythmus durchgeführte) körperliche Inventuren seitens der Institutsmitarbeiter in den Panelgeschäften (d.h. durch Fremdbeobachtung) erfolgen. Konkret umfasst dies z.B. die Zählung der Bestandsmengen in Regal und Lager, die Auswertung von Lieferscheinen und Rechnungen sowie die Erfassung von Verkaufspreisen, Promotion-Aktivitäten am POS und Regalflächenaufteilungen. Die Ermittlung von Absatzmengen auf dem Weg der **Bestandsfortschreibung** stellt sich dann wie folgt dar:[9]

	Warenbestände gemäß Inventur zu Periodenbeginn
+	Zugang an Waren (Einkäufe) in der laufenden Periode gemäß vorliegender Lieferscheine und Rechnungen
−	Warenbestände gemäß Inventur zum Periodenende
=	Abverkäufe innerhalb der laufenden Periode

Wo verfügbar, bietet sich der Rückgriff auf Scannerdaten an. In Anbetracht der Tatsache, dass z.B. in Deutschland der Anteil der mit EAN-Code ausgestatteten Artikel im Bereich der abgepackten Lebensmittel bereits heute deutlich über 90 % liegt, steht dem Betrieb von scannergestützten Handelspanels zumindest unter technischen Gesichtspunkten kaum mehr etwas im Weg.

9.4.3 Single-Source und elektronische Testmärkte

Der Single-Source-Ansatz gehört zu den in den letzten Jahren mit am intensivsten diskutierten Instrumenten der Marketingforschung (vgl. *Heuer, Hirvonen* (1993), *Milde* (1993, 1995) und *Wildner* (1994)). Grundlegendes Kennzeichen ist die Verknüpfung von Verbraucher- und Handelspanel zum Zweck der elektronischen Erfassung von Mediennutzung und Einkaufsverhalten der involvierten Teilnehmer.[10] Hintergrund ist das Ziel, eine maximale Kongruenz der generierten Datengrundlagen zu erreichen.

Der Single-Source-Ansatz ist die konzeptionelle Basis **elektronischer Mikrotestmärkte**. Hierzu zählen z.B. das GfK-BehaviorScan-System und das Telerim-System von A.C. Nielsen. Gemeinsames Merkmal dieser Systeme ist die Verbindung erklärender kausaler Daten (z.B. Kontakthäufigkeiten bei Werbespots im Fernsehen) mit dem mittels Scanning-Technologie und persönlicher Identifikationskarte (ID-Karte) erfassten tatsächlichen Kaufverhalten. Den generellen Aufbau eines Mikrotestmarkts[11] veranschaulicht die an *Gaul, Both* (1990, S. 139) angelehnte Abbildung 9.2.

Idealerweise werden solche Testmärkte in Städten oder Regionen eingerichtet, die von ihrer sozio-demographischen Struktur her ein möglichst gutes Abbild der relevanten Grundgesamtheit (z.B. die Einwohner eines Landes) darstellen. In Deutschland erfüllt diese Anforderungen z.B. die Stadt Haßloch in der Pfalz, die des-

[9] Bei dieser Form der Absatzermittlung wird implizit von einem vernachlässigbaren Schwund (z.B. durch Ladendiebstahl) ausgegangen.

[10] *Curry* (1993) schreibt in diesem Zusammenhang sehr treffend: „A single-source system records each marketing signal that impacts a household either directly (in-home) or indirectly (through the retailer), traces the route and medium these signals took to reach that household, and partitions the household's purchase behaviour in any way that links with signal content."

[11] Eine umfassende Darstellung des Aufbaus und der Arbeitsweise elektronischer Mikrotestmarktsysteme sowie der sich daraus ergebenden Möglichkeiten für die Marketingforschung kann z.B. *Stoffels* (1989) entnommen werden.

halb auch zum Standort des nachfolgend skizzierten BehaviorScan-Systems wurde. Elektronische Mikrotestmärkte können zum Testen nahezu aller Marketinginstrumente herangezogen werden und verbinden die messtechnischen Vorteile von Laborexperimenten mit der Realitätsnähe regionaler Testmärkte[12].

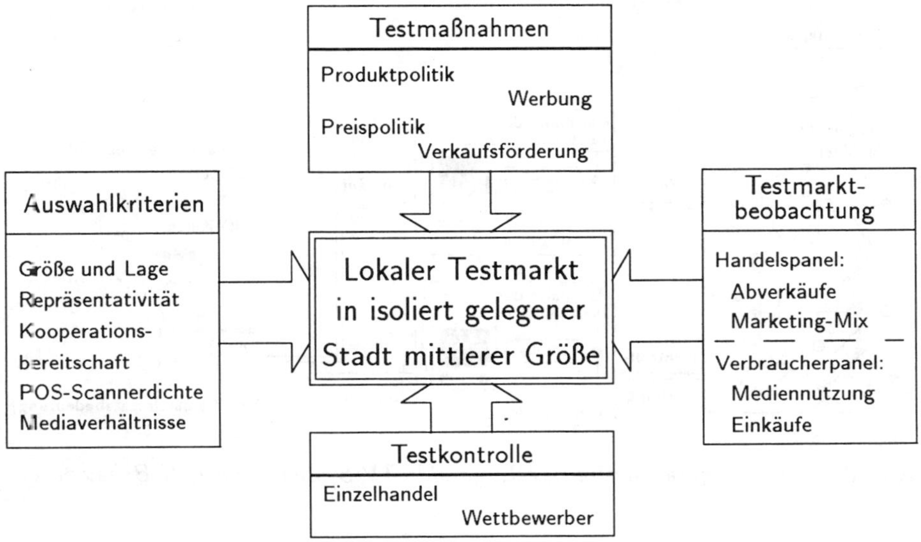

Abbildung 9.2: *Grundmodell eines elektronischen Mikrotestmarkts*

Bei dem in Abbildung 9.3 dargestellten **Targetable TV-System**[13] handelt es sich um eine Technik, die die gezielte individuelle Werbeansprache jedes einzelnen Testhaushalts mittels GfK-Box gestattet und dadurch die experimentelle Wirkungsmessung von TV-Werbung ermöglicht.

Jede **GfK-Box** verfügt über eine eigene Kennnummer, über die sie zur Überblendung regulär (d.h. überregional) ausgestrahlter Werbespots durch Testspots gleicher Länge (aus dem BehaviorScan-Studio) gezielt angesteuert werden kann. Auf diese Weise können, wie aus Abbildung 9.3 ersichtlich, Experimental- (Testgruppe 1) und Kontrollgruppen (Testgruppe 2) entsprechend der in Kapitel 6 erläuterten experimentellen Untersuchungsdesigns gebildet werden. Gleichzeitig ist die GfK-Box in der Lage, Daten über das individuelle TV-Konsumverhalten aufzuzeichnen und an den GfK-Zentralrechner zu übermitteln.

[12] **Regionale Testmärkte** sind geographisch abgegrenzte Gebiete („Teilmärkte"), in denen auf experimentelle Weise die Wirkung von Marketinginstrumenten oder die Absatzchancen neuer Produkte getestet werden. Aus Kosten- und Geheimhaltungsgründen werden die traditionellen Testmärkte zunehmend durch Testmarktsimulatoren ersetzt.

[13] Die vorliegende Beschreibung des Targetable TV-Systems orientiert sich an Dokumentationen der GfK-Testmarktforschung aus dem Jahr 1995.

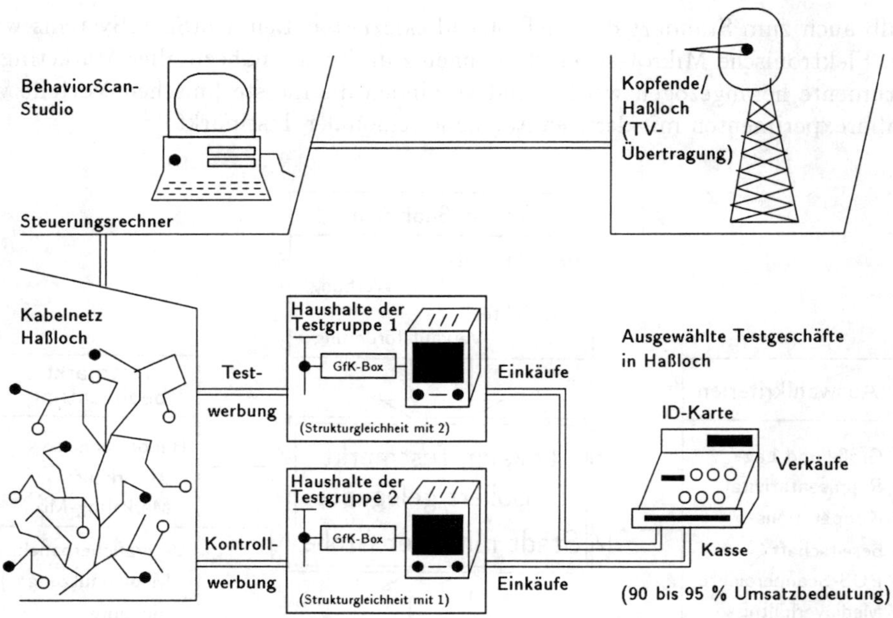

Abbildung 9.3: *Funktionsweise des Targetable TV-Systems von GfK-BehaviorScan*

Merkmal	GfK-BehaviorScan	Nielsen-Telerim
Testort	Haßloch/Pfalz – 90 % aller Haushalte verkabelt	Buxtehude und Bad Kreuznach
Anzahl der Testhaushalte	2.000 Haushalte mit und 1.000 Haushalte ohne GfK-Box am TV-Gerät	1.000 Haushalte pro Testort
Markterfassungsgrad im LEH	je nach Warengruppe bis zu 95 %	bis zu 80 % über 8 bzw. 12 Testgeschäfte
einsetzbare Medien	- TV-Sender (ARD, ZDF, SAT 1, RTL, RTL 2, PRO 7 und Kabel 1) - Fernsehzeitschriften (z.B. HörZu) - Tageszeitung „Rheinpfalz" - Supplemente (z.B. IWZ) - Plakate und Handelswerbung	- TV-Sender (ZDF und SAT 1) - verschiedene Zeitschriften (z.B. TV Hören und Sehen) - Plakate und Handelswerbung, spezielle Maßnahmen am POS - Kino
TV-Tests	individuelle Ansteuerung einzelner Haushalte (z.B. spezielle Zielgruppen) über alle Kanäle	alle Haushalte im Testgebiet empfangen den gleichen Testspot
Versuchskontrolle	individuell	Testmarkt 1 gegenüber Testmarkt 2

Tabelle 9.2: *Gegenüberstellung unterschiedlich aufgebauter elektronischer Mikrotestmärkte*

Die exemplarische Gegenüberstellung der elektronischen Mikrotestmarktsysteme von GfK und Nielsen in Tabelle 9.2 (Stand: Ende 1996) liefert eine Vorstellung von den strukturellen Gemeinsamkeiten und Unterschieden. Der erkennbar aufwendige Aufbau und Unterhalt dieser Systeme bringt es mit sich, dass sie (im Gegensatz zum Mutterland dieser Technologie, zu den USA) in Deutschland noch Einzellösungen sind.

9.4.4 Umfrage- bzw. Mailpanel

Der Bezugspreis z.B. für Single-Source-Daten und die derzeit teilweise noch nicht in letzter Instanz befriedigende Repräsentanz von Verbraucher- und Handelspanels in bestimmten Produktkategorien können ein Ausweichen auf **Umfrage-** bzw. **Mailpanels** zweckmäßig oder sogar erforderlich werden lassen. Bei dieser Form der Datenerhebung wird ein repräsentativer und im Zeitablauf weitgehend unveränderter Personenkreis, der sich im Vorfeld zur Mitarbeit bereit erklärt hat, mehrmals hintereinander (z.B. zu seiner Kaufabsicht und Einstellung sowie zu seinem Kauf- und Verbrauchsverhalten in Bezug auf ein Produkt) befragt. Werden gleichzeitig Daten zu verschiedenen Produkten respektive verschiedenen Herstellern erhoben, so handelt es sich um ein **Omnibus-Panel**. Eine wichtige Voraussetzung für den erfolgreichen Unterhalt solcher Panels ist die möglichst ununterbrochene schriftliche oder telefonische Erreichbarkeit der Teilnehmer im Untersuchungszeitraum.

Das Mailpanel der GfK Nürnberg beispielsweise umfasste Ende der neunziger Jahre ca. 20.000 Haushalte, die repräsentativ für alle privaten deutschen Haushalte sein sollen. Die Rekrutierung der Panelteilnehmer orientiert sich an verschiedenen sozio-demographischen Variablen, etwa dem Wohnort und dem Haushaltseinkommen. Die Größe der Stichprobe – in den USA existierten im oben genannten Zeitraum Mailpanels mit mehr als 100.000 Teilnehmern – ermöglicht eine der jeweiligen Zielsetzung entsprechende Segmentierung der in eine konkrete Analyse einzubeziehenden Probanden.

Ein wichtiges Anwendungsgebiet für Mailpanels ist, wie auch *Churchill* (1996, S. 142) herausstellt, die Beschaffung von Informationen in Verbindung mit Neuprodukteinführungen. So können z.B. die geäußerten Kaufabsichten in Bezug auf in Kürze neu auf den Markt zu bringende oder gerade eingeführte Produkte die Grundlage für Prognosen des zu erwartenden Kaufverhaltens im Gesamtmarkt bilden.

9.5 Kennzahlen auf Basis von Paneldaten

Bei der sich an die logische und inhaltliche Konsistenzprüfung anschließenden Aufbereitung von Paneldaten kann zwischen Standard- und Spezialanalysen unterschieden werden. **Standardanalysen** können bei Verbraucherpaneldaten z.B. einfache tabellarische oder graphische Darstellungen der Kaufhistorien und der Soziodemographika beinhalten. Beim Handelspanel liegt der Fokus hingegen auf der Gewinnung von Produkt-, Verkaufsförderungs- oder Distributionsinformationen. **Spezialanalysen** der Daten eines Verbraucherpanels können die Käuferwanderung und das Markenwechselverhalten der Probanden zum Gegenstand haben. Im Falle von Handelspanels können Spezialanalysen u.a. die Bestimmung von Preisnachfrageelastizitäten, die Erstellung von „Produkt-“ bzw. „Markenhitlisten“, die Bestimmung produktspezifischer Einkaufsmengen und die Darstellung der Entwicklung von Konzentrationstendenzen vorsehen. Tabelle 9.3 enthält exemplarisch einige von kommerziellen Marktforschungsinstituten, etwa der G&I in Nürnberg, angebotene Panelanalysen.

Statische Panelanalyse	Dynamische Panelanalyse
Käuferstrukturen/-profile	Käuferkumulationen/-penetrationen
Einkaufshäufigkeiten	Kumulierte Wiederkäufer-/Wiederkaufsraten
Mengenintensitäten	Marktanteilsprognosen
Preishäufigkeitsverteilungen	Käuferwanderungen
Nebeneinanderverwendungen	Renner-/Penner-Listen
Kombinationsauszählungen	Nachfrageveränderungen
Bedarfsdeckungen	Markentreue/-wechsel

Tabelle 9.3: *Gegenstände der Analyse von Paneldaten*

Einige auf Basis von Paneldaten berechenbare Kennzahlen zur Entscheidungsunterstützung im Marketing sollen im Folgenden etwas genauer betrachtet werden. An erster Stelle sei der **Marktanteil** einer Marke m in Periode (z.B. Monat) t genannt. Im Falle einer mengenmäßigen Betrachtung („Absatzanteil“) gilt:[14]

$$MA_{mt}^{Menge} = \frac{\text{Einkaufsmenge von Marke } m \text{ in } t}{\text{Einkaufsmenge in der gesamten Warengruppe in } t} \quad \forall\ m,t \quad (9.1)$$

Eine Warengruppe[15] wird in diesem Zusammenhang als eine Menge von bezüglich ihres originären Verwendungszweckes weitgehend identischen Produkten unterschiedlicher Größe, Farbe, Geschmacksrichtung, Marke oder Verpackung verstanden. Die Definition des wertmäßigen Marktanteils („Umsatzanteil“) von Marke m in Periode t lautet analog:

$$MA_{mt}^{Wert} = \frac{\text{Umsatz mit Marke } m \text{ in } t}{\text{Umsatz in der gesamten Warengruppe in } t} \quad \forall\ m,t \quad (9.2)$$

Seine Berechnung erfolgt üblicherweise auf der Grundlage von Handelspaneldaten.

Die **Penetration** bzw. **Marktdurchdringung**

$$PEN_{mt} = \frac{\text{Anzahl der Käufer von Marke } m \text{ bis } t}{\text{Anzahl der Teilnehmer im Verbraucherpanel}} \quad \forall\ m,t \quad (9.3)$$

[14] Die Verwendung von Einkaufsmengen deutet darauf hin, dass die Daten aus einem Verbraucherpanel stammen. Bei der Auswertung von Handelspaneldaten wäre analog mit Verkaufsmengen zu rechnen.

[15] Beispiele sind Zahncreme, Zigaretten oder Frühstücksflocken.

entspricht dem Anteil der Konsumenten bzw. Panelteilnehmer, die bis einschließlich Periode t die Marke m mindestens ein Mal gekauft haben.

Für den **Wiederkäuferanteil** WKA_{mt} bzw. die **Wiederkaufrate** WKR_{mt} einer Marke m bis einschließlich Periode t gilt:

$$WKA_{mt} = \frac{\text{Anzahl der Wiederkäufer von Marke } m \text{ bis } t}{\text{Anzahl der Käufer von Marke } m \text{ bis } t} \qquad \forall\, m,t \qquad (9.4)$$

bzw.

$$WKR_{mt} = \frac{\text{von Wiederkäufern nachgefr. Menge der Marke } m \text{ bis } t}{\text{insgesamt nachgefragte Menge von Marke } m \text{ bis } t} \qquad \forall\, m,t \qquad (9.5)$$

Drei weitere an dieser Stelle zu nennende Kennzahlen sind die **mittlere Kauffrequenz** MKF_{mt}, die **Kaufintensität** KI_{mt} und die **mittlere Einkaufsmenge** MEM_{mt} in Bezug auf Marke m in Periode t. Im Einzelnen gilt:

$$MKF_{mt} = \frac{\text{Anzahl der in } t \text{ getätigten Käufe der Marke } m}{\text{Anzahl der Teilnehmer im Verbraucherpanel}} \qquad \forall\, m,t \qquad (9.6)$$

$$KI_{mt} = \frac{\text{in } t \text{ nachgefragte Menge der Marke } m}{\frac{1}{M}\sum_{i=1}^{M}(\text{in } t \text{ nachgefragte Menge der Marke } i)} \qquad \forall\, m,t \qquad (9.7)$$

$$MEM_{mt} = \frac{\text{in } t \text{ nachgefragte Menge der Marke } m}{\text{Anzahl der in } t \text{ getätigten Kaufakte}} \qquad \forall\, m,t \qquad (9.8)$$

Aufgrund ihrer zeitlichen Dimension eignen sich Verbraucherpaneldaten sehr gut für die **Analyse von Käuferwanderungen**. Gegenstand solcher Analysen ist das Markenwechselverhalten der Panelteilnehmer. Untersuchungen dieser Art liefern z.B. Hinweise auf den Erfolg oder Misserfolg von Kundenbindungsmaßnahmen. Das folgende Beispiel illustriert das grundsätzliche Vorgehen bei der Analyse des Markenwechselverhaltens und wird in Kapitel 16 unter Heranziehung eines stochastischen Modells zur Analyse der Markenwahl weitergeführt.

In einem aus fünf Haushalten ($k = 1, \ldots, 5$) bestehenden Verbraucherpanel seien für eine Käuferwanderungsanalyse die individuellen Kaufhistorien in Bezug auf drei Marken ($m = 1, 2, 3$) auf Basis von acht aufeinander folgenden Kaufakten ($\tau = 1, \ldots, 8$) aufgezeichnet worden. Die resultierenden Daten sind Tabelle 9.4 zu entnehmen.

Aus diesen Daten kann nun für jeden „Übergang" von Kaufakt $\tau - 1$ nach Kaufakt τ (mit $\tau = 2, \ldots, 8$) die Käuferwanderungs- bzw. **Fluktuationsmatrix** $\boldsymbol{F}_\tau = (n_{(m|j)\tau})_{m,j=1,2,3}$ gebildet werden. Das Matrixelement $n_{(m|j)\tau}$ repräsentiert dabei die beim Übergang von $\tau - 1$ nach τ über alle Haushalte des Panels hinweg beobachtete Anzahl der Wechsel von Marke j zu Marke m. Man erhält auf diese Weise folgende tabellarische Darstellung:

$\tau = 2$

$\tau = 1$		$m=1$	$m=2$	$m=3$
	$j=1$	1	0	2
	$j=2$	0	0	0
	$j=3$	0	1	1

F_2 ... $\boldsymbol{F}_\tau$ ...

$\tau = 8$

$\tau = 7$		$m=1$	$m=2$	$m=3$
	$j=1$	0	1	2
	$j=2$	0	0	1
	$j=3$	0	1	0

F_8

Haushalt	Gewählte Marke bei Kaufakt (τ)							
(k)	1	2	3	4	5	6	7	8
1	1	1	2	3	1	2	1	3
2	3	3	2	2	1	3	1	3
3	3	2	3	1	2	1	2	3
4	1	3	2	1	3	2	1	2
5	1	3	1	1	1	2	3	2

Tabelle 9.4: *Exemplarische Kaufhistorien*

Aus der Addition der Fluktuationsmatrizen $\boldsymbol{F}_2, \ldots, \boldsymbol{F}_8$ resultiert die für Käuferwanderungsanalysen verwendbare aggregierte Fluktuationsmatrix:

$$\boldsymbol{F} = \begin{pmatrix} 3 & 6 & 6 \\ 5 & 1 & 4 \\ 4 & 5 & 1 \end{pmatrix}$$

Die vorliegenden Daten versetzen uns in die Lage, z.B. eine **Gewinn-und-Verlust-Analyse** („Gain and Loss Analysis") durchzuführen, deren Ziel in der Identifikation der zwischen jeweils zwei Marken aufgetretenen Wanderungsbewegungen besteht. Das mit obiger Fluktuationsmatrix korrespondierende **Gewinn-und-Verlust-Tableau** hat folgende Gestalt:

	zu Marke ...			
Wechsel von Marke ...	$m=1$	$m=2$	$m=3$	Summe der Verluste
$j=1$	-	6	6	12
$j=2$	5	-	4	9
$j=3$	4	5	-	9
Summe der Gewinne	9	11	10	30

Wie man den angegebenen Zeilen- und Spaltensummen entnehmen kann, stehen die Gewinne und Verluste der drei Marken zwar in einem ausgewogenen Verhältnis zueinander, sie dokumentieren durch ihre relative Größe aber zugleich die ausgeprägte Markenwechselbereitschaft der fünf Haushalte im Betrachtungszeitraum. Die modellgestützte Auswertung von Fluktuationsmatrizen auf der Basis von Markov-Prozessen und hieraus ableitbare Marktkennzahlen sind Gegenstand der Ausführungen in Kapitel 16.

9.6 Probleme bei der Durchführung von Panels

Obgleich die vorgestellten Panelformen in vielerlei Hinsicht qualitativ hochwertige Daten liefern, sollten doch auch Schwachpunkte nicht unerwähnt bleiben. Beispielsweise kann die bei allen Panelformen – wenn auch in unterschiedlichem Maße – zu verzeichnende **Verweigerungsrate** Probleme beim Erreichen einer gewünschten Repräsentanz bereiten. Verweigerungsgründe können beim traditionellen Verbraucherpanel z.B. der durch die manuelle Datenaufzeichnung entstehende Arbeitsaufwand und beim Handelspanel z.B. die organisatorische Belastung der Stichprobengeschäfte durch die regelmäßig anfallenden Fremdbeobachtungen sein. Einschränkungen der Repräsentanz der erhobenen Daten ergeben sich auch aus dem **Paneleffekt** (d.h. der Änderung von Verhaltensweisen aufgrund der Teilnahme am Panel) und der **Panelsterblichkeit** (d.h. dem nicht geplanten Ausscheiden von Teilnehmern aus dem Panel).

Einschränkungen der Validität von Paneldaten infolge des Paneleffekts resultieren aus

- Verhaltensänderungen durch das sich verstärkende Bewusstwerden der Einkaufstätigkeit,
- Impulsen zu Kaufhandlungen in Bezug auf für den jeweiligen Panelteilnehmer ursprünglich nicht notwendige oder relevante Produkte infolge der Auflistung verschiedener Produkte und Warengruppen auf den Berichtsbögen („Checklist effect"),
- Angaben von mehr als den tatsächlich getätigten Käufen, z.B. aufgrund eines teilnahmebedingten Prestigestrebens („Over-reporting") sowie
- falschen oder unvollständigen (Einkaufs-) Aufzeichnungen aufgrund von Ermüdungserscheinungen infolge einer bereits zu lange andauernden Panelzugehörigkeit („Under-reporting").

Des Weiteren können aufgrund der Notwendigkeit

- der Schaffung materieller Anreize für die Kooperationsbereitschaft (speziell bei Verbraucherpanels),
- der Beschäftigung großer Außendienstmitarbeiterteams (speziell bei Handelspanels) und
- des Einsatzes modernen technischen Geräts (insbesondere bei scannerbasierten Panels)

den Verkaufspreis der Daten rechtfertigende Unterhaltskosten entstehen.

Auch stellt die nach wie vor unterschiedliche Marktabdeckung der Panels („Coverage") ein Problem dar. So kann z.B. die Nichterfassung der bei einer nicht am betreffenden Handelspanel partizipierenden Einzelhandelskette getätigten Einkäufe in Produktbereichen, in denen gerade diese Kette besonderes erfolgreich ist, bei der Datenauswertung respektive der Ergebnisinterpretation Verzerrungen nach sich ziehen.

Die Repräsentativität eines Panels als eine essenzielle Voraussetzung für die Verallgemeinerbarkeit der hieraus zu gewinnenden Erkenntnisse haben *Gupta et al.* (1996) im Rahmen einer umfassenden empirischen Studie aufgegriffen. Gegenstand der Studie war die Überprüfung der Verallgemeinerbarkeit von Schlussfolgerungen auf Basis von Scannerhaushaltspanels und die substanzielle Eignung solcher Daten, beispielsweise zur Messung des individuellen Markenwechselverhaltens und des Einflusses von Marketing-Mix-Maßnahmen. Als Grundlage dienten u.a. die Panelaufzeichnungen von insgesamt 2.500 Haushalten eines elektronischen Mikrotestmarkts in Sioux Falls (USA) in den Jahren 1985 bis 1988. Als Untersuchungsobjekte wurden verschiedene Waschmittel- und Erdnussbuttermarken ausgewählt. Zur Klärung der vorliegenden Fragestellung formulierten die Autoren u.a. verschiedene, die gemessenen Markenwahlwahrscheinlichkeiten und Preiselastizitäten betreffende Hypothesen. Die Tabellen 9.5 und 9.6 geben einige der für die Hypothesenprüfung herangezogenen Daten der betrachteten Warengruppen wieder.

	Marktanteil [in %]			Direkte Preiselastizität		
Marke (Füllmenge)	Panel-haushalte	Rest-haushalte	Gesamt	Panel-haushalte	Rest-haushalte	Gesamt
Tide (17 Unzen)	7,65	11,27	11,06	-3,05	-2,78	-2,79
Tide (42 Unzen)	15,86	15,25	15,28	-2,09	-2,02	-2,02
Tide (72 Unzen)	20,54	16,34	16,51	-1,75	-1,75	-1,75
Tide (147 Unzen)	11,27	9,82	9,86	-1,85	-1,80	-1,81
Cheer (42 Unzen)	7,06	7,58	7,58	-2,60	-2,44	-2,45
Cheer (72 Unzen)	7,33	7,67	7,69	-2,22	-2,09	-2,10
Cheer (147 Unzen)	7,02	5,47	5,55	-1,99	-1,94	-1,94
Oxy (42 Unzen)	7,46	9,71	9,66	-2,62	-2,41	-2,42
Oxy (72 Unzen)	11,18	11,30	11,29	-2,07	-1,97	-1,98
Oxy (147 Unzen)	4,63	5,59	5,52	-1,99	-1,90	-1,91
Mittelwerte	-	-	-	-2,22	-2,11	-2,12

Tabelle 9.5: *Ausgewählte Ergebnisse für die Warengruppe Waschmittel*

In der Spalte „Panelhaushalte“ sind jeweils die auf Basis des Scannerhaushaltspanels berechneten Werte angegeben. Rechts daneben stehen die korrespondierenden Werte auf Basis der ebenfalls scannergestützt aufgezeichneten Kaufhandlungen von Nichtpanelmitgliedern („Resthaushalte“). Ganz rechts aufgeführt sind jeweils die über beide Käufergruppen aggregierten Werte, d.h. es gilt: Gesamt (-käuferschaft) = Panelhaushalte + Resthaushalte. Die erkennbaren Unterschiede im Kaufverhalten von Panelhaushalten und „normalen“ Haushalten wurden durch statistische Tests im Hinblick auf ihre Signifikanz bestätigt, so dass die Autoren u.a. zu folgendem Ergebnis kommen: Das Markenwahlverhalten der Panelteilnehmer unterscheidet sich zwar signifikant von dem der übrigen Bevölkerung, der resultierende Einfluss auf die für das Marketing besonders interessanten und wichtigen (Preis-) Elastizitäten ist aber so gering, dass die Vorteile solcher Erhebungen deren Nachteile letzten Endes deutlich übertreffen.

	Marktanteil [in %]			Direkte Preiselastizität		
Marke (Füllmenge)	Panel-haushalte	Rest-haushalte	Gesamt	Panel-haushalte	Rest-haushalte	Gesamt
Jif (18 Unzen)	16,56	20,48	20,10	-2,62	-2,53	-2,55
Jif (28 Unzen)	9,90	10,13	10,10	-2,83	-2,89	-2,89
Jif (40 Unzen)	3,80	5,60	5,42	-3,15	-3,10	-3,11
Peter Pan (18 Unzen)	21,34	15,44	16,01	-2,17	-2,56	-2,55
Skippy (18 Unzen)	32,46	28,24	28,67	-1,82	-2,33	-2,32
Skippy (28 Unzen)	8,51	12,80	12,38	-2,64	-2,72	-2,73
Skippy (40 Unzen)	7,43	7,31	7,32	-2,94	-2,98	-2,98
Mittelwerte	-	-	-	-2,60	-2,73	-2,73

Tabelle 9.6: *Ausgewählte Ergebnisse für die Warengruppe Erdnussbutter*

Kapitel 10

Messmethodik und Skalenkonstruktion

10.1 Problemstellungen des Messens und Skalierens

Die **Messung** ist eine der zentralen Aufgabenstellungen der Marketingforschung. In Anlehnung an *Hammann, Erichson* (2000, S. 86) kann diese als Zuordnung von numerischen Werten (Zahlen) zu Objekten bzw. Untersuchungseinheiten zur Kennzeichnung derselben hinsichtlich der interessierenden Untersuchungsmerkmale definiert werden. Durch Messungen lassen sich genau dann präzise Aussagen ableiten, wenn die Relationen zwischen den numerischen Werten den Relationen zwischen den Objektmerkmalen entsprechen. Die Relationen können durch Operatoren, wie z.B. $<$ und $>$ für „kleiner" und „größer" oder $\prec$ und $\succ$ für „weniger" und „mehr", zum Ausdruck gebracht werden. Messungen können sich auf die Erfassung unterschiedlichster Merkmale erstrecken, wobei das Spektrum vom Geschlecht einer Person über deren Einkommen bis hin zu bestehenden Kaufabsichten in Bezug auf bestimmte Produkte reicht. Hiervon zu unterscheiden sind nominelle Zuordnungen von Zahlenwerten, etwa in Form einer Telefon- oder Matrikelnummer, die nicht der Kennzeichnung von Merkmalen der betreffenden Personen dienen.

Der Begriff **Skalierung** umschreibt in diesem Sinn den abstrakten Vorgang der Zuordnung von Messwerten (Zahlen) zu einer Menge von Ausprägungen eines Merkmals mit dem Ergebnis einer **Skala**. Eine Skala ist ein numerisches Abbild (quasi ein „Modell") des Merkmals mit der Konsequenz, dass bestimmte empirische Relationen zwischen den Merkmalsausprägungen durch korrespondierende numerische Relationen zwischen den Messwerten widergespiegelt werden. Die in Abbildung 10.1 exemplarisch dargestellte einfache Ratingskala erlaubt beispielsweise die Messung der Preiswürdigkeit eines Produkts.

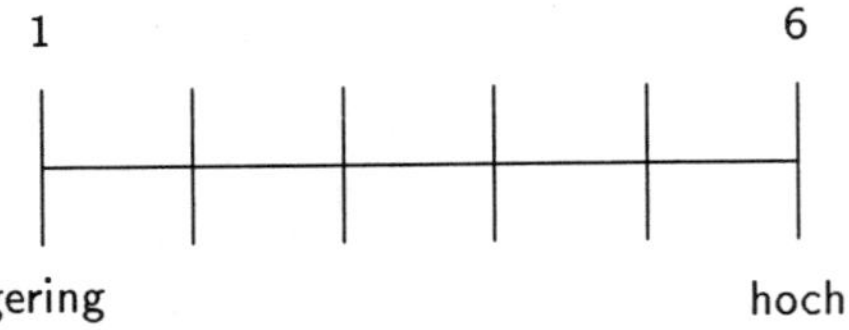

Abbildung 10.1: *Beispiel einer einfachen Ratingskala*

Alternativ zur Ratingskala ist es möglich, die Preiswürdigkeit auf einer (im Folgenden noch detailliert beschriebenen) Nominalskala mit den Ausprägungen „ja" und „nein" zu messen. Das Skalieren kann daher als Spezialfall des Messens mit einem bestimmten Instrument aufgefasst werden.

Der Gebrauch des Begriffs Skalierung ist jedoch nicht einheitlich. In der praktischen Marketingforschung wird er z.T. auch als Synonym für die technische Vorbereitung einer Messung benutzt, während in der wissenschaftlichen Literatur damit zumeist

- das Aufstellen von Regeln zur Zuordnung von Zahlen zu Merkmalen eines Untersuchungsobjekts zum Zweck der Abbildung interessierender Sachverhalte oder
- das Herstellen einer Beziehung zwischen der theoretischen Definition eines Untersuchungsobjekts und empirisch beobachtbaren Merkmalen desselben

bezeichnet wird. Letzteres korrespondiert mit dem in Kapitel 1 thematisierten Begriff der Operationalisierung.[1] Eine weiterführende Darstellung dieser Aspekte kann beispielsweise *Borg, Staufenbiel* (1997, S. 212 ff.) entnommen werden. Ziel der Skalierung ist eine möglichst weit gehende Übereinstimmung zwischen den empirischen Messwerten und den „wahren" Merkmalsausprägungen eines Untersuchungsobjekts.

10.2 Skalen in der Marketingforschung

10.2.1 Definition einer Skala

Ein **empirisches Relativ** $\mathcal{Z}^{emp} = (\mathbb{X}^{emp}, \mathcal{R}_1^{emp}, \ldots, \mathcal{R}_J^{emp})$ besteht aus einer Menge $\mathbb{X}^{emp}$ von Merkmalsausprägungen der Untersuchungsobjekte und den auf dieser Menge definierten Relationen $\mathcal{R}_1^{emp}, \ldots, \mathcal{R}_J^{emp}$. Für empirische Relative sind die **Äquivalenzrelation** ($\sim$) sowie die schwachen ($\preceq$ bzw. $\succeq$) und die starken

[1] Der Leser sollte sich vergegenwärtigen, dass anhand der obigen Skala Preiswürdigkeit lediglich im umgangssprachlichen Sinne und nicht im Sinne eines hypothetischen Konstrukts der Preis-Leistungs-Beurteilung erfasst wird. Die Skala ist jedoch sehr wohl als Indikator zur Operationalisierung eines solchen Konstrukts geeignet.

Ordnungsrelationen ($\prec$ bzw. $\succ$) gebräuchlich. Ein Beispiel für ein empirisches Relativ ist die Präferenz von Konsumenten in Bezug auf verschiedene Marken einer Produktkategorie. Das dem empirischen Relativ entsprechende numerische Relativ $\mathcal{Z}^{num} = (\mathbb{X}^{num}, \mathcal{R}_1^{num}, \ldots, \mathcal{R}_J^{num})$ beruht analog auf einer Menge von Messwerten[2] $\mathbb{X}^{num}$ und den hierauf definierten Relationen $\mathcal{R}_1^{num}, \ldots, \mathcal{R}_J^{num}$. Das numerische Relativ zur Beschreibung der Markenpräferenz könnte z.B. aus der Menge der natürlichen Zahlen und den hierauf definierten Relationen $<$, $=$ und $>$ bestehen.

Eine Skala bedingt ein empirisches Relativ $\mathcal{Z}^{emp}$, ein numerisches Relativ $\mathcal{Z}^{num}$ und eine die beiden Relative verknüpfende homomorphe[3] Abbildungsfunktion f: $\mathcal{Z}^{emp} \rightarrow \mathcal{Z}^{num}$. Sie ist somit eindeutig definiert durch das Tripel $(\mathcal{Z}^{emp}, \mathcal{Z}^{num}, f)$ und sollte folgenden Anforderungen genügen:

1. **Äquivalenz:**
   Um einem empirischen Relativ ein numerisches zuordnen zu können, müssen beide einander ähnlich sein, d.h. die Relationen zwischen den empirischen Elementen und diejenigen zwischen den numerischen Elementen müssen äquivalent sein.

2. **Isomorphie:**
   Alle gültigen Aussagen über das numerische Relativ müssen sich in gültige Aussagen über das empirische Relativ transformieren lassen und umgekehrt. Wird durch eine homomorphe Zuordnungsvorschrift jedem Element eines empirischen Relativs ein Element eines numerischen Relativs in der Weise zugeordnet, dass die Zuordnung die Eigenschaft der Bijektivität besitzt, so wird dies als **Isomorphismus** bezeichnet. Für zwei beobachtete Merkmalsausprägungen $x^{emp}, \tilde{x}^{emp} \in \mathbb{X}^{emp}$ muss demzufolge gelten:

$$x^{emp} \succeq \tilde{x}^{emp} \quad \Leftrightarrow \quad \underbrace{f(x^{emp})}_{=x} \geq \underbrace{f(\tilde{x}^{emp})}_{=\tilde{x}} \tag{10.1}$$

   mit $x, \tilde{x} \in \mathbb{X}^{num}$.

   Ein einfaches Beispiel für eine isomorphe Zuordnungsvorschrift im Rahmen der Skalierung ist das in Anlehnung an *Neibecker* (2001b, S. 1126) erstellte Präferenzranking von Automarken in Abbildung 10.2, bei dem die Anzahl numerischer Messwerte (Präferenzränge) der Anzahl empirischer Merkmalsausprägungen (Automarken) entspricht und keinem numerischen Messwert zwei empirische Merkmalsausprägungen zugeordnet werden.

[2] Gebräuchlich sind natürliche oder reelle Zahlen.

[3] Eine Zuordnungsvorschrift (Abbildung) bezeichnet man als **homomorph**, wenn das Verknüpfungsergebnis zweier Argumente gleich dem Verknüpfungsergebnis der Bilder dieser Argumente ist.

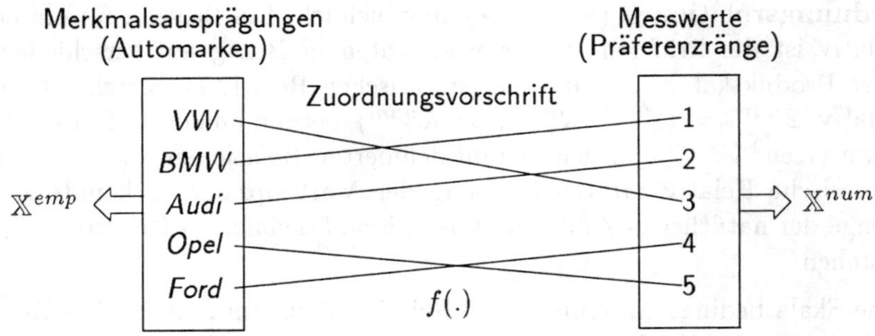

Abbildung 10.2: *Präferenzranking von Automarken*

3. **Transitivität:**
Für $x^{emp}, \tilde{x}^{emp}, \tilde{\tilde{x}}^{emp} \in \mathbb{X}^{emp}$ und $f(x^{emp}), f(\tilde{x}^{emp}), f(\tilde{\tilde{x}}^{emp}) \in \mathbb{X}^{num}$ mit $f(x^{emp}) > f(\tilde{x}^{emp})$ und $f(\tilde{x}^{emp}) > f(\tilde{\tilde{x}}^{emp})$ muss auch $f(x^{emp}) > f(\tilde{\tilde{x}}^{emp})$ gelten.

4. **Eindeutigkeit und Transformierbarkeit:**
Bei der Definition einer Skala ist die Zuordnungsvorschrift $f(.)$ grundsätzlich so zu wählen, dass sie bis auf die für sie zulässigen monotonen Transformationen $f(.)$ eindeutig ist, d.h.:

$$f(x^{emp}) > f(\tilde{x}^{emp}) \quad \Leftrightarrow \quad f^*(x^{emp}) > f^*(\tilde{x}^{emp}) \qquad \forall\, x^{emp}, \tilde{x}^{emp} \qquad (10.2)$$

Für $x^{emp}, \tilde{x}^{emp}, \tilde{\tilde{x}}^{emp} \in \mathbb{X}^{emp}$ und die Ordnung $x^{emp} \succ \tilde{x}^{emp} \succ \tilde{\tilde{x}}^{emp}$ sind sowohl $f(x^{emp}) = 3$, $f(\tilde{x}^{emp}) = 2$ und $f(\tilde{\tilde{x}}^{emp}) = 1$ als auch $f^*(x^{emp}) = 6$, $f^*(\tilde{x}^{emp}) = 4$ und $f^*(\tilde{\tilde{x}}^{emp}) = 2$ zulässige homomorphe Zuordnungsvorschriften. Die Zulässigkeit einer Transformation ist abhängig von dem im Folgenden erläuterten Skalenniveau.

10.2.2 Skalenniveau und Unterscheidung von Skalen

Die Unterscheidung von Skalen nach dem **Skalenniveau (Messniveau** oder **Datenniveau)** ist für die Marketingforschung wegen der Zulässigkeit möglicher Transformationen und der damit einhergehenden Anwendbarkeit von Verfahren zur Auswertung der Messergebnisse von besonderer Bedeutung. Das Skalenniveau bezeichnet die Präzision, mit der ein empirisch beobachteter Sachverhalt durch ein numerisches Relativ beschrieben wird. Die Präzision bezieht sich somit nicht auf die in Kapitel 11 behandelten Messfehler, sondern auf die Eigenschaften der Relationen zwischen den Elementen der Bildmenge einer Skala. Diese Skaleneigenschaften einfacher Skalen „vererben“ sich auf höherwertige Skalen, weshalb die Transformation einer Messung auf einem höheren Skalenniveau auf eine Skala niedrigeren Niveaus zulässig ist. Mit i, i' $(i, i' = 1, \ldots, I)$ als den Indizes für die verschiedenen Objekte (z.B. Personen) und l $(l = 1, \ldots, L)$ als dem Index für die Merkmale (z.B. Kaufabsicht oder Einstellung) einer Untersuchung sowie $x_{il} \in \mathbb{X}_l^{emp}$ als dem Skalenwert des i-ten Objekts bei Merkmal l können in Anlehnung an *Stevens* (1946) vier Skalenniveaus unterschieden werden:[4]

Nominalskalen dienen der Erfassung kategorialer Merkmale, wobei den einzelnen Kategorien keine Wertigkeit zugeordnet wird. Hat ein Merkmal nur zwei Ausprägungen (zwei Kategorien), wie beispielsweise der Käuferstatus (Käufer, Nichtkäufer) oder das Geschlecht (männlich, weiblich) einer Person, so wird dieses als **binäres**, **dichotomes** oder **zweiwertiges Merkmal** bezeichnet. Weist das Merkmal mehr als zwei Ausprägungen auf, so bezeichnet man es analog als **polytomes** oder **mehrwertiges Merkmal**.

Die Relationen eines nominalen Relativs sind auf die Äquivalenz und die Nichtäquivalenz beschränkt. In Anlehnung an die Notationsweise von *Opitz* (1980) wird die Äquivalenz zweier Objekte i und i' $(i \neq i')$ hinsichtlich des Merkmals l im Folgenden durch $\approx_l$ gekennzeichnet. Die Verwendung von Zahlen als Elemente des numerischen Relativs hat hier also nur symbolischen Charakter, da die zulässigen Transformationen auf die Substitution der Symbole gemäß einer eindeutigen[5] Funktion beschränkt sind. Für nominale Skalen sind folglich nur solche Transformationen zulässig, für die gilt:

$$\begin{array}{ll} f_l(x_{il}^{emp}) = f_l(x_{i'l}^{emp}), & \text{falls} \quad i \approx_l i' \\ f_l(x_{il}^{emp}) \neq f_l(x_{i'l}^{emp}), & \phantom{\text{falls}} \quad i \not\approx_l i' \end{array} \quad \forall\, i \neq i', l \tag{10.3}$$

Zur Auswertung nominaler Skalierungen können Häufigkeitsauszählungen vorgenommen und Modalwerte berechnet werden. Darüber hinaus kann der Zusammenhang zwischen den Ausprägungen zweier Merkmale anhand von Assoziationskoeffizienten (vgl. Tabelle 13.7 auf S. 306) bestimmt werden. Zur Prüfung entsprechender Hypothesen eignen sich der χ^2-Test und der McNemar-Test (vgl. z.B. *Hartung* (1995)). Die Korrespondenzanalyse (vgl. *Greenacre* (1993)) eignet sich überdies zur Visualisierung des gemeinsamen Auftretens einzelner Ausprägungen unterschiedlicher Merkmale.

Ordinalskalen ermöglichen die Messung von Merkmalsausprägungen, bei denen eine hierarchische Ordnung (im Sinne von „besser", „größer", „schneller" usw.) besteht. Wird jedem Objekt, wie in Abbildung 10.2 angedeutet, entsprechend der jeweiligen Merkmalsausprägung eine andere Zahl zugeordnet und lassen sich diese Zahlenwerte in eine eindeutige Ordnung bringen, so wird die resultierende Skala als **Rangskala** bezeichnet. Wird im Gegensatz zu der in Abbildung 10.2 verwendeten isomorphen Funktion $f(.)$ mit einer homomorphen Zuordnungsvorschrift mehreren Merkmalsausprägungen dieselbe Zahl zugeordnet, so ist die resultierende Skala als System geordneter Kategorien oder Klassen zu bezeichnen. Auch bei Ordinalskalen können keine Aus-

[4] $\mathbb{X}_l^{emp}$ bezeichnet analog zu obiger Definition die Menge der Ausprägungen bei Merkmal l.

[5] Die Zuordnung der Elemente einer Menge $\mathbb{X}$ zu denen einer Menge $\mathbb{X}'$ wird als eindeutig bezeichnet, falls jedem Element von $\mathbb{X}'$ höchstens ein Element aus $\mathbb{X}$ zugeordnet ist.

sagen hinsichtlich des Abstands zwischen jeweils zwei Merkmalsausprägungen getroffen werden. Beispiele für Ordinalskalen sind die regelmäßig von verschiedenen Zeitschriften publizierten „Universitätsrankings".

Zulässige Relationen zwischen zwei Objekten i und i' hinsichtlich eines Merkmals l sind neben der Äquivalenz ($\approx_l$) die schwache (Prä-) Ordnung[6] ($\preceq_l$ bzw. $\succeq_l$) und die starke (Prä-) Ordnung ($\prec_l$ bzw. $\succ_l$). Transformationen sind zulässig, wenn sie ordnungserhaltend sind, d.h. folgender Monotoniebedingung genügen:

$$\begin{matrix} f_l(x_{il}^{emp}) \leq f_l(x_{i'l}^{emp}), \\ f_l(x_{il}^{emp}) < f_l(x_{i'l}^{emp}), \end{matrix} \quad \text{falls} \quad \begin{matrix} i \preceq_l i' \\ i \prec_l i' \end{matrix} \quad \forall\, i \neq i', l \qquad (10.4)$$

Zur Auswertung entsprechender Messergebnisse können neben Häufigkeitsauszählungen auch der Median und Quantile berechnet werden. Die Korrelation der Ausprägungen unterschiedlicher Merkmale lässt sich mithilfe von Rangkorrelationskoeffizienten quantifizieren. Zur Prüfung von auf Ordinalskalen basierenden Hypothesen eignet sich beispielsweise der Mann-Whitney U-Test (vgl. z.B. *Hartung* (1995)). Sind durch eine Ordinalskala paarweise Unähnlichkeiten von Objekten erfasst, so kann eine graphische Visualisierung dieser Ähnlichkeitsbeziehungen mittels multidimensionaler Skalierung (MDS)[7] erfolgen.

Intervallskalen erfassen neben der Ordnung der einzelnen Merkmalsausprägungen auch den Abstand zwischen diesen. Die Abstände können addiert und subtrahiert werden. Somit sind Aussagen von der Art, dass der wahrgenommene Qualitätsunterschied zwischen den Marken 1 und 2 nur halb so groß ist wie jener zwischen den Marken 2 und 3 möglich. Es können jedoch keine Aussagen hinsichtlich des absoluten Ausmaßes der wahrgenommenen Qualität getroffen werden, da auf Intervallskalen kein natürlicher Nullpunkt existiert.

Zulässige Relationen sind neben einfachen Äquivalenzen und (Prä-) Ordnungen auch solche auf Basis von Differenzen, beispielsweise in der Art:

$$(x_{1l} - x_{2l}) > (x_{3l} - x_{4l}) \qquad \forall\, l \qquad (10.5)$$

Aufgrund des fehlenden natürlichen Nullpunkts sind Transformationen auf die Menge der positiv affin-linearen Funktionen beschränkt. Zulässig sind Formulierungen vom Typ:

$$f_l(x_{il}) = \theta_1 \cdot x_{il} + \theta_2 \qquad \text{mit} \quad \theta_1, \theta_2 \in \mathbb{R} \text{ und } \theta_1 > 0 \quad \forall\, i, l \qquad (10.6)$$

---

[6] Eine Relation $\mathcal{R}$ auf einer Menge $\mathbb{X}$ wird als Präordnung bezeichnet, wenn sie die Eigenschaften der Reflexivität und der Transitivität aufweist. Ist sie darüber hinaus antisymmetrisch (d.h. für $x, \tilde{x} \in \mathbb{X}$ gilt: $(x, \tilde{x}) \in \mathcal{R} \wedge (\tilde{x}, x) \in \mathcal{R} \Rightarrow x = \tilde{x}$), so wird die Relation $\mathcal{R}$ als Ordnung bezeichnet.

[7] Eine Einführung in die Methodik der MDS kann z.B. *Borg, Staufenbiel* (1997) und *Wührer* (2000) entnommen werden.

Zulässige statistische Kenngrößen solcher Messungen sind das arithmetische Mittel und die Standardabweichung bzw. Varianz. Zur Prüfung von Hypothesen können der t-Test und der F-Test herangezogen werden.[8] Die Visualisierung der Messergebnisse kann mittels einer Vielzahl deskriptiver Techniken (vgl. *Friendly* (1991) und *Meyer* (1999)) vorgenommen werden. So ermöglichen z.B. Faktorenanalysen (vgl. *Überla* (1971)) auf Basis der in der Marketingforschung weit verbreiteten äquidistanten Ratingskalen[9] die Generierung anschaulich interpretierbarer Faktorräume (Wahrnehmungsräume).

Verhältnisskalen („Ratioskalen") besitzen im Gegensatz zu Intervallskalen einen natürlichen Nullpunkt. Beispiele für auf einer Verhältnisskala zu messende Größen sind der Absatz eines Produkts in einem bestimmten Zeitraum oder die Kundenzahl in einem Einzelhandelsgeschäft. Kann bei den Messungen darüber hinaus auf eine natürliche Einheit zurückgegriffen werden, so wird die resultierende Skala als absolute Skala bezeichnet. Ergänzend zu den bisher genannten Transformationen sind nun auch Verhältnisbetrachtungen der Art

$$\frac{x_{1l}}{x_{2l}} > \frac{x_{3l}}{x_{4l}} \qquad \forall\, l \tag{10.7}$$

zulässig. Die Menge der zulässigen Transformationen ist auf die Proportionalität erhaltende Funktionen beschränkt, etwa Formulierungen vom Typ:

$$f_l(x_{il}) = \theta \cdot x_{il} \qquad \text{mit} \quad \theta > 0 \qquad \forall\, l \tag{10.8}$$

Zusätzlich zu den für Intervallskalen genannten Kenngrößen können auch das geometrische Mittel und der Variationskoeffizient bestimmt werden.

Der Informationsgehalt und das anwendbare Spektrum der Auswertungsverfahren nimmt mit steigendem Skalenniveau zu. Auswertungsverfahren, die auf einem niedrigeren Skalenniveau zulässig sind, sind auch auf Daten eines höheren Skalenniveaus anwendbar. Bei Bedarf können die Messwerte von höheren Skalenniveaus auf niedrigere „herunterskaliert" werden, was jedoch mit einem Informationsverlust einhergeht. So können beispielsweise Messungen auf einer Verhältnisskala durch Klassenbildung auf eine Ordinalskala oder sogar eine Nominalskala abgebildet werden. Nominal- und Ordinalskalen werden als **nicht-metrische Skalen**, Intervall- und Verhältnisskalen als **metrische Skalen**[10] bezeichnet.

Als Sonderfälle sind die **hierarchischen Skalen** und die **verbandsgeordneten Skalen**, wie sie z.B. bei *Opitz* (1980) beschrieben werden, zu erwähnen. Bei einem **hierarchischen Merkmal** können die betrachteten Merkmalsausprägungen ihrerseits Oberbegriffe bzw. Obermengen der Ausprägungen anderer Merkmale

[8] Über das Skalenniveau hinaus setzen diese Tests auch eine Normalverteilung der als Zufallsvariable aufgefassten Merkmale in der Grundgesamtheit voraus.

[9] Es wird von der impliziten Annahme gleich großer Abstände zwischen den Merkmalsausprägungen ausgegangen.

[10] Teilweise findet man hierfür auch den Begriff der Kardinalskala.

sein. Beispielsweise können Textilfachgeschäfte in Bekleidungs- und Heimtextilfachgeschäfte unterschieden werden. Die Bekleidungsfachgeschäfte können ihrerseits wiederum in Damen- und Herrenbekleidung, die Damenbekleidungsgeschäfte in Oberbekleidungs- und Wäsche-/Dessousgeschäfte usw. unterteilt werden. Bei einer so genannten „entarteten" Hierarchie existiert genau ein Oberbegriff, der alle Ausprägungen als maximale Teilmenge enthält. Bei einer „Quasi-Hierarchie" können hingegen Merkmalsüberschneidungen auftreten. Als Maß für die Unterschiedlichkeit ist die kleinste Obermenge, die verschiedene Merkmalsausprägungen umfasst, heranzuziehen.

Bei **verbandsgeordneten Skalen** können Verwandtschaften zwischen unterschiedlichen Ausprägungen eines Merkmals z.T. darauf zurückgeführt werden, dass sich das Merkmal in mehrere Einzelkomponenten zerlegen lässt. Die Übereinstimmung bezüglich eines Merkmals wird an der Übereinstimmung bezüglich einzelner Komponenten festgemacht. Der Informationsgehalt hierarchischer und auch verbandsgeordneter Skalen ist höher als der bei Nominalskalen und geringer als der bei Intervallskalen. Für nicht entartete quasi-hierarchische Skalen stellt *Opitz* (1980, S. 49) fest, dass der Informationsgehalt geringer als bei ordinalen Skalen ist.

Neben dem Skalenniveau können Skalen, *Torgerson* (1958) folgend, auch entsprechend der jeweiligen Messfunktion und des Messgegenstands unterschieden werden:

Personenbezogene Skalen ermöglichen die Quantifizierung der Reaktion einer Person auf unterschiedliche Reize. Ein Beispiel ist die Einstellungsmessung mittels der auf S. 248 ausführlich dargestellten Likert-Skala.

Reizbezogene Skalen dienen der Messung der Reaktionen auf denselben Reiz bei unterschiedlichen Personen, etwa die Beurteilung der Preiswürdigkeit von Produkten anhand von Paarvergleichen.

Reaktionsbezogene Skalen dienen der Untersuchung von Wechselwirkungen zwischen Personen und Reizen. Ein Beispiel ist die Preisreaktionsmessung anhand einer Guttman-Skala.

Eine weitere Unterteilung ergibt sich aus der Dimensionalität der betrachteten Merkmale. **Eindimensionale Skalierungen**, wie etwa die im Folgenden vorgestellten Likert- und Thurstone-Skalen, stellen eine Dimension des zu messenden Konstrukts, beispielsweise die affektive, in den Vordergrund. Bei der **mehrdimensionalen Skalierung**[11] werden hingegen mehrere Dimensionen berücksichtigt, z.B. die affektive und die kognitive.

[11] Man beachte, dass hiermit nicht die multidimensionale Skalierung (MDS) aus der Familie der multivariaten Analysemethoden gemeint ist.

10.3 Skalierungsverfahren

10.3.1 Ratingskalen

Ratingskalen sind „Schätz"-Skalen, bei denen subjektive Einschätzungen der Ausprägungen von Untersuchungsmerkmalen, etwa Eigenschaften von Personen oder Gegenständen, gemessen werden. Die Probanden bringen zu diesem Zweck den Grad ihrer Einschätzung auf einer vorgegebenen Skala zum Ausdruck. Streng genommen liefern Ratingskalen somit ordinal skalierte Daten. Da aber durch eine geeignete graphische Präsentation der Antwortmöglichkeiten den Probanden Intervalle identischen Abstands suggeriert werden können, werden Ratingskalen in der Marketingforschung üblicherweise, wie bereits auf S. 233 angedeutet, als Intervallskalen interpretiert und die resultierenden Messwerte als metrische Daten behandelt. Die Qualität einer Ratingskala wird anhand der Präzision und der Menge der gelieferten Informationen über den Untersuchungsgegenstand, d.h. der „Informationsübertragungsleistung" beurteilt. Ein wichtiges Kriterium ist die Anzahl der für die Messung herangezogenen Stimuli bzw. Items.

Einfache Ratingskalen entstehen aus der Vorgabe eines isolierten Stimulus (etwa eines Eigenschaftsworts, eines Satzes oder einer Graphik), von dem angenommen werden kann, dass er den Untersuchungsgegenstand (etwa die Einstellung in Bezug auf ein Produkt) in angemessener Weise charakterisiert.

Multi-Item-Skalen resultieren aus der Vorgabe einer mindestens zweielementigen Menge von Stimuli, deren Messwerte alle von der gleichen Untersuchungseinheit bestimmt werden. Sie können in Form von Profilen oder summativen Indikatoren ausgewertet werden. Im Gegensatz zu einfachen Ratingskalen können bei Multi-Item-Skalen die Beziehungen zueinander berechnet und daraus Korrelationen mit dem zu messenden Untersuchungsgegenstand (Konstrukt) bestimmt werden.[12]

Ratingskalen können in verbaler, numerischer oder graphischer Form kommuniziert werden. Bei der verbalen Stimulusdarbietung werden, wie in Abbildung 10.3 dargestellt, alle möglichen Antwortkategorien mit semantischen Bezeichnungen belegt. Eine Skala gilt als **balanciert**, wenn die Anzahl der „positiven" Ausprägungen der Anzahl „negativer" Ausprägungen entspricht. Darüber hinaus ist zu entscheiden, ob eine gerade oder eine ungerade Anzahl an Ausprägungen vorgegeben werden soll. Eine gerade Anzahl hat bei einer balancierten Skala einerseits den Nachteil, dass in ihrer Meinung indifferente Probanden gezwungen werden, sich für eine Richtung zu entscheiden. Andererseits erweist es sich als vorteilhaft, dass die Schwierigkeit der Interpretation der Mitte bei bipolaren[13] Skalen („weder noch" (Indifferenz) oder „sowohl als auch" (Ambivalenz)) entfällt.

---

[12] Eine weiterführende Diskussion dieser Aspekte erfolgt in Kapitel 11.

[13] Eine bipolare Skala ist, wie im Folgenden weiter ausgeführt wird, durch die Verknüpfung der Extremausprägungen mit gegensätzlichen Attributen (etwa „gut" und „schlecht" oder „modern" und „altmodisch") gekennzeichnet.

„Wie beurteilen Sie die Qualität des Produkts X?"	
Balancierte Ratingskala	Unbalancierte Ratingskala
☐ sehr gut	☐ ausgezeichnet
☐ gut	☐ sehr gut
☐ neutral	☐ gut
☐ schlecht	☐ mittelmäßig
☐ sehr schlecht	☐ schlecht

Abbildung 10.3: *Ratingskalen mit verbaler Stimulusdarbietung*

Bei einer numerischen Stimulusdarbietung werden die Messpunkte der Skalen durch Zahlen, z.B. wie in Abbildung 10.4 dargestellt, dem deutschen Schulnotensystem entsprechend von 1 (für „sehr gut") bis 6 (für „ungenügend"), repräsentiert.

„Bitte benoten Sie die Qualität von Produkt X!"					
1	2	3	4	5	6

Abbildung 10.4: *Ratingskala mit numerischer Stimulusdarbietung*

Im Fall einer graphischen Stimulusdarbietung werden die möglichen Antwortausprägungen durch bildliche Darstellungen oder ungebrochene gerade Linien mit Verankerung von Extrempunkten und ohne Angabe von Messpunkten (visuelle Darbietung) vorgegeben. Abbildung 10.5 zeigt eine auf unterschiedliche Gesichtsausdrücke zurückgreifende Skala. Hierbei steht das ganz links abgebildete Gesicht für eine sehr positive und das ganz rechts abgebildete für eine sehr negative Einschätzung.

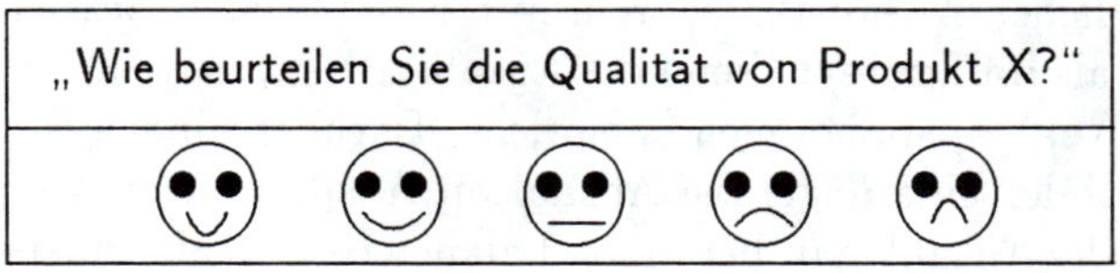

Abbildung 10.5: *Ratingskala mit graphischer Stimulusdarbietung*

Um die Verständlichkeit für die Befragten zu erhöhen, können unterschiedliche Kommunikationsformen von Ratingskalen miteinander kombiniert werden. Beispielsweise können, wie in Abbildung 10.6 dargestellt, die Extrempunkte der Skala verbal und/oder graphisch verankert und die dazwischen liegenden Messpunkte durch Zahlen ausgedrückt werden.

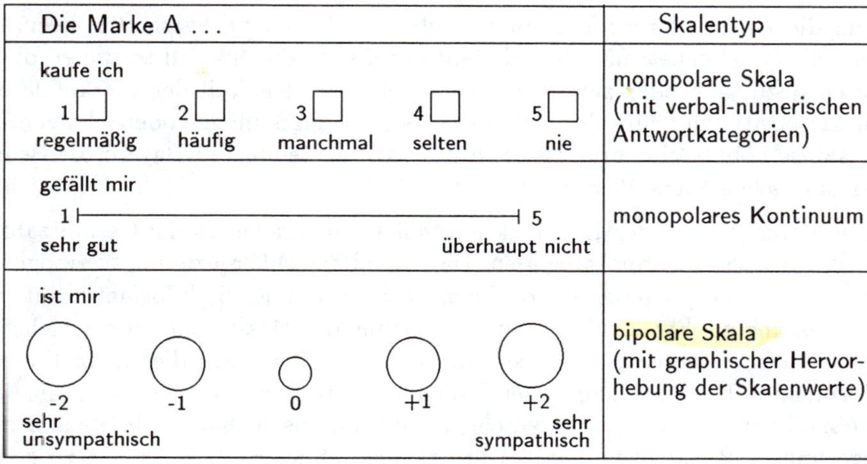

Abbildung 10.6: *Skalen mit kombinierten Kommunikationsformen*

Ein Sonderfall der Ratingskalen ist die **magnitude Skalierung**, bei der bewusst auf die feste kategoriale Begrenzung des Antwortspektrums verzichtet und stattdessen die Reaktion auf einen Reiz anhand der Größe einer Zahl, der Höhe eines Tons oder der Länge einer Linie gemessen wird. Um die Messergebnisse verschiedener Probanden vergleichen zu können, muss bei dieser Form der Skalierung zunächst eine „Normierungsmessung" anhand eines Normierungsreizes vorgenommen werden, was anschließend Messungen auf metrischem Skalenniveau ermöglicht. Eine detailliertere Beschreibung der magnituden Skalierung kann beispielsweise *Neibecker* (1983) und *Borg, Staufenbiel* (1997) entnommen werden.

Neben der Entscheidung für oder gegen balancierte Skalen ist entsprechend inhaltlicher Gesichtspunkte auch die Wahl zwischen Monopolarität und Bipolarität zu treffen. Ein Beispiel für eine bipolare Skala ist die untere Skala in Abbildung 10.6. Nachteilig an dieser ist, dass durch die gewählte graphische Hervorhebung der Skalenwerte in Verbindung mit einer ungeraden Anzahl von Antwortkategorien die ohnehin bei der Datenerhebung mittels Ratingskalen häufig zu beobachtende „Tendenz zur Mitte" möglicherweise noch verstärkt wird. Dieser so genannte **Zentralitätseffekt**, der auf das Streben vieler Probanden nach Vermeidung von Extremurteilen zurückzuführen ist, bewirkt tendenziell mittelmäßige Einschätzungen der interessierenden Merkmale der Untersuchungsobjekte. Zu einer Verstärkung dieses Effekts kann es kommen, wenn den Probanden nicht alle Untersuchungsobjekte (z.B. das gesamte Spektrum der in einer Untersuchung berücksichtigten Markennamen) bekannt sind. Zur Kontrolle dieses Phänomens können z.B. fiktive Objekte in die Erhebung aufgenommen werden.[14] Ein damit verwandtes Problem von Ratingskalen ist der **Nachsichtseffekt**, der daraus resultiert, dass Probanden dazu tendieren, ihnen gut bekannte Untersuchungsobjekte bezüglich der relevanten Merkmale günstiger einzustufen als nicht so vertraute.

[14] Ein solches Vorgehen im Zusammenhang mit der Untersuchung des Bekanntheitsgrads von Bekleidungsgeschäften in einer Stadt findet sich z.B. bei *Wagner et al.* (1999).

Wenn die Urteile der Probanden von übergeordneten Sachverhalten beeinflusst werden, so bezeichnet man dies als **Haloeffekt**. In diesem Fall tendieren die Befragten dazu, alle oder zumindest den überwiegenden Teil der Merkmale eines Objekts positiv zu beurteilen, sobald sie es als Ganzes mögen oder schätzen. Beispielsweise könnte eine grundsätzlich positive Einstellung zu Bayern die Beurteilung bayrischen Biers überlagern.

Ein weiterer Aspekt der Konstruktion von Ratingskalen ist die Gesamtzahl der berücksichtigten Antwortkategorien. Dabei sind das Differenzierungsvermögen der Befragten in Bezug auf den interessierenden Sachverhalt, die Informationsübertragungsleistung der Skala und die zur Auswertung der Messungen heranzuziehenden Datenanalyseverfahren zu berücksichtigen. Unabhängig von diesen im Einzelfall zu prüfenden Kriterien kann aber festgehalten werden, dass einerseits eine sehr hohe Zahl von Antwortkategorien bei einem Stimulus oft nur minimale Informationsgewinne („Pseudogenauigkeit“) bringt, dass andererseits aber eine zu geringe Anzahl von zur Auswahl stehenden Kategorien den Befragten zu wenig Möglichkeiten der Antwortgestaltung bietet und somit möglicherweise zu einer Antwortverweigerung führt. Als „optimal“ werden vielfach 5, 7 oder 9 Antwortkategorien erachtet („Miller-Regel“).

10.3.2 Paarvergleichsverfahren und „Law of Comparative Judgement“

Anstelle einer absoluten und objektindividuellen Bewertung können die Urteile der Probanden auch auf einem globalen oder merkmalsspezifischen Vergleich von zwei oder mehreren Untersuchungsobjekten basieren. Die so zu ermittelnden Aussagen sind Relativurteile der Art „Objekt i ziehe ich dem Objekt i' vor.“ oder „Bezüglich Merkmal l dominiert Objekt i über Objekt i'.“ und werden als **Dominanzvergleich** bezeichnet.

Eine für die Probanden leicht zu bewältigende Form dieser Art der Messung sind **Paarvergleiche**, aus denen sich Rangreihungen der zu beurteilenden Objekte bestimmen lassen. Paarvergleiche bieten sich z.B. dann an, wenn zu vermuten ist, dass die Probanden ihre Urteile über die Objekte eher ganzheitlich treffen, d.h. nicht bewusst zwischen einzelnen Merkmalen differenzieren. Darüber hinaus sind z.B. Präferenzurteile in Bezug auf alternative Produktmarken auf vergleichender Ebene im Sinne obigen Dominanzverständnisses in der Regel leichter möglich als absolute Beurteilungen derselben.

Bei Paarvergleichen wird, wie der Terminus schon andeutet, jedes Untersuchungsobjekt mit jedem anderen Objekt paarweise verglichen, wobei Gleichheitsurteile durch Skalengestaltungen der in Abbildung 10.7 dargestellten Art ausgeschlossen werden können. Eine semantische Verankerung der Vergleichsurteile ist z.B. durch Formulierungen wie „... wird dominiert von ... “, „... besitzt einen Vorsprung vor ... “, „... ist ... überlegen“ oder „... übertrifft ... “ zu erreichen.

Bei I Objekten fallen somit $\frac{I(I-1)}{2}$ Paarvergleiche an. Sollen für die zu untersuchenden Objekte Paarvergleiche auf Basis verschiedener Eigenschaften durchgeführt werden, so erhöht sich die Anzahl derselben entsprechend. Skalierungen auf Basis von Paarvergleichen sind deshalb nur bei einer überschaubaren Anzahl von Objekten durchführbar, da sonst die Auskunftsfähigkeit und -willigkeit der Probanden u.U. überfordert werden. Ein Beispiel für einen Paarvergleich von Zigarettenmarken bietet Abbildung 10.7.

„Bitte markieren Sie bei den folgenden Paaren von Zigarettenmarken durch Ankreuzen jeweils jene Alternative, die Sie im direkten Vergleich bevorzugen!"

□	*HB*	-	*Camel*	□
□	*HB*	-	*Lord*	□
□	*HB*	-	*West*	□
□	*HB*	-	*Marlboro*	□
□	*HB*	-	*Reval*	□
□	*Camel*	-	*Lord*	□
□	*Camel*	-	*West*	□
□	*Camel*	-	*Marlboro*	□
□	*Camel*	-	*Reval*	□
□	*Lord*	-	*West*	□
□	*Lord*	-	*Marlboro*	□
□	*Lord*	-	*Reval*	□
□	*West*	-	*Marlboro*	□
□	*West*	-	*Reval*	□
□	*Marlboro*	-	*Reval*	□

Abbildung 10.7: *Exemplarischer Aufbau einer Paarvergleichsskala*

Die Messergebnisse eines jeden Probanden können dann in individuellen Paarvergleichstabellen zusammengestellt werden. Dabei erfolgt, wie dem Beispiel in Tabelle 10.1 zu entnehmen ist, eine spaltenweise Zuordnung von Rangzahlen entsprechend der Häufigkeiten, mit denen ein Objekt jeweils allen anderen vorgezogen wurde (indirekte Rangordnung). Die 1 in der ersten Zeile bedeutet beispielsweise, dass von dem betreffenden Probanden die Marke *Camel* ($m = 2$) der Marke *HB* ($m = 1$) vorgezogen bzw., dass Marke $m = 1$ von Marke $m = 2$ dominiert wird.

Bei Transitivität der einzelnen Urteile führt eine Umstellung der Spalten gemäß der sich ergebenden indirekten Rangordnung zu einer dreiecksförmigen Anordnung der Einsen in der Matrix. Im vorliegenden Beispiel ist dies, wie man Tabelle 10.2 entnehmen kann, der Fall.

Marke	Bevorzugte Zigarettenmarke					
	HB ($m = 1$)	*Camel* ($m = 2$)	*Lord* ($m = 3$)	*West* ($m = 4$)	*Marlboro* ($m = 5$)	*Reval* ($m = 6$)
HB ($m = 1$)	–	1	0	0	0	0
Camel ($m = 2$)	0	–	0	0	0	0
Lord ($m = 3$)	1	1	–	1	1	1
West ($m = 4$)	1	1	0	–	1	1
Marlboro ($m = 5$)	1	1	0	0	–	0
Reval ($m = 6$)	1	1	0	0	1	–
$\sum$	4	5	0	1	3	2
Rang	2	1	6	5	3	4

Tabelle 10.1: *Individuelle Paarvergleichsmatrix (in Ausgangsform)*

Marke	Bevorzugte Marke					
	$m = 2$	$m = 1$	$m = 5$	$m = 6$	$m = 4$	$m = 3$
$m = 2$	–	0	0	0	0	0
$m = 1$	1	–	0	0	0	0
$m = 5$	1	1	–	0	0	0
$m = 6$	1	1	1	–	0	0
$m = 4$	1	1	1	1	–	0
$m = 3$	1	1	1	1	1	–
$\sum$	5	4	3	2	1	0
Rang	1	2	3	4	5	6

Tabelle 10.2: *Individuelle Paarvergleichsmatrix (in Dreiecksform)*

Bei inkonsistenten Antworten und damit nicht-transitiven Rangordnungen („zirkuläre Triaden") kommen in der individuellen Paarvergleichsmatrix gleiche Spaltensummen vor. Eine Anordnung in Dreiecksform ist dann nicht mehr möglich. In Tabelle 10.3 erkennt man durch die in Klammern gesetzten Einsen, dass sich in der Beurteilung der diese Urteile liefernden Auskunftsperson folgende zirkuläre Triade ergibt: $m = 2 \succ m = 1$, $m = 1 \succ m = 5$ und $m = 5 \succ m = 2$. Zur Prüfung der Frage, wie gravierend die Transitivitätsverstöße eines Probanden sind, kann auf den Konsistenzkoeffizienten von *Kendall* (1970) zurückgegriffen werden. Geeignete „Korrektur"-Verfahren, die möglichst wenig in die vom betreffenden Probanden geäußerten Rangordnungen eingreifen, sind bereits von *Slater* (1961) und *Phillips* (1967) vorgestellt worden.

Nach der Konsistenzprüfung und eventuellen Korrekturen können die Individualurteile zu einer aggregierten **Dominanzmatrix** zusammengefasst werden, in der die absoluten Häufigkeiten stehen, mit denen die Spaltenelemente der Matrix die Zeilenelemente dominieren. In Tabelle 10.4 ist eine exemplarische (fiktive) Dominanzmatrix für die Beurteilung der sechs Marken durch 40 Probanden dargestellt.

	Bevorzugte Marke					
Marke	$m=2$	$m=1$	$m=5$	$m=6$	$m=4$	$m=3$
$m=2$	–	0	(1)	0	0	0
$m=1$	(1)	–	0	0	0	0
$m=5$	0	(1)	–	0	0	0
$m=6$	1	1	1	–	0	0
$m=4$	1	1	1	1	–	0
$m=3$	1	1	1	1	1	–
$\sum$	4	4	4	2	1	0
Rang	2	2	2	4	5	6

Tabelle 10.3: *Inkonsistente individuelle Paarvergleichsmatrix (in Dreiecksform)*

Aus Tabelle 10.4 ist z.B. ersichtlich, dass 30 Probanden die Marke 5 der Marke 1 vorziehen, aber nur 10 Probanden die Marke 1 gegenüber der Marke 5 präferieren. Transformiert man die absoluten Häufigkeiten in relative Größen, indem man die einzelnen Zellenwerte durch die Anzahl der Versuchspersonen dividiert, so liefert dies die in Tabelle 10.5 dargestellte relative Dominanzmatrix.

	Bevorzugte Marke					
Marke	$m=1$	$m=2$	$m=3$	$m=4$	$m=5$	$m=6$
$m=1$	–	10	15	19	30	32
$m=2$	30	–	13	21	27	29
$m=3$	25	27	–	32	34	38
$m=4$	21	19	8	–	20	17
$m=5$	10	13	6	20	–	13
$m=6$	8	11	2	23	27	–

Tabelle 10.4: *Exemplarische aggregierte Dominanzmatrix*

Analog zur aggregierten Dominanzmatrix kann der Tabelle entnommen werden, dass 75,0 % der Probanden die Marke 5 gegenüber der Marke 1 präferieren, aber

	Bevorzugte Marke					
Marke	$m=1$	$m=2$	$m=3$	$m=4$	$m=5$	$m=6$
$m=1$	–	0,250	0,375	0,475	0,750	0,800
$m=2$	0,750	–	0,325	0,525	0,675	0,725
$m=3$	0,625	0,675	–	0,800	0,850	0,950
$m=4$	0,525	0,475	0,200	–	0,500	0,425
$m=5$	0,250	0,325	0,150	0,500	–	0,325
$m=6$	0,200	0,275	0,050	0,575	0,675	–

Tabelle 10.5: *Relative Dominanzmatrix*

nur 25,0 % der Marke 1 gegenüber der Marke 5 den Vorzug geben. Für die einzelnen relativen Dominanzwerte können nun der im Anhang des Buchs abgedruckten Standardnormalverteilungstabelle die korrespondierenden z-Werte entnommen und die Diagonalelemente gleich 0 gesetzt werden. Dabei steht z_{im} $(i, m = 1, \ldots, 6)$ für den mit der Markenkombination i, m korrespondierenden Standardnormalverteilungswert. Ausgehend von dieser Datentransformation lassen sich die neuen Spaltensummen und zugehörigen Spaltenmittelwerte $\bar{x}_m$ $(m = 1, \ldots, 6)$ berechnen. Das Ergebnis ist in Tabelle 10.6 dargestellt.

	(Bevorzugte) Marke					
Marke	$m = 1$	$m = 2$	$m = 3$	$m = 4$	$m = 5$	$m = 6$
$i = 1$	0,00	-0,67	-0,32	-0,06	0,67	0,84
$i = 2$	0,67	0,00	-0,45	0,06	0,45	0,60
$i = 3$	0,32	0,45	0,00	0,84	1,04	1,65
$i = 4$	0,06	-0,06	-0,84	0,00	0,00	-0,19
$i = 5$	-0,67	-0,45	-1,04	0,00	0,00	-0,45
$i = 6$	-0,84	-0,60	-1,65	0,19	0,45	0,00
$\sum_{i=1}^{6} z_{im}$	-0,46	-1,33	-4,30	1,03	2,61	2,45
$\bar{x}_m = \frac{1}{6} \sum_{i=1}^{6} z_{im}$	-0,08	-0,22	-0,72	0,17	0,44	0,41
$\bar{x}_m + \lvert -0,72 \rvert$	0,64	0,50	0,00	0,89	1,16	1,13

Tabelle 10.6: *Rechenbeispiel für das „Law of Comparative Judgement"*

Die in der letzten Zeile der Tabelle angegebene Addition des Betrags des kleinsten Spaltenmittelwerts zu allen Spaltenmittelwerten ergibt den Skalenwert der einzelnen Marken gemäß des **„Law of Comparative Judgement"**, das von *Thurstone* (1927) vorgestellt worden ist. Abbildung 10.8 zeigt die resultierende Intervallskala. Demnach wird die Marke 5 am meisten präferiert, die Marke 3 hingegen am wenigsten.

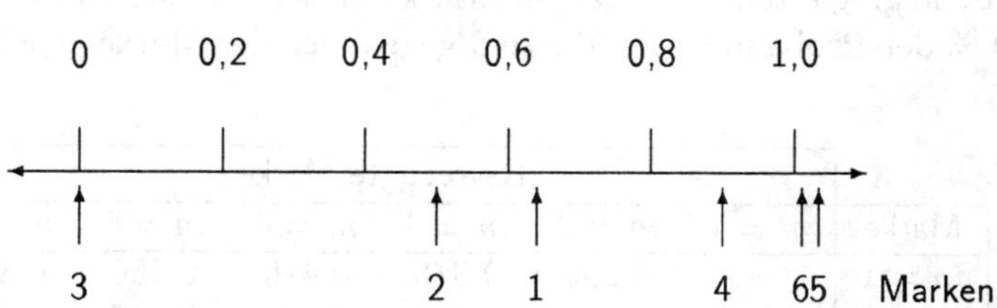

Abbildung 10.8: *Resultierende Skala gemäß des „Law of Comparative Judgement"*

Mit dem beschriebenen Vorgehen gelingt der Brückenschlag zwischen den empirischen Paarvergleichsurteilen und dem korrespondierenden „psychologischen Kontinuum". Dabei wird zufälligen und situativ bedingten Schwankungen in der Beurteilung der Stimuli durch den Rückgriff auf die Normalverteilung Rechnung getragen. Den Ausgangspunkt der Skalierung mittels des „Law of Comparative Judgement“ bilden also Bewertungen der betrachteten Objekte (Stimuli) durch Auskunftspersonen in Form ordinaler Paarvergleiche. Gegenstand dieser Bewertungen sind Merkmale, die sich nicht auf einem psychologischen Kontinuum einordnen lassen, sondern das Ergebnis von nicht-beobachtbaren Wahrnehmungsprozessen sind und aus verbal geäußerten Urteilen („judgements“) erschlossen werden. Beispiele sind die Schönheit von Gemälden, die Einstellung zu den Herkunftsländern von Produkten oder die Attraktivität von Marken. Die Probanden geben zu diesem Zweck Urteile der Form „Marke 1 gefällt mir besser als Marke 2.“ oder „Bayern München ist mir lieber als Borussia Dortmund.“ ab.

Genauso wie eine einzelne Person in Abhängigkeit von ihrer Tagesverfassung und der jeweiligen Befragungssituation die persönliche Einstellung zu einem Stimulus nicht immer am gleichen Punkt eines psychologischen Kontinuums festmachen würde, ist bei der Befragung mehrerer Probanden von einer Streuung der Urteile um die „wahre“ Präferenz auszugehen. Dem „Law of Comparative Judgement“ liegt ein modaler Beurteilungsprozess zugrunde, bei dem die Urteilsdifferenz hinsichtlich zweier Stimuli (z.B. zweier Marken) anhand der Modi der Beurteilungen derselben bestimmt wird. Abbildung 10.9 veranschaulicht diesen Sachverhalt.

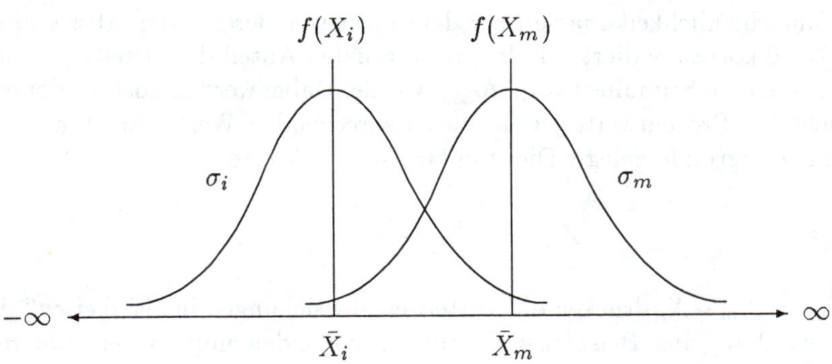

Abbildung 10.9: *Resultat eines Beurteilungsprozesses*

Den verwendeten Bezeichnern kommen folgende Bedeutungen zu:

X_m, X_i	=	(normalverteilte) Zufallsvariablen, die das Urteil (z.B. die Einstellung) gegenüber Stimulus m bzw. i zum Ausdruck bringen
$f(X_m)$, $f(X_i)$	=	zugehörige Dichtefunktionen
$\bar{X}_m$, $\bar{X}_i$	=	Urteilsmittelwerte bezüglich Stimulus m bzw. i
σ_m, σ_i	=	zugehörige Standardabweichungen

Da angenommen wird, dass die Bewertungen, wie in Abbildung 10.9 durch die beiden Glockenkurven angedeutet, gemäß einer Normalverteilung um den wahren

Wert streuen, sind sowohl die Modi als auch die Differenz derselben normalverteilte Zufallsvariablen. Je höher die Präferenzwerte für Stimulus m (relativ zu Stimulus i) ausfallen, desto kleiner ist der Überlappungsbereich zwischen den beiden Kurven und umso größer ist die Distanz zwischen $\bar{X}_m$ und $\bar{X}_i$. Mit r_{mi} als der Korrelation der Ausprägungen von X_m und X_i lauten die Parameter der Urteilsdifferenz:

$$\bar{X}_{mi} = \bar{X}_m - \bar{X}_i \qquad \text{und} \qquad \sigma_{mi} = \sqrt{\sigma_m^2 + \sigma_i^2 - 2r_{mi}\sigma_m\sigma_i} \;\; \forall\, m,i \qquad (10.9)$$

Die zugehörige Dichte der Urteilsdifferenz ist in Abbildung 10.10 dargestellt.

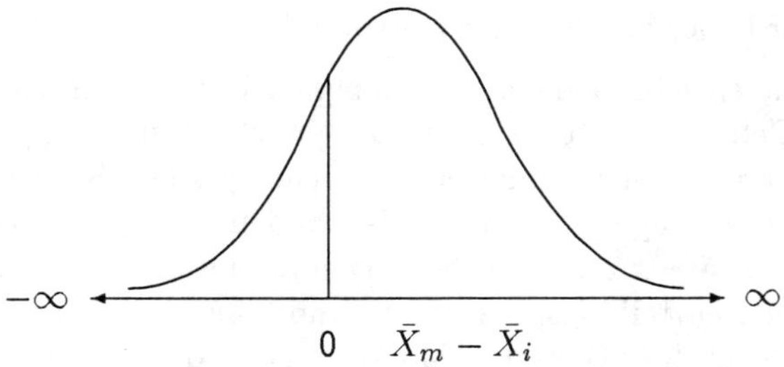

Abbildung 10.10: *Dichte der Urteilsdifferenz*

Die Wahrscheinlichkeitsmasse über dem positiven Bereich der Abszisse in Abbildung 10.10 korrespondiert mit dem prozentualen Anteil der Urteile, bei denen der Stimulus m dem Stimulus i vorgezogen wurde. Dabei werden anstelle der empirisch beobachteten Prozentwerte jeweils die entsprechenden Werte der Standardnormalverteilung zugrunde gelegt. Die standardisierten Werte

$$Z_{mi} = \frac{X_{mi} - \bar{X}_{mi}}{\sigma_{mi}} \qquad \forall\, m,i \qquad (10.10)$$

mit $X_{mi} = X_m - X_i$ drücken die Mittelwertabweichungen in „Einheiten" der Standardabweichung aus. Beispielsweise gilt für die beiden empirischen Präferenzwerte (PW_{mi}) 0,5 und 0,84:

$$PW_{mi} = 0{,}50 \quad \Leftrightarrow \quad z_{mi} = 0{,}0 \qquad \text{und}$$

$$PW_{mi} = 0{,}84 \quad \Leftrightarrow \quad z_{mi} = 1{,}0 \qquad (m, i \text{ jeweils fest})$$

Wenn also 84 % der Probanden eine positive Differenz aufweisen (d.h. eine Präferenz für m äußern), dann weicht der Mittelwert der Differenz um $1{,}0 \cdot \sigma_{mi}$ von 0 ab.

In der allgemeinen Form des „Law of Comparative Judgement" wird der Brückenschlag von den empirisch gewonnen Ordinalurteilen zu den Skalenwerten auf dem psychologischen Kontinuum durch Rückgriff auf folgende formale Beziehung erreicht:

$$\bar{X}_m - \bar{X}_i = Z_{mi}\sqrt{\sigma_m^2 + \sigma_i^2 - 2r_{mi}\sigma_m\sigma_i} \qquad \forall\, m,i \qquad (10.11)$$

Die Z_{mi} sind in oben beschriebener Weise aus den PW_{mi} zu ermitteln. Schwierigkeiten bereiten hierbei die unbekannten Parameter σ_m, σ_i und r_{mi}. Geeignete Algorithmen zur Schätzung dieser Größen hat *Torgerson* (1958) vorgestellt. Konkret sind bei M betrachteten Stimuli $2M + \frac{M(M-1)}{2}$ Unbekannte auf Basis von nur $\frac{M(M-1)}{2}$ Gleichungen zu identifizieren. Aus diesem Grund trifft man für die praktische Bestimmung der „wahren" Urteile $\bar{X}_m$ und $\bar{X}_i$ vereinfachende Annahmen bezüglich der Parameter σ_m, σ_i und r_{mi}.

Thurstone (1927) hat die Szenarien, die sich aus unterschiedlichen Kombinationen entsprechender Annahmen ergeben, als die Fälle I bis V beschrieben. Der in der Marketingforschung wohl populärste **Fall V** ist durch die beiden folgenden Annahmen charakterisiert:

Annahme 1: Die Streuungen der Urteile sind gleich:

$$\sigma_m = \sigma_i = \sigma \qquad \forall\ m, i \tag{10.12}$$

Annahme 2: Die Korrelationen sind bei jedem Stimuluspaar gleich Null:

$$r_{mi} = 0 \qquad \forall\ m, i \tag{10.13}$$

Dadurch vereinfacht sich obige Basisgleichung des „Law of Comparative Judgement" zu

$$\bar{X}_m - \bar{X}_i = Z_{mi} \underbrace{\sigma\sqrt{2}}_{\textbf{konstant}} \qquad \forall\ m, i \tag{10.14}$$

Grundsätzlich sind Skalierungsansätze auf Basis des „Law of Comparative Judgement" den eindimensionalen Skalierungsverfahren zuzuordnen. Es sind aber auch Bewertungen von Stimuli mittels Paarvergleichen bezüglich einzelner Merkmale möglich. Zudem können Skalen für mehrere Merkmale unter der Annahme gegenseitiger Unabhängigkeit zur Produktpositionierung in einem zwei- oder höherdimensionalen Eigenschaftsraum kombiniert werden.

10.3.3 Rangordnungs- und Konstantsummenverfahren

Rangordnungsverfahren unterscheiden sich von den Paarvergleichen durch das gleichzeitige Darbieten aller Stimuli (Objekte). Die Probanden beurteilen die Stimuli, indem sie diese in eine ihren persönlichen Präferenzen entsprechende Rangfolge bringen. Im Fall der Fokussierung auf ein bestimmtes Merkmal erhält der Stimulus mit der stärksten Ausprägung bei dem betreffenden Merkmal den Rang 1, der mit der zweitstärksten Ausprägung den Rang 2 usw. Zirkuläre Triaden können bei dieser Vorgehensweise nicht auftreten. Insgesamt sind bei I Stimuli von jedem Probanden auch genau I Ränge zu vergeben, wobei I so zu wählen ist dass die Probanden nicht Gefahr laufen, den Überblick zu verlieren. Bei einer größeren Anzahl von Stimuli kann deren Präsentation z.B. in Form von Darstellungen auf geeigneten Kärtchen, die dann von den Probanden gemäß ihrer Präferenz zu sortieren sind, vorteilhaft sein. Abbildung 10.11 zeigt ein Beispiel für eine solche Rangordnungsaufgabe.

Bitte bringen Sie die nachfolgend genannten Marken in eine Rangordnung, wobei eine 1 das Produkt kennzeichnen sollte, welches Sie am ehesten zu kaufen bereit wären! Das Produkt mit der nächstgeringeren Präferenz erhält analog den Wert 2 usw.			
HB	_____	Camel	_____
Lord	_____	West	_____
Marlboro	_____	Reval	_____

Abbildung 10.11: *Beispiel zum Rangordnungsverfahren*

Die von den einzelnen Auskunftspersonen abgegebenen Rangwerte können dann zu einer **Rangfrequenzmatrix** zusammengefasst werden. In Tabelle 10.7 sind zur Veranschaulichung die fiktiven Beurteilungen von 40 Probanden dargestellt. Die einzelnen Matrixelemente geben an, wie oft die einzelnen Objekte den jeweiligen Rangplatz erhalten haben.

	Rang						
Marke	1	2	3	4	5	6	Zeilensumme
HB	16	10	7	5	0	2	40
Camel	4	4	11	13	8	0	40
Lord	0	8	14	0	2	16	40
West	2	5	3	15	3	12	40
Marlboro	16	9	4	5	6	0	40
Reval	2	4	1	2	21	10	40
Spaltensumme	40	40	40	40	40	40	

Tabelle 10.7: *Exemplarische Rangfrequenzmatrix*

Aus der Matrix ist ersichtlich, dass die Marken *HB* und *Marlboro* die am meisten präferierten sind, da jeweils 16 Probanden hierfür den ersten und noch weitere 10 bzw. 9 Probanden den zweiten Rang vergeben haben. Der Marke *West* wurde von 12 Probanden und der Marke *Lord* sogar von 16 Probanden der letzte aller möglichen Ränge zugeordnet. Aufgrund der vorliegenden Matrixstruktur entsteht der Eindruck, dass einige Marken (*HB*, *Marlboro* und *Reval*) von den Probanden entweder besonders stark oder besonders wenig präferiert werden. Diese Eigenschaft der Urteilsübereinstimmung wird als **Konkordanz** bezeichnet. Einschlägige Maßzahlen zur Quantifizierung der Konkordanz diskutieren beispielsweise *Bortz et al.* (2000).

Ein alternatives Rangordnungsverfahren ist das **Konstantsummenverfahren**. Dabei teilen die Probanden eine fixe Anzahl von Punkten (z.B. 100) gemäß eines vorgegebenen Kriteriums (z.B. der persönlichen Präferenz) so auf zwei oder mehr zu vergleichende Stimuli auf, dass ein Stimulus umso mehr Punkte erhält, je mehr er aus Sicht der betreffenden Auskunftsperson das Beurteilungskriterium erfüllt. Ein Beispiel für eine **Konstantsummenskala** ist in Abbildung 10.12 dargestellt.

Bitte verteilen Sie genau 100 Punkte nach der Stärke Ihrer persönlichen Präferenz auf die nachfolgend genannten Marken!					
HB	____	(z.B. 25 Pkt.)	*Camel*	____	(z.B. 15 Pkt.)
Lord	____	(z.B. 14 Pkt.)	*West*	____	(z.B. 16 Pkt.)
Marlboro	____	(z.B. 20 Pkt.)	*Reval*	____	(z.B. 10 Pkt.)

Abbildung 10.12: *Exemplarische Konstantsummenskala*

Die Konstantsummenskala besitzt die Eigenschaften einer Verhältnisskala, da ein Stimulus, der doppelt so stark präferiert wird wie ein anderer auch doppelt so viele Punkte erhält. Die Skala besitzt darüber hinaus den Vorteil einer geringen Anfälligkeit gegenüber individuellen Antwortstilen. Die Punktbewertungen ermöglichen die Bestimmung von psychischen Distanzen zwischen den einzelnen Stimuli, wodurch die Konstantsummenskala mehr Informationen als andere Rangordnungsverfahren liefert. Sie hat sich insbesondere für den Vergleich konkurrierender Alternativen sowie die Messung von Präferenzen und Kaufabsichten bewährt. Schwierigkeiten entstehen in der praktischen Anwendung, wenn eine größere Anzahl von Stimuli zu bewerten ist, da die Probanden dann möglicherweise im Fall nachlassender Konzentration oder zurückgehender Motivation nicht genau die vorgesehene Anzahl von Punkten vergeben.

Um eine erweiterte Rangordnungsskala handelt es sich bei der von *Pessemier* (1963) vorgestellten **Dollar-Metrik**. Diese Skala dient der Messung der Präferenzdifferenzen von Stimuluspaaren. Die Erweiterung gegenüber dem konventionellen Paarvergleich besteht in der Verwendung von Geldeinheiten (beispielsweise Dollar oder Euro) als Basis für die konkrete Bewertung. Im Rahmen entsprechender Paarvergleiche benennen die Probanden, wie in Abbildung 10.13 am fiktiven Beispiel der Präferenz für unterschiedliche Biermarken dargestellt, die Präferenzdifferenz, indem sie beispielsweise angeben, wie viele Geldeinheiten (GE) das jeweils höher bewertete Produkt mehr kosten darf, ohne dass sich die Präferenz ändert.

Durch Aufsummieren der auf diese Weise ermittelten Bewertungen lässt sich dann eine intervallskalierte Präferenzskala bilden:

Warsteiner: $15 + 80 + 65 + 105 = 265$ GE

Bitburger: $(-15) + 55 + 10 + 95 = 145$ GE

Herforder: $(-65) + (-10) + (-35) + 65 = -45$ GE

Flensburger: $(-80) + (-55) + 35 + 40 = -60$ GE

Paderborner: $(-105) + (-95) + (-40) + (-65) = -305$ GE

Bitte nehmen Sie eine paarweise Bewertung der nachfolgenden Biermarken hinsichtlich Ihrer Präferenz vor!	Wie viele GE wären Sie bereit, zusätzlich zu zahlen, um die jeweils links stehende Marke zu erhalten?
Warsteiner, Bitburger	15 GE
Warsteiner, Flensburger	80 GE
Warsteiner, Herforder	65 GE
Warsteiner, Paderborner	105 GE
Bitburger, Flensburger	55 GE
Bitburger, Herforder	10 GE
Bitburger, Paderborner	95 GE
Flensburger, Herforder	35 GE
Flensburger, Paderborner	40 GE
Herforder, Paderborner	65 GE

Abbildung 10.13: *Exemplarische Präferenzmessung mittels Dollar-Metrik*

Offensichtlich wird die Marke *Warsteiner* allen anderen dargebotenen Biermarken vorgezogen. Die Marke *Paderborner* ist in diesem Beispiel das am wenigsten präferierte Bier. Bei dieser Form der Skalenbildung wird somit explizit die Äquidistanzeigenschaft der Geldeinheiten (d.h. die Differenz zwischen 5 und 15 GE ist genauso groß wie die zwischen 250 und 260 GE) ausgenutzt.

10.4 Spezielle Einstellungsskalen

10.4.1 Methode der summierten Einschätzungen

Die Skalierung mittels summierter Einschätzungen ist von *Likert* (1932) vorgestellt worden. Sie wird daher in der einschlägigen Literatur auch als „**Likert-Skalierung**" bezeichnet. Zielsetzung ist die Differenzierung bzw. Diskriminierung von Versuchspersonen anhand ihrer ausschließlich affektiv bestimmten Einstellung zu einem Untersuchungsobjekt. Die Likert-Skalierung ist somit den eindimensionalen Ansätzen zur Einstellungsmessung zuzuordnen. Die Grundlage bilden Ratingskalen, die als intervallskaliert interpretiert werden. Das Vorgehen der Skalenbildung kann in 6 Schritte untergliedert werden:

1. Vorauswahl von Statements, die hinsichtlich des Untersuchungsobjekts relevant erscheinen und a priori je zur Hälfte als allgemein „günstige" (positive) bzw. „ungünstige" (negative) Aussagen klassifiziert werden können.

   Beispielsweise kann die Einstellung zum Internet durch

   - die positive Aussage
     „Durch das Internet hat jedermann schnellen Zugang zu vielen Informationen."

- und die negative Aussage
  „Durch das Internet wird die Verbreitung demagogischer Äußerungen erleichtert."

erfolgen.

2. Beurteilung der Statements durch eine Gruppe von Testpersonen im Rahmen eines Pretests in Form von Zustimmung bzw. Ablehnung, beispielsweise anhand folgender vorgegebener Antwortkategorien (empirisches Relativ):

   - stimme ich voll und ganz zu
   - stimme ich zu
   - bin unentschieden
   - lehne ich ab
   - lehne ich voll und ganz ab

3. Zuordnung numerischer Werte zu den einzelnen Antwortkategorien zur Erzeugung des numerischen Relativs in Form einer fünfstelligen Ratingskala, im vorliegenden Fall beispielsweise: $-2, -1, 0, +1, +2$

4. Berechnung des Einstellungswerts EW_k der k-ten ($k = 1, \ldots, K$) Testperson als Summe ihrer Urteile (Ratings) bzw. numerisch interpretierten (bewerteten) Einschätzungen x_{kl} bezüglich der $L > 1$ Statements unter Beachtung der Konsistenz der Bewertung:[15]

$$EW_k = \sum_{l=1}^{L} x_{kl} \qquad \forall\ k \tag{10.15}$$

5. Auswahl der trennschärfsten Statements, also derjenigen, die am besten zwischen Testpersonen mit einem hohen und solchen mit einem niedrigen numerischen Einstellungswert diskriminieren. Die Bewertung der Trennschärfe erfolgt anhand eines Vergleichs der Durchschnittseinschätzungen für die einzelnen Statements.

6. Durchführung der eigentlichen Befragung mittels der als trennscharf identifizierten Statements (analog zum Vorgehen in Schritt 2) bei Probanden, die nicht zuvor in die Entwicklung der Skala einbezogen worden sind. Anschließend erfolgt die Berechnung der interessierenden Einstellungswerte gemäß Schritt 4.

[15] Eine Bewertung gilt genau dann als **konsistent**, wenn bei der Vergabe der einzelnen Werte die Polarität der Statements berücksichtigt wird, d.h. wenn im vorliegenden Fall die „+2" bei positiven Statements für die Kategorie „stimme ich voll und ganz zu" und bei negativen Statements für die Kategorie „lehne ich voll und ganz ab" steht.

Ein wichtiger Vorteil von Likert-Skalen besteht in der Möglichkeit der indirekten Einstellungsmessung, was sich positiv auf die Zuverlässigkeit der zu erzielenden Resultate auswirken kann. Gegen die Einstellungsmessung auf Basis der Methode der summierten Einschätzungen wurde in der Vergangenheit eingewendet, dass der resultierende Einstellungswert EW_k keine Auskunft über die Einzelaussagen des Probanden k gibt. Es können somit verschiedene Antwortmuster zu ein und demselben Messwert führen. Darüber hinaus können die einem bestimmten Messwert zugrunde liegenden Antwortmuster aufgrund der subjektiven Bevorzugung von Extrem- oder Mittelpositionen individuell verschieden sein. Auch ist die Klassifikation der Teststatements als „günstig" bzw. „ungünstig" zwar notwendig, aber nicht immer eindeutig. Ein Statement wie beispielsweise „Durch die fortschreitende Globalisierung nimmt auch der Wettbewerb zu.", mag von einigen Probanden als positiv (günstigere Preise und größere Angebotsvielfalt), von anderen hingegen als negativ (Arbeitsplatzverluste und drohender Abbau sozialer Leistungen) bewertet werden. Die Qualität der Messresultate hängt somit in entscheidendem Maße von der Güte der herangezogenen Statementbatterie ab.

10.4.2 Semantisches Differenzial

Das semantisches Differenzial ist von *Osgood et al.* (1957) vorgestellt worden und mittlerweile zu einem Standardinstrument der **mehrdimensionalen Einstellungsmessung** avanciert. Ursprüngliches Ziel war die Messung rein metaphorischer (bildlicher), nicht objektbezogener (konnotativer) Ähnlichkeiten von Wortbedeutungen, wie beispielsweise die Feminität bzw. Maskulinität von Markennamen. Dies geschieht durch die Vorgabe von gegensätzlichen, adjektivischen und für die Charakterisierung des Untersuchungsobjekts geeigneten Begriffspaaren in Verbindung mit zumeist 7-stufigen, bipolaren Ratingskalen, anhand derer die Befragten das jeweilige Item (den jeweiligen Aspekt) bewerten. Eine mögliche Itembatterie für ein semantisches Differenzial kann z.B. wie folgt aussehen:

ausdrucksschwach	___:___:___:___:___:___:___	ausdrucksstark
unzuverlässig	___:___:___:___:___:___:___	zuverlässig
altmodisch	___:___:___:___:___:___:___	modern
teuer	___:___:___:___:___:___:___	preiswert
minderwertig	___:___:___:___:___:___:___	hochwertig

Verbindet man die Bewertungen der einzelnen Items mit einer Linie, so erhält man für das betreffende Untersuchungsobjekt ein **Polaritätsprofil**. Die Polaritätsprofile verschiedener Objekte können dann zum Vergleich derselben herangezogen werden. Abbildung 10.14 enthält solche Profile für zwei unterschiedliche Untersuchungsobjekte (z.B. zwei Automarken). Die durch Kreise („∘") repräsentierte Marke dominiert – mit Ausnahme des Begriffspaars „teuer, preiswert" – offensichtlich die durch ausgefüllte Punkte („•") repräsentierte Marke.

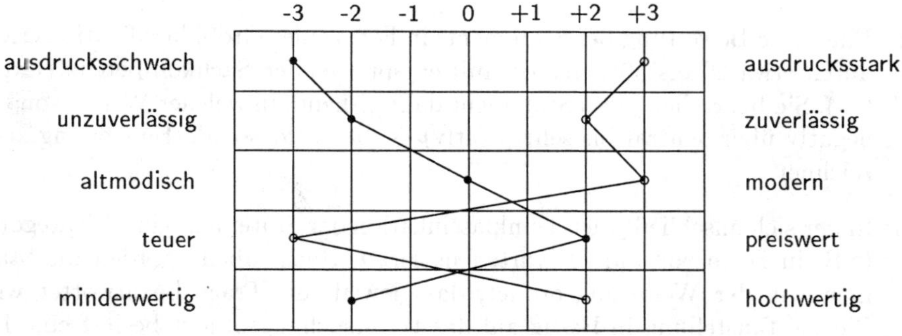

Abbildung 10.14: *Polaritätsprofile auf Basis eines semantischen Differenzials*

Da im semantischen Differenzial ausschließlich metaphorische Wortbedeutungen Verwendung finden, können Schwierigkeiten auftreten, wenn die zur Urteilsabgabe gewonnenen Personen nicht in der Lage sind, einen Bezug zwischen dem zu beurteilenden Objekt und dem jeweiligen Item herzustellen. Darüber hinaus erschwert die Verwendung ausschließlich konnotativer Items eine unmittelbare Umsetzung der Messergebnisse in konkrete Marketingmaßnahmen. Daher werden in der praktischen Marketingforschung neben affektiv-wertenden Items (Konnotationen) häufig auch objektbezogene, sachlich-rationale Items (Denotationen) verwendet. Bei der Erstellung semantischer Differenziale ist zudem die mögliche Umkehrung von Konnotationen zu Denotationen zu beachten. Beispielsweise ist das Begriffspaar „heiß, kalt" bezüglich einer Person eine Konnotation, bezüglich des Wetters jedoch eine Denotation. Ein Vorschlag zur Verknüpfung von insgesamt 24 immer gleich bleibenden, universellen Begriffspaaren zu entsprechenden Polaritätsprofilen findet sich bei *Hofstätter* (1957, 1959).

10.4.3 Methode der gleich erscheinenden Intervalle

Die Methode der gleich erscheinenden Intervalle ist von *Thurstone, Chave* (1929) als eindimensionales Verfahren zur Konstruktion von Einstellungsskalen vorgestellt worden. Bei der auch kurz als **„Thurstone-Skalierung"** bezeichneten Methode werden die Skalen unter Einbeziehung von Experten (für das jeweilige Untersuchungsobjekt) konstruiert, um dann die Einstellung des interessierenden Personenkreises gegenüber dem Objekt zu messen. Der gesamte Messvorgang kann in die folgenden Schritte untergliedert werden:

1. Ausgangspunkt ist die Formulierung einer möglichst großen Anzahl (ca. 200) von einfach und eindeutig zu verstehenden Statements (Items) zu einem interessierenden Untersuchungsobjekt. Durch möglichst nicht-monotone Statements (d.h. solche, die entweder positive, neutrale oder negative Aspekte zum Inhalt haben) ist dabei zu gewährleisten, dass das gesamte Einstellungsspektrum abgedeckt werden kann.

2. Eine erste Bewertung der Statements in Form einer Grobklassifikation erfolgt durch etwa 20 bis 50 Personen mit entsprechender Sachkompetenz (Experten). Sie beurteilen jedes Statement dahingehend, in welcher Weise (von sehr negativ über neutral bis sehr positiv) es die zu messende Einstellung kennzeichnet.

3. In der sich anschließenden Feinklassifikation der Statements in 11 Kategorien (z.B. in Form von auf 11 Karten notierten Buchstaben) werden die Statements in der Weise angeordnet, dass jeweils die Frage beantwortet wird: Welche Einstellung in Bezug auf das Untersuchungsobjekt besitzt eine Person, die sich mit dem vorliegenden Statement identifiziert? Die aufsteigend sortierten Statements bilden dann ein Kontinuum von „sehr negativ" über „neutral" bis zu „sehr positiv".

4. Die Bestimmung des Medians der Reaktionen (als Skalenwert des jeweiligen Statements) und der interquartilen Differenz (als Maß für die Streuung) ermöglicht die Abbildung der Übereinstimmung zwischen den einzelnen Experten. Mehrdeutige Statements können anhand der Streuung identifiziert und eliminiert werden.

5. Eine Auswahl von 11 Aussagen aus der Gesamtheit der verbleibenden Statements bildet die endgültige Itemmenge der Thurstone-Skala,

   - deren Skalenwerte sich über das psychologische Einstellungskontinuum in möglichst gleichen Abständen verteilen („gleich erscheinende Intervalle") und
   - deren Streuung am geringsten ist bzw. eine vorgegebene Grenze nicht überschreitet,

   so dass für jeden der 11 Skalenwerte (numerisches Relativ) genau ein Statement (empirisches Relativ) vorliegt.

6. Die Beurteilung des Untersuchungsobjekts durch die eigentlichen Versuchspersonen erfolgt dergestalt, dass jeder Proband aus den 11 Statements jene auswählt, von denen er glaubt, dass sie seine Meinung in Bezug auf das Objekt am besten wiedergeben. Der Skalenwert der einzelnen Statements ist den Probanden nicht bekannt.

7. Als Maß für die interessierende Einstellung einer Versuchsperson dient der Mittelwert (oder der Median) der den ausgewählten Statements zugeordneten Skalenwerte.

Die Berechnung des Medians und der interquartilen Differenz eines Statements (vgl. Schritt 4) wird im Folgenden anhand eines Beispiels mit 75 Expertenurteilen demonstriert (vgl. *Heidenreich* (1995b)). Ausgangspunkt ist das in Tabelle 10.8 dargestellte Reaktionsschema des Statements.

l	1	2	3	4	5	6	7	8	9	10	11
x_l^u	0,5	1,5	2,5	3,5	4,5	5,5	6,5	7,5	8,5	9,5	10,5
h_l^{abs}	0	0	0	1	7	9	8	9	12	14	15
h_l^{rel}	0	0	0	0,01	0,09	0,12	0,11	0,12	0,16	0,19	0,20
H_l^{rel}	0	0	0	0,01	0,10	0,22	0,33	0,45	0,61	0,80	1,00

Tabelle 10.8: *Mögliches Reaktionsschema eines Statements*

Den in der Tabelle verwendeten Bezeichnern kommen folgende Bedeutungen zu:

l = Index für die 11 Kategorien, denen das Statement zugeordnet werden kann
x_l^u = untere Grenze der l-ten Kategorie
h_l^{abs} = absolute Häufigkeit der Einordnung des Statements in Kategorie l
h_l^{rel} = relative Häufigkeit der Einordnung des Statements in Kategorie l
H_l^{rel} = kumulierte relative Häufigkeit der Einordnung des Statements in Kategorie l

Für den Median x^{Med} gilt dann:

$$x^{Med} = x_{l^\star} + \frac{0,5 - H_{l^\star-1}^{rel}}{H_{l^\star}^{rel} - H_{l^\star-1}^{rel}} \qquad (10.16)$$

wobei $x_{l^\star}$ die untere Grenze, unterhalb derer mindestens 50 % der Beurteilungen liegen, und $H_{l^\star}^{rel}$ die entsprechende kumulierte relative Häufigkeit bezeichnet. Für obiges Beispiel fällt der Median in die neunte Kategorie, da die kumulierte relative Häufigkeit für die achte Kategorie $H_8^{rel} = 0,45$ und für die neunte Kategorie $H_9^{rel} = 0,61$ beträgt. Mit $l^\star = 9$ gilt:

$$x^{Med} = x_9 + \frac{0,5 - H_8^{rel}}{H_9^{rel} - H_8^{rel}} = 8,5 + \frac{0,5 - 0,45}{0,61 - 0,45} = 8,8125$$

Zur Bestimmung der interquartilen Differenz müssen zunächst das 0,25-Quartil und das 0,75-Quartil berechnet werden. Es gilt:

$$q_{25} = x_{l^\bullet}^u + \frac{0,25 - H_{l^\bullet-1}^{rel}}{H_{l^\bullet}^{rel} - H_{l^\bullet-1}^{rel}} \quad \text{und} \quad q_{75} = x_{l^\circ}^u + \frac{0,75 - H_{l^\circ-1}^{rel}}{H_{l^\circ}^{rel} - H_{l^\circ-1}^{rel}} \qquad (10.17)$$

Mit $l^\bullet = 7$ und $l^\circ = 10$ gilt für das Zahlenbeispiel:

$$q_{25} = x_7^u + \frac{0,25 - H_6^{rel}}{H_7^{rel} - H_6^{rel}} = 6,5 + \frac{0,25 - 0,22}{0,33 - 0,22} = 6,7727$$

und

$$q_{75} = x_{10}^u + \frac{0,75 - H_9^{rel}}{H_{10}^{rel} - H_9^{rel}} = 9,5 + \frac{0,75 - 0,61}{0,80 - 0,61} = 10,2368$$

Die interquartile Differenz beträgt damit $q_{75} - q_{25} = 10,2368 - 6,7727 = 3,4641$. Als Faustregel gilt, dass nach Möglichkeit nur Statements mit einer Differenz $\leq 2,5$

verwendet werden sollten. Das Statement mit dem in Tabelle 10.8 angegebenen Reaktionsschema kommt demzufolge nicht für die Einstellungsmessung in Frage.

Eine mögliche Variante der vorgestellten Vorgehensweise ist die Auswahl von mehr als 11 Statements durch Doppel- oder Dreifachbesetzung der Kategorien. Die resultierenden Skalen bezeichnet man als „**Parallelskalen**".

Vorteilhaft erscheint bei dieser Form der Skalierung die implizite numerische Bewertung des Einstellungsobjekts auf der Basis von Statements, die sich unmittelbar am Wertesystem der Personengruppe orientieren, für deren Urteil man sich interessiert. Als nachteilig kann sich u.U. die Verwendung äquidistanter Skalenwerte, die der dem Menschen eigenen (kontinuierlichen) Bewertungslogik nur näherungsweise entspricht, erweisen. Zudem ist der zeitliche und personelle Aufwand für die Erstellung solcher Skalen zu beachten.

10.4.4 Skalogramm-Analyse

Die Skalogramm-Analyse geht auf *Guttman* (1950) zurück und ist ebenfalls ein Verfahren zur Einstellungsmessung. Sie dient der gleichzeitigen Skalierung einer Menge von qualitativen Statements (Stimuli) und Personen hinsichtlich eines Untersuchungsgegenstands. Hierbei wird von der Annahme ausgegangen, dass Einstellungen durch hierarchisch „anordenbare" Statements gemessen werden können.

Das Verfahrens ist wie folgt zu charakterisieren:

- Dem interessierenden Untersuchungsgegenstand (z.B. der Preiswürdigkeit eines Produkts) wird eine Batterie von sich graduell unterscheidenden Statements zugeordnet.

- Die Bewertung der Statements zu einem Untersuchungsgegenstand durch die Versuchspersonen erfolgt anhand dichotomer Beurteilungskategorien, d.h. durch Zustimmung oder Ablehnung. Aus der Zustimmung zu einem Statement höherer Ordnung folgt implizit die Zustimmung zu allen Statements niedrigerer Ordnung.

- Aus den Antworten der Versuchspersonen wird eine Tabelle erstellt, in welche die Statements gemäß ihrer hierarchischen Anordnung und die Probanden gemäß ihren Zeilensummen einsortiert werden.

- Das Ergebnis ist ein „**Skalogramm**" in Form eines tabellarischen Rankings der Probanden entsprechend der jeweiligen Spaltensummen.

Abbildung 10.15 veranschaulicht das vorgestellte Skalierungsprinzip am Beispiel der Beurteilung der Preiswürdigkeit eines Produkts.

Gegenstand der Messung: Preiswürdigkeit eines Produkts
Stichprobenumfang: 10 Personen
Statementbatterie:

1) Würden Sie 5 Euro für das Produkt bezahlen? ja—nein
2) Würden Sie 6 Euro für das Produkt bezahlen? ja—nein
3) Würden Sie 7 Euro für das Produkt bezahlen? ja—nein
4) Würden Sie 8 Euro für das Produkt bezahlen? ja—nein
5) Würden Sie 9 Euro für das Produkt bezahlen? ja—nein

Antworten der 10 Befragten (sortiert nach der Anzahl der Bejahungen):

	Statement					
Proband	1	2	3	4	5	Rang
7	nein	nein	nein	nein	nein	1
1	ja	nein	nein	nein	nein	2
6	ja	ja	nein	nein	nein	3
10	ja	ja	ja	nein	nein	4
2	ja	ja	ja	nein	nein	4
8	ja	ja	ja	nein	nein	4
4	ja	ja	ja	ja	nein	5
3	ja	ja	ja	ja	nein	5
9	ja	ja	ja	ja	ja	6
5	ja	ja	ja	ja	ja	6

Abbildung 10.15: *Beurteilung der Preiswürdigkeit eines Produkts mittels Guttman-Skala*

Bei vollständiger Reproduzierbarkeit der Einstellungen der Probanden in Bezug auf den betrachteten Stimulus anhand ihrer Rangposition stehen links von der Hauptdiagonalen der Tabelle nur Zustimmungen und rechts nur Ablehnungen, was als „perfekte" kumulative **Guttman-Skala** bezeichnet wird. In der im unteren Teil der Abbildung 10.15 dargestellten Tabelle ist dies z.B. der Fall. Voraussetzung ist, dass sich die Statements nach der Stärke bzw. Nachdrücklichkeit ihrer Formulierung konsistent ordnen lassen. In der Praxis wird dies nicht immer gegeben sein. Die Auswahl der Statements sollte sich deshalb am Ausmaß ihrer Reproduzierbarkeit orientieren. Dazu bietet sich die Berechnung eines Reproduzierbarkeitskoeffizienten an. Die Vorgehensweise soll anhand des in Tabelle 10.9 dargestellten inkonsistenten Skalogramms erläutert werden.

	Statement (i)				
Proband (k)	1	2	3	4	$\sum_i$
1	0	0	0	0	0
2	0	0	1	0	1
3	1	0	0	0	1
4	0	0	1	1	2
5	1	0	0	1	2
6	1	0	1	0	2
7	1	1	0	0	2
8	1	0	1	1	3
9	1	1	1	0	3
10	1	1	1	1	4
$\sum_k$	7	3	6	4	20

Tabelle 10.9: *Exemplarisches inkonsistentes Skalogramm*

Aus den Werten in Tabelle 10.9 lassen sich unmittelbar die in Tabelle 10.10 dargestellten Reproduktionsfehler bestimmen. Hierzu reproduziert man aus den Zeilensummen in Tabelle 10.9 die konsistenten Zeilenelemente. Die nicht mit den Ausgangsdaten übereinstimmenden Zellenelemente sind dann die Reproduktionsfehler.

	Statement (i)				
Proband (k)	1	2	3	4	$\sum_i$
1	0	0	0	0	0
2	1	0	1	0	2
3	0	0	0	0	0
4	1	1	1	1	4
5	0	1	0	1	2
6	0	1	1	0	2
7	0	0	0	0	0
8	0	1	0	1	2
9	0	0	0	0	0
10	0	0	0	0	0
$ARF_i = \sum_k$	2	4	3	3	12

Tabelle 10.10: *Aus dem Beispiel resultierende Reproduktionsfehler*

Auf Basis der vorliegenden Daten lässt sich die statementspezifische Reproduzierbarkeit (vgl. *Heidenreich* (1995b))

$$REP_i = 1 - \frac{ARF_i}{K} \qquad \forall\, i \tag{10.18}$$

und die totale Reproduzierbarkeit

$$REP^{tot} = \frac{1}{I}\sum_{i=1}^{I} REP_i \tag{10.19}$$

berechnen. Den verwendeten Bezeichnern kommen dabei folgende Bedeutungen zu:

K	=	Anzahl der Versuchspersonen
I	=	Anzahl verwendeter Statements
ARF_i	=	Anzahl der Reproduktionsfehler bei Statement i

Für obiges Datenbeispiel ergibt sich auf diese Weise:

$$REP_1 = 0,80, \ REP_2 = 0,60, \ REP_3 = 0,70 \quad \text{und} \quad REP_4 = 0,70$$

Statement 2 hat demzufolge die geringste Eignung für die durchzuführende Messung. Weiterhin erhalten wir:

$$REP^{tot} = \frac{1}{4} \cdot (0,8 + \cdots + 0,7) = 0,7$$

Sixtl (1967, S. 402) folgend sollte $REP^{tot} \geq 0,85$ sein. Eine hohe Reproduzierbarkeit deutet darauf hin, dass Eindimensionalität vorliegt, d.h. die Reaktionen der Befragten bilden eine Skala. Wird der angegebene Wert (wie im vorliegenden Fall) nicht erreicht, so bilden die Statements eine **Quasi-Skala**.

Kapitel 11

Methoden zur Gütebewertung und Validierung

11.1 Kriterien zur Bewertung von Untersuchungsergebnissen

Wichtige Eigenschaften „guter“ Messverfahren in der empirischen Forschung sind deren Reliabilität und Validität. **Reliabilität** bezeichnet den Grad der formalen Genauigkeit, mit dem die Ausprägung eines Merkmals gemessen wird. Eine Messung gilt als reliabel, wenn sie bei mehrmaliger Anwendung auf ein (Mess-) Objekt die gleichen Ergebnisse liefert und somit weitgehend frei von Zufallseinflüssen ist. Reliabilität liegt also in dem Maße vor, zu dem die Messung frei von Verzerrungen durch **zufällige Fehler** ist, die bei wiederholten oder vergleichbaren Messungen desselben Merkmals an demselben Objekt ohne erkennbare Systematik und mit unterschiedlicher Stärke auftreten. Aufgrund der Bezugnahme auf die Messwiederholung wird die Reliabilität auch mit den Begriffen „Zuverlässigkeit“, „Verlässlichkeit“, „Stabilität“ oder „Konsistenz“ gleichgesetzt.

Die **Validität** bezeichnet den Grad der Genauigkeit, mit dem die Ausprägung eines Merkmals gemessen wird. Eine Messung ist valide, wenn mit dem Messinstrument genau das gemessen wird, was der Forscher zu messen beabsichtigt und somit das verwendete Merkmal ein tatsächlicher Bestandteil des Untersuchungsgegenstands ist. Validität liegt in dem Maße vor, zu dem die Messung frei von Verzerrungen durch **systematische Fehler** ist, die bei wiederholten oder vergleichbaren Messungen desselben Merkmals an demselben Objekt unabhängig von zufälligen Einflüssen und immer im gleichen Ausmaß auftreten.

Der Zusammenhang zwischen Reliabilität und Validität ist in der an *Böhler* (1992, S. 104) angelehnten Abbildung 11.1 dargestellt. Dabei wird angenommen, dass der „wahre" Wert des zu messenden Merkmals 10 sei.

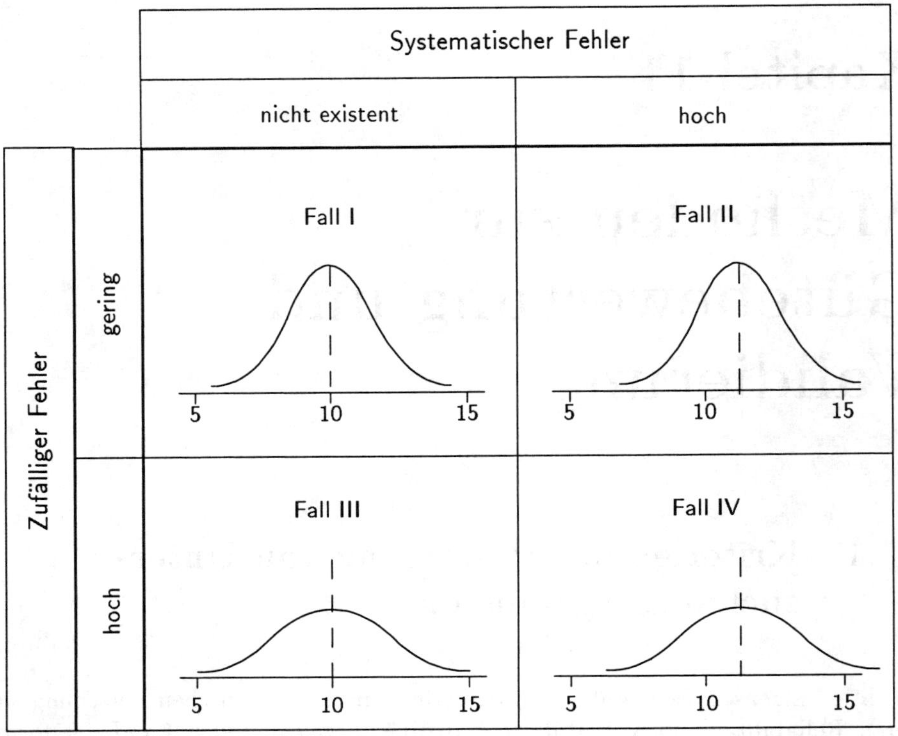

Abbildung 11.1: *Zusammenhang zwischen Reliabilität und Validität*

Die Glockenkurven in Abbildung 11.1 deuten die Dichtefunktion für die Beobachtungen des Messwerts an. Das Ausmaß der Reliabilität wird dabei durch die Streuung, d.h. den Wert des zufälligen Fehlers ϵ modelliert, während die Validität im systematischen Fehler $BIAS$ zum Ausdruck kommt. Die vier in der Graphik dargestellten Fälle sind wie folgt zu beurteilen:

Fall I: Es liegt kein systematischer Fehler vor, da der Erwartungswert der Beobachtungen $E(X^{emp})$ gleich dem wahren Wert 10 ist. Wegen der gleichzeitig vergleichsweise geringen Streuung liegt also ein hohes Maß an Reliabilität und Validität vor.

Fall II: Aufgrund des nicht mit dem wahren Wert 10 übereinstimmenden Erwartungswerts der Beobachtungen liegt ein systematischer Fehler vor. Die Messung ist wegen der wiederum vergleichsweise geringen Streuung zwar reliabel, sie weist aber nur eine geringe Validität auf.

Fall III: Hier liegt kein systematischer Fehler vor, jedoch ist die Streuung und damit der zufällige Fehler vergleichsweise groß. Daher wird dieser Fall z.B. von *Neibecker* (2001a, S. 487) und *Hüttner* (1997, S. 14) als nur eine geringe Reliabilität, aber eine hohe Validität besitzend angesehen. Andere Autoren wie beispielsweise *Hildebrandt* (1984, S. 42) und *Böhler* (1992, S. 102) stellen Reliabilität und Validität in eine Hierarchie und fordern Reliabilität als notwendige aber nicht hinreichende Voraussetzung für die Validität. Dementsprechend bewerten diese Autoren den Fall III als weder reliabel noch valide.

Fall IV: Da die Streuung vergleichsweise groß und der Erwartungswert der Beobachtungen ungleich dem wahren Wert 10 ist, muss diese Konstellation als weder reliabel noch valide bezeichnet werden.

Der im Rahmen einer Messung ermittelte Wert X^{emp} kann in den tatsächlichen („wahren") Wert X, den systematischen Fehler $BIAS$ und den Zufallsfehler ϵ zerlegt werden, d.h. es gilt:

$$X^{emp} = X + BIAS + \epsilon \tag{11.1}$$

Hieraus erklärt sich auch die im Zusammenhang mit der Beurteilung des Falls III in Abbildung 11.1 von einigen Autoren angenommene Hierarchie bezüglich Validität und Reliabilität. Die Abweichung des erwarteten Messwerts vom wahren Wert kann nur dann beurteilt werden, wenn sich der zuerst genannte hinreichend zuverlässig bestimmen lässt.

In praxi erweist es sich als problematisch, dass der „wahre" Wert einer Merkmalsausprägung oftmals nicht bekannt ist. Viele der im Marketing zu messenden Größen sind, wie bereits in Kapitel 3 ausgeführt wurde, hypothetische Konstrukte, die einer direkten Messung nicht zugänglich sind. Beispiele sind die Motivation, die Einstellung und die Kaufabsicht eines Konsumenten. Wenn die wahre Ausprägung eines Merkmals also nicht beobachtbar ist, so muss sie zwangsläufig anhand geeigneter Hilfsgrößen geschätzt werden. Ein mögliches Vorgehen zur Konstruktion reliabler und zugleich valider Messinstrumente bzw. -modelle ist in Abbildung 11.2, in Anlehnung an *Churchill* (1979) und *Homburg, Giering* (1996), dargestellt.

Wie aus der Abbildung ersichtlich, kommen im ersten Schritt der Entwicklung eines quantitativen Messmodells vorwiegend Verfahren der qualitativen Marketingforschung zum Einsatz. Erst auf Basis des hieraus resultierenden Wissens kann die Operationalisierung komplexer latenter Konstrukte vorbereitet werden. Die in der Abbildung erwähnten Maßzahlen und speziellen Verfahren der Reliabilitätsmessung und der Validierung werden in den Abschnitten 11.2 und 11.3 detailliert vorgestellt.

Der in Abbildung 11.2 dargestellte Prozess kann jedoch nicht immer in einem Zug durchlaufen werden. Beispielsweise könnte es sich bei der Prüfung von Skalen anhand des α-Koeffizienten von *Cronbach* (vgl. S. 269 ff.) herausstellen, dass das vorhandene Verständnis für die Zuordnung der Indikatoren nicht ausreicht. In einem solchen Fall ist erneut in vorgelagerte Stufen der Entwicklung des Messmodells einzutreten.

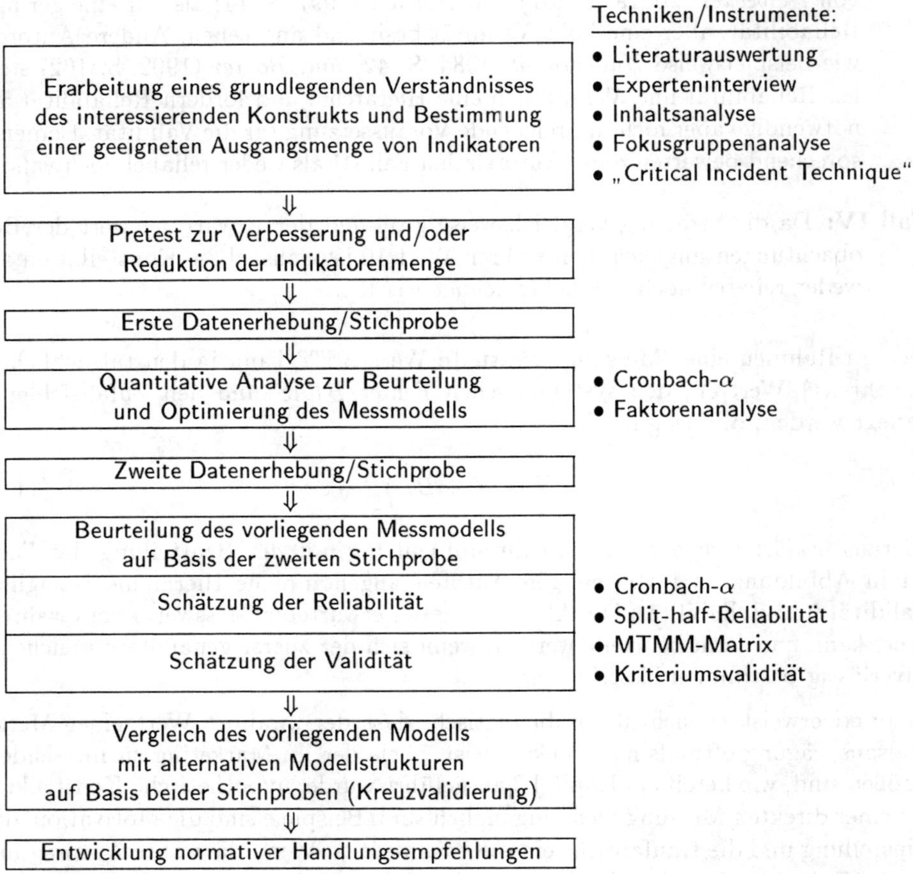

Abbildung 11.2: *Prozess der Entwicklung eines reliablen und validen Messmodells*

Neben der Reliabilität und der Validität sind noch weitere Anforderungen an Messinstrumente bzw. -modelle zu stellen:

- *Lienert, Raatz* (1998) und *Heidenreich* (1995a) zählen die **Objektivität** zusammen mit der Reliabilität und der Validität zu den Hauptkriterien der Gütebewertung. Diese bezieht sich auf die Unabhängigkeit der Messung von personellen Einflüssen, wie sie z.B. vom Interviewer im Rahmen persönlicher Befragungen oder vom Datenanalytiker bei der Interpretation der Resultate ausgehen können. Darüber hinaus sind auch situative Einflussfaktoren von Bedeutung. Wird z.B. die Zufriedenheit von Studenten mit dem Leistungsangebot ihrer Hochschule erhoben, so ist das Messergebnis u.U. davon abhängig, ob die Studenten vor oder nach dem Besuch der Mensa befragt werden.

- Die **Nützlichkeit** eines Messinstruments bezieht sich auf die bereits in Abschnitt 3.2 angestellten Überlegungen hinsichtlich der Kosten und des Nutzens einer Untersuchung. Ein formales Modell zur Quantifizierung der Nützlichkeit ist von *Cronbach, Gleser* (1965) vorgestellt worden. Hierbei wird explizit die Validität des betreffenden Messinstruments berücksichtigt, so dass einer Fehlinterpretation von Validitätskennzahlen vorgebeugt wird.

- Eng verbunden mit der Nützlichkeit ist die **Wirtschaftlichkeit** eines Messinstruments. Grundsätzlich sollte eine Messung mit möglichst geringem Aufwand durchführbar sein.

- Die **Normierbarkeit** eines Messinstruments erleichtert in vielen Fällen die Interpretation der Messresultate und ermöglicht die Bezugnahme auf vorausgegangene oder ähnliche (normierte) Messungen. In engem Zusammenhang damit steht auch die **Vergleichbarkeit** der Resultate eines Messinstruments mit denen anderer Instrumente.

An der Gütebeurteilung von Messinstrumenten mithilfe von Methoden der klassischen Testtheorie ist vielfältige Kritik geübt worden. So ist z.B. hinsichtlich der soeben vorgestellten Kriterien zu bemängeln, dass der wahre Messwert X häufig nicht bekannt ist. Somit ist in obiger Gleichung auch nur das X^{emp} ausreichend bestimmt. Wird X aus anderen Quellen entnommen oder auf Basis einer geeigneten Referenzgruppe ermittelt, so besteht die Möglichkeit, dass durch zwei unterschiedliche Stichproben ein Stichprobenfehler unbekannter Größe die Kriterien verzerrt. Auch sind die Messfehler in praktischen Anwendungen häufig von der Höhe des wahren Werts abhängig, so dass die implizite Annahme der Unkorreliertheit zurückzuweisen ist. Weitere Kritikpunkte, beispielsweise hinsichtlich der Rolle des Skalenniveaus der betrachteten Messgrößen, werden von *Lienert, Raatz* (1998) und *Heidenreich* (1995a) diskutiert. Diese Kritik aufgreifend sind schon früh alternative Ansätze, etwa die Generalisierbarkeitstheorie von *Cronbach et al.* (1963) oder das logistische Messmodell von *Rasch* (1960), vorgestellt worden.

11.2 Überprüfung der Reliabilität

11.2.1 Grundüberlegungen und Formen der Reliabilität

Die Überprüfung der Reliabilität kann, wie bereits in Abbildung 11.2 angedeutet, mittels spezieller **Reliabilitätskoeffizienten** vorgenommen werden. Zu ihrer Berechnung wird die beobachtete (empirische) Varianz s^2 aus mehreren Messungen eines Merkmals in die „wahre" Varianz $\tilde{s}^2$ und die Fehlervarianz $s^2(\epsilon)$ zerlegt. Die wahre Varianz $\tilde{s}^2$ ist jener Anteil an der beobachteten Varianz s^2, der darauf zurückzuführen ist, dass in der Beurteilung eines Untersuchungsmerkmals individuelle Unterschiede existieren, die unabhängig von allen inneren und äußeren (situativen) Bedingungen sind. Der Einfluss dieser Bedingungen kommt in der

Fehlervarianz $s^2(\epsilon)$ der betreffenden Stichprobe zum Ausdruck. Daher gilt:

$$s^2, \tilde{s}^2, s^2(\epsilon) \geq 0 \qquad \text{und} \qquad s^2 = \tilde{s}^2 + s^2(\epsilon) \tag{11.2}$$

Allgemein formuliert quantifizieren Reliabilitätskoeffizienten das Verhältnis von wahrer Varianz zur gesamten beobachteten Varianz:

$$REL = \frac{\tilde{s}^2}{s^2} \qquad \text{mit} \qquad 0 \leq REL = 1 - \frac{s^2(\epsilon)}{s^2} \leq 1 \tag{11.3}$$

Die Reliabilität ist jedoch keine feste Eigenschaft eines Messinstruments, sondern abhängig von

- der Beschaffenheit des zur Überprüfung herangezogenen Tests,
- der Definition des Messfehlers,
- der Höhe des Messfehlers entsprechend dieser Definition und
- der Homogenität der Stichprobe.

Schwierigkeiten bereitet die Bestimmung des minimal erforderlichen Umfangs der Kontrollstichprobe zur Durchführung des Reliabilitätstests. Mit zunehmender Größe der Kontrollstichprobe werden die Reliabilitätsabschätzungen zwar immer exakter, jedoch können bereits kleine Schätzfehler zu deutlichen Fehlbeurteilungen führen. Da die Zielparameter in der klassischen Schätztheorie oftmals Funktionen der zu schätzenden Parameter sind, pflanzen sich Schätzfehler gegebenenfalls über mehrere Schritte hinweg fort. Während beispielsweise *Krauth* (1995, S. 68 f.) bei der Untersuchung einer heterogenen Zielgruppe eine Kontrollstichprobe von mindestens 1.000 Beobachtungen und bei der Untersuchung einer homogenen Zielgruppe eine Kontrollstichprobe von mindestens 200 bis 500 Beobachtungen für erforderlich hält, empfehlen *Lienert, Raatz* (1998, S. 174) einen Stichprobenumfang von 200 bis 500 Beobachtungen, damit der resultierende Reliabilitätskoeffizient zumindest bezüglich der ersten Nachkommastelle als gesichert angesehen werden kann. Die Erhebung einer Kontrollstichprobe ist jedoch nicht zwingend notwendig, da zur Reliabilitätsprüfung beispielsweise auch die Messung der Merkmalsausprägungen anhand eines anderen Instruments durchgeführt werden kann. Die an *Lienert, Raatz* (1998, S. 178) angelehnte Tabelle 11.1 zeigt eine Systematik möglicher Reliabilitätsprüfungen und die korrespondierenden Reliabilitätsformen.

	Zeitpunkt der zweiten Messung	
Vorgehen beim zweiten Test	sofort nach der ersten Messung	später
identisch mit dem ersten	Retest-Reliabilität (kurzfristige Stabilität)	Retest-Reliabilität (langfristige Stabilität)
parallel zum ersten	Paralleltest-Reliabilität (Äquivalenz)	Paralleltest-Retest-Reliabilität (Äquivalenz und Stabilität)

Tabelle 11.1: *Systematik möglicher Reliabilitätsprüfungen*

Die in der unteren Zeile von Tabelle 11.1 aufgeführten Paralleltest-Methoden liefern im Allgemeinen unter vergleichbaren Bedingungen kleinere Werte für die Reliabilitätskoeffizienten als die Ansätze mit Testwiederholung. Bei der Testwiederholung können nämlich **Scheinreliabilitäten** infolge von Lerneffekten auftreten. *Lienert, Raatz* (1998, S. 180) führen aus, dass diese umso größer ausfallen,

- je leichter die Aufgaben/Fragen und die zugehörigen Lösungen/Antworten zu behalten sind,
- je charakteristischer und inhaltlich interessanter diese sind,
- je kürzer der Abstand zwischen den beiden Messungen ausfällt und
- je weniger Aufgaben/Fragen im Test zu bearbeiten sind.

Die Fehlervarianz $s^2(\epsilon)$ kann zur Quantifizierung der Retest-Reliabilität selbst in zwei Komponenten, und zwar die **Ungenauigkeit des Tests** s_u^2 und die **Veränderlichkeit der Bedingungen** s_v^2 zerlegt werden, so dass $s^2(\epsilon) = s_u^2 + s_v^2$ gilt. Die Reliabilität des zu überprüfenden Messinstruments berechnet sich damit wie folgt:

$$REL = 1 - \frac{s_u^2 + s_v^2}{s^2} \tag{11.4}$$

11.2.2 Reliabilitätsprüfung mittels Testwiederholung

Mit der **Testwiederholungsmethode** wird die **Retest-Reliabilität** bestimmt, indem man die Stabilität einer Messung anhand des Vergleichs der Ergebnisse zweier zeitlich aufeinander folgender Messungen an einem Untersuchungsobjekt mit demselben Messinstrument quantifiziert. Als Auswertungsgrundlage kommen Längsschnittsdaten (z.B. aus Panelerhebungen) oder auch Daten aus Experimenten in Frage. Beispielsweise kann eine Befragung nach wenigen Tagen bei denselben Auskunftspersonen wiederholt werden. Als Maß für die Reliabilität dient die Korrelation der Ergebnisse der ersten Messung (x_{1k}) mit den Ergebnissen der Vergleichsmessung (x_{2k}) zum zweiten Zeitpunkt, wobei der Index k ($k = 1, \ldots, K$) z.B. Versuchspersonen oder Fragebögen bezeichnet.

Der Reliabilitätskoeffizient ist wie folgt zu berechnen:

$$r^{REL} = \frac{K \sum_{k=1}^{K} x_{1k} x_{2k} - \sum_{k=1}^{K} x_{1k} \sum_{k=1}^{K} x_{2k}}{\sqrt{\left(K \sum_{k=1}^{K} x_{1k}^2 - \left(\sum_{k=1}^{K} x_{1k}\right)^2\right)\left(K \sum_{k=1}^{K} x_{2k}^2 - \left(\sum_{k=1}^{K} x_{2k}\right)^2\right)}} \tag{11.5}$$

Liegt der Koeffizient nahe bei 1, so kann die Stabilität des Messinstruments als weitgehend gesichert angesehen werden. Liegt hingegen ein Wert nahe 0 vor, so kann dies entweder in einer tatsächlich geringen Stabilität oder aber auch in einer geringen Konsistenz des Messinstruments[1] begründet sein.

Wird eine Messung mit dem betrachteten Instrument mit kurzem Abstand wiederholt, so quantifiziert der Reliabilitätskoeffizient die kurzfristige Stabilität. Erfolgt die Messungswiederholung jedoch mit einem größeren zeitlichen Abstand, so liefert er Hinweise auf die langfristige Stabilität. Neben der Gefahr einer aus Lerneffekten resultierenden Scheinreliabilität besteht in diesem Fall auch die Möglichkeit der fälschlichen Annahme einer geringen Reliabilität des Messinstruments, falls es zwischen den beiden Messzeitpunkten aufgrund nicht kontrollierter Einflüsse z.B. zu für die Messung relevanten Präferenz- oder Einstellungsänderungen bei den Probanden gekommen ist. Daher kann kein allgemein gültiger, optimaler zeitlicher Abstand zwischen erster Messung und Messwiederholung angegeben werden. Er muss stattdessen jeweils individuell in Abhängigkeit vom Untersuchungsgegenstand festgelegt werden.

11.2.3 Reliabilitätsprüfung mittels Paralleltest

Bei der Reliabilitätsprüfung mittels **Paralleltest-Methode**, deren Resultat üblicherweise mit dem Begriff der **Paralleltest-Reliabilität** umschrieben wird, führt man einen Vergleich der Ergebnisse von Messungen mittels „äquivalenter", d.h. möglichst ähnlicher Messinstrumente am selben Objekt und hinsichtlich desselben Merkmals durch. Als Grundlage können Querschnittsdaten (z.B. aus verschiedenen, gleichzeitig durchgeführten Haushaltsbefragungen) herangezogen werden. Ein Beispiel für äquivalente Messinstrumente sind die Befragungen ein und derselben Personen mit zwei ähnlichen Itembatterien, die sich z.B. nur durch die Anzahl der vorgegebenen Antwortmöglichkeiten (gerade versus ungerade Anzahl von Antwortausprägungen) unterscheiden. Als Maß für die Reliabilität dient dann die Korrelation der mit den beiden äquivalenten Messinstrumenten erzielten Ergebnisse. Die Berechnung der Paralleltest-Reliabilität erfolgt somit analog zur Retest-Reliabilität gemäß Gleichung 11.5. Wir betrachten jetzt allerdings nicht zwei Messzeitpunkte, sondern zwei Skalen mit entsprechender Definition der Variablen x_{1k} und x_{2k}.

Bei praktischen Anwendungen in der Marketingforschung ergibt sich oftmals die Schwierigkeit der Bestimmung zweier tatsächlich äquivalenter Messinstrumente. *Cureton* (1971) folgend wird der Grad der Äquivalenz zweier für die Reliabilitätsprüfung heranzuziehender Skalen 1 und 2 wie folgt berechnet:

$$r^{PREL} = \frac{r^{REL}}{\sqrt{ALPHA_1 \cdot ALPHA_2}} \qquad (11.6)$$

mit $ALPHA_1$ bzw. $ALPHA_2$ als Maßgrößen für die interne Konsistenz, auf die auf S. 269 ff. weiter eingegangen wird. Die Äquivalenz der Messinstrumente ist

[1] Die Konsistenz eines Messinstruments wird in Unterabschnitt 11.2.5 detailliert erläutert.

eine notwendige, aber nicht hinreichende Bedingung für eine hohe Paralleltest-Reliabilität. Daher kann von einer hohen Paralleltest-Reliabilität auf die Äquivalenz der betreffenden Skalen geschlossen werden. Umgekehrt kann jedoch aufgrund des Einflusses der internen Konsistenz von einer geringen Paralleltest-Reliabilität nicht auch auf eine geringe Äquivalenz geschlossen werden.

11.2.4 Reliabilitätsprüfung mittels Testhalbierung

Bei der **Testhalbierungsmethode** erfolgt die Überprüfung der **Split-half-Reliabilität**, wie es bereits der Terminus andeutet, anhand des Vergleichs der Ergebnisse einer Messung, deren Items in zwei gleich große Teilmengen (zwei Skalen „halber Länge“) aufgeteilt wurden. Diese Vorgehensweise wird auch als „verkürzte Parallelform“ bezeichnet. Im Gegensatz zu den beiden vorangegangenen Methoden ist also keine zusätzliche Messung erforderlich. Als Maß für die Reliabilität wird die Korrelation zwischen den Ausprägungen der beiden Itemteilmengen (Testhälften) des Messinstruments herangezogen. Die Berechnung des Reliabilitätskoeffizienten kann, einen Vorschlag von *Spearman* (1909) und *Brown* (1909) aufgreifend, durch

$$r^{SHREL} = \frac{2\,r^{REL}}{1 + r^{REL}} \tag{11.7}$$

erfolgen, wobei r^{REL} die Korrelation der Daten aus den beiden Testhälften gemäß Gleichung 11.5 bezeichnet. Die Variablen x_{1k} und x_{2k} stehen jetzt für die Messwerte der beiden Skalenhälften. Dieser Berechnungsweise liegt die implizite Annahme zugrunde, dass die Varianz s_1^2 der Daten aus der ersten Testhälfte gleich der Varianz s_2^2 der Daten aus der zweiten Testhälfte ist. Ist diese Annahme nicht erfüllt, so wird die Reliabilität durch den Koeffizienten in Gleichung 11.7 überschätzt. In diesem Fall kann auf einen Vorschlag von *Flanagan* (1939) zurückgegriffen werden, der für identische Varianzen, d.h. für $s_1^2 = s_2^2$, wieder auf Gleichung 11.7 führt:

$$r^{SHREL1} = \frac{4\,s_1\,s_2\,r^{REL}}{s_1^2 + s_2^2 + 2\,s_1\,s_2\,r^{REL}} \tag{11.8}$$

Bei kleinem Stichprobenumfang K bietet sich der Rückgriff auf den von *Kristof* (1963) vorgeschlagenen korrigierten Koeffizienten

$$r^{SHREL2} = \frac{2}{K-1} + \frac{K-3}{K-1} \cdot r^{SHREL1} \tag{11.9}$$

an, womit die Erwartungstreue des Koeffizienten sichergestellt werden kann. Für $K \to \infty$ erhält man die in Gleichung 11.8 angegebene Berechnungsvorschrift.

Grundlegende Voraussetzung für die Anwendbarkeit der Reliabilitätskoeffizienten aus den Gleichungen 11.7 bis 11.9 ist jedoch, dass sich die Items des betreffenden Messinstruments tatsächlich sinnvoll in zwei Hälften unterteilen lassen. Geeignete Koeffizienten für den Fall ungerader Anzahl von Items in den beiden Teilmengen oder für den Fall, dass einige Items, beispielsweise aufgrund fehlender Werte, nicht einbezogen werden können, werden bei *Lienert, Raatz* (1998, S. 184 ff.) vorgestellt.

Die skizzierte Vorgehensweise und die sich hieraus ergebenden Rechenschritte sollen abschließend anhand eines kleinen Beispiels veranschaulicht werden. Ausgangspunkt sei eine Untersuchung, bei der es um die Einstellung zu einer bekannten Dachmarke geht. Es wird angenommen, dass sich die Einstellung in gleichem Maße aus den auf einer 7-stufigen Ratingskala erhobenen Wertschätzungen (x_1 und x_2) zweier unter der Dachmarke verkaufter Produkte bestimmen lässt. Dabei drückt der Wert 1 eine sehr negative und der Wert 7 eine sehr positive Beurteilung aus. Die Untersuchungsstichprobe umfasst insgesamt $K = 10$ Probanden, die jeweils beide Produkte bewerten. Die für die Reliabilitätsprüfung zur Verfügung stehenden Daten sind Tabelle 11.2 zu entnehmen.

Proband (k)	1	2	3	4	5	6	7	8	9	10	$\sum_{k=1}^{10} \ldots$	$\sum_{k=1}^{10} x_{lk}^2$
x_{1k}	7	5	6	4	3	1	6	5	7	2	46	250
x_{2k}	6	4	6	4	2	2	7	3	6	1	41	207
$x_{1k} \cdot x_{2k}$	42	20	36	16	6	2	42	15	42	2	223	–

Tabelle 11.2: *Datengrundlage zur Überprüfung der Split-half-Reliabilität*

Damit ergeben sich folgende Werte für die Standardabweichungen s_1 und s_2 der beiden betrachteten Messgrößen (bei entsprechenden Mittelwerten $\bar{x}_1$ und $\bar{x}_2$):

$$s_1 = \sqrt{\frac{1}{K-1}\sum_{k=1}^{K}(x_{1k}-\bar{x}_1)^2} = \sqrt{\frac{1}{9}\sum_{k=1}^{10}\left(x_{1k}-\frac{46}{10}\right)^2} = \sqrt{\frac{1}{9}\cdot 38,4} = 2,066$$

und

$$s_2 = \sqrt{\frac{1}{K-1}\sum_{k=1}^{K}(x_{2k}-\bar{x}_2)^2} = \sqrt{\frac{1}{9}\sum_{k=1}^{10}\left(x_{2k}-\frac{41}{10}\right)^2} = \sqrt{\frac{1}{9}\cdot 38,9} = 2,079$$

Die Korrelation zwischen den Messgrößen x_1 und x_2 berechnet sich dann gemäß Gleichung 11.5 wie folgt:

$$\begin{aligned} r^{REL} &= \frac{10\sum_{k=1}^{10} x_{1k}x_{2k} - \sum_{k=1}^{10} x_{1k}\sum_{k=1}^{10} x_{2k}}{\sqrt{\left(10\sum_{k=1}^{10} x_{1k}^2 - \left(\sum_{k=1}^{10} x_{1k}\right)^2\right)\left(10\sum_{k=1}^{10} x_{2k}^2 - \left(\sum_{k=1}^{10} x_{2k}\right)^2\right)}} \\ &= \frac{10\cdot 223 - 46\cdot 41}{\sqrt{(10\cdot 250-(46)^2)(10\cdot 207-(41)^2)}} \\ &= \frac{2.230-1.886}{\sqrt{(2.500-2.116)(2.070-1.681)}} = \frac{344}{\sqrt{149.376}} = 0,890 \end{aligned}$$

Setzt man diese Werte in die Formeln 11.7, 11.8 und 11.9 für die Split-half-Reliabilität ein, so resultiert daraus:

$$r^{SHREL} = \frac{2 \cdot 0,890}{1 + 0,890} = 0,942$$

$$r^{SHREL1} = \frac{4 \cdot 2,066 \cdot 2,079 \cdot 0,89}{2,066^2 + 2,079^2 + 2 \cdot 2,066 \cdot 2,079 \cdot 0.89} = \frac{15,291}{16,236} = 0,942$$

$$r^{SHREL2} = \frac{2}{10-1} + \frac{10-3}{10-1} \cdot r^{SHREL1} = \frac{2}{9} + \frac{7}{9} \cdot 0,942 = 0,955$$

Alle drei Koeffizienten liegen nahe bei 1 und attestieren damit dem im Beispiel verwendeten Messinstrument eine hohe Reliabilität. D.h., dass die Messung der Einstellung gegenüber der Dachmarke ist sowohl isoliert über eine der beiden Variablen x_1 oder x_2 als auch durch Kombination derselben zu einer aus zwei Items bestehenden Skala möglich.

11.2.5 Überprüfung der internen Konsistenz

Lässt sich eine Messung in L Teilaspekte gleichen Umfangs zerlegen, so kann die **interne Konsistenz**[2] als Maß der Reliabilität[3] anhand des α-Koeffizienten von *Cronbach* (1951) überprüft werden. Eine solche Zerlegung könnte z.B. im Fall eines semantischen Differenzials (als Instrument zur Einstellungsmessung) in der Betrachtung der einzelnen (das Instrument definierenden) Items bestehen. Die Berechnungsvorschrift zur Bestimmung des Ausmaßes der internen Konsistenz lautet:

$$ALPHA = \frac{L}{L-1} \cdot \left(1 - \underbrace{\frac{\sum_{l=1}^{L} s_l^2}{s^2}}_{\in(0,1)}\right) \quad \text{mit} \quad s^2 = \sum_{l=1}^{L} s_l^2 + 2 \cdot \sum_{l=1}^{L} \sum_{l'=l+1}^{L} s_{ll'} \qquad (11.10)$$

mit

L = Anzahl der in der Messung berücksichtigten Items
s_l^2 = Varianz von Item l
$s_{ll'}$ = Kovarianz der Items l und l'
s^2 = Varianz der gesamten Skala

Die interne Konsistenz ist umso höher, je größer der Koeffizient ausfällt.[4] Neben der Güteprüfung im Bereich der Einstellungsmessung hat das **Cronbach-α** für

[2] Die Bezeichnung „interne Konsistenz" bezieht sich auf die klassische Anwendung dieses Gütemaßes in der Einstellungsmessung, bei der in der Regel mehrere verschiedene Items zu einem Einstellungswert verdichtet werden (vgl. Kapitel 10). Mittels Reliabilitätsprüfung wird festgestellt, ob alle Items auch wirklich Ausprägungen der zugrunde liegenden Einstellungsskala repräsentieren.

[3] *Dillon et al.* (1990, S. 171) sprechen in diesem Zusammenhang auch von der internen Konsistenzreliabilität („Internal Consistency Reliability").

[4] Als nachteilig erweist sich die Tatsache, dass der Koeffizient aufgrund seiner Abhängigkeit von der Anzahl berücksichtigter Teilaspekte nicht nach oben beschränkt ist und damit kein „bestmöglicher" Wert existiert. Nichtsdestotrotz eignet er sich aber gut zum Vergleich alternativer Messinstrumente.

die praktische Marketingforschung generelle Bedeutung erlangt, da hiermit auch die Beziehungen einzelner Items eines Itemblocks zueinander überprüft werden können. So wird, wie beispielsweise *Hatcher* (1998, S. 130 ff.) demonstriert, die Gütebewertung der Operationalisierung latenter Konstrukte durch verschiedene Indikatoren möglich. Spezialfälle des durch Gleichung 11.10 spezifizierten Koeffizienten sind die Reliabilitätskoeffizienten von *Kuder, Richardson* (1937), die beispielsweise eine Reliabilitätsprüfung bei nominaler Bewertung „richtiger" Antworten zu unterschiedlich „schweren" Fragen (Kuder-Richardson-Formel 21) oder bei unterschiedlicher Trennschärfe der Fragen (Kuder-Richardson-Formel 8) ermöglichen. Die genannten Kenngrößen sind jedoch eher für psychologische Persönlichkeitstests als für die praktische Marketingforschung relevant, weshalb der interessierte Leser an dieser Stelle auf die Ausführungen in *Cronbach* (1990, S. 202 ff.) und *Lienert, Raatz* (1998, S. 192 ff.) verwiesen sei.

Geeignete Tests zur inferenzstatistischen Beurteilung empirisch ermittelter Cronbach-α's aus einer oder mehreren Stichproben werden von *Feldt et al.* (1987) vorgestellt. Der Koeffizient erweist sich, wie etwa die Metastudie von *Peterson* (1994) gezeigt hat, als robust gegenüber verschiedenen Variationen des Untersuchungsdesigns.

Ein einfaches Datenbeispiel soll die Vorgehensweise wieder veranschaulichen. Ausgangspunkt sei die in Tabelle 11.3 dargestellte Varianz-Kovarianzmatrix bezüglich sechs verschiedener Items. Da es sich um eine symmetrische Matrix handelt, beschränken wir uns auf die Angabe der oberen Dreiecksmatrix.

Item (l)	1	2	3	4	5	6
1	0,634	0,156	0,022	0,056	0,224	0,132
2		0,526	0,054	0,123	0,115	0,211
3			0,768	0,221	0,024	0,243
4				0,654	0,143	0,283
5					0,519	0,098
6						0,622

Tabelle 11.3: *Exemplarische Varianz-Kovarianzmatrix*

Aus den hieraus berechenbaren Zwischengrößen

$$\sum_{l=1}^{6} s_l^2 = 0,634 + 0,526 + \cdots + 0,622 = 3,723$$

und

$$\begin{aligned} s^2 &= \sum_{l=1}^{6} s_l^2 + 2 \cdot \sum_{l=1}^{6} \sum_{l'=l+1}^{6} s_{ll'} \\ &= 3,723 + 2 \cdot (0,156 + 0,022 + \cdots + 0,283 + 0,098) = 7,933 \end{aligned}$$

erhält man direkt den gesuchten Koeffizienten:

$$ALPHA = \frac{6}{6-1} \cdot \left(1 - \frac{\sum_{l=1}^{6} s_l^2}{s^2}\right) = 1,2 \cdot \left(1 - \frac{3,723}{7,933}\right) = 0,637$$

Neben der Berechnung der entsprechenden Koeffizienten besteht aber auch die Möglichkeit der Quantifizierung der internen Konsistenz mittels Faktorenanalyse. Sei ϖ_i der Eigenwert eines Faktors i, der eine latente Skala repräsentiere, und $\bar{r}$ die mittlere Korrelation der auf den Faktor ladenden Items. Die Reliabilität dieses Faktors kann dann wie folgt berechnet werden (vgl. *Cliff* (1988, S. 278)):

$$r_i^{FA} = \frac{\varpi_i - (1 - \bar{r})}{\varpi_i} \qquad \forall\, i \tag{11.11}$$

Diese Kenngröße erreicht unabhängig von der Größe des Eigenwerts den Wert 1, wenn die Items der Skala i perfekt korrelieren, d.h. die interne Konsistenz der Messung hoch ist. *Cliff* (1988) begründet in diesem Zusammenhang auch, dass die verbreitete Vorgehensweise, die interne Konsistenz analog zum Kaiser-Kriterium der Faktorenanalyse einfach anhand des Eigenwerts zu bewerten ($\varpi_i < 1$ impliziert eine geringe Reliabilität des Faktors i), ungeeignet ist. Eine aktuelle, kritische Darstellung zur Verwendung des α-Koeffizienten von *Cronbach* findet sich beispielsweise in *Finn* (2001).

11.3 Überprüfung der Validität

11.3.1 Formen der Validität

Mit dem Begriff der **theoretischen Validität** wird die Übereinstimmung eines hypothetischen Konstrukts (etwa der Einstellung) mit der in einer konkreten Untersuchung vorgenommenen Operationalisierung umschrieben. Die Validität kommt im Ausmaß der Korrelation der Messwerte mit den „wahren“ Ausprägungen des Konstrukts zum Ausdruck. Da diese „wahren“ Ausprägungen aber nicht bekannt sind, kann die Validität nur anhand geeigneter Kriterien abgeschätzt werden. Diese Kriterien müssen vom zu untersuchenden Konstrukt kausal abhängig und einer Messung zugänglich sein. Die Korrelation der Messwerte eines Konstrukts mit den Messwerten eines korrespondierenden Kriteriums bezeichnet man analog als **empirische Validität**. Hieraus folgt, dass hinsichtlich der Validität nur graduelle Aussagen getroffen werden können, so dass je nach Anzahl der verfügbaren Kriterien einer Messung auch mehrere, voneinander abweichende Validitätswerte zugeordnet werden können. Gemäß einer Einteilung der American Psychological Association (APA) können folgende Validitätsarten unterschieden werden (vgl. *APA* (1974)):

Inhaltsvalidität

Bei der Überprüfung der Inhaltsvalidität („Content Validity") wird untersucht, ob alle Facetten eines Konstrukts durch ein Messinstrument angemessen erfasst sind. Facetten sind Mengen geordneter Kategorien zur Beschreibung von Konstrukten. Ist ein solches Konstrukt beispielsweise die „Sportlichkeit" eines Autos, so wäre eine Facette desselben das Beschleunigungsvermögen, welches durch die geordneten Kategorien von „sehr schwach" bis „sehr stark" beschrieben werden kann. Weitere Facetten wären das Motorengeräusch (der „Sound") und das Styling der Fahrzeuge. Obwohl im Kontext der Facettentheorie auch verschiedene quantitative Verfahren zum Einsatz kommen können (vgl. *Borg* (1992)), wird die Überprüfung der Inhaltsvalidität in der praktischen Marketingforschung häufig auf die qualitative Beurteilung des Messinstruments durch Experten beschränkt. Aus diesem Grund findet sich hierfür auch der Begriff der „**Face-Validität**". Hierbei sollte man sich aber der durchaus berechtigten Kritik an dieser Vorgehensweise (vgl. *Heidenreich* (1995a, S. 357)) bewusst sein. Eine so gestaltete Überprüfung der Inhaltsvalidität durch Experten sollte sich zumindest auf die Plausibilität, Vollständigkeit, Angemessenheit und Relevanz der im betreffenden Messinstrument verwendeten Items beziehen. *Hildebrandt* (1984, S. 42) schlägt darüber hinaus vor, die Korrelation der Items heranzuziehen, falls einzelne Aspekte eines Konstrukts durch mehrere Items erfasst werden.

Kriteriumsvalidität

Mit der Kriteriumsvalidität („Criterion Validity") bringt man das Ausmaß zum Ausdruck, in dem die Messungen eines Konstrukts mit den Messungen eines anderen Konstrukts (dem „Außenkriterium") übereinstimmen bzw. korrelieren. Zwischen den Konstrukten sollte dabei eine möglichst enge theoretische Beziehung bestehen. Weit verbreitet ist nachfolgende Unterscheidung aus einer zeitlichen Perspektive heraus:

- Bei der **Prognosevalidität** geht es um die Quantifizierung des Ausmaßes, zu dem durch die Messung eines theoretischen Konstrukts die Messung eines kausal abhängigen, aber zeitlich nachgelagert erhobenen Konstrukts prognostiziert werden kann. Voraussetzung ist, dass Messungen der beiden Konstrukte zu unterschiedlichen Zeitpunkten vorgenommen werden können.
- Die **Konkurrent-** oder **Übereinstimmungsvalidität** entspricht dem Ausmaß, zu dem die Messung eines theoretischen Konstrukts mit der Messung eines theoretisch abhängigen und gleichzeitig erhobenen Konstrukts übereinstimmt. Voraussetzung ist die ein- oder mehrmalige Messbarkeit zweier Konstrukte zum gleichen Zeitpunkt.

Kritisch gegenüber dieser Differenzierung führt *Hildebrandt* (1984, S. 43) aus, dass im Kontext der Marketingforschung eher inhaltliche Überlegungen als der Messzeitpunkt die Vorgehensweise bestimmen sollten. So werden in empirischen Untersuchungen häufig Variablen, deren Ausprägungen prognostiziert werden sollen, gleichzeitig erhoben und zum Nachweis der Prognosevalidität genutzt. Beispielhaft sei die gleichzeitige Messung von Einstellungen und Verhaltensintentionen in der Konsumentenverhaltensforschung genannt.

Konstruktvalidität

Die Konstruktvalidität („Construct Validity") entspricht dem Ausmaß, zu dem eine Messung die Größe und Richtung einer Auswahl von Merkmalen eines Konstrukts abbildet. Sie beschreibt also den Grad, zu dem diese Messung nicht durch die fälschliche Messung der Merkmale anderer Konstrukte und das Vorhandensein systematischer Fehler überlagert wird (vgl. *Peter* (1981)). Es handelt sich somit um das „anspruchsvollste" Kriterium zum Nachweis von Validität, da es eine umfassende Verknüpfung von Messebene (Empirie) und theoretischer Ebene (Modellierung) erforderlich macht und in erster Linie der Ergründung des theoretischen Hintergrunds einer Messung dient. Bei der Prüfung der Konstruktvalidität sind folgende **inhaltliche Aspekte** zu berücksichtigen:

- Die zur Erklärung der Messwerte herangezogenen theoretischen Konstrukte müssen sprachlich präzise und formal einwandfrei sein.
- Die Ausprägungen der betrachteten Items sollten nur durch ein Konstrukt determiniert werden („Eindimensionalität"). Ergibt z.B. eine Faktorenanalyse für einzelne Items hohe Ladungen bezüglich mehrerer Faktoren, so ist die Eindimensionalität nicht erfüllt.
- Die Reliabilität des zum Einsatz kommenden Messinstruments sollte gesichert sein. An dieser Stelle ergibt sich ein Anknüpfungspunkt zu der in Abschnitt 11.1 angesprochenen hierarchischen Anordnung von Reliabilität und Validität.

Daneben sind bei der Überprüfung der Konstruktvalidität aber auch folgende **Aspekte der Messung** zu beachten:

- Die **Konvergenzvalidität** bezeichnet den Grad, zu dem zwei maximal unterschiedliche Messungen des gleichen Konstrukts in ihren Resultaten übereinstimmen.
- Die **Diskriminanzvalidität** bezeichnet den Grad, zu dem gleiche Messinstrumente bzw. -modelle bei unterschiedlichen Konstrukten zu unterschiedlichen Ergebnissen führen.
- Die **nomologische Validität** schließlich bezeichnet den Grad, zu dem die zwischen zwei theoretischen Konstrukten bestehenden Kausalbeziehungen in einer umfassenden, überprüfbaren Hypothesenstruktur respektive einem „**nomologischen Netzwerk**" bestätigt werden.

Während also zur Überprüfung der Konvergenzvalidität dasselbe Konstrukt mehrfach zu messen ist, muss bei der Diskriminanzvalidität dasselbe Messinstrument auf unterschiedliche Konstrukte angewandt werden. Die anspruchsvollste Überprüfung ist die der nomologischen Validität, da Messungen für eine Menge von hypothetischen Konstrukten, deren Beziehungsstruktur durch eine konkrete Kausaltheorie beschrieben werden kann, vorzunehmen sind. Das traditionelle Prüfinstrumentarium ist die Pfadanalyse. Hierbei können jedoch systematische Fehler in den Daten u.U. zu hohen Korrelationen führen, die ihrerseits nichts zur Stützung der zugrunde liegenden Hypothesenstruktur beitragen. Als zweckmäßige Alternative bietet sich deshalb die kausalanalytische Validitätsprüfung mittels Strukturgleichungsmodellen an. Das traditionelle Instrumentarium zur Beurteilung von Konvergenz- und Diskriminanzvalidität ist die im nachfolgenden Abschnitt ausführlicher behandelte Multimerkmale-Multimethoden-Matrix.

Neben der vorgestellten Unterteilung der Validitätsformen ist in der Marketingforschung auch die Unterscheidung von interner und externer Validität verbreitet. Die **interne Validität** beschreibt das Ausmaß, zu dem die Variation einer abhängigen Größe auf die Variation einer unabhängigen Größe zurückzuführen ist, d.h. nicht systematisch durch andere Einflüsse determiniert wird. Die **externe Validität** hingegen beschreibt das Ausmaß, zu dem die Resultate einer Messung auch auf andere Untersuchungssituationen übertragbar sind.

Der Unterschied zwischen interner und externer Validität kann am Beispiel eines Werbemittelpretests verdeutlicht werden. Zur Kommunikation einer neuen Werbebotschaft sei eigens ein TV-Spot produziert worden. Es stellt sich nun die Frage, ob die Werbebotschaft auf Basis des TV-Spots verstanden und „erlernt" wird oder nicht. Eine nahe liegende Vorgehensweise zur Beantwortung dieser Frage ist die Durchführung eines Experiments, bei dem einer Gruppe von Probanden der zu beurteilende Spot in einem Fernsehstudio vorgeführt wird. Die interne Validität dieses Experiments dürfte recht hoch ausfallen, da unter den gegebenen laborähnlichen Bedingungen mögliche Störeinflüsse weitestgehend kontrolliert werden können. Gleichzeitig kann die externe Validität aber u.U. gering ausfallen, falls sich die Probanden beim täglichen TV-Konsum vor dem häuslichen Bildschirm anders verhalten als unter Laborbedingungen, d.h., wenn sie z.B. den Geschehnissen auf dem Bildschirm weniger konzentriert folgen. Eng verbunden mit dem Begriff der externen Validität ist die **Kreuzvalidität**. Sie beschreibt das Ausmaß, zu dem die Ergebnisse der Messung in einer Stichprobe auch für weitere Stichproben vergleichbarer Struktur Gültigkeit besitzen.

11.3.2 Validitätsprüfung anhand der Multimerkmale-Multimethoden-Matrix

Die Überprüfung der Validität einer Messung anhand der **Multimerkmale-Multimethoden-Matrix** ist von *Campbell, Fiske* (1959) vorgeschlagen worden. Im Einklang mit der anglo-amerikanischen Literatur bezeichnen wir diese im Folgenden als MTMM-Matrix (für „MultiTrait-MultiMethod"). Die Merkmale entsprechen in der praktischen Marketingforschung in der Regel unterschiedlichen, nicht beobachtbaren Konstrukten (z.B. Motiven oder Einstellungen). Eine MTMM-Matrix besteht aus den Korrelationen der Ergebnisse, die man durch die Messung verschiedener Merkmale (Konstrukte) mit verschiedenen Methoden (Messinstrumenten) erhält. Die MTMM-Matrix kann dann, wie in Abbildung 11.3 für den Fall von drei Methoden (1,2,3) und drei Merkmalen (1,2,3) dargestellt, für die weitere Auswertung wieder in kleinere Submatrizen unterteilt werden.

		Methode 1			Methode 2			Methode 3		
	Merkmal	1	2	3	1	2	3	1	2	3
Methode 1	1	$\bullet$								
	2	$\diamond$	$\bullet$							
	3	$\diamond$	$\diamond$	$\bullet$						
Methode 2	1	$\circ$	$\star$	$\star$	$\bullet$					
	2	$\star$	$\circ$	$\star$	$\diamond$	$\bullet$				
	3	$\star$	$\star$	$\circ$	$\diamond$	$\diamond$	$\bullet$			
Methode 3	1	$\circ$	$\star$	$\star$	$\circ$	$\star$	$\star$	$\bullet$		
	2	$\star$	$\circ$	$\star$	$\star$	$\circ$	$\star$	$\diamond$	$\bullet$	
	3	$\star$	$\star$	$\circ$	$\star$	$\star$	$\circ$	$\diamond$	$\diamond$	$\bullet$

Abbildung 11.3: *Aufbau einer MTMM-Matrix („3T3M-Matrix")*

MTMM-Matrizen sind quadratisch und symmetrisch, weshalb im Regelfall nur die untere Dreiecksmatrix betrachtet wird. Zu erfassen sind die Korrelationen der Messergebnisse für mindestens zwei Merkmale und mindestens zwei Methoden. Dabei darf die Anzahl der Merkmale von jener der Methoden durchaus abweichen. Beispielsweise erfasst die in der einschlägigen Literatur wiederholt untersuchte MTMM-Matrix von *Kothandapani* (1971) drei Merkmale und vier Methoden.

Die in Abbildung 11.3 durch einen Punkt ($\bullet$) repräsentierten Korrelationen werden auch als Monomerkmal-Monomethoden-Korrelationen bezeichnet. Erfolgt die Messung mit einer Methode nur zu einem Zeitpunkt, so sind diese Korrelationen gleich 1. Bei Messungen zu unterschiedlichen Zeitpunkten mit gleichen Methoden sind sie abhängig von der Reliabilität derselben. Durch einen Kreis ($\circ$) sind in analoger Weise die Monomerkmal-Multimethoden-Korrelationen dargestellt. Die Multimerkmale-Monomethoden-Korrelationen sind durch ein Quadrat ($\diamond$) und die Multimerkmale-Multimethoden-Korrelationen schließlich durch einen Stern ($\star$) gekennzeichnet. Entsprechend des Vorschlags von *Campbell, Fiske* (1959) kann die Auswertung einer MTMM-Matrix durch visuelle Inspektion anhand folgender Kriterien, die in der einschlägigen Literatur als „**Auszählregeln**" bezeichnet werden, erfolgen:

- Konvergenzvalidität erfordert, dass die Korrelationen der Messung gleicher Merkmale durch unterschiedliche Methoden, also die Monomerkmal-

Multimethoden-Korrelationen (○) signifikant von 0 verschieden[5] und hinreichend groß sind. Nur wenn die Konvergenzvalidität als einigermaßen gesichert angesehen werden kann, macht es Sinn, anhand weiterer Kriterien die Diskriminanzvalidität zu überprüfen.

- Diskriminanzvalidität erfordert, dass die Monomerkmal-Multimethoden-Korrelationen (○) größer sind als die Korrelationen zwischen Messungen, die weder in der Methode noch im Merkmal übereinstimmen (⋆). Darüber hinaus müssen die Monomerkmal-Multimethoden-Korrelationen größer sein als die Korrelationen zwischen Messungen, die zwar in den Methoden, aber nicht in den Merkmalen übereinstimmen (⋄).

- Für die Blöcke der Merkmalsinterkorrelationen (⋆) sollte in allen Submatrizen der MTMM-Matrix ein „ähnliches" Muster vorliegen.

Um das generelle Vorgehen zu demonstrieren, ist in Tabelle 11.4 eine aus *Hildebrandt* (1984, S. 43) entnommene MTMM-Matrix dargestellt. Gegenstand der zugrunde liegenden Studie war die Einstellung gegenüber den drei Zeitschriften *DM* (DM), *Schöner Wohnen* (SW) und *test* (TE). Als Messinstrumente dienten drei verschiedene, in der empirischen Konsumentenverhaltensforschung übliche Einstellungsmodelle. Der Einfachheit halber bezeichnen wir diese mit EM1, EM2 und EM3.

		EM1			EM2			EM3		
		DM	SW	TE	DM	SW	TE	DM	SW	TE
EM1	DM	1								
	SW	0,405	1							
	TE	0,412	0,278	1						
EM2	DM	0,444	0,103	0,076	1					
	SW	0,170	0,497	0,086	0,244	1				
	TE	0,297	0,123	0,495	0,144	0,037	1			
EM3	DM	0,392	0,185	0,100	0,316	0,231	0,252	1		
	SW	0,220	0,377	0,052	0,207	0,523	0,155	0,419	1	
	TE	0,122	0,097	0,349	0,044	0,286	0,428	0,354	0,361	1

Tabelle 11.4: *Beispiel einer MTMM-Matrix*

Die Konvergenzvalidität ist im vorliegenden Beispiel anhand der Korrelationentripel (0,444, 0,497, 0,495) für Methode 1 (EM1) versus Methode 2 (EM2), (0,392, 0,377, 0,349) für Methode 1 (EM1) versus Methode 3 (EM3) und (0,316, 0,523, 0,428) für Methode 2 (EM2) versus Methode 3 (EM3) zu bewerten. Eine Prüfung der Signifikanz der einzelnen Korrelationen gemäß Gleichung 4.8 auf S. 97 ergibt bei einem Stichprobenumfang von $N = 97$ Beobachtungen die in Tabelle 11.5 zusammengestellten empirischen t-Werte.

[5] Das Vorgehen zur Überprüfung der Signifikanz einer Korrelation ist in Unterabschnitt 4.2.6 dargestellt.

Bewertungsbasis	DM	SW	TE
EM1 versus EM2	5,80	6,83	6,79
EM1 versus EM3	4,90	4,66	4,22
EM2 versus EM3	3,72	5,81	3,16

Tabelle 11.5: *t-Werte ausgewählter Monomerkmal-Multimethoden-Korrelationen*

Da bei dem angegebenen Stichprobenumfang die kritischen Werte der t-Verteilung (zweiseitige Fragestellung) von 1,98 für $\alpha = 0,05$ und 2,63 für $\alpha = 0,01$ bei allen neun Korrelationen überschritten werden, scheint die Signifikanz derselben gesichert. Die zweite Anforderung für Konvergenzvalidität, die hinreichende Höhe der Korrelationen, ist vergleichsweise vage formuliert, was die Gefahr von Fehlinterpretationen erhöht. *Peter* (1981, S. 137) verweist in diesem Zusammenhang auf Studien, in denen bereits eine Korrelation von 0,52 als ausreichend für den Nachweis der Konvergenzvalidität interpretiert wurde, während in anderen Studien eine Korrelation von 0,56 als Nachweis der Diskriminierungsfähigkeit akzeptiert wurde. Da also im Gegensatz zur Signifikanzprüfung kein allgemein gültiger Schwellenwert für die hinreichende Höhe einer Korrelation angegeben werden kann, sondern dieser von den jeweils gewählten Methoden und deren Eignung zur Quantifizierung der Merkmale abhängt, ist er für jede Untersuchung individuell festzulegen. *Hildebrandt* (1984, S. 43) bewertet die Monomerkmal-Multimethoden-Korrelationen aus Tabelle 11.4 als groß genug für das zugrunde liegende Untersuchungsdesign, so dass seiner Ansicht nach im vorliegenden Beispiel die Konvergenzvalidität erfüllt ist.

Zur Prüfung der Diskriminanzvalidität ist zunächst zu klären, ob die Monomerkmal-Multimethoden-Korrelationen (∘) größer sind als die Korrelationen zwischen Messungen, die weder in der Methode noch im Merkmal übereinstimmen (⋆). Dies ist im vorliegenden Beispiel erfüllt. Darüber hinaus muss geprüft werden, ob die Monomerkmal-Multimethoden-Korrelationen (∘) größer sind als die Korrelationen zwischen Messungen, die zwar in den Methoden, aber nicht in den Merkmalen übereinstimmen (⋄). Dieses Kriterium ist im vorliegenden Fall mehrfach nicht erfüllt, da beispielsweise die Multimerkmale-Monomethoden-Korrelationen (0,405, 0,412 und 0,278) für die Einstellungsmessung mittels EM1 größer sind als die Korrelationen (0,392, 0,377 und 0,349) der Messung gleicher Merkmale mittels EM1 und EM3. Die vergleichsweise hohen Multimerkmale-Monomethoden-Korrelationen sind ein Indiz für methodenbedingte Effekte („Artefakte"). Die Überprüfung der Ähnlichkeit der Muster der Merkmalsinterkorrelationen (⋆) führt bei der hier betrachteten MTMM-Matrix zu dem Resultat, dass kein klares Muster erkennbar ist. Folglich kommt *Hildebrandt* (1984) zu dem Resultat, dass auf Basis der Analyse der MTMM-Matrix anhand der Auszählregeln die Diskriminanzvalidität und damit auch die Konstruktvalidität als nicht gesichert angesehen werden müssen.

An der Validitätsprüfung mittels MTMM-Matrix ist vielfach Kritik geübt worden. *Schmitt, Stults* (1986) beispielsweise bemängeln die implizite Voraussetzung, dass die Methoden und die Merkmale in keiner gegenseitigen Abhängigkeit stehen. Eng mit dieser Kritik verbunden ist das Problem der Auswahl der Methoden, die nach *Campbell, Fiske* (1959) „maximal unterschiedlich" sein sollten. Auch wenn die in Erwägung gezogenen Methoden a priori unabhängig und sehr unterschiedlich erscheinen, kann dies mit letzter Sicherheit nur im Nachhinein bewertet werden (vgl. *Peter* (1981, S. 137)), so dass dem Marketingforscher bei der Auswahl der Methoden zur MTMM-Validierung letztlich nur wenig Hilfe geboten werden kann.

Erweisen sich die gewählten Methoden im Nachhinein als nicht ausreichend unterschiedlich, so wird nicht die Konvergenzvalidität, sondern die bereits in Abschnitt 11.2.5 behandelte interne Konsistenz gemessen. Da darüber hinaus die Messung von vom eigentlichen Untersuchungsziel u.U. abweichenden Merkmalen erforderlich ist, erscheint der für eine Validierung zu betreibende Aufwand vergleichsweise hoch. Auch finden verzerrte Korrelationen aufgrund ungleicher Reliabilitäten keine Berücksichtigung. Schwierigkeiten bereitet überdies die interpretatorische Handhabung großer Korrelationsmatrizen. Dabei stellt sich insbesondere die Frage, wie identische und geringfügig voneinander abweichende Werte zu behandeln sind. Schließlich ist unklar, wie viele Korrelationen die Kriterien von *Campbell, Fiske* (1959) verletzen dürfen, ohne dass die Validität des betreffenden Messinstruments insgesamt verneint werden muss.

Um einem Teil der genannten Einwände zu begegnen, ist der Einsatz verschiedener Verfahren zur Auswertung von MTMM-Matrizen vorgeschlagen worden. In einem Methodenüberblick führen *Schmitt, Stults* (1986) u.a. die Möglichkeit der Analyse einer MTMM-Matrix mittels Varianzanalyse, partieller Korrelationsanalyse oder konfirmatorischer Faktorenanalyse an. Auch wenn diese und einige andere Verfahren anhand der methodenspezifischen Gütekriterien genauere Annahme- respektive Ablehnungsbedingungen für die Validität bieten, empfiehlt *Peter* (1981) von einer zu „mechanischen" Überprüfung der Validität abzusehen.

11.3.3 Kausalanalytische Validitätsprüfung

Die **Kausalanalyse** ist ein für die Hypothesenprüfung verwendbares Verfahren, das sich insbesondere durch seine Eignung zur Operationalisierung nicht beobachtbarer Sachverhalte auszeichnet. Beispielsweise wird in Kapitel 14 die Operationalisierung des latenten Konstrukts „Kundenzufriedenheit" mittels Kausalanalyse vorgestellt.

Im Kern beruht die Kausalanalyse auf einem faktoranalytischen Ansatz, bei dem die nicht beobachtbaren (latenten) Variablen als Faktoren und die beobachtbaren Variablen als Indikatoren bezeichnet werden. Für die kausalanalytische Hypothesenprüfung hat sich in der Vergangenheit auch die synonyme Verwendung des Begriffs konfirmatorische Faktorenanalyse etabliert.[6] Die Ausprägungen der Indi-

[6] Die Möglichkeiten des explorativen Einsatzes der Kausalanalyse (vgl. *Homburg, Hildebrandt* (1998, S. 30 ff.)) sind für die weiteren Ausführungen nicht von Belang und werden deshalb nicht weiter berücksichtigt.

katoren werden hierbei als linear abhängig von den Ausprägungen der dahinter liegenden Faktoren angenommen.

Eine weit verbreitete Form der Operationalisierung von Kausalmodellen ist der LISREL-Ansatz. Eine einführende Darstellung wichtiger Prinzipien von LISREL findet sich z.B. in *Hildebrandt* (1995) und *Backhaus et al.* (2000).

Im Vorfeld einer Kausalanalyse sind zunächst die substanzwissenschaftlich begründeten Beziehungen zwischen den latenten Faktoren und den beobachtbaren Indikatoren sowie jene zwischen den einzelnen Faktoren zu spezifizieren. Dazu dienen **Pfaddiagramme** der in Abbildung 11.4 dargestellten Art.

Die Kausalanalyse kann zum einen als konfirmatorische Faktorenanalyse zur Auswertung einer MTMM-Matrix respektive zur Überprüfung der Konvergenz- und der Diskriminanzvalidität eingesetzt werden. Zum anderen eignet sie sich aber auch zur Überprüfung der nomologischen Validität. Zunächst soll jedoch die kausalanalytische Auswertung der MTMM-Matrix vorgestellt werden.

Ausgangspunkt der Kausalanalyse ist die empirische Varianz-Kovarianz-Matrix der Indikatoren. Die empirischen Kovarianzen beschreiben hierbei den linearen Zusammenhang zwischen jeweils zwei Indikatoren. Um auch Aussagen über die Stärke dieses Zusammenhangs treffen zu können, werden die Varianzen und Kovarianzen durch die Standardabweichungen der Indikatoren dividiert. Als Resultat erhält man die für die weiteren Analyseschritte verwendbare Matrix der Korrelationen der Indikatoren (vgl. *Hatcher* (1994, S. 273 ff.)).

Mit der MTMM-Matrix liegen solche Korrelationen bereits vor. Die Anzahl der Spalten der MTMM-Matrix entspricht der Anzahl der Indikatoren, die im Folgenden mit $i = 1, \ldots, I$ indiziert werden. Die Ausprägungen der Indikatoren sind gemäß des MTMM-Untersuchungsdesigns abhängig von den Merkmalen und den Methoden. Der Einfluss der mit $j = 1, \ldots, J$ indizierten Faktoren $(\xi_1, \ldots, \xi_J)$ auf die Indikatoren entspricht den Faktorladungen der konventionellen Faktorenanalyse und wird im weiteren Verlauf der Ausführungen mit λ_{ij} bezeichnet. Dabei wird angenommen, dass nicht jeder Faktor auf jeden Indikator „lädt“, sondern dass die Ausprägungen jeder Indikatorvariable durch genau einen Merkmalsfaktor und einen Methodenfaktor determiniert werden. Somit ist die Anzahl der Faktorladungen gleich der doppelten Anzahl der Indikatoren.

Neben diesen Einflüssen erlaubt die Kausalanalyse aber auch die Quantifizierung der durch das Modell nicht erklärten Varianz der Indikatoren. Dieser nicht erklärte Varianzanteil setzt sich aus einem Zufallsfehler und einem Spezifikationsfehler (über den weitere, nicht explizit im Modell berücksichtigte Einflüsse erfasst werden) zusammen und wird als δ_i bezeichnet. Ein an *Bagozzi* (1994, S. 344) angelehntes Pfaddiagramm für die in Abbildung 11.3 beschriebene MTMM-Matrix ist in Abbildung 11.4 dargestellt.

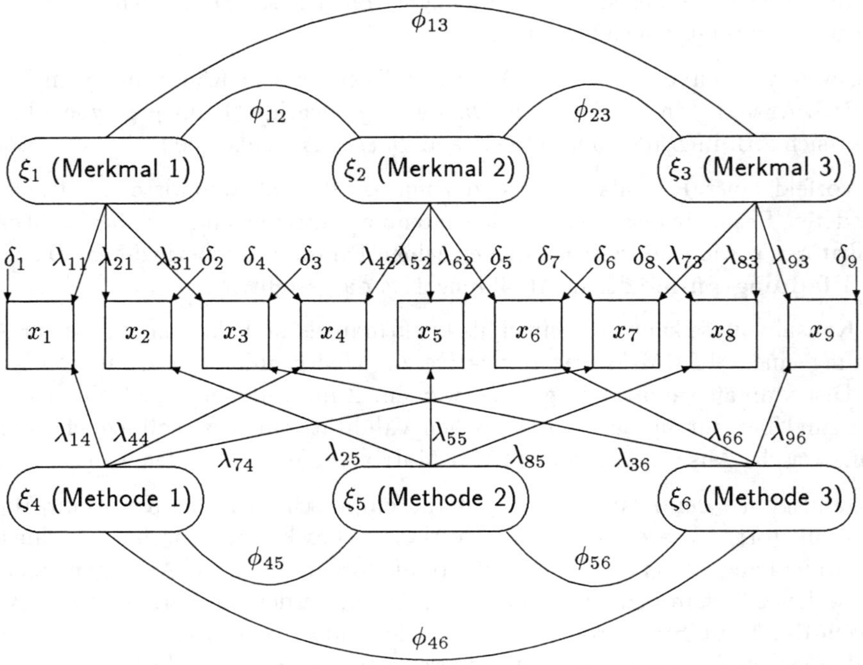

Abbildung 11.4: *Pfaddiagramm zur Analyse einer MTMM-Matrix*

Da es sich im vorliegenden Fall um ein exogenes Messmodell handelt, sind auch keine Fehlerterme für die latenten Variablen enthalten (vgl. *Backhaus et al.* (2000, S. 432 ff.)). Die durch die Parameter $\phi_{jj'}$ $(j \neq j')$ zum Ausdruck gebrachten Beziehungen zwischen den latenten Faktoren sind darüber hinaus nur als Korrelationen, jedoch nicht als kausale Wirkungszusammenhänge zu interpretieren. Formal lässt sich das in Abbildung 11.4 dargestellte Modell wie folgt beschreiben:

$$\begin{bmatrix} x_1 \\ x_2 \\ x_3 \\ x_4 \\ x_5 \\ x_6 \\ x_7 \\ x_8 \\ x_9 \end{bmatrix} = \begin{bmatrix} \lambda_{11} & 0 & 0 & \lambda_{14} & 0 & 0 \\ \lambda_{21} & 0 & 0 & 0 & \lambda_{25} & 0 \\ \lambda_{31} & 0 & 0 & 0 & 0 & \lambda_{36} \\ 0 & \lambda_{42} & 0 & \lambda_{44} & 0 & 0 \\ 0 & \lambda_{52} & 0 & 0 & \lambda_{55} & 0 \\ 0 & \lambda_{62} & 0 & 0 & 0 & \lambda_{66} \\ 0 & 0 & \lambda_{73} & \lambda_{74} & 0 & 0 \\ 0 & 0 & \lambda_{83} & 0 & \lambda_{85} & 0 \\ 0 & 0 & \lambda_{93} & 0 & 0 & \lambda_{96} \end{bmatrix} \cdot \begin{bmatrix} \xi_1 \\ \xi_2 \\ \xi_3 \\ \xi_4 \\ \xi_5 \\ \xi_6 \end{bmatrix} + \begin{bmatrix} \delta_1 \\ \delta_2 \\ \delta_3 \\ \delta_4 \\ \delta_5 \\ \delta_6 \\ \delta_7 \\ \delta_8 \\ \delta_9 \end{bmatrix} \tag{11.12}$$

Man erkennt die bereits erwähnte Unterteilung in je eine merkmals- und eine methodenbezogene Komponente. Das Gleichungssystem 11.12 kann deshalb in folgende übersichtliche Matrixdarstellung übersetzt werden:

$$\boldsymbol{x} = [\boldsymbol{\Lambda}_1 \boldsymbol{\Lambda}_2] \cdot \begin{bmatrix} \boldsymbol{\xi}_1 \\ \boldsymbol{\xi}_2 \end{bmatrix} + \boldsymbol{\delta} \tag{11.13}$$

Mit

$$\mathbf{\Phi}_1 = \begin{bmatrix} 1 & \phi_{12} & \phi_{13} \\ \phi_{12} & 1 & \phi_{23} \\ \phi_{13} & \phi_{23} & 1 \end{bmatrix} \quad \text{und} \quad \mathbf{\Phi}_2 = \begin{bmatrix} 1 & \phi_{45} & \phi_{46} \\ \phi_{45} & 1 & \phi_{56} \\ \phi_{46} & \phi_{56} & 1 \end{bmatrix}$$

als den beiden Matrizen zur Erfassung der Korrelationen der Faktoren untereinander kann die Verbindung zur ursprünglichen MTMM-Matrix durch das kompakte Gleichungssystem

$$\mathbf{\Sigma} = \mathbf{\Lambda}_1\mathbf{\Phi}_1\mathbf{\Lambda}_1' + \mathbf{\Lambda}_2\mathbf{\Phi}_2\mathbf{\Lambda}_2' + \mathbf{\Theta} \tag{11.14}$$

hergestellt werden. Dabei bezeichnet $\mathbf{\Sigma}$ die Korrelationsmatrix, deren Elemente aus der MTMM-Matrix zu entnehmen sind, und $\mathbf{\Theta}$ die Diagonalmatrix der nicht erklärten Varianzanteile („Fehlervarianzen").

Konvergenzvalidität erfordert nun, dass die Faktorladungen λ_{ij} signifikant von 0 verschieden sind und dass sie hinreichend und in etwa gleich groß ausfallen. Darüber hinaus muss die Gesamtanpassung des Modells, der so genannte „Fit" hinreichend gut sein, d.h. das Modell muss mittels der aus den Korrelationen geschätzten Parameter eine ausreichend gute Reproduktion der ursprünglichen Korrelationsmatrix ermöglichen.

Die Beurteilung der Faktorladungen hinsichtlich Größe und Ähnlichkeit liegt analog zur Beurteilung der MTMM-Matrix anhand der Auszählregeln im Ermessen des Marketingforschers. Die Überprüfung der Signifikanz einzelner Faktorladungen λ_{ij} erfolgt hingegen mittels des t-Tests. Dabei ist die Hypothese H_0: „Die Faktorladung ist nicht signifikant von 0 verschieden." gegen die Alternativhypothese H_1: „Es liegt eine signifikant von 0 verschiedene Faktorladung vor." zu testen. H_0 kann zum Signifikanzniveau α zurückgewiesen werden, falls

$$\hat{t}_{ij} = \frac{\lambda_{ij}}{\hat{\sigma}(\lambda_{ij})} \tag{11.15}$$

größer als t_o^{krit} oder kleiner als t_u^{krit} ist. Hierbei bezeichnen t_o^{krit} und t_u^{krit} den oberen bzw. unteren kritischen Wert der in Anhang tabellierten Student-t-Verteilung. Weiterhin steht $\hat{\sigma}(\lambda_{ij})$ für die geschätzte Varianz der Faktorladungen.

In praktischen Anwendungen (vgl. *Homburg, Baumgartner* (1995)) erfolgt die Kalibrierung der Kausalmodelle zumeist mittels der Maximum-Likelihood-Methode, bei der dann die geschätzte Varianz der Faktorladungen $\hat{\sigma}(\lambda_{ij})$ auf Basis der Fischer'schen Information bestimmt wird. Da diese jedoch nur eine asymptotische Untergrenze für die „wahre" Varianz ist, werden die Signifikanzen der einzelnen Parameter tendenziell überschätzt (vgl. *Wagner* (2001, S. 194 f.)).

Für die Beurteilung der Gesamtanpassung des Modells steht eine Vielzahl von Kriterien zur Verfügung, die beispielsweise von *Hatcher* (1994) im Überblick vorgestellt werden. Stellvertretend seien an dieser Stelle insbesondere der **„Adjusted-Goodness-of-Fit Index"** (AGFI) und der χ^2-Wert erwähnt. Der AGFI ist das kausalanalytische Pendant zum korrigierten Bestimmtheitsmaß der Regressionsanalyse. Er gibt den durch das Kausalmodell erklärten Anteil an der Gesamtvarianz in den für die Analyse herangezogenen Daten an, wobei die Anzahl der im Modell verwendeten Parameter als „Strafterm" in die Berechnung einfließt. Ausführliche Hinweise zur Durchführung eines χ^2-Anpassungstests finden sich in Kapitel 4.

Sei $\hat{\mathbf{\Sigma}}(\mathbf{\Lambda}_1, \mathbf{\Lambda}_2, \mathbf{\Phi}_1, \mathbf{\Phi}_2)$ die aus den Daten geschätzte Korrelationsmatrix und $f(\mathbf{\Sigma}, \hat{\mathbf{\Sigma}}(\mathbf{\Lambda}_1, \mathbf{\Lambda}_2, \mathbf{\Phi}_1, \mathbf{\Phi}_2))$ die **Diskrepanzfunktion**, mittels derer die Unterschiedlichkeit der Matrizen quantifiziert wird, dann folgt bei einem Stichprobenumfang von N die Größe $(N-1) \cdot f(\mathbf{\Sigma}, \hat{\mathbf{\Sigma}}(\mathbf{\Lambda}_1, \mathbf{\Lambda}_2, \mathbf{\Phi}_1, \mathbf{\Phi}_2))$ einer χ^2-Verteilung mit $\frac{1}{2}I(I+1) - J$ Freiheitsgraden. Dabei werden die Hypothesen H_0: „$\mathbf{\Sigma}$ entspricht $\hat{\mathbf{\Sigma}}(\mathbf{\Lambda}_1, \mathbf{\Lambda}_2, \mathbf{\Phi}_1, \mathbf{\Phi}_2)$." und H_1: „$\mathbf{\Sigma}$ entspricht einer beliebig positiv definiten[7] Matrix." gegeneinander getestet.

Die Überprüfung der Diskriminanzvalidität erfolgt ebenfalls anhand des χ^2-Werts. Die grundsätzliche Idee besteht darin, die erzielte Anpassungsgüte zur Güte der Anpassung eines restringierten Modells, bei dem die Korrelationen aller Merkmalsfaktoren (d.h. im vorliegenden Szenarium die Parameter ϕ_{12}, ϕ_{13} und ϕ_{23}) auf 1 fixiert werden, in Beziehung zu setzen. Dies impliziert, dass alle Merkmalsfaktoren denselben latenten Faktor quantifizieren und somit die Diskriminanzvalidität des zu überprüfenden Messinstruments nicht erfüllt ist. Die Differenz der resultierenden χ^2-Werte ist wiederum χ^2-verteilt, wobei die Anzahl der Freiheitsgrade der Anzahl der restringierten Korrelationen entspricht.

Ein alternatives Kriterium zur Überprüfung der Diskriminanzvalidität ist von *Fornell, Larcker* (1981, S. 45 f.) vorgeschlagen worden. Hierbei wird die durch einen Faktor j erklärte Varianz der Indikatoren gemäß nachfolgender Berechnungsvorschrift bestimmt:

$$\rho_j = \frac{\sum_{i=1}^{I} \lambda_{ij}^2}{\sum_{i=1}^{I} \lambda_{ij}^2 + \sum_{i=1}^{I} \sigma^2(\delta_i)} \qquad \forall j \tag{11.16}$$

mit $\sigma^2(\delta_i)$ als der Fehlervarianz des Indikators i. Zu diesem Zweck wird die Varianz der Faktoren, wie in der konfirmatorischen Faktorenanalyse üblich, als auf 1 normiert angenommen.[8] Die Diskriminanzvalidität gilt als gesichert, falls $\rho_j > \phi_{jj'}$ $\forall j \neq j'$ gilt und die Reliabilität der Faktoren und damit auch die der durch die Faktoren repräsentierten Konstrukte gegeben ist. Dies ist der Fall, wenn $\tilde{\rho}_j > \phi_{jj'}$ $\forall j \neq j'$ gilt, mit:

$$\tilde{\rho}_j = \frac{\left(\sum_{i=1}^{I} \lambda_{ij}\right)^2}{\left(\sum_{i=1}^{I} \lambda_{ij}\right)^2 + \sum_{i=1}^{I} \sigma^2(\delta_i)} \qquad \forall j \tag{11.17}$$

Dabei sei wiederum die Varianz der Faktoren als auf 1 normiert angenommen.

[7] Eine Matrix $\mathbf{\Sigma}$ ist genau dann positiv definit, wenn $\boldsymbol{x}' \, \mathbf{\Sigma} \, \boldsymbol{x} > 0 \; \forall \; \boldsymbol{x} \neq \mathbf{0}$ gilt.

[8] Im allgemeineren Fall der Kausalanalyse sind die Faktorvarianzen explizit zu berücksichtigen (vgl. *Bagozzi, Baumgartner* (1994, 402 f.)).

Obwohl die konfirmatorische Faktorenanalyse deutliche Vorteile gegenüber der einfachen Auswertung von MTMM-Matrizen mittels der Auszählregeln von *Campbell, Fiske* (1959) aufweist, sind in der einschlägigen Literatur auch Schwachpunkte diskutiert worden. *Kenny, Kashy* (1992, S. 402 f.) heben z.B. hervor, dass die empirisch beobachtete MTMM-Matrix eine Struktur aufweisen kann, die zu keiner akzeptablen Anpassung des Kausalmodells führt. In diesem Fall können bzw. sollten geeignete Modifikationen vorgenommen oder die Spezifikation auf Teile des Modells beschränkt werden. Geeignete Untersuchungsdesigns zur Spezifikation konfirmatorischer Modelle für die Analyse von MTMM-Matrizen können beispielsweise *Widaman* (1985) entnommen werden. Einen Überblick über weitere Modelle und Vorgehensweisen bietet *Bagozzi* (1994, S. 361 ff.).

Die Überprüfung der **nomologischen Validität** erfolgt indes nicht anhand der MTMM-Matrix, sondern erfordert die Anpassung eines vollständigen, d.h. aus einem exogenen Messmodell, einem Strukturmodell und einem endogenen Messmodell bestehenden Kausalmodells. Das nomologische Netzwerk für die in Abbildung 11.4 aufgegriffenen Messmodelle aus der Studie von *Hildebrandt* (1984) umfasst neben der Einstellung zu den Zeitschriften auch den Einfluss normativer Bezugsgruppen als latenten exogenen Faktor und die Verhaltensintention (Kaufabsicht) als latenten endogenen Faktor. Die Beurteilung der nomologischen Validität erfolgt anhand der Güte der Anpassung des vollständigen Modells. *Hildebrandt* (1984, S. 48) beispielsweise zieht zur Beurteilung der nomologischen Validität den χ^2-Wert heran.

Auch wenn für diesen speziellen Fall die nomologische Validität gesichert erscheint, ist die methodenbasierte Vorgehensweise doch mit Problemen verbunden. So kann z.B. eine unbefriedigende Anpassung des Gesamtmodells auch in der Fehlspezifikation des Messmodells eines anderen latenten Faktors oder in der Fehlspezifikation der Strukturbeziehungen zwischen anderen latenten Faktoren begründet sein. Darüber hinaus führt z.B. *Homburg* (1989, S. 47) aus, dass entsprechend der Anlage des χ^2-Tests nahezu jedes Modell zu verwerfen ist, wenn nur der Stichprobenumfang hinreichend groß ist. *Hildebrandt* (1984) schlägt daher vor, ergänzend die **Prognosevalidität** zu prüfen. So kann z.B. die Verhaltensabsicht bezüglich des Kaufs einer Zeitschrift mit der Verhaltensabsicht in Bezug auf den Kauf einer alternativen Zeitschrift verglichen werden. Das Kriterium der Prognosevalidität erfordert, dass durch das Modell im Fall einer besonders positiven Einstellung gegenüber der betrachteten Zeitschrift auch eine höhere Kaufabsicht als für die andere Zeitschrift prognostiziert wird. Darüber hinaus sollten die Faktorladungen der Messmodelle trotz der Umspezifikation des Strukturmodells stabil bleiben.

11.3.4 Resampling und Kreuzvalidierung

Ein generelles Problem ökonometrischer Verfahren, also auch der Kausalanalyse, ist das „Overfitting". Dies tritt auf, wenn bei der Modellkalibrierung eine im Verhältnis zum verwendeten Stichprobenumfang zu große Anzahl von Parametern geschätzt wird. Dann kommt es u.U. zu einer nahezu „perfekten" Reproduktion der

Daten durch das Modell. Die Ergebnisse einer solchen Parameterschätzung sind in der Regel nicht generalisierbar[9], sondern gelten allenfalls für die zur Kalibrierung herangezogenen Daten. Um diesem Problem zu begegnen, können aus einer vorliegenden Stichprobe – wenn es der Umfang derselben zulässt – zwei Teilstichproben gezogen werden. Anhand der ersten Stichprobe (Kalibrierungsstichprobe) wird das zuvor spezifizierte Modell kalibriert. Die Erklärungs- und Prognosegüte respektive die Generalisierungsfähigkeit des kalibrierten Modells werden sodann auf Basis der zweiten Stichprobe (Validierungsstichprobe) überprüft. Die Ergebnisse dieses zweiten Schritts können dann als Validitätsmaßstab herangezogen werden. Die beschriebene Vorgehensweise bezeichnet man als **Kreuzvalidierung**. Spezielle Kreuzvalidierungsindizes für die Kausalanalyse werden beispielsweise von *Homburg* (1989, S. 55 ff.) diskutiert.

Da bei der Kreuzvalidierung aus einer vorhandenen Datengrundlage kleinere Teilstichproben gezogen werden, ist dieser Validierungsansatz den „**Resampling**"-**Methoden** zuzuordnen. Zwei weitere Resampling-Methoden, das Jackknife-Verfahren und das Bootstrapping, haben in der jüngsten Vergangenheit auch in der Marketingforschung an Bedeutung gewonnen.

Beim **Jackknife-Verfahren** werden wiederholt einzelne Beobachtungen aus dem Datensatz eliminiert um dann die Kalibrierung auf Basis der reduzierten Datenmenge vorzunehmen. Auf diese Weise kann der Bias, d.h. die systematische Verzerrung einer Messung abgeschätzt werden.

Ähnlich dem Jackknife-Verfahren wird auch beim **Bootstrapping** nicht die Messmethode, sondern die Datengrundlage variiert. Auch hier werden Stichproben aus der zur Verfügung stehenden Datengrundlage gezogen, wobei die Ziehung „mit Zurücklegen" erfolgt, so dass in den auf diese Weise generierten Pseudostichproben einige Beobachtungen der Datengrundlage mehrfach, andere jedoch gar nicht enthalten sind. Die Generierung von Stichproben und anschließende Modellkalibrierung werden so lange wiederholt, bis die Verteilung der Schätzer für die einzelnen Parameter des zu überprüfenden Modells hinreichend genau approximiert ist. Auch mit diesem Verfahren kann der Bias einer Messung abgeschätzt werden. Eine umfassende Einführung, Formalisierung und exemplarische Anwendungen von Bootstrapping und Jackknife-Verfahren können beispielsweise *Efron, Tibshirani* (1993) entnommen werden.

[9] Zum Begriff der Generalisierungsfähigkeit in der Marketingforschung schreibt *Malhotra* (1999, S. 284) sehr treffend: „Generalizability refers to the extent to which one can generalize from the observations at hand to a universe of generalizations. The set of all conditions of measurement over which the investigator wishes to generalize is the universe of generalization. ...Generalizability is the degree to which a study based on a sample applies to the population as a whole."

Kapitel 12

Fehlende Werte und deren Behandlung

12.1 Auftreten und Ursachen von fehlenden Werten

In der empirischen Forschung wird zwischen dem Ausfall ganzer Beobachtungen oder Befragungen („**Total Non-response**") und dem Fehlen einzelner Aspekte („**Item Non-response**") unterschieden. Beispielsweise führt die grundsätzliche Verweigerung der Teilnahme an einer Befragung zur Total Non-response, die Verweigerung einer einzelnen Antwort zu einer Item Non-response. Zwar sind beide Konstellationen für den Marketingforscher in praxi kaum gänzlich zu vermeiden, jedoch bestehen Möglichkeiten zur Reduktion des Auftretens fehlender Werte, etwa die Fagenbogengestaltung mittels der in Kapitel 7 angeführten Total-Design-Methode von *Dillman* (1978). Der Kenntnis möglicher Ausfallursachen kommt daher bereits in der Phase der Konzeption von Erhebungsinstrumenten zentrale Bedeutung zu. Im Fall des Auftretens fehlender Werte sind die Ausfallmechanismen durch Strukturanalysen möglichst genau zu bestimmen, um in adäquater Weise mit den Daten umgehen zu können (vgl. *Bankhofer, Praxmarer* (1998) und *Decker et al.* (2000)).

Eine Maßzahl für die Quantifizierung von Total Non-response ist die in Kapitel 7 erläuterte Ausschöpfungsquote. Die Bedeutung von Item Non-response für eine empirische Untersuchung ist hingegen schwieriger zu quantifizieren, da das Verweigern der Antwort auf einzelne Fragen – bei genereller Auskunftsbereitschaft eines Probanden – bereits selbst eine Information zum Untersuchungsgegenstand darstellen kann. Um diese adäquat interpretieren zu können, sind zuvor alle Phasen der Datenerhebung und -erfassung auf mögliche Ursachen für das Auftreten von Item Non-response hin zu prüfen:

Design des Fragebogens

Fragen mit sozialem Potenzial (etwa solche nach dem persönlichen täglichen Alkoholkonsum oder dem Ausmaß von in Anspruch genommenen Konsumentenkrediten) sollten möglichst indirekt oder in projektiver Form gestellt werden, um potenziellen ergebenden Antwortverweigerungen so weit wie möglich vorzubeugen. Aber auch inhaltlich bedingte Filterführungen können bei unsachgemäßer Ausgestaltung zu fehlenden Werten führen. Soll beispielsweise die Zufriedenheit mit einem neu auf dem Markt befindlichen Küchengerät erfragt werden, so ist im Vorfeld festzustellen, ob der Proband das Produkt überhaupt schon einmal persönlich in Gebrauch hatte. Darüber hinaus kann ein ungeeignetes Fragebogenlayout dazu führen, dass die Befragten bzw. die mit der Befragung betrauten Interviewer einzelne Fragen schlicht übersehen.

Umfang des Fragebogens

Abgesehen von der abschreckenden Wirkung umfangreicher Fragebögen und der damit einhergehenden Gefahr des Total Non-response kann ein geringes Involvement der beteiligten Probanden oder eine mangelnde Motivation der Interviewer bewirken, dass mit zunehmender Dauer der Fragebogenbearbeitung Konzentration und Interesse nachlassen und somit der Anteil fehlender Werte steigt.

Ausgestaltung der Fragen

Fehlende Werte können auch das Resultat mehrdeutiger oder für die Zielgruppe unverständlicher Frageformulierungen sein. Einen umfassenden Überblick über mögliche Auswirkungen unterschiedlicher Frageformulierungen auf das Antwortverhalten von Probanden bieten z.B. *Schuman, Presser* (1981) und *Thomsen, Siring* (1983).

Erfassung der Antworten

Zu fehlenden Werten kann es auch durch unzureichende Kodierungsvorschriften für die Antworterfassung oder durch Fehler bei der manuellen Dateneingabe kommen. Für die Analyse korrespondierender Ausfallmechanismen ist das „**Flagging**" hilfreich. Hierunter versteht man die bereits bei der Datenerfassung vorzunehmende Kennzeichnung erkennbarer Ursachen für das Fehlen von Werten durch die Verwendung unterschiedlicher Kodierungen.

Prüfung der Antworten

Auch in der Phase der Datenprüfung („**Editing**") können fehlende Werte infolge möglicher Konsistenzprüfungen oder aber bei der Beseitigung schreibtechnischer Fehler verursacht werden. Wenn z.B. im ursprünglich durch eine Ziffernfolge anzugebenden Preis eines Produkts fälschlicherweise ein Buchstabe (etwa „21,4G" anstelle von „21,46") steht, werden diese „unzulässigen" Antworten gelöscht, um eine numerische Auswertung, etwa die Berechnung eines Durchschnittspreises, zu ermöglichen.

Weiterbehandlung der Daten

Fehlende Werte können überdies durch Verarbeitungsfehler in der Datenkonvertierung zwischen unterschiedlichen Dateiformaten oder durch den inkonsistenten Transfer zwischen verschiedenen, die Datenanalyse unterstützenden Softwarepaketen entstehen.

Eine explizite „weiß nicht"-Antwort ist kein fehlender Wert im eigentlichen Sinne, sondern beinhaltet aus Sicht des Datenanalytikers eine Information. Trotzdem werden auch diese Antworten von einigen Autoren (z.B. *Kara et al.* (1994)) den fehlenden Werten zugerechnet.

12.2 Zufälliges und systematisches Fehlen von Werten

12.2.1 Mechanismen des zufälligen Fehlens

Die skizzierten Ursachen für das Auftreten von fehlenden Werten bewirken **Ausfallmechanismen**, deren Struktur für den adäquaten Umgang mit den betreffenden fehlenden Werten von grundlegender Bedeutung ist. Erweist sich der beobachtete Ausfallmechanismus als **zufällig**, so gilt er als ignorierbar. Dem Marketingforscher steht dann ein vergleichsweise breites Spektrum an Möglichkeiten des Umgangs mit seinen Daten offen, da der beispielsweise in einschlägigen Statistikpaketen als Default implementierte Ausschluss fehlender Werte aus der jeweiligen Analyse bei zufälligem Fehlen als Ziehen einer erneuten Substichprobe geringeren Umfangs aus der bereits vorliegenden Originalstichprobe interpretiert werden kann. Ist der Ausfallmechanismus hingegen **nicht-zufälliger** (also **systematischer**) Natur, so erfordert dies den Einsatz von Verfahren, die in der Lage sind, den betreffenden Mechanismus – zumindest näherungsweise – nachzubilden.

Die nachfolgenden Definitionen der Zufälligkeit des Fehlens von Werten bei Merkmal l (vgl. *Rubin* (1976), *Schnell* (1986) und *Bankhofer* (1995)) lassen sich an vier Aspekten festmachen:

1. Fehlen ungewöhnlich vieler Werte eines Merkmals l
(z.B.: die generell geringe Bereitschaft, über das persönliche Einkommen Auskunft zu geben, unabhängig von der Höhe des Einkommens)

2. tatsächlicher („wahrer") Wert des Merkmals l im empirischen Relativ
(z.B.: die Verweigerung einer Antwort auf die Frage nach dem täglichen Alkoholkonsum bei Personen, die übermäßig viel Alkohol konsumieren, also Antwortverweigerungen in Abhängigkeit von der Höhe des Alkoholkonsums)

3. Fehlen des Werts eines anderen Merkmals l' im empirischen Relativ
(z.B.: die Nichtteilnahme an einer Vorlesung führt bei den befragten Studen-

ten zu fehlenden Antworten auf die Fragen nach Inhalt (l') und Qualität (l) der Vorlesung)

4. gemessene Werte eines anderen Merkmals l' im numerischen Relativ (z.B.: der geringe Umsatz (l') einiger Außendienstmitarbeiter veranlasst diese, Angaben zur Anzahl (l) der durchgeführten Kundenbesuche zu verweigern)

Ist die Wahrscheinlichkeit des Fehlens des Werts von Merkmal l unabhängig vom tatsächlichen Wert dieses Merkmals beim empirischen Relativ, so bezeichnet man dies als „**Missing At Random**" (MAR). Dies ist z.B. dann zu erwarten, wenn es sich beim Fragegegenstand um einen Aspekt handelt, der für die Probanden kein nennenswertes soziales Potenzial in sich birgt, etwa bei Angaben zu den zuletzt gekauften Marken von Produkten des täglichen Bedarfs. Steht das Fehlen des Werts von Merkmal l auch nicht mit den anderen Merkmalen $l' \neq l$ einer Erhebung in Zusammenhang, ist es also unabhängig vom Fehlen oder Vorhandensein der Werte anderer Merkmale l' sowie unabhängig von den vorhandenen Werten der Merkmale l', so ist hierfür die Bezeichnung „**Missing Completely At Random**" (MCAR) gebräuchlich. Ist die Unabhängigkeit der Ausfallwahrscheinlichkeit des Werts von Merkmal l von den vorhandenen oder fehlenden Werten anderer Merkmale $l' \neq l$ auf einzelne Abschnitte des Fragebogens (z.B. bestimmte „Item-Batterien") beschränkt, so wird dies als **Missing Completely At Random Classwise**" (MCARC) bezeichnet. Somit ist MCAR ein strengeres Kriterium als MCARC.

Fehlen bei einem interessierenden Merkmal l, etwa dem Haushaltseinkommen der Probanden, besonders niedrige bzw. besonders hohe Werte („**Censoring**"), so handelt es sich um einen **intravariablen Ausfallmechanismus**. Diese Daten sind nicht MAR. Die Antwortverweigerung bezüglich eines Merkmals l kann aber auch durch die Angabe zu einem anderen Merkmal l' bedingt sein. Ein Beispiel hierfür ist die Antwortverweigerung bei der Frage nach der Menge des täglich konsumierten Biers (Merkmal l), falls zuvor bereits nach dem Vorliegen von Suchtkrankheiten (Merkmal l') gefragt wurde. In diesem Fall liegt ein **intervariabler Ausfallmechanismus** vor. Auch hier sind die betreffenden Daten nicht MAR.

Entsprechend der Feststellbarkeit der Ursache(n) des Fehlens von Werten unterscheiden *Graham, Donaldson* (1993) zugängliche („accessible") und nicht zugängliche („inaccessible") Ausfallmechanismen. In einem Datensatz können sich auch unterschiedliche Ausfallmechanismen überlagern, was deren Identifikation erschwert.

12.2.2 Chi-Quadrat-Test auf zufälliges Fehlen

Der von *Kim, Curry* (1977) vorgeschlagene Test ist vom Skalenniveau der Daten unabhängig und überprüft die Zufälligkeit des Fehlens von Werten in dem Sinne, dass das Fehlen des Werts eines Merkmals vom Fehlen der Werte anderer Merkmale unabhängig ist.[1] Ein besonderer Vorteil dieses Tests besteht in der simultanen Überprüfung der wechselseitigen Beziehungen des Fehlens aller Merkmale. Auf paarweise Überprüfungen kann somit verzichtet werden.

Zur Durchführung des Tests wird von folgendem Hypothesenpaar ausgegangen:

H_0: Die Werte von Merkmalen fehlen zufällig in dem Sinne, dass ihr Fehlen vom Fehlen der Werte anderer Merkmale unabhängig ist.

H_1: Die Werte von Merkmalen fehlen systematisch.

Die Anwendung des Chi-Quadrat-Tests von *Kim, Curry* (1977) wird im Folgenden anhand eines kleinen Datenbeispiels erläutert. Ausgangspunkt der Berechnungen sind die in Tabelle 12.1 wiedergegebenen Antworten auf sechs einfache Fragen in 15 Fragebögen. Die Fragezeichen repräsentieren fehlende Antworten. Der Wert 1993 in der linken oberen Ecke der Tabelle beispielsweise ist die Antwort im ersten Fragebogen auf die Frage, in welchem Jahr das zu beurteilende Produkt gekauft wurde.

Mit K (im Beispiel = 15) als der Anzahl auszuwertender Fragebögen (Beobachtungen)[2] und zugehöriger Indexmenge $\mathbb{K}$ sowie L (im Beispiel = 6) als Anzahl der Fragen (Merkmale) auf den Fragebögen mit zugehöriger Indexmenge $\mathbb{L}$ kann eine Indikatormatrix $\boldsymbol{X} = (x_{kl})_{\substack{k=1,\ldots,K \\ l=1,\ldots,L}}$ definiert werden, für deren Elemente gilt:

$$x_{kl} = \begin{cases} 1, & \text{falls Merkmal } l \text{ in Fragebogen } k \text{ einen Wert aufweist} \\ 0, & \text{sonst} \end{cases} \quad \forall\, k,l \qquad (12.1)$$

Gemäß des in Kapitel 4 eingeführten Sechs-Punkte-Schemas stellt sich der weitere Verlauf des Tests wie folgt dar:

1. Wahl eines geeigneten statistischen Tests:
   Als Teststatistik dient die chi-quadratverteilte Summe der gewichteten, quadratischen Abweichungen zwischen den im Anschluss genauer definierten beobachteten Häufigkeiten h^{NOM} (NOM für „No One Missing"), h^{MOM} (MOM für „More than One Missing") sowie h_l und deren bei zufälligem Fehlen der Antworten zu erwartenden Pendants $\tilde{h}^{NOM}$, $\tilde{h}^{MOM}$ sowie $\tilde{h}_l$. Für die Realisation dieser Zufallsvariable gilt somit folgende Berechnungsvorschrift:

$$\chi^2 = \frac{(h^{NOM} - \tilde{h}^{NOM})^2}{\tilde{h}^{NOM}} + \frac{(h^{MOM} - \tilde{h}^{MOM})^2}{\tilde{h}^{MOM}} + \sum_{l \in \mathbb{L}^{mis}} \frac{(h_l - \tilde{h}_l)^2}{\tilde{h}_l} \qquad (12.2)$$

[1] Der Anschaulichkeit halber wird nachfolgend von einer Datenerhebung auf Basis eines mehrere Fragen umfassenden und an mehrere Probanden verteilten Fragebogens ausgegangen. Das Vorgehen ist aber auch auf andere Daten, etwa Distanzmatrizen (vgl. *Bankhofer* (1995)), übertragbar.

[2] Im vorliegenden Fall wird kein Unterschied zwischen Proband und (beantwortetem) Fragebogen gemacht.

	Antwort auf ...					
	Frage 1	Frage 2	Frage 3	Frage 4	Frage 5	Frage 6
Fragebogen 1	1993	67,50	blau	7	ja	hoch
Fragebogen 2	?	52,00	blau	?	nein	gering
Fragebogen 3	1994	60,55	rot	4	ja	hoch
Fragebogen 4	1993	?	?	5	ja	?
Fragebogen 5	1997	68,00	rot	3	nein	gering
Fragebogen 6	1993	56,55	rot	6	ja	hoch
Fragebogen 7	1995	61,00	rot	5	nein	mittel
Fragebogen 8	1996	63,05	blau	4	ja	mittel
Fragebogen 9	1992	55,50	?	5	nein	gering
Fragebogen 10	?	52,50	rot	6	nein	hoch
Fragebogen 11	1992	57,00	rot	5	ja	?
Fragebogen 12	1997	68,50	blau	?	nein	mittel
Fragebogen 13	1997	64,55	blau	5	ja	hoch
Fragebogen 14	1995	53,70	blau	?	nein	gering
Fragebogen 15	1992	47,60	rot	5	ja	mittel
Skalenniveau	ordinal	metrisch	nominal	metrisch	nominal	ordinal

Legende:

Frage 1: In welchem Jahr wurde das Produkt gekauft?
Frage 2: Zu welchem Preis [in GE] wurde das Produkt gekauft?
Frage 3: Welche Farbe hat das Produkt?
Frage 4: Wie viele Alternativprodukte sind Ihnen bekannt?
Frage 5: Bestand zum Kaufzeitpunkt ein Rückgaberecht?
Frage 6: Wie hoch schätzen Sie den Nutzen des Produkts ein?

Tabelle 12.1: *Daten einer fiktiven Befragung zum Kauf eines Produkts*

wobei

$$\mathbb{L}^{mis} = \{l \in \mathbb{L} | x_{\bullet l} = 0\} \tag{12.3}$$

(Indexmenge der Fragen mit fehlenden Werten)

$$x_{\bullet l} = \begin{cases} 1, & \text{falls } x_{kl} = 1 \quad \forall\, k \in \mathbb{K} \\ 0, & \text{sonst} \end{cases} \qquad \forall\, l \tag{12.4}$$

(Indikator für vollständige Antworten auf Frage l in allen Fragebögen)

$$h^{NOM} = \sum_{k=1}^{K} x_{k\bullet} \tag{12.5}$$

(Anzahl vollständiger Fragebögen)

$$x_{k\bullet} = \begin{cases} 1, & \text{falls } x_{kl} = 1 \quad \forall\, l \in \mathbb{L} \\ 0, & \text{sonst} \end{cases} \quad \forall\, k \tag{12.6}$$

(Indikator für vollständigen Fragebogen k)

$$h^{MOM} = K - h^{NOM} - \sum_{l \in \mathbb{L}^{mis}} h_l \tag{12.7}$$

(Anzahl der Fragebögen, bei denen mindestens zwei Antworten fehlen)

$$h_l = |\{k \in \mathbb{K} | x_{kl} = 0 \wedge x_{kl'} = 1 \;\forall\, l' \in \mathbb{L}, l' \neq l\}| \quad \text{für } l \in \mathbb{L}^{mis} \tag{12.8}$$

(Anzahl der Fragebögen, bei denen nur zu Frage l ein Wert fehlt)

$$\tilde{h}^{NOM} = K \cdot \prod_{l \in \mathbb{L}^{mis}} x_{\bullet l}^{obs} \tag{12.9}$$

(bei zufälligem Fehlen der Antworten zu erwartende Anzahl der Fragebögen, bei denen alle Antworten vorhanden sind)

$$x_{\bullet l}^{obs} = \frac{1}{K} \sum_{k=1}^{K} x_{kl} \quad \forall\, l \tag{12.10}$$

(Anteil der Fragebögen mit vorhandener Antwort auf Frage l)

$$\tilde{h}^{MOM} = K - \tilde{h}^{NOM} - \sum_{l \in \mathbb{L}^{mis}} \tilde{h}_l \tag{12.11}$$

(bei zufälligem Fehlen der Antworten zu erwartende Anzahl der Fragebögen, bei denen mindestens zwei Antworten fehlen)

$$\tilde{h}_l = K \cdot x_{\bullet l}^{mis} \cdot \prod_{\substack{l' \in \mathbb{L}^{mis} \\ l' \neq l}} x_{\bullet l'}^{obs} \quad \text{für } l \in \mathbb{L}^{mis} \tag{12.12}$$

(bei zufälligem Fehlen der Antworten zu erwartende Anzahl der Fragebögen, bei denen nur zu Frage l ein Wert fehlt)

$$x_{\bullet l}^{mis} = 1 - x_{\bullet l}^{obs} \quad \forall\, l \tag{12.13}$$

(Anteil der Fragebögen mit fehlender Antwort auf Frage l)

Für das vorliegende Datenbeispiel erhält man mit $\mathbb{L}^{mis} = \{1, 2, 3, 4, 6\}$ die in Tabelle 12.2 dargestellten Zwischenergebnisse

Frage $l \in \mathbb{L}^{mis}$	1	2	3	4	6
h_l	1	0	1	2	1
$\tilde{h}_l$	1,12	0,52	1,12	1,82	1,12

Tabelle 12.2: *Zwischenergebnisse zum Test von Kim und Curry*

sowie:

$$h^{NOM} = 8 \text{ und } h^{MOM} = 2 \quad \text{bzw.} \quad \tilde{h}^{NOM} = 7,29 \text{ und } \tilde{h}^{MOM} = 2,01$$

2. Festlegung des Signifikanzniveaus und Bestimmung der Anzahl der Freiheitsgrade: Es sei $\alpha = 0,05$ bei $FG = |\mathbb{L}^{mis}| + 1 = 5 + 1 = 6$.

3. Bestimmung des kritischen Werts und des Ablehnungsbereichs: Für das angegebene Signifikanzniveau ergibt sich bei einseitiger Fragestellung der Ablehnungsbereich $(12,59;\ \infty)$.

4. Berechnung des empirischen Werts:

$$\chi^{2\ emp} = \frac{(8 - 7,29)^2}{7,29} + \frac{(2 - 2,01)^2}{2,01} + \frac{(1 - 1,12)^2}{1,12} + \cdots = 0,646$$

5. Vergleich des empirischen mit dem kritischen Wert und Ergebnisinterpretation:

$$\chi^{2\ emp} = 0,646 < 12,59 = \chi^{2\ krit} \quad \Rightarrow \text{H}_0 \text{ kann nicht abgelehnt werden.}$$

Die Annahme zufällig fehlender Werte erscheint im vorliegenden Fall also durchaus gerechtfertigt.

Falls die zu prüfenden Daten multivariat normalverteilt sind, kann alternativ zu obigem Chi-Quadrat-Test der Test von *Little* (1988) zur Anwendung kommen. Weitere Prüfverfahren werden z.B. bei *Decker et al.* (2000) diskutiert.

12.3 Möglichkeiten des Umgangs mit fehlenden Werten

Nach der Prüfung von Art und Struktur der fehlenden Werte gilt es, mit den vorliegenden Daten in geeigneter Weise umzugehen. Einen Überblick über das in der einschlägigen Literatur vorgeschlagene Spektrum von Vorgehensalternativen gibt die an *Wagner et al.* (1998) angelehnte Abbildung 12.1.

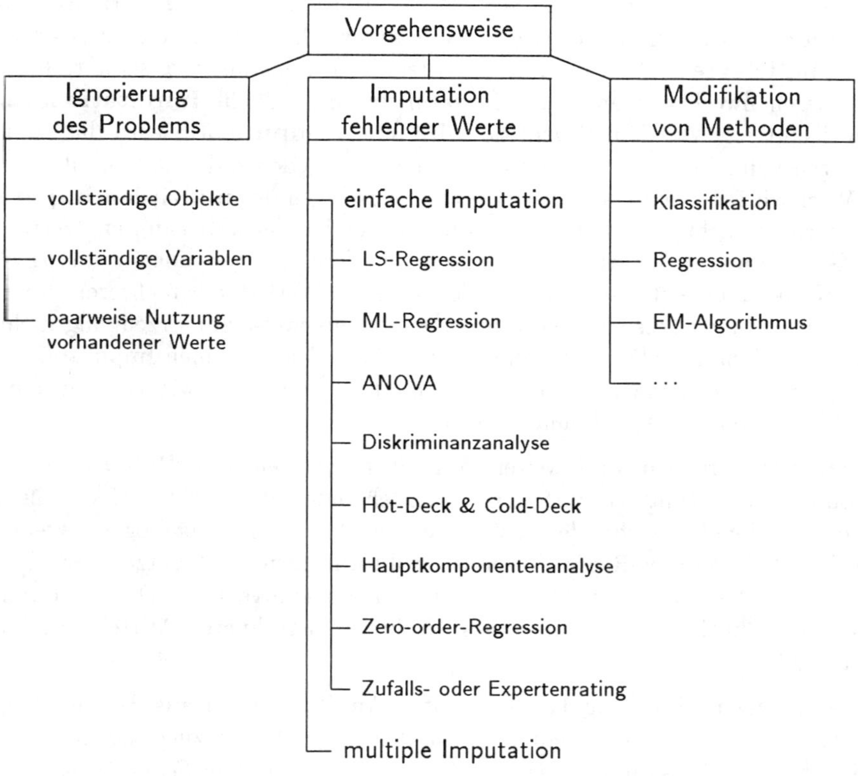

Abbildung 12.1: *Alternative Formen des Umgangs mit fehlenden Werten*

Eine in der Marketingforschung weit verbreitete Vorgehensweise besteht in der schlichten „**Ignorierung des Problems**". Hierbei werden entweder alle Beobachtungen (Fragebögen) mit fehlenden Werten aus der zu analysierenden Datengrundlage entfernt oder aber die unvollständig beobachteten Merkmale (Fragen) von der Auswertung ausgeschlossen. Bei einer großen Anzahl von Merkmalen mit fehlenden Werten führt die Beobachtungseliminierung jedoch zu einem erheblichen Daten- und damit auch Informationsverlust, der u.U. ein unter inhaltlichen Gesichtspunkten kaum mehr vertretbares Ausmaß annehmen kann. Aber auch die selektive Eliminierung unvollständig beobachteter Merkmale kann zu einer Verzerrung der

Untersuchungsergebnisse führen. Beide Optionen sind nur dann zulässig, wenn der Ausfallmechanismus zufälliger Natur ist.

Eine zweite Alternative ist die „**Modifikation von Methoden**“, bei der die zur Auswertung der Daten heranzuziehenden Algorithmen in einer Weise verändert werden, dass die Analyse trotz fehlender Werte durchgeführt werden kann (vgl. *Malhotra* (1987) und *Gaul, Schader* (1994)). Neben der erforderlichen profunden Methodenkenntnis führt diese Vorgehensweise zumeist vom eigentlichen Arbeitsschwerpunkt des Marketingforschers weg.

Die dritte in Abbildung 12.1 dargestellte Alternative ist die „**Imputation fehlender Werte**“. Die auf diesem Weg vervollständigte Datenmatrix kann in gewohnter Weise mittels geeigneter Standardverfahren der Datenanalyse ausgewertet werden. Für diesen Zweck werden in der Literatur unterschiedliche **Imputationsverfahren** diskutiert. Mit dem Begriff der **einfachen Imputation** wird das einmalige Ersetzen von fehlenden Werten umschrieben, d.h. jeder in der Datenmatrix fehlende Wert wird durch genau einen Wert „ersetzt“. Bei der **multiplen Imputation** hingegen versucht man, der Ungewissheit bezüglich der unbekannten Werte durch die Generierung mehrerer Datenmatrizen und deren Auswertung Rechnung zu tragen. Konkret bedeutet dies, dass jeder fehlende Wert durch mehrere, alternative Imputationswerte „ersetzt“ wird, was konsequenterweise zur Erzeugung mehrerer, unterschiedlich aufgefüllter Datenmatrizen führt. Die einzelnen Imputations- bzw. Analyseresultate können dann z.B. durch eine geeignete Gewichtung miteinander kombiniert werden (vgl. *Rubin* (1987)).

Wegen ihrer vergleichsweise weiten Verbreitung verdienen die Hot-Deck-Verfahren besondere Beachtung. Hierbei werden die fehlenden Werte eines Merkmals durch die entsprechenden vorhandenen Werte eines „ähnlichen“ Fragebogens ersetzt. Der Begriff der Zero-order-Regression umschreibt hingegen das Ersetzen der fehlenden Werte eines Merkmals – in Abhängigkeit vom Skalenniveau der Daten – durch den aus den beobachteten Werten dieses Merkmals berechneten Mittelwert, Median oder Modus.

Die anderen in Abbildung 12.1 genannten Ansätze nutzen aus der einschlägigen Literatur bekannte Instrumente, um die fehlenden Werte zu ersetzen. Eine weiterführende Diskussion der einzelnen Vorgehensweisen kann *Schnell* (1986), *Bankhofer* (1995) und *Wagner et al.* (1998) entnommen werden. Tabelle 12.3 benennt in Anlehnung an *Bankhofer* (1995) stichwortartig Voraussetzungen und Charakteristika ausgewählter Imputationsansätze.

Imputationsansatz	Voraussetzungen	Charakteristika
Regressionsanalyse	kardinale und dichotome Merkmale, kardinale Merkmale mit fehlenden Daten; Daten sind MCAR oder MAR	Berücksichtigung von Informationen anderer Merkmale; Beschränkungen hinsichtlich des Skalenniveaus der Merkmale
ANOVA	kardinale und nominale Merkmale, kardinale Merkmale mit fehlenden Daten; Daten sind MCAR oder MAR	Berücksichtigung von Informationen anderer Merkmale; Beschränkungen hinsichtlich des Skalenniveaus der Merkmale
Diskriminanzanalyse	kardinale und nominale Merkmale, nominale Merkmale mit fehlenden Daten; Daten sind MCAR oder MAR	Berücksichtigung von Informationen anderer Merkmale; Beschränkungen hinsichtlich des Skalenniveaus der Merkmale
Hot-Deck	Daten sind MCARC	Berücksichtigung der Ähnlichkeitsbeziehungen der Analyseobjekte/Beobachtungen; Verdopplung vorhandener Daten
Cold-Deck	Daten sind MCARC	Berücksichtigung der Ähnlichkeitsbeziehungen der Analyseobjekte/Beobachtungen; Notwendigkeit der Verfügbarkeit externer Informationen
Hauptkomponentenanalyse	kardinale Merkmale; Daten sind MCAR oder MAR	Berücksichtigung von Informationen anderer Merkmale; Beschränkungen hinsichtlich des Skalenniveaus der Merkmale
Zero-order-Regression	Daten sind MCAR	Einfachheit der Anwendung; keine Berücksichtigung von Informationen anderer Merkmale
Zufallsrating	Daten sind MCAR	Verteilung der Merkmalsausprägungen muss bekannt oder zumindest qualifiziert festzulegen sein
Expertenrating	Daten sind MCAR	Ergebnisqualität abhängig von der Sachkompetenz der Experten; erhöhter organisatorischer Aufwand

Tabelle 12.3: *Kurzdarstellung ausgewählter Imputationsansätze*

Die Imputation fehlender Werte mit diesen Ansätzen ist immer dann nahe liegend, wenn der Ausfallmechanismus zufällig ist, vergleichsweise viele Werte fehlen und für die jeweilige Aufgabenstellung noch keine gegen fehlende Werte robuste Verfahren existieren. Zur Veranschaulichung des Vorgehens bei der Datenimputation sollen die in Tabelle 12.1 auf S. 290 als fehlend angenommenen und mit Fragezeichen markierten Werte mittels Zero-order-Regression bestimmt werden. Abhängig vom Skalenniveau der Antworten sind die fehlenden Werte spaltenweise durch das arithmetische Mittel (bei metrischem Skalenniveau), den Median (bei ordinalem Skalenniveau) bzw. den Modus (bei nominalem Skalenniveau) zu ersetzen. Das Ergebnis dieser Imputation ist in Tabelle 12.4 dargestellt.

	Antwort auf ...					
	Frage 1	Frage 2	Frage 3	Frage 4	Frage 5	Frage 6
Fragebogen 1	1993	67,50	blau	7	ja	hoch
Fragebogen 2	[1994]	52,00	blau	[5]	nein	gering
Fragebogen 3	1994	60,55	rot	4	ja	hoch
Fragebogen 4	1993	[59,14]	[rot]	5	ja	[mittel]
Fragebogen 5	1997	68,00	rot	3	nein	gering
Fragebogen 6	1993	56,55	rot	6	ja	hoch
Fragebogen 7	1995	61,00	rot	5	nein	mittel
Fragebogen 8	1996	63,05	blau	4	ja	mittel
Fragebogen 9	1992	55,50	[rot]	5	nein	gering
Fragebogen 10	[1994]	52,50	rot	6	nein	hoch
Fragebogen 11	1992	57,00	rot	5	ja	[mittel]
Fragebogen 12	1997	68,50	blau	[5]	nein	mittel
Fragebogen 13	1997	64,55	blau	5	ja	hoch
Fragebogen 14	1995	53,70	blau	[5]	nein	gering
Fragebogen 15	1992	47,60	rot	5	ja	mittel

Tabelle 12.4: *Datenbasis nach Imputation mittels Zero-order-Regression*

Die beiden eingerahmten Jahreszahlen bei Frage 1 entsprechen wegen des ordinalen Skalenniveaus der Werte in dieser Spalte gerade dem Median. Bei Frage 3 sind die imputierten Werte identisch mit dem Modus der beobachteten Werte in dieser Spalte.

Kapitel 13

Verbundmessung in der Warenkorbanalyse

13.1 Gegenstand und historische Entwicklung

Die Erfassung und Analyse des Verbundkaufverhaltens gehört seit Jahren zum Standardrepertoire der Marketingforschung im Einzelhandel. Der breite Einsatz von Scannerkassen in vielen Sparten des stationären Einzelhandels ermöglicht heute die Durchführung umfassender Warenkorbanalysen. Der **Warenkorb** wird dabei als das Ergebnis einer Kaufhandlung in einer bestimmten Einkaufsstätte verstanden.[1] Er beinhaltet die im Verlauf des Einkaufsakts erstandenen Einheiten eines oder mehrerer Artikel aus einer oder mehreren Warengruppen. Tabelle 13.1 enthält die Daten zu drei exemplarischen Warenkörben, wie sie den Überlegungen dieses Kapitels zugrunde liegen.

Ein thematischer Schwerpunkt der Warenkorbanalyse ist der Kaufverbund. Die Ursprünge der quantitativen, einzelhandelsbezogenen Verbundforschung reichen bis zum Ende des vorletzten Jahrhunderts zurück. Den frühen, gegen Ende des 19. Jahrhunderts zur Diskussion gestellten mikroökonomischen Ansätzen wurde jedoch nur eine geringe Relevanz für die Entscheidungsunterstützung im Handelsmarketing zugesprochen. Einer der Gründe war die primär marginalanalytische, z.T. auf nutzentheoretischen Konzepten basierende Betrachtungsweise, deren praktische Umsetzung zum damaligen Zeitpunkt nur sehr bedingt möglich schien.

Eine intensivere Auseinandersetzung mit der Thematik – speziell aus Marketingsicht – ist seit ungefähr der Mitte des 20. Jahrhunderts festzustellen. Der Schwerpunkt lag dabei zunächst aufgrund des Datenbeschaffungsproblems vor-

[1] Die nachfolgenden Betrachtungen lassen sich grundsätzlich auch auf Dienstleistungen übertragen. Ein Beispiel hierfür ist die Inanspruchnahme verschiedener Leistungen im Zuge der Behandlung in einem Kosmetikstudio.

	Einkaufszeitpunkt				Artikel			Verkauf	
BN	KW	MO	WT	UZ	EAN	BT	WG	VP	KM
234	26	Juni	Montag	9.16	4011200612906	SOFTLAN	66	4,98	1
234	26	Juni	Montag	9.16	4000339335725	JOCCA 200G	17	1,39	3
234	26	Juni	Montag	9.16	4017100668005	BAH.SALZL.	55	1,69	2
234	26	Juni	Montag	9.16	4008429852510	WHISKAS G.	24	0,99	4
644	26	Juni	Freitag	8.42	5449000000460	COCA COLA	84	1,70	2
644	26	Juni	Freitag	8.42	4011200612906	SOFTLAN	66	4,98	2
644	26	Juni	Freitag	8.42	4000125010119	LUX BEAUTY	43	3,12	1
644	26	Juni	Freitag	8.42	4025700001368	SUCHARD M.	12	0,89	5
644	26	Juni	Freitag	8.42	4056100042545	IGLO SUPP.	85	1,29	3
947	26	Juni	Samstag	11.56	4000339335725	JOCCA 200G	17	1,39	2
947	26	Juni	Samstag	11.56	4001686128060	HARIBO ST.	33	1,49	1
947	26	Juni	Samstag	11.56	8710438094213	MC CAIN P.	92	2,40	2

Legende:

BN = laufende Bonnummer des Warenkorbs
KW = Kalenderwoche des Kaufs
MO = Monat
WT = Wochentag
UZ = Uhrzeit
EAN = Europäische Artikelnummer des Artikels
BT = Bontext (Produktbenennung) zur EAN
WG = Warengruppennummer des Artikels
VP = Verkaufspreis [in GE]
KM = Kaufmenge [Einheiten]

Tabelle 13.1: *Datenbeispiel mit drei Warenkörben*

nehmlich auf qualitativen Verbundaspekten. Eine konsequente Entwicklung quantitativer Methoden ist erst seit Mitte der sechziger Jahre zu beobachten. Erste eingehendere methodische Überlegungen zum Thema **Verbundmessung** und **-analyse** wurden in den siebziger Jahren von *Hauzeneder* (1975), *Engelhardt* (1976), *Stahl* (1977), *Böcker* (1978) und *Müller-Hagedorn* (1978) angestellt. Ungefähr seit dieser Zeit steht auch die Entwicklung und Überprüfung von Möglichkeiten der quantitativen Ermittlung von Verbundeffekten mittels datenanalytischer Verfahren im Mittelpunkt des Forschungsinteresses. Die Verbundmessung auf Basis alternativer Verbundkoeffizienten bzw. -kennzahlen gilt als die am genauesten untersuchte Form. Dieser allgemeinen Entwicklung folgend werden im Weiteren die koeffizientengestützte Verbundmessung und verwandte Formen im Vordergrund stehen. Alternativ hierzu kommen für die Untersuchung des Kaufverbunds z.B. die polynomiale Lag-Regression und das multinomiale Logitmodell (vgl. *Hruschka* (1985, 1991b) und *Russell, Petersen* (2000)) infrage. Eine wahre Renaissance erfuhr die Verbundforschung in der jüngsten Vergangenheit durch verschiedene Arbeiten zum Data Mining und zum Knowledge Discovery in Databases, in denen der Kaufverbund vielfach als Paradebeispiel für eine praktische Aufgabenstellung herangezogen wurde. Besondere Bedeutung kommt in diesem Zusammenhang dem am Ende des Kapitels vorgestellten Konzept der Assoziationsregeln zu.

Tabelle 13.2 gibt einen Überblick über Ansätze zur Messung der Stärke bzw. Intensität von Verbundbeziehungen zwischen den Bestandteilen eines Warensortiments. Die Betrachtungen können sowohl auf Warengruppen- als auch auf Artikelebene erfolgen. Zur Vereinfachung der Darstellung bleiben die weiteren Ausführungen stellvertretend auf die Analyse auf Artikelebene beschränkt. Eine Analyse von Verbundbeziehungen auf Warengruppenebene kann sich indes als vorteilhaft erweisen, wenn die Präferenzen der Käufer gegenüber den einzelnen Artikeln der jeweiligen Warengruppen nahezu gleich sind und das betrachtete Sortiment durch eine – im Vergleich zur Anzahl der für die Analyse zur Verfügung stehenden Warenkörbe – hohe Anzahl von Artikeln gekennzeichnet ist. Aussagekräftige Messergebnisse über artikelspezifische Verbundbeziehungen sind unter diesen Bedingungen nur schwer zu erhalten.

Ansatz	Erforderliches Skalenniveau der Daten	Ausgewählte Quelle(n)
Regressionsanalyse	intervallskaliert	*Stahl* (1977), *Bordemann* (1985)
Korrelationsanalyse	intervallskaliert, ordinalskaliert	*Stahl* (1977), *Böcker* (1978)
Assoziationskoeffizienten[2]	nominalskaliert	*Stahl* (1977), *Böcker* (1978), *Merkle* (1981)
Bedingte Wahrscheinlichkeiten	nominalskaliert	*Stahl* (1977), *Bordemann* (1985)
Multivariate Logitmodelle	nominalskaliert	*Hruschka* (1991b), *Lukanowicz, Buchta* (1992)
Neuronale Netze	nominalskaliert	*Natter, Buchta* (1993)
Assoziationsregeln	nominalskaliert	*Agrawal et al.* (1993), *Agrawal et al.* (1996)

Tabelle 13.2: *Quantitative Ansätze zur Verbundmessung*

Die in der Tabelle aufgeführten Ansätze unterscheiden sich u.a. hinsichtlich der Anforderung an das Skalenniveau der Daten. Intervallskalierte Daten liegen z.B. dann vor, wenn für jeden in die Verbundmessung einbezogenen Artikel der Umsatz in den betreffenden Warenkörben ermittelt wird. Wird im vorliegenden Fall für jeden Artikel eine Rangfolge des Umsatzes über die Warenkörbe gebildet, so erhält man ordinalskalierte Daten. Die Daten haben nominales Skalenniveau, wenn nur unterschieden wird, ob ein Artikel in einem Warenkorb (mindestens ein Mal) vertreten ist oder nicht, d.h. wenn nur zwischen Kauf und Nichtkauf differenziert wird. Darüber hinaus können die Ansätze hinsichtlich ihrer Annahmen über die Form der Verbundbeziehung unterschieden werden.

[2] Gebräuchlich sind auch die Bezeichnungen Verbund- und Ähnlichkeitskoeffizient.

13.2 Definition von Verbund und Verbundbeziehungen

In Anlehnung an *Böcker* (1975, S. 293) kann der **Verbund** im Einzelhandelskontext als ein synergetischer Effekt verstanden werden, der darin besteht, dass bei der Eliminierung eines Artikels nicht nur der damit bisher erzielte Umsatz verloren geht, sondern dass auch der Umsatz anderer Produkte im Angebot des Einzelhandelsgeschäfts davon betroffen ist. Zwei Artikel können als miteinander im Verbund stehend bezeichnet werden, wenn sie besonders häufig zusammen gekauft werden. Ausgehend von dieser allgemeinen Betrachtungsweise lassen sich der einschlägigen Literatur folgend weitere Begriffsdifferenzierungen vornehmen:

Bedarfsverbund: Gesamtheit der von einem Individuum zu einem bestimmten Zeitpunkt gewünschten Güter (latenter Bedarf nach einer bestimmten Kombination von Artikeln)

Nachfrageverbund: Gesamtheit der bei einem Einkaufsvorgang gleichzeitig nachgefragten Güter (tatsächliche Nachfrage nach einer bestimmten Kombination von Artikeln)

Kaufverbund: Gesamtheit der bei einem Kaufakt erstandenen Güter (tatsächlicher Kauf einer bestimmten Kombination von Artikeln)

Verwendungsverbund: Gesamtheit der zum Zweck der Bedürfnisbefriedigung zusammen verwendeten bzw. konsumierten Güter (gemeinsame/r Verwendung/Konsum einer bestimmten Kombination von Artikeln)

Aus Marketingsicht ist vor allem der Kaufverbund von Bedeutung, da dieser unter dem Gesichtpunkt der Messung am besten zugänglich erscheint und geeignete Daten in Form von Scannerdaten bereits vielfach verfügbar sind.

Neben dieser Differenzierung sind auch die Form bzw. Richtung einer Verbundbeziehung von Interesse. Üblicherweise wird zwischen symmetrischen und asymmetrischen Verbundbeziehungen unterschieden. Eine symmetrische Verbundbeziehung bzw. **Verbundsymmetrie** liegt vor, wenn die Verbundwirkung eines Artikels 1 auf einen Artikel 2 gleich derjenigen von Artikel 2 auf Artikel 1 ist. In diesem Fall ist der gemeinsame Kauf der beiden Artikel wahrscheinlich auf ein gemeinsames Merkmal zurückzuführen. Ein Beispiel hierfür ist der gleichzeitige Erwerb eines Textverarbeitungs- und eines Tabellenkalkulationsprogramms desselben Herstellers, um so die Kompatibilität der beiden Programme sicherzustellen. Andernfalls liegt eine asymmetrische Verbundbeziehung bzw. **Verbundasymmetrie** vor. Hier ist der Kauf eines Artikels u.U. die Folge eines vorausgegangenen Kaufs. Dies ist z.B. dann der Fall, wenn aufgrund des Kaufs eines Fotoapparats auch die dazugehörigen Filme erworben werden.

Neben dem Realitätsbezug, der beim asymmetrischen Verbundmodell in vielen Fällen fraglich erscheint, führt *Böcker* (1978) vor allem die damit verbundenen

Messprobleme als Motivation für die Fokussierung der einschlägigen Literatur auf die symmetrische Verbundmodellierung an. Darüber hinaus verweist *Merkle* (1981, S. 36) als Begründung für die Annahme von Verbundsymmetrie auf den durchaus plausiblen Gedanken, dass viele Verbundkäufe eine Bedarfseinheit bilden, „deren Zusammenhang durch einen Hintergrundfaktor erklärt werden kann". Hinter dem gemeinsamen Kauf von Waschpulver und Weichspüler könnte man dieser Sichtweise folgend z.B. den Bestimmungsfaktor „Wunsch nach perfekter Pflege" vermuten. Aus den genannten Gründen scheint es nicht weiter verwunderlich, dass zumindest in der Vergangenheit in den meisten Arbeiten zur Verbundproblematik von der symmetrischen Sichtweise ausgegangen wurde und somit nicht zwischen Urkauf (z.B. Herrenanzug) und Folgekauf (z.B. die dazu passende Krawatte) von Artikeln (als Ursache für das Zustandekommen eines Warenkorbs) unterschieden wird.

13.3 Generierung von Frequenzmatrizen und Plasmoden

Bevor die koeffizientengestützte Verbundmessung – stellvertretend für die konventionellen Ansätze – erläutert werden kann, bedarf es einer genaueren Beschreibung der zu verwendenden Daten. Als Ausgangspunkt einer Verbundanalyse bieten sich heute die mittels POS-Scanning ermittelten Warenkorbdaten an. In der aktuellen Literatur ist synonym zum Warenkorb auch der Begriff der **Transaktion** etabliert. Dieser Konvention wird im Weiteren gefolgt, um dem Leser den Einstieg in die vertiefende Literatur zu erleichtern. Ferner befürworten einige Autoren nicht nur Transaktionen mit mindestens zwei Artikeln, d.h. solche, in denen Verbundbeziehungen zum Ausdruck kommen können, sondern auch Transaktionen mit nur einem einzelnen Artikel bei der Verbundanalyse zu berücksichtigen (vgl. *Merkle* (1981, S. 33) und *Stahl* (1977, S. 116)).

Zur Veranschaulichung der methodischen Überlegungen wird im Weiteren von der in Tabelle 13.3 dargestellten und insgesamt sechs Transaktionen (Warenkörbe) umfassenden Datengrundlage ausgegangen. Der Wert 1 in der ersten Spalte der ersten Zeile bedeutet, dass Transaktion 1 mindestens eine Mengeneinheit von Artikel i_1 enthält.

	Artikel				Zeilensumme
	i_1	i_2	i_3	i_4	
Transaktion 1	1	0	1	1	3
Transaktion 2	0	1	1	0	2
Transaktion 3	1	0	1	0	2
Transaktion 4	0	1	1	1	3
Transaktion 5	1	0	0	1	2
Transaktion 6	0	1	1	0	2
Spaltensumme	3	3	5	3	14

Tabelle 13.3: *Datenbeispiel mit sechs Transaktionen und vier Artikeln*

Hiervon ausgehend lässt sich unmittelbar die **Frequenzmatrix**, d.h. die Matrix der Häufigkeiten des gemeinsamen Auftretens der einzelnen Artikel in den betrachteten Transaktionen erstellen. Das Ergebnis ist in Tabelle 13.4 wiedergegeben, wobei die Frequenzmatrix gerade den Zellenwerten im inneren Feld des Tableaus entspricht.

	Artikel i_1	Artikel i_2	Artikel i_3	Artikel i_4	Zeilensumme
Artikel i_1	0	0	2	2	4
Artikel i_2	0	0	3	1	4
Artikel i_3	2	3	0	2	7
Artikel i_4	2	1	2	0	5
Spaltensumme	4	4	7	5	20

Tabelle 13.4: *Frequenzmatrix mit direkter Einzählung*

Ein Vergleich der Spaltensummen von Tabelle 13.3 und 13.4 macht deutlich, dass die sechs Transaktionen in insgesamt 20 Zweierbeziehungen aufgelöst werden können. Nachteilig an dieser intuitiv nahe liegenden Vorgehensweise ist jedoch, dass die Zahl der Zweierbeziehungen z_k einer Transaktion k mit der Zahl n_k der Elemente in der Transaktion überproportional gemäß

$$z_k = \frac{n_k(n_k - 1)}{2} \qquad \forall\ k \tag{13.1}$$

wächst. *Merkle* (1981, S. 49) kritisiert in diesem Zusammenhang die ungleiche Behandlung von gleich häufig gekauften Artikeln im Falle unterschiedlich umfangreicher Transaktionen (Warenkörbe). Wie Tabelle 13.3 zu entnehmen ist, sind z.B. die Artikel i_2 und i_4 über unterschiedlich umfangreiche Transaktionen hinweg betrachtet je drei Mal gekauft worden. Tabelle 13.4 liefert für Artikel i_2 eine Spaltensumme von 4 und für Artikel i_4 eine Spaltensumme von 5.

Diese Form der Bestimmung einer Frequenzmatrix hat somit den Nachteil, dass Transaktionen mit einer überdurchschnittlich großen Anzahl von Elementen überproportionale Berücksichtigung finden und die Spalten- und Zeilensummen der resultierenden Frequenzmatrix somit keine Aussage mehr über die pro Artikel verkaufte Stückzahl zulassen. *Merkle* (1981, S. 50) schlägt deshalb vor, die einzelnen Zweierbeziehungen einer Transaktion k mit dem Wert $\frac{1}{n_k - 1}$ in die Frequenzmatrix einzuzählen. Die auf diese Weise zu erhaltende modifizierte Frequenzmatrix ist in Tabelle 13.5 dargestellt.

Um die Verbundintensität zweier Artikel i_j und $i_{j'}$ zu ermitteln, können die erhobenen Daten in **Vierfeldertafeln (Plasmoden)** der in Abbildung 13.1 dargestellten Art übertragen werden.[3] Die beobachteten Transaktionen werden dabei in vier Klassen (Felder) eingeteilt:

[3] Eine substanzielle Motivation von Vierfeldertafeln im Verbundanalysekontext findet sich bereits bei *Stahl* (1977) und *Böcker* (1978).

- Feld $\mathcal{A}$: Anzahl der Transaktionen, die Artikel i_j und $i_{j'}$ enthalten,
- Feld $\mathcal{B}$: Anzahl der Transaktionen, die Artikel $i_{j'}$, nicht aber i_j enthalten,
- Feld $\mathcal{C}$: Anzahl der Transaktionen, die Artikel i_j, nicht aber $i_{j'}$ enthalten und
- Feld $\mathcal{D}$: Anzahl der Transaktionen, die weder Artikel i_j noch Artikel $i_{j'}$ enthalten.

	Artikel i_1	i_2	i_3	i_4	Zeilensumme
Artikel i_1	0	0	$\frac{3}{2}$	$\frac{3}{2}$	3
Artikel i_2	0	0	$\frac{5}{2}$	$\frac{1}{2}$	3
Artikel i_3	$\frac{3}{2}$	$\frac{5}{2}$	0	1	5
Artikel i_4	$\frac{3}{2}$	$\frac{1}{2}$	1	0	3
Spaltensumme	3	3	5	3	14

Tabelle 13.5: *Frequenzmatrix mit modifizierter Einzählung*

		Artikel i_j: Kauf (K)	Artikel i_j: Nichtkauf (NK)	
Artikel $i_{j'}$	Kauf (K)	$\mathcal{A}$	$\mathcal{B}$	$\mathcal{A}+\mathcal{B}$
	Nichtkauf (NK)	$\mathcal{C}$	$\mathcal{D}$	$\mathcal{C}+\mathcal{D}$
		$\mathcal{A}+\mathcal{C}$	$\mathcal{B}+\mathcal{D}$	$\mathcal{A}+\mathcal{B}+\mathcal{C}+\mathcal{D}$

Abbildung 13.1: *Vierfeldertafel zur Beurteilung der Verbundintensität*

Zur Veranschaulichung der Berechnungsweise sind in Abbildung 13.2 die Plasmoden für die Artikel i_2 und i_3 mit direkter Einzählung (links stehend) und mit modifizierter Einzählung (rechts stehend) gegenübergestellt. Man erkennt den Unterschied der sich jeweils ergebenden Verbundaussage.

		i_2: K	i_2: NK	
i_3	K	3	2	5
	NK	0	1	1
		3	3	6

		i_2: K	i_2: NK	
i_3	K	$\frac{5}{2}$	$\frac{3}{2}$	4
	NK	0	1	1
		$2\frac{1}{2}$	$2\frac{1}{2}$	5

Abbildung 13.2: *Vierfeldertafeln für die Artikel i_2 und i_3*

Die sich für die anderen Verbundbeziehungen ergebenden Plasmoden bei direkter Einzählung sind in Abbildung 13.3 zusammengefasst. Die Artikelpaare i_1 und i_3, i_1 und i_4 sowie i_3 und i_4 wurden also jeweils zwei Mal zusammen gekauft. Ein gemeinsamer Kauf der Artikel i_1 und i_2 liegt hingegen nicht vor. Folglich kann auch keine Verbundbeziehung bestehen. Die Erstellung der Plasmoden für den Fall einer modifizierten Einzählung überlassen wir dem interessierten Leser.

		i_1		
		K	NK	
i_2	K	0	3	3
	NK	3	0	3
		3	3	6

		i_1		
		K	NK	
i_3	K	2	3	5
	NK	1	0	1
		3	3	6

		i_1		
		K	NK	
i_4	K	2	1	3
	NK	1	2	3
		3	3	6

		i_2		
		K	NK	
i_4	K	1	2	3
	NK	2	1	3
		3	3	6

		i_3		
		K	NK	
i_4	K	2	1	3
	NK	3	0	3
		5	1	6

Abbildung 13.3: *Vierfeldertafeln für die übrigen Verbundbeziehungen (bei direkter Einzählung)*

13.4 Koeffizientengestützte Verbundmessung

Auf die Plasmoden lässt sich eine Vielzahl von **Verbundkoeffizienten** anwenden, von denen jeder für sich genommen einem bestimmten Verständnis von Verbundenheit entspricht. Tabelle 13.7 gibt einen Eindruck von der Vielfältigkeit des Aufbaus bekannter und in der einschlägigen Literatur zur Assoziations- bzw. Verbundanalyse diskutierter Koeffizienten. Die dabei verwendeten Bezeichner beziehen sich auf obige Definition der Plasmoden. Mit der Eignung unterschiedlicher Verbundkoeffizienten haben sich insbesondere *Böcker* (1978) und *Merkle* (1981) sowie später auch *Bordemann* (1985) eingehender auseinander gesetzt. Verbindliche Aussagen darüber, welcher der genannten Koeffizienten letzten Endes der „beste" ist, liegen aber nach Kenntnis der Verfasser bis dato nicht vor. In eigenen Untersuchungen zur Verbundproblematik auf Basis realer POS-Scannerdaten erwies sich der Tanimoto-Koeffizient (VK_{16}) als adäquat.

Die exemplarische Anwendung des **Tanimoto-Koeffizienten** VK_{16} auf die im vorangegangenen Abschnitt berechneten Plasmoden (mit direkter Einzählung) führt zu der in Tabelle 13.8 dargestellten Verbundmatrix. Dieser Verbundkoeffizient liefert, wie anhand der zugehörigen Formel direkt zu erkennen ist, den relativen Anteil jener Transaktionen, die beide Artikel i_j und $i_{j'}$ enthalten, an der Gesamtheit all jener Transaktionen, in denen zumindest einer der beiden Artikel vertreten ist. Aus interpretatorischer Sicht bedeutet dies, dass die Verbundbeziehung zweier Artikel als umso intensiver einzustufen ist, je näher der betreffende Tabellenwert bei 1 liegt. Die Extremwerte 0 und 1 signalisieren in diesem Sinne ein Fehlen von Verbundeffekten bzw. „totalen" Verbund.

Bezeichner	Bestimmungsgleichung(en)	Wertebereich
CCp-Kontingenzkoeffizient	$VK_1 = \left\lvert \sqrt{\frac{\chi^2(\mathcal{A}+\mathcal{B}+\mathcal{C}+\mathcal{D})}{(\chi^2+\mathcal{A}+\mathcal{B}+\mathcal{C}+\mathcal{D})(\mathcal{A}+\mathcal{B}+\mathcal{C}+\mathcal{D}-1)}} \right\rvert$ mit $\chi^2 = \frac{\left(\mathcal{A}-\frac{(\mathcal{A}+\mathcal{B})(\mathcal{A}+\mathcal{C})}{\mathcal{A}+\mathcal{B}+\mathcal{C}+\mathcal{D}}\right)^2}{\frac{(\mathcal{A}+\mathcal{B})(\mathcal{A}+\mathcal{C})}{\mathcal{A}+\mathcal{B}+\mathcal{C}+\mathcal{D}}} + \cdots + \frac{\left(\mathcal{D}-\frac{(\mathcal{C}+\mathcal{D})(\mathcal{B}+\mathcal{D})}{\mathcal{A}+\mathcal{B}+\mathcal{C}+\mathcal{D}}\right)^2}{\frac{(\mathcal{C}+\mathcal{D})(\mathcal{B}+\mathcal{D})}{\mathcal{A}+\mathcal{B}+\mathcal{C}+\mathcal{D}}}$	[0; 1]
Dice	$VK_2 = \frac{2\mathcal{A}}{2\mathcal{A}+\mathcal{B}+\mathcal{C}}$	[0; 1]
Ehrenberg	$VK_3 = \frac{\mathcal{A}}{\min\{\mathcal{A}+\mathcal{B};\mathcal{A}+\mathcal{C}\}}$	[0; 1]
Fry (einfach)	$VK_4 = \frac{\mathcal{A}\mathcal{D}-\mathcal{B}\mathcal{C}}{\mathcal{A}+\mathcal{B}}$	$(-\infty;\ \infty)$
Fry (normiert)	$VK_5 = \frac{\mathcal{A}\mathcal{D}-\mathcal{B}\mathcal{C}}{(\mathcal{A}+\mathcal{B}+\mathcal{C}+\mathcal{D})\min\{\mathcal{A}+\mathcal{B};\mathcal{A}+\mathcal{C}\}}$	(−1; 1)
G^2-Koeffizient	$VK_6 = 2\left(\mathcal{A}\ln\left(\frac{\mathcal{A}(\mathcal{A}+\mathcal{B}+\mathcal{C}+\mathcal{D})}{(\mathcal{A}+\mathcal{B})(\mathcal{A}+\mathcal{C})}\right)+\ldots \cdots + \mathcal{D}\ln\left(\frac{\mathcal{D}(\mathcal{A}+\mathcal{B}+\mathcal{C}+\mathcal{D})}{(\mathcal{C}+\mathcal{D})(\mathcal{B}+\mathcal{D})}\right)\right)$	$(-\infty;\ \infty)$
Hamann	$VK_7 = \frac{\mathcal{A}+\mathcal{D}-(\mathcal{B}+\mathcal{C})}{\mathcal{A}+\mathcal{B}+\mathcal{C}+\mathcal{D}}$	[−1; 1]
Jaccard (normiert)	$VK_8 = \frac{1}{\tilde{z}}\left(\frac{\mathcal{A}}{\mathcal{A}+\mathcal{B}+\mathcal{C}} - z_1\right)$ mit $z_1 = \frac{(\mathcal{A}+\mathcal{B})(\mathcal{A}+\mathcal{C})}{(\mathcal{A}+\mathcal{B})(\mathcal{A}+\mathcal{B}+\mathcal{C}+\mathcal{D})+(\mathcal{A}+\mathcal{C})(\mathcal{C}+\mathcal{D})}$, $z_2 = \min\{\frac{\mathcal{A}+\mathcal{B}}{\mathcal{A}+\mathcal{C}}; \frac{\mathcal{A}+\mathcal{C}}{\mathcal{A}+\mathcal{B}}\}$ und $\tilde{z} = \begin{cases} z_2 - z_1 & \text{für } \frac{\mathcal{A}}{\mathcal{A}+\mathcal{B}+\mathcal{C}} \geq z_1 \\ z_1 & \text{sonst} \end{cases}$	[−1; 1]
Phi	$VK_9 = \frac{\mathcal{A}\mathcal{D}-\mathcal{B}\mathcal{C}}{\sqrt{(\mathcal{A}+\mathcal{B})(\mathcal{A}+\mathcal{C})(\mathcal{B}+\mathcal{D})(\mathcal{C}+\mathcal{D})}}$	[−1; 1]
Phi*	$VK_{10} = \begin{cases} \frac{\mathcal{A}\mathcal{D}-\mathcal{B}\mathcal{C}}{(\mathcal{A}+\mathcal{B})(\mathcal{A}+\mathcal{C})} & \text{für } \mathcal{A}\mathcal{D}-\mathcal{B}\mathcal{C} \leq 0 \\ \frac{\mathcal{A}\mathcal{D}-\mathcal{B}\mathcal{C}}{\min\{(\mathcal{A}+\mathcal{B})(\mathcal{B}+\mathcal{D});(\mathcal{A}+\mathcal{C})(\mathcal{C}+\mathcal{D})\}} & \text{sonst} \end{cases}$	[−1; 1]
Rogers/ Tanimoto	$VK_{11} = \frac{\mathcal{A}+\mathcal{D}}{\mathcal{A}+\mathcal{D}+2(\mathcal{B}+\mathcal{C})}$	[0; 1]

Russel/Rao	$VK_{12} = \dfrac{\mathcal{A}}{\mathcal{A}+\mathcal{B}+\mathcal{C}+\mathcal{D}}$	[0; 1]
Sokal/Sneath 1	$VK_{13} = \dfrac{\mathcal{A}+\mathcal{D}}{\mathcal{A}+\mathcal{B}+\mathcal{C}+\mathcal{D}}$	[0; 1]
Sokal/Sneath 2	$VK_{14} = \dfrac{\mathcal{A}}{\mathcal{A}+2(\mathcal{B}+\mathcal{C})}$	[0; 1]
Sokal/Sneath 3	$VK_{15} = \dfrac{2(\mathcal{A}+\mathcal{D})}{2(\mathcal{A}+\mathcal{D})+\mathcal{B}+\mathcal{C}}$	[0; 1]
Tanimoto	$VK_{16} = \dfrac{\mathcal{A}}{\mathcal{A}+\mathcal{B}+\mathcal{C}}$	[0; 1]
Tetrachorischer Koeffizient	$VK_{17} = \cos\left(\pi\left(1+\sqrt{\dfrac{\mathcal{AD}}{\mathcal{BC}}}\right)^{-1}\right)$	[−1; 1]
Yule-Beta	$VK_{18} = \dfrac{\mathcal{AD}-\mathcal{BC}}{\mathcal{AD}+\mathcal{BC}}$	[−1; 1]
Yule-Beta'	$VK_{19} = \dfrac{\sqrt{\mathcal{AD}}-\sqrt{\mathcal{BC}}}{\sqrt{\mathcal{AD}}+\sqrt{\mathcal{BC}}}$	[−1; 1]

Tabelle 13.7: *In der Literatur diskutierte Assoziations- bzw. Verbundkoeffizienten*

Der stärkste Verbund besteht offensichtlich (und in Übereinstimmung mit einer Bewertung auf Basis der korrespondierenden Frequenzmatrix in Tabelle 13.4) zwischen den Artikeln i_2 und i_3, der geringste zwischen den Artikeln i_1 und i_2.

	Artikel			
	i_1	i_2	i_3	i_4
Artikel i_1	1	$\frac{0}{6}$	$\frac{2}{6}$	$\frac{2}{4}$
Artikel i_2	$\frac{0}{6}$	1	$\frac{3}{5}$	$\frac{1}{5}$
Artikel i_3	$\frac{2}{6}$	$\frac{3}{5}$	1	$\frac{2}{6}$
Artikel i_4	$\frac{2}{4}$	$\frac{1}{5}$	$\frac{2}{6}$	1

Tabelle 13.8: *Verbundintensitäten auf Basis der direkt eingezählten Plasmoden*

13.5 Visualisierung von Verbundbeziehungen

13.5.1 Verbundmessung mittels Clusteranalyse

Da die Tabellierung der Verbundintensitäten schon bei einer vergleichsweise geringen Anzahl zu betrachtender Artikel schnell unübersichtlich wird, empfiehlt es sich, auf die Daten ein geeignetes Klassifikationsverfahren anzuwenden, um eine graphische Repräsentation der in den Daten „verborgenen" Verbundbeziehungen zu erhalten. Im Falle einer Klassifikation mittels Single Linkage-Verfahren (vgl. *Steinhausen, Langer* (1977)) resultiert aus den Daten in Tabelle 13.8 die in Abbildung 13.4 wiedergegebene Repräsentation in Form eines **Verbunddendrogramms**.

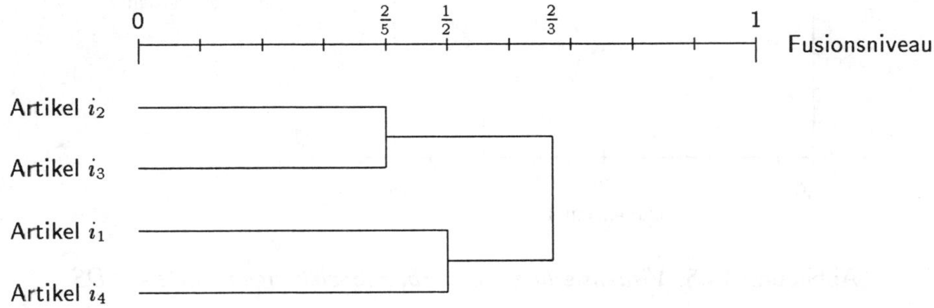

Abbildung 13.4: *Dendrogrammdarstellung der gemessenen Verbundintensitäten*

Die Graphik signalisiert erwartungsgemäß eine deutliche Verbundbeziehung zwischen den Artikeln i_2 und i_3. Auch zwischen den Artikeln i_1 und i_4 scheint eine – wenn auch nicht ganz so stark ausgeprägte – Verbundbeziehung zu bestehen. Das in der Graphik angegebene Fusionsniveau beschreibt die Intensität der jeweiligen Verbundbeziehung. Je höher das Niveau der Fusion zweier Artikel bzw. zweier Gruppen von Artikeln, umso schwächer ist die Verbundbeziehung.

13.5.2 Verbundmessung mittels multidimensionaler Skalierung

Zur Clusteranalyse analoge Resultate liefert die graphische Aufbereitung der Daten aus Tabelle 13.8 mittels **multidimensionaler Skalierung** (MDS). Hierbei handelt es sich um ein multivariates Verfahren zur graphischen Repräsentation der Ähnlichkeit von Objekten in einem möglichst niedrigdimensionalen Raum (vgl. z.B. *Borg, Gronen* (1997)). Abbildung 13.5 zeigt das Ergebnis einer MDS, wobei die „Ähnlichkeit" von Objekten respektive Artikeln als Stärke von Verbundbeziehungen interpretiert wird. In der aus einer MDS resultierenden Konfiguration liegen zwei Artikel umso näher beieinander, je stärker die Verbundbeziehung zwischen ihnen ist. Für die Artikelpaare i_2 und i_3 sowie i_1 und i_4 ist die Verbundbeziehung wieder gut zu erkennen.

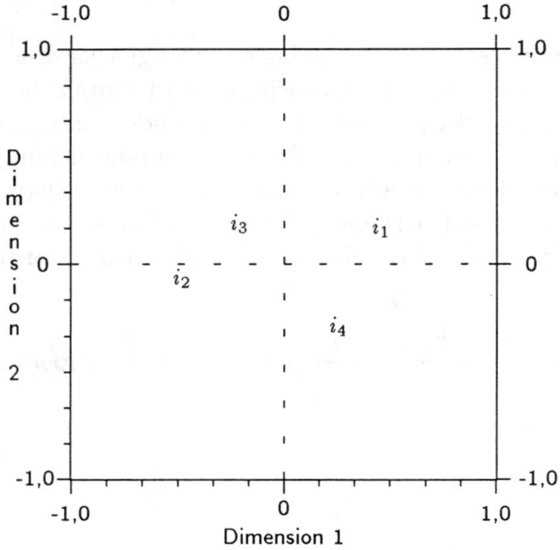

Die Güte der MDS-Repräsentation kann bei einem Stress (Kruskal Typ I) von $< 0,1$ als sehr gut bewertet werden.

Abbildung 13.5: *Visualisierung der Verbundbeziehungen mittels MDS*

Eine MDS-Repräsentation erweist sich im praktischen Einsatz als stabil, wenn das Verhältnis aus Anzahl betrachteter Verbundbeziehungen und Anzahl resultierender Koordinaten (= Anzahl Artikel · Anzahl Dimensionen) größer als 2 ist.[4]

13.6 Verbundanalyse mittels Assoziationsregeln

13.6.1 Methodik

Eine in der jüngeren Vergangenheit im Kontext von Data Mining und Knowledge Discovery in Databases in die Diskussion eingebrachte Form der Verbundmessung basiert auf dem Konzept der **Assoziationsregeln**. Diese beschreiben, ähnlich wie die Assoziationskoeffizienten, Zusammenhänge zwischen Ereignissen, die gemeinsam eintreten. Ein typisches Beispiel ist der gemeinsame Kauf mehrerer Artikel in einer Transaktion. In verbaler Form könnte eine Assoziationsregel wie folgt lauten: In 50 % der Fälle, in denen Waschpulver gekauft wird, befindet sich auch ein Weichspüler im Warenkorb, wobei beide Produkte in 5 % aller realisierten Transaktionen auftreten. Der Wert 50 % als **Konfidenz** dieser Regel charakterisiert die Stärke der Verbundbeziehung zwischen den beiden Produkten. Der Wert 5 %

[4] Für unser kleines Demonstrationsbeispiel ist diese Bedingung jedoch nicht zu erfüllen.

entspricht der relativen Häufigkeit des gemeinsamen Kaufs der beiden Produkte und wird als **Support** der Regel bezeichnet.

Die zentrale Aufgabe besteht in der effizienten Bestimmung jener Assoziationen, die sowohl eine Mindestkonfidenz als auch einen Mindestsupport aufweisen. Die nachfolgende Darstellung der Grundprinzipien der auf Assoziationsregeln basierenden Verbundmessung orientiert sich an der Notation von *Agrawal et al.* (1993), *Agrawal, Srikant* (1994), *Bollinger* (1996) und *Decker, Schimmelpfennig* (2001).

Ausgangspunkt der Betrachtung ist eine Menge $\mathbb{I} = \{i_1, \ldots, i_j, \ldots, i_I\}$ von Artikeln, die auf Verbundbeziehungen hin untersucht werden sollen. Weiterhin ist $\mathbb{Q} = \{\mathbb{T}_1, \ldots, \mathbb{T}_k, \ldots, \mathbb{T}_K\}$ die Menge der betrachteten Transaktionen $\mathbb{T}_k \subseteq \mathbb{I}$ $(k = 1, \ldots, K)$. Element der Menge $\mathbb{I}$ sind nur solche Artikel, die in mindestens einer der auszuwertenden Transaktionen zusammen mit mindestens einem weiteren Artikel gekauft wurden. Artikel, die in keiner Transaktion oder ausschließlich alleine auftreten, sind somit von der Betrachtung ausgeschlossen.

Mit diesen Bezeichnern kann nun z.B. die **Assoziationsregel** $\mathbb{A} \Rightarrow \mathbb{B}$ formuliert werden. Hierbei stellt die Menge $\mathbb{A}$ den Rumpf (Prämisse) und die Menge $\mathbb{B}$ den Kopf (Konklusion) der Regel dar. $\mathbb{A}$ und $\mathbb{B}$ werden als **Itemmengen** bezeichnet. Die Verwendung der Begriffe Item (in unserem Fall als Synonym für Artikel) und Itemmenge ist in der Assoziationsanalyse bereits so weit verbreitet, dass auch wir dieser Konvention folgen, um dem Leser den Einstieg in die weiterführende Literatur zu erleichtern. Eine Assoziationsregel ist somit eine Implikation, für deren Elemente $\mathbb{A}$ und $\mathbb{B}$ gilt: $\mathbb{A} \subset \mathbb{I}$, $\mathbb{B} \subset \mathbb{I}$ und $\mathbb{A} \cap \mathbb{B} = \emptyset$. Regelrumpf und Regelkopf können auch mehr als ein Item (Artikel) enthalten. Ausgehend von diesem Begriffsverständnis lassen sich nun der Support und die Konfidenz einer Regel genauer spezifizieren.

Der **Support** (*SUP*) einer Regel $\mathbb{A} \Rightarrow \mathbb{B}$ ist der Anteil der Transaktionen, die beide Itemmengen $\mathbb{A}$ und $\mathbb{B}$ enthalten, an allen Transaktionen der Menge $\mathbb{Q}$:[5]

$$SUP\,(\mathbb{A} \Rightarrow \mathbb{B}) = \frac{|\{\mathbb{T} \in \mathbb{Q} \,|\, (\mathbb{A} \cup \mathbb{B}) \subseteq \mathbb{T}\}|}{|\mathbb{Q}|} \tag{13.2}$$

Da im Verbundkontext nur jene Regeln von Interesse sind, die von „vielen“ Transaktionen erfüllt werden, wird zweckmäßigerweise ein Minimalwert SUP^{min} für den Support festgelegt. Das Überschreiten desselben deutet auf eine Verbundbeziehung hin. Die **Konfidenz** (*CONF*) einer Regel $\mathbb{A} \Rightarrow \mathbb{B}$ ist definiert als der Anteil der Transaktionen, die beide Itemmengen $\mathbb{A}$ und $\mathbb{B}$ enthalten, an all jenen Transaktionen der Menge $\mathbb{Q}$, die zumindest den Regelrumpf $\mathbb{A}$ beinhalten:

$$CONF(\mathbb{A} \Rightarrow \mathbb{B}) = \frac{|\{\mathbb{T} \in \mathbb{Q} \,|\, (\mathbb{A} \cup \mathbb{B}) \subseteq \mathbb{T}\}|}{|\{\mathbb{T} \in \mathbb{Q} \,|\, \mathbb{A} \subseteq \mathbb{T}\}|} \tag{13.3}$$

[5] Der Support *SUP* ($\mathbb{A}$) einer Itemmenge $\mathbb{A}$ ist der Anteil der Transaktionen, die die Itemmenge $\mathbb{A}$ enthalten, an allen Transaktionen der Menge $\mathbb{Q}$. Der Übersichtlichkeit halber wird bei den einführenden Darstellungen auf eine Indizierung der Transaktionen $\mathbb{T}$ verzichtet.

Die Konfidenz entspricht somit jenem Anteil der den Regelrumpf $\mathbb{A}$ erfüllenden Transaktionen, die auch den Regelkopf $\mathbb{B}$ erfüllen. Auch hier stellt sich wieder die Frage nach einem geeigneten Minimalwert $CONF^{min}$.

Wegen $|\{\mathbb{T} \in \mathbb{Q}\} \mid \mathbb{A} \subseteq \mathbb{T}\}| \leq |\mathbb{Q}|$ gilt auch $CONF(\mathbb{A} \Rightarrow \mathbb{B}) \geq SUP(\mathbb{A} \Rightarrow \mathbb{B})$. Und weil $|\{\mathbb{T} \in \mathbb{Q} \mid (\mathbb{A} \cup \mathbb{B}) \subseteq \mathbb{T}\}| = |\{\mathbb{T} \in \mathbb{Q} \mid (\mathbb{B} \cup \mathbb{A}) \subseteq \mathbb{T}\}|$ ist, ist $SUP(\mathbb{A} \Rightarrow \mathbb{B}) = SUP(\mathbb{B} \Rightarrow \mathbb{A})$. Der Support ist folglich ein symmetrisches, die Konfidenz hingegen ein asymmetrisches Verbundmaß, da sich $CONF(\mathbb{A} \Rightarrow \mathbb{B})$ und $CONF(\mathbb{B} \Rightarrow \mathbb{A})$ unterscheiden, wenn $|\{\mathbb{T} \in \mathbb{Q} \mid \mathbb{A} \subseteq \mathbb{T}\}| \neq |\{\mathbb{T} \in \mathbb{Q} \mid \mathbb{B} \subseteq \mathbb{T}\}|$ gilt.

Support und Konfidenz sind somit Maße für die Bedeutung einer Assoziationsregel. Je größer der Support und insbesondere die Konfidenz einer Regel sind, desto stärker ist die Verbundbeziehung zwischen den beiden Itemmengen $\mathbb{A}$ und $\mathbb{B}$. Aus diesem Grund wird nicht angestrebt, alle möglichen Assoziationsregeln in einer Datenbasis aufzudecken, sondern nur diejenigen, die einen vorgegebenen minimalen Support SUP^{min} und eine vorgegebene minimale Konfidenz $CONF^{min}$ aufweisen.

Das Auffinden von Assoziationsregeln kann in zwei Teilaufgaben zerlegt werden (vgl. *Agrawal et al.* (1993) und *Hettich, Hippner* (2001)):

1. Die zu analysierenden Transaktionen werden auf Itemmengen hin untersucht, deren Support mindestens so groß wie der minimale Support ist. Diese Itemmengen werden **häufige Itemmengen** genannt (vgl. *Bollinger* (1996)).

2. Aus den häufigen Itemmengen $\mathbb{C}$, die zwei oder mehr Items enthalten, werden die Assoziationsregeln $\mathbb{A} \Rightarrow \mathbb{C} \setminus \mathbb{A}$ generiert, deren Konfidenz mindestens so groß ist wie die minimale Konfidenz.

Zur Lösung der ersten Teilaufgabe finden sich in der Literatur zahlreiche Algorithmen, die in unterschiedlicher Weise einer effizienten Bestimmung der häufigen Itemmengen gerecht zu werden versuchen. Der bekannteste Vertreter ist der mittlerweile in verschiedenen Varianten vorliegende Apriori-Algorithmus. Die Lösung der zweiten Teilaufgabe wird von *Agrawal et al.* (1993) als eher einfach eingestuft.

Dem **Apriori-Algorithmus**[6] liegt die Annahme zugrunde, dass die Artikel respektive Items in einer Transaktion bzw. Itemmenge lexikographisch sortiert sind.[7] Weiterhin sei

$\mathbb{C}_n$	=	n-elementige häufige Itemmenge (mit $n \geq 1$)
$\tilde{\mathbb{C}}_n$	=	Menge der n-elementigen häufigen Itemmengen $\mathbb{C}_n$
$\mathbb{D}_n$	=	n-elementige potenziell häufige Itemmenge
$\tilde{\mathbb{D}}_n$	=	Menge der n-elementigen potenziell häufigen Itemmengen $\mathbb{D}_n$ (Kandidatenmenge für $\tilde{\mathbb{C}}_n$)

[6] Die formale Beschreibung orientiert sich an den Darstellungen in *Agrawal, Skrikant* (1994), *Agrawal et al.* (1996), *Hettich et al.* (2000) und *Han, Kamber* (2001, S. 230 ff.).

[7] *Niedereichholz, Schwarz* (1999) weisen in diesem Zusammenhang darauf hin, dass „eine Anordnung im strengen mathematischen Sinne innerhalb einer Menge nicht definiert ist", relativieren ihren Einwand aber, da Transaktionen bzw. Itemmengen auch mittels Vektoren beschrieben werden können.

Damit lässt sich der Algorithmus wie folgt darstellen:

1. Sei $\tilde{\mathbb{C}}_1 := \{\{i_j\} \,|\, SUP(\{i_j\}) \geq SUP^{min}\}$.
2. Setze $n := 2$.
3. Solange $\tilde{\mathbb{C}}_{n-1} \neq \emptyset$ tue

   {

   3.1. Setze $\tilde{\mathbb{D}}_n := apriori\text{-}gen(\tilde{\mathbb{C}}_{n-1})$.

   3.2. Bestimme für alle $\mathbb{D}_n \in \tilde{\mathbb{D}}_n$ den Support $SUP(\mathbb{D}_n)$.

   3.3. Setze $\tilde{\mathbb{C}}_n := \{\mathbb{D}_n \in \tilde{\mathbb{D}}_n \,|\, SUP(\mathbb{D}_n) \geq SUP^{min}\}$.

   3.4. Setze $n := n + 1$.

   }

Zu Beginn wird also die Menge $\tilde{\mathbb{C}}_1$ der einelementigen häufigen Itemmengen $\mathbb{C}_1$ bestimmt, indem aus der Menge $\mathbb{I}$ diejenigen Items in $\tilde{\mathbb{C}}_1$ aufgenommen werden, deren Support mindestens so groß wie der minimale Support ist. Um die Menge $\tilde{\mathbb{C}}_n$ ($n \geq 2$) der n-elementigen häufigen Itemmengen zu ermitteln, wird eine Schleife durchlaufen, in der zunächst mit der Funktion *apriori-gen* auf Basis der Menge der $(n-1)$-elementigen häufigen Itemmengen $\mathbb{C}_{n-1}$ die Kandidatenmenge $\tilde{\mathbb{D}}_n$ bestimmt wird. Dann wird der Support aller Itemmengen $\mathbb{D}_n \in \tilde{\mathbb{D}}_n$ berechnet.[8] Die Menge $\tilde{\mathbb{C}}_n$ setzt sich aus denjenigen n-elementigen Itemmengen $\mathbb{D}_n \in \tilde{\mathbb{D}}_n$ zusammen, deren Support größer oder gleich dem vorgegebenen minimalen Support ist. Ist die Menge $\tilde{\mathbb{C}}_n$ nicht leer, so wird die Schleife von neuem mit einem um 1 erhöhten Index n durchlaufen.

Kern dieses Algorithmus ist die Funktion *apriori-gen*, die zwei Schritte, den Join-Step und den Prune-Step, umfasst. Diese lassen sich wie folgt charakterisieren (vgl. *Agrawal, Srikant* (1994)):

Join-Step:

Die Menge $\tilde{\mathbb{C}}_{n-1}$ wird auf Paare von $(n-1)$-elementigen Itemmengen hin untersucht, deren erste $n-2$ Items gleich sind. Die Vereinigung aus den $n-2$ gleichen und den zwei unterschiedlichen Items eines Paars führt zu einer n-elementigen Itemmenge, die zur Kandidatenmenge $\tilde{\mathbb{D}}_n$ hinzugefügt wird. Dabei reicht es aus, Obermengen häufiger Itemmengen zu bilden, da es keine Obermengen nicht häufiger Itemmengen gibt, die häufig sind.

Prune-Step:

Da alle Teilmengen einer häufigen Itemmenge ebenfalls häufig sind, können diejenigen Itemmengen $\mathbb{D}_n \in \tilde{\mathbb{D}}_n$, von denen nicht alle $(n-1)$-elementigen Teilmengen in $\tilde{\mathbb{C}}_{n-1}$ enthalten sind (d.h. häufig sind), wieder aus $\tilde{\mathbb{D}}_n$ entfernt werden.

Zur Veranschaulichung dieser Funktion diene das folgende aus *Agrawal, Srikant* (1994) entnommene kleine Beispiel:

---

[8] *Agrawal, Srikant* (1994) sowie *Agrawal et al.* (1996) zeigen, wie die Berechnung des Supports bei einer großen Datenbasis effizient implementiert werden kann.

Es seien $n = 4$ und $\tilde{\mathbb{C}}_3 = \{\{i_1, i_2, i_3\}, \{i_1, i_2, i_4\}, \{i_1, i_3, i_4\}, \{i_1, i_3, i_5\}, \{i_2, i_3, i_4\}\}$. Dann ist nach dem Join-Step $\tilde{\mathbb{D}}_4 = \{\{i_1, i_2, i_3, i_4\}, \{i_1, i_3, i_4, i_5\}\}$. Im Prune-Step wird die Itemmenge $\{i_1, i_3, i_4, i_5\}$ aus $\tilde{\mathbb{D}}_4$ gestrichen, da ihre 3-elementigen Teilmengen $\{i_1, i_4, i_5\}$ und $\{i_3, i_4, i_5\}$ nicht in $\tilde{\mathbb{C}}_3$ enthalten, d.h. nicht häufig sind. Schließlich ist $\tilde{\mathbb{D}}_4 = \{\{i_1, i_2, i_3, i_4\}\}$.

13.6.2 Anwendungsbeispiel

Die prinzipielle Vorgehensweise soll nun wieder anhand unseres kleinen Datenbeispiels aus Abschnitt 13.3 veranschaulicht werden. Tabelle 13.3 wird zu diesem Zweck, wie in Tabelle 13.9 geschehen, rekodiert. Weiterhin gehen wir exemplarisch von den Minimalwerten $SUP^{min} = CONF^{min} := \frac{2}{6}$ aus.

Transaktion	Enthaltene Items
$\mathbb{T}_1$	$\{i_1, i_3, i_4\}$
$\mathbb{T}_2$	$\{i_2, i_3\}$
$\mathbb{T}_3$	$\{i_1, i_3\}$
$\mathbb{T}_4$	$\{i_2, i_3, i_4\}$
$\mathbb{T}_5$	$\{i_1, i_4\}$
$\mathbb{T}_6$	$\{i_2, i_3\}$

Tabelle 13.9: *Rekodierte Datenbasis mit sechs Transaktionen*

Zur schnelleren Berechnung von Support und Konfidenz enthält Tabelle 13.10 eine Zuordnung der Transaktionen zu den betrachteten Items.

Item	Betroffene Transaktionen
i_1	$\mathbb{T}_1, \mathbb{T}_3, \mathbb{T}_5$
i_2	$\mathbb{T}_2, \mathbb{T}_4, \mathbb{T}_6$
i_3	$\mathbb{T}_1, \mathbb{T}_2, \mathbb{T}_3, \mathbb{T}_4, \mathbb{T}_6$
i_4	$\mathbb{T}_1, \mathbb{T}_4, \mathbb{T}_5$

Tabelle 13.10: *Zuordnung der Transaktionen zu den Items*

In Tabelle 13.11 sind alle aus dem Datenbeispiel generierbaren Regeln und die dazugehörigen Support- und Konfidenzwerte angegeben. Wie man sieht, wird der Minimalwert für Support und Konfidenz nur bei 2-elementigen Regeln erreicht. Alle 3-elementigen Regeln weisen zumindest bei einer der beiden Kenngrößen einen zu geringen Wert auf. Der Support für die Regel $\{i_2\} \Rightarrow \{i_3\}$ beispielsweise kommt wie folgt zustande:

A B

$$SUP(\{i_2\} \Rightarrow \{i_3\}) = \frac{|\{\mathbb{T}_2, \mathbb{T}_4, \mathbb{T}_6\}|}{|\{\mathbb{T}_1, \mathbb{T}_2, \mathbb{T}_3, \mathbb{T}_4, \mathbb{T}_5, \mathbb{T}_6\}|} = \frac{3}{6} \equiv 50,00\ \%$$

Für die Konfidenz dieser Regel ergibt sich entsprechend:

$$CONF(\{i_2\} \Rightarrow \{i_3\}) = \frac{|\{\mathbb{T}_2, \mathbb{T}_4, \mathbb{T}_6\}|}{|\{\mathbb{T}_2, \mathbb{T}_4, \mathbb{T}_6\}|} = \frac{3}{3} \equiv 100,00\%$$

Regel	Erfüllende Transaktionen	Support	Konfidenz
$\{i_1\} \Rightarrow \{i_2\}$	–	0,00 %	0,00 %
$\{i_1\} \Rightarrow \{i_3\}$	$\mathbb{T}_1$, $\mathbb{T}_3$	33,33 %	66,67 %
$\{i_1\} \Rightarrow \{i_4\}$	$\mathbb{T}_1$, $\mathbb{T}_5$	33,33 %	66,67 %
$\{i_2\} \Rightarrow \{i_3\}$	$\mathbb{T}_2$, $\mathbb{T}_4$, $\mathbb{T}_6$	50,00 %	100,00 %
$\{i_2\} \Rightarrow \{i_4\}$	$\mathbb{T}_4$	16,67 %	33,33 %
$\{i_3\} \Rightarrow \{i_4\}$	$\mathbb{T}_1$, $\mathbb{T}_4$	33,33 %	40,00 %
$\{i_4\} \Rightarrow \{i_3\}$	$\mathbb{T}_1$, $\mathbb{T}_4$	33,33 %	66,67 %
$\{i_4\} \Rightarrow \{i_2\}$	$\mathbb{T}_4$	16,67 %	33,33 %
$\{i_3\} \Rightarrow \{i_2\}$	$\mathbb{T}_2$, $\mathbb{T}_4$, $\mathbb{T}_6$	50,00 %	60,00 %
$\{i_4\} \Rightarrow \{i_1\}$	$\mathbb{T}_1$, $\mathbb{T}_5$	33,33 %	66,67 %
$\{i_3\} \Rightarrow \{i_1\}$	$\mathbb{T}_1$, $\mathbb{T}_3$	33,33 %	40,00 %
$\{i_2\} \Rightarrow \{i_1\}$	–	0,00 %	0,00 %
$\{i_1\} \Rightarrow \{i_3, i_4\}$	$\mathbb{T}_1$	16,67 %	33,33 %
$\{i_3\} \Rightarrow \{i_1, i_4\}$	$\mathbb{T}_1$	16,67 %	20,00 %
$\{i_4\} \Rightarrow \{i_1, i_3\}$	$\mathbb{T}_1$	16,67 %	33,33 %
$\{i_2\} \Rightarrow \{i_3, i_4\}$	$\mathbb{T}_4$	16,67 %	33,33 %
$\{i_3\} \Rightarrow \{i_2, i_4\}$	$\mathbb{T}_4$	16,67 %	20,00 %
$\{i_4\} \Rightarrow \{i_2, i_3\}$	$\mathbb{T}_4$	16,67 %	33,33 %
$\{i_3, i_4\} \Rightarrow \{i_1\}$	$\mathbb{T}_1$	16,67 %	50,00 %
$\{i_1, i_4\} \Rightarrow \{i_3\}$	$\mathbb{T}_1$	16,67 %	50,00 %
$\{i_1, i_3\} \Rightarrow \{i_4\}$	$\mathbb{T}_1$	16,67 %	50,00 %
$\{i_3, i_4\} \Rightarrow \{i_2\}$	$\mathbb{T}_4$	16,67 %	50,00 %
$\{i_2, i_4\} \Rightarrow \{i_3\}$	$\mathbb{T}_4$	16,67 %	100,00 %
$\{i_2, i_3\} \Rightarrow \{i_4\}$	$\mathbb{T}_4$	16,67 %	33,33 %

Tabelle 13.11: *Mögliche Assoziationsregeln und deren Bewertung*

Die tendenzielle Übereinstimmung mit den Ergebnissen der vorangegangenen Verfahren ist deutlich zu erkennen. Die stärkste Verbundbeziehung (mit einem Support von 50 % und einer Konfidenz von 100 bzw. 60 %) liegt wieder bei den Items (Artikeln) i_2 und i_3 vor. Die Verbundbeziehung zwischen Item i_1 und Item i_4 hingegen wird als deutlich schwächer gekennzeichnet. Analoges gilt für die Itempaare (i_1, i_3) und (i_3, i_4).

Die Anwendung des oben dargestellten Apriori-Algorithmus auf das Datenbeispiel in Tabelle 13.9 ergibt:

1.	$\tilde{\mathbb{C}}_1 := \{\{i_1\},\{i_2\},\{i_3\},\{i_4\}\}$
2.	$n := 2$
3.	$\tilde{\mathbb{C}}_1 \neq \emptyset$
3.1.	$\tilde{\mathbb{D}}_2 :=$ *apriori-gen* $(\tilde{\mathbb{C}}_1)$ Join-Step: $\tilde{\mathbb{D}}_2 := \{\{i_1,i_2\},\{i_1,i_3\},\{i_1,i_4\},\{i_2,i_3\},\{i_2,i_4\},\{i_3,i_4\}\}$ Prune-Step: $\tilde{\mathbb{D}}_2 := \{\{i_1,i_2\},\{i_1,i_3\},\{i_1,i_4\},\{i_2,i_3\},\{i_2,i_4\},\{i_3,i_4\}\}$
3.2.	$SUP(\{i_1,i_2\}) = \frac{0}{6}$ $SUP(\{i_1,i_3\}) = \frac{2}{6}$ $SUP(\{i_1,i_4\}) = \frac{2}{6}$ $SUP(\{i_2,i_3\}) = \frac{3}{6}$ $SUP(\{i_2,i_4\}) = \frac{1}{6}$ $SUP(\{i_3,i_4\}) = \frac{2}{6}$
3.3.	$\tilde{\mathbb{C}}_2 := \{\{i_1,i_3\},\{i_1,i_4\},\{i_2,i_3\},\{i_3,i_4\}\}$
3.4.	$n := 2+1$
3.	$\tilde{\mathbb{C}}_2 \neq \emptyset$
3.1.	$\tilde{\mathbb{D}}_3 :=$ *apriori-gen* $(\tilde{\mathbb{C}}_2)$ Join-Step: $\tilde{\mathbb{D}}_3 := \{\{i_1,i_3,i_4\}\}$ Prune-Step: $\tilde{\mathbb{D}}_3 := \{\{i_1,i_3,i_4\}\}$
3.2.	$SUP(\{i_1,i_3,i_4\}) = \frac{1}{6}$
3.3.	$\tilde{\mathbb{C}}_3 := \emptyset$
3.4.	$n := 3+1$
3.	$\tilde{\mathbb{C}}_3 = \emptyset \rightarrow$ STOPP

Wie erwartet liefert der Algorithmus keine 3-elementigen häufigen Itemmengen, sondern nur 1- und 2-elementige. Dies sind die Mengen $\{i_1\}$, $\{i_2\}$, $\{i_3\}$ und $\{i_4\}$ sowie $\{i_1,i_3\}$, $\{i_1,i_4\}$, $\{i_2,i_3\}$ und $\{i_3,i_4\}$.

13.6.3 Kriterien zur Bewertung von Assoziationsregeln

Bei großen Datensätzen kann die Menge der gefundenen Regeln trotz der Vorgabe eines minimalen Supports und einer minimalen Konfidenz schnell unüberschaubar werden, weshalb weitere Kriterien zur Bewertung der Regeln wünschenswert sind. Ein solches Kriterium ist z.B. die **Interessantheit einer Regel**. *Piatetsky-Shapiro* (1991) folgend ist eine Regel $\mathbb{A} \Rightarrow \mathbb{B}$ dann „uninteressant", wenn der

Regelrumpf $\mathbb{A}$ und der Regelkopf $\mathbb{B}$ stochastisch unabhängig sind, d.h. wenn die beobachtete absolute Häufigkeit des gemeinsamen Auftretens von Regelrumpf und Regelkopf der erwarteten absoluten Häufigkeit bei stochastischer Unabhängigkeit entspricht:

$$|\{\mathbb{T} \in \mathbb{Q} \mid (\mathbb{A} \cup \mathbb{B}) \subseteq \mathbb{T}\}| = \frac{|\{\mathbb{T} \in \mathbb{Q} \mid \mathbb{A} \subseteq \mathbb{T}\}| \cdot |\{\mathbb{T} \in \mathbb{Q} \mid \mathbb{B} \subseteq \mathbb{T}\}|}{|\mathbb{Q}|} \tag{13.4}$$

Dividiert man beide Seiten durch $|\mathbb{Q}|$ und berücksichtigt die Definition des Supports, so gilt damit auch:

$$SUP(\mathbb{A} \Rightarrow \mathbb{B}) = SUP(\mathbb{A}) \cdot SUP(\mathbb{B}) \quad \Leftrightarrow \quad \underbrace{\frac{SUP(\mathbb{A} \Rightarrow \mathbb{B})}{SUP(\mathbb{A}) \cdot SUP(\mathbb{B})}}_{LIFT(\mathbb{A} \Rightarrow \mathbb{B})} = 1 \tag{13.5}$$

Der angegebene Quotient ist ein Maß für die Interessantheit einer Regel (vgl. *Brin et al.* (1997)) und wird als **Lift** bezeichnet. Ist der Lift einer Regel $\mathbb{A} \Rightarrow \mathbb{B}$ – im Gegensatz zu Gleichung 13.5 – größer (kleiner) als 1, so deutet dies auf eine positive (negative) Abhängigkeit von $\mathbb{A}$ und $\mathbb{B}$ hin. Ein Lift nahe oder gleich 1 signalisiert Unabhängigkeit der Mengen $\mathbb{A}$ und $\mathbb{B}$. Mit

$$CONF(\mathbb{A} \Rightarrow \mathbb{B}) = \frac{SUP(\mathbb{A} \Rightarrow \mathbb{B})}{SUP(\mathbb{A})} \tag{13.6}$$

gilt auch:

$$LIFT(\mathbb{A} \Rightarrow \mathbb{B}) = \frac{SUP(\mathbb{A} \Rightarrow \mathbb{B})}{SUP(\mathbb{A}) \cdot SUP(\mathbb{B})} = \frac{CONF(\mathbb{A} \Rightarrow \mathbb{B})}{SUP(\mathbb{B})} \tag{13.7}$$

Der Lift einer Regel gibt somit an, um welchen Faktor der Regelkopf $\mathbb{B}$ unter der Voraussetzung des Eintretens von $\mathbb{A}$ häufiger bzw. seltener auftritt als in der gesamten Datenbasis. Da $SUP(\mathbb{A} \Rightarrow \mathbb{B}) = SUP(\mathbb{B} \Rightarrow \mathbb{A})$ ist, gilt auch $LIFT(\mathbb{A} \Rightarrow \mathbb{B}) = LIFT(\mathbb{B} \Rightarrow \mathbb{A})$. Für die Regel $\{i_2\} \Rightarrow \{i_3\}$ aus unserem kleinen Datenbeispiel erhält man beispielsweise:

$$LIFT(\{i_2\} \Rightarrow \{i_3\}) = \frac{SUP(\{i_2\} \Rightarrow \{i_3\})}{SUP(\{i_2\}) \cdot SUP(\{i_3\})} = \frac{1/2}{1/2 \cdot 5/6} = 1,2$$

Der Wert liegt nur geringfügig über dem Wert von 1 für totale Unabhängigkeit, so dass im vorliegenden Fall von einer geringen „Interessantheit" dieser Regel auszugehen ist. Aufgrund des geringen Umfangs der zugrunde liegenden Datenbasis ist dies nicht weiter verwunderlich.

Um bei der Messung der Interessantheit die Richtung einer (Verbund-) Beziehung zu berücksichtigen, schlagen *Brin et al.* (1997) noch die **Conviction** („Überzeugung") einer Regel vor. Es gilt:

$$CONV(\mathbb{A} \Rightarrow \mathbb{B}) = \frac{SUP(\mathbb{A}) \cdot SUP(\neg\mathbb{B})}{SUP(\mathbb{A} \Rightarrow \neg\mathbb{B})} \tag{13.8}$$

wobei $SUP(\neg\mathbb{B})$ den Anteil derjenigen Transaktionen an allen Transaktionen angibt, die die Itemmenge $\mathbb{B}$ nicht enthalten. Darüber hinaus kann die Interpretation des Lifts bezüglich der (Un-) Abhängigkeit von $\mathbb{A}$ und $\mathbb{B}$ auf dieses Maß übertragen werden. Liegt eine positive Abhängigkeit vor und ist $CONF(\mathbb{A} \Rightarrow \mathbb{B}) > CONF(\mathbb{B} \Rightarrow \mathbb{A})$, so ist auch $CONV(\mathbb{A} \Rightarrow \mathbb{B}) > CONV(\mathbb{B} \Rightarrow \mathbb{A})$. Die Anwendung dieses Maßes auf die Regel $\{i_2\} \Rightarrow \{i_3\}$ aus dem Datenbeispiel führt zu folgendem Resultat:

$$CONV(\{i_2\} \Rightarrow \{i_3\}) = \frac{SUP(\{i_2\}) \cdot SUP(\neg\{i_3\})}{SUP(\{i_2\} \Rightarrow \neg\{i_3\})} = \frac{1/2 \cdot 1/6}{0/6} \text{ nicht def.!}$$

Die Tatsache, dass die Conviction für eine Regel aufgrund der Division durch einen Wert nahe 0 gegen ∞ strebt und damit eine totale Abhängigkeit der betreffenden Items signalisiert, zeigt auf recht deutliche Weise, wie wichtig der sorgsame Umgang mit den vorgestellten Interessantheitsmaßen ist. Eine blinde Kennzahlengläubigkeit kann hier fatale Folgen für die Güte der zu gewinnenden Erkenntnisse haben. Für das Itempaar i_1, i_4 gilt analog:

$$CONV(\{i_1\} \Rightarrow \{i_4\}) = \frac{SUP(\{i_1\}) \cdot SUP(\neg\{i_4\})}{SUP(\{i_1\} \Rightarrow \neg\{i_4\})} = \frac{1/3 \cdot 1/3}{1/6} = 0,67$$

Den Überlegungen von *Piatesty-Shapiro* (1991) folgend kann die statistische Signifikanz einer Regel mit einem Chi-Quadrat-Unabhängigkeitstest auf Basis der Nullhypothese „H_0: Die Itemmengen $\mathbb{A}$ und $\mathbb{B}$ sind voneinander unabhängig." überprüft werden. In Anlehnung an *Bayardo, Agrawal* (1999) ist die zugehörige Teststatistik wie folgt definiert:

$$\chi^2(\mathbb{A} \Rightarrow \mathbb{B}) = \frac{SUP(\mathbb{A})\,|\mathbb{Q}|\left(\frac{SUP(\mathbb{A}\Rightarrow\mathbb{B})}{SUP(\mathbb{A})} - SUP(\mathbb{B})\right)^2}{SUP(\mathbb{B})}$$
$$+\frac{SUP(\neg\mathbb{A})\,|\mathbb{Q}|\left(\frac{SUP(\neg\mathbb{A}\Rightarrow\mathbb{B})}{SUP(\neg\mathbb{A})} - SUP(\mathbb{B})\right)^2}{SUP(\mathbb{B})}$$
$$+\frac{SUP(\mathbb{A})\,|\mathbb{Q}|\left(\frac{SUP(\mathbb{A}\Rightarrow\neg\mathbb{B})}{SUP(\mathbb{A})} - SUP(\neg\mathbb{B})\right)^2}{SUP(\neg\mathbb{B})}$$
$$+\frac{SUP(\neg\mathbb{A})\,|\mathbb{Q}|\left(\frac{SUP(\neg\mathbb{A}\Rightarrow\neg\mathbb{B})}{SUP(\neg\mathbb{A})} - SUP(\neg\mathbb{B})\right)^2}{SUP(\neg\mathbb{B})} \qquad (13.9)$$

Der χ^2-Wert einer Regel berücksichtigt ebenso wie der Lift nicht die Richtung der Regel, d.h. es gilt: $\chi^2(\mathbb{A} \Rightarrow \mathbb{B}) = \chi^2(\mathbb{B} \Rightarrow \mathbb{A})$. Wendet man obige Berechnungsvorschrift wieder auf unsere Regel $\{i_2\} \Rightarrow \{i_3\}$ an, so liefert dies den empirischen Wert:

$$\chi^{2\ emp}(\{i_2\} \Rightarrow \{i_3\}) = \frac{31}{30} = 1,033$$

Die Durchführung eines vollständigen Tests ist in unserem Beispiel aufgrund des sehr geringen Stichprobenumfangs nicht sinnvoll und unterbleibt deshalb. Für die grundsätzliche Vorgehensweise sei stattdessen auf die entsprechenden Ausführungen in Kapitel 4 verwiesen.

Kapitel 14

Messung der Kundenzufriedenheit

14.1 Begriffsabgrenzung und Problemstellung

Die zuverlässige und präzise Messung der Kundenzufriedenheit ist insbesondere wegen der von Theorie und Praxis gleichermaßen postulierten Notwendigkeit einer kundenorientierten Unternehmensführung ein bedeutendes Aufgabengebiet der Marketingforschung. Der gezielte Übergang von einer primär auf die Gewinnung von Neukunden ausgerichteten Marketingstrategie hin zu einer Strategie der dauerhaften Kundenbindung[1] ist ohne die genaue Kenntnis der Meinungen und Einstellungen der Kunden in Bezug auf das Leistungsangebot der betreffenden Unternehmen kaum vorstellbar. Auch die Auseinandersetzung mit Konzepten des Beziehungsmarketing oder der Aufbau eines Beschwerdemanagements erscheint ohne adäquate Berücksichtigung des Konstrukts Zufriedenheit kaum sinnvoll. Das kontinuierliche und auf dem Instrumentarium der Zufriedenheitsmessung aufbauende Zufriedenheitsmonitoring gehört bereits heute in zahlreichen Unternehmen zum Standardrepertoire der betrieblichen Marketingforschung. Der besondere Stellenwert der Kundenzufriedenheit für Wissenschaft und Praxis kommt z.B. durch die beachtliche Anzahl von weit über 700 Veröffentlichungen zu diesem Thema bereits in der Zeit von 1975 bis 1990 allein in den USA zum Ausdruck (vgl. *Homburg, Rudolph* (1998)).

Kundenzufriedenheit kann als eine positive emotionale Reaktion der Kunden auf eine unternehmerische Leistung im Rahmen eines wirtschaftlichen Austausch-

[1] *Homburg, Werner* (2000, S. 914) folgend kann Kundenbindung als hypothetisches Konstrukt mit den beiden Dimensionen „bisheriges Verhalten" (bisheriges Kauf- und Weiterempfehlungsverhalten) und „zukunftsgerichtete Verhaltensabsicht" (zukünftige Wiederkauf- und Weiterempfehlungsabsicht) verstanden werden.

prozesses interpretiert werden. Etwas abstrakter formuliert ist Kundenzufriedenheit das Ergebnis eines bewussten oder unbewussten Vergleichs von wahrgenommener Leistungsrealität (Ist-Leistung) und bestehender Erwartungshaltung (Soll-Leistung). Auf diesem Verständnis basiert auch die immer wieder als Argumentationsbasis herangezogene Theorie der (nicht-) bestätigten Erwartungen („Confirmation/Disconfirmation Theory").

Der **C/D-Theorie**[2] zufolge ist Zufriedenheit das Ergebnis eines kognitiven Soll-Ist-Vergleichs zwischen erwarteter Leistung und wahrgenommener bzw. erfahrener Leistung. Das Ausmaß der Zufriedenheit wird vom Ausmaß der Abweichung vom Sollwert bestimmt. Abbildung 14.1 liefert eine strukturelle Vorstellung von der C/D-Theorie und stellt Beziehungen zu korrespondierenden Theorien aus der Psychologie dar.

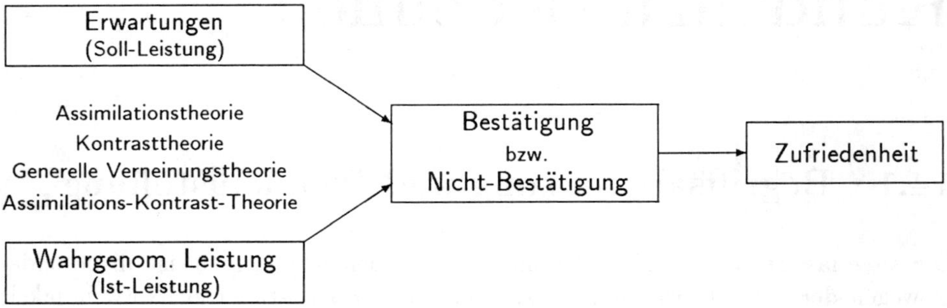

Abbildung 14.1: *Struktur der Theorie der (nicht-) bestätigten Erwartungen*

Bei der **Assimilationstheorie** geht man davon aus, dass die Nicht-Bestätigung bestehender Erwartungen bei dem betreffenden Kunden zu einem kognitiven Ungleichgewicht führt. Um in dieser Situation wieder zu einem inneren Gleichgewicht zu gelangen, werden die Erwartungen innerhalb gewisser Grenzen an die wahrgenommenen Leistungen angepasst.

Auch bei der **Kontrasttheorie** korrigiert der Kunde seine Wahrnehmung nachträglich entsprechend der ursprünglichen Erwartungen. Und zwar beurteilt er die Leistung besser als sie tatsächlich ist, wenn das wahrgenommene Leistungsniveau die Erwartungen übertrifft. Kann das wahrgenommene Leistungsniveau die Erwartungen nicht erfüllen, so wird die Leistung schlechter bewertet als sie tatsächlich ist.

Nach der **generellen Verneinungstheorie** führt jede Abweichung (gleich welcher Art) zwischen Erwartung und tatsächlich wahrgenommener Leistung beim Kunden zu einer grundsätzlich negativen Einstellung gegenüber der Leistung. Bei Vorliegen einer Diskrepanz wird die Leistung auf jeden Fall schlechter bewertet, als wenn keine diesbezüglichen Erwartungen bestanden hätten.

[2] Die Abkürzung C/D steht für „Confirmation/Disconfirmation".

Der **Assimilations-Kontrast-Theorie** liegt die Annahme zugrunde, dass der Kunde im Hinblick auf Abweichungen der wahrgenommenen Leistungen von seinen bestehenden Erwartungen eine gewisse Toleranz zeigt. Ist diese Diskrepanz so gering, dass sie noch innerhalb der eigenen Toleranzgrenzen liegt, so passt der Kunde die Wahrnehmung an seine Erwartungen entsprechend der Assimilationstheorie an. Ist die bestehende Diskrepanz für den Kunden hingegen nicht mehr akzeptabel, so erfolgt eine Beurteilung der Leistung gemäß der Kontrasttheorie.

Die unterschiedlichen Formen der Wahrnehmungsverzerrung im Zusammenhang mit der Beurteilung von in Anspruch genommenen oder in Anspruch zu nehmen beabsichtigten Leistungen erschweren die objektive und zuverlässige Messung der Kundenzufriedenheit als Ganzes. Obwohl mittlerweile eine unüberschaubare Menge von Studien im Kontext der Zufriedenheitsmessung vorliegt, bemängelt *Matzler* (2000, S. 5), dass die Erforschung des hypothetischen Konstrukts (Kunden-) Zufriedenheit an sich bisher nur unzureichend ist. Auch *Stauss* (1999) betont den nach wie vor bestehenden Forschungsbedarf. Da in der betrieblichen Praxis aber nicht bis zum Abschluss dieses Forschungsprozesses – falls dieser überhaupt jemals abzuschließen ist – gewartet werden kann, sind die im Folgenden vorzustellenden Möglichkeiten der Messung von Kundenzufriedenheit entwickelt worden. Sie erlauben zumindest eine näherungsweise Bestimmung der aus einer Leistung resultierenden Zufriedenheit.

14.2 Einfache Ansätze zur Zufriedenheitsmessung

Die bekannten Ansätze zur Zufriedenheitsmessung lassen sich in objektive und subjektive Verfahren unterteilen. Bei einer **objektiven Messung** erfolgt die Bewertung mittels sachlicher Indikatoren, z.B. den mit einem Produkt in einem bestimmten Zeitraum realisierten Umsätzen oder Marktanteilen. Allerdings können, um beim Beispiel zu bleiben, weder Umsatz noch Marktanteil als alleiniges Maß der Zufriedenheit fungieren, da der Kauf eines Produkts z.B. auch schlicht in Ermangelung existierender oder wahrgenommener Alternativen zustande gekommen sein könnte. Ähnlich verhält es sich auch mit den anderen in Abbildung 14.2 genannten und weitgehend selbsterklärenden objektiven Indikatoren. Die in Anlehnung an *Korte* (1995, S. 52), *Homburg, Werner* (1996), *Homburg, Rudolph* (1998, S. 48), *Bruhn, Murmann* (1998), *Scharnbacher, Kiefer* (1998, S. 19) und *Stauss* (1999) erstellte Abbildung gibt einen Überblick über mögliche Vorgehensweisen zur Messung der Kundenzufriedenheit.

Im Gegensatz dazu zielen **subjektive Zufriedenheitsmessungen** auf die Erfassung individuell unterschiedlich ausgeprägter psychischer und somit personengebundener Sachverhalte ab. Die subjektiven Messungen lassen sich ihrerseits in ereignisorientierte und merkmalsorientierte Messungen und letztere noch einmal in implizite und explizite Ansätze unterscheiden.

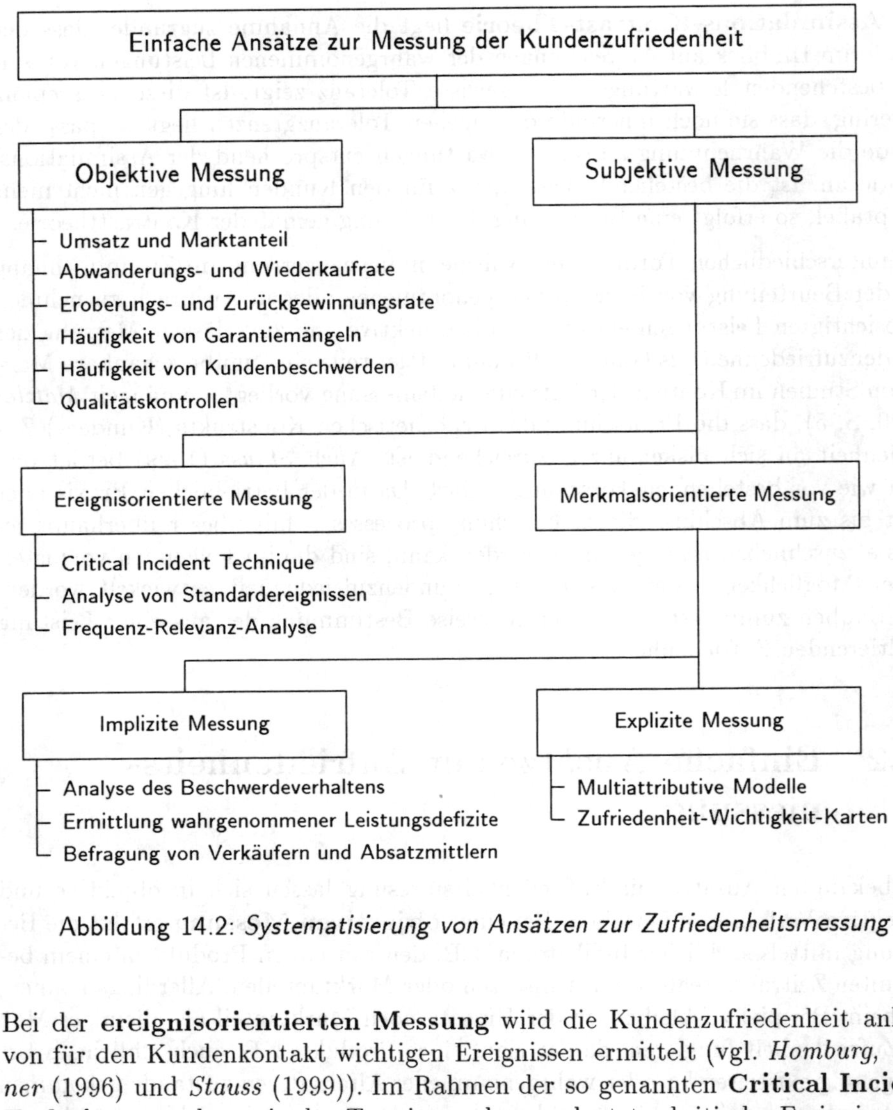

Abbildung 14.2: *Systematisierung von Ansätzen zur Zufriedenheitsmessung*

Bei der **ereignisorientierten Messung** wird die Kundenzufriedenheit anhand von für den Kundenkontakt wichtigen Ereignissen ermittelt (vgl. *Homburg, Werner* (1996) und *Stauss* (1999)). Im Rahmen der so genannten **Critical Incident Technique** werden, wie der Terminus schon andeutet, „kritische Ereignisse“ im Kundenkontakt eines Unternehmens analysiert. Ein kritisches Ereignis ist ein von den Kunden besonders positiv oder besonders negativ empfundenes Ereignis im Rahmen der Interaktion mit dem Unternehmen. Für die Datenerhebung können z.B. freie Tiefeninterviews eingesetzt werden (vgl. *Bitner et al.* (1990)).

Bei der **Analyse von Standardereignissen** steht die Zufriedenheit der Kunden mit wiederholt stattfindenden Ereignissen (z.B. den regelmäßigen Wartungsarbeiten an einer Heizungsanlage durch die zuständige Installationsfirma) im Mittelpunkt des Interesses. Diese Form der Zufriedenheitsmessung ist ähnlich der multiattributiven Messung (s.u.) als standardisiertes Verfahren angelegt und ermöglicht so vergleichsweise detaillierte Aussagen über die Kundenzufriedenheit.

Mittels der Analyse der Wichtigkeit einzelner Ereignisse können auch Hinweise auf kritische Ereignisse gewonnen werden.

Die **Frequenz-Relevanz-Analyse** dient der frühzeitigen Identifikation von fehleranfälligen Prozessen und Ereignissen. Neben der Häufigkeit des Auftretens von Fehlern werden auch deren Konsequenzen für den betreffenden Kundenkontakt erhoben. Letztere werden über Wiederkaufwahrscheinlichkeiten der einzelnen Leistungen operationalisiert. Auf diese Weise lassen sich Wahrscheinlichkeiten für den Kundenverlust infolge eines Fehlers berechnen. Insoweit handelt es sich um ein Verfahren zur Messung der Unzufriedenheit und nicht der Zufriedenheit. Je nach Häufigkeit (Frequenz) und Wichtigkeit (Relevanz) können in Anlehnung an *Homburg, Werner* (1996) verschiedene in Abbildung 14.3 zusammengestellte Fehlerarten unterschieden werden.

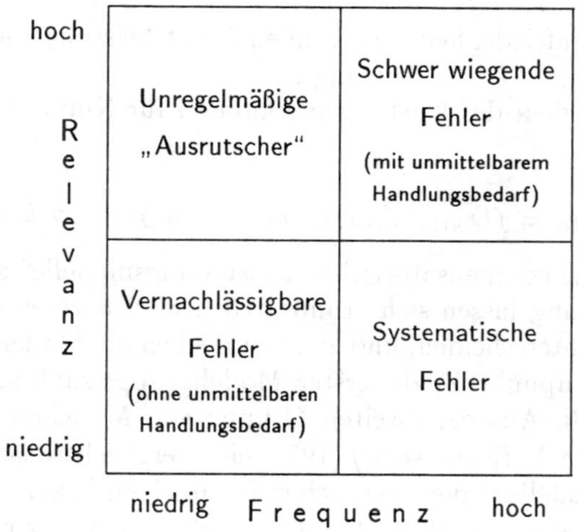

Abbildung 14.3: *Fehlerarten im geschäftlichen Kundenkontakt*

Bei der **merkmalsorientierten Messung** stehen die mittels geeigneter Indikatoren zu operationalisierenden Merkmale einer Leistung im Mittelpunkt des Interesses. Bei einer **impliziten Messung** lassen die herangezogenen Indikatoren nur einen mittelbaren Rückschluss auf die Zufriedenheit zu. Wie bereits in Abbildung 14.2 angedeutet zählen hierzu beispielsweise die Verfahren zur Erfassung des Beschwerdeverhaltens im Rahmen des Beschwerdemanagements und die Ermittlung wahrgenommener Leistungsdefizite durch die gezielte Befragung von Verkäufern und Absatzmittlern mit direktem Kundenkontakt. Implizite Zufriedenheitsmessungen weisen jedoch einige nicht zu vernachlässigende Nachteile hinsichtlich ihrer Reliabilität und Validität auf. So kann z.B. das Ausbleiben einer Beschwerde nicht zwangsläufig als Zeichen der Zufriedenheit mit einer Leistung interpretiert werden. Aufwand und Unannehmlichkeiten im Zusammenhang mit der Artikulation von Beschwerden oder vermeintlich geringe Aussichten auf Erfolg halten viele Kunden von solchen Aktivitäten ab. Und auch die Befragung des Verkaufspersonals ist aufgrund vielfach bestehender „Betriebsblindheit“ und möglicher Eigeninteressen von nur bedingter Aussagekraft.

Die aus Sicht der Marketingforschung daher vorzuziehende Form der Zufriedenheitsmessung ist die explizite. Bei der **expliziten Messung** kommt den multiattributiven Messmodellen besondere Bedeutung zu. Ausgangspunkt der Modellierungsüberlegungen ist die Annahme, dass sich die Gesamtzufriedenheit in Bezug auf eine Leistung (z.B. ein Automobil einer bestimmten Marke) aus der Zufriedenheit mit einzelnen, als relevant erachteten Leistungsmerkmalen (z.B. der Fahrleistung, dem Sitzkomfort und dem Benzinverbrauch) zusammensetzt.

Mit

y_{ki} = Gesamtzufriedenheit des Kunden k ($k = 1, \ldots, K$) mit Leistung i ($i = 1, \ldots, I$)

x_{kij} = Einzelzufriedenheit des Kunden k mit Leistungsmerkmal j ($j = 1, \ldots, J$) bei Leistung i

η_{kj} = Wichtigkeit des Leistungsmerkmals j für Kunde k

gilt allgemein:

$$y_{ki} = f(x_{ki1}, \ldots, x_{kiJ}; \eta_{k1}, \ldots, \eta_{kJ}) \qquad \forall\ k, i \tag{14.1}$$

In Anlehnung an die kompensatorischen Einstellungsmodelle[3] aus der Konsumentenverhaltensforschung lassen sich grundsätzlich zwei Formen der Formalisierung der Funktion $f(.)$ unterscheiden, und zwar zum einen die Modelle mit und zum anderen jene ohne Idealpunkt. Zu der ersten Modellgruppe zählt z.B. das „Adequacy-Importance“-Modell. Aus der zweiten Gruppe von Modellen hat vor allem das Idealpunktmodell nach *Trommsdorff* (1975) eine vergleichsweise weite Verbreitung gefunden. Beide Modelle eignen sich neben ihrem eigentlichen Anwendungsgebiet, der Einstellungsmessung, auch für die Zufriedenheitsmessung und werden deshalb nachfolgend genauer vorgestellt.[4]

Beim **„Adequacy-Importance“-Modell** unterstellt man den folgenden einfachen Funktionalzusammenhang:

$$y_{ki} = \sum_{j=1}^{J} \eta_{kj} x_{kij} \qquad \forall\ k, i \tag{14.2}$$

Die Gesamtzufriedenheit des Kunden k mit Leistung i entspricht somit der Summe der mit ihrer individuellen Wichtigkeit gewichteten, merkmalsspezifischen Ein-

[3] Eine Grundannahme dieser Modelle besteht darin, dass sich die Einstellung einer Person zu einem Objekt (oder einer Leistung) aus der Wahrnehmung und kognitiven Verarbeitung einzelner (jedoch nicht notwendigerweise aller) Merkmale des Objekts entwickelt. Kompensation bedeutet in diesem Zusammenhang, dass „ungünstige“ (d.h. die Einstellung zu dem Objekt negativ beeinflussende) Merkmalsbewertungen durch „günstige“ ausgeglichen werden können. Eine einführende Darstellung von Einstellungsmodellen bieten z.B. *Kroeber-Riel, Weinberg* (1999).

[4] Die vorgestellten Modellformulierungen sind die jeweilige Grundform. In der einschlägigen Literatur zur Einstellungsmessung (vgl. z.B. *Freter* (1979)) finden sich darüber hinaus zahlreiche Modifikationen dieser Basismodelle.

zelzufriedenheiten. Durch Mittelung über alle bei der Messung berücksichtigten Kunden erhält man eine Vorstellung von der Zufriedenheit mit Leistung i in der Zielgruppe. Je höher der resultierende Wert (bei nicht-negativen Einzelzufriedenheitswerten und Wichtigkeiten), desto größer die Zufriedenheit.

Beim **Idealpunktmodell** orientiert man sich an den Ausprägungen der Merkmale einer als „ideal" empfundenen Leistung. Im Kontext der Zufriedenheitsmessung können wir den Begriff der „idealen" Leistung auch durch den der erwarteten ersetzen und bewegen uns damit wieder in der bereits bekannten Begriffswelt der C/D-Theorie. Die Gesamtzufriedenheit mit einer Leistung i wird als umso positiver ausgewiesen, je weniger sich die tatsächlich wahrgenommene von der erwarteten Leistung unterscheidet, d.h. je kleiner die „Distanz" der wahrgenommenen Leistung zur erwarteten ausfällt. Abweichungen bei den einzelnen Merkmalen nach oben oder unten werden also in gleicher Weise negativ beurteilt. Somit gilt:

$$y_{ki} = \sum_{j=1}^{J} \eta_{kj} |x_{kij} - x_{kj}^{ideal}| \qquad \forall\ k, i \tag{14.3}$$

mit x_{kj}^{ideal} als der von Kunde k bei Leistungen der betrachteten Art als ideal bzw. wünschenswert empfundenen Ausprägung des Merkmals j und x_{kij} als der von ihm bei diesem Merkmal der Leistung i tatsächlich wahrgenommenen Ausprägung. Aufgrund der Differenzenbildung (bei nicht-negativen Merkmalswichtigkeiten und -ausprägungen) ist die Zufriedenheit mit Leistung i also umso größer, je kleiner y_{ki} ausfällt.

Für die Beurteilung der einzelnen Leistungsmerkmale werden in der einschlägigen Literatur unterschiedliche Skalen empfohlen bzw. eingesetzt. *Cadotte et al.* (1987) z.B. empfehlen eine 5-stufige bipolare Ratingskala mit den Polen 1 („sehr schlecht") und 5 („sehr gut"). *Churchill, Suprenant* (1982) hingegen operieren mit einer 7-stufigen Skala mit den Polen 1 („schrecklich") und 7 („exzellent") und *Spreng et al.* (1996) messen die wahrgenommene Leistung sogar mit einer 11-stufigen Skala und differenzieren hierbei in 1 („durchschnittlich"), ..., 6 („sehr gut"), ..., 11 („extrem gut"). Analoge Skaleneinteilungen werden auch für die Messung der jeweiligen Wichtigkeiten vorgeschlagen. Leider liegen nach Kenntnis der Verfasser bis dato noch keine absolut verbindlichen und zuverlässigen Aussagen darüber vor, welche Skalenlänge mit welchen semantischen Stufenbezeichnungen die beste ist. Auf jeden Fall sollten aber die Differenzierungsfähigkeit der zu befragenden Zielgruppe in Bezug auf den Untersuchungsgegenstand und die auf die Daten anzuwenden beabsichtigten Analysemethoden Berücksichtigung finden. Ist bei der Bestimmung der Wichtigkeiten zu befürchten, dass pauschal alle Leistungsmerkmale als sehr wichtig beurteilt werden, so empfiehlt sich die Verwendung von Konstantsummenskalen. Abbildung 14.4 zeigt exemplarisch eine einfache Fragesequenz zur Bestimmung der Zufriedenheit mit den Gebrauchsanweisungen eines Elektrogeräteherstellers, wie sie in Verbindung mit dem zuerst genannten Modell zum Einsatz kommen könnte.

Bitte bewerten Sie die Wichtigkeit der nachfolgend genannten Leistungsmerkmale!

	absolut unwichtig				absolut wichtig
Verständlichkeit der Texte	1	2	3	4	5
Aufmachung und Design	1	2	3	4	5
Vollständigkeit der Informationen	1	2	3	4	5
Interpretierbarkeit der Graphiken	1	2	3	4	5
Angaben zu Fragen der Sicherheit	1	2	3	4	5

Bewerten Sie nun bitte Ihre Zufriedenheit mit den einzelnen Leistungsmerkmalen!

	absolut unzufrieden				absolut zufrieden
Verständlichkeit der Texte	1	2	3	4	5
Aufmachung und Design	1	2	3	4	5
Vollständigkeit der Informationen	1	2	3	4	5
Interpretierbarkeit der Graphiken	1	2	3	4	5
Angaben zu Fragen der Sicherheit	1	2	3	4	5

Abbildung 14.4: *Messung der Zufriedenheit mit den Gebrauchsanweisungen eines Elektrogeräteherstellers*

Ein grundsätzlicher Nachteil dieser Modelle besteht darin, dass einem berechneten Gesamtzufriedenheitswert im Nachhinein nicht mehr anzusehen ist, ob eine mittlere Gesamtzufriedenheit das Ergebnis einer generell mittelmäßigen Bewertung der Leistungsmerkmale bei gleichzeitig mittlerer Gewichtung derselben ist, oder ob der Proband die einzelnen Leistungsmerkmale sehr unterschiedlich bewertet und gewichtet hat. Die Modelleigenschaft der Kompensation sollte bei der Ergebnisinterpretation auf jeden Fall berücksichtigt werden.

Neben der oben dargestellten Berechnung von Gesamtzufriedenheiten empfiehlt sich deshalb die ergänzende Auswertung der erhobenen merkmalsspezifischen Einzelzufriedenheiten mittels so genannter **Zufriedenheit-Wichtigkeit-Karten**, aus denen sich oftmals schon erste konkrete Handlungsempfehlungen ableiten lassen. Abbildung 14.5 gibt das Ergebnis einer fiktiven Datenerhebung zum Elektrogeräteherstellerbeispiel wieder. Die Einzelbewertungen der befragten Probanden wurden hierbei durch Mittelwertbildung bezüglich der einzelnen Leistungsmerkmale aggregiert. Jeder Punkt in der Graphik repräsentiert somit die bezüglich des betreffenden Merkmals erzielte mittlere Zufriedenheit und mittlere Wichtigkeit. Die Abbildung dokumentiert also das über alle Probanden „gemittelte Meinungsbild" der zugrunde liegenden Stichprobe. Die in Kursivschrift eingetragenen Hinweise sind erste globale Implikationen.[5]

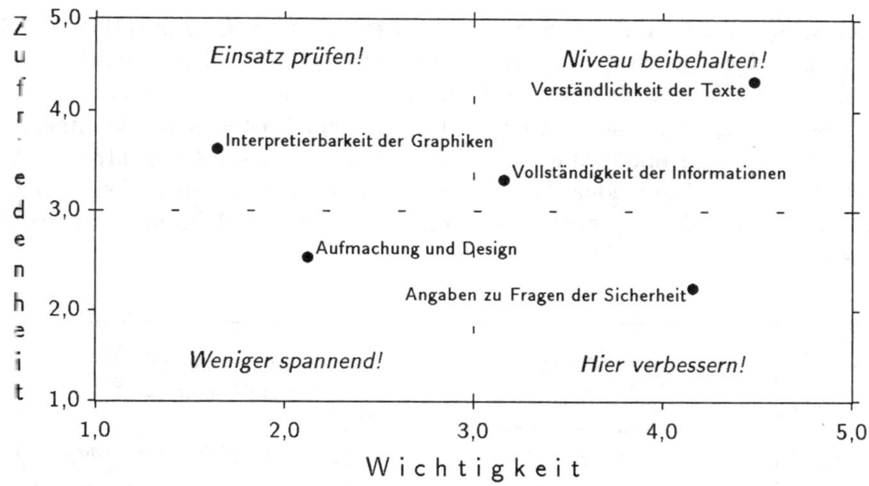

Abbildung 14.5: *Zufriedenheit-Wichtigkeit-Karte für die Gebrauchsanweisungen eines Elektrogeräteherstellers*

Die aus der Mittelwertbildung resultierende leichte Interpretierbarkeit solcher Darstellungen geht jedoch mit einem deutlichen Informationsverlust einher, wenn die individuellen Zufriedenheiten und Wichtigkeiten stark um den jeweiligen Mittelwert streuen. Eine Möglichkeit diesen Informationsverlust einzuschränken besteht darin, dass man anstelle der Mittelwerte die jeweiligen Mediane betrachtet und zu diesen die zugehörigen Box-Plots[6] erstellt.

Zur Veranschaulichung der grundsätzlichen Vorgehensweise wird im Folgenden unterstellt, dass die interessierenden Zufriedenheiten und Wichtigkeiten nicht auf einer äquidistanten 5-stufigen Ratingskala (gemäß Abbildung 14.4) gemessen wurden, sondern auf einem monopolaren Kontinuum (gemäß Abbildung 10.6 auf S. 237) mit den Skalenenden 1 für „absolut unzufrieden" bzw. „absolut unwichtig" und 5 für „absolut zufrieden" bzw. „absolut wichtig". Aufgrund der gleichzeitigen Betrachtung zweier Aspekte (Zufriedenheit und Wichtigkeit) je Leistungsmerkmal sind, wie in Abbildung 14.6 geschehen, jeweils zwei Box-Plots pro Merkmal

[5] Eine weiterführende Motivation dieser Darstellungsform findet sich z.B. in *Wagner, Decker* (1997).

[6] Ein Box-Plot ist eine spezielle graphische Darstellung von Beobachtungswerten (im vorliegenden Fall eben von individuellen Zufriedenheiten und Wichtigkeiten) entlang einer zuvor festgelegten Skala, bei der auch die Streuung der Einzelbeobachtungen um den Median Berücksichtigung findet.

übereinander zu legen[7], und zwar je einer für die individuellen Zufriedenheiten und einer für die individuellen Wichtigkeiten. Die nicht durch Box-Plots ersetzten Punkte repräsentieren nun die jeweiligen Mediane (nicht die Mittelwerte!). Im Interesse der Vergleichbarkeit der Darstellungen wurde in Abbildung 14.6 unterstellt, dass die Lage der Mediane gerade mit jener der Mittelwerte in Abbildung 14.5 übereinstimmt.

Ein einzelner Box-Plot ist wie folgt zu interpretieren (vgl. *Hartung* (1995, S. 835)): Der rechteckige Kasten (die „Box") repräsentiert 50 % aller Beobachtungswerte. An der Stelle des Medians wird dieser Kasten durch eine (gestrichelt angedeutete) Linie geteilt. Die durchgezogene, aus dem Kasten herauskommende Linie („Beobachtungslinie") hingegen repräsentiert das gesamte Spektrum der Beobachtungswerte. Die beiden die „Beobachtungslinie" an ihren Enden begrenzenden Linien stehen dementsprechend für das Maximum und Minimum der Beobachtungswerte.

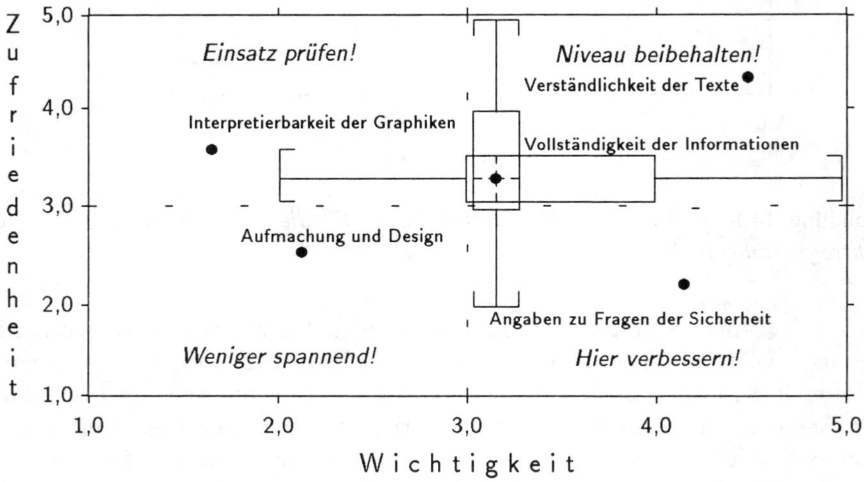

Abbildung 14.6: *Zufriedenheit-Wichtigkeit-Karte mit Box-Plot*

Im Fall des Leistungsmerkmals „Vollständigkeit der Informationen" ist der vertikal dargestellte Box-Plot für die hierdurch repräsentierte Einzelzufriedenheit wie folgt zu lesen: Der Median der von den befragten Probanden geäußerten Zufriedenheiten liegt bei 3,3. Die höchste von einem Probanden artikulierte Zufriedenheit ist 5, die geringste hingegen beträgt 2. Gleichzeitig liegt, wie dem horizontal dargestellten Box-Plot zu entnehmen ist, der Median der Wichtigkeit dieses Leistungsmerkmals bei 3,2, die maximale geäußerte Wichtigkeit bei 5 und die minimale bei 2. Die Streuung der individuellen Messwerte ist bei diesem Leistungsmerkmal offensichtlich beachtlich, was eine vorsichtige Interpretation der beiden Mediane angeraten scheinen lässt.

[7] Aus Gründen der Übersichtlichkeit wird in die Graphik nur ein exemplarischer Box-Plot aufgenommen.

14.3 Zufriedenheitsmessung mittels ausgewählter multivariater Verfahren

14.3.1 Varianzanalytische Auswertung von Zufriedenheitsexperimenten

Neben den in Abschnitt 14.2 behandelten Formen der Zufriedenheitsmessung besteht auch die Möglichkeit der Spezifikation und Auswertung einschlägiger Experimente (vgl. Kapitel 6), auf deren Basis der statistische „Nachweis" erbracht werden kann, ob eine Marketingmaßnahme einen Einfluss auf die Kundenzufriedenheit hat oder nicht. Beispielsweise könnte der bereits im vorangegangenen Abschnitt erwähnte Elektrogerätehersteller nach genauerer Inaugenscheinnahme seiner Zufriedenheit-Wichtigkeit-Karten daran interessiert sein herauszufinden, ob sich alternative Formen der Kommunikation von Angaben zur Sicherheit (Einflussfaktor 1) bzw. bestimmte Formen der Aufmachung seiner Gebrauchsanweisungen (Einflussfaktor 2) in statistisch signifikanter Weise auf die Zufriedenheit seiner Kunden auswirken.

Die methodische Grundlage für solche Untersuchungen bieten die Varianzanalyse und die damit korrespondierende Testtheorie. Anhand eines einfachen und auch auf andere, ähnlich gelagerte Fragestellungen im Kontext der Zufriedenheitsmessung übertragbaren Beispiels soll nachfolgend die grundsätzliche Vorgehensweise demonstriert werden. Der Einfachheit halber beschränken wir uns dabei exemplarisch auf den Fall zweier, die Kundenzufriedenheit mutmaßlich determinierender Einflussfaktoren.

Wir wollen annehmen, dass dem Elektrogerätehersteller von einem beauftragten Werbedesigner drei ($J = 3$) mögliche Aufmachungen (Design 1, Design 2 und Design 3) für seine Gebrauchsanweisungen vorliegen. Hinsichtlich des Umgangs mit Fragen zur Sicherheit möge er grundsätzlich zwischen zwei ($I = 2$) Formen der Kommunikation (Laiensprache und Fachsprache) wählen können. Zur Überprüfung der vermuteten Wirkungszusammenhänge wurde ein Experiment entworfen und durchgeführt, bei dem drei ($\tilde{K} = 3$) voneinander unabhängige, aber bezüglich ihrer sozio-demographischen Struktur identische und gleich große Gruppen von Probanden gebeten wurden, bei jedem der sechs mit den genannten Faktorausprägungen bzw. -stufen möglichen Prototypen[8] von Gebrauchsanweisungen mittels einer Ratingskala das Ausmaß zum Ausdruck zu bringen, zu dem sie mit dem jeweiligen Prototyp im „Realfall" zufrieden wären. Je höhere Werte eine Faktorstufenkombination aufweist, desto zufriedener (aggregiert betrachtet) sind die Probanden damit.

Die aus dem Experiment resultierenden Daten können Tabelle 14.1 entnommen werden. Dabei bedeutet beispielsweise der Wert 25 im linken oberen Feld der Tabelle, dass die Kombination aus Laiensprache und Design 1 von der ersten Pro-

[8] Jeder dieser Prototypen stellt eine mögliche Faktorstufenkombination dar.

bandengruppe insgesamt 25 (Skalen-) Punkte erhielt. In der dritten Gruppe gab es für diese Kombination hingegen insgesamt 37 Punkte.

(Einfluss-) Faktor	Aufmachung (Index j)			
Kommunikationsform (Index i)	Design 1	Design 2	Design 3	$\sum$
Laiensprache	25 32 37	44 48 53	34 39 36	348
Fachsprache	46 43 37	52 58 50	37 43 43	409
$\sum$	220	305	232	757

Tabelle 14.1: *Datengrundlage des Zufriedenheitsexperiments*

Es stellt sich nun die Frage, ob die beiden Faktoren Kommunikationsform und Aufmachung einen statistisch signifikanten Einfluss auf die Zufriedenheit mit den Gebrauchsanweisungen besitzen oder nicht und ob sie sich eventuell in ihrer Wirkung sogar gegenseitig beeinflussen, d.h. ob etwaige Interaktionseffekte bestehen. Das methodische Instrumentarium für die Auswertung eines solchen Zufriedenheitsexperiments liefert die bifaktorielle Varianzanalyse[9]. Ausgangspunkt derselben sind im vorliegenden Beispiel die Hypothesen:

H_0^{Kom}: $\eta_1 = \eta_2 = 0$
(Die Kommunikationsform hat bei Fragen der Sicherheit keinen Einfluss auf die Zufriedenheit.)

H_0^{Auf}: $\eta'_1 = \eta'_2 = \eta'_3 = 0$
(Die Aufmachung hat keinen Einfluss auf die Zufriedenheit.)

H_0^{Int}: $\eta_{11} = \ldots = \eta_{ij} = \ldots = \eta_{23} = 0$
(Interaktionseffekte von Kommunikationsform und Aufmachung haben keinen Einfluss auf die Zufriedenheit.)

sowie die Modellgleichung:

$$y_{ijk} = \mu + \eta_i + \eta'_j + \eta_{ij} + \epsilon_{ijk} \quad \forall\, i, j, k \tag{14.4}$$

Den hierbei verwendeten Bezeichnern kommen die folgenden Bedeutungen zu:

[9] Varianzanalysen für den Fall von mehr als zwei Faktoren sind möglich und folgen grundsätzlich der gleichen Methodik.

y_{ijk} = k-ter Beobachtungs-/ Zufriedenheitswert ($k = 1, \ldots, \tilde{K} = 3$) für die Kombination aus i-ter Stufe ($i = 1, \ldots, I = 2$) des Faktors Kommunikationsform und j-ter Stufe ($j = 1, \ldots, J = 3$) des Faktors Aufmachung
μ = Mittelwert der Grundgesamtheit
η_i = (Haupt-) Effekt der i-ten Stufe des Faktors Kommunikationsform auf die Zufriedenheit
η'_j = (Haupt-) Effekt der j-ten Stufe des Faktors Aufmachung auf die Zufriedenheit
η_{ij} = aus der i-ten Stufe des Faktors Kommunikationsform und der j-ten Stufe des Faktors Aufmachung resultierender Interaktionseffekt
ϵ_{ijk} = (stochastische) Störvariable

Die weiteren Ausführungen orientieren sich an dem in Kapitel 4 eingeführten Sechs-Punkte-Schema des Testens.

Im Anschluss an die Formulierung der zu prüfenden Hypothesen erfolgt die Wahl eines geeigneten statistischen Tests. Im vorliegenden Fall kommt – analog zu der in Abschnitt 6.4 vorgestellten trifaktoriellen Varianzanalyse – wieder der F-Test zur Anwendung. Die Spezifikationen für die mit den drei Hypothesen korrespondierenden kritischen Werte lauten bei einem Signifikanzniveau von α und insgesamt $K = I \cdot J \cdot \tilde{K}$ Beobachtungen:

$F^{Kom}_{1-\alpha;I-1;K-I\cdot J}$ für den Faktor Kommunikationsform (mit $FG_1 = I - 1$, $FG_2 = K - I \cdot J$ Freiheitsgraden)
$F^{Auf}_{1-\alpha;J-1;K-I\cdot J}$ für den Faktor Aufmachung (mit $FG_1 = J - 1$, $FG_2 = K - I \cdot J$)
$F^{Int}_{1-\alpha;(I-1)(J-1);K-I\cdot J}$ für die Interaktionseffekte (mit $FG_1 = (I-1)(J-1)$, $FG_2 = K - I \cdot J$)

Für $\alpha = 0,05$ sowie $I = 2$, $J = 3$, $\tilde{K} = 3$ und $K = 18$ lauten die korrespondierenden Entscheidungsregeln:[10]

Verwerfe H_0^{Kom}, wenn gilt: $F^{Kom} > F^{Kom}_{0,95;2-1;18-2\cdot 3} = F^{Kom}_{0,95;1;12} = 4,75$
Verwerfe H_0^{Auf}, wenn gilt: $F^{Auf} > F^{Auf}_{0,95;3-1;18-2\cdot 3} = F^{Auf}_{0,95;2;12} = 3,89$
Verwerfe H_0^{Int}, wenn gilt: $F^{Int} > F^{Int}_{0,95;(2-1)(3-1);18-2\cdot 3} = F^{Int}_{0,95;2;12} = 3,89$

Die für die Überprüfung erforderlichen empirischen Werte F^{Kom}, F^{Auf} und F^{Int} können wie folgt bestimmt werden:

Wir beginnen mit der Berechnung des aus allen Beobachtungen zu bestimmenden Gesamtmittelwerts $\bar{y}$ gemäß der Formel:

$$\bar{y} = \frac{1}{K} \cdot \sum_{i=1}^{I} \sum_{j=1}^{J} \sum_{k=1}^{\tilde{K}} y_{ijk} \tag{14.5}$$

[10] Die benötigten kritischen Werte können der im Anhang tabellierten F-Verteilung entnommen werden.

Im Beispiel liefert dies den Wert:

$$\bar{y} = \frac{1}{18}(25 + 32 + 37 + \cdots + 37 + 43 + 43) = 42,056$$

In analoger Weise erfolgt die Berechnung der Gruppenmittelwerte $\bar{y}_{i\bullet}$ (Zeilenbetrachtung) und $\bar{y}_{\bullet j}$ (Spaltenbetrachtung):

$$\begin{aligned}
\bar{y}_{1\bullet} &= \tfrac{1}{9}(25 + 32 + 37 + 44 + 48 + 53 + 34 + 39 + 36) = 38,667 \\
\bar{y}_{2\bullet} &= \tfrac{1}{9}(46 + 43 + 37 + 52 + 58 + 50 + 37 + 43 + 43) = 45,444 \\
\bar{y}_{\bullet 1} &= \tfrac{1}{6}(25 + 32 + 37 + 46 + 43 + 37) = 36,667 \\
\bar{y}_{\bullet 2} &= \tfrac{1}{6}(44 + 48 + 53 + 52 + 58 + 50) = 50,833 \\
\bar{y}_{\bullet 3} &= \tfrac{1}{6}(34 + 39 + 36 + 37 + 43 + 43) = 38,667
\end{aligned}$$

und die der Interaktionsmittelwerte $\bar{y}_{ij}$ (Zellenbetrachtung):

$$\begin{aligned}
\bar{y}_{11} &= \tfrac{1}{3}(25 + 32 + 37) = \tfrac{94}{3} = 31,333 & \bar{y}_{12} &= \tfrac{1}{3}(44 + 48 + 53) = \tfrac{145}{3} = 48,333 \\
\bar{y}_{13} &= \tfrac{1}{3}(34 + 39 + 36) = \tfrac{109}{3} = 36,333 & \bar{y}_{21} &= \tfrac{1}{3}(46 + 43 + 37) = \tfrac{126}{3} = 42 \\
\bar{y}_{22} &= \tfrac{1}{3}(52 + 58 + 50) = \tfrac{160}{3} = 53,333 & \bar{y}_{23} &= \tfrac{1}{3}(37 + 43 + 43) = \tfrac{123}{3} = 41
\end{aligned}$$

Des Weiteren benötigen wir die Schätzwerte $\hat{y}_{ij}$, die für die Faktorstufenkombinationen (Zellen) i, j zu erwarten wären, wenn keine Interaktionen zwischen den beiden Faktoren vorlägen. Es gilt:

$$\hat{y}_{ij} = \bar{y}_{i\bullet} + \bar{y}_{\bullet j} - \bar{y} \qquad \forall\, i, j \tag{14.6}$$

Im Beispiel erhalten wir:

$$\begin{aligned}
\hat{y}_{11} &= 38,667 + 36,667 - 42,056 = 33,278 \\
\hat{y}_{12} &= 38,667 + 50,833 - 42,056 = 47,444 \\
\hat{y}_{13} &= 38,667 + 38,667 - 42,056 = 35,278 \\
\hat{y}_{21} &= 45,444 + 36,667 - 42,056 = 40,055 \\
\hat{y}_{22} &= 45,444 + 50,833 - 42,056 = 54,221 \\
\hat{y}_{23} &= 45,444 + 38,667 - 42,056 = 42,055
\end{aligned}$$

Für die auf den Faktor Kommunikationsform zurückzuführende mittlere quadratische Abweichung gilt dann (Zeilenbetrachtung):

$$MQA^{Zeilen} = \frac{J \cdot \tilde{K}}{I-1} \cdot \sum_{i=1}^{I} (\bar{y}_{i\bullet} - \bar{y})^2 \tag{14.7}$$

$$= \frac{3 \cdot 3}{2-1} \cdot \left((38,667 - 42,056)^2 + (45,444 - 42,056)^2\right) = 206,675$$

Analog erhält man für die auf den Faktor Aufmachung zurückzuführende mittlere quadratische Abweichung (Spaltenbetrachtung):

$$MQA^{Spalten} = \frac{I \cdot \tilde{K}}{J-1} \cdot \sum_{j=1}^{J} (\bar{y}_{\bullet j} - \bar{y})^2 \tag{14.8}$$

$$= \frac{2 \cdot 3}{3-1} \cdot ((36,667 - 42,056)^2 + (50,833 - 42,056)^2 + (38,667 - 42,056)^2)$$
$$= 352,687$$

Die auf die Wechselwirkung zwischen den beiden Faktoren zurückzuführende mittlere quadratische Abweichung beträgt (Zellenbetrachtung):

$$MQA^{Zellen} = \frac{\tilde{K}}{(I-1)(J-1)} \cdot \sum_{i=1}^{I} \sum_{j=1}^{J} (\bar{y}_{ij} - \hat{y}_{ij})^2 \tag{14.9}$$

$$= \frac{3}{(2-1)(3-1)} \cdot ((31,333 - 33,278)^2 + (48,333 - 47,444)^2 + (36,333 - 35,278)^2$$
$$+ (42 - 40,055)^2 + (53,333 - 54,221)^2 + (41 - 42,055)^2) = 17,056$$

Mit einem mittleren quadratischen Fehler vom Umfang:

$$MQF = \frac{1}{K - I \cdot J} \cdot \sum_{i=1}^{I} \sum_{j=1}^{J} \sum_{k=1}^{\tilde{K}} (y_{ijk} - \bar{y}_{ij})^2 \tag{14.10}$$

$$= \frac{1}{18 - 2 \cdot 3} \cdot ((25 - 31,333)^2 + (32 - 31,333)^2 + \cdots + (43 - 41)^2 + (43 - 41)^2)$$
$$= \frac{1}{12} \cdot 226,667 = 18,889$$

ergeben sich die gesuchten empirischen Prüfgrößen:

$$F^{Kom} = \frac{MQA^{Zeilen}}{MQF} = \frac{206,675}{18,889} = 10,94$$

$$F^{Auf} = \frac{MQA^{Spalten}}{MQF} = \frac{352,687}{18,889} = 18,67$$

$$F^{Int} = \frac{MQA^{Zellen}}{MQF} = \frac{17,056}{18,889} = 0,90$$

Ein Vergleich der empirischen Werte mit den zuvor bestimmten kritischen Werten liefert die folgenden Resultate:

$F^{Kom} = 10,94 > F^{Kom}_{0,95;1;12} = 4,75 \quad \Rightarrow H_0^{Kom}$ ist zu verwerfen.
$F^{Auf} = 18,67 > F^{Auf}_{0,95;2;12} = 3,89 \quad \Rightarrow H_0^{Auf}$ ist zu verwerfen.
$F^{Int} = 0,90 < F^{Int}_{0,95;2;12} = 3,89 \quad \Rightarrow H_0^{Int}$ kann nicht verworfen werden.

Im vorliegenden Fall ist also davon auszugehen, dass sowohl die Form der Kommunikation von Angaben zur Sicherheit als auch die Aufmachung der Gebrauchsanweisungen des Elektrogeräteherstellers einen signifikanten Einfluss auf die Zufriedenheit mit denselben besitzen. Von einer signifikanten gegenseitigen Beeinflussung (Interaktion) der beiden Faktoren kann hingegen auf Basis der vorliegenden Daten nicht ausgegangen werden.

14.3.2 Zufriedenheitsmessung mittels Kausalanalyse

Bei den bisher betrachteten Messansätzen wurde unterstellt, dass die Zufriedenheit entweder direkt oder indirekt über geeignete Indikatoren zu erfassen ist. Diese zweifellos pragmatische Vorgehensweise birgt den Nachteil in sich, dass u.U. nicht alle relevanten Wirkungszusammenhänge Berücksichtigung finden. Insbesondere bei der Analyse des Zustandekommens von Kunden(un-)zufriedenheit ist die Formulierung eines umfassenderen Modells sinnvoll.

Eine bereits in verschiedenen empirischen Studien (vgl. z.B. *Peter* (1998) und *Rudolph* (1998)) praktizierte Vorgehensweise besteht in der Formulierung und Anwendung eines Kausalmodells, z.B. auf Basis des LISREL-Ansatzes.[11] Als Datengrundlage können die Varianzen und die Kovarianzen der in die Messung einbezogenen Zufriedenheitsindikatoren dienen.[12] Mithilfe der Kausalanalyse lassen sich Hypothesen über das Zustandekommen der Zufriedenheit mit einer Leistung statistisch überprüfen (konfirmatorische Analyse). Als vorteilhaft erweist sich dabei die Tatsache, dass auch Beziehungen zwischen latenten Größen (etwa zwischen „Servicequalität“ und „Zufriedenheit“) überprüft werden können.

Wir wollen den grundsätzlichen Modellierungsgedanken wieder anhand unseres fiktiven Elektrogerätebeispiels demonstrieren. Ausgangspunkt der Überlegungen seien folgende, im Vorhinein (z.B. aufgrund von Voruntersuchungen) formulierte Hypothesen:

H_1: Die wahrgenommene Leistung und die bestehenden Erwartungen bestimmen gemeinsam die Kundenzufriedenheit.

H_2: Das latente Konstrukt (Kunden-) Zufriedenheit ist durch die auf einer Ratingskala messbare Wiederkaufbereitschaft erfassbar.

H_3: Die wahrgenommene Leistung kann über den Preis des Elektrogeräts und die Länge der Garantiezeit (in Monaten) operationalisiert werden.

[11] Kausalanalysen analoger Zielsetzung auf Basis eines PLS-Ansatzes („Partial Least Squares“) sind z.B. von *Rapp* (1995) durchgeführt worden.

[12] Obwohl der Begriff Kausalanalyse in der einschlägigen Literatur etabliert ist, erscheint er doch leicht missverständlich, da (wie in Kapitel 3 ausgeführt wird) Kausalität auf empirischem Weg nicht zu beweisen ist. Da das Verfahren Varianz-Kovarianz-Matrizen auswertet, ist die Bezeichnung Varianz-Kovarianz-Strukturanalyse treffender.

H_4: Die bestehenden Erwartungen lassen sich über die erwartete Nutzungsdauer (in Jahren) und die erwartete Arbeitseinsparung (in Stunden/Monat) operationalisieren.

H_5: Die wahrgenommene Leistung und die bestehenden Erwartungen können sich gegenseitig beeinflussen.

Die an den Grundgedanken der C/D-Theorie angelehnte und auf die z.B. auch von *Hildebrandt* (1995) verwendete „LISREL-Notation" zurückgreifende Operationalisierung der Hypothesen führt auf ein einfaches Kausalmodell mit zwei Kausalhypothesen[13] $\xi_1 \rightarrow \eta_1$ und $\xi_2 \rightarrow \eta_1$ sowie den Messhypothesen $\xi_1 \rightarrow x_i$ $(i = 1, 2)$, $\xi_2 \rightarrow x_i$ $(i = 3, 4)$ und $\eta_1 \rightarrow y_1$. Die Bezeichner in der das korrespondierende Hypothesengeflecht repräsentierenden Abbildung 14.7 sind dabei wie folgt zu interpretieren:[14]

η_1	=	im Modell zu erklärende, latente endogene Variable (endogenes hypothetisches Konstrukt „Kundenzufriedenheit")
ξ_1	=	erste im Modell nicht erklärte, latente exogene Variable (exogenes hypothetisches Konstrukt „wahrgenommene Leistung")
ξ_2	=	zweite im Modell nicht erklärte, latente exogene Variable (exogenes hypothetisches Konstrukt „bestehende Erwartungen")
x_1	=	erste Indikatorvariable für die latente exogene Variable ξ_1 („Preis des Elektrogeräts")
x_2	=	zweite Indikatorvariable für die latente exogene Variable ξ_1 („Länge der Garantiezeit")
x_3	=	erste Indikatorvariable für die latente exogene Variable ξ_2 („erwartete Nutzungsdauer")
x_4	=	zweite Indikatorvariable für die latente exogene Variable ξ_2 („erwartete Arbeitseinsparung")
y_1	=	Indikatorvariable für die latente endogene Variable η_1 („Wiederkaufbereitschaft")
$\lambda_{ij}^{(x)}$	=	Modellparameter (Faktorladung) für die latenten exogenen Variablen $(i = 1, \ldots, 4,\ j = 1, 2)$
$\lambda_{11}^{(y)}$	=	Modellparameter (Faktorladung) für die latente endogene Variable
γ_{1j}	=	Modellparameter (Pfadkoeffizient) zur Repräsentation der zwischen den latenten exogenen und der latenten endogenen Variablen postulierten Kausalbeziehungen $(j = 1, 2)$
ϕ_{12}	=	Kovarianz der beiden latenten exogenen Variablen
δ_i	=	Residualvariable („Störgröße") für Indikatorvariable x_i $(i = 1, \ldots, 4)$
ϵ_1	=	Residualvariable („Störgröße") für die Indikatorvariable y_1
ζ_1	=	Residualvariable („Störgröße") für die latente endogene Variable

[13] Die Pfeile geben die angenommene Richtung des Wirkungszusammenhangs wieder.

[14] Der Übersichtlichkeit halber wurde im vorliegenden Beispiel auf eine möglichst sparsame Parametrisierung geachtet. Bei realen Anwendungen ist in der Regel die Einbeziehung einer größeren Anzahl von Indikatoren für jedes hypothetische Konstrukt sinnvoll.

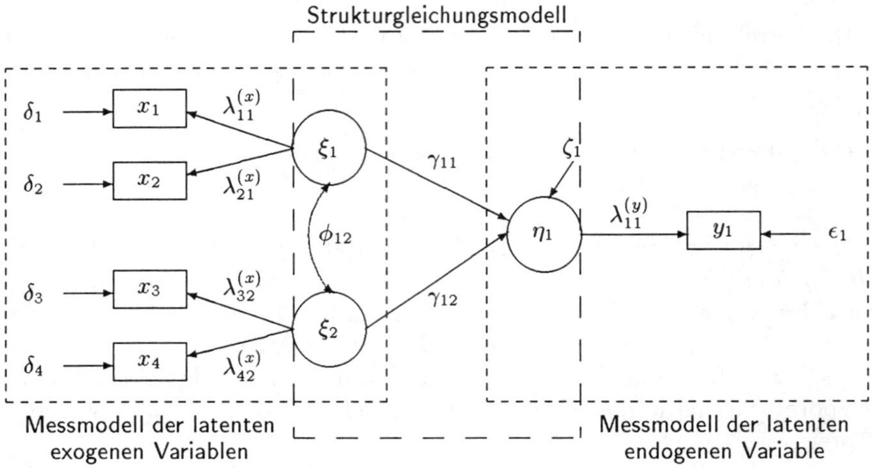

Abbildung 14.7: *Struktur eines LISREL-Modells zur Zufriedenheitsmessung*

Das durch Abbildung 14.7 spezifizierte Kausalmodell lässt sich in drei Teilmodelle zerlegen, und zwar in das links stehende **exogene Messmodell**, das rechts stehende **endogene Messmodell** und das dazwischen liegende (und quasi eine „Brückenfunktion" einnehmende) **Strukturgleichungsmodell**. Das mit den einzelnen Teilmodellen korrespondierende Gleichungssystem lautet:

$$\left.\begin{aligned} x_1 &= \lambda_{11}^{(x)}\xi_1 + \delta_1 \\ x_2 &= \lambda_{21}^{(x)}\xi_1 + \delta_2 \\ x_3 &= \lambda_{32}^{(x)}\xi_2 + \delta_3 \\ x_4 &= \lambda_{42}^{(x)}\xi_2 + \delta_4 \end{aligned}\right\} \quad (*) \qquad \text{Messmodell der latenten exogenen Variablen}$$

$$\eta_1 = \gamma_{11}\xi_1 + \gamma_{12}\xi_2 + \zeta_1 \qquad \text{Strukturgleichungsmodell}$$

$$y_1 = \lambda_{11}^{(y)}\eta_1 + \epsilon_1 \qquad (**) \qquad \text{Messmodell der latenten endogenen Variable}$$

Gleichungssystem (∗) und Gleichung (∗∗) korrespondieren mit einem faktoranalytischen Messansatz, während das Strukturgleichungsmodell einem regressionsanalytischen Denkansatz entspricht.

Mithilfe des LISREL-Programms[15] können die im Modell enthaltenen Parameter derart geschätzt werden, dass eine vom Modell generierte (theoretische) Varianz-Kovarianz-Matrix möglichst genau mit der auf empirischem Weg gewonnenen Varianz-Kovarianz-Matrix übereinstimmt.[16] Um eine zufrieden stellende Identifikation des Modells zu erreichen, ist hierbei auf eine ausreichend große Datenbasis zu achten.

[15] Alternativ könnte z.B. auch die Prozedur CALIS in SAS oder das Modell AMOS in SPSS zum Einsatz kommen (vgl. Kapitel 2).

[16] Die empirische Varianz-Kovarianz-Matrix lässt sich aus den Korrelationen der einzelnen Indikatorvariablen berechnen.

Wir wollen nun weiterhin annehmen, dass die Anwendung geeigneter Schätzprozeduren (auf zuvor auf den Mittelwert 0 und die Varianz 1 standardisierte Indikatorvariablen) zu der in Abbildung 14.8 wiedergegebenen Lösung geführt hat. Die angegebenen $\lambda_{ij}^{(x)}$-Werte entsprechen hierbei den Korrelationen zwischen den Indikatorvariablen x_i und den latenten exogenen Variablen ξ_j. Der erklärte Varianzanteil einer Indikatorvariable ergibt sich aus dem Quadrat des betreffenden Parameters zwischen Indikatorvariable und latenter Variable. Die nicht erklärte Varianz einer Indikatorvariable erhält man folglich als 1 − erklärter Varianz. Konkret bedeutet dies beispielsweise, dass der Zusammenhang zwischen der Länge der Garantiezeit und der wahrgenommenen Leistung (mit $\lambda_{21}^{(x)} = 0,60$) weniger stark ausgeprägt zu sein scheint als der zwischen dem Preis des Geräts und der betreffenden latenten exogenen Variable (mit $\lambda_{11}^{(x)} = 0,80$). Der standardisierte Pfadkoeffizient γ_{11} fällt mit einem Wert von 0,38 eher klein aus und entspricht dem Anteil der Standardabweichung der endogenen Variable „Zufriedenheit" (η_1), der durch die exogene Variable „wahrgenommene Leistung" (ξ_1) erklärt wird, korrigiert um den Einfluss anderer Variablen, die auf beide Größen wirken. Die restlichen Parameter lassen sich analog interpretieren.

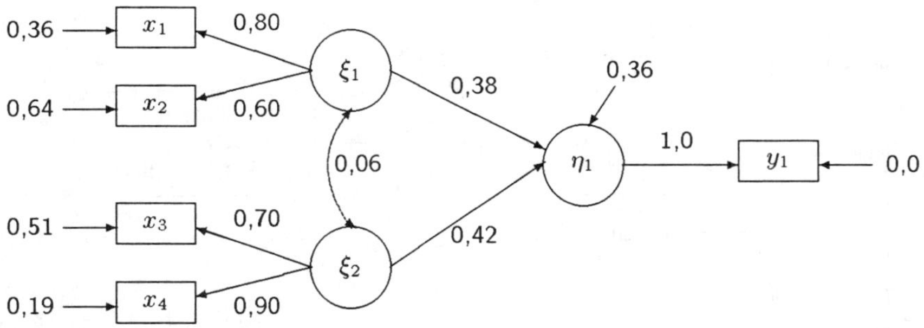

Abbildung 14.8: *Identifiziertes Kausalmodell für das Elektrogerätebeispiel*

Um dem Leser eine erste Vorstellung von konkreten praktischen Modellierungs- und Messüberlegungen zu vermitteln, soll abschließend noch kurz auf eine empirische Studie zum Thema „Kundenzufriedenheit im Industriegüterbereich" eingegangen werden. Das in Abbildung 14.9 dargestellte und aus *Rudolph* (1998, S. 131 ff.) entnommene Kausalmodell beschreibt exemplarisch die Zufriedenheit von mehr als 1.600 Kunden eines führenden Maschinenbauunternehmens aus unterschiedlichen Branchen mit den Leistungen ihres Lieferanten. Das Messmodell für die sieben latenten exogenen Variablen enthält insgesamt 29 Indikatorvariablen, während die latente endogene Variable „Gesamtzufriedenheit" durch zwei Indikatorvariablen spezifiziert wurde. Stellvertretend für die sieben Variablengruppen des exogenen Messmodells seien nachfolgend die Indikatoren für die latenten exogenen Variablen „Zufriedenheit mit den Produkten" ($x_{11}, \ldots x_{15}$) und „Zufriedenheit mit der Kommunikation" (x_{61}, x_{62}, x_{63}) explizit dargestellt:

x_{11} = Erfüllung technischer Anforderungen
x_{12} = Zuverlässigkeit der Produkte
x_{13} = Preis-Leistungs-Verhältnis
x_{14} = Wirtschaftlichkeit über die gesamte Lebensdauer
x_{15} = Wartungsfreundlichkeit

und

x_{61} = Erreichbarkeit des Geschäftsbereichs
x_{62} = Behandlung der Anliegen am Telefon
x_{63} = Reaktion auf Anschreiben

Die Indikatoren für die latente endogene Variable lauten:

y_1 = geäußerte Gesamtzufriedenheit mit dem Unternehmen als Lieferant
y_2 = geäußerte Weiterempfehlungsabsicht

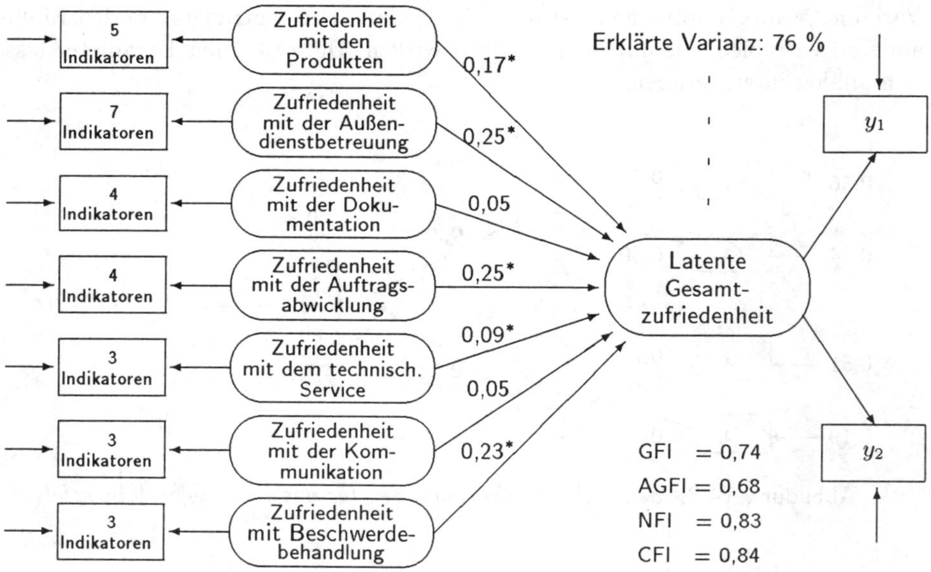

Abbildung 14.9: *Kausalmodell für die Zufriedenheit mit einem Maschinenbauunternehmen*

Die mit einem Stern (*) gekennzeichneten Parameter sind zum Niveau $\alpha = 0,01$ signifikant. Bei den in der Abbildung verwendeten Abkürzungen GFI („Goodness-of-Fit Index"), AGFI („Adjusted Goodness-of-Fit Index"), NFI („Normed Fit Index") und CFI („Comparative Fit Index") handelt es sich um unterschiedliche Gütemaße mit Werten im Intervall von 0 bis 1, die eine statistische Beurteilung der globalen Anpassung des Modells an die zugrunde liegenden Daten ermöglichen. Für den GFI beispielsweise gilt, dass die Modellanpassung als umso besser zu beurteilen ist, je näher der Wert bei 1 liegt. Bei einem GFI-Wert genau gleich 1 ist die Anpassung „perfekt". Für die drei anderen Gütemaße gilt dies analog.

Kapitel 15

Modelle zur Responsemessung auf Konsumgütermärkten

15.1 Gegenstand und Ziel der Modellierung

Die ausführliche Darstellung von **Modellen zur Responsemessung** in einem Buch zur Marketingforschung hat mehrere Gründe. Zum einen soll sie zu einem tieferen Verständnis des Käuferverhaltens beitragen und eine abstraktere, d.h. eine sich von Einzelbeobachtungen lösende Diskussion der Wirkung von das Käuferverhalten beeinflussenden Faktoren ermöglichen. Letzteres ist auf rein deskriptiver Ebene nur in unzureichendem Maße zu erreichen. Zum anderen stellt die **Responsemodellierung** schon seit vielen Jahren einen Schwerpunkt anglo-amerikanischer Publikationen dar und definiert damit einen methodischen Standard der modernen Marketingforschung. Ohne einschlägige methodische Grundkenntnisse bleiben dem interessierten Marketingforscher die in entsprechenden Abhandlungen dokumentierten aktuellen Forschungsergebnisse zwangsläufig verschlossen. Darüber hinaus sind einige der im Folgenden betrachteten Ansätze Bestandteil verschiedener stochastischer Modelle zur Analyse des Käuferverhaltens auf Konsumgütermärkten (vgl. Kapitel 16).

Wollte man alle in den letzten Jahrzehnten entwickelten und teilweise auch schon wieder verworfenen Ansätze explizit vorstellen und diskutieren, mit denen sich Responsemessungen und – unter bestimmten Voraussetzungen – auch Kaufverhaltensprognosen durchführen lassen, so würde dies allein bereits Stoff für ein umfassendes Buch liefern (vgl. *Lilien et al.* (1992), *Leeflang et al.* (2000) und *Hanssens et al.* (2001)). Konzentriert man die Betrachtungen allerdings auf Modelle zur Auswertung „handelsüblicher" Kaufverhaltensdaten (POS-Scannerdaten sowie Daten aus Haushalts- oder Handelspanels), die auch eine nennenswerte Verbreitung in der einschlägigen empirischen Forschung gefunden haben, so reduziert dies die Menge der zur Auswahl stehenden Ansätze auf ein überschaubares Maß.

Die nachfolgenden Ausführungen beschränken sich auf vier Gruppen von Modellen, und zwar auf so genannte einfache Marktreaktionsmodelle, auf multinomiale Logitmodelle zur Analyse individueller Wahlhandlungen, auf Attraktionsmodelle zur Marktanteilsanalyse und auf Ansätze zur Responsemessung auf Basis künstlicher neuronaler Netze. Die genannten Modelle weisen spezifische Eigenheiten auf, die in unterschiedlichem Maße die praktische Einsetzbarkeit und die Qualität der mit ihrer Hilfe zu erzielenden Resultate beeinflussen.

Modelle der ersten Gruppe bieten sich z.B. an, wenn die Messung des Einflusses unterschiedlicher Marketingmaßnahmen einer Marke[1] auf deren Absatz beabsichtigt ist. Die vorzustellenden Marktreaktionsmodelle können aufgrund ihrer aggregierten Betrachtungsweise u.a. Hinweise auf die Auswirkungen des eingesetzten Marketinginstrumentariums auf das Nachfrageverhalten des Gesamtmarkts liefern. Im Gegensatz dazu bietet sich der Einsatz von Modellen der zweiten Gruppe (aufgrund ihres nutzentheoretischen Fundaments) an, wenn – um beim Beispiel zu bleiben – der simultane Einfluss unterschiedlicher Marketingmaßnahmen auf die individuellen Auswahlwahrscheinlichkeiten von Konsumenten in Bezug auf mehrere zur Auswahl stehende Marken gemessen werden soll. Die Modelle ermöglichen somit u.a. Aussagen über das Zustandekommen und die zukünftige Entwicklung individueller Auswahlentscheidungen (Individualperspektive) in Abhängigkeit von die Entscheidungen beeinflussenden Variablen. In analoger Weise kann die Anwendung von Modellen der dritten Gruppe Erkenntnisse über die vergangene und die zukünftige Entwicklung der Marktanteile mehrerer konkurrierender Marken liefern. Den Modellen liegt somit eine aggregierte, vom einzelnen Individuum abstrahierende, aber alle als relevant erachteten Marken einer Warengruppe berücksichtigende Betrachtungsweise (Marktperspektive) zugrunde. Eine allgemeinere Form der Modellierung ermöglichen schließlich die auf dem Konzept der neuronalen Netze, und zwar speziell den Multi-Layer-Perzeptronen aufbauenden Ansätze. Hier bestimmt das jeweilige Anwendungsfeld die konkrete Netzspezifikation und mithin das resultierende Responsemodell.

Ein wesentliches und allen hier betrachteten Ansätzen eigenes Ziel ist somit die Erklärung und gegebenenfalls die Prognose des auf einem Markt beobachteten Kaufverhaltens von Konsumenten bzw. die Erklärung der zeitlichen Entwicklung von Absatzkenngrößen einer Marke mithilfe geeigneter „erklärender" Variablen

[1] Im Folgenden wird ohne Einschränkung der Allgemeinheit in der Regel von Marken als den relevanten Entscheidungsalternativen ausgegangen. Die Betrachtungen richten sich somit – ohne dass dies besonders betont wird – immer auf eine Produktkategorie bzw. Warengruppe, innerhalb derer mehrere Marken um die Gunst der Käufer kämpfen. Jede Marke kann innerhalb einer Produktkategorie wieder durch verschiedene Sorten vertreten sein. Diese in der anglo-amerikanischen Literatur auch als „Stock Keeping Units" (SKU) bezeichneten Betrachtungseinheiten werden nachfolgend als Artikel referenziert, wobei sich der Leser des nicht einheitlichen Gebrauchs dieses Begriffs in der deutschsprachigen Literatur (vgl. etwa *Oehme* (2001, S. 128) versus *Liebmann, Zentes* (2001, S. 477)) bewusst sein sollte.

(z.B. den markenspezifischen Preisen oder Werbeaufwendungen). Letztere werden auch als Eigenschaften[2] oder Merkmale bezeichnet. Einer Vorgehensweise, der auch in diesem Buch gefolgt wird. Mit

x_{mlt}	=	metrisch oder binär skalierter Wert („Messwert") der l-ten ($l = 1, \ldots, L$) im Modell explizit berücksichtigten, unabhängigen, erklärenden Variable der Marke m ($m = 1, \ldots, M$) in Periode t ($t = 1, \ldots, T$)
y_{mt}	=	metrisch skalierter Wert („Prognosewert") der abhängigen, d.h. durch das Modell erklärten oder prognostizierten Variable von Marke m in Periode t
η_m	=	Interzept der Marke m
η_{ml}	=	Gewicht bzw. Bedeutung der l-ten erklärenden Variable für den Wert der abhängigen Variable y_{mt}
ϵ_{mt}	=	stochastische Störgröße („Residuum") mit Erwartungswert 0 und Varianz σ^2, mit der auf Marken- und Periodenebene all jene Einflüsse erfasst werden, die nicht explizit durch Erklärungsvariablen abgedeckt sind

kann der skizzierte Sachverhalt in abstrakter Weise durch die Beziehung

$$y_{mt} = f(x_{111}, \ldots, x_{MLT}; \eta_1, \ldots, \eta_M, \eta_{11}, \ldots, \eta_{ML}; \epsilon_{11}, \ldots, \epsilon_{MT}) \qquad (15.1)$$

beschrieben werden. In den folgenden Abschnitten werden wir diese noch „leblos" anmutende Funktion durch unterschiedliche Link-Funktionen mit Leben füllen und sie so einer Anwendung im Kontext der modellgestützten Responsemessung zugänglich machen.

15.2 Responsemessung mit einfachen Marktreaktionsmodellen

Unter dem Begriff des ökonometrischen **Marktreaktionsmodells** subsumiert man im Marketing lineare und nicht-lineare Regressionsansätze, die z.B. den Marktanteil, Umsatz oder mengenmäßigen Abverkauf („Absatz") y_{mt} eines Produkts der Marke m als Funktion einer beliebigen (aber festen) Anzahl L von Marketinginstrumenten (x_{mlt}) beschreiben. Man spricht deshalb auch von **Response-** oder **Reaktionsfunktionen**. Um bei den weiteren Ausführungen nicht zwischen verschiedenen Variablenbedeutungen wechseln zu müssen, werden wir für die Variable y_{mt} im vorliegenden Abschnitt primär die Interpretation „Abverkauf" verwenden. Der Abverkauf y_{mt} entspricht der Gesamtzahl der in Periode t auf dem betrachteten Markt abgesetzten Einheiten der Marke m.

[2] Die synonyme Verwendung der Begriffe Eigenschaft, Merkmal und Marketingvariable in der Literatur zur Responsemodellierung resultiert u.a. daraus, dass z.B. der Preis eines Produkts einerseits als Eigenschaft/Merkmal desselben, andererseits aber auch als eine durch das Management steuerbare Variable verstanden werden kann.

15.2.1 Bemerkungen zur Modellkonstruktion

Bei der Konstruktion und Anwendung von Modellen des genannten Typs sind üblicherweise die folgenden Arbeitsgänge durchzuführen (vgl. *Schmidt, Topritzhofer* (1978)):

1. Spezifikation der abhängigen (z.B. der Abverkauf einer Marke) und der unabhängigen Variablen (z.B. die periodenspezifischen Verkaufspreise und Werbeaufwendungen der betreffenden Marke)
2. Sichtung und Vorbereitung der der Analyse zugrunde zu legenden Daten (z.B. Panel- oder POS-Scannerdaten)
3. Festlegung der funktionalen Gestalt des Modells respektive der zu verwendenden Link-Funktion (z.B. linear ohne Interaktionseffekte[3])
4. Kalibrierung des Modells, d.h. Schätzung der Modellparameter dergestalt, dass ein möglichst hoher Anteil der Varianz in den beobachteten Werten der abhängigen Variable erklärt wird
5. Test und Validierung des Modells (insbesondere Überprüfung der Anpassung des kalibrierten Modells an die für die Parameterschätzung herangezogenen Daten und Überprüfung der Prognoseeignung auf Basis von nicht in die Parameterschätzung eingeflossenen Daten)
6. Ableitung und Interpretation relevanter Kennzahlen (insbesondere Elastizitäten) und Prognose zukünftiger Marktentwicklungen (z.B. auf Basis von Wenn-dann-Analysen)

Beim praktischen Einsatz ökonometrischer Marktreaktionsmodelle ist zu beachten, dass die für solche Ansätze typische aggregierte, d.h. auf den Gesamtmarkt bezogene Betrachtungsweise nur dann sinnvoll ist, wenn es um die Responsemessung auf Märkten geht, die sich im Hinblick auf die Reaktion der Käufer auf das eingesetzte absatzpolitische Instrumentarium als zumindest näherungsweise homogen erweisen. Nur unter dieser Voraussetzung können die möglicherweise bestehenden Wirkungszusammenhänge auch tatsächlich adäquat durch die Modellparameter erfasst werden. Die Analyse von in dieser Hinsicht heterogenen Märkten ist u.a. Gegenstand der Ausführungen in Kapitel 16.

15.2.2 Ausgewählte Modellvarianten

Ein einfacher Ansatz, um den Abverkauf y_{mt} in Abhängigkeit von verschiedenen Marketingvariablen x_{mlt} und zugehörigen Gewichtungsparametern η_{ml} zu model-

[3] Interaktionseffekte sind im vorliegenden Kontext gegenseitige Verstärkungen oder Abschwächungen der Einflüsse erklärender Variablen. So ist z.B. die Wirkung eines Sonderangebots (Preismaßnahme) in der Regel deutlich höher, wenn die Konsumenten durch Anzeigen in der Tagespresse (Werbemaßnahme) und Hinweise im Laden (Promotion-Maßnahme) auf das Sonderangebot hingewiesen werden.

lieren, ist das **additive Marktreaktionsmodell**. In seiner Grundform (ohne Interaktionen) ist dieses wie folgt definiert:

$$y_{mt} = \eta_m + \sum_{l=1}^{L} \eta_{ml} x_{mlt} + \epsilon_{mt} \qquad \forall\ m, t \tag{15.2}$$

Die Linearität dieser Reaktionsfunktion in den Parametern η_{ml} bewirkt eine proportionale Änderung der abhängigen Größe infolge einer Änderung der unabhängigen erklärenden Variablen.[4]

Sollen bei der Responsemessung zusätzlich Interaktionseffekte zwischen den Marketingvariablen konkurrierender Marken Berücksichtigung finden, so kann dies z.B. in der Weise erfolgen, dass anstelle der ursprünglich beobachteten Messwerte x_{mlt} die transformierten Größen

$$z_{mlt} = \frac{x_{mlt}}{\sum_{i=1}^{M} x_{ilt}} \qquad \forall\ m, l, t \tag{15.3}$$

Verwendung finden. Wie sich diese Variablentransformation auf die Wirkungsmessung auswirkt, wird weiter unten anhand der aus dem Modell ableitbaren Elastizitäten zu sehen sein.

Ganz analog lautet die Gleichung für das **multiplikative Marktreaktionsmodell**:

$$y_{mt} = \exp(\eta_m + \epsilon_{mt}) \prod_{l=1}^{L} x_{mlt}^{\eta_{ml}} \qquad \forall\ m, t \tag{15.4}$$

Der multiplikative Ansatz erfreut sich vor allem deshalb großer Beliebtheit, weil schon allein aufgrund der gegebenen Modellstruktur Interaktionsbeziehungen zwischen den erklärenden Variablen berücksichtigt werden können, was sich vor allem dann bemerkbar macht, wenn einige oder alle Variablenausprägungen (z.B. nach einer Normierung) zwischen 0 und 1 liegen. Eine solche Variablenkonstellation wirkt sich aufgrund des Multiplikationseffekts u.U. wesentlich stärker auf den abhängigen Funktionswert y_{mt} aus als dies beim additiven Pendant der Fall wäre. Die Variablen können sich also gegenseitig in ihrer Wirkung verstärken. Je nach Anwendungskontext kann sich jedoch die Tatsache, dass das Produkt in Gleichung 15.4 gleich 0 wird, wenn eine oder mehrere der erklärenden Variablen den Wert 0 annehmen, als problematisch erweisen. Das multiplikative Modell ist zwar nicht linear in den Parametern, kann aber durch Logarithmieren sehr einfach linearisiert werden, was – wie auch schon beim additiven Modell – eine Kleinste-Quadrate-Schätzung der Parameter η_m bzw. η_{ml} ermöglicht.[5]

Zur Beschreibung von Wirkungszusammenhängen können aus den gegebenen Modellgleichungen die korrespondierenden Elastizitäten berechnet werden. Diese liefern dem Anwender nützliche Informationen im Hinblick auf die Richtung und

[4] Die Eigenschaft der Linearität in den Parametern ist aufgrund schätztechnischer Implikationen (vgl. *Maier, Weiss* (1990)) eine wünschenswerte Eigenschaft ökonometrischer Modelle.

[5] Eine ausführliche Beschreibung dieser und einiger anderer, im Folgenden noch erwähnter Schätzmethoden findet sich z.B. bei *Judge et al.* (1988) und *Pindyck, Rubinfeld* (1998).

das Ausmaß des Einflusses der im Modell berücksichtigten „Aktionsgrößen“ (z.B. Produktpreise) auf die „Reaktionsgrößen“ (z.B. Abverkäufe). Sie stellen damit eine unter praktischen Gesichtspunkten durchgeführte „Aufbereitung“ von Modellzusammenhängen dar und erleichtern die systematische Analyse bestehender Responsebeziehungen.

Die **Responseelastizität** $ELA_{y_{mt},x_{jlt}}$ der abhängigen Variable y_{mt} in Bezug auf die erklärende Variable x_{jlt} ist ein einfaches Maß für die Sensibilität der Reaktionsgröße y_{mt} auf Änderungen des eigenen Marketinginstrumentariums oder dem der Konkurrenz. Im ersten Fall, d.h. für $m = j$, spricht man von **direkter Responseelastizität**, im zweiten Fall, d.h. für $m \neq j$, von **Kreuzresponseelastizität**. Die allgemeine Berechnungsvorschrift für die Responseelastizität lautet:

$$ELA_{y_{mt},x_{jlt}} = \frac{\partial y_{mt}}{\partial x_{jlt}} \cdot \frac{x_{jlt}}{y_{mt}} \qquad \forall\, m, j, l, t \tag{15.5}$$

Da die Berechnung der Elastizität über Differenzialquotienten erfolgt, beschreibt sie den Einfluss „infinitesimaler“ Änderungen der Variablen an einem bestimmten Punkt. In der einschlägigen Literatur findet sich deshalb die Bezeichnung **Punktresponseelastizität**. Die allgemeine Formel für die entsprechende **Bogenresponseelastizität** lautet:

$$\widetilde{ELA}_{y_{mt},x_{jlt}} = \frac{y_{mt} - y'_{mt}}{x_{jlt} - x'_{jlt}} \cdot \frac{x_{jlt}}{y_{mt}} \qquad \forall\, m, j, l, t \tag{15.6}$$

Dabei bezeichnet x'_{jlt} den um einen gewissen Prozentsatz erhöhten oder reduzierten Wert der l-ten erklärenden Variable bei Marke j in Periode t und y'_{mt} den sich daraus ergebenden Wert der abhängigen Variable. Die somit von diskreten Variablenänderungen ausgehende Bogenresponseelastizität ist im Allgemeinen einer inhaltlichen Interpretation leichter zugänglich als die Punktresponseelastizität. Wegen der einfachen Berechnungsweise der Bogenelastizität beschränken sich die weiteren Ausführungen auf die Angabe der jeweiligen Punkteelastizitäten.

Wendet man obige allgemeine Definition der Punktresponseelastizität auf das additive Marktreaktionsmodell an, so erhält man bei Verwendung von nicht normierten Variablen die Beziehung:

$$ELA_{y_{mt},x_{jlt}} = \begin{cases} \dfrac{\eta_{ml} x_{mlt}}{y_{mt}} & \text{für } m = j \\ 0 & \text{für } m \neq j \end{cases} \qquad \forall\, m, j, l, t \tag{15.7}$$

Hat hingegen eine Normierung gemäß Gleichung 15.3 stattgefunden, so lautet die entsprechende Gleichung:

$$ELA_{y_{mt},x_{jlt}} = \begin{cases} \dfrac{\eta_{ml} z_{mlt}}{y_{mt}} (1 - z_{mlt}) & \text{für } m = j \\[2ex] -\dfrac{\eta_{ml} z_{mlt} z_{jlt}}{y_{mt}} & \text{für } m \neq j \end{cases} \qquad \forall\, m, j, l, t \tag{15.8}$$

Offensichtlich lassen sich anhand von nicht normierten Variablen keine sinnvollen Kreuzresponseelastizitäten berechnen. Die Verwendung normierter Variablen ermöglicht hingegen aufgrund der hierdurch berücksichtigten Interaktionsbeziehungen die Berechnung von von 0 verschiedenen Kreuzresponseelastizitäten. Hierbei darf jedoch nicht übersehen werden, dass das der korrespondierenden direkten Elastizität grundsätzlich entgegengesetzte Vorzeichen nur für substitutive Güter des täglichen Bedarfs gerechtfertigt erscheint.

Auch beim multiplikativen Ansatz sind, wie die Gleichung

$$ELA_{y_{mt},x_{jlt}} = \begin{cases} \eta_{ml} & \text{für } m = j \\ 0 & \text{für } m \neq j \end{cases} \qquad \forall\, m, j, l, t \tag{15.9}$$

belegt, nur dann brauchbare Kreuzresponseelastizitäten zu erhalten, wenn mit normierten Variablen gearbeitet wird. In diesem Fall gilt:

$$ELA_{y_{mt},x_{jlt}} = \begin{cases} \eta_{ml}(1 - z_{mlt}) & \text{für } m = j \\ -\eta_{ml} z_{jlt} & \text{für } m \neq j \end{cases} \qquad \forall\, m, j, l, t \tag{15.10}$$

Auch hier sind die Vorzeichen der beiden Elastizitäten entgegengesetzt. Darüber hinaus wächst der Betrag der Kreuzresponseelastizität – unabhängig vom Wert der abhängigen Variable y_{mt} – mit größer werdenden Werten der Bezugsvariable z_{jlt}. Entsprechenden Responsemessungen muss deshalb stets eine genaue Überprüfung der Adäquanz der gewählten Funktionalbeziehung vorausgehen, z.B. im Hinblick auf die Stärke der Marke m im jeweiligen Markt.

Soll bei der Modellierung zusätzlich noch eine im Vorhinein geeignet festzulegende Sättigungsgrenze[6] y_m^{max} für die abhängige Variable Berücksichtigung finden, so ist dies z.B. mit dem logistischen Modellansatz

$$y_{mt} = \frac{y_m^{max}}{1 + \exp\Big(-\big(\eta_m + \sum_{l=1}^{L} \eta_{ml} x_{mlt} + \epsilon_{mt}\big)\Big)} \qquad \forall\, m, t \tag{15.11}$$

zu bewerkstelligen. Der durch das **logistische Marktreaktionsmodell** beschriebenen Reaktionskurve kann durch geeignete Wahl der Modellparameter ein unter empirischen Gesichtspunkten plausibler S-förmiger Verlauf gegeben werden. In Abbildung 15.1 ist ein solcher Verlauf einer logistischen Responsefunktion für den zweidimensionalen Fall (d.h. eine erklärende $(L = 1)$[7] und eine erklärte Variable) veranschaulicht. Dabei wird unterstellt, dass der im Modell verwendete Parameter η_m einen positiven Wert aufweist.

---

[6] Bei einer das gesamte Responsespektrum in ausreichendem Maße abdeckenden Datengrundlage kann diese Größe auch geschätzt werden. Bei langlebigen Gebrauchsgütern, etwa Mikrowellengeräten, ist eine „natürliche" Sättigungsgrenze z.B. durch die Anzahl der Haushalte im jeweiligen Zielmarkt gegeben.

[7] Der Einfluss aller anderen Responsegrößen wird als vernachlässigbar angesehen.

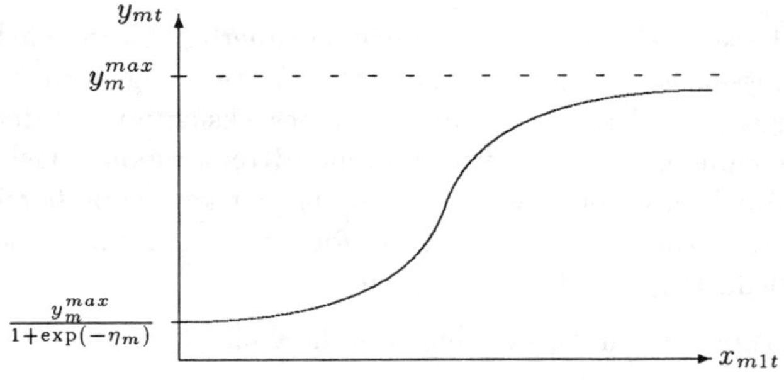

Abbildung 15.1: *Beispiel einer S-förmigen Responsefunktion*

Kurvenverläufe dieses Typs helfen Marktkonstellationen zu beschreiben, bei denen die Wirkung des eingesetzten Marketinginstrumentariums zunächst eher gering ausfällt, dann mit zunehmender Intensität des Instrumenteneinsatzes bis zu einem bestimmten Punkt immer stärker (progressiver Wirkungsverlauf) und ab dort dann immer schwächer (degressiver Wirkungsverlauf) ansteigt, um sich schließlich einem Sättigungsniveau anzunähern.

Dies wird etwa am Beispiel der Wirkung von Werbung auf den Absatz eines zu Beginn der Betrachtungen (aufgrund der zu diesem Zeitpunkt noch fehlenden werbemäßigen Unterstützung) nur einen relativ geringen Absatz aufweisenden Produkts deutlich. Die anfänglich vielleicht noch eher verhalten durchgeführten Werbemaßnahmen bewirken nur einen ebenso verhaltenen Anstieg des Produktabsatzes. Intensiviert man die Werbung sukzessive, so führt dies zu einer immer größeren Bekanntheit des Produkts und mithin zu einem erhöhten Absatz desselben. Diese Wirkungszunahme ist indes in der Regel nicht konstant, sondern es ist vielmehr damit zu rechnen, dass ab einer bestimmten Intensität der Werbung (im vorliegenden Fall ab dem Wendepunkt der Kurve) deren zusätzliche Absatzwirkung immer geringer ausfällt.

Die direkte und die Kreuzresponseelastizität auf Basis von nicht normierten Variablen lauten:

$$ELA_{y_{mt},x_{jlt}} = \begin{cases} \frac{\eta_{ml} x_{mlt} y_{mt}}{y_m^{max}} \exp\left(-(\eta_m + \sum_{l=1}^{L} \eta_{ml} x_{mlt} + \epsilon_{mt})\right) & \text{für } m = j \\ & \forall\ m, j, l, t \\ 0 & \text{für } m \neq j \end{cases} \tag{15.12}$$

Eine ausführlichere Diskussion der drei vorgestellten Ansätze findet sich z.B. bei *Lilien et al.* (1992), *Leeflang et al.* (2000) und *Hanssens et al.* (2001).

15.2.3 Anwendungsbeispiel zur Marktreaktionsmodellierung

Die Eignung der drei Modelle für die Responsemessung soll nun auf Basis von aus *Decker et al.* (1994) entnommenen synthetischen Beispieldaten demonstriert werden. Ausgangsbasis für die Kalibrierung der einzelnen Responsefunktionen mithilfe des bereits in Kapitel 2 vorgestellten Softwarepakets *SAS* sind die in Abbildung 15.2 zur Veranschaulichung graphisch dargestellten zeitlichen Entwicklungen zweier metrisch skalierter Marketingvariablen „Preis“ (in Euro) und „Werbeaufwendungen“ (in Mio. Euro) für drei Marken über 10 Perioden (z.B. Monate) hinweg sowie die zugehörigen und in Tabelle 15.1 wiedergegebenen Marktanteile[8]. Den üblichen Konstellationen auf Konsumgütermärkten entsprechend seien Preis- und Marktanteilsentwicklung der einzelnen Marken negativ, Werbe- und Marktanteilsentwicklung hingegen positiv korreliert.

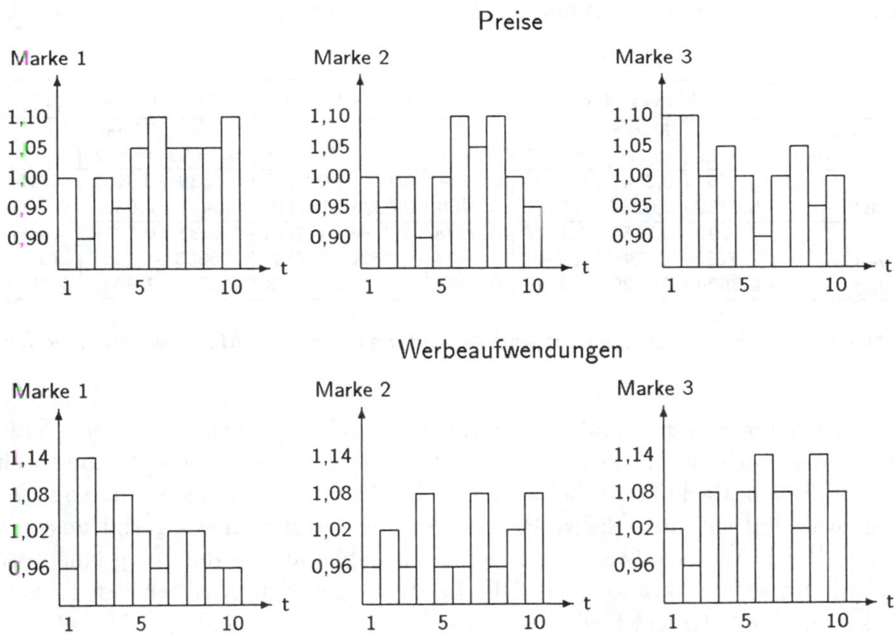

Abbildung 15.2: *Zeitliche Entwicklung der Marketingvariablen der drei Marken*

Periode	1	2	3	4	5	6	7	8	9	10
Marke 1	0,330	0,430	0,310	0,330	0,280	0,195	0,270	0,360	0,220	0,185
Marke 2	0,345	0,335	0,280	0,375	0,290	0,205	0,320	0,225	0,310	0,405
Marke 3	0,325	0,235	0,410	0,295	0,430	0,600	0,410	0,415	0,470	0,410

Tabelle 15.1: *Tatsächliche Marktanteile der drei Marken*

[8] Die Betrachtung von Marktanteilen anstelle von Abverkäufen ermöglicht den Vergleich der erzielten Resultate mit denen noch folgender Ansätze.

Auf Basis der vorliegenden Daten[9] kann nun eine Schätzung der unbekannten Modellparameter η_m und η_{ml} (für $m = 1, 2, 3$ und $l = 1, 2$) dergestalt erfolgen, dass ausgehend von den tatsächlichen Marktanteilen der drei Marken in Periode 1 bis 10 und unter Berücksichtigung der zeitlichen Entwicklung der beiden erklärenden Variablen Preis und Werbeaufwendungen eine möglichst gute Anpassung des Modells an die Marktanteilsverteilung im Betrachtungszeitraum erzielt wird.

Die auf diese Weise erhaltenen Schätzer $\hat{\eta}_m$, $\hat{\eta}_{m1}$ und $\hat{\eta}_{m2}$ für die modellspezifischen Parameter und die Güte der Anpassung der drei Modelle an die vorliegenden Daten sind in Tabelle 15.2 zusammengestellt. Bei den angegebenen Gütemaßen handelt es sich zum einen um das Bestimmtheitsmaß[10] R^2 und zum anderen um den mittleren quadratischen Fehler[11] (MQF). Wie man sieht, sind die Anpassungen aller drei Modelle an die zugrunde liegenden Daten ungefähr gleich gut, so dass wir uns bei den weiteren Interpretationen exemplarisch auf das additive Modell beschränken können, dessen grundsätzliche Fähigkeit, die tatsächlichen Marktanteilsverläufe nachzubilden, auch durch Abbildung 15.3 zum Ausdruck kommt.

	Additives Modell			Multiplikatives Modell			Logistisches Modell		
Betrachtete Größe	Marke $m=1$	$m=2$	$m=3$	Marke $m=1$	$m=2$	$m=3$	Marke $m=1$	$m=2$	$m=3$
R^2	0,7564	0,8342	0,8556	0,7134	0,7837	0,8660	0,7339	0,8151	0,8567
MQF	0,0432	0,0287	0,0431	0,0468	0,0328	0,0416	0,0451	0,0303	0,0430
$\hat{\eta}_m$	0,7197	0,5354	1,1507	-1,2074	-1,1898	-0,9661	1,4532	0,1919	3,4496
$\hat{\eta}_{m1}$	-0,7655	-0,6384	-1,1434	-2,4384	-1,8626	-2,7544	-3,6608	-2,9157	-5,1565
$\hat{\eta}_{m2}$	0,3509	0,4120	0,3859	0,8913	1,3313	1,0673	1,3751	1,9080	1,2852

Tabelle 15.2: *Parameterschätzer und Anpassungsgüten der Marktreaktionsmodelle*

Die Parameter $\hat{\eta}_{11}$, $\hat{\eta}_{21}$ und $\hat{\eta}_{31}$ markieren durchweg einen negativen Einfluss des Preises auf den Marktanteil der betreffenden Marke. Preiserhöhungen haben auf diesem Markt somit bei allen drei Marken marktanteilsreduzierende Wirkung, während sich umgekehrt Preissenkungen marktanteilssteigernd auswirken würden.[12] Die Werbeaufwendungen hingegen haben analog durchweg eine positive Wirkung auf den Marktanteil. Gleichzeitig zeigen sich zwischen den einzelnen Marken graduelle Unterschiede in den Einflussstärken $\hat{\eta}_{m1}$ und $\hat{\eta}_{m2}$ der betrachteten Marketingvariablen. Stellt man die Ergebnisse des additiven Marktreaktionsmodells den Resultaten der beiden anderen Modelle gegenüber, so bestätigen sich die Einschätzungen hinsichtlich der jeweiligen Wirkungen auch in Bezug auf die Einflussstärken.

[9] Im Fall des logistischen Marktreaktionsmodells sind für die drei Marken noch die Sättigungsgrenzen vorzugeben. Für Marktanteile liegen diese – falls nichts anderes unterstellt wird – bei 1 bzw. 100 %.

[10] Die beste Anpassung liegt bei einem Wert von 1 vor, die schlechteste bei einem Wert von 0.

[11] Hier geht die beste Anpassung mit einem Wert von 0 einher. Die Anpassung ist umso schlechter, je weiter der Wert von 0 entfernt ist.

[12] Gemeint ist der Einfluss von Preisänderungen bei einer Marke auf deren eigenen Marktanteil.

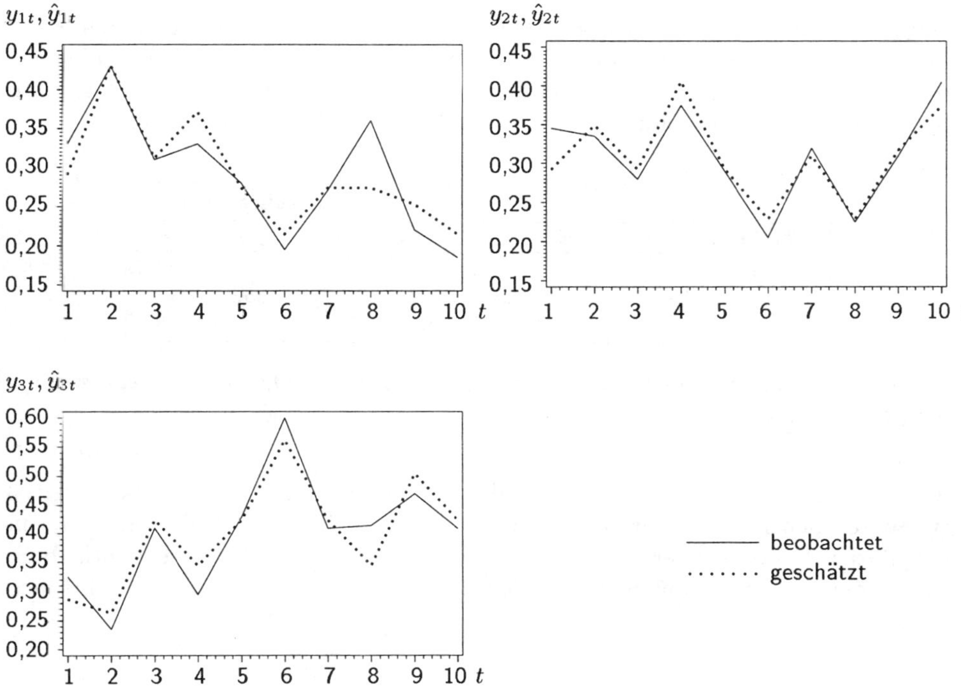

Abbildung 15.3: *Tatsächliche (y_{mt}) und mit dem additiven Marktreaktionsmodell geschätzte ($\hat{y}_{mt}$) Marktanteile*

Die vorangegangenen Responsebetrachtungen ergänzend sind in Tabelle 15.3 exemplarisch die Bogenresponseelastizitäten auf Basis des additiven Modells für Periode 3 dargestellt. Entsprechende Berechnungen („Wenn-dann-Betrachtungen") auf Modellbasis können die Entscheidungsgrundlage in der Marketingplanung verbessern und zu einer erfolgreicheren Marketing-Mix-Politik beitragen. Der Wert $-2,182$ in der zweiten Datenzeile und -spalte beispielsweise ist die direkte Bogenpreisresponseelastizität des Marktanteils von Marke 2 im betreffenden Zeitraum. Er signalisiert eine $2,182$-prozentige Marktanteilssenkung im Fall einer Preiserhöhung um 1 Prozent ceteris paribus, d.h. wenn alle anderen Marktbedingungen unverändert bleiben. Die Berechnungsvorschrift (unter Verwendung der Modellgleichung 15.2) lautet:

$$\widetilde{ELA}^{add}_{\hat{y}_{23},x_{213}} = \frac{\hat{y}_{23} - \hat{y}'_{23}}{x_{213} - x'_{213}} \cdot \frac{x_{213}}{\hat{y}_{23}}$$

$$= \frac{-0,6384 \cdot 1,0 + 0,4120 \cdot 0,96 + 0,6384 \cdot (1,0 \cdot 1,01) - 0,4120 \cdot 0,96}{1,0 - (1,0 \cdot 1,01)}$$

$$\cdot \frac{1,0}{0,5354 - 0,6384 \cdot 1,0 + 0,4120 \cdot 0,96} = -2,1824$$

Dabei bezeichnet x'_{213} den um 1 Prozent erhöhten Preis (von 1 Euro) der Marke 2 in Periode 3 und y'_{23} den sich daraus ergebenden Marktanteil. Da im vorliegenden Fall mit nicht normierten Daten gearbeitet wurde, sind die Kreuzresponseelastizitäten ohne Aussagekraft, so dass auf ihre Darstellung verzichtet werden kann.

	Preise			Werbeaufwendungen		
Marktanteil	x_{113}	x_{213}	x_{313}	x_{123}	x_{223}	x_{323}
$\hat{y}_{13}$	-2,453	–	–	1,147	–	–
$\hat{y}_{23}$	–	-2,182	–	–	1,352	–
$\hat{y}_{33}$	–	–	-2,696	–	–	0,983

Tabelle 15.3: *Bogenresponseelastizitäten auf Basis des additiven Marktreaktionsmodells für Periode 3*

Aus den tabellierten Werten ist z.B. ersichtlich, dass Preisänderungen bei Marke 3 eine wesentlich stärkere Wirkung auf deren Marktanteil haben als Preisänderungen bei Marke 2. Oder anders ausgedrückt: Der aus einer möglichen Preiserhöhung resultierende Marktanteilsrückgang fiele bei den beiden Marken unterschiedlich stark aus.

15.3 Multinomiale Logitmodelle zur Analyse individueller Wahlhandlungen

Mithilfe von **multinomialen Logitmodellen** (MNL-Modellen) kann die Entscheidung von Individuen (z.B. Konsumenten) für eine von endlich vielen zur Auswahl stehenden Alternativen (z.B. Marken) beschrieben und auf den Einfluss einer oder mehrerer Variablen (z.B. verschiedener Marketinginstrumente) zurückgeführt werden. Die Anwendung solcher Modelle zielt vor allem auf

- die Erklärung vergangener und die variablengestützte Prognose zukünftiger individueller Auswahlentscheidungen respektive der damit korrespondierenden Auswahlwahrscheinlichkeiten,
- die Bereitstellung diagnostischer Informationen hinsichtlich der Sensitivität von Auswahlentscheidungen gegenüber Variablenänderungen und
- den Nachweis von Substitutions- und Komplementaritätseffekten zwischen verschiedenen Marken ab.[13]

[13] Dies gilt analog für die Modelle in den sich noch anschließenden Abschnitten.

15.3.1 Herleitung des Basismodells

Bei dem im Folgenden herzuleitenden und ursprünglich auf *McFadden* (1974) zurückgehenden Typ von Responsemodellen wird jeder der in einer M Elemente umfassenden Auswahlmenge enthaltenen Marken m ein konsumentenindividueller Nutzen

$$U_{km} = u_m + \epsilon_{km} \qquad \forall\ k, m \tag{15.13}$$

zugeordnet. Der in dieser Beziehung enthaltene deterministische Nutzenterm u_m steht für eine Art „mittlere" Bewertung eines Produkts der Marke m durch alle für die betreffende Untersuchung relevanten Konsumenten (Grundgesamtheit), während die stochastische Störgröße ϵ_{km} (z.B. in der Interpretation von *McFadden* (1974)), der Erfassung der individuellen Präferenzen des Konsumenten k und damit in gewissem Sinne auch der impliziten Erfassung der Heterogenität[14] des individuellen Auswahlverhaltens dient. Weiterhin wird von der Annahme ausgegangen, dass sich jeder Konsument genau für die Marke entscheidet, die ihm den größtmöglichen Nutzen zu erbringen verspricht. Formal bedeutet dies, dass sich die Wahrscheinlichkeit $P(Y_k = m)$ der Auswahl der Marke m durch Konsument k wie folgt berechnen lässt:

$$\begin{aligned} P(Y_k = m) &= P(U_{km} \geq U_{kj}, \quad \forall\ j \neq m) \\ &= P(u_m + \epsilon_{km} \geq u_j + \epsilon_{kj}, \quad \forall\ j \neq m) \\ &= P(u_m - u_j + \epsilon_{km} \geq \epsilon_{kj}, \quad \forall\ j \neq m) \qquad \forall\ k, m \end{aligned} \tag{15.14}$$

mit Y_k als einer den Ausgang der Marken- respektive Auswahlentscheidung[15] des Konsumenten k beschreibenden Zufallsvariable.

Von diesem Grundmodell ausgehend lässt sich die Wahrscheinlichkeit $P(Y = m)$ der Wahl von Marke m durch einen beliebigen aus der betrachteten Grundgesamtheit herausgegriffenen Konsumenten und mithin die Basisgleichung des **einfachen multinomialen Logitmodells** (einfaches MNL-Modell) wie folgt herleiten:

Unterstellt man für die als Zufallsvariablen aufgefassten Störgrößen ϵ_{km} für $m = 1, \ldots, M$ eine gemeinsame multivariate Verteilung $F(\epsilon_{k1}, \ldots, \epsilon_{kM})$ mit Dichtefunktion $f(\epsilon_{k1}, \ldots, \epsilon_{kM})$, so führt dies zu der für alle k und m geltenden Beziehung:

$$P(Y_k = m) = \int_{-\infty}^{u_m - u_1 + \epsilon_{km}} \cdots \int_{-\infty}^{u_m - u_M + \epsilon_{km}} f(\epsilon_{k1}, \cdots, \epsilon_{km}, \cdots, \epsilon_{kM})\, d\epsilon_{kM} \cdots d\epsilon_{k1} \tag{15.15}$$

[14] Möglichkeiten zur expliziten Berücksichtigung von Heterogenität in ökonometrischen Modellen des hier behandelten Typs werden z.B. in *Gönül, Srinivasan* (1993b) und *Wagner* (2001) vorgestellt.

[15] Man bezeichnet diese Ansätze deshalb auch als **individuelle diskrete Auswahlmodelle** (vgl. z.B. *Maier, Weiss* (1990)).

Unterstellt man für die Zufallsvariablen ϵ_{km} des Weiteren stochastische Unabhängigkeit, so ist die vorangegangene Gleichung auch in der Form

$$P(Y_k = m) = \int\limits_{-\infty}^{u_m - u_1 + \epsilon_{km}} \cdots \int\limits_{-\infty}^{u_m - u_M + \epsilon_{km}} \prod_{\substack{j=1 \\ j \neq m}}^{M} f(\epsilon_{kj})\, \mathrm{d}\epsilon_{kj} \cdot \int\limits_{-\infty}^{\infty} f(\epsilon_{km})\, \mathrm{d}\epsilon_{km}$$

$$= \prod_{\substack{j=1 \\ j \neq m}}^{M} F(\epsilon_{k1}, \ldots, \epsilon_{k,m-1}, \epsilon_{k,m+1}, \ldots, \epsilon_{kM}) \cdot \int\limits_{-\infty}^{\infty} f(\epsilon_{km})\, \mathrm{d}\epsilon_{km} \qquad \forall\ k, m \qquad (15.16)$$

darstellbar. Mit der Annahme, dass die Störgrößen für alle M Marken über die Grundgesamtheit unabhängig identisch extremwertverteilt (Typ II) sind (vgl. *Johnson, Kotz* (1970)), folgt dann:

$$P(Y_k = m) = \prod_{\substack{j=1 \\ j \neq m}}^{M} \exp(-\exp(-u_m + u_j - \epsilon_{km})) \cdot \int\limits_{-\infty}^{\infty} \exp(-\epsilon_{km} - \exp(-\epsilon_{km}))\, \mathrm{d}\epsilon_{km}$$

$$= \int\limits_{-\infty}^{\infty} \exp\left(\sum_{\substack{j=1 \\ j \neq m}}^{M} (-\exp(-u_m + u_j - \epsilon_{km})) - \epsilon_{km} - \exp(-\epsilon_{km}) \right) \mathrm{d}\epsilon_{km}$$

$$= \int\limits_{-\infty}^{\infty} \exp\left(-\exp(-\epsilon_{km}) \cdot \sum_{\substack{j=1 \\ j \neq m}}^{M} \exp(u_j - u_m) - \epsilon_{km} - \exp(-\epsilon_{km}) \right) \mathrm{d}\epsilon_{km}$$

$$= \int\limits_{-\infty}^{\infty} \exp\left(-\epsilon_{km} - \exp(-\epsilon_{km}) \cdot \left(1 + \sum_{\substack{j=1 \\ j \neq m}}^{M} \frac{\exp(u_j)}{\exp(u_m)} \right) \right) \mathrm{d}\epsilon_{km} \qquad \forall\ k, m \qquad (15.17)$$

Setzt man nun

$$Q_m := \ln\left(1 + \sum_{\substack{j=1 \\ j \neq m}}^{M} \frac{\exp(u_j)}{\exp(u_m)} \right) = \ln\left(\sum_{j=1}^{M} \frac{\exp(u_j)}{\exp(u_m)} \right) \qquad \forall\ m \qquad (15.18)$$

so führt dies auf das einfache Integral

$$P(Y_k = m) = \int\limits_{-\infty}^{\infty} \exp\left(-\epsilon_{km} - \exp(-\epsilon_{km}) \cdot \exp(Q_m)\right)\, \mathrm{d}\epsilon_{km}$$

$$= \int\limits_{-\infty}^{\infty} \exp\left(-\epsilon_{km} - \exp(-\epsilon_{km} + Q_m)\right)\, \mathrm{d}\epsilon_{km} \qquad \forall\ k, m \qquad (15.19)$$

das seinerseits wieder durch die Substitution $\tilde{\epsilon}_{km} := \epsilon_{km} - Q_m$ aufgelöst werden kann. Es gilt:

$$
\begin{aligned}
P(Y_k = m) &= \exp(-Q_m) \cdot \int_{-\infty}^{\infty} \exp\left(-\epsilon_{km} + Q_m - \exp(-\epsilon_{km} + Q_m)\right) \, d\epsilon_{km} \\
&= \exp(-Q_m) \cdot \int_{-\infty}^{\infty} \underbrace{\exp\left(-\tilde{\epsilon}_{km} - \exp(-\tilde{\epsilon}_{km})\right)}_{\substack{\text{Dichtefunktion der} \\ \text{Extremwertverteilung}}} \, d\tilde{\epsilon}_{km} \\
&= \exp(-Q_m) \cdot 1 \\
&= \frac{1}{\sum_{j=1}^{M} \frac{\exp(u_j)}{\exp(u_m)}} = \frac{1}{\frac{1}{\exp(u_m)} \sum_{j=1}^{M} \exp(u_j)} = \frac{\exp(u_m)}{\sum_{j=1}^{M} \exp(u_j)}
\end{aligned}
\tag{15.20}
$$

Da die Auswahlwahrscheinlichkeit nun von konsumentenspezifischen Einflussfaktoren unabhängig ist, entfällt bei der Modelldarstellung der Index k und es gilt:

$$
P(Y = m) = \frac{\exp(u_m)}{\sum_{j=1}^{M} \exp(u_j)} =: p_m \qquad \forall\, m \tag{15.21}
$$

Um allerdings den Einfluss der als relevant erachteten Produkteigenschaften respektive Marketingvariablen auf den deterministischen Nutzen u_m und damit auf die Auswahlwahrscheinlichkeit messbar zu machen, bietet sich z.B. eine lineare Zerlegung des Nutzenterms der Art

$$
u_m = \eta_m + \tilde{\eta}_1 x_{m1} + \cdots + \tilde{\eta}_L x_{mL} \qquad \forall\, m \tag{15.22}
$$

mit

x_{ml}	=	Ausprägung der l-ten Eigenschaft ($l = 1, \ldots, L$) bei Marke m
η_m	=	zu schätzendes Interzept (markenabhängiger „Grundnutzen“ der betrachteten Produktkategorie)
$\tilde{\eta}_l$	=	zu schätzendes Eigenschaftsgewicht (Maß für Stärke und Richtung des Einflusses der Eigenschaft l auf die Auswahlwahrscheinlichkeit)

an. Liegen zum individuellen Auswahlverhalten auf einem interessierenden Markt, z.B. aufgrund entsprechender Panelerhebungen über mehrere Perioden ($t = 1, \ldots, T$) hinweg (Längsschnittsbetrachtung), genügend Beobachtungen für die unabhängigen und die abhängigen Variablen vor, so lassen sich mit

$$
p_{mt} = \frac{\exp(u_{mt})}{\sum_{j=1}^{M} \exp(u_{jt})} \qquad \forall\, m, t \tag{15.23}
$$

und

$$
u_{mt} = \eta_m + \sum_{l=1}^{L} \eta_{ml} x_{mlt} \qquad \forall\, m, t \tag{15.24}
$$

auch markenspezifische Eigenschaftsgewichte $\eta_{m1}, \ldots, \eta_{mL}$ ermitteln. Wir erhalten auf diese Weise das **erweiterte MNL-Modell**, welches nicht nur eine differenziertere Analyse der bestehenden Responsebeziehungen, sondern auch die Durchführung von Prognosen hinsichtlich des zukünftig zu erwartenden Auswahlverhaltens ermöglicht. Anstelle einer Erweiterung der Betrachtungsperspektive auf mehrere Perioden ist z.B. auch eine auf mehrere Marktsegmente (Querschnittsbetrachtung) denkbar.

Neben der oben dargestellten Spezifizierung des deterministischen Nutzenterms wird in der einschlägigen Literatur zur Auswahlmodellierung noch eine Vielzahl weiterer Funktionalbeziehungen vorgestellt und diskutiert. Entsprechende Beispiele finden sich z.B. in *Cooper* (1993) und *Decker* (1994a).

Die Schätzung der Modellparameter $\eta_1, \ldots, \eta_M; \tilde{\eta}_1, \ldots, \tilde{\eta}_L$ im einfachen Fall bzw. $\eta_1, \ldots, \eta_M, \eta_{11}, \ldots, \eta_{ML}$ im erweiterten MNL-Modell kann mit verschiedenen ökonometrischen Verfahren durchgeführt werden. Die statistisch günstigen Eigenschaften der Konsistenz und Effizienz (vgl. *Schaich* (1977, S. 163 ff.)) von Maximum-Likelihood-Schätzern legen jedoch eine Modellkalibrierung in dieser Form nahe.[16]

Ein immer wieder diskutierter Aspekt obiger MNL-Modelle ist deren **IIA-Eigenschaft**. Die Abkürzung IIA steht für „Independence from Irrelevant Alternatives“. Bei Logitmodellen mit dieser Eigenschaft ist das Verhältnis der Auswahlwahrscheinlichkeiten in Bezug auf zwei Alternativen von den restlichen Alternativen unabhängig. Die dadurch zu gewährleistende einfache Modellstruktur geht allerdings zulasten der Aussagefähigkeit der aus den Modellen ableitbaren Kreuzresponseelastizitäten. Konkurrenzbeziehungen zwischen den einzelnen Marken einer Produktkategorie können bei Vorliegen der IIA-Eigenschaft nur in eingeschränktem Maße untersucht werden. Als problematisch erweist sie sich vor allem dann, wenn zwischen den in der betrachteten Produktkategorie enthaltenen Marken unterschiedliche Wettbewerbsbeziehungen bestehen.

Auf dem bundesdeutschen Kaffeemarkt ist z.B. aufgrund entsprechender Konsumentenpräferenzen zu vermuten, dass die koffeinhaltigen Kaffees untereinander in einem stärkeren Wettbewerb stehen als zu den koffeinfreien. Würde man in diesem Fall z.B. das erweiterte MNL-Modell mit den beiden metrisch skalierten Eigenschaften/Marketingvariablen Preis und Werbeaufwendungen auf den gesamten Kaffeemarkt anwenden, so könnten die zwischen den koffeinhaltigen und den koffeinfreien Kaffeemarken bestehenden Wettbewerbsbeziehungen nicht adäquat über die entsprechenden Kreuzresponseelastizitäten erfasst werden. Im vorliegenden Fall würde sich daher eine Aufteilung des Gesamtmarkts in einen Markt für koffeinfreie und einen für koffeinhaltige Produkte empfehlen, auf denen dann jeweils getrennt ein eigenes MNL-Modell zu kalibrieren wäre.

[16] Bei einem Vergleich verschiedener Schätzverfahren für MNL-Modelle sind *Bunch, Batsell* (1989) zu der Schlussfolgerung gekommen, dass die Maximum-Likelihood-Methode anderen Schätzverfahren, wie etwa der Minimum-Chi-Quadrat-Methode oder der Kleinste-Quadrate-Methode, überlegen ist.

Ein Blick auf die exemplarisch aus dem erweiterten MNL-Modell abgeleiteten Responseelastizitäten macht dies deutlich:

$$ELA_{p_{mt},x_{jlt}} = \frac{\partial p_{mt}}{\partial x_{jlt}} \cdot \frac{x_{jlt}}{p_{mt}} = \begin{cases} \eta_{ml} x_{mlt}(1 - p_{mt}) & \text{für } m = j \\ -\eta_{jl} x_{jlt} p_{jt} & \text{für } m \neq j \end{cases} \quad \forall\, m, j, l, t \tag{15.25}$$

Offensichtlich nimmt für konstantes x_{mlt} die direkte Responseelastizität (bei $m = j$) mit abnehmender Auswahlwahrscheinlichkeit p_{mt} zu. Marktdominierende Marken (d.h. solche mit im Mittel verhältnismäßig großen Auswahlwahrscheinlichkeiten) reagieren somit weniger sensibel auf Änderungen der Marketingvariablen als Kleinmarken. Zumindest für Konsumgüter des täglichen Bedarfs erscheint dies auch weitgehend plausibel. Eine genauere Betrachtung der Formel für die Kreuzresponseelastizität lässt erkennen, dass das Modell die IIA-Eigenschaft besitzt. Die Auswahlwahrscheinlichkeiten aller Marken m ($m \neq j$) reagieren in gleicher Weise auf Änderungen der Eigenschaftsausprägungen von Marke j. Aus diesem Grund sollte vor einer Modellanwendung geprüft werden, ob für den zu untersuchenden Markt die IIA-Eigenschaft angemessen ist oder nicht.

15.3.2 Modellerweiterungen

Einige Modellerweiterungen wie z.B. das **genistete MNL-Modell** ermöglichen auch die direkte Analyse des individuellen Auswahlverhaltens auf Märkten, deren Struktur der IIA-Eigenschaft entgegensteht (vgl. z.B. *McFadden* (1978), *Guadagni, Little* (1987) und *Bucklin, Gupta* (1992)). Die grundsätzliche Idee des genisteten MNL-Modells besteht darin, die interessierende Auswahlentscheidung in mehrere Teilentscheidungen zu zerlegen. Im Fall des oben skizzierten Kaffeemarkts beispielsweise besteht eine nahe liegende Aufteilung darin, dass zuerst die grundsätzliche Entscheidung für koffeinhaltigen oder für koffeinfreien Kaffee getroffen wird. Im Anschluss daran entscheidet sich der Konsument dann für eine der in der von ihm ausgewählten Subproduktkategorie (z.B. den koffeinfreien Kaffees) verfügbaren Marken. Die Mehrstufigkeit der Entscheidungsfindung schlägt sich in den einzelnen Komponenten des Modells nieder.

Der Einsatz eines genisteten MNL-Modells bietet sich vor allem dann an, wenn sich die Menge der relevanten Alternativen respektive Marken in zumindest näherungsweise homogene Gruppen aufteilen lässt, wobei die Elemente einer Gruppe möglichst ähnlich, die Elemente unterschiedlicher Gruppen hingegen möglichst verschieden sein sollten. Falls es also möglich ist, die zu analysierende und aus insgesamt M Marken bestehende Auswahlmenge in G Teilmengen bzw. Gruppen mit jeweils M_g Marken in Gruppe g ($g = 1, \ldots, G$) aufzuteilen[17], so berechnet sich

[17] Der Einfachheit halber beschränken wir uns auf den Fall zweistufiger Auswahlentscheidungen. Einige Bemerkungen zur Formulierung höher- bzw. speziell dreistufiger genisteter MNL-Modelle finden sich z.B. bei *Amemiya* (1985, S. 305) und *Ben-Akiva, Lerman* (1985, S. 291). Eine empirische Anwendung zwei- und dreistufiger genisteter MNL-Modelle auf der Basis von Scannerdaten unter besonderer Berücksichtigung des Problems der Bestimmung geeigneter Modellvariablen

die Wahrscheinlichkeit p_{gjt}, in Periode t die Marke j ($j = 1, \ldots, M_g$) aus Gruppe g zu wählen, als:[18]

$$\begin{aligned} p_{gjt} &= p_{(j|g)t} \cdot p_{gt} \\ &= \frac{\exp\left(\frac{u_{gjt}}{1-\kappa}\right)}{\sum_{i=1}^{M_g} \exp\left(\frac{u_{git}}{1-\kappa}\right)} \cdot \frac{v_{gt}\left(\sum_{i=1}^{M_g} \exp\left(\frac{u_{git}}{1-\kappa}\right)\right)^{1-\kappa}}{\sum_{h=1}^{G} v_{ht}\left(\sum_{i=1}^{M_h} \exp\left(\frac{u_{hit}}{1-\kappa}\right)\right)^{1-\kappa}} \quad \forall\, g,j,t \end{aligned} \tag{15.26}$$

Dabei repräsentiert $p_{(j|g)t}$ die (bedingte) Wahrscheinlichkeit, die Marke j aus Gruppe g zu wählen und p_{gt} die Wahrscheinlichkeit der Wahl (einer Marke) der Gruppe g. Mit dem Parameter κ ($0 \leq \kappa < 1$) versucht man der Nutzenkorrelation bzw. Ähnlichkeit der Produkteigenschaften innerhalb der einzelnen Gruppen Rechnung zu tragen. Weiterhin bezeichnet u_{gjt} den deterministischen Nutzen der Marke j in der Gruppe g in Periode t und v_{gt} ($v_{gt} > 0\ \forall\, g,t$) einen gruppenspezifischen Gewichtungsfaktor. Die beiden zuletzt genannten Modellgrößen können wie folgt spezifiziert werden:

$$u_{gjt} = \sum_{l=1}^{L_g} \eta_{gjl} x_{gjlt} \quad \forall\, g,j,t \quad \text{und} \quad v_{gt} = \exp\left(\sum_{l=1}^{L} \eta_{gl} y_{glt}\right) \quad \forall\, g,t \tag{15.27}$$

mit

L_g	=	Anzahl der markenspezifischen Eigenschaften in Gruppe g
L	=	Anzahl der Gruppeneigenschaften
x_{gjlt}	=	Wert der l-ten Eigenschaft der j-ten Marke (z.B. der jeweilige Produktpreis) in der Gruppe g in Periode t
y_{glt}	=	Wert der l-ten die ganze Gruppe g charakterisierenden Eigenschaft (z.B. der Koffeingehalt oder das Angebotsspektrum[19]) in Periode t
η_{gjl}, η_{gl}	=	zu schätzende Modellparameter

Die Schätzung der im genisteten MNL-Modell verwendeten Parameter kann auf verschiedene Arten erfolgen, so z.B. mit der bei *Ben-Akiva, Lerman* (1985, S. 296) beschriebenen sequenziellen Maximum-Likelihood-Methode. Alternativ hierzu stellt *Bechtel* (1990) eine sequenzielle verallgemeinerte Kleinste-Quadrate-Methode vor, mit der sich die in Verbindung mit iterativen Schätzprozeduren u.U. auftretenden Konvergenzprobleme vermeiden lassen.

findet sich z.B. bei *Buckley* (1988). Darüber hinaus wird angenommen, dass jede Marke durch genau einen Artikel (SKU) in der Auswahlmenge vertreten ist.

[18] Vgl. hierzu auch *McFadden* (1978), *Maddala* (1983), *Amemiya* (1985) und *Ben-Akiva, Lerman* (1985).

[19] Gemeint ist die zu einem bestimmten Zeitpunkt in der betreffenden Gruppe verfügbare Anzahl der zu einem Promotion-Preis angebotenen Alternativen.

Bei der Berechnung der Responseelastizitäten impliziert die inhaltliche Bedeutung der erklärenden Variablen eine Unterscheidung von marken- und gruppenspezifischen Elastizitäten. Für Letztere erhält man die Bestimmungsgleichung:

$$ELA_{p_{gjt},y_{g'lt}} = \begin{cases} \eta_{gl} y_{glt}(1 - p_{gt}) & \text{für } g = g' \\ -\eta_{g'l} y_{g'lt} p_{g't} & \text{für } g \neq g' \end{cases} \qquad \forall\, g, g', j, l, t \tag{15.28}$$

Bei den markenspezifischen Responseelastizitäten können nochmals drei verschiedene Formen unterschieden werden, und zwar die direkte Responseelastizität, die Kreuzresponseelastizität in Bezug auf eine Eigenschaft l der Marke j' derselben Gruppe und diejenige in Bezug auf eine Eigenschaft l der Marke j' einer anderen Gruppe g':

$$ELA_{p_{gjt},x_{g'j'lt}} = \begin{cases} \eta_{gjl} x_{gjlt} \left(\dfrac{1 - \kappa p_{(j|g)t}}{1 - \kappa} - p_{gjt} \right) & \text{für } g = g' \wedge j = j' \\ -\dfrac{\eta_{gj'l}}{1 - \kappa} x_{gj'lt} \left(\kappa p_{(j'|g)t} + (1 - \kappa) p_{gj't} \right) & \text{für } g = g' \wedge j \neq j' \\ -\eta_{g'j'l} x_{g'j'lt} p_{g'j't} & \text{für } g \neq g' \wedge j \neq j' \end{cases} \tag{15.29}$$

Während also Eigenschaftsausprägungsänderungen bei Marken einer Gruppe g' ($g' \neq g$) auf alle Marken der Gruppe g die gleiche Auswirkung haben, wirken sich Eigenschaftsausprägungsänderungen innerhalb einer Gruppe von Gruppe zu Gruppe verschieden, für alle Marken der jeweiligen Gruppe jedoch wiederum gleich aus. Weiterhin erkennt man, dass sich für $\kappa = 0$ und $G = M$ die Elastizitäten des erweiterten MNL-Modells (vgl. Gleichung 15.25) ergeben.

Eine unter dem Gesichtspunkt der Absicherung von Entscheidungen der Produktlinienerweiterung interessante Weiterentwicklung des MNL-Gedankens stellt der Vorschlag von *Fader, Hardie* (1996) zur Modellierung variantenreicher Produktkategorien (Warengruppen) dar. Ausgangspunkt der Überlegungen ist einerseits die Konzentration der einschlägigen Marketingliteratur auf den Aspekt der Markenwahlentscheidung und andererseits die Tatsache, dass bei Betrachtungen auf Artikelebene vielfach jeweils nur geringe Absatzanteile vorliegen. Der Grund hierfür ist die in vielen Produktkategorien zu beobachtende Sortenvielfalt einzelner Marken. Da im Modell von *Fader, Hardie* (1996) – wie auch in der Realität – die einzelnen Marken einer betrachteten Produktkategorie in verschiedenen Sorten auftreten können, wird nachfolgend eine spezielle Sorte einer Marke eines Herstellers als Artikel bezeichnet. Die Anzahl der Artikel einer Produktkategorie ist demzufolge größer oder gleich der Anzahl der Marken. Eine eindeutige Unterscheidung der einzelnen Artikel ist z.B. in Deutschland zumindest im Bereich der abgepackten Konsumgüter mittels der ihnen zugewiesenen EAN-Codes möglich. Faktisch bedeutet dies, dass eine Marke, die in verschiedenen Sorten angeboten wird, auch durch mehrere EAN-Codes repräsentiert wird.

Ziel der Überlegungen von *Fader, Hardie* (1996) war es einerseits, den „traditionellen", oben dargestellten MNL-Ansatz auch für Produktkategorien nutzbar zu machen, die sich durch eine „große" Artikelvielfalt auszeichnen. Andererseits sollten die Voraussetzungen für eine Nutzung von Scanner-Paneldaten für die Prognose des Erfolgs potenzieller Produktlinienerweiterungen[20] geschaffen werden. Das Modell stellt sich in seinen wesentlichen Komponenten wie folgt dar:

Es sei

I = Anzahl verschiedener Artikel in der betrachteten Produktkategorie
L = Anzahl der für die einzelnen Artikel relevanten Eigenschaften
n_l^{Aus} = Anzahl der möglichen Ausprägungen von Eigenschaft l
n^{Seg} = Anzahl der für die Untersuchung relevanten Präferenz- bzw. Haushaltssegmente
n_k^{Kauf} = Anzahl der Kaufgelegenheiten für Haushalt k $(k = 1, \dots, K)$ im Betrachtungszeitraum
$p_{kit(g)}$ = Wahrscheinlichkeit der Wahl von Artikel i $(i = 1, \dots, I)$ durch Haushalt k bei Kaufgelegenheit t (in Segment g)
$\boldsymbol{x}_{il}^{bin}$ = Indikatorvektor für die Ausprägung der Eigenschaft l bei Artikel[21] i $(= (0_{(1)}, \dots, 0, 1_{(l')}, 0, \dots, 0_{(n_l^{Aus})})'_{il})$
$\boldsymbol{\vartheta}_{lg}$ = Gewichts- oder Präferenzvektor für Eigenschaft l in Segment g $= (\vartheta_1, \dots, \vartheta_{l'}, \dots, \vartheta_{n_l^{Aus}})_{lg}$
$\boldsymbol{x}_{it}$ = Vektor der Marketingvariablen[22] („Marketing-Mix") für Artikel i bezüglich Kaufgelegenheit t
$p_{kg}^{apriori}$ = a priori-Wahrscheinlichkeit der Zugehörigkeit eines Haushalts k zu Segment g (alternativ: relative Größe[23] von Segment g)
$\boldsymbol{\eta}_g$ = Parametervektor für den Marketing-Mix bezüglich Segment g

Die Wahrscheinlichkeit der Wahl von Artikel i durch Haushalt k bei Kaufgelegenheit t berechnet sich dann mittels (vgl. *Kamakura, Russell* (1989) und *Fader, Hardie* (1996)):

$$\begin{aligned} p_{kit} &= \sum_{g=1}^{n^{Seg}} p_{kg}^{apriori} \cdot p_{kitg} \quad \left(0 < p_{kg}^{apriori} < 1 \; \forall \; g; \quad \sum_{g=1}^{n^{Seg}} p_{kg}^{apriori} = 1 \, \forall \, k\right) \\ &= \sum_{g=1}^{n^{Seg}} p_{kg}^{apriori} \cdot \frac{\exp\left(\sum_{l=1}^{L} \boldsymbol{\vartheta}_{lg} \boldsymbol{x}_{il}^{bin} + \boldsymbol{\eta}_g \boldsymbol{x}_{it}\right)}{\sum_{j=1}^{I} \exp\left(\sum_{l=1}^{L} \boldsymbol{\vartheta}_{lg} \boldsymbol{x}_{jl}^{bin} + \boldsymbol{\eta}_g \boldsymbol{x}_{jt}\right)} \quad \forall \; k, i, t \quad (15.30) \end{aligned}$$

[20] Eine einführende Darstellung praktischer und methodischer Aspekte von Produktliniengestaltungen findet sich z.B. in *Decker, Bornemeyer* (2000).

[21] Die 1 an der l'-ten Stelle des Binärvektors $\boldsymbol{x}_{il}^{bin}$ deutet an, dass die Eigenschaft l bei Artikel i in der Ausprägung l' vorliegt.

[22] Man beachte die in diesem Modell erforderliche begriffliche Trennung von Marketingvariablen bzw. Marketing-Mix und (Produkt-) Eigenschaften. Zum Marketing-Mix zählen kurzfristig änderbare Instrumentalvariablen, wie der Preis und die Werbeaufwendungen eines Artikels, während z.B. der Markenname und die Darreichungsform eines Artikels als eher dauerhafte Eigenschaften gesehen werden.

[23] Der Haushaltsindex k entfällt dann.

Zur Schätzung der im Modell verwendeten Parameter empfehlen die Autoren die Maximierung der Log-Likelihood-Funktion:

$$f^{ML}(\ldots, \vartheta_{lg}, \ldots; \ldots, \eta_g, \ldots) = \sum_{k=1}^{K} \ln \left(\sum_{g=1}^{n^{Seg}} p_{kg}^{apriori} \prod_{t=1}^{n_k^{Kauf}} \prod_{i=1}^{I} p_{kitg}^{Q_{kit}} \right) \tag{15.31}$$

mit

$$Q_{kit} = \begin{cases} 1, & \text{falls von Haushalt } k \text{ bei Kaufgelegenheit } t \text{ der Artikel } i \\ & \text{erstanden wurde} \qquad \forall\, k, i, t \\ 0, & \text{sonst} \end{cases}$$

Die Leistungsfähigkeit ihres Modells dokumentieren die Autoren anhand eines empirischen Fallbeispiels, bei dem sie auf die in einem Scanner-Haushaltspanel in Philadelphia (USA) in der Zeit von 1990 bis 1992 bei 594 Haushalten erhobenen Käufe von Weichspülern zurückgreifen. Sie unterscheiden vier Produkteigenschaften[24] in 10, 4, 4 und 4 Ausprägungen. Die Daten des Zeitraums 1990/91 dienten der Modellkalibrierung, während sich die durchgeführte Validierung auf die Daten des Jahres 1992 bezog. Insgesamt lagen Informationen über den Marketing-Mix von mehr als 50 unterschiedlichen Artikeln vor. Ein wesentliches Element des Ansatzes ist die segmentspezifische Modellierung der Präferenzen unter expliziter Bezugnahme auf die Eigenschaften der Artikel.

Die mit den skizzierten Daten durchgeführten empirischen Analysen lieferten u.a. die in Abbildung 15.4 dargestellten Resultate (vgl. *Fader, Hardie* (1996)). Die angegebenen eigenschaftsspezifischen Präferenzwerte entstammen der Betrachtung von zwei Segmenten und weisen Analogien zu den Teilnutzenwerten der Conjoint-Analyse (vgl. *Baier* (1994) und *Aust* (1996)) auf. Dabei kommt die Präferenz durch die Länge der Balken bei den einzelnen Eigenschaftsausprägungen zum Ausdruck. Die Spannweiten der Balkenlängen bei den einzelnen Eigenschaftsausprägungen (je Eigenschaft) können als Hinweis auf die relative Wichtigkeit der betreffenden Eigenschaft bei der individuellen Kaufentscheidung interpretiert werden. Unter diesem Gesichtspunkt stellt beispielsweise in Segment 2 die Darreichungsform („Refill" versus „Liquid") die für die Kaufentscheidung wichtigste Produkteigenschaft dar, während die entsprechende maximale Spanne in Segment 1 bei der Produkteigenschaft Marke („Bounce" versus „Sta-Puf") zu verzeichnen ist. Die Darreichungsform hingegen scheint bei den Angehörigen dieses Segments einen deutlich geringeren Stellenwert zu besitzen. Das in Segment 1 am stärksten präferierte Produkt besitzt demnach den Markennamen („Brand") „Sta-Puf", die Größe („Size") „Medium", die Darreichungsform („Form") „Sheets" und die Rezeptur („Formular") „Regular".

Für die Validierung wurden zwei im betreffenden Zeitraum in Philadelphia realisierte Produktlinienerweiterungen als Referenzartikel herangezogen. Die entspre-

[24] Bezüglich der Entscheidungsrelevanz der einzelnen Produkteigenschaften unterstellen *Fader, Hardie* (1996), dass vor allem der schnellen (Wieder-) Erkennung, der Objektivität und der kollektiven Existenz besondere Bedeutung zukommt.

chenden Produktprofile sind in Tabelle 15.4 wiedergegeben. Demzufolge war Artikel 1 ein „Private Label“ in der Größe „Medium“ mit Darreichungsform „Liquid“ und Rezeptur „Light“.

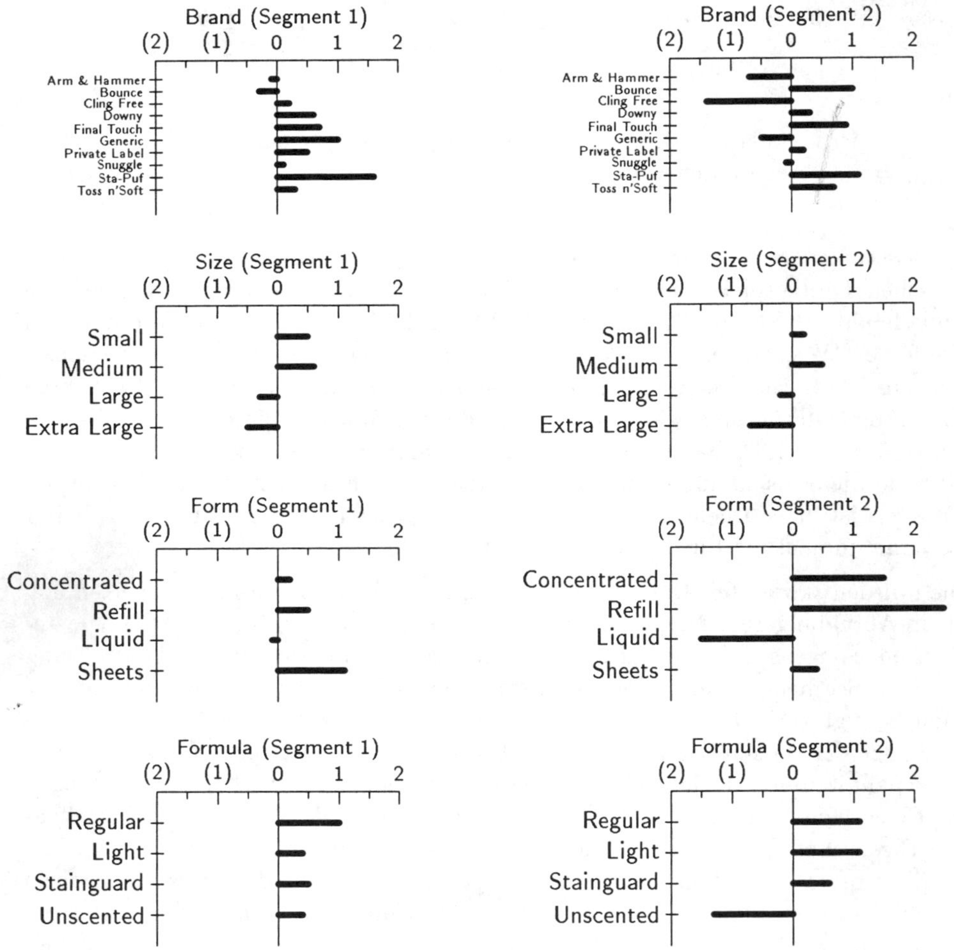

Abbildung 15.4: *Eigenschaftsspezifische Präferenzschätzungen im Zwei-Segmente-Fall*

	Marke („Brand“)	Größe („Size“)	Darreichungsform („Form“)	Rezeptur („Formula“)
Artikel A1	„Private Label“	„Medium“	„Liquid“	„Light“
Artikel A2	„Sta-Puf“	„Small“	„Refill“	„Regular“

Tabelle 15.4: *Im Validierungszeitraum neu eingeführte Artikel*

Ein Blick auf die in Tabelle 15.5 zusammengestellten Prognoseresultate zeigt die insbesondere für den Zwei-Segmente-Fall und Artikel A2 beeindruckenden Ergebnisse des Modells.[25] Obwohl für diese Prognose keine weiteren Primärerhebungen durchzuführen waren, gelingt einzig auf Basis der Modellanwendung auf die bereits vorhandenen Scanner-Paneldaten eine unter Planungsgesichtspunkten zweifellos brauchbare Vorhersage der Marktentwicklung für die beiden Produktlinienerweiterungen. Dies muss vor allem auch vor dem Hintergrund der durchweg eher kleinen Absatzanteilswerte der beiden Artikel gesehen werden.

Anzahl	Maximaler Wert von $f^{ML}(.)$		Prognostizierter Absatzanteil		Prognosefehler	
	ohne A1, A2	mit A1, A2	für A1	für A2		
Segmente	($N = 2.063$)	($N = 2.137$)	(beob.: 0,26 %)	(beob.: 2,66 %)	MQF	MPF
1	-5.399	-5.672	0,10 %	3,11 %	0,111	38,28 %
2	-5.337	-5.565	0,11 %	2,75 %	0,015	30,70 %
3	-5.397	-5.730	0,08 %	2,92 %	0,049	39,10 %

Tabelle 15.5: *Prognosen für die beiden neu eingeführten Artikel*

Eine mögliche Erweiterung dieses Modells besteht in der zusätzlichen Einbeziehung segmentweise gewichteter „Eigenschaftsloyalitäten". Darüber hinaus bietet sich aufgrund der Nähe zum Modellierungsgedanken der Conjoint-Analyse hinsichtlich der Möglichkeit der Bestimmung von Präferenzwerten eine Kombination beider Ansätze an. Ein auf dem Modell von *Fader, Hardie* (1996) aufbauendes Modell mit analogem Anliegen stellen *Ho, Chong* (2000) zur Diskussion. Ein empirischer Vergleich attestiert Letzterem eine etwas bessere Prognosefähigkeit bei gleichzeitig sparsamerer Parametrisierung.

15.4 Attraktionsmodelle zur Marktanteilsanalyse

Die prinzipielle Idee der in diesem Abschnitt betrachteten und auf aggregiertem Datenniveau zum Einsatz kommenden **Attraktionsmodelle** besteht darin, die einem Produkt der Marke m ($m = 1, \ldots, M$) zugesprochene und durch die relevanten Eigenschaften (z.B. den Preis und die für seine Vermarktung getätigten Werbeaufwendungen) spezifizierte „Attraktion" zur Summe der Attraktionen aller M zur Auswahl stehenden Marken ins Verhältnis zu setzen, um diesen Quotienten dann als Schätzer für den Marktanteil der Marke m zu verwenden. Diese in der anglo-amerikanischen Literatur auch durch die plakative „$\frac{us}{us+them}$-Formel" beschriebene Beziehung sichert die logische Konsistenz der Modelle. Logische Konsistenz bedeutet hierbei, dass die Marktanteile der M Marken jeweils zwischen 0 und 1 liegen und sich zu 1 summieren, was bei dem in Abschnitt 15.2 vorgestellten Modell (im Fall einer Anwendung auf Marktanteilsdaten) nicht der Fall ist.

[25] Als Kriterium für die Güte der Prognose dienten im vorliegenden Fall der mittlere quadratische Fehler (MQF) und der mittlere prozentuale Fehler (MPF). Je näher die betreffenden Werte bei 0 liegen, desto besser ist die modellgestützt durchgeführte Prognose.

15.4.1 Marktanteilstheorem als Ausgangspunkt

Für den Marktanteil y_{mt} der Marke m in Periode (oder Marktsegment) t ($t = 1, \ldots, T$) und die Attraktion ATT_{mt} derselben gilt nach dem **Marktanteilstheorem** die Beziehung (vgl. *Bell et al.* (1975)):

$$y_{mt} = \frac{ATT_{mt}}{\sum_{i=1}^{M} ATT_{it}} \qquad \forall\ m, t \tag{15.32}$$

mit:

1. $ATT_{mt} \geq 0 \quad \forall\ m, t$ und $\sum_{i=1}^{M} ATT_{it} > 0 \quad \forall\ t$
2. $ATT_{mt} = 0 \quad \Rightarrow \quad y_{mt} = 0 \quad \forall\ m, t$
3. $ATT_{mt} = ATT_{jt} \quad \Rightarrow \quad y_{mt} = y_{jt} \quad \forall\ m, j, t$
4. Der Marktanteil für Marke m in Periode t ändert sich, sobald sich die Attraktivität irgendeiner der zur Auswahl stehenden Marken ändert.

Die diesem Modellierungskonzept zugrunde liegende aggregierte Betrachtungsweise setzt voraus, dass der zu untersuchende Markt bzw. Teilmarkt ausreichend homogen ist, d.h., dass die Unterschiede in den individuellen Präferenzen der Konsumenten der jeweiligen Grundgesamtheit vernachlässigbar sind bzw. sich im Mittel ausgleichen. Bei den weiteren Ausführungen zu den Attraktionsmodellen wird dies als gegeben angenommen.

15.4.2 Modellspezifikationen

Je nachdem wie die Attraktion ATT_{mt} der Marke m nun genau spezifiziert wird, ergeben sich unterschiedliche Varianten obigen Basismodells. Definiert man die Attraktion gemäß der Formel:

$$ATT_{mt} = \exp(\eta_m) \prod_{l=1}^{L} x_{mlt}^{\tilde{\eta}_l} \exp(\epsilon_{mt}) \qquad \forall\ m, t \tag{15.33}$$

mit:

x_{mlt}	=	Ausprägung der l-ten die Attraktivität der Marke m bestimmenden Eigenschaft[26] in Periode t
η_m	=	zu schätzendes Interzept (markenabhängige „Grundattraktivität" der betrachteten Produktkategorie)
$\tilde{\eta}_l$	=	zu schätzendes Eigenschaftsgewicht (Maß für Stärke und Richtung des Einflusses der Eigenschaft l auf die Markenattraktivität)
ϵ_{mt}	=	stochastische Störgröße

[26] Im vorliegenden Fall sind damit sowohl dauerhafte Produkteigenschaften, wie etwa das Gewicht als auch zeitvariate Marketinginstrumente wie etwa der Preis, gemeint.

so erhält man das **einfache MCI-Modell** (vgl. *Nakanishi, Cooper* (1974)). Die Abkürzung MCI steht hierbei für die in der anglo-amerikanischen Literatur weit verbreitete Bezeichnung „Multiplicative Competitive Interaction" und bringt die Intention einer expliziten Berücksichtigung der Konkurrenz respektive der (mit Marke m) im Wettbewerb stehenden Marken ($j \neq m$) zum Ausdruck. Die Störgröße ϵ_{mt} wird als normalverteilt mit Erwartungswert 0 und Varianz σ^2 angenommen.

Genau wie beim einfachen MNL-Modell können auch beim einfachen MCI-Modell mit einer ausreichend umfangreichen Datenbasis markenspezifische Parameter η_{ml} verwendet und geschätzt werden. Man erhält auf diese Weise das **erweiterte MCI-Modell** mit:

$$ATT_{mt} = \exp(\eta_m) \prod_{l=1}^{L} x_{mlt}^{\eta_{ml}} \exp(\epsilon_{mt}) \qquad \forall\ m,t \tag{15.34}$$

Verwendet man für die Spezifikation des Attraktionsterms die Beziehung

$$ATT_{mt} = \exp\left(\eta_m + \sum_{l=1}^{L} \eta_{ml}\, x_{mlt} + \epsilon_{mt}\right) \qquad \forall\ m,t \tag{15.35}$$

so führt dies auf die bereits bekannte Gleichung 15.23 des erweiterten MNL-Modells. Aus diesen Grund wird das erweiterte MNL-Modell in der einschlägigen Literatur (vgl. *Klapper* (1998) und *Hanssens et al.* (2001)) auch den Attraktionsmodellen zugeordnet.

Für die Kalibrierung der beiden Modellvarianten kommen sowohl die Maximum-Likelihood-Methode als auch die aus der linearen Regression bekannten Verfahren zur Parameterschätzung in Frage. Letztere setzen allerdings eine Linearisierung der Ausgangsgleichungen und eine Log-Center-Transformation (vgl. *Nakanishi, Cooper* (1982) und *Cooper, Nakanishi* (1988)) voraus.

Unter Anwendungsgesichtspunkten sind vor allem wieder die mit den einzelnen Modellvarianten korrespondierenden Responseelastizitäten von Interesse. Für das erweiterte MCI-Modell und das korrespondierende MNL-Modell beispielsweise gilt:

$$ELA_{y_{mt},x_{jlt}} = \begin{cases} \eta_{ml}(1 - y_{mt}) & \text{für } m = j \\ -\eta_{jl} y_{jt} & \text{für } m \neq j \end{cases} \qquad \forall\ m,j,l,t \tag{15.36}$$

bzw. (vgl. hierzu auch Gleichung 15.25):

$$ELA_{y_{mt},x_{jlt}} = \begin{cases} \eta_{ml} x_{mlt}(1 - y_{mt}) & \text{für } m = j \\ -\eta_{jl} x_{jlt} y_{jt} & \text{für } m \neq j \end{cases} \qquad \forall\ m,j,l,t \tag{15.37}$$

Wie man bereits anhand der vorgestellten Responsefunktionen, aber insbesondere an den Gleichungen für die Responseelastizität erkennt, besitzen obige MCI-Modelle die IIA-Eigenschaft. Eine Möglichkeit, diese zu umgehen, besteht in der

Modellierung asymmetrischer Responsestrukturen. Als Beispiel sei die von *Carpenter et al.* (1988) vorgeschlagene Spezifikation des Attraktionsterms erwähnt (**asymmetrisches MCI-Modell**):

$$ATT_{mt} = \exp(\eta_m) \underbrace{\prod_{l=1}^{L} x_{mlt}^{\eta_{ml}}}_{\text{direkte Effekte}} \underbrace{\prod_{(j,l') \in \mathbb{L}_m} x_{jl't}^{\eta_{mjl'}}}_{\text{Kreuzeffekte}} \exp(\epsilon_{mt}) \qquad \forall\ m,t \qquad (15.38)$$

mit $\mathbb{L}_m$ als der Menge der aus den Produkteigenschaften l' und den Marken j ($j \neq m$) resultierenden Marken-Eigenschaftskombinationen, die einen „bedeutenden“ Einfluss auf den Marktanteil der Marke m besitzen.[27] Die Stärke des Kreuzeffekts von Eigenschaft l' der Marke j auf die Attraktion der Marke m kommt durch den Parameter $\eta_{mjl'}$ zum Ausdruck. Mit der expliziten Modellierung asymmetrischer Kreuzeffekte versucht man der Tatsache Rechnung zu tragen, dass die Marketinginstrumente eines Anbieters nicht auf alle Wettbewerber den gleichen Einfluss haben müssen.

Als problematisch erweist sich dabei die Bestimmung der relevanten Kreuzeffekte im Voraus. Eine vergleichsweise einfache und nahe liegende Möglichkeit, um Hinweise auf die in einer Produktkategorie relevanten Abhängigkeitsbeziehungen zu erhalten, besteht darin, dass man zunächst sukzessive für jede Marke m die Korrelationen zwischen den beobachteten Marktanteilen derselben und den Eigenschaften aller anderen Marken j ($j \neq m$) über die verfügbaren Beobachtungsperioden hinweg bestimmt und dann über geeignet zu wählende Schwellenwerte (z.B. in Form der zugehörigen Signifikanzwerte) entscheidet, welche dieser Beziehungen bei der Modellspezifikation Berücksichtigung finden sollen und welche nicht.

Eine Möglichkeit, das Problem der ex ante-Bestimmung relevanter Abhängigkeitsbeziehungen zu umgehen, besteht darin, zunächst einmal die Existenz entsprechender Beziehungen grundsätzlich zwischen den Marktanteilen und den Eigenschaften aller Marken zu unterstellen. Der sich auf diese Weise ergebende Attraktionsansatz für das resultierende **saturierte MCI-Modell** hat folgende Gestalt (vgl. *Bultez, Naert* (1975)):

$$ATT_{mt} = \exp(\eta_m) \prod_{i=1}^{M} \prod_{l=1}^{L} x_{ilt}^{\eta_{mil}} \exp(\epsilon_{mt}) \qquad \forall\ m,t \qquad (15.39)$$

Der Parameter η_{mil} bringt dabei, analog zum asymmetrischen MCI-Modell, die Stärke des Einflusses von Eigenschaft l der Marke i auf die Attraktion der Marke m zum Ausdruck.

Verallgemeinerungen dieser Art gehen jedoch aufgrund der sich u.U. drastisch erhöhenden Parameterzahl bei gegebenem Stichprobenumfang zulasten der Güte der Modellkalibrierung. Die Suche nach dem viel zitierten „goldenen Mittelweg“

[27] Die Notation „(j,l')“ soll hierbei die Bezugnahme auf den Wert der l'-ten Produkteigenschaft bei der von Marke m verschiedenen Marke j andeuten.

zur Vermeidung statistisch nicht signifikanter Parameter infolge einer Überparametrisierung des Modells erfordert aufseiten des Anwenders genaue Kenntnisse des zu analysierenden Markts.

Die Abbildung von Marktasymmetrien ist mit Modellen, die die IIA-Eigenschaft aufweisen und damit periodenweise identische Kreuzelastizitäten implizieren, nicht möglich. Das saturierte MCI-Modell hingegen besitzt, wie die nachstehende Elastizitätsformel belegt, diese Einschränkung nicht. Es gilt nämlich:

$$ELA_{y_{mt},x_{jlt}} = \eta_{mjl} - \sum_{i=1}^{M} \eta_{ijl} y_{it} \qquad \forall\ m, j, l, t \tag{15.40}$$

Abschließend sei noch angemerkt, dass sowohl zu den MCI- als auch zu den MNL-Modellen bereits semi-parametrische Ansätze vorliegen, die unter bestimmten Voraussetzungen den hier betrachteten konventionellen Modellformen überlegen sind. Der in dieser Hinsicht an einer Vertiefung der Materie interessierte Leser sei z.B. auf die Arbeiten von *Hruschka* (2001) und *Heerde et al.* (2001) verwiesen.

15.4.3 Anwendungsbeispiel zu den Attraktionsmodellen

Die praktische Anwendung von Attraktionsmodellen im Kontext der Responsemessung soll abschließend wieder anhand des bereits aus Abschnitt 15.2 bekannten Datenbeispiels veranschaulicht werden. In Anbetracht seiner in vielen empirischen Studien dokumentierten besonderen Bedeutung wird zu diesem Zweck – stellvertretend für alle anderen Ansätze – das erweiterte MNL-Modell gemäß Gleichung 15.35 (bzw. 15.23) herangezogen. Die unter Zuhilfenahme des Softwarepakets *SAS* berechneten Parameterschätzer und die jeweils erzielte Anpassungsgüte des Modells sind Tabelle 15.6 zu entnehmen.[28]

Betrachtete	Marke		
Größe	$m = 1$	$m = 2$	$m = 3$
R^2	0,9730	0,9311	0,9869
MQF	0,0134	0,0173	0,0122
$\hat{\eta}_m$	n.s.	n.s.	n.s.
$\hat{\eta}_{m1}$	-3,1005	-3,3298	-2,7417
$\hat{\eta}_{m2}$	1,5174	1,7591	1,3676

Tabelle 15.6: *Parameterschätzer und Anpassungsgüte des erweiterten MNL-Modells*

Alle drei Interzepte erweisen sich als statistisch nicht signifikant. Dennoch ist die Anpassung des erweiterten MNL-Modells an die zugrunde liegenden Daten ausgesprochen gut und (wie ein Vergleich mit Tabelle 15.2 auf S. 348 zeigt) besser als die der drei einfachen Marktreaktionsmodelle. Auch die Vorzeichen der einzelnen Eigenschaftsgewichte entsprechen den Erwartungen und bestätigen die durch

[28] Das Kürzel n.s. steht für „nicht signifikant".

Abbildung 15.5 noch einmal unterstrichene Angemessenheit der gewählten Modellierung.

Die Unterschiede in den formalen Spezifikationen der vier für die empirischen Betrachtungen herangezogenen Modelle erlauben jedoch nur eine Gegenüberstellung auf Vorzeichenbasis. Ein Vergleich der absoluten Parameterwerte ist hingegen ohne Aussagekraft, was den Rückgriff auf die Responseelastizitäten nahe legt.

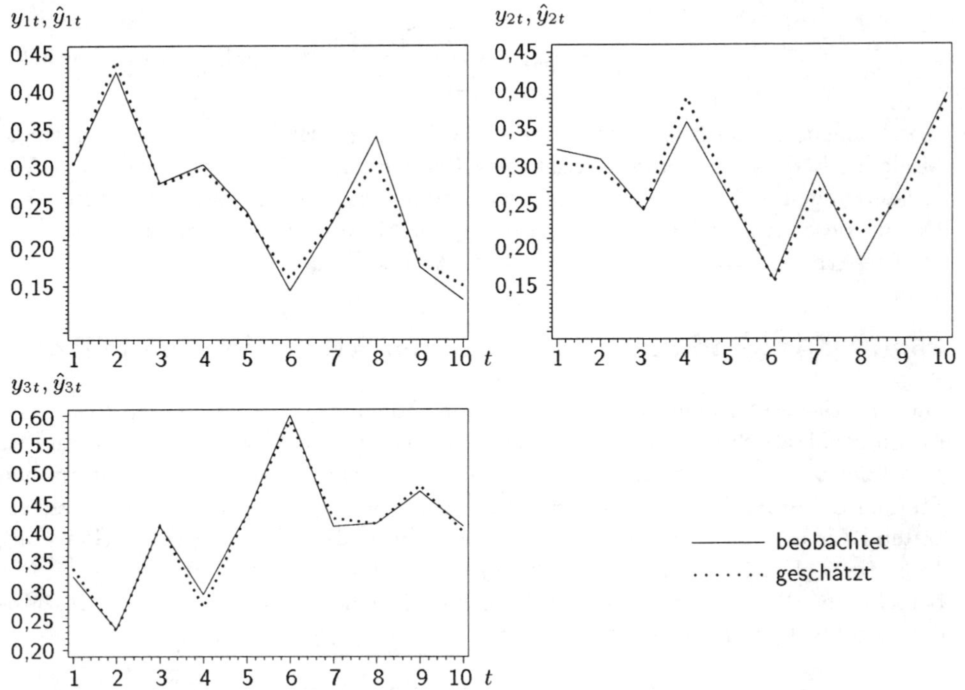

Abbildung 15.5: *Tatsächliche (y_{mt}) und mit dem erweiterten MNL-Modell geschätzte ($\hat{y}_{mt}$) Marktanteile*

	Preise			Werbeaufwendungen		
Marktanteil	x_{113}	x_{213}	x_{313}	x_{123}	x_{223}	x_{323}
$\hat{y}_{13}$	-2,1334	0,9313	1,1226	1,0746	-0,4776	-0,6071
$\hat{y}_{23}$	0,9485	-2,3741	1,1226	-0,4777	1,2174	-0,6071
$\hat{y}_{33}$	0,9485	0,9313	-1,6122	-0,4777	-0,4776	0,8719

Tabelle 15.7: *Bogenresponseelastizitäten auf Basis des MNL-Modells für Periode 3*

In Tabelle 15.7 sind deshalb noch die Bogenelastizitäten auf Basis des erweiterten MNL-Modells für Periode 3 dargestellt. Die Berechnung erfolgte wieder in der bereits im Zusammenhang mit den einfachen Marktreaktionsmodellen vorgestellten

Art und Weise. An den angegebenen Kreuzresponseelastizitäten ist die dem Modell innewohnende IIA-Eigenschaft (spaltenweise Identität der Kreuzeffekte) zu erkennen. Die direkten Responseelastizitäten liegen, wie ein Vergleich mit Tabelle 15.3 zeigt, größenordnungsmäßig im Bereich der entsprechenden Werte des additiven Marktreaktionsmodells. Die etwas bessere Anpassung spricht jedoch für die Werte des MNL-Modells.

15.5 Responsemodellierung mit künstlichen neuronalen Netzen

15.5.1 Grundprinzip der Modellierung

Die bisher dargestellten Modelle beruhen auf einer Reihe von Annahmen über die abzubildenden Wirkungszusammenhänge, deren Angemessenheit in der Praxis mitunter nur schwer zu belegen ist. Beispiele sind die Linearitätsprämisse im Fall der einfachen Marktreaktionsmodelle oder der S-förmige Responseverlauf bei MNL-Modellen. Eine Modellierung ohne a priori-Entscheidung für eine bestimmte funktionale Form ermöglichen künstliche **neuronale Netze**, insbesondere das im Folgenden eingehender beschriebene **Multi-Layer-Perzeptron** (MLP). **Multi-Layer-Perzeptrone**[29] weisen u.a. Parallelen zu den verallgemeinerten linearen Modellen, zur logistischen Regression und zur Diskriminanzanalyse auf.

Die in der Mitte des 20. Jahrhunderts von dem Neurologen *Warren McCulloch* und dem Mathematiker *Walter Pitts* erstmals vorgestellten künstlichen neuronalen Netze hatten ursprünglich die systematische Modellierung und Analyse des menschlichen Gehirns bzw. des die einzelnen Nervenzellen verbindenden Synapsengeflechts zum Ziel. Die zum damaligen Zeitpunkt noch sehr geringe Rechenleistung der verfügbaren Computer und die Annahme, man könne mit den diskutierten Ansätzen nur einfache Funktionalbeziehungen abbilden, setzten der Ära der neuronalen Netze bereits Ende der sechziger Jahre ein frühes Ende. Erst neuere Erkenntnisse aus der Neurobiologie, die gewaltigen Fortschritte im Bereich der Rechnertechnologien und der Nachweis, dass sich mit einem vorwärts gerichteten Multi-Layer-Perzeptron jede beliebige messbare Funktion approximieren lässt (vgl. *Hornik et al.* (1989)), initiierten in den letzten Jahren eine wahre Renaissance dieses Instrumentariums. Die mittlerweile verfügbaren kommerziellen und nichtkommerziellen Implementationen neuronaler Netze kommen – neben den „klassischen“ Einsatzgebieten, zu denen u.a. die Spracherkennung sowie die Bildanalyse gehören – auch in der sozialwissenschaftlichen Responsemessung zum Einsatz.

[29] Eine ausführliche Erläuterung der im weiteren Verlauf der Ausführungen verwendeten Fachtermini sowie generelle Darstellungen der dem Konzept der neuronalen Netze zugrunde liegenden methodischen Überlegungen finden sich z.B. in *Hecht-Nielsen* (1990), *Dorffner* (1991), *Hertz et al.* (1991), *Grauel* (1992) und *Rojas* (1993).

Die weiteren Ausführungen sind auf so genannte **Feed-Forward-Netze** mit einer verdeckten Schicht beschränkt.[30] Bei diesem Typ von neuronalen Netzen werden die Informationen „vorwärts gerichtet" von der Eingabe- über die verdeckte Zwischenschicht zur Ausgabeschicht „transportiert" und verarbeitet. Abbildung 15.6 zeigt exemplarisch den strukturellen Aufbau eines dreischichtigen MLP, wie es z.B. bei der Responseanalyse auf Basis von POS-Scannerdaten zum Einsatz kommen kann.

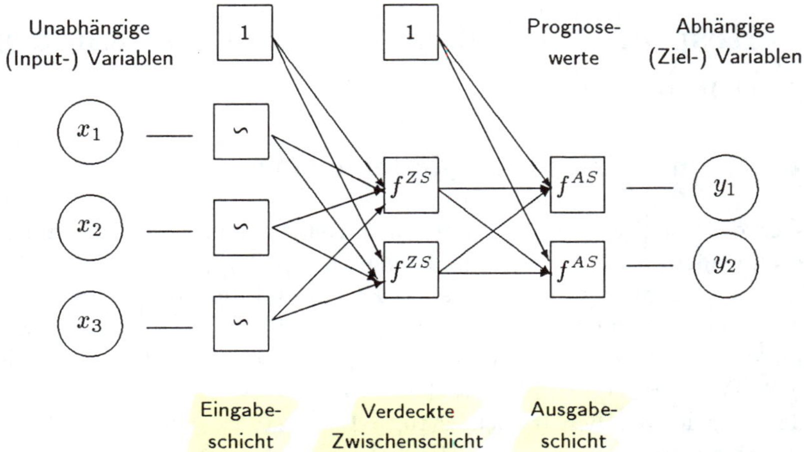

Abbildung 15.6: *Möglicher Aufbau eines dreischichtigen MLP*

Durch die Variation der Anzahl verdeckter Schichten wird unterschiedlichen Komplexitätsgraden der Responsemodellierung Rechnung getragen. Die Variation der Knotenzahl in den einzelnen Schichten ermöglicht eine individuelle Anpassung an die auszuwertenden Daten. Mit den Transformationsfunktionen[31] $f^{ZS}(.)$ und $f^{AS}(.)$ werden die im Netz auf den ankommenden und durch die Tilde (∽) symbolisierten Eingangssignalen stattfindenden Informationsverarbeitungsprozesse modelliert. Die durch Pfeile symbolisierten Knotenverbindungen werden mit Gewichten (Parametern) versehen, die nach Abschluss der Kalibrierung[32] des Netzes die Stärke der Wirkungszusammenhänge zwischen den betreffenden Knoten zum Ausdruck bringen. Wenn, wie in Abbildung 15.6 der Fall, die Knoten einer Schicht mit allen Knoten der nachfolgenden Schicht verbunden sind, so handelt es sich um ein Netz mit **vollständiger Konnektivität**.

Die Variablen x_1, x_2 und x_3 erfassen analog zu den ökonometrischen Responsemodellen im vorliegenden Anwendungskontext das Marketinginstrumentarium, während die Variablen y_1 und y_2 die abhängigen, durch das neuronale Netz zu erklärenden Umsatz- oder Absatzzahlen oder auch Marktanteile repräsentieren können. Die mit einer 1 markierten **Bias-Knoten** in der Eingabeschicht und in

[30] Der Einsatz anderer Typen künstlicher neuronaler Netze für Aufgaben der Marketingforschung wird z.B. bei *Reutterer* (1997) und *Hruschka* (2000) diskutiert.

[31] Die Abkürzungen ZS und AS stehen für „Zwischenschicht" und „Ausgabeschicht".

[32] Man bezeichnet dies als „Training" des Netzes anhand der zur Verfügung stehenden Daten.

der Zwischenschicht dienen u.a. der Berücksichtigung von Effekten, die sich durch die aktuell verwendeten, d.h. an das Netz angelegten Eingabedaten nicht oder nur in unzureichendem Maße erklären lassen. Funktional gesehen weisen diese Knoten in Verbindung mit den zugehörigen Verbindungsgewichten Analogien zu den Interzepten der ökonometrischen Responsemodelle auf. Vereinfacht ausgedrückt erfolgt im neuronalen Netz somit die Transformation einer Kombination von Eingabedaten in Ausgabedaten.

Ein MLP ohne verdeckte Schicht und mit linearer Transformationsfunktion in den Knoten der Ausgabeschicht entspricht im Kern einem linearen, gegebenenfalls multiplen Regressionsmodell. Analog kann ein zweischichtiges MLP mit logistischer Transformationsfunktion als logistisches Regressionsmodell aufgefasst werden.

15.5.2 Responsemessung mittels MLP

Die nachfolgende Beschreibung einer Responsemessung auf Basis eines dreischichtigen MLP ist an den Darstellungen von *Gaul et al.* (1994), *Decker, Wartenberg* (1994), *Natter* (1995) und *Hruschka* (2000) orientiert. Ausgehend von der grundsätzlichen Idee, die Knoten der Eingabeschicht eines MLP als Stimulusvariablen, die der Zwischenschicht als intervenierende Variablen und die Knoten der Ausgabeschicht als Reaktionsvariablen zu interpretieren, weist dieser Ansatz Analogien zum SOR-Paradigma der neo-behavioristischen Konsumentenverhaltensforschung auf.

An die Eingabeschicht des neuronalen Netzes können z.B. die Preise verschiedener Marken einer Produktkategorie als erklärende Variablen (Inputvariablen) angelegt werden. Die eingehenden Informationen (Produktpreise) werden Abbildung 15.6 zufolge über die durch Pfeile angedeuteten Verbindungen zu den Knoten der verdeckten Zwischenschicht „geleitet“ und nach der dort stattfindenden Transformation (mittels $f^{ZS}(.)$) zur Ausgabeschicht des neuronalen Netzes „weitertransportiert“. Nach einer weiteren Transformation (mittels $f^{AS}(.)$) in den Knoten dieser Schicht ist die Informationsverarbeitung durch das neuronale Netz abgeschlossen und die Resultate (z.B. die auf Basis der Preisangaben prognostizierten Marktanteile) können als Ausgabegrößen „abgelesen“ werden.

Ausgangspunkt der nachfolgenden Formalisierung der skizzierten Netzstruktur sei eine T Perioden[33] umfassende Datengrundlage. Auf der Eingabeseite wird formal zwischen den durch die auszuwertenden Daten periodenweise gegebenen Inputvariablen x_{mt} und den für die weitere Verarbeitung geeignet aufbereiteten Eingabewerten[34] $\tilde{x}_{mt}$ für die Eingabeknoten unterschieden. Auf der Ausgabeseite gilt Entsprechendes für die zur Modellkalibrierung herangezogenen Trainingswerte $\tilde{y}_{jt}$

[33] Alternativ wäre auch eine Querschnittsbetrachtung (z.B. auf Basis von Marktsegmenten oder einzelnen Konsumenten statt Perioden) denkbar.

[34] Die im Folgenden detailliert dargestellte Normierung aller Eingabedaten auf das Intervall [0; 1] erweist sich z.B. bei einer logistischen Aktivierungsfunktion (s.u.) als vorteilhaft für die Bestimmung der Verbindungsgewichte.

und die Zielvariablen y_{jt}. Die Input- und die Zielvariablen stellen somit die für die Parameterschätzung herangezogenen beobachteten Messwerte dar.

Bei dem betrachteten dreischichtigen MLP mit vollständiger Konnektivität sind alle Knoten der Eingabeschicht (Index m) mit allen Knoten der Zwischenschicht (Index g) verbunden. Letztere wiederum besitzen Verbindungen zu allen Knoten der Ausgabeschicht (Index j). Die Stärke der Verbindungen zwischen den Knoten wird durch die Gewichte θ_{gm}^{EZ} bzw. θ_{jg}^{ZA} repräsentiert.[35] Zusätzlich ist jeder Knoten der Zwischen- und der Ausgabeschicht – analog zu Abbildung 15.6 – mit einem auf den Wert 1 festgelegten Bias-Knoten verbunden. Die Weiterleitung der an das Netz angelegten Eingabedaten von den Knoten der Eingabeschicht zu den Knoten der Ausgabeschicht erfolgt, wie bereits andeutet, durch in der Regel für alle Knoten einer Schicht die gleiche Struktur aufweisende mathematische Transformationen.

Mit

L^{EK}	=	Anzahl der Eingabeknoten (entspricht der Anzahl der Inputvariablen)
L^{AK}	=	Anzahl der Ausgabeknoten (entspricht der Anzahl der Zielvariablen)
L^{ZK}	=	Anzahl der Knoten in der Zwischenschicht
x_{mt}	=	Wert der m-ten ($m = 1, \ldots, L^{EK}$) Inputvariable in Periode t ($t = 1, \ldots, T$)
$\tilde{x}_{mt}$	=	an den Eingabeknoten m in Periode t angelegter und aus x_{mt} resultierender Eingabewert
y_{jt}	=	Wert der j-ten ($j = 1, \ldots, L^{AK}$) Zielvariable in Periode t
$\tilde{y}_{jt}$	=	an den Ausgabeknoten j in Periode t angelegter und aus y_{jt} resultierender Trainingswert
y_{jt}^{NN} ($\tilde{y}_{jt}^{NN}$)	=	vom neuronalen Netz gelieferter (normierter) Schätz- bzw. Prognosewert[36] bezüglich Ausgabeknoten j in Periode t

lautet die Transformationsgleichung[37] (unter Berücksichtigung der Eingabewerte $\tilde{x}_{mt}$) für den auf die Periode t bezogenen Schätz- bzw. Prognosewert $\tilde{y}_{jt}^{NN}$:

$$\tilde{y}_{jt}^{NN} = f\underbrace{\left(\sum_{g=1}^{L^{ZK}} \theta_{jg}^{ZA} f\overbrace{\left(\sum_{m=1}^{L^{EK}} \theta_{gm}^{EZ}\tilde{x}_{mt} + \theta_{g(L^{EK}+1)}^{EZ}\right)}^{Q_1} + \theta_{j(L^{ZK}+1)}^{ZA}\right)}_{Q_2} \quad \forall\, j,t \qquad (15.41)$$

[35] Die Abkürzung EZ kennzeichnet die Verbindungen zwischen Eingabe- und Zwischenschicht, während ZA selbiges für die Verbindungen zwischen Zwischen- und Ausgabeschicht leistet.

[36] Die Abkürzung NN steht für „neuronales Netz". Die Unterscheidung von Schätz- und Prognosewerten resultiert aus der Tatsache, dass ein kalibriertes Netz sowohl Schätzungen (im Sinne von Näherungswerten) für die beobachteten Trainingswerte, d.h. für $t \leq T$, als auch „echte" Prognosen für die Perioden $t > T$ liefern kann. Letzteres setzt die Eingabe zukünftiger Werte für die Inputvariablen voraus, z.B. die für zukünftige Perioden geplanten Preise.

[37] Die Hilfsvariablen Q_1 und Q_2 werden bei der Berechnung der Responseelastizitäten wieder aufgegriffen.

Als Aktivierungsfunktion $f(.)$ bietet sich der einschlägigen Literatur folgend die logistische Funktion (Sigmoid-Funktion)[38]

$$f(z) = \frac{1}{1 + \exp(-z)} \qquad \forall\ z \tag{15.42}$$

an.[39]

Die Gewichte θ_{gm}^{EZ} ($m = 1, \ldots, L^{EK} + 1$; $g = 1, \ldots, L^{ZK}$) bzw. θ_{jg}^{ZA} ($j = 1, \ldots, L^{AK}$; $g = 1, \ldots, L^{ZK} + 1$) können mithilfe des auf die vorliegende Netzstruktur zugeschnittenen und in Abbildung 15.7 dargestellten Backpropagation-Algorithmus (vgl. hierzu auch *Hertz et al.* (1991), *Tam, Kiang* (1992) und *Ripley* (1996)) derart bestimmt werden, dass für eine gegebene Ein- und Ausgabekonstellation die Summe der quadrierten Abweichungen zwischen den vom Netz gelieferten Schätzwerten $\tilde{y}_{jt}^{NN}$ und den korrespondierenden Trainingswerten $\tilde{y}_{jt}$ minimal wird. Diese Form des Trainings wird als überwachtes Lernen („Supervised Learning").

Die Lernrate $\omega_1 \in [0;\ 1]$ spezifiziert dabei das Ausmaß, zu dem bei einer Iteration Gewichtsveränderungen vorgenommen werden und hat damit unmittelbaren Einfluss auf die Konvergenzgeschwindigkeit des Algorithmus. Als zweckmäßig werden Lernraten in einer Größenordnung von 0,1 bis 0,3 angesehen. Der Momentum-Parameter $\omega_2 \in [0;\ 1]$ dient der Verbesserung des Konvergenzverhaltens. *Hertz et al.* (1991, S. 123) empfehlen hierfür einen Wert im Bereich von 0,9. Der ganze Anpassungsvorgang wird so lange für alle T Kalibrierungsperioden wiederholt, bis die Anzahl $ITER$ der durchgeführten Iterationen eine vorgegebene Obergrenze $ITER^{max}$ erreicht hat oder das vorgegebene Abweichungsmaß ERR einen a priori festgelegten Schwellenwert ERR^{min} unterschreitet.

Falls die in die Analyse eingehenden Inputvariablen unterschiedliche Skalenbereiche aufweisen (z.B. bei gleichzeitiger Verwendung von Stückpreisen und Werbeaufwendungen), so sind die Eingabewerte im Hinblick auf die Güte und Effizienz der Netzkalibrierung und die Ergebnisinterpretation geeignet zu normieren. Eine solche Normierung kann beispielsweise wie folgt aussehen:

$$\tilde{x}_{mt} = \frac{x_{mt} - 0,5(x_m^{max} + x_m^{min})}{x_m^{max} - x_m^{min}} \quad \text{mit} \quad \begin{cases} x_m^{min} = \min\limits_{t=1,\ldots,T}\{x_{mt}\} \\ x_m^{max} = \max\limits_{t=1,\ldots,T}\{x_{mt}\} \end{cases} \qquad \forall\ m,t \tag{15.43}$$

Die Werte $\tilde{x}_{mt}$ liegen in dem für die Kalibrierung obigen MLPs vorteilhaften Intervall [-0,5; 0,5].

---

[38] Der Leser sollte sich die Gemeinsamkeiten/Unterschiede einer Transformationsfunktion mit sigmoider Aktivierung mit dem/zum logistischen Modell gemäß Gleichung 15.11 bzw. MNL-Modell gemäß Gleichung 15.23 vergegenwärtigen. Dabei ist insbesondere die Schachtelung der Transformationsgleichungen bei einer oder mehreren Zwischenschichten zu beachten.

[39] Bei Verwendung der Identitätsfunktion (d.h. für $f(z) = z$) ergibt sich zwischen den Inputs und dem Output des betreffenden Knotens ein linearer Zusammenhang.

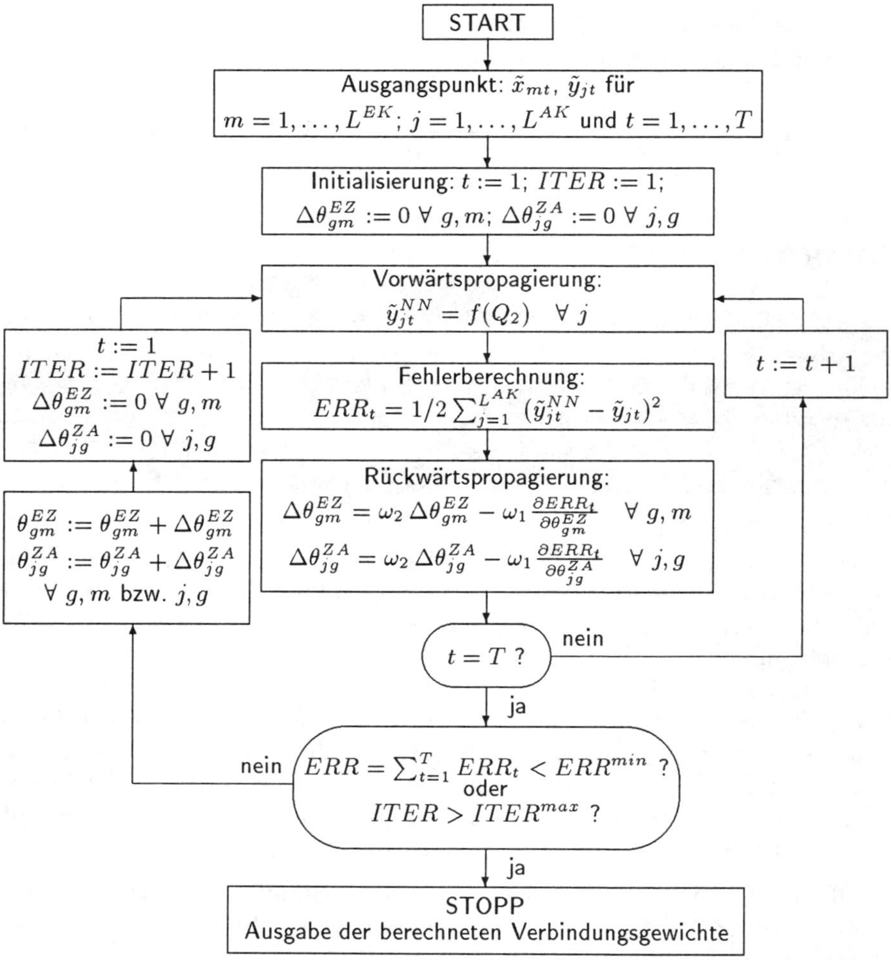

Abbildung 15.7: *Adaptierter Backpropagation-Algorithmus*

Da sich die in Gleichung 15.42 spezifizierte logistische Funktion nur „langsam" ihrem Minimal- (0) bzw. Maximalwert (1) nähert, liegt es nahe, auch für die Zielvariablen eine analoge Normierung vorzunehmen. Eigene Auswertungen unterschiedlicher Marketingdaten haben gezeigt, dass durch eine Einschränkung des ursprünglichen Wertebereichs auf das Intervall [0,2; 0,8] eine ausreichende Distanz zu den unter Kalibrierungsgesichtspunkten „kritischen" Randbereichen gewährleistet werden kann. Für die bei der Netzkalibrierung heranzuziehenden Trainingswerte $\tilde{y}_{jt}$ leistet dies die folgende Normierung:

$$\tilde{y}_{jt} = \frac{y_{jt} - y_j^{min}}{y_j^{max} - y_j^{min}} 0,6 + 0,2 \quad \text{mit} \begin{cases} y_j^{min} = \min\limits_{t=1,\ldots,T} \{y_{jt}\} \\ y_j^{max} = \max\limits_{t=1,\ldots,T} \{y_{jt}\} \end{cases} \quad \forall\; j, t \qquad (15.44)$$

Die Rücktransformation der vom Netz erzeugten Schätz- bzw. Prognosewerte $\tilde{y}_{jt}^{NN}$ erfolgt gemäß der Umkehrfunktion:

$$y_{jt}^{NN} = (\tilde{y}_{jt}^{NN} - 0,2)\frac{y_j^{max} - y_j^{min}}{0,6} + y_j^{min} \qquad \forall\ j,t \tag{15.45}$$

Aus dem so spezifizierten MLP lassen sich in bekannter Weise die für praktische Anwendungen interessanten Responseelastizitäten $ELA_{y_{jt}^{NN},x_{mt}}$ des Schätz- bzw. Prognosewerts y_{jt}^{NN} in Bezug auf Änderungen der Inputvariable x_{mt} ableiten. Es gilt:

$$ELA_{y_{jt}^{NN},x_{mt}} = \frac{\partial y_{jt}^{NN}}{\partial x_{mt}} \cdot \frac{x_{mt}}{y_{jt}^{NN}} \qquad \forall\ j,m,t \tag{15.46}$$

mit

$$\frac{\partial y_{jt}^{NN}}{\partial x_{mt}} = \frac{y_j^{max} - y_j^{min}}{0,6} \cdot \frac{\partial \tilde{y}_{jt}^{NN}}{\partial x_{mt}}$$

und

$$\frac{\partial \tilde{y}_{jt}^{NN}}{\partial x_{mt}} = f(Q_2)(1 - f(Q_2)) \sum_{g=1}^{L^{ZK}} \theta_{jg}^{ZA} f(Q_1)(1 - f(Q_1)) \frac{\theta_{gm}^{EZ}}{x_m^{max} - x_m^{min}}$$

Die große Flexibilität neuronaler Netze in der Approximation von Responsefunktionen ermöglicht den Einsatz auf Märkten mit unterschiedlichen Reaktionsstrukturen. Neben der im Einzelfall u.U. hohen Anzahl zu berechnender Gewichte ist diese Flexibilität, wie an der Formel für die Responseelastizität deutlich wird, durch einen erhöhten formalen Aufwand erkauft. Erfreulicherweise sind mittlerweile aber zahlreiche kommerzielle und nicht-kommerzielle Implementationen unterschiedlicher Typen von neuronalen Netzen verfügbar.

15.5.3 Anwendungsbeispiel zum MLP

Zur Veranschaulichung der Leistungsfähigkeit des vorgestellten Ansatzes werden im Folgenden die Ergebnisse der Anwendung eines in der zuvor beschriebenen Weise konstruierten MLP auf zwei reale Datensätze, deren Struktur Tabelle 15.8 zu entnehmen ist, dargestellt. In beiden Fällen handelt es sich um Güter des täglichen Bedarfs. Eine ausführliche Darstellung und Erläuterung der Untersuchungsergebnisse findet der Leser in *Gaul et al.* (1994).

Die Spezifikation der Ein- und der Ausgabeschicht des verwendeten dreischichtigen Netzes resultiert jeweils aus der in Tabelle 15.8 skizzierten Datenstruktur. Einen Eindruck von der Güte der durchgeführten Modellkalibrierung liefern die in Abbildung 15.8 dargestellten Verläufe der beobachteten und der mit dem neuronalen Netz geschätzten Absatzanteile ausgewählter Marken. Dargestellt ist jeweils die Marke mit der besten und diejenige mit der schlechtesten Anpassungsgüte.

Die trotz der teilweise markanten Marktanteilsschwankungen große Übereinstimmung der geschätzten mit den tatsächlichen Werten unterstreicht die Bedeutung der Preise für die beiden Warengruppen.

Charakteristika	Datensatz 1	Datensatz 2
Betrachtete Produktkategorie	Shampoo	Kaffee
Form der Datengewinnung	POS-Scanning	Haushaltspanel
Erhebungsgebiet	BRD-West	BRD-West
Inputvariablen	Preise	Preise
Zielvariablen	Absatzanteile	Absatzanteile
Betrachtete Marken	5	6
Erhebungszeitraum	1989	1992
Anzahl betrachteter Wochen	11	13

Tabelle 15.8: *Profile der verwendeten Datengrundlagen*

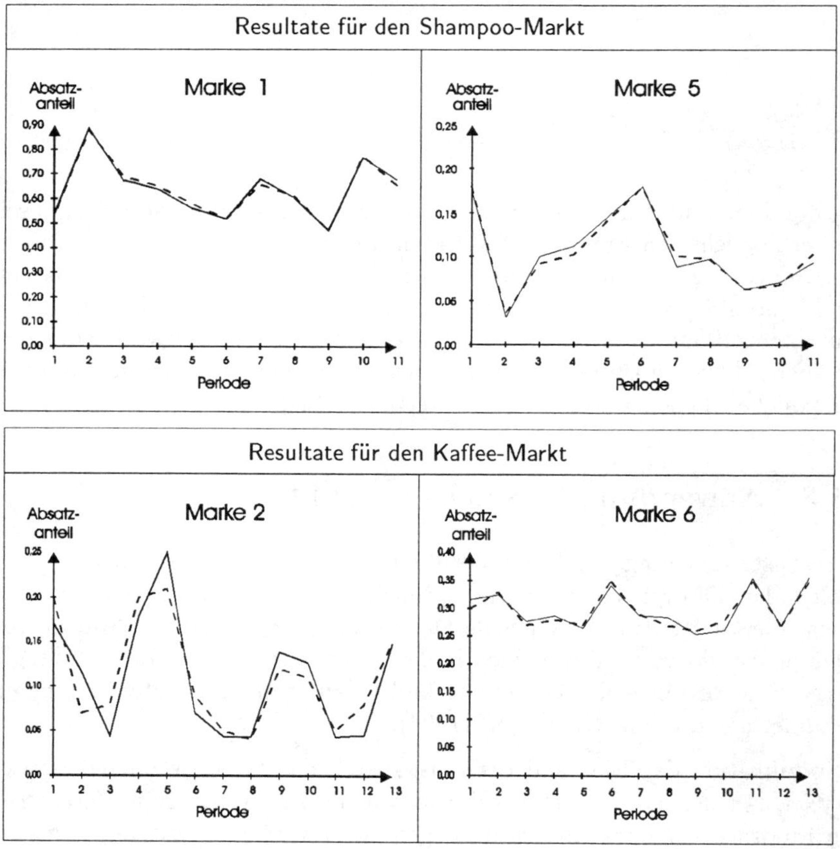

Abbildung 15.8: *Tatsächliche (—) und mit dem MLP geschätzte (- - -) Absatzanteile ausgewählter Marken*

Unter Analysegesichtspunkten sind neben Anpassung und Prognose die auf Basis von Gleichung 15.46 berechenbaren Responseelastizitäten von Interesse. Tabelle 15.9 gibt die exemplarisch für Periode 10 berechneten Absatzanteilselastizitäten auf den beiden betrachteten Märkten wieder.

	Shampoo-Markt					Kaffee-Markt					
	$\hat{y}_{1\,10}^{NN}$	$\hat{y}_{2\,10}^{NN}$	$\hat{y}_{3\,10}^{NN}$	$\hat{y}_{4\,10}^{NN}$	$\hat{y}_{5\,10}^{NN}$	$\hat{y}_{1\,10}^{NN}$	$\hat{y}_{2\,10}^{NN}$	$\hat{y}_{3\,10}^{NN}$	$\hat{y}_{4\,10}^{NN}$	$\hat{y}_{5\,10}^{NN}$	$\hat{y}_{6\,10}^{NN}$
$x_{1\,10}$	-2,456	10,012	10,206	7,457	8,237	-5,421	7,641	3,056	0,169	0,019	1,290
$x_{2\,10}$	0,151	-1,815	-1,891	0,219	0,185	2,405	-5,390	-1,391	1,446	-1,626	0,467
$x_{3\,10}$	0,344	-1,067	-1,128	-1,278	-1,273	3,240	-4,485	-7,357	-4,221	3,762	0,663
$x_{4\,10}$	0,301	0,569	0,543	-2,014	-1,903	-0,282	3,420	-4,309	-5,605	5,476	-0,297
$x_{5\,10}$	0,791	0,554	0,508	-4,702	-4,567	1,261	-3,672	-0,239	1,772	-1,876	0,549
$x_{6\,10}$	–	–	–	–	–	3,063	2,806	7,711	1,317	-0,488	-6,917

Tabelle 15.9: *Mit dem MLP berechnete Responseelastizitäten für Periode 10*

Offensichtlich bestehen in beiden Fällen sehr unterschiedliche Responsebeziehungen zwischen Preis und Absatzanteil. Auf beiden Märkten weisen die direkten Elastizitäten auf der jeweiligen Hauptdiagonale die für Konsumgüter des täglichen Bedarfs zu erwartenden negativen Vorzeichen auf. Ein Blick auf die Kreuzelastizitäten liefert hingegen ein eher heterogenes Bild. Die negativen Vorzeichen einiger Kreuzelastizitäten lassen sich zum überwiegenden Teil durch einen Vergleich mit den zwischen den betreffenden Variablen bestehenden Korrelationsbeziehungen motivieren, entsprechen also sehr wahrscheinlich den realen Gegebenheiten. Der an einer vertiefenden Behandlung dieses Aspekts interessierte Leser sei auf *Gaul et al.* (1994) verwiesen. Dort erfolgt auch ein umfassender Vergleich der Resultate des neuronalen Netzes mit denen eines Attraktionsmodells.

Abschließend soll mit Tabelle 15.10 ein Eindruck vom Spektrum früher Anwendungen neuronaler Netze im Kontext der marketingbezogenen Responsemodellierung vermittelt werden.

Quellenverweis	Einsatzbereich	Datenbasis
Curry, Moutinho (1993)	Modellierung von Konsumentenreaktionen auf Werbereize	synthetische Daten
Gaul et al. (1994)	Marktanteilsanalyse und -prognose auf Konsumgütermärkten	Panel- und POS-Scannerdaten
Heimel (1994)	Analyse des individuellen Kaufverhaltens auf Konsumgütermärkten	Haushaltspaneldaten
Hruschka (1991a, 1993)	Bestimmung von Marktreaktionsfunktionen zur Absatzanalyse	Absatzzahlen und Marketing-Mix
Jung, Wiedmann (1994)	Absatzprognose im Automobilbereich	k.A.
Moutinho, Curry (1994)	Modellierung der Konsumentenwahrnehmung von Bankautomaten	Umfragedaten

Natter (1995)	Spezifikation und Messung von Referenzpreisen in Marktreaktionsfunktionen	POS-Scannerdaten
Rittinghaus-Mayer (1993)	Zielgruppenselektion, Marktanteilsprognose, Prognose von Portfoliopositionen	Marktforschungs- und Firmendaten
Sink (1992)	Zielgruppenselektion (bei Ärzten) und Absatzprognose von Pharmaprodukten	Panel-, Umfrage- und Firmendaten
van Wezel, Baets (1995)	Marktresponsemodellierung	Absatzzahlen und Marketing-Mix

Tabelle 15.10: *Anwendungen neuronaler Netze im Kontext der Responsemodellierung*

Kapitel 16

Stochastische Modelle zur Analyse des Käuferverhaltens auf Konsumgütermärkten

16.1 Grundlagen der stochastischen Modellierung des Käuferverhaltens

Versteht man die Marketingforschung, wie der Terminus schon andeutet, als betriebswirtschaftliche Disziplin mit wissenschaftlichem Anspruch, so muss sie auch Instrumente zur Verfügung stellen, mit denen Marketingphänomene über die reine Beschreibung hinaus untersucht werden können. Neben den in Kapitel 15 vorgestellten Modellen zur Responsemessung erweisen sich insbesondere die in diesem Kapitel behandelten stochastischen Modelle des Käuferverhaltens als eine gute Ausgangsbasis für die Bewältigung dieser Aufgabe. Die formale Betrachtungsweise ist einerseits eine notwendige Voraussetzung für ein profundes Verständnis der interessierenden Zusammenhänge. Andererseits liefert sie interessante Einblicke in das überaus spannende Verhalten von Konsumenten beim Kauf von Gütern des täglichen Bedarfs und macht Verhaltensmuster in einer Art und Weise transparent, wie es mit anderen Hilfsmitteln der Marketingforschung, wenn überhaupt, nur sehr bedingt möglich ist.

Mit Einschränkungen, z.B. was die Verfügbarkeit geeigneter Daten angeht, sind die nachfolgend vorgestellten Modellierungsüberlegungen auch auf das industrielle bzw. organisationale Kaufverhalten übertragbar. Da die (wissenschaftlichen) Erkenntnisse hinsichtlich des Nutzens entsprechender Modellierungen im praktischen Einsatz aber bis dato noch wesentlich weniger umfangreich sind, als dies in der Konsumentenverhaltensforschung der Fall ist, wird auf eine Ausdehnung der Ausführungen in diese Richtung verzichtet. Erste Arbeiten zu diesem Thema haben z.B. *Uncles, Ehrenberg* (1990) und *Schmittlein, Peterson* (1994) vorgelegt.

16.1.1 Modellierungsidee und Abgrenzung

Da jeder Konsument bei seinen Kaufentscheidungen tagtäglich unterschiedlichen Einflüssen ausgesetzt ist und auch verschieden auf diese Einflüsse reagiert, besteht ein zentrales Ziel **stochastischer Modelle des Käuferverhaltens** darin, diesen individuellen Reaktionen in angemessener Weise Rechnung zu tragen. Messbare Einflüsse, wie sie z.B. vom eingesetzten Marketinginstrumentarium ausgehen, können dabei explizit Berücksichtigung finden. Die nicht oder nur unzureichend erfassbaren Einflüsse, etwa in Form individueller Einstellungen und Emotionen, werden hingegen – vereinfacht ausgedrückt – durch geeignete Wahrscheinlichkeitsverteilungen modelliert. Im Folgenden verwenden wir der Einfachheit halber anstelle der Bezeichnung „stochastisches Modell des Käuferverhaltens" die Abkürzung **SMK**.

Die Art und Weise des Rückgriffs auf Wahrscheinlichkeitsverteilungen in der Modellformulierung ermöglicht die Abgrenzung stochastischer Modelle des Käuferverhaltens von den in Kapitel 15 vorgestellten Responsemodellen. Bei Letzteren wird die beobachtete Reaktion eines Individuums oder Markts auf Änderungen einer oder mehrerer Einflussgrößen durch einen Funktionalzusammenhang erklärt, bei dem lediglich die Störgröße (als Träger des nicht durch das Modell explizit zu erklärenden Teils einer beobachteten Reaktion) eine Wahrscheinlichkeitsverteilung aufweist. Im Fall des multinomialen Logitmodells beispielsweise wurde angenommen, dass die alternativenspezifischen stochastischen Störgrößen unabhängig identisch extremwertverteilt sind. Bei der stochastischen Kaufverhaltensmodellierung hingegen werden die beobachteten Handlungen selbst als Ausprägungen von Zufallsvariablen mit geeigneten Verteilungen aufgefasst. Die Zufallskomponente ist somit zentraler Bestandteil der Modellformulierung und nicht nur ein an eine im Kern deterministische Struktur angefügtes „Anhängsel" (vgl. *Topritzhofer* (1973, S. 583)). Der Rückgriff auf Zufallsvariablen als Basis der Modellierung des Käuferverhaltens sollte jedoch keinesfalls den Eindruck erwecken, dass sich die Konsumenten bei ihren Kaufhandlungen „zufällig" verhalten. Man versucht damit vielmehr, wie z.B. *Wagner* (1988) betont, der Nicht-Beobachtbarkeit und Ungewissheit der im Innern der Konsumenten stattfindenden Entscheidungsprozesse Rechnung zu tragen.

Der Anwendungsbereich stochastischer Modelle der nachfolgend betrachteten Art in der Marketingforschung ist aber nicht auf die Analyse des Käuferverhaltens beschränkt, obwohl hierzu bis dato sicherlich die meisten Studien publiziert wurden. In *Wagner* (1999) und *Wagner, Decker* (2000) wird beispielsweise ein umfassendes stochastisches Modell multipler Wettbewerbsreaktionen auf der Einzelhandelsebene zur Diskussion gestellt, dessen ausführliche Motivation, Herleitung und literarische Einbettung *Wagner* (2001) entnommen werden kann. Der Ansatz baut formal auf dem in Abschnitt 16.3 vorgestellten DNM-Modell auf.

Allen nachfolgend betrachteten Modellen liegt eine behavioristische Sichtweise zugrunde. Eine Abgrenzung gegenüber der neo-behavioristischen Modellbildung ergibt sich aus dem bewussten Verzicht auf die explizite Berücksichtigung latenter Variablen (wie dies beispielsweise bei Modellen der Kausalanalyse der Fall ist) und den damit einhergehenden Interdependenzen. Dies ermöglicht die Berechnung vielfältiger, für die betriebliche Planung des Einsatzes der Marketinginstrumente relevanter Kennzahlen, die Erstellung von Prognosen über das zukünftige Käuferverhalten und die Durchführung entsprechender Simulationen (vgl. *Decker et al.* (1997)).

16.1.2 Ausprägungsformen von SMK

Mithilfe von SMK können, je nach Zielsetzung, Aussagen über die Wahrscheinlichkeit der Wahl einer bestimmten Marke[1], eines bestimmten Einkaufszeitpunkts, einer bestimmten Einkaufsmenge oder eines bestimmten Einkaufsorts getroffen werden. In den meisten Fällen beschränkt man sich im Interesse einer Begrenzung des durch die Modellierung bedingten mathematischen Aufwands auf die simultane Beschreibung von höchstens zwei dieser Entscheidungsdimensionen. Zu diesem Zweck werden geeignet spezifizierte Partialmodelle zu umfassenderen Gesamtmodellen verknüpft. Auf diese Weise wird die Grundlage für die Berechnung eines breiten Spektrums von das Käuferverhalten beschreibenden Kennzahlen geschaffen. So lassen sich z.B. aus stochastischen Modellen des Markenwahlverhaltens neben Marktanteilen u.a. auch Kenngrößen zum Wiederholkauf- und Markenwechselverhalten ableiten. Modelle zur Analyse des Produktkaufverhaltens[2] wiederum liefern z.B. Hinweise auf die Dynamik der Marktdurchdringung („Penetration") einer Produktkategorie. Informationen über die Marktdurchdringung einer bestimmten Marke oder die individuelle Kaufrate in Bezug auf eine Marke können – neben einigen anderen Kenngrößen – mithilfe kombinierter Modelle („Compound-Modelle") des Produktkauf- und Markenwahlverhaltens bereitgestellt werden. Die Aussagekraft von SMK gegenüber den in der Regel auf die Analyse einer Entscheidungsdimension beschränkten Responsemodellen aus Kapitel 15 erhöht sich damit z.T. beträchtlich.

Bei der stochastischen Modellierung des Käuferverhaltens geht man von der Annahme aus, dass die im Zeitablauf zu beobachtende Folge von Kaufakten eines

[1] Analog zu den entsprechenden Ausführungen in Kapitel 15 ist die Marke auch hier wieder als exemplarische Wahlalternative zu verstehen. Die Betrachtung kann aber auch auf die Artikelebene heruntergebrochen werden, auf der eine Marke dann u.U. in mehreren Sorten (als eigenständige Wahlalternativen) Berücksichtigung findet.

[2] Anstelle von Produkt könnte nachfolgend auch ganz allgemein von Leistung gesprochen werden. Da die einschlägige Literatur zur stochastischen Modellierung des Käuferverhaltens aber nahezu ausschließlich mit dem Begriff Produkt arbeitet, wird dieser Konvention auch hier gefolgt.

Konsumenten oder Haushalts[3] (individuelle „Kaufgeschichte") als **stochastischer Prozess** aufgefasst und modelliert werden kann. Das beim Konsumenten k bei der Kaufgelegenheit τ zu beobachtende Verhalten lässt sich dann als Realisation einer Zufallsvariable $Z_{k\tau}$ interpretieren. In Abhängigkeit von der mit der Modellierung verfolgten Zielsetzung kann $Z_{k\tau}$ verschiedene Werte annehmen. Soll etwa die Markenwahlentscheidung des Konsumenten k repräsentiert werden, so kann der Wertebereich der Zufallsvariable $Z_{k\tau}$ z.B. auf die natürlichen Zahlen $1, 2, \ldots, M$ (mit M als der Anzahl berücksichtigter Marken) festgelegt werden. Da im Fall der Markenwahlentscheidung die grundsätzliche Entscheidung für den Kauf eines Produkts der betreffenden Produktkategorie bereits gefallen ist, kennzeichnet der Index τ nicht mehr die Kaufgelegenheit, sondern den konkreten Kaufakt.

Am häufigsten finden sich in der einschlägigen Literatur Modelle zur Beschreibung der Produktkaufentscheidung und der Markenwahl von Konsumenten. Auch wir werden uns deshalb im Folgenden speziell diesen beiden Modelltypen zuwenden, da gerade sie für das Marketingmanagement von besonderem Interesse sind.

Aus der Sicht eines Produktanbieters ist vor allem die Markenwahlentscheidung von herausragender Bedeutung, weil nahezu alle absatzpolitischen Bemühungen darauf abzielen, den Konsumenten zum Kauf der eigenen Marke (anstatt der Konkurrenzmarken) zu veranlassen. Gleichzeitig ist die Markenwahl die Entscheidung mit den meisten Ansatzpunkten für eine manipulative Steuerung vonseiten der Anbieter. Hinzu kommt, dass sich viele Erkenntnisse, die man im Zusammenhang mit der Modellierung von Markenwahlentscheidungen gewonnen hat, relativ einfach auf die Wahl der Einkaufsstätte übertragen lassen. Wesentlich eingeschränkter sind hingegen die Möglichkeiten einer gezielten Verhaltenssteuerung bei der Produktkaufentscheidung respektive der Wahl des Einkaufszeitpunkts bzw. der damit korrespondierenden Produktkaufhäufigkeit und bei der Wahl der Einkaufsmenge. Die zuletzt genannten Dimensionen der Kaufentscheidung hängen in hohem Maße von konsumentenspezifischen Faktoren ab, etwa dem Ausmaß und der Regelmäßigkeit von Vorratshaltungen und der Haushaltsgröße.

Die unterschiedliche Bedeutung der einzelnen Dimensionen der Kaufentscheidung für das Marketing kommt auch in der Bildung entsprechender Forschungsschwerpunkte zum Ausdruck. Während es zum Problemkreis der Analyse und Modellierung der Markenwahl und des Produktkaufverhaltens zahlreiche wissenschaftliche Publikationen gibt, sind entsprechende Veröffentlichungen zur Mengen- und Ladenwahl wesentlich seltener zu finden.

Bei der stochastischen **Modellierung von Produktkaufentscheidungen** können grundsätzlich zwei verschiedene Wege beschritten werden. Je nach Sichtweise werden **Zählmodelle** (zur Bestimmung der Anzahl von Kaufakten in einem bestimmten Zeitraum) oder **Wartezeitmodelle** (zur Bestimmung des zeitlichen Abstands zwischen aufeinander folgenden Kaufakten) formuliert. Die Bevorzugung

---

[3] Bei Betrachtungen auf Haushaltsebene werden die einzelnen Kaufakte als von einer den jeweiligen Haushalt repräsentierenden Person getätigt interpretiert. Insoweit erübrigt sich im Folgenden eine explizite Unterscheidung der beiden Begriffe.

von Zählmodellen gegenüber Wartezeitmodellen begründen z.B. *Wheat, Morrison* (1990) damit, dass bei der Formulierung von Wartezeitmodellen a priori entschieden werden muss, ob die Zeiten zwischen je zwei Käufen als diskrete oder als stetige Größen zu behandeln sind. Diskrete Zwischenkaufzeiten liegen beispielsweise dann vor, wenn Konsumenten regelmäßig am gleichen Wochentag zum Einkaufen gehen. Sind derartig feste Muster jedoch nicht zu identifizieren, so sollte idealerweise auf stetige Ansätze zurückgegriffen werden. Die Schwierigkeit bei der Formulierung von Wartezeitmodellen besteht also vor allem darin, herauszufinden, ob in einer zu untersuchenden Produktkategorie die Wahl des Einkaufszeitpunkts eher auf Basis kontinuierlicher oder eher auf Basis diskreter Zwischenkaufzeiten zu modellieren ist.

Viele der bisher zu diesem Thema vorgelegten Arbeiten verwenden stetige Verteilungen für die Zwischenkaufzeiten, obwohl u.a. *Dunn et al.* (1983) und *Wheat* (1987) (zitiert nach *Wheat, Morrison* (1990, S. 163)) herausgefunden haben, dass bei manchen Konsumgütern regelmäßige Einkäufe – ein Mal pro Woche, alle drei Wochen oder Ähnliches – durchaus üblich sind, was wiederum eine Modellierung der Zwischenkaufzeiten durch diskrete Verteilungen rechtfertigen würde. Bei Verwendung stetiger Verteilungen kann solchen Regelmäßigkeiten in den individuellen Kaufhandlungen nur in eingeschränktem Maße Rechnung getragen werden. In einer vergleichenden Bewertung der Anpassungs- und Prognosegüte entsprechender Ansätze kommen *Gupta, Morrison* (1991) zu dem Resultat, dass mit der Modellierung auf Basis eines Zählprozesses bessere Resultate zu erzielen sind.

Eine weitere Unterteilung von Ansätzen zur Modellierung von Produktkaufentscheidungen ist die in **Modelle mit** und solche **ohne (Letzt-) Kauf-Feedback**. Mit dieser Differenzierung lässt sich zum Ausdruck bringen, ob Verzögerungseffekte in Bezug auf Folgekäufe (z.B. durch häusliche Lagerhaltung) Berücksichtigung finden oder nicht.

Einen besonderen Stellenwert bei der stochastischen **Modellierung von Markenwahlentscheidungen** besitzt die Berücksichtigung individueller Kaufvergangenheiten. **Markenwahlmodelle nullter Ordnung** lassen frühere, d.h. der aktuell zu treffenden Markenwahl vorangegangene Kaufentscheidungen bzw. deren Ausgang gänzlich außer Acht. Man spricht in diesem Zusammenhang aufgrund der Nicht-Berücksichtigung entsprechender Lerneffekte auch von einem „Prozess ohne Gedächtnis". **Markenwahlmodelle höherer Ordnung** hingegen beziehen eine bestimmte Anzahl o ($o = 1, 2, 3, \ldots$) von zurückliegenden Kaufentscheidungen explizit in die Betrachtung ein. Wegen der auf diese Weise modellierbaren Lerneffekte kann auch von einem „Prozess mit Gedächtnis" gesprochen werden. Den Parameter o bezeichnet man auch als Ordnungszahl des zu modellierenden Prozesses. Auf diese Weise kann z.B. die Tatsache Berücksichtigung finden, dass ein Konsument, der in den vergangenen fünf Perioden vier Mal eine Marke m und nur ein Mal eine Marke j gekauft hat, in der aktuellen Periode wohl eher zur Wahl der Marke m als zu derjenigen der Marke j neigen wird. Bei **Markenwahlmodellen der Ordnung $o = \infty$** wird unterstellt, dass alle vergangenen Markenwahlentscheidungen in die aktuelle Entscheidung einfließen.

Eine ausführliche formale Beschreibung von Methoden zur Bestimmung der Prozessordnung findet sich in den Arbeiten von *Blattberg, Sen* (1973), *Bass et al.* (1984), *Vanhonacker* (1985), *Wagner* (1985), *Röhle* (1998), *Röhle et al.* (1998) und *Wagner* (2001). *Feinberg et al.* (1994) demonstrieren anhand einer vergleichenden Kalibrierung mehrerer Modelle u.a., dass die Wahl der „richtigen" Prozessordnung eine wichtige Voraussetzung für eine gute Anpassung des betreffenden Modells an das beobachtete Verhalten darstellt.

Neben den bereits getroffenen Unterscheidungen können SMK noch anhand einiger anderer Kriterien charakterisiert werden. Eine mögliche Strukturierung in dieser Richtung liefert die an *Decker* (1994a, S. 106) und *Decker, Gaul* (1989) angelehnte Abbildung 16.1[4]. Die in der Graphik gestrichelt umrandeten Entscheidungsdimensionen Mengenwahl und Ladenwahl bleiben aus den bereits genannten Gründen bei den weiteren Betrachtungen außen vor. Stattdessen verweisen die angegebenen Quellen auf frühe Publikationen zu den betreffenden Modellen.

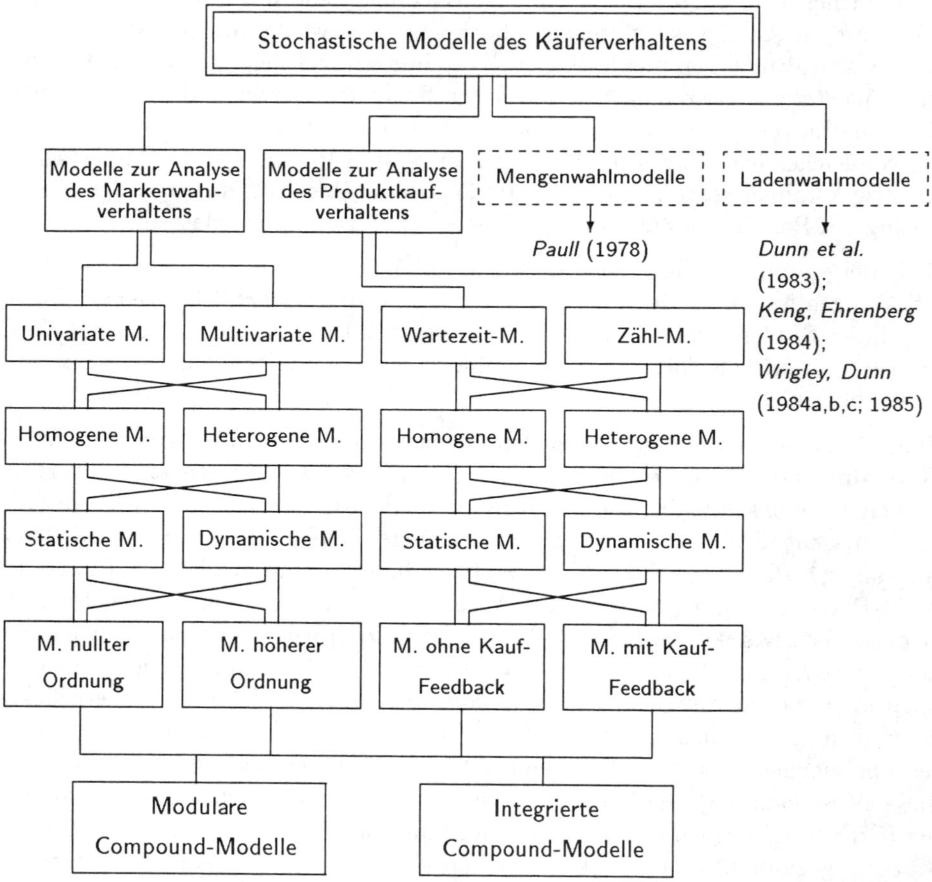

Abbildung 16.1: *Mögliche Strukturierung stochastischer Modelle des Käuferverhaltens*

[4]Die Abkürzung M. steht für „Modell".

Die die einzelnen Felder verbindenden Linien sollen die unterschiedlichen Modellprofile charakterisieren. Bei dem im nachfolgenden Abschnitt schwerpunktmäßig behandelten Markenwahlmodell handelt es sich beispielsweise um einen multivariaten homogenen statischen Ansatz nullter Ordnung.

Wird bei der Modellformulierung eine „interessierende" Marke m einer „hypothetischen" Restmarke, in der alle übrigen Marken $j \neq m$ der betrachteten Produktkategorie zusammengefasst sind, gegenübergestellt, so spricht man von einem **univariaten SMK**. Im Gegensatz dazu bieten **multivariate SMK** die Möglichkeit, alle relevanten Marken einer Produktkategorie in die Betrachtung einzubeziehen.[5]

Kann in berechtigter Weise davon ausgegangen werden, dass alle Käufer auf dem zu untersuchenden Markt im Wesentlichen den gleichen Einflüssen ausgesetzt sind und auch überwiegend in gleicher Weise auf diese reagieren, so erscheint die Verwendung eines (in aller Regel einfacher aufgebauten) **homogenen SMK**, bei dem man von einem für die betreffende Grundgesamtheit repräsentativen „Muster- oder Durchschnittskäufer" ausgeht, vertretbar und ausreichend. Im Gegensatz dazu sollte auf ein **heterogenes SMK** zurückgegriffen werden, wenn zu vermuten ist, dass die betrachteten Konsumenten merkliche Unterschiede in ihrem individuellen Kaufverhalten aufweisen.

Wenn diese Verhaltensunterschiede dazu führen, dass verschiedene Modelle zu ihrer Beschreibung erforderlich werden, so liegt **Modellheterogenität** vor. Eine mögliche Vorgehensweise kann in einem solchen Fall darin bestehen, dass anstelle eines einzigen Modells auf eine (Linear-) Kombination segmentspezifischer Einzelmodelle zurückgegriffen wird. Entsprechende Untersuchungen in Bezug auf das Markenwahlverhalten haben bereits *Jones* (1973) und *Givon, Horsky* (1979) durchgeführt.

Falls das Käuferverhalten zwar grundsätzlich durch ein einziges Modell beschrieben werden kann, die Konsumenten aber in unterschiedlichem Maße auf ein und dieselben Einflüsse reagieren, so dass für unterschiedliche Konsumenten(gruppen) auch unterschiedliche Modellparameter resultieren, so spricht man von **Parameterheterogenität**. Dieser relativ häufig auftretenden Form von Heterogenität kann z.B. dadurch Rechnung getragen werden, dass man die individuellen Kaufwahrscheinlichkeiten als gemäß einer geeigneten, gegebenenfalls multivariaten Verteilung über die Grundgesamtheit „streuend" annimmt. Das Käuferverhalten wird dabei als stochastischer Prozess modelliert, dessen Parameter selbst wiederum Zufallsvariablen sind, deren gemeinsame Dichtefunktion die unterschiedlichen Präferenzstrukturen innerhalb der Bevölkerung widerspiegelt.

Kaufneigungsheterogenität liegt vor, wenn z.B. die zu Beginn eines Analysezeitraums beobachteten individuellen Kaufwahrscheinlichkeiten in Bezug auf einzelne Produkte deutlich voneinander abweichen. Unterschiede in den originären,

[5] Man beachte die etwas andere Verwendung der auch aus der allgemeinen Literatur zur Datenanalyse bekannten Begriffe „univariat" und „multivariat". Die Verwendung des Begriffs „multivariat" resultiert im vorliegenden Kontext aus der Tatsache, dass in Markenwahlmodellen dieses Typs pro betrachteter Marke eine eigene Zufallsvariable definiert wird.

individuellen Kaufneigungen können sich beispielsweise als Folge der verschiedenen Umweltbedingungen und Milieus, in denen die einzelnen Konsumenten leben, ergeben. In solchen Fällen kann die initiale Kaufneigung – ähnlich wie bei der Parameterheterogenität – als gemäß einer geeigneten Verteilung über die Grundgesamtheit gestreut angenommen werden.

Darüber hinaus ist grundsätzlich zwischen beobachtbarer und latenter Heterogenität zu unterscheiden. **Beobachtbare Heterogenität** liegt vor, wenn die Unterschiede im individuellen Kaufverhalten mittels beobachtbarer Variablen zumindest teilweise erklärt werden können. Sind solche die Heterogenität im Käuferverhalten begründende Größen jedoch nicht identifizierbar bzw. in den für die Analyse des Käuferverhaltens zur Verfügung stehenden Daten nicht enthalten, so wird dies als **latente Heterogenität** bezeichnet. Während sich die Erfassung der latenten Heterogenität in ökonometrischen Responsemodellen des in Kapitel 15 behandelten Typs vergleichsweise aufwendig gestaltet (entsprechende Vorschläge finden sich z.B. bei *Chintagunta et al.* (1991), *Murthi, Srinivasan* (1998) und *Wedel, Kamakura* (1998)) ist der elegante Umgang mit diesem wichtigen Aspekt des Käuferverhaltens ein deutlicher Vorteil von SMK. Eine detailliertere Erörterung der Möglichkeiten des Umgangs mit Heterogenität in der empirischen Marketingforschung findet der interessierte Leser bei *DeSarbo et al.* (1997) und *Wagner* (2001).

Die Unterteilung von Markenwahlprozessen in solche der Ordnung $o = 0$, $1 \leq o < \infty$ (ganzzahlig) und $o = \infty$ kommt auch in der Art der zu ihrer Beschreibung verwendeten stochastischen Modelle zum Ausdruck. Im zuerst genannten Fall können – abhängig von der Anzahl berücksichtigter Marken – **Binomial- oder Multinomial-Modelle**, im zweiten **Markov-Modelle** und im dritten Fall **lineare Lernmodelle** zum Einsatz kommen. Neben diesen drei Modelltypen gibt es noch eine kleine Gruppe von Ansätzen, bei denen eine eindeutige Zuordnung kaum möglich bzw. sinnvoll ist. Frühe Beispiele hierfür sind das „Dual-Effects"-Modell von *Jones* (1970), das „Hendry"-Modell (vgl. *Herniter* (1974) und *Kalwani, Morrison* (1977)) und das „Entropy"-Modell von *Herniter* (1973), die sich aufgrund unterschiedlicher Probleme (z.B. bei der empirischen Anwendung) nach dem Kenntnisstand der Verfasser in der Vergangenheit nicht durchsetzen konnten. Auf eine genauere Betrachtung dieser Modelle wird deshalb verzichtet.

Die wissenschaftliche Diskussion darüber, ob das individuelle Markenwahlverhalten auf Konsumgütermärkten mit Modellen nullter (ohne Gedächtnis) oder solchen höherer Ordnung (mit Gedächtnis) beschrieben werden sollte, ist schon lange im Gange, hat aber bislang scheinbar noch zu keinem wirklich endgültigen Ergebnis geführt. Autoren wie *Lilien* (1974), *Wierenga* (1978) oder *Driver* (1986) geben in ihren Arbeiten dem Linearen Lernmodell den Vorzug, während in anderen Quellen, etwa bei *Hauser, Wisniewski* (1982a,b), *Colombo, Morrison* (1989) oder *Vilcassim, Jain* (1991) Ansätze auf Basis markovscher Prozesse bevorzugt werden. Modelle nullter Ordnung werden z.B. in den Arbeiten von *Chatfield, Goodhardt* (1975), *Jones, Zufryden* (1980), *Goodhardt et al.* (1984), *Wagner, Taudes* (1986, 1991) und *Röhle* (1998) favorisiert.

Das Spektrum der in der einschlägigen Literatur vertretenen unterschiedlichen Standpunkte in Bezug auf die einer Markenwahlmodellierung mittels stochastischer Ansätze zugrunde zu legende Prozessordnung wird noch durch eine Reihe von Aufsätzen erhöht, bei denen von vornherein davon ausgegangen wird, dass in bestimmten Produktkategorien im Extremfall sogar alle drei Prozesstypen mit unterschiedlich starker Ausprägung zu beobachten sind. Vor diesem Hintergrund wurden in der Vergangenheit Modellierungskonzepte diskutiert, die die Anwendung unterschiedlicher Modelltypen auf die betreffenden Bevölkerungssegmente zum Gegenstand hatten. Frühe Beispiele für ein solches Vorgehen finden sich z.B. in den Arbeiten von *Jones* (1973) und *Givon, Horsky* (1978, 1979). *Bawa* (1990) hingegen regt die Entwicklung hybrider Ansätze an, die durch eine geeignete Parameterwahl in Modelle unterschiedlicher Ordnung überführt werden können.

Darüber hinaus erscheint auch eine Unterscheidung von **statischen** und **dynamischen SMK** zweckmäßig. Bei den statischen Ansätzen wird angenommen, dass sich im gesamten Betrachtungszeitraum die äußeren Bedingungen nicht nennenswert ändern und somit die einmal geschätzten Modellparameter als für diese Zeitspanne konstant vorausgesetzt werden können. Dynamische Modelle hingegen sind erforderlich, wenn z.B. den sich im Zeitablauf ändernden Einflüssen von Marketinginstrumenten und den sich daraus u.U. ergebenden Änderungen im Käuferverhalten Rechnung getragen werden soll. Im Hinblick auf die Möglichkeit der Durchführung von Simulationen des Käuferverhaltens konzentrieren sich aktuelle Modellerweiterungen gerade auch auf die Einbeziehung zeitabhängiger Erklärungsvariablen in ursprünglich statische und damit nur in eingeschränktem Maße für den Einsatz in der praktischen Marketingforschung geeignete Grundmodelle.

Da bei den nachfolgenden Betrachtungen von **stationären Prozessen** ausgegangen wird, kann die zur Beschreibung der jeweiligen Kaufentscheidung verwendete Wahrscheinlichkeitsverteilung als invariant gegenüber Verschiebungen auf der Zeitachse angenommenen werden. Die in die statischen Grundmodelle integrierten, zeitabhängigen Erklärungsvariablen dienen somit lediglich der Berücksichtigung saisonaler, zyklischer oder sonstiger unregelmäßiger Schwankungen im Käuferverhalten. Die grundsätzlichen Verhaltensstrukturen werden hingegen als im Betrachtungszeitraum konstant unterstellt. *Hanssens et al.* (2001, S. 157) umschreiben dies als „systematische Variation der Modellkoeffizienten".

Die Wahl oder Konstruktion eines bestimmten SMK sollte sich aber auch an den Kriterien Einfachheit und praktische Anwendbarkeit orientieren. In diesem Zusammenhang kommt gerade den durch das jeweilige Modell gegebenen Simulationsmöglichkeiten besondere Bedeutung zu. Hieraus ergibt sich ein expliziter Bedarf an Modellen, die die Berücksichtigung extern steuerbarer (Marketing-Mix-) Variablen ermöglichen (vgl. *Umesh, Cote* (1988) und *Gönül, Srinivasan* (1993b)). Von nicht minderer Bedeutung ist die angemessene Erfassung der Heterogenität des individuellen Markenwahlverhaltens. Beiden genannten Aspekten wird insbesondere in den Abschnitten 16.3 und 16.4 Aufmerksamkeit geschenkt.

16.2 Modellierung einzelner Dimensionen der Kaufentscheidung

16.2.1 Modelle zur Analyse der Markenwahl

Stochastische Markenwahlmodelle beschreiben – wie bereits erwähnt – die aus Marketingsicht wohl interessanteste, weil am einfachsten von außen beeinflussbare Dimension des Kaufentscheidungsprozesses.[6] Die grundsätzliche Vorgehensweise bei der stochastischen Markenwahlmodellierung und die damit verbundenen Probleme sollen im Folgenden anhand von Modellen höherer, insbesondere erster Ordnung erläutert werden. Modelle nullter Ordnung (als Basis für die Formulierung fortgeschrittener Ansätze) werden hingegen – um Redundanzen in der Darstellung zu vermeiden – in den Abschnitten 16.3 und 16.4 behandelt.

Die individuelle Markenwahl von Konsumenten lässt sich durch geeignet zu spezifizierende Zufallsvariablen beschreiben. Im univariaten Fall beschränkt sich die Betrachtung auf nur zwei Marken.[7] Die Kaufgeschichte eines Konsumenten k kann dann als Realisation eines stochastischen Prozesses interpretiert werden, der durch eine Folge $(Z_{k\tau})_{\tau=1,2,3,\ldots}$ von zeitabhängigen Zufallsvariablen charakterisiert ist. Durch die Zufallsvariable $Z_{k\tau}$ kommt zum Ausdruck, welche Marke von Konsument k beim Kaufakt τ gewählt wird. Eine solche auf zwei Marken (1 und 2) bezogene Kaufgeschichte könnte z.B. die in Tabelle 16.1 dargestellte Gestalt besitzen.

Zeitpunkt der Wahlentscheidung	Ergebnis der Wahlentscheidung
Kaufakt $\tau = 1$	Marke $m = 1$
Kaufakt $\tau = 2$	Marke $m = 2$
Kaufakt $\tau = 3$	Marke $m = 1$
Kaufakt $\tau = 4$	Marke $m = 2$
Kaufakt $\tau = 5$	Marke $m = 1$

Tabelle 16.1: *Exemplarische Kaufgeschichte eines Konsumenten k*

Im vorliegenden Beispiel hat Konsument k bei den Kaufakten 1, 3 sowie 5 die Marke 1 und bei den Kaufakten 2 und 4 die Marke 2 gewählt. Unter Verwendung der Zufallsvariable $Z_{k\tau}$ lässt sich diese Markenwahlsequenz wie folgt formalisieren:

$$Z_{k1} = Z_{k3} = Z_{k5} = 1 \qquad \text{und} \qquad Z_{k2} = Z_{k4} = 2 \qquad k \text{ fest}$$

Im Weiteren wird unterstellt, dass die Konsumenten bei ihrer aktuellen Markenwahl jeweils die o $(o = 1, 2, 3, \ldots)$ zuletzt getroffenen Markenwahlentscheidungen

[6] Ausführlichere Diskussionen dieses Aspekts finden sich z.B. in *Massy et al.* (1970), *Wagner* (1985), *Wagner, Taudes* (1987), *Lilien et al.* (1992), *Decker* (1994a) und *Röhle* (1998).

[7] Dabei kann eine der beiden Marken wieder als Konglomerat mehrerer, für die betreffende Untersuchung aber vielleicht weniger interessanter Marken verstanden werden. In der einschlägigen Literatur zu SMK spricht man in solchen Fällen auch von der explizit betrachteten „Lieblings- oder Stammmarke“ und der durch Aggregation entstandenen „Restmarke“.

einfließen lassen. Markenwahlprozesse dieser Art können durch **Markov-Ketten o-ter Ordnung**[8] beschrieben werden.

Analog bezeichne $(Z_{k1\tau}, \ldots, Z_{kM\tau})$ ein Tupel von Zufallsvariablen, das die Markenwahl eines Konsumenten k beim Kaufakt τ in Bezug auf M zur Auswahl stehende Marken in folgender Weise repräsentiert:

$$Z_{km\tau} = \begin{cases} 1, & \text{falls Konsument } k \text{ beim Kaufakt } \tau \text{ die Marke } m \text{ wählt} \\ 0, & \text{sonst} \end{cases}$$

mit $\sum_{i=1}^{M} Z_{ki\tau} = 1 \ \forall \ k, \tau$. Letzteres stellt sicher, dass bei dem auf diese Weise spezifizierten „Zufallsexperiment" immer genau eine Marke gewählt wird.[9] Unterstellt man des Weiteren, dass die Wahrscheinlichkeit $p_{km\tau}$, dass Konsument k beim Kaufakt τ die Marke m wählt, die Zufallsvariable $Z_{km\tau}$ also gerade den Wert 1 annimmt, eine Funktion der der aktuellen Markenwahlentscheidung vorausgegangenen Entscheidungen in $\tau-1, \tau-2, \ldots, \tau-o$ ist, so führt dies auf ein **Markov-Modell der Ordnung o** mit:

$$\begin{aligned} p_{km\tau} \quad &= \quad P\big((0, \ldots, Z_{km\tau} = 1, \ldots, 0) \mid (Z_{k1(\tau-1)}, \ldots, Z_{kM(\tau-1)}), \ldots \\ & \qquad (Z_{k1(\tau-o)}, \ldots, Z_{kM(\tau-o)})\big) \qquad \forall \ k, m, \tau > o \end{aligned} \tag{16.1}$$

Mit $p_{(m|j)k\tau}$ als der Wahrscheinlichkeit, dass bei zwei aufeinander folgenden Kaufakten ein Wechsel von Marke j zur Marke m stattfindet, erhält man die Beziehungen:

$$(p_{k1\tau}, \ldots, p_{kM\tau}) = (p_{k1(\tau-1)}, \ldots, p_{kM(\tau-1)}) \cdot \underbrace{\begin{pmatrix} p_{(1|1)k\tau} & \cdots & p_{(M|1)k\tau} \\ \vdots & & \vdots \\ p_{(1|M)k\tau} & \cdots & p_{(M|M)k\tau} \end{pmatrix}}_{\boldsymbol{P}_{k\tau}} \tag{16.2}$$

und

$$(p_{k1(\tau-1)}, \ldots, p_{kM(\tau-1)}) = (p_{k1(\tau-2)}, \ldots, p_{kM(\tau-2)}) \cdot \boldsymbol{P}_{k(\tau-1)} \qquad \forall \ k$$

usw.

mit $\boldsymbol{P}_{k\tau}$ als der das individuelle Markenwechselverhalten beschreibenden **Übergangsmatrix**[10], für die gilt: $\sum_{m=1}^{M} p_{(m|j)k\tau} = 1 \quad \forall \ j, k, \tau$. Den mit der Variable $p_{(m|j)k\tau}$ korrespondierenden Wert bezeichnet man bei $m \neq j$ als Wechselwahrscheinlichkeit und bei $m = j$ als Wiederwahl- oder Wiederkaufwahrscheinlichkeit. Die Elemente des Markenwahlvektors $(p_{k1\tau}, \ldots, p_{kM\tau})$ beschreiben die Wahlwahrscheinlichkeiten des Konsumenten k in Bezug auf die M verfügbaren Marken.

---

[8] Eine allgemeine Einführung in die Theorie der Markov-Ketten findet sich z.B. bei *Langrock, Jahn* (1979).

[9] Der gleichzeitige Einkauf verschiedener Marken einer Produktkategorie ist gegebenenfalls in mehrere Kaufakte zu unterteilen, so dass jede Markenwahl das Ergebnis eines „eigenen" Kaufakts darstellt.

[10] Die Übergangsmatrizen $\boldsymbol{P}_{k(\tau-1)}, \boldsymbol{P}_{k(\tau-2)}, \ldots$ sind von analoger Gestalt.

Bei den weiteren Überlegungen sei zur Vereinfachung der Darstellung unterstellt, dass pro betrachteter Periode (z.B. Woche) genau ein Kauf stattfindet. Insoweit können auch die Bezeichnungen Periode und Kaufgelegenheit im Folgenden synonym verwendet werden. Dem bei Betrachtungen auf Konsumentenebene durchaus nicht selten auftretenden Fall, dass in einer Periode auch einmal kein Kauf und damit logischerweise auch keine Markenwahl in der interessierenden Produktkategorie stattfindet, kann z.B. dadurch Rechnung getragen werden, dass man den Nichtkaufzustand quasi als $(M+1)$-te „Marke" interpretiert. Der Wechsel in den Nichtkaufzustand wird somit als Wechsel zur „Nichtkaufmarke" modelliert. Entsprechend dieser Formalisierungslogik entspräche $p_{(M+1|j)k\tau}$ der Wahrscheinlichkeit eines Wechsels von der Marke j in den Nichtkaufzustand $(M+1)$. Eine derartige Erweiterung der ursprünglichen Übergangsmatrix birgt allerdings die Gefahr von Fehlinterpretationen der betreffenden Wechselwahrscheinlichkeiten in sich und verlangt eine besondere Sorgfalt bei der Modellanwendung.

Aufgrund der Komplexität der resultierenden Modellansätze für $o \geq 2$ beschränkt man sich zumeist auf Markov-Ketten erster Ordnung, bei denen nur die der aktuell betrachteten Periode unmittelbar vorausgehende Periode Berücksichtigung findet. Die sich daraus ergebende Einschränkung des „Erinnerungshorizonts" eines Konsumenten bezüglich früherer Markenwahlentscheidungen erscheint insofern gerechtfertigt, als der Ausgang der zuletzt getroffenen Entscheidung die aktuelle Markenwahl in der Regel wohl am stärktsten beeinflussen wird. Außerdem lassen sich Markov-Ketten der Ordnung $o \geq 2$ auf Markov-Ketten erster Ordnung zurückführen. Der formale Aufwand hierfür ist jedoch beträchtlich.

Liegt der Untersuchung eine homogene Grundgesamtheit zugrunde, in der alle Konsumenten näherungsweise das gleiche Markenwahlverhalten aufweisen und somit gewissermaßen durch einen „Durchschnittskonsumenten" ersetzt werden könnten[11], so lassen sich die durch Gleichung 16.2 spezifizierten Markenwahlwahrscheinlichkeiten als Marktanteile der betreffenden Marken in Periode t interpretieren. In diesem Fall erübrigt sich der Index k.

Als weitere Vereinfachung verzichten wir an dieser Stelle auf die Einbeziehung von im Zeitablauf veränderbaren Marketinginstrumenten, obwohl die Definition der Übergangswahrscheinlichkeiten als Funktion solcher Variablen durchaus möglich ist, etwa in Form einer linearen Responsefunktion, wie sie in Kapitel 15 behandelt wurde. Ein entsprechender Modellierungsvorschlag findet sich z.B. bereits bei *Hauser, Wisniewski* (1982a,b). Die Schätzung der Modellparameter respektive der Gewichte der einzelnen erklärenden Variablen erweist sich in diesem Fall jedoch als nicht ganz einfach.

Als mögliche Alternative zur Umgehung der bei den hier betrachteten Markov-Ansätzen implizit vorausgesetzten Unabhängigkeit der Entscheidung eines Konsu-

[11] Die Grundlage hierfür kann z.B. durch eine der Modellierung vorgeschaltete Marktsegmentierung mit dem Ziel der Identifikation von mehr oder weniger homogenen Teilmärkten („Marktsegmenten") geschaffen werden.

menten für einen Markenwechsel vom Verhalten der anderen Konsumenten[12] wird von *Ostrusska* (1992) die Anwendung so genannter interaktiver Markov-Modelle diskutiert. Modellierungsüberlegungen dieser Art führen auf anspruchsvolle nichtlineare Differenzen- bzw. Differenzialgleichungssysteme.

Die Schätzung der Übergangsmatrix $\boldsymbol{P}_\tau$ respektive der Übergangswahrscheinlichkeiten $p_{(m|j)\tau}$ kann für den Fall des homogenen, statischen Markov-Modells – vorausgesetzt in jeder Periode τ findet genau eine Markenwahl statt[13] und die Anzahl der betrachteten Käufer und Marken bleibt im Untersuchungszeitraum (zumindest näherungsweise) unverändert[14] – auf recht einfache Art und Weise erfolgen.

Ausgangspunkt des bereits von *Massy et al.* (1970, S. 84) in ähnlicher Weise vorgeschlagenen Ansatzes zur Schätzung der unbekannten Übergangswahrscheinlichkeiten[15] $p_{(m|j)\tau}$ eines Markov-Modells erster Ordnung ist die Annahme, dass die gesuchten Größen mithilfe einer **Fluktuationsmatrix** (vgl. Kapitel 9) approximiert werden können. Die Elemente $n_{(m|j)\tau}$ der auf die Periode τ bezogenen Fluktuationsmatrix $\boldsymbol{F}_\tau$ repräsentieren die beim Übergang von Periode $\tau - 1$ zur Periode τ über alle Probanden (Konsumenten) der für die Untersuchung herangezogenen Stichprobe hinweg beobachtete Anzahl von Wechseln von Marke j zu Marke m. Die Berechnung der Elemente der Übergangsmatrix $\boldsymbol{P}_\tau$ erfolgt gemäß der Formel:[16]

$$p_{(m|j)\tau} = \frac{n_{(m|j)\tau}}{\sum_{i=1}^{M} n_{(i|j)\tau}} \qquad \forall\ m, j, \tau \geq 2 \tag{16.3}$$

Die Übergangsmatrix erhält man also aus der Fluktuationsmatrix, indem man die einzelnen Zellenwerte durch die zugehörige Zeilensumme dividiert. Die somit zwischen 0 und 1 liegenden Zellenwerte der Matrix summieren sich zeilenweise wieder zu 1.

Zur Bestimmung des im gesamten Betrachtungszeitraum vorherrschenden Markenwechselverhaltens kann bei Konstanz der äußeren Umweltbedingungen eine Aggregation über alle Perioden bzw. Periodenübergänge erfolgen. Es gilt dann:

$$p_{m|j} = \frac{\sum_{\tau=2}^{T} n_{(m|j)\tau}}{\sum_{i=1}^{M} \sum_{\tau=2}^{T} n_{(i|j)\tau}} \qquad \forall\ m, j \tag{16.4}$$

Der Zähler dieses Quotienten repräsentiert die im Betrachtungszeitraum insgesamt aufgetretene Anzahl von Wechseln von Marke j zu Marke m, während im Nenner

[12] Ursachen für eine entsprechende Beeinflussung können z.B. Mund-zu-Mund-Propaganda und Imitations- bzw. Antiimitationseffekte sein.

[13] Hierfür kann u.U. die Einführung einer „Nichtkaufmarke" (s.o.) erforderlich werden.

[14] Bei Paneldaten sollte dies weitgehend der Fall sein.

[15] Der Verzicht auf den Konsumentenindex k im Bezeichner $p_{(m|j)\tau}$ weist auf die über alle K Konsumenten aggregierte Betrachtungsweise hin.

[16] Die resultierende Übergangsmatrix wird als repräsentativ für die untersuchte Stichprobe bzw. die damit modellierte Grundgesamtheit angesehen und besitzt somit für jeden Konsumenten k Gültigkeit. Die Betrachtung mehrerer, zeitlich aufeinander folgender und nicht notwendigerweise identischer Übergangsmatrizen bezeichnet *Topritzhofer* (1974, S. 141) als „komparativ-statische" Vorgehensweise.

die Gesamtzahl der Käufe der Marke j im gleichen Zeitraum steht. Die auf diese Weise geschätzte Übergangsmatrix bildet die Grundlage des aggregierten Markov-Modells.

Die beschriebenen Transformationsschritte werden nachfolgend anhand des bereits in Kapitel 9 auf S. 222 eingeführten Rechenbeispiels demonstriert. Auf Basis der in Tabelle 9.4 dargestellten Daten kann eine Schätzung der auf den gesamten Betrachtungszeitraum bezogenen Übergangsmatrix vorgenommen werden. Die erforderlichen Berechnungen der periodenspezifischen Fluktuationsmatrizen $\boldsymbol{F}_\tau = (n_{(m|j)\tau})_{m,j=1,2,3}$ erfolgten bereits in Kapitel 9. Durch Addition der sieben Fluktuationsmatrizen kommt man zu der in Abbildung 16.2 dargestellten aggregierten Fluktuationsmatrix $\boldsymbol{F}$. Die gesuchte Übergangsmatrix $\boldsymbol{P}$ erhält man schließlich aus der Division der einzelnen Elemente der Matrix $\boldsymbol{F}$ durch die jeweiligen Zeilensummen.

$\boldsymbol{F}$	$m=1$	$m=2$	$m=3$	$\sum_m$
$j=1$	3	6	6	15
$j=2$	5	1	4	10
$j=3$	4	5	1	10

$\Rightarrow$

$\boldsymbol{P}$	$m=1$	$m=2$	$m=3$	$\sum_m$
$j=1$	0,2	0,4	0,4	1,0
$j=2$	0,5	0,1	0,4	1,0
$j=3$	0,4	0,5	0,1	1,0

Abbildung 16.2: *Aggregierte Fluktuations- und Übergangsmatrix*

Der Wert $p_{2|3} = 0,5$ beispielsweise bedeutet, dass die Marke 3 im Betrachtungszeitraum 50 % ihrer Käufer an die Marke 2 verliert. Gleichzeitig wechseln aber 40 % ($p_{3|1} = 0,4$) der Käufer von Marke 1 und 40 % ($p_{3|2} = 0,4$) der Käufer von Marke 2 zu Marke 3.

Dem durch die Aggregation entstehenden Informationsverlust im Vergleich zu den periodischen Pendants steht die größere Aussagekraft der aggregierten Übergangswahrscheinlichkeiten $p_{m|j}$ für den Untersuchungszeitraum gegenüber. Dies erweist sich beispielsweise dann als vorteilhaft, wenn auf Basis der Matrix $\boldsymbol{P}$ Kennzahlen zur langfristigen Entwicklung eines Markts berechnet werden sollen.

Mit den vorliegenden Übergangsmatrizen $\boldsymbol{P}$ bzw. $\boldsymbol{P}_\tau$ lassen sich – analog zu Gleichung 16.2 – die für eine Periode $\tau - 1$ gültigen Marktanteile $(p_{1(\tau-1)}, \ldots, p_{M(\tau-1)})$ in die nächste Periode τ „fortschreiben“. Je nach Modellierungsperspektive gilt:

$$(p_{1\tau}, \ldots, p_{M\tau}) = (p_{1(\tau-1)}, \ldots, p_{M(\tau-1)}) \cdot \boldsymbol{P}_\tau \qquad \text{für } \tau \geq 2 \qquad (16.5)$$

oder

$$(p_{1\tau}, \ldots, p_{M\tau}) = (p_{1(\tau-1)}, \ldots, p_{M(\tau-1)}) \cdot \boldsymbol{P} \qquad \text{für } \tau \geq 2 \qquad (16.6)$$

Markov-Modelle bzw. die damit korrespondierenden Übergangsmatrizen schaffen die Grundlage für die Berechnung einer Reihe von den betrachteten Markt charakterisierenden Kennzahlen. So lassen sich z.B. die bei Fortdauer des gegenwärtig vorherrschenden Markenwechselverhaltens langfristig zu erwartenden Marktanteile

$(p_{1\infty}, \ldots, p_{M\infty})$ der M Marken als **Gleichgewichtszustand** des Markts berechnen. Zu diesem Zweck löst man das durch die Beziehung

$$\begin{aligned}(p_{1\infty}, \ldots, p_{M\infty}) &= \lim_{\tau \to \infty} (p_{1\tau}, \ldots, p_{M\tau}) \\ &= \lim_{\tau \to \infty} \left((p_{1(\tau-1)}, \ldots, p_{M(\tau-1)}) \cdot \boldsymbol{P}\right) \\ &= (p_{1\infty}, \ldots, p_{M\infty}) \cdot \boldsymbol{P}\end{aligned} \tag{16.7}$$

gegebene Gleichungssystem. Anschaulich ausgedrückt ist also jener Marktanteilsvektor $(p_{1\infty}, \ldots, p_{M\infty})$ gesucht, der sich beim Übergang zur nächsten Periode nicht mehr ändert.

Die Existenz des Gleichgewichtszustands ist an gewisse formale Voraussetzungen gebunden. Eine Markov-Kette besitzt unabhängig von der Anfangsverteilung in der Periode $\tau = 1$ eine Grenzverteilung für $\tau \to \infty$ (Gleichgewichtszustand), falls sie – wie im vorliegenden Fall – irreduzibel[17], aperiodisch[18] und positiv-rekurrent[19] ist (vgl. *Langrock, Jahn* (1979, S. 170 f.) und *Fahrmeir et al.* (1981, S. 29 ff.)).

Obwohl in Gleichung 16.7 exemplarisch die für den Gesamtzeitraum berechnete Übergangsmatrix $\boldsymbol{P}$ Verwendung fand, ist darauf hinzuweisen, dass sich die betreffende Beziehung auch auf den periodischen Fall (mit $\boldsymbol{P}_\tau$) übertragen lässt. Inhaltlich kommt dies einer „Hochrechnung" der in der jeweiligen Ausgangsperiode vorherrschenden Marktsituation auf den unendlichen Planungshorizont gleich. Die von mehreren aufeinander folgenden Übergangsmatrizen ausgehend berechneten und daher möglicherweise unterschiedliche Gestalt besitzenden Gleichgewichtszustände eines Markts können Aufschluss darüber geben, in welche Richtung sich die Marktanteile der eigenen und die der Konkurrenzmarken unter den in der jeweiligen Ausgangsperiode gültigen Bedingungen (ceteris paribus) bewegen würden. Das Marketingmanagement kann dann anhand solcher Hochrechnungen entscheiden, ob diese Entwicklung durch Beibehaltung des aktuellen Marketingkonzepts forciert oder ob ihr durch eine Änderung der in den nächsten Perioden verfolgten Marketingpolitik entgegenzuwirken ist.

Für das vorliegende Datenbeispiel berechnet sich der Gleichgewichtszustand wie folgt:

$$(p_{1\infty}, p_{2\infty}, p_{3\infty}) = (p_{1\infty}, p_{2\infty}, p_{3\infty}) \cdot \begin{pmatrix} 0,2 & 0,4 & 0,4 \\ 0,5 & 0,1 & 0,4 \\ 0,4 & 0,5 & 0,1 \end{pmatrix}$$

[17] Eine Markov-Kette ist **irreduzibel**, wenn alle Zustände m (bei uns also alle Marken) gegenseitig erreichbar sind und somit keine in sich abgeschlossenen Blöcke in der Übergangsmatrix durch Umsortieren von Zeilen und Spalten gebildet werden können.

[18] Eine Markov-Kette ist **aperiodisch**, wenn nach einer festen Anzahl von Ereignissen (Kaufakten), d.h. für $\tau < \infty$ ein Zustand m mit der Wahrscheinlichkeit $p_{m\tau} = 1$ angenommen wird. Die Existenz einer Grenzverteilung kann aber auch für periodische Markov-Ketten gezeigt werden.

[19] Eine Markov-Kette ist **positiv-rekurrent**, wenn die erwartete Dauer bis zum Wiedereintritt eines Zustands (respektive dem Wiederkauf einer Marke) $< \infty$ ist.

bzw.

$$\begin{aligned} 0,2p_{1\infty} + 0,5p_{2\infty} + 0,4p_{3\infty} &= p_{1\infty} \\ 0,4p_{1\infty} + 0,1p_{2\infty} + 0,5p_{3\infty} &= p_{2\infty} \\ 0,4p_{1\infty} + 0,4p_{2\infty} + 0,1p_{3\infty} &= p_{3\infty} \end{aligned}$$

Da sich die Marktanteile der drei Marken zu 1 summieren müssen, kann der Parameter $p_{3\infty}$ als Funktion der beiden anderen Parameter dargestellt werden und es gilt:

$$\begin{aligned} 2p_{1\infty} + 5p_{2\infty} + 4(1 - p_{1\infty} - p_{2\infty}) &= 10p_{1\infty} \\ 4p_{1\infty} + p_{2\infty} + 5(1 - p_{1\infty} - p_{2\infty}) &= 10p_{2\infty} \\ 4p_{1\infty} + 4p_{2\infty} + (1 - p_{1\infty} - p_{2\infty}) &= 10(1 - p_{1\infty} - p_{2\infty}) \end{aligned}$$

Durch geeignetes Umformen der einzelnen Gleichungen erhält man eine Gleichungsstruktur, bei der sich die dritte Gleichung als Summe der mit -1 multiplizierten ersten beiden Gleichungen ergibt und damit bei den weiteren Umformungen außen vor bleiben kann:

$$\begin{aligned} -12p_{1\infty} + p_{2\infty} &= -4 \\ -p_{1\infty} - 14p_{2\infty} &= -5 \\ 13p_{1\infty} + 13p_{2\infty} &= 9 \end{aligned}$$

Aus den beiden verbliebenen Gleichungen erhält man dann die Beziehungen

$$\begin{aligned} -12p_{1\infty} + p_{2\infty} &= -4 \\ p_{1\infty} &= -14p_{2\infty} + 5 \end{aligned}$$

aus denen sich unmittelbar die gesuchte Lösung

$$(p_{1\infty}, p_{2\infty}, p_{3\infty}) = \left(\frac{61}{169}, \frac{56}{169}, \frac{52}{169}\right) = (0,361, 0,331, 0,308)$$

ableiten lässt. Die langfristig zu erwartenden Marktanteile betragen demnach für Marke 1 36,1 %, für Marke 2 33,1 % und für Marke 3 30,8 %.

Ein einfacher Indikator für die Fähigkeit einer Marke m, einmal gewonnene Kunden auch zukünftig an sich bzw. das dahinter stehende Unternehmen zu binden, ist die als Funktion der Wiederkaufwahrscheinlichkeiten $p_{m|m}$ definierte **Retentionsfähigkeit** RET_m. Formal ausgedrückt entspricht diese Größe der mittleren Anzahl von Perioden, über die hinweg die Konsumenten in ununterbrochener Folge die Marke m kaufen[20], ehe sie zu einer Konkurrenzmarke wechseln. Nach *Topritzhofer* (1974, S. 144) gilt:

$$RET_m = \frac{1}{1 - p_{m|m}} \qquad \forall\, m \tag{16.8}$$

Eine hohe Verweildauer signalisiert damit eine hohe Retentionsfähigkeit der Marke. Im vorliegenden Datenbeispiel gilt entsprechend:

$$RET_1 = \frac{1}{1 - p_{1|1}} = \frac{1}{1 - 0,2} = 1,25, \quad RET_2 = 1,11 \text{ und } RET_3 = 1,11$$

[20] In Anlehnung an die Begriffswelt der Theorie der Markov-Ketten spricht man auch von der „Verweildauer“ der Konsumenten bei der betreffenden Marke.

Durch die **Konvergenzrate** KR kommt die Schnelligkeit zum Ausdruck, mit der sich ein Markt – vom aktuellen Zustand aus betrachtet – auf den Gleichgewichtszustand zubewegt. Ihre Berechnung erfolgt über die Eigenwerte ϖ_m der Übergangsmatrix gemäß der Formel (vgl. *Lipstein* (1965)):

$$KR = \prod_{m=1}^{M} |\varpi_m| \tag{16.9}$$

Der Gleichgewichtszustand wird umso schneller erreicht, je kleiner die Konvergenzrate ist. Die Konvergenzrate liefert somit z.B. erste Anhaltspunkte hinsichtlich der Dringlichkeit möglicher Marketingmaßnahmen zur Erreichung eines gewünschten Gleichgewichtszustands. Für unser Beispiel erhalten wir:

$$KR = |\varpi_1| \cdot |\varpi_2| \cdot |\varpi_3| = |1,0| \cdot |-0,3| \cdot |-0,3| = 0,09$$

Als letzte der im Rahmen der Markov-Modelle vorzustellenden Marktkenngrößen sei noch die Berechnungsvorschrift für die als **relative Attraktivität** einer Marke m in Bezug auf eine Marke j interpretierbare **mittlere Übergangszeit**[21] UZ_{mj} $(j \neq m)$ angegeben. Es gilt:[22]

$$\begin{aligned}&(UZ_{m1}, \ldots, UZ_{m(m-1)}, UZ_{m(m+1)}, \ldots, UZ_{mM})' \\ &= \left(\boldsymbol{E} - \boldsymbol{P}(m)\right)^{-1}(1, \ldots, 1)' \qquad \forall\, j \neq m\end{aligned} \tag{16.10}$$

Dabei bezeichnet $\boldsymbol{P}(m)$ eine $(M-1)$-dimensionale quadratische Matrix, die man aus der ursprünglichen Übergangsmatrix $\boldsymbol{P}$ durch Streichung der m-ten Zeile und Spalte erhält, und $\boldsymbol{E}$ die $(M-1)$-dimensionale Einheitsmatrix. Unter Verwendung obiger Matrix erhält man z.B. für die Marke $m = 2$ die folgenden Resultate:

$$\begin{aligned}\begin{pmatrix} UZ_{21} \\ UZ_{23} \end{pmatrix} &= \left(\boldsymbol{E} - \boldsymbol{P}(2)\right)^{-1} \cdot \begin{pmatrix} 1 \\ 1 \end{pmatrix} \\ &= \frac{1}{0,56} \begin{pmatrix} 0,9 & 0,4 \\ 0,4 & 0,8 \end{pmatrix} \cdot \begin{pmatrix} 1 \\ 1 \end{pmatrix} = \begin{pmatrix} 2,321 \\ 2,143 \end{pmatrix}\end{aligned}$$

Wegen $UZ_{21} > UZ_{23}$ ist zu erwarten, dass sich der Wechsel von Marke 1 zu Marke 2 langsamer vollzieht als der von Marke 3 zu Marke 2. Die auf Marke 2 bezogene relative Attraktivität von Marke 1 ist somit geringer als die von Marke 3.

16.2.2 Modelle zur Analyse des Produktkaufverhaltens

Bei den Betrachtungen zur Markenwahl wurde implizit unterstellt, dass sich die Konsumenten bereits für den Kauf eines Produkts einer Produktkategorie entschieden haben und lediglich noch die Entscheidung für eine bestimmte Marke treffen

[21] Das ist bezogen auf die Marke m die Zeit, die im Mittel verstreicht, bis diese Marke vom aktuellen Betrachtungszeitpunkt aus gerechnet zum ersten Mal gekauft wird.

[22] Eine ausführliche Herleitung und Diskussion der für die Berechnung erforderlichen Voraussetzungen findet sich z.B. in *Langrock, Jahn* (1979, S. 113 ff.).

müssen.[23] Im Mittelpunkt des Interesses stand also die Frage, mit welcher Wahrscheinlichkeit eine bestimmte Marke gekauft wird. Wir wollen uns nun der Frage zuwenden, wann ein Produktkauf (unabhängig von der gewählten Marke) stattfindet bzw. – was aus Marketingsicht noch interessanter ist – wie viele Produktkäufe in einem bestimmten Zeitraum getätigt werden. Zur Modellierung dieser Dimension einer Kaufentscheidung kommen gemäß der Unterscheidung in Abschnitt 16.1 sowohl Zähl- als auch Wartezeitmodelle in Betracht.

Ein grundsätzliches Problem im Zusammenhang mit der Formulierung von Modellen zur Analyse des Produktkaufverhaltens auf der Basis von Zwischenkaufzeiten (Wartezeitmodellen) ist die möglicherweise auftretende Rechtszensierung der auszuwertenden Daten. Eine **Rechtszensierung** liegt vor, wenn einige Konsumenten – vom gegenwärtigen Zeitpunkt aus gesehen – bis zum Ende des Betrachtungszeitraums keinen (weiteren) Kauf mehr tätigen und damit der zeitliche Abstand zwischen dem letzten noch beobachteten und dem nächsten Kaufakt nicht bekannt ist (vgl. *Wheat, Morrison* (1990, S. 163)). Die Zwischenkaufzeiten lassen sich in solchen Fällen nicht korrekt angeben, was sich negativ auf die Qualität der Ergebnisse der zur Analyse dieser Daten herangezogenen Modelle auswirkt. Bei Zählmodellen kann dieses Problem nicht auftreten, da hier nur die im Betrachtungszeitraum tatsächlich aufgetretenen Kaufakte Berücksichtigung finden. Die im Folgenden gemäß ihres Einsatzzwecks als **Kaufhäufigkeitsmodelle** bezeichneten Zählmodelle sind somit robuster in Bezug auf die Anwendung auf reale Kaufverhaltensdaten und liefern deshalb in vielen Fällen verlässlichere Ergebnisse als Wartezeitmodelle. Wir verzichten deshalb auf eine vertiefende Diskussion des zuletzt genannten Modelltyps und verweisen für eine Übersicht über Anwendungen dieser Modelle in der Marketingforschung auf *Stoiber* (1996).

In Abbildung 16.1 auf S. 382 wurde noch eine weitere Unterscheidung vorgenommen, und zwar die in **Modelle mit** und solche **ohne (Letzt-) Kauf-Feedback**. Derartige in der einschlägigen Literatur (vgl. z.B. *Wagner, Taudes* (1987)) auch als „purchase event feedback" bezeichnete Effekte können beispielsweise mit Ansätzen auf Basis einer Erlangverteilung der Ordnung ≥ 2 (Modelle mit Kauf-Feedback) beschrieben werden. Können Effekte dieser Art hingegen ausgeschlossen werden, was im Folgenden der Einfachheit halber auch getan wird, so reicht die Verwendung von Modellen ohne Kauf-Feedback aus. Als typische und in zahlreichen empirischen Studien im Hinblick auf ihre Leistungsfähigkeit bestätigte Vertreter von Modellen ohne Kauf-Feedback sind die Ansätze auf Basis einer Poissonverteilung[24] zu nennen.

Das in der Vergangenheit wohl am intensivsten diskutierte und empirisch angewandte Kaufhäufigkeitsmodell dürfte das von *Ehrenberg* bereits im Jahr 1959 in die Diskussion zur Kaufverhaltensmodellierung eingebrachte **Negativ-Binomial-Modell** sein. Modifikationen und Erweiterungen dieses Ansatzes waren in den zurückliegenden Jahren immer wieder Gegenstand wissenschaftlicher Publikati-

---

[23] Der Fall der Berücksichtigung einer „Nichtkaufmarke" ist hiervon ausgenommen.

[24] Die Kaufhäufigkeitsmodellierung mittels Poissonverteilung geht, wie sich formal zeigen lässt mit der Annahme erlang-1- bzw. exponentialverteilter Zwischenkaufzeiten einher.

onen. Eine in mehreren Arbeiten diskutierte Alternative zum Negativ-Binomial-Modell stellt das auf einer Erlang-2-Verteilung der Zwischenkaufzeiten aufbauende **verdichtete Negativ-Binomial-Modell** dar. Dieses bietet den Vorteil, dass die mit exponentialverteilten Zwischenkaufzeiten einhergehende Eigenschaft der maximalen Wahrscheinlichkeit für einen erneuten Produktkauf unmittelbar nach einem gerade vollzogenen Kaufakt umgangen werden kann. Der interessierte Leser sei diesbezüglich z.B. auf die grundlegenden Beiträge von *Chatfield, Goodhardt* (1973) und *Schmittlein, Morrison* (1983) verwiesen.

In den weiteren Ausführungen wird davon ausgegangen, dass sich der für die Modellanwendung relevante Betrachtungszeitraum in gleich lange Zeitabschnitte unterteilen lässt. Bei regelmäßig gekauften Konsumgütern können z.B. wochen- oder monatsweise Betrachtungen sinnvoll sein. Idealerweise sollte sich die Periodeneinteilung an den in der relevanten Grundgesamtheit für die zu untersuchende Produktkategorie[25] üblichen Zwischenkaufzeiten respektive „Verbrauchszyklen“ orientieren.

Die für den außenstehenden Beobachter „zufällig“ erscheinende Anzahl von Produktkäufen eines Konsumenten k in aufeinander folgenden Perioden wird analog zur Markenwahlmodellierung durch einen stochastischen Prozess beschrieben. Die Zufallsvariable Y_{kt} repräsentiert dabei die Anzahl von Produktkäufen des Konsumenten k in der zu untersuchenden Produktkategorie in Periode t. Verschiedene empirische Untersuchungen haben gezeigt (vgl. *Ehrenberg* (1988)), dass die Y_{kt} stochastisch unabhängig sind und in vielen Produktkategorien zumindest näherungsweise einer **Poissonverteilung** folgen.

Die Wahrscheinlichkeit $P(Y_{kt} = n_t)$, dass ein Konsument k in Periode t genau n_t $(= 0, 1, 2, \ldots)$ Produktkäufe tätigt, berechnet sich unter den getroffenen Annahmen gemäß der Formel

$$P(Y_{kt} = n_t) = \frac{\lambda_k^{n_t}}{n_t!} \exp(-\lambda_k) \qquad \forall\ k, t \tag{16.11}$$

mit $\lambda_k > 0\ \forall\ k$. Der Parameter λ_k der Poissonverteilung ist identisch mit dem Erwartungswert dieser Verteilung und kann deshalb im vorliegenden Kontext als die auf eine Periode bezogene Produktkaufrate des Konsumenten k interpretiert werden.

Wie bereits erwähnt lässt sich zeigen, dass die Zeit zwischen zwei Produktkäufen in Modellen, die auf einer Poissonverteilung aufbauen, exponentialverteilt ist. Auf diese Weise kann bei Bedarf eine Beziehung zum korrespondierenden Wartezeitmodell hergestellt werden.

Die individuellen Kaufraten λ_k werden sich in der Realität von Konsument zu Konsument unterscheiden, d.h., es liegt Heterogenität im Kaufhäufigkeitsverhalten vor. Aus Sicht des außenstehenden Beobachters respektive Marketingforschers bedeutet dies aber nichts anderes, als dass die Kaufrate λ_k ihrerseits wiederum als

[25] Synonym wird im Folgenden auch der Begriff der Produktklasse verwendet.

Annahme

Zufallsgröße mit entsprechender Verteilung zu behandeln ist. Eine in verschiedenen empirischen Untersuchungen als für das vorliegende Problem geeignet ausgewiesene Verteilung ist die **Gammaverteilung** mit Dichtefunktion[26]

$$f(\lambda_k|\gamma_1,\gamma_2) = \frac{\gamma_1^{\gamma_2}\lambda_k^{\gamma_2-1}}{\Gamma(\gamma_2)}\exp(-\gamma_1\lambda_k) \qquad \forall\, k \tag{16.12}$$

und Parametern $\gamma_1, \gamma_2 > 0$. Die Gammaverteilung zeichnet sich durch eine große Flexibilität aus[27] und ist deshalb – wie auch Abbildung 16.3 belegt – in der Lage, ein breites Spektrum von Heterogenitätsmustern abzudecken.

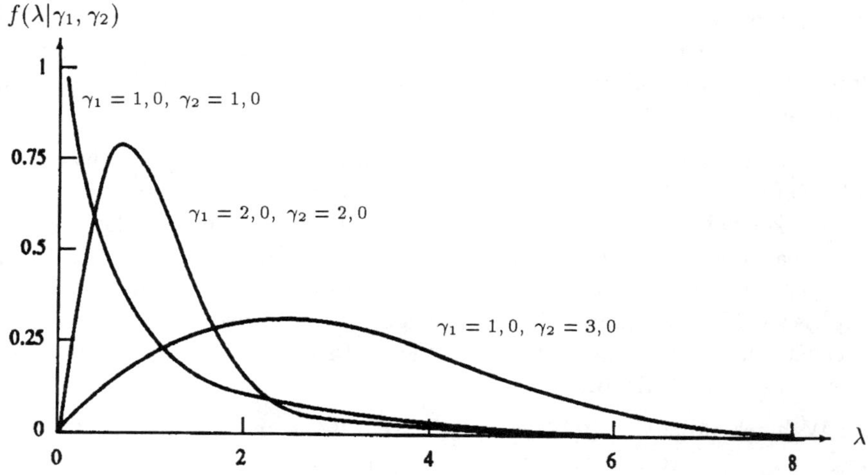

Abbildung 16.3: *Mögliche Verläufe der Dichtefunktion einer Gammaverteilung*

Werden die beiden Verteilungen gemäß des Satzes von der totalen Wahrscheinlichkeit gemischt, so erhält man das so genannte **Negativ-Binomial-Modell** (NB-Modell). Die Wahrscheinlichkeit $P(Y_t = n_t)$ dafür, dass ein beliebig aus der Grundgesamtheit herausgegriffener Konsument in Periode t genau n_t Käufe in der zu untersuchenden Produktkategorie tätigt, berechnet sich dann wie folgt:

$$\begin{aligned}
P(Y_t = n_t) &= \int_0^\infty P(Y_{kt} = n_t)\cdot f(\lambda_k|\gamma_1,\gamma_2)\,\mathrm{d}\lambda_k \\
&= \int_0^\infty \frac{\lambda_k^{n_t}}{n_t!}\exp(-\lambda_k)\cdot\frac{\gamma_1^{\gamma_2}\lambda_k^{\gamma_2-1}}{\Gamma(\gamma_2)}\exp(-\gamma_1\lambda_k)\,\mathrm{d}\lambda_k \\
&= \frac{\gamma_1^{\gamma_2}}{n_t!\,\Gamma(\gamma_2)}\int_0^\infty \lambda_k^{n_t+\gamma_2-1}\exp\Big(-\lambda_k(1+\gamma_1)\Big)\mathrm{d}\lambda_k
\end{aligned} \tag{16.13}$$

[26] $\Gamma(x)$ bezeichnet dabei die für alle positiven reellen Zahlen x definierte **Gammafunktion** mit $\Gamma(x) = \int_0^\infty q^{x-1}\exp(-q)\mathrm{d}q$.

[27] Je nach Wahl der Parameter γ_1 und γ_2 ergeben sich unterschiedliche Verläufe der Dichtefunktion, wodurch auch ausgefallenen Heterogenitätsmustern Rechnung getragen werden kann.

Nach der Substitution $q_k := \lambda_k(1+\gamma_1)$ resultiert hieraus:

$$P(Y_t = n_t) = \frac{\gamma_1^{\gamma_2}}{n_t!\,\Gamma(\gamma_2)} \int_0^\infty \left(\frac{q_k}{1+\gamma_1}\right)^{n_t+\gamma_2-1} \exp(-q_k)\frac{\mathrm{d}q_k}{1+\gamma_1}$$

$$= \frac{\gamma_1^{\gamma_2}}{n_t!\,\Gamma(\gamma_2)} \left(\frac{1}{1+\gamma_1}\right)^{n_t+\gamma_2} \int_0^\infty q_k^{n_t+\gamma_2-1} \exp(-q_k)\,\mathrm{d}q_k$$

$$= \frac{\gamma_1^{\gamma_2}}{n_t!\,\Gamma(\gamma_2)} \left(\frac{1}{1+\gamma_1}\right)^{n_t+\gamma_2} \frac{\Gamma(n_t+\gamma_2)}{1^{n_t+\gamma_2}} \tag{16.14}$$

Gemäß *Bronstein, Semendjajew* (1983, S. 117) führt dies schließlich auf die für $n_t = 0, 1, 2, ...$ gültige Formel:

$$P(Y_t = n_t) = \left(\frac{\gamma_1}{1+\gamma_1}\right)^{\gamma_2} \left(\frac{1}{1+\gamma_1}\right)^{n_t} \frac{\Gamma(n_t+\gamma_2)}{n_t!\,\Gamma(\gamma_2)}$$

$$= \binom{n_t+\gamma_2-1}{n_t} \left(\frac{\gamma_1}{\gamma_1+1}\right)^{\gamma_2} \left(\frac{1}{\gamma_1+1}\right)^{n_t} \quad \forall\, t \tag{16.15}$$

mit $\gamma_1,\ \gamma_2 > 0$ als den aus den zur Verfügung stehenden Daten zu schätzenden Modellparametern. Anschaulich ausgedrückt bewirkt die durchgeführte Integration nichts anderes als den „Wechsel" der Betrachtungsperspektive vom „speziellen" Konsumenten k hin zum beliebig aus der Grundgesamtheit herausgegriffenen „Repräsentativkonsumenten".

Aus dem durch obige Kaufklassenwahrscheinlichkeit spezifizierten Kaufhäufigkeitsmodell lassen sich die erwartete Anzahl (Erwartungswert) der Käufe eines Konsumenten in Periode t und die entsprechende Varianz berechnen. Es gilt:

$$E(Y_t) = \frac{\gamma_2}{\gamma_1} \quad \forall\, t \tag{16.16}$$

bzw.

$$Var(Y_t) = \frac{\gamma_2}{\gamma_1} + \frac{\gamma_2}{\gamma_1^2} \quad \forall\, t \tag{16.17}$$

Bei den beiden Momenten fallen bei genauerem Hinsehen zwei interessante Besonderheiten auf: Der Erwartungswert $E(Y_t)$ im NB-Modell ist gleich dem Erwartungswert der für die Berücksichtigung der Heterogenität herangezogenen Gammaverteilung und damit gleich der über alle Konsumenten gemittelten Kaufrate. Die Varianz $Var(Y_t)$ entspricht der Summe aus Erwartungswert der NB-Verteilung und Varianz der Gammaverteilung, wodurch zum Ausdruck kommt, dass die Kaufrate im heterogenen Modell – im Gegensatz zu dem auf einer für alle Konsumenten identischen Kaufrate aufbauenden homogenen Ansatz – um den Erwartungswert $\frac{\gamma_2}{\gamma_1}$ schwankt.

Da man häufig nicht nur an der individuellen Anzahl der Produktkäufe in einer bestimmten Periode t, sondern an denjenigen im gesamten Betrachtungszeitraum interessiert ist, empfiehlt sich die Verallgemeinerung des durch Gleichung 16.15

spezifizierten Modells derart, dass man den interessierenden Zeitraum in T gleich lange (Einheits-) Perioden unterteilt und für diese Zeitspanne dann die Anzahl der Produktkäufe bestimmt. Dabei wird vorausgesetzt, dass sich die Kaufrate λ_k während der gesamten Zeit nicht ändert, d.h. in jeder der T Perioden den gleichen Wert hat. Für den einzelnen Konsumenten k berechnet sich dann die individuelle Wahrscheinlichkeit für n Käufe in einem aus T Perioden bestehenden Zeitraum gemäß der Formel (vgl. *Wack* (1975, S. 204 ff.))

$$P(Y_k = n)_T = \frac{(\lambda_k T)^n}{n!} \exp(-\lambda_k T) \qquad \forall\, k \tag{16.18}$$

bzw. unter Berücksichtigung des Heterogenitätsaspekts[28]:

$$P(Y = n)_T = \binom{n + \gamma_2 - 1}{n} \left(\frac{\gamma_1}{\gamma_1 + T}\right)^{\gamma_2} \left(\frac{T}{\gamma_1 + T}\right)^n \quad \text{für } n = 0, 1, \ldots \tag{16.19}$$

mit $\gamma_1,\ \gamma_2 > 0$. Der Erwartungswert und die Varianz haben dann die Form

$$E(Y)_T = \frac{\gamma_2}{\gamma_1} T \tag{16.20}$$

bzw.

$$Var(Y)_T = \frac{\gamma_2}{\gamma_1} T + \frac{\gamma_2}{\gamma_1^2} T^2 \tag{16.21}$$

Das auf T Perioden ausgedehnte Modell ist insoweit die interessantere Modellalternative, als hiermit bei entsprechender Festlegung der Größe T – ceteris paribus – auch Prognosen für auf den Kalibrierungszeitraum folgende Perioden möglich werden. Wir werden dies an dem nachfolgend dargestellten Datenbeispiel veranschaulichen und uns im Übrigen auch bei den Überlegungen zu den aus dem NB-Modell ableitbaren Kennzahlen der Einfachheit halber auf diese Modellvariante konzentrieren.

Drei für die Entscheidungsunterstützung im Marketing interessante Kenngrößen sind die Produktpenetration, die Produktkaufklassenhäufigkeit und der Produktabverkauf. Die häufig im Zusammenhang mit Neuprodukteinführungen betrachtete **Produktpenetration** oder Marktdurchdringung

$$PEN_{t'} = 1 - P(Y = 0)_{t'} = 1 - \left(\frac{\gamma_1}{\gamma_1 + t'}\right)^{\gamma_2} \quad (t' = 1, \ldots, T, T+1, \ldots) \tag{16.22}$$

eines Produkts gibt an, welcher Anteil der Bevölkerung bis zur Periode t' mindestens einen Kauf in der betrachteten Produktkategorie getätigt hat. Sie liefert damit Hinweise auf den Verbreitungsgrad eines Produkts in einem zu analysierenden Markt. Die Penetrationswerte für $t' > T$ sind Prognosen. Für $t' \to \infty$ nähert sich $PEN_{t'}$ dem Wert 1.

[28] Hierbei wird unterstellt, dass das auf dem zu untersuchenden Markt auftretende Heterogenitätsmuster über den relevanten Zeitraum hinweg konstant ist.

Die auf Basis des Modells berechnete **Produktkaufklassenhäufigkeit**

$$PKH_{nt'} = P(Y = n)_{t'} K \qquad \forall\, t' \text{ und } n = 0, 1, 2, \ldots \tag{16.23}$$

liefert die geschätzte Anzahl der Konsumenten, die im Verlauf von t' Perioden in der betrachteten Produktkategorie genau 0-mal, 1-mal, 2-mal usw. gekauft haben. Es geht also darum, festzustellen, wie viele Nichtkäufer (0-Klasse), Einmalkäufer (1-Klasse), Zweimalkäufer (2-Klasse) usw. im Betrachtungszeitraum existieren. Die Kenngröße gibt somit z.B. Aufschluss darüber, ob die in einem bestimmten Zeitraum realisierten Produktabsätze primär von vielen Wenigkäufern („Light buyers") oder eher von wenigen Vielkäufern („Heavy buyers") getragen wird.

Der Produktabverkauf $PV_{t'}$ schließlich entspricht der Gesamtzahl der in einem t' Perioden umfassenden Zeitraum nachgefragten Einheiten einer Produktkategorie. Man erhält diese Kenngröße unter Verwendung der in Gleichung 16.23 dargestellten Beziehung durch die einfache Formel:

$$PV_{t'} = \sum_{n=1}^{\infty} PKH_{nt'}\, n \qquad \forall\, t' \tag{16.24}$$

Bei der Berechnung dieser unendlichen Summe macht man sich die Tatsache zunutze, dass die Wahrscheinlichkeit $P(Y = n)_{t'}$ für sehr große n – ceteris paribus – gegen 0 strebt.

Für die Schätzung der Modellparameter γ_1 und γ_2 kommen sowohl die „klassischen" Methoden, wie z.B. die Momentenmethode oder die Minimum-Chi-Quadrat-Methode, als auch die speziell auf den vorliegenden Modelltyp zugeschnittene ‚Mean-and-Zero"-Methode infrage.

Bei der **Minimum-Chi-Quadrat-Methode** (vgl. *Wagner* (1988, S. 42)) werden die Konsumenten auf Basis der Anzahl der von ihnen getätigten Produktkäufe in disjunkte Klassen eingeteilt. Anschließend werden die z.B. in einem Panel beobachteten relativen Häufigkeiten für die vorliegenden Klassen den mit dem NB-Modell berechneten Wahrscheinlichkeiten für diese Klassen gegenübergestellt. Die Modellparameter γ_1 und γ_2 können dann mithilfe iterativer Verfahren so bestimmt werden, dass die über alle Klassen ermittelte Summe der Quotienten aus quadrierter Abweichung zwischen beobachteter relativer Kaufklassenhäufigkeit und modellbasiert geschätzter Kaufklassenwahrscheinlichkeit (im Zähler) und modellbasiert geschätzter Kaufklassenwahrscheinlichkeit (im Nenner) minimal wird.

Die Parameterschätzung mittels **„Mean-and-Zero"-Methode** soll anhand des auf T Perioden gleicher Länge bezogenen NB-Modells genauer erläutert werden. Man macht sich dabei zwei zentrale Aspekte zunutze. Zum einen hat die Klasse der Konsumenten, die das betreffende Produkt im Betrachtungszeitraum überhaupt nicht („0-mal") kaufen, in der Regel die größte relative Häufigkeit und damit aus schätztechnischer Sicht auch das größte Gewicht. Zum anderen sind sowohl die modellgestützt bestimmte Wahrscheinlichkeit dieser „0-Klasse" als auch die beobachtete mittlere Produktkaufrate $\bar{\lambda}^{beob}$ für den T-periodigen Kalibrierungszeitraum bzw. der Erwartungswert $E(Y)$ relativ einfach zu bestimmen. Ausgangspunkt des Schätzansatzes für die unbekannten Parameter γ_1 und γ_2 sind somit die Beziehungen

$$P(Y=0)_T = \left(\frac{\gamma_1}{\gamma_1+T}\right)^{\gamma_2} \quad \text{und} \quad E(Y)_T = \frac{\gamma_2}{\gamma_1}T$$

Ersetzt man nun jeweils die linke Seite der beiden Gleichungen durch ihre beobachteten Pendants, d.h. durch die relative Häufigkeit H^{Null} der „0-Klasse" bzw. die mittlere Produktkaufrate $\bar{\lambda}^{beob}$, so resultiert ein Gleichungssystem mit zwei Unbekannten, das nach einigen elementaren Umformungsschritten den folgenden Funktionalzusammenhang für die gesuchten Modellparameter liefert:

$$H^{Null} = \left(\frac{\gamma_1}{\gamma_1+T}\right)^{\bar{\lambda}^{beob}\gamma_1/T} \tag{16.25}$$

Da sich dieses Gleichungssystem nicht auf analytischem Weg lösen lässt, verwendet man zweckmäßigerweise ein geeignetes iteratives Suchverfahren, bei dem systematisch verschiedene Werte für γ_1 „ausprobiert" werden, um zu einer bestmöglichen Belegung für γ_1 zu gelangen. Liegt der genaue Wert (oder doch zumindest eine akzeptable Approximation) für γ_1 vor, so muss dieser nur noch in die Gleichung $\gamma_2 = \frac{\bar{\lambda}^{beob}\gamma_1}{T}$ eingesetzt werden, um zu dem auf die zu analysierenden Daten angepassten NB-Modell zu kommen.

Das beschriebene Vorgehen soll wieder anhand eines kleinen Datenbeispiels demonstriert werden. Ausgangspunkt der Modellanwendung seien die aus $T = 5$ Perioden stammenden (aggregierten) Aufzeichnungen eines Haushaltspanels für eine Produktkategorie des täglichen Bedarfs, z.B. Süßstoff. Die in Tabelle 16.2 zusammengestellten Daten sind wie folgt zu interpretieren. Von den insgesamt 1.000 Panelteilnehmern haben im Betrachtungszeitraum z.B. immerhin 796 Haushalte keinen Kauf in der Produktkategorie getätigt, während nur 2 Haushalte vier Käufe getätigt haben.

Kaufhäufigkeitsklasse	$n=0$	$n=1$	$n=2$	$n=3$	$n=4$
Anzahl PKH_{n5} der Haushalte, die das Produkt n-mal gekauft haben	796	167	30	5	2

Tabelle 16.2: *Beobachtete Produktkaufklassenhäufigkeiten*

Aus den vorliegenden Daten und unter Verwendung der oben dargestellten Funktionalbeziehungen erhalten wir folgende Ausgangssituation für die Parameterschätzung:

$$\begin{aligned} K &= 796 + \cdots + 2 = 1.000 \\ H^{Null} &= \frac{796}{1.000} = 0,796 \\ \bar{\lambda}^{beob} &= \frac{1}{1.000} \cdot (796 \cdot 0 + \cdots + 2 \cdot 4) = \frac{250}{1.000} = 0,25 \end{aligned}$$

Mit dem sich daraus ergebenden Ansatz

$$0,796 \stackrel{!}{=} \underbrace{\left(\frac{\gamma_1}{\gamma_1+5}\right)^{0,25\gamma_1/5}}_{Q}$$

kann die schrittweise („iterative") Approximation des gesuchten Parameters γ_1 durchgeführt werden:

$$\begin{array}{llcl}
\text{1. Versuch:} & \hat{\gamma}_1 = 1 & \Rightarrow & Q = 0,914 > 0,796 \\
 & \hat{\gamma}_1 = 50 & \Rightarrow & Q = 0,788 < 0,796 \\
\text{2. Versuch:} & \hat{\gamma}_1 = 15 & \Rightarrow & Q = 0,806 > 0,796 \\
 & \hat{\gamma}_1 = 35 & \Rightarrow & Q = 0,792 < 0,796 \\
\text{3. Versuch:} & \hat{\gamma}_1 = 25 & \Rightarrow & Q = 0,796 \quad \textit{STOPP.}
\end{array}$$

Für den zweiten Parameter gilt damit: $\hat{\gamma}_2 = \frac{\bar{\lambda}^{beob}\hat{\gamma}_1}{T} = \frac{0,25\cdot 25}{5} = 1,25$.

Auf dieser Grundlage kann nun eine modellgestützte Schätzung der Produktkaufklassenhäufigkeiten vorgenommen werden. Hierfür bietet sich der Rückgriff auf eine rekursive Definition der Modellgleichung 16.15 an, durch die eine Berechnung der Gammafunktion umgangen und somit eine Modellanwendung „von Hand" ermöglicht wird. Für Periode t gilt:

$$P(Y_t = n_t) = \begin{cases} \left(\frac{\gamma_1}{\gamma_1+1}\right)^{\gamma_2} & \text{für } n_t = 0 \\ P(Y_t = n_t - 1)\frac{n_t+\gamma_2-1}{n_t(\gamma_1+1)} & \text{für } n_t = 1,2,\ldots \end{cases} \quad \forall\, t \qquad (16.26)$$

Hierbei macht man sich folgende Berechnungsvorschrift für den Binomialkoeffizienten zunutze:

$$\binom{n_t+\gamma_2-1}{n_t} = \prod_{l=1}^{n_t}\frac{l+\gamma_2-1}{l} \qquad (16.27)$$

Für $n_t = 1,2,\ldots$ gilt nämlich:

$$P(Y_t = n_t) = \prod_{l=1}^{n_t}\frac{l+\gamma_2-1}{l}\cdot\left(\frac{\gamma_1}{\gamma_1+1}\right)^{\gamma_2}\left(\frac{1}{\gamma_1+1}\right)^{n_t}$$

$$= \frac{n_t+\gamma_2-1}{n_t}\prod_{l=1}^{n_t-1}\frac{l+\gamma_2-1}{l}\cdot\left(\frac{\gamma_1}{\gamma_1+1}\right)^{\gamma_2}\left(\frac{1}{\gamma_1+1}\right)^{n_t-1}\cdot\left(\frac{1}{\gamma_1+1}\right)$$

$$= \frac{n_t+\gamma_2-1}{n_t(\gamma_1+1)}\cdot\underbrace{\prod_{l=1}^{n_t-1}\frac{l+\gamma_2-1}{l}\cdot\left(\frac{\gamma_1}{\gamma_1+1}\right)^{\gamma_2}\left(\frac{1}{\gamma_1+1}\right)^{n_t-1}}_{=P(Y_t=n_t-1)} \qquad (16.28)$$

Analog ergibt sich für den T-Periodenfall (vgl. Gleichung 16.19):

$$P(Y=n)_T = \begin{cases} \left(\dfrac{\gamma_1}{\gamma_1+T}\right)^{\gamma_2} & \text{für } n=0 \\ P(Y=n-1)_T\,\dfrac{T(n+\gamma_2-1)}{n(\gamma_1+T)} & \text{für } n=1,2,\ldots \end{cases} \tag{16.29}$$

Damit lassen sich die gesuchten Schätzer wie folgt berechnen:

$$\begin{aligned}
\widehat{PKH}_{05} &= 1.000 \cdot \left(\frac{25}{25+5}\right)^{1,25} = 1.000 \cdot 0,7962 = 796,2 \\
\widehat{PKH}_{15} &= 1.000 \cdot 0,7962 \cdot \frac{5(1+1,25-1)}{1(25+5)} = 1.000 \cdot 0,7962 \cdot 0,2083 = 165,8 \\
\widehat{PKH}_{25} &= 1.000 \cdot 0,1658 \cdot \frac{5(2+1,25-1)}{2(25+5)} = 31,1 \\
\widehat{PKH}_{35} &= 1.000 \cdot 0,0311 \cdot \frac{5(3+1,25-1)}{3(25+5)} = 5,6 \\
\widehat{PKH}_{45} &= 1.000 \cdot 0,0056 \cdot \frac{5(4+1,25-1)}{4(25+5)} = 1,0
\end{aligned}$$

Die Gegenüberstellung der modellgestützt berechneten ($\widehat{PKH}_{n5}$) und der beobachteten Werte (PKH_{n5}) in Tabelle 16.2 dokumentiert die durchaus zufrieden stellende Anpassungsgüte des Modells. Der kritische Wert $\chi^{2\,krit}$ eines Chi-Quadrat-Anpassungstests bei einer Irrtumswahrscheinlichkeit von $\alpha = 0,01$ und $FG = 4-2-1 = 1$ Freiheitsgrad[29] beträgt der Tabellierung im Anhang zufolge 6,63. Die Nullhypothese, dass die beobachteten Produktkaufklassenhäufigkeiten durch das NB-Modell zu beschreiben sind, kann somit nicht zurückgewiesen werden, da $\chi^{2\,emp} = 0,0719 < 6,63 = \chi^{2\,krit}$.

Als Schätzer für die Produktpenetration nach fünf Perioden erhalten wir analog:

$$\widehat{PEN}_{t'=5} = 1 - \hat{P}(Y=0)_5 = 1 - \left(\frac{25}{25+5}\right)^{1,25} = 1 - 0,796 = 0,204$$

Der (mit dem tatsächlichen Wert übereinstimmende) Wert gibt an, dass im Beobachtungszeitraum ca. 20 % der Panelteilnehmer das betrachtete Produkt mindestens ein Mal gekauft haben. Für die Marketingplanung wesentlich interessanter als die Penetration im Beobachtungszeitraum ist die Entwicklung der Penetration über die Periode $T = 5$ hinaus. Für die beiden auf den Kalibrierungszeitraum folgenden Perioden ergeben sich die Prognosewerte

$$\widehat{PEN}_{t'=6} = 1 - \hat{P}(Y=0)_6 = 1 - \left(\frac{25}{25+6}\right)^{1,25} = 1 - 0,764 = 0,236$$

[29] Wegen $\widehat{PKH}_{45} = 1,0 < 5$ empfiehlt sich die Zusammenlegung der letzten beiden Klassen.

und

$$\widehat{PEN}_{t'=7} = 1 - \hat{P}(Y = 0)_7 = 0,266$$

Es ist also – ceteris paribus – zu erwarten, dass sich die Produktpenetration nach weiteren 2 Perioden um nochmals insgesamt ca. 30 % erhöht haben wird. Die Zunahme der Penetration von Periode zu Periode nimmt jedoch kontinuierlich ab. Unter Marketinggesichtspunkten ist dies auch durchaus plausibel, da in aller Regel davon ausgegangen werden kann, dass es mit zunehmender Marktdurchdringung immer schwieriger werden dürfte, noch weitere Haushalte zum (Erst-) Kauf des betreffenden Produkts zu bewegen. Bei (hypothetisch) unendlichem Prognosehorizont nähert sich die Penetration auf diese Weise dem Maximalwert von 1 an.

Neben dem NB-Modell gibt es noch eine Reihe weiterer Ansätze, die in der Vergangenheit auf z.T. sehr unterschiedliche Resonanz in der Literatur zur modellgestützten Analyse des Produktkaufverhaltens gestoßen sind. Da sie aber bei weitem nicht die Verbreitung des NB-Modells gefunden haben, wird auf eine ausführliche Darstellung derselben verzichtet.[30]

Bei einigen neueren Modellansätzen wird von der ex ante Festlegung einer bestimmten Verteilung der Zwischenkaufzeiten (etwa einer Exponentialverteilung beim Poisson- bzw. NB-Modell) abgesehen und stattdessen die Verwendung eines zumindest auf formaler Ebene flexibleren **Hazard-Raten-Modells** vorgeschlagen. Die den betreffenden Einkaufszeitpunktmodellen zugrunde liegenden Überlegungen beruhen ihrem Prinzip nach auf dem proportionalen Hazard-Raten-Ansatz (vgl. *Cox* (1972), *Heckman, Singer* (1984a,b), *Gönül, Srinivasan* (1993a) und *Hruschka et al.* (1998)). Ein Vorteil dieser z.B. von *Jain, Vilcassim* (1991), *Vilcassim, Jain* (1991) und *Helsen, Schmittlein* (1993) im Marketing auf Fragestellungen des Käuferverhaltens angewandten und erweiterten Modellierungsform besteht darin, dass sich mit ihrer Hilfe verschiedene Verteilungen zur Beschreibung von Zwischenkaufzeiten spezifizieren lassen. Die enge Verwandtschaft zwischen Hazard- und Verteilungs- bzw. Dichtefunktion (vgl. *Ronning* (1991)) macht diese zumindest in modelltheoretischer Hinsicht zu einem äquivalenten Instrumentarium der Zwischenkaufzeitmodellierung.

16.3 Simultane Modellierung von Produktkauf- und Markenwahlverhalten

Wie bereits eingangs des Kapitels erwähnt, können mithilfe von SMK nicht nur einzelne Dimensionen der Kaufentscheidung isoliert abgebildet werden, sondern es ist auch durchaus möglich – und vielfach auch zweckmäßig – mehrere Entschei-

[30] Als Beispiele seien das verdichtete NB-Modell (vgl. *Herniter* (1971) und *Chatfield, Goodhardt* (1973)), das „Doubly Compounded Inverse Gaussian"-Modell von *Banerjee, Bhattacharyya* (1976), das „Lognormal"-Modell von *Lawrence* (1980) und ein von *Gupta* (1988) vorgestellter Ansatz, bei dem der Skalenparameter einer zur Beschreibung der Zwischenkaufzeiten herangezogenen Erlangverteilung als Funktion verschiedener erklärender Variablen definiert wird, genannt.

dungsdimensionen simultan zu erfassen. Voraussetzung bei den hier betrachteten Modellen ist die (stochastische) Unabhängigkeit der einzelnen Entscheidungsdimensionen.

Um den mit der Formulierung kombinierter Modelle („Compound-Modelle") einhergehenden Formalismus jedoch nicht zu kompliziert werden zu lassen, beschränken wir uns auf den aus Marketingsicht besonders interessanten Fall der Kombination von Produktkauf- und Markenwahlverhalten. In Abhängigkeit davon, wie die „Kombination" der einzelnen Dimensionen modelltechnisch realisiert wird, unterscheiden wir modulare und integrierte Ansätze. Wegen seiner besonderen methodischen Eleganz konzentrieren sich die weiteren Betrachtungen auf einen Vertreter der zuletzt genannten Form. Ausführliche Darstellungen modularer Ansätze finden sich z.B. in *Wagner* (1985), *Decker* (1994a) und *Röhle* (1998).

16.3.1 Dynamisches Negativ-Multinomial-Modell

Das nachfolgend vorgestellte SMK geht auf *Wagner, Taudes* (1986) bzw. *Taudes* (1984) und *Wagner* (1985) zurück und kann als eines der leistungsfähigsten stochastischen Kaufverhaltensmodelle bezeichnet werden. Ausgangspunkt der Modellierung sind die folgenden Annahmen:

1. Die individuelle Produktkaufentscheidung eines Konsumenten kann als Poissonprozess beschrieben werden.
2. Die Markenwahl eines Konsumenten entspricht einem Entscheidungsprozess nullter Ordnung.[31]
3. Die mittlere Kaufrate eines Konsumenten k in Bezug auf eine Marke m kann als Funktion bestehender Prädispositionen, zeitabhängiger Marketinginstrumente (Marketing-Mix-Variablen) und saisonaler Effekte dargestellt werden.
4. Der Heterogenität des individuellen Kaufverhaltens kann durch eine multivariate Gammaverteilung Rechnung getragen werden.
5. Die Markenwahl und die Produktkaufentscheidung sind voneinander unabhängige Entscheidungsprozesse.[32]

Aus den Annahmen 1, 2 und 5 folgt, dass sich der Kaufentscheidungsprozess eines Konsumenten k als **multivariater Poissonprozess** (vgl. *Çinlar* (1975, S. 65) und *Wagner, Taudes* (1986, S. 223)) modellieren lässt. Die Wahrscheinlichkeit, dass

[31] Lernprozesse spielen also, wenn überhaupt, nur eine vernachlässigbare Rolle. Das Modell ist somit, was die Markenwahlentscheidung angeht, auch als Kontrapunkt zu dem bereits behandelten Markov-Ansatz zu verstehen.

[32] Diese Annahme erscheint vor allem deshalb plausibel, weil eine Markenwahl überhaupt erst dann ansteht bzw. erfolgt, wenn die grundsätzliche Entscheidung für den Kauf eines Produkts einer Produktkategorie bereits getroffen ist.

dieser Konsument in einer Periode t gerade n_{1t}-mal die Marke 1, ..., n_{mt}-mal die Marke m, ..., n_{Mt}-mal die Marke M kauft, berechnet sich dann als:

$$P(Y_{k1t} = n_{1t}, \dots, Y_{kMt} = n_{Mt}) = \prod_{m=1}^{M} \frac{\lambda_{kmt}^{n_{mt}}}{n_{mt}!} \exp(-\lambda_{kmt}) \quad \forall\ k, m, t \qquad (16.30)$$

mit λ_{kmt} als der Kaufrate des Konsumenten k in Bezug auf Marke m (Markenkaufrate) in Periode t.

Um der im Zeitablauf zu beobachtenden Dynamik des Kaufverhaltens Rechnung zu tragen, kann λ_{kmt} gemäß Annahme 3 (neben der individuellen Prädisposition[33] gegenüber Marke m) als Funktion perioden- und markenspezifischer Marketing-Mix-Variablen x_{mlt} und einer die allgemeinen saisonalen Schwankungen auf dem zu untersuchenden Markt widerspiegelnden Saisonvariable x_t^{Saison} definiert werden. Es gelte also:[34]

$$\lambda_{kmt} = \eta_{km0} \prod_{l=1}^{L} x_{mlt}^{\eta_{ml}} \exp(\eta_1 t + \eta_2 x_t^{Saison}) \qquad \forall\ k, m, t \qquad (16.31)$$

mit

η_{km0}	=	Parameter zur Berücksichtigung der individuellen Kaufneigung (Prädisposition) gegenüber Marke m ($m = 1, \dots, M$)
η_{ml}	=	zu schätzendes Gewicht des Einflusses von Marketinginstrument l ($l = 1, \dots, L$) auf die Kaufwahrscheinlichkeit von Marke m
η_1, η_2	=	zu schätzender Einfluss von Zeit und Saison

Gleichzeitig wird unterstellt, dass sich die durch die Variablen $x_{11t}, \dots, x_{mlt}, \dots, x_{MLt}$ zum Ausdruck kommenden periodenbezogenen Marketingaktivitäten der einzelnen Anbieter auf das Kaufverhalten aller Konsumenten in gleicher Weise auswirken.[35] Damit besteht Gleichung 16.31 also aus einer für jeden Konsumenten spezifischen Komponente η_{km0} und einer konsumentenunabhängigen Komponente $v_{mt} = \prod_{l=1}^{L} x_{mlt}^{\eta_{ml}} \exp(\eta_1 t + \eta_2 x_t^{Saison})$.

Unterstellt man nun noch der Annahme 4 folgend (und analog zur Vorgehensweise beim NB-Modell auf S. 396), dass die Parameter η_{mk0} gemäß einer **multivariaten Gammaverteilung** mit Dichtefunktion

$$f(\eta_{k10}, \dots, \eta_{kM0} | \gamma_1; \delta_1, \dots, \delta_M) = \prod_{m=1}^{M} \frac{\gamma_1^{\delta_m} \eta_{km0}^{\delta_m - 1}}{\Gamma(\delta_m)} \exp(-\gamma_1 \eta_{km0}) \quad \forall\ k \qquad (16.32)$$

[33] Gemeint ist die von äußeren Einflüssen unabhängige grundsätzliche Bereitschaft des Konsumenten k zum Kauf eines Produkts der Marke m.

[34] Alternative Operationalisierungen der Wirkungsgröße λ_{kmt} lassen sich z.B. auch aus entsprechenden Überlegungen von *Röhle* (1998, S. 88 ff.) ableiten. Dem jeweils gewählten Funktionalzusammenhang kommt insbesondere dann eine herausragende Bedeutung zu, wenn es um die Bestimmung des optimalen Marketing-Mix unter Wettbewerbsgesichtspunkten geht.

[35] D.h. z.B., dass eine Erhöhung des Preises (als einem möglichen Marketinginstrument) bei Marke m in Periode t bei negativem zugehörigen Parameterwert die Kaufwahrscheinlichkeit aller Konsumenten in Bezug auf diese Marke reduziert. Formal kommt dies im Fehlen eines Index k bei den Parametern $\eta_{11}, \dots, \eta_{ML}$ zum Ausdruck.

und positiven Parametern γ_1, $\delta_1, \ldots, \delta_M$ über die Grundgesamtheit streuen, so kommt man zum nachfolgenden Ansatz:

$$P(Y_{1t} = n_{1t}, \ldots, Y_{Mt} = n_{Mt})$$

$$= \int_0^\infty \cdots \int_0^\infty \prod_{m=1}^{M} \left(\frac{\lambda_{kmt}^{n_{mt}}}{n_{mt}!} \exp(-\lambda_{kmt}) \right) \cdot \prod_{m=1}^{M} \frac{\gamma_1^{\delta_m} \eta_{km0}^{\delta_m - 1}}{\Gamma(\delta_m)} \exp(-\gamma_1 \eta_{km0})\, d\eta_{kM0} \ldots d\eta_{k10}$$

$$= \int_0^\infty \cdots \int_0^\infty \prod_{m=1}^{M} \left(\frac{(\eta_{km0} v_{mt})^{n_{mt}}}{n_{mt}!} \exp(-\eta_{km0} v_{mt}) \frac{\gamma_1^{\delta_m} \eta_{km0}^{\delta_m - 1}}{\Gamma(\delta_m)} \exp(-\gamma_1 \eta_{km0}) \right) d\eta_{kM0} \ldots d\eta_{k10}$$

$$= \underbrace{\prod_{m=1}^{M} \frac{v_{mt}^{n_{mt}} \gamma_1^{\delta_m}}{n_{mt}!\,\Gamma(\delta_m)}}_{Q_0} \cdot \int_0^\infty \cdots \int_0^\infty \prod_{m=1}^{M} \underbrace{\left(\eta_{km0}^{n_{mt} + \delta_m - 1} \exp(-(v_{mt} + \gamma_1) \eta_{km0}) \right)}_{Q_m} d\eta_{kM0} \ldots d\eta_{k10}$$

$$= Q_0 \cdot \int_0^\infty \cdots \int_0^\infty \prod_{m=1}^{M-1} Q_m \cdot \underbrace{\int_0^\infty \eta_{kM0}^{n_{Mt} + \delta_M - 1} \exp(-(v_{Mt} + \gamma_1) \eta_{kM0})\, d\eta_{kM0}}_{= \frac{\Gamma(n_{Mt} + \delta_M)}{(v_{Mt} + \gamma_1)^{n_{Mt} + \delta_M}}} d\eta_{k(M-1)0} \ldots d\eta_{k10}$$

$$= \ldots = \prod_{m=1}^{M} \frac{v_{mt}^{n_{mt}} \gamma_1^{\delta_m}}{n_{mt}!\,\Gamma(\delta_m)} \cdot \prod_{m=1}^{M} \frac{\Gamma(n_{mt} + \delta_m)}{(\gamma_1 + v_{mt})^{n_{mt} + \delta_m}}$$

$$= \prod_{m=1}^{M} \binom{n_{mt} + \delta_m - 1}{n_{mt}} \left(\frac{\gamma_1}{\gamma_1 + v_{mt}} \right)^{\delta_m} \left(\frac{v_{mt}}{\gamma_1 + v_{mt}} \right)^{n_{mt}} \quad \forall\, t \tag{16.33}$$

mit γ_1, $\delta_1, \ldots, \delta_M > 0$ sowie $\eta_{11}, \ldots, \eta_{ML}$ bzw. η_1 und η_2 als den auf Basis von Paneldaten zu schätzenden Modellparametern. Nach Aggregation über T Perioden erhält man schließlich die Beziehung:

$$P(Y_1 = n_1, \ldots, Y_M = n_M)_T$$

$$= \prod_{m=1}^{M} \binom{n_m + \delta_m - 1}{n_m} \left(\frac{\gamma_1}{\gamma_1 + \sum_{t=1}^{T} v_{mt}} \right)^{\delta_m} \left(\frac{\sum_{t=1}^{T} v_{mt}}{\gamma_1 + \sum_{t=1}^{T} v_{mt}} \right)^{n_m} \tag{16.34}$$

Bei dem auf diese Weise spezifizierten **dynamischen Negativ-Multinomial-Modell** (DNM-Modell) ist die Markenkaufwahrscheinlichkeit (eines beliebig aus der Grundgesamtheit herausgegriffenen Konsumenten) somit eine Funktion zeitabhängiger Erklärungsvariablen.[36]

Aufgrund der bei einer größeren Anzahl von betrachteten Marken u.U. beachtlichen Anzahl von Modellparametern und der speziellen Struktur der Modellgleichung empfiehlt sich zur Schätzung der unbekannten Parameter die Maximierung

[36] In einem Beitrag aus dem Jahr 1991 erweitern *Wagner* und *Taudes* das Modell noch dahingehend, dass sie zusätzlich zu den bereits berücksichtigten Marketing-Mix-Variablen noch konsumentenspezifische Variablen mit einbeziehen. Eine auf den Fall erlang-2-verteilter Zwischenkaufzeiten verallgemeinerte Form des DNM-Modells wird in *Decker* (1994a) entwickelt.

der Likelihood-Funktion des DNM-Modells:[37]

$$f^{ML}(\gamma_1, \delta_1, \ldots, \delta_M; \eta_{11}, \ldots, \eta_{ML}, \eta_1, \eta_2) \tag{16.35}$$

$$= \prod_{k=1}^{K} \prod_{m=1}^{M} \left(\frac{\Gamma(n_{mk}^{beob} + \delta_m)}{\Gamma(\delta_m)} \frac{\left(\frac{\gamma_1}{\gamma_1 + \sum_{t=1}^{T} v_{mt}}\right)^{\delta_m}}{\left(\gamma_1 + \sum_{t=1}^{T} v_{mt}\right)^{n_{mk}^{beob}}} \exp\left(\sum_{t=1}^{T} n_{mkt}^{beob} \ln(v_{mt})\right)\right) \longrightarrow \text{Max}$$

mit $n_{mk}^{beob} = \sum_{t=1}^{T} n_{mkt}^{beob}\ \forall\ m, k$ und n_{mkt}^{beob} als der in Periode t im Panel beobachteten Anzahl von Käufen der Marke m durch Konsument k.

Aus dem so spezifizierten DNM-Modell kann eine Reihe von nützlichen Marktkennzahlen abgeleitet werden. Der Marketingforscher wird auf diese Weise in die Lage versetzt, Analysen mit unmittelbar entscheidungsunterstützendem Charakter durchzuführen. Da die rein sachliche Interpretation dieser Größen größtenteils intuitiv einsichtig sein dürfte, beschränken wir uns auf die komprimierte Darstellung des für praktische Anwendungen erforderlichen Formelwerks.

Für die beiden zentralen Momente, d.h. die **Markenkauferwartung** $E(Y_{mt})$ und die **Markenkaufvarianz** $Var(Y_{mt})$, gilt:

$$E(Y_{mt}) = \frac{v_{mt}\delta_m}{\gamma_1} \qquad \forall\ m, t \tag{16.36}$$

bzw.

$$Var(Y_{mt}) = \frac{v_{mt}\delta_m(\gamma_1 + v_{mt})}{\gamma_1^2} \qquad \forall\ m, t \tag{16.37}$$

Die Markenkauferwartung gibt die mittlere Anzahl von Käufen einer Marke m in der Periode t durch einen Konsumenten wieder. Analog bringt $Var(Y_{mt})$ die Streuung der individuellen Anzahlen von Käufen der Marke m in Periode t zum Ausdruck.

Deutlich aufwendiger gestaltet sich indes die modellgestützte Berechnung des Marktanteils der Marke m in der Periode t. Hierfür gilt:

$$MA_{mt} =$$

$$\frac{v_{mt}}{v_{Mt}} \frac{\delta_m}{\sum_{i=1}^{M} \delta_i} f^{HG}\left(1; \delta_1, \cdots, 1 + \delta_m, \cdots; 1 + \sum_{i=1}^{M} \delta_i; 1 - \frac{v_{1t}}{v_{Mt}}, \ldots\right) \ \forall\ m, t \tag{16.38}$$

mit $f^{HG}(.)$ als der nach *Exton* (1976, S. 41 ff.) für $\theta_3 > \theta_1 > 0$ wie folgt definierten **hypergeometrischen Funktion**

$$f^{HG}(\theta_1; \theta_{21}, \ldots, \theta_{2M}; \theta_3; q_1, \ldots, q_M) =$$

[37] Eine tiefer gehende Motivation der sich zum Zweck der Berücksichtigung dynamischer Verhaltensstrukturen auf den Gesamtbeobachtungszeitraum beziehenden Maximum-Likelihood-Funktion findet sich bei *Wagner* (1985) und *Wagner, Taudes* (1991).

$$\frac{\Gamma(\theta_3)}{\Gamma(\theta_1)\Gamma(\theta_3-\theta_1)}\int_0^1 \frac{z^{\theta_1-1}(1-z)^{\theta_3-\theta_1-1}}{\prod_{m=1}^{M}(1-zq_m)^{\theta_{2m}}}\,\mathrm{d}z \tag{16.39}$$

und θ_1; $\theta_{21},\ldots,\theta_{2M}$; θ_3; $q_1,\ldots,q_M$ als je nach Verwendung der Funktion unterschiedlich zu belegenden Platzhaltern. Zur Auflösung des Integrals finden sich in der einschlägigen mathematischen Literatur (vgl. z.B. *Bronstein, Semendjajew* (1983)) verschiedene numerische Approximationsverfahren, z.B. das Romberg-Verfahren.

Die Anzahl der Konsumenten, die die Marke m in Periode t genau n_{mt}-mal kaufen (respektive die **Markenkaufklassenhäufigkeit**) lässt sich in rekursiver Weise wie folgt berechnen:

$$MKH_{n_{mt}} = P(Y_{mt} = n_{mt})K \qquad \forall\ m,t \tag{16.40}$$

mit

$$P(Y_{mt}=n_{mt}) = \begin{cases} \left(\dfrac{\gamma_1}{\gamma_1+v_{mt}}\right)^{\delta_m} & \text{für } n_{mt}=0 \\ P(Y_{mt}=n_{mt}-1)\dfrac{v_{mt}\,(n_{mt}+\delta_m-1)}{n_{mt}\,(\gamma_1+v_{mt})} & \text{für } n_{mt}=1,2,\ldots \end{cases} \tag{16.41}$$

als der Wahrscheinlichkeitsfunktion der auf die Marke m bezogenen univariaten Randverteilung.[38]

Für die **Penetration** der Marke m nach t' Perioden, d.h. den Anteil der Konsumenten, die bis einschließlich Periode t' die Marke m mindestens 1-mal gekauft haben, erhalten wir die einfache Beziehung:[39]

$$PEN_{mt'} = 1 - P(Y_m = 0)_{t'} = 1 - \left(\frac{\gamma_1}{\gamma_1 + \sum_{t=1}^{t'} v_{mt}}\right)^{\delta_m} \quad \text{für } t' = 1,2,\ldots \tag{16.42}$$

Komplizierter gestaltet sich die Berechnung der **unbedingten Wahrscheinlichkeit eines Wechsels** zwischen den Marken m und j in Periode t:

$$p_{mjt} = \begin{cases} \left(\dfrac{v_{mt}}{v_{Mt}}\right)^2 \dfrac{\delta_m(1+\delta_m)}{\left(\sum_{i=1}^{M}\delta_i\right)\left(1+\sum_{i=1}^{M}\delta_i\right)} & \text{für } m=j \\ \cdot f^{HG}\left(2;\delta_1,\ldots,2+\delta_m,\ldots;2+\sum_{i=1}^{M}\delta_i;1-\frac{v_{1t}}{v_{Mt}},\ldots\right) & \\ \dfrac{v_{mt}v_{jt}}{v_{Mt}^2}\dfrac{\delta_m\delta_j}{\left(\sum_{i=1}^{M}\delta_i\right)\left(1+\sum_{i=1}^{M}\delta_i\right)} & \text{für } m\neq j \\ \cdot f^{HG}\left(2;\delta_1,\ldots,1+\delta_m,\ldots,1+\delta_j,\ldots;2+\sum_{i=1}^{M}\delta_i;1-\frac{v_{1t}}{v_{Mt}},\ldots\right) & \end{cases} \quad \forall\ m,j,t \tag{16.43}$$

[38] Vgl. hierzu auch Gleichung 16.26 auf S. 401 und *Taudes* (1984, S. 60).
[39] Vgl. Gleichung 16.22 auf S. 398.

Obige Formel gibt die Wahrscheinlichkeit[40] eines Konsumenten wieder, in Periode t zwischen den Marken j und m zu wechseln und stellt überdies die Basis für die Berechnung des „**Total Switching**"-Faktor TS_t dar. Es gilt:

$$TS_t = 1 - \sum_{m=1}^{M} p_{mmt} \qquad \forall\, t \tag{16.44}$$

Der „Total Switching"-Faktor gibt den Anteil der Kaufakte wieder, bei denen ein Markenwechsel stattfindet, und kann damit als Indikator für das Ausmaß der auf einem Markt bestehenden Markentreue verwendet werden. Je größer der Wert ausfällt, desto geringer ist die Markentreue auf dem modellierten Markt.

Unter Verwendung der Gleichung 16.38 für den Marktanteil der Marke j ergibt sich auch unmittelbar die **bedingte Wahrscheinlichkeit eines Wechsels** von Marke j zu Marke m in Periode t:

$$p_{(m|j)t} = \frac{p_{mjt}}{MA_{jt}} \qquad \forall\, m, j, t \tag{16.45}$$

Die Berechnungsvorschrift für die Elastizität des Marktanteils der Marke m in Bezug auf Änderungen der Marketing-Mix-Variable l bei Marke j in Periode t schließlich lautet:

$$ELA_{MA_{mt},x_{jlt}} = \begin{cases} \eta_{ml}\left(1 - \dfrac{p_{mmt}}{MA_{mt}}\right) & \text{für } m = j \\ -\eta_{jl}\dfrac{p_{mjt}}{MA_{mt}} & \text{für } m \neq j \end{cases} \qquad \forall\, m, j, l, t \tag{16.46}$$

Die Abhängigkeit des Werts der Marktanteilselastizität einer Marke vom Marktanteil der betreffenden Marke und der Markenwiederkauf- bzw. Markenwechselwahrscheinlichkeit ist intuitiv plausibel und unterstreicht die Sinnfälligkeit entsprechender Modellierungen. Für $m = j$ beispielsweise bedeutet obige Berechnungsvorschrift, dass die Sensibilität sprich Elastizität des Marktanteils der Marke m in Periode t in Bezug auf Änderungen der Variable x_{jlt}, bei gegebenem Marktanteil MA_{mt} und Parameter η_{ml}, umso größer ausfällt, je geringer die Markenwiederkaufwahrscheinlichkeit p_{mmt} (Markentreue) ist. Analoges gilt bei steigendem Marktanteil – ceteris paribus.

Umgekehrt haben Marketingmaßnahmen einer Konkurrenzmarke j (mit $j \neq m$) offensichtlich eine umso geringere Wirkung auf den Marktanteil der Marke m, je größer der Marktanteil dieser Marke zum Zeitpunkt der Maßnahmen ist – ceteris paribus. Gerade das Gegenteil ist für p_{mjt} der Fall. Für $j \neq m$ wächst die Sensibilität des Marktanteils der Marke m mit wachsender Markenwechselwahrscheinlichkeit.

[40] Für $m = j$ wird der Wert p_{mjt} auch als Markenwiederkaufwahrscheinlichkeit und für $m \neq j$ analog als Markenwechselwahrscheinlichkeit bezeichnet.

Der z.T. recht anspruchsvolle Formalismus für die modellgestützte Berechnung der einzelnen Marktkennzahlen mag auf den ersten Blick vielleicht etwas abschreckend wirken. Ist das DNM-Modell aber erst einmal implementiert, so stellt es aufgrund der integrierten zeitabhängigen Marketing-Mix-Variablen ein leistungsfähiges Instrument zur Analyse des in der Vergangenheit beobachteten, aber vor allem auch zur Simulation des zukünftig zu erwartenden Käuferverhaltens als Grundlage für eine Erfolg versprechende Marketingplanung dar.

16.3.2 Anwendungsbeispiel zum dynamischen NM-Modell

Nachfolgend wird noch kurz auf die erste empirische Anwendung des DNM-Modells durch *Wagner, Taudes* (1986) eingegangen. Ausgangspunkt der Modellanwendung sind die Aufzeichnungen eines ca. 5.400 Haushalte umfassenden Panels in Bezug auf das Kaufverhalten in der Produktkategorie Haushaltsreiniger. Die ausgewerteten Daten umfassen einen Zeitraum von drei Jahren und beziehen sich auf insgesamt fünf explizit betrachtete Marken 1 bis 5 sowie eine Restmarke 6, in der alle nicht näher betrachteten Marken zusammengefasst sind. Als erklärende Variablen dienen u.a. der mittlere Einzelhandelspreis der einzelnen Marken in den jeweiligen Perioden[41] und das pro Periode zur Verfügung stehende Werbebudget der Produktanbieter.

Anzahl der Käufe	Marke 1		Marke 3		Marke 4	
	Beobachtete Häufigkeit	Geschätzte Häufigkeit	Beobachtete Häufigkeit	Geschätzte Häufigkeit	Beobachtete Häufigkeit	Geschätzte Häufigkeit
0	3.653	3.669	3.489	3.475	3.674	3.665
1	825	795	870	848	733	736
2	376	377	415	417	358	362
3	201	211	233	240	211	213
4	121	128	136	148	137	135
5	75	80	93	95	87	90
6	53	52	57	62	68	62
7	32	34	36	42	45	43
8	19	23	26	28	27	31
9	19	15	19	19	21	22
10	12	10	12	13	14	16
11	10	7	6	9	10	12
12	7	5	5	6	9	8
13	7	3	4	5	6	6
14	3	2	6	3	5	5
≥ 15	6	6	12	8	14	14
χ^2-Wert	10,09		9,47		1,90	

Tabelle 16.3: *Gerundete Kaufklassenhäufigkeiten und Anpassungsgüten ausgewählter Marken für den Gesamtzeitraum*

[41] Eine Periode entspricht dabei gerade einem Monat.

Auf dieser Datengrundlage wurden dann die Modellparameter geschätzt und u.a. die in den Tabellen 16.3 und 16.4 sowie in Abbildung 16.4 für ausgewählte Marken dargestellten Kennzahlen berechnet.[42] Die als „geschätzt" gekennzeichneten Kenngrößen wurden jeweils mithilfe des DNM-Modells berechnet. Die exemplarisch ausgewählten Analyseresultate belegen in überzeugender Weise die besondere Fähigkeit des DNM-Modells im Hinblick auf die adäquate Abbildung des untersuchten Haushaltsreinigermarkts.[43]

Marke	1	2	3	4	5	6
1	0,069 (0,064)	0,025 (0,031)	0,017 (0,023)	0,015 (0,010)	0,008 (0,005)	0,020 (0,016)
2	0,025 (0,042)	0,136 (0,164)	0,027 (0,036)	0,024 (0,018)	0,014 (0,011)	0,032 (0,023)
3	0,017 (0,017)	0,027 (0,018)	0,071 (0,075)	0,016 (0,010)	0,009 (0,006)	0,021 (0,021)
4	0,015 (0,012)	0,024 (0,038)	0,016 (0,016)	0,068 (0,075)	0,008 (0,006)	0,018 (0,022)
5	0,008 (0,004)	0,014 (0,010)	0,009 (0,007)	0,008 (0,009)	0,030 (0,027)	0,011 (0,010)
6	0,020 (0,026)	0,032 (0,025)	0,021 (0,012)	0,018 (0,011)	0,011 (0,005)	0,099 (0,094)

Tabelle 16.4: *Beobachtete und (in Klammern) geschätzte unbedingte Markenwechselwahrscheinlichkeiten für eine ausgewählte Periode*

[42] Alle drei Modell-Outputs entstammen *Wagner, Taudes* (1986).

[43] Der in Tabelle 16.3 angegebene χ^2-Wert entspricht der gewichteten quadratischen Abweichung zwischen den beobachteten und den geschätzten Markenkaufklassenhäufigkeiten der jeweiligen Marke.

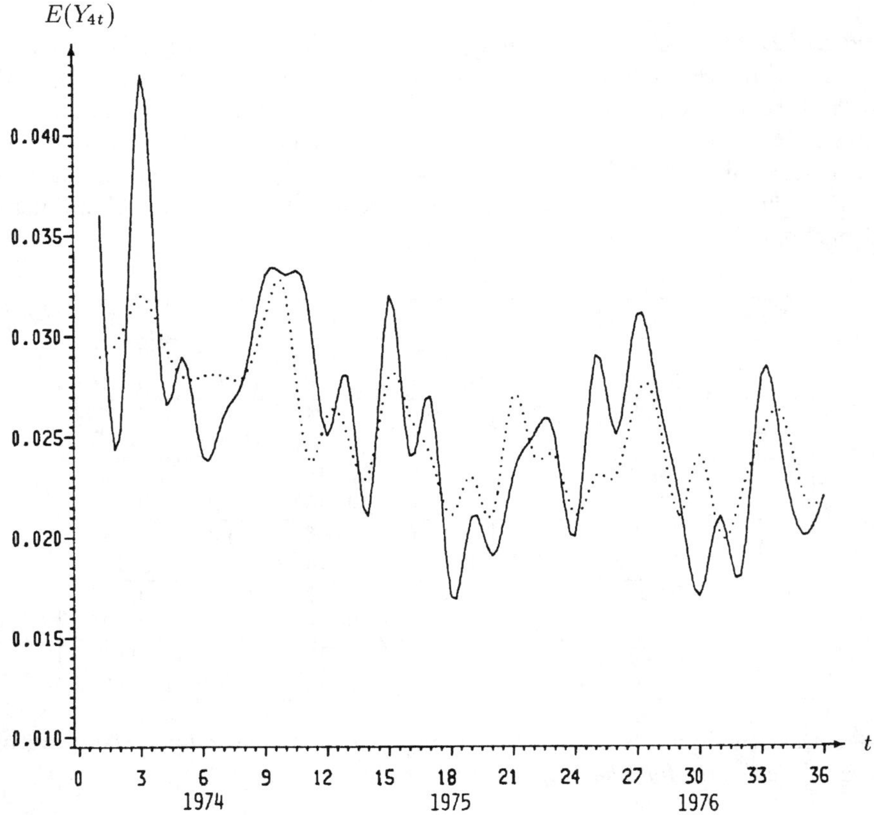

Abbildung 16.4: *In den Jahren 1974 bis 1976 beobachtete (—) und geschätzte (···) Kauferwartung in Bezug auf Marke 4*

16.4 Modellierung von Werbekontakt und Kaufverhalten

Noch einen Schritt weiter als *Wagner, Taudes* (1986) gehen *Pedrick, Zufryden* (1991, 1994) mit einem Modellierungs- und Messansatz, der speziell auf die Auswertung von Single-Source-Daten zugeschnitten ist. Ausgangspunkt der Überlegungen ist – analog zum vorangegangenen Modell – die Mehrdimensionalität individueller Kaufentscheidungen in Verbindung mit der Pluralität relevanter Einflussfaktoren in konkreten Kaufsituationen. Bei dem vor allem von seinem konzeptionellen Aufbau her interessanten integrativen Ansatz werden zusätzlich zur Produktkaufhäufigkeit und zu der durch externe Faktoren respektive erklärende Variablen beeinflussten Markenwahl auch noch die Medienkontakte der Konsumenten berücksichtigt. Das Modell bietet damit u.a. Ansatzpunkte für die gezielte Analyse alternativer Mediapläne unter Kaufverhaltensgesichtspunkten unter besonderer Berücksichtigung der Konsumentenheterogenität und für die Bestimmung der Effektivität von Werbemaßnahmen. Die wesentlichen Komponenten des Modells werden nachfolgend skizziert.

16.4.1 Dynamisches Negativ-Binomial/Beta-Binomial-Modell

Zur Vereinfachung der Darstellungsweise wird bei der Modellformulierung von zwei Marken ausgegangen, wobei $m = 1$ die explizit betrachtete Marke („Hauptmarke") und $m = 2$ eine nicht näher spezifizierte „Restmarke" repräsentiert.[44] Es sei:

Y_{mt}	=	Zufallsvariable zur Beschreibung der Kaufentscheidung in Bezug auf Marke m ($m = 1, 2$) in Periode t ($t = 1, \ldots, T$)
n_{mt}^{TV}	=	Anzahl der Kontakte eines Haushalts mit TV-Werbespots für Marke m in Periode t
$n_{mt}^{TV ges}$	=	Gesamtzahl der in Periode t für Marke m geschalteten TV-Werbespots
n_{1t}	=	Anzahl der Käufe der Marke 1 eines Haushalts in Periode t
$\tilde{n}_{1(t-1)}$	=	Anzahl der Käufe der Marke 1 eines Haushalts in Periode $t-1$ („kurzfristige Markentreue" gegenüber Marke 1)
$\tilde{n}_{t-1}$	=	Anzahl der Produktkategoriekäufe eines Haushalts in Periode $t-1$
$\tilde{n}_{t-1} - \tilde{n}_{1(t-1)}$	=	Anzahl der Käufe der Restmarke durch einen Haushalt in Periode $t-1$ („kurzfristige Markentreue" gegenüber der Restmarke)
$\boldsymbol{x}_t^{Sit}$	=	Vektor von „Situationsvariablen" zur Beschreibung der in Periode t für einen Haushalt relevanten Kaufsituation mit: $\boldsymbol{x}_t^{Sit} = (\boldsymbol{x}_t^{MMix}, n_{1t}^{TV}, n_{2t}^{TV}, \tilde{n}_{1(t-1)}, \tilde{n}_{t-1} - \tilde{n}_{1(t-1)})'$
$\boldsymbol{x}_t^{MMix}$	=	Vektor der Marketing-Mix-Variablen für Periode t
x_t^{Saison}	=	Saisoneffekt bezüglich Periode t
$\boldsymbol{\eta}$	=	Vektor der zu schätzenden Parameter für die Situationsvariablen
$\beta_{1t(m)}, \beta_{2t(m)}$	=	zu schätzende periodenspezifische positive Parameter einer Betaverteilung (für Marke m)
γ_1, γ_2	=	zu schätzende positive Parameter einer Gammaverteilung

Für die Wahrscheinlichkeit $P(Y_{1t} = n_{1t})$, dass ein beliebig aus der relevanten Grundgesamtheit herausgegriffener Haushalt in Periode t gerade n_{1t} Käufe der Marke 1 (mit $n_{1t} = 0, 1, 2, \ldots$) tätigt, gelte:

$$P(Y_{1t} = n_{1t}) = \sum_{\boldsymbol{x}_t^{Sit}} P^{NB}(n_{1t} | \boldsymbol{x}_t^{Sit}) \cdot p_t^{Gew} \qquad \forall\, t > 1 \tag{16.47}$$

[44] Der an der allgemeineren Modellformulierung für mehr als zwei Marken interessierte Leser sei auf die den Ausführungen zugrunde liegenden Originalarbeiten von *Pedrick, Zufryden* (1991, 1994) verwiesen, wo sich u.a. auch eine detaillierte Darlegung der dem Modell immanenten Annahmen findet.

Diese Wahrscheinlichkeit setzt sich wiederum aus zwei unterschiedlich spezifizierten Komponenten zusammen.

Die auf einer Negativ-Binomial-Verteilung basierende Wahrscheinlichkeit

$$P^{NB}(n_{1t}|\boldsymbol{x}_t^{Sit}) =$$

$$\binom{n_{1t}+\gamma_2-1}{n_{1t}}\left(\frac{\gamma_1}{\gamma_1+x_t^{Saison}\,p(\boldsymbol{x}_t^{Sit})}\right)^{\gamma_2}\left(\frac{x_t^{Saison}\,p(\boldsymbol{x}_t^{Sit})}{\gamma_1+x_t^{Saison}\,p(\boldsymbol{x}_t^{Sit})}\right)^{n_{1t}} \quad \forall\, t \qquad (16.48)$$

von n_{1t} Käufen der Marke 1 in Periode t wird als mit dem Saisoneffekt gewichtete Funktion des die aktuelle Kaufsituation charakterisierenden Variablenvektors $\boldsymbol{x}_t^{Sit}$ definiert, über den sowohl der Einfluss des Marketinginstrumentariums in Periode t als auch der von TV-Werbekontakten und zurückliegenden Kaufentscheidungen Berücksichtigung finden. Der Einfluss des Marketinginstrumentariums wird durch den definitionsmäßig in $\boldsymbol{x}_t^{Sit}$ „enthaltenen" Vektor $\boldsymbol{x}_t^{MMix}$ und unter Verwendung der logistischen Responsefunktion

$$p(\boldsymbol{x}_t^{Sit}) = \frac{1}{1+\exp(\boldsymbol{\eta}\,\boldsymbol{x}_t^{Sit})} \qquad \forall\, t \qquad (16.49)$$

erfasst. Man erkennt die strukturelle Ähnlichkeit zu dem im vorangegangenen Abschnitt durch Gleichung 16.33 definierten DNM-Modell.

Aber auch die *Pedrick, Zufryden* (1991, 1994) zufolge als Gewichtung zu interpretierende Wahrscheinlichkeit p_t^{Gew} wird ihrerseits wieder auf verschiedene Einzelwahrscheinlichkeiten zurückgeführt, durch die sich auch deren sachlogischer Inhalt erschließt. Es gilt:

$$\begin{aligned} p_t^{Gew} &= \overbrace{P^{BB}(\tilde{n}_{1(t-1)}|\tilde{n}_{t-1};\beta_{1t},\beta_{2t})\cdot P^{NB}(\tilde{n}_{t-1}|\gamma_1,\gamma_2)}^{\text{Markentreue-Modell}} \\ &\quad \cdot \prod_{m=1}^{2} \underbrace{P^{BB}(n_{mt}^{TV}|n_{mt}^{TVges};\beta_{1tm},\beta_{2tm})}_{\text{Werbekontakt-Modell}} \qquad \forall\, t \qquad (16.50) \end{aligned}$$

Das im hinteren Teil der Gleichung verwendete Produkt ist ein stochastisches Werbekontakt-Modell auf Basis zweier markenspezifischer Beta-Binomial-Verteilungen[45] (angedeutet durch die Kennung „BB") mit den Parametern β_{1t1}, $\beta_{2t1} > 0$ für Marke 1 bzw. β_{1t2}, $\beta_{2t2} > 0$ für Marke 2. Mit ihrer Hilfe wird die Wahrscheinlichkeit dafür modelliert, dass ein beliebig aus der als heterogen angenommenen Grundgesamtheit herausgegriffener Konsument bei n_{mt}^{TVges} für Marke m in Periode t geschalteten TV-Werbespots gerade n_{mt}^{TV} (mit $n_{mt}^{TV} \leq n_{mt}^{TVges}$ $\forall\, m,t$) Kontakte realisiert. So findet auch gleichzeitig in eleganter Weise die Heterogenität im Hinblick auf die individuellen Werbekontakte Berücksichtigung.[46]

[45] Eine allgemeine Herleitung der Beta-Binomial-Verteilung ist Gegenstand der Ausführungen im nachfolgenden Abschnitt, weshalb hierauf an dieser Stelle zugunsten einer stringenten Darstellung verzichtet wird.

[46] Analoge Modellierungen heterogenen Mediennutzungsverhaltens finden sich bereits bei *Headen et al.* (1977) und *Rust, Klompmaker* (1981).

Mit dem vorderen Teil der Gleichung hingegen soll dem Einfluss des Ausgangs der Kaufentscheidung in der der Periode t jeweils vorausgegangenen Periode $t-1$ Rechnung getragen werden. Zu diesem Zweck wird mithilfe des NB-Modells

$$P^{NB}(\tilde{n}_{t-1}|\gamma_1,\gamma_2) = \binom{\tilde{n}_{t-1}+\gamma_2-1}{\tilde{n}_{t-1}} \left(\frac{\gamma_1}{\gamma_1+1}\right)^{\gamma_2} \left(\frac{1}{\gamma_1+1}\right)^{\tilde{n}_{t-1}} \quad \forall\, t \quad (16.51)$$

in bekannter Weise die Wahrscheinlichkeit für $\tilde{n}_{t-1}$ ($\tilde{n}_{t-1} = 0,1,2,\ldots$) Produktkäufe in Periode $t-1$ modelliert. Zusammen mit der mittels Beta-Binomial-Verteilung mit Parametern β_{1t}, $\beta_{2t} > 0\ \forall\, t$ und Wahrscheinlichkeitsfunktion

$$P^{BB}(\tilde{n}_{1(t-1)}|\tilde{n}_{t-1};\beta_{1t},\beta_{2t}) =$$

$$\binom{\tilde{n}_{t-1}}{\tilde{n}_{1(t-1)}} \frac{\Gamma(\beta_{1t}+\beta_{2t})}{\Gamma(\beta_{1t})\,\Gamma(\beta_{2t})} \frac{\Gamma(\tilde{n}_{1(t-1)}+\beta_{1t})\,\Gamma(\tilde{n}_{t-1}-\tilde{n}_{1(t-1)}+\beta_{2t})}{\Gamma(\tilde{n}_{t-1}+\beta_{1t}+\beta_{2t})} \quad \forall\, t \quad (16.52)$$

modellierten Wahrscheinlichkeit für $\tilde{n}_{1(t-1)} = 0,1,2,\ldots,\tilde{n}_{t-1}$ Käufe der Marke 1 in Periode $t-1$ gelingt so die Berücksichtigung kurzfristiger (d.h. von Periode $t-1$ nach t reichender) Markentreue.

Der Wert von p_t^{Gew} ist folglich umso größer, je höher die Werbekontaktwahrscheinlichkeit in Periode t ausfällt und je größer die Kaufwahrscheinlichkeit für die interessierende Marke 1 bereits in der Vorperiode $t-1$ war.

Die Wahrscheinlichkeitsfunktionen $P^{BB}(n_{mt}^{TV}|n_{mt}^{TVges};\beta_{1tm},\beta_{2tm})$ für die Marken 1 und 2 im Werbekontakt-Modell schließlich erhält man aus Gleichung 16.52, wenn man die Variable $\tilde{n}_{1(t-1)}$ durch n_{mt}^{TV} und die Variable $\tilde{n}_{t-1}$ durch n_{mt}^{TVges} ersetzt und die Verteilungsparameter β_{1t} und β_{2t} mit einem zusätzlichen Markenindex m versieht.

16.4.2 Anwendungsbeispiel zum NB/BB-Modell

Den Nutzen ihres Modell für die praktische Marketingforschung dokumentieren *Pedrick, Zufryden* (1991, 1994) anhand eines empirischen Anwendungsbeispiels. Als Datengrundlage dienen die im Rahmen eines Mikrotestmarkts in Sioux Falls (USA) in den Jahren 1986 bis 1988 bei 584 Haushalten erhobenen Joghurtkäufe. Die weiteren Betrachtungen richten sich auf die Marke 1 und einen nicht näher spezifizierten Rest („all other brands"). Abbildung 16.5 gibt die beobachtete und die prognostizierte Marktanteilsentwicklung der Marke 1 für den Kalibrierungs- und den Validierungszeitraum wieder. Man erkennt die gute Anpassung des Modells an die zugrunde liegenden Daten und seine beeindruckende Prognosefähigkeit.

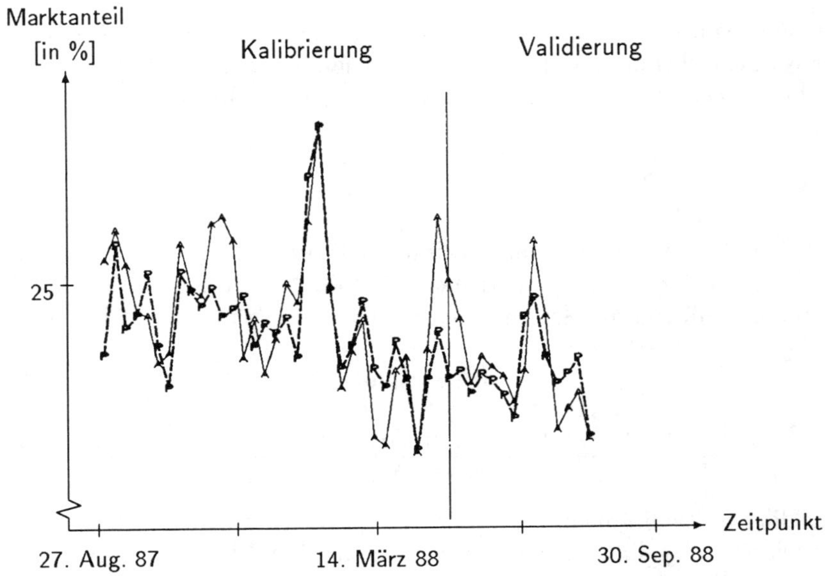

Abbildung 16.5: *Beobachtete (—) und prognostizierte (- - -) Marktanteilsentwicklung der Marke 1*

Des Weiteren sind in Tabelle 16.5 die Kaufklassenhäufigkeiten in den fünf 4-Wochen-Perioden des Validierungszeitraums bezogen auf Marke 1 dargestellt. Der Wert 5,48 in der dritten Zeile und Spalte der Tabelle beispielsweise entspricht dem beobachteten prozentualen Anteil der Haushalte in der Stichprobe mit 1 Markenkauf in Prognoseperiode 10. Der zugehörige, aus dem Modell resultierende Prognosewert 5,13 weicht hiervon nur geringfügig ab. Die tabellierten Werte unterstreichen insgesamt noch einmal die gute Prognosefähigkeit des Modells.

Anzahl der Käufe	Relative Häufigkeit [in %] in Periode				
	9	10	11	12	13
0	90,92 (91,45)	91,61 (92,33)	92,81 (91,71)	94,35 (93,29)	98,63 (98,70)
1	5,65 (5,50)	5,48 (5,13)	4,28 (5,40)	3,94 (4,73)	1,37 (1,22)
2	2,40 (1,70)	1,71 (1,48)	1,88 (1,63)	0,51 (1,24)	0,00 (0,08)
3	0,86 (0,68)	0,68 (0,56)	0,51 (0,64)	0,68 (0,43)	0,00 (0,00)
≥ 4	0,17 (0,67)	0,52 (0,50)	0,52 (0,62)	0,52 (0,31)	0,00 (0,00)
χ^2-Wert	2,19	0,49	1,90	4,91	0,59

Tabelle 16.5: *Beobachtete und prognostizierte (in Klammern) relative Kaufklassenhäufigkeiten bei Marke 1*

Tabelle 16.6 enthält die beobachteten und die aus dem Werbekontakt-Modell resultierenden relativen Medienkontaktklassenhäufigkeiten einer ausgewählten 4-Wochen-Periode des Validierungszeitraums (bei insgesamt 16 TV-Werbespots für Marke 1). Auch hier zeigt sich die Leistungsfähigkeit des Modells.

Anzahl der Kontakte	0	1	2	3	4	5	6	7	8	9	≥ 10
Beobachtung	55,14	18,84	11,30	6,34	3,77	1,54	1,54	0,17	0,17	0,51	0,68
Prognose	55,09	19,14	10,31	6,11	3,74	2,31	1,41	0,85	0,49	0,28	0,27

Tabelle 16.6: *Beobachtete und prognostizierte relative Medienkontaktklassenhäufigkeiten bei Marke 1*

Modellerweiterungen in die skizzierte Richtung sind grundsätzlich auch im Zusammenhang mit anderen SMK denkbar. Der sich hieraus u.U. ergebende Formalismus ist allerdings – trotz der methodischen Eleganz solcher Überlegungen – nur noch dem einschlägig interessierten „Modellspezialisten" zugänglich, weshalb hierauf an dieser Stelle verzichtet wird.

16.5 Transformation geäußerter Kaufabsichten in Kaufwahrscheinlichkeiten

Die auf die Konsumenten täglich einwirkenden Marketingmaßnahmen (Stimuli) führen im Idealfall zu kognitiven Prozessen, die sich ihrerseits wiederum auf die psychischen Zustände derselben auswirken können. Unter günstigen Bedingungen lösen die damit verbundenen Informationsverarbeitungsprozesse – quasi als erste Stufe der Konsumentenreaktion – eine Kaufabsicht aus. Im Folgenden wollen wir uns deshalb mit der Frage befassen, inwieweit eine geäußerte Kaufabsicht auch tatsächlich Kaufverhaltensrelevanz besitzt, bzw. welche Faktoren den Übergang von einer bestehenden Kaufabsicht zu einer tatsächlichen Kaufhandlung stören können. Der Zielsetzung dieses Buchs entsprechend richtet sich das Augenmerk dabei insbesondere auf Möglichkeiten der empirischen Überprüfung solcher Beziehungen.

16.5.1 Kaufabsicht und Kaufverhalten

In Abhängigkeit von ihrer Bestimmtheit können verschiedene Formen der Kaufabsicht unterschieden werden, z.B.:

1. Kaufabsicht in Bezug auf eine Produktkategorie (ohne konkrete Vorstellungen hinsichtlich einer bestimmten Marke und Bezugsquelle),
2. Kaufabsicht in Bezug auf ein Produkt einer bestimmten Marke (ohne konkrete Vorstellung hinsichtlich der Bezugsquelle) und

3. Kaufabsicht in Bezug auf das von einer bestimmten Bezugsquelle angebotene Produkt einer bestimmten Marke.

Ungeachtet der Tatsache, dass noch feinere Unterscheidungen, etwa hinsichtlich der genauen Preisvorstellung, denkbar sind, werden bereits durch die genannten Formen von Kaufabsichten die sich für das Marketing ergebenden Probleme erkennbar. Denn abhängig von der Konkretheit der bestehenden Kaufabsicht kommt den zwischen Kaufabsicht und Kaufhandlung wirksam werdenden externen und teilweise vom Marketing manipulierbaren Einflussfaktoren unterschiedliche Bedeutung zu. Man denke hier z.B. an eine Kaufhandlung, bei der sich die Markenwahlentscheidung erst in der Einkaufsstätte, d.h. am Ort des eigentlichen Kaufakts manifestiert und damit zwangsläufig in hohem Maße von der dort gerade gegebenen Einkaufssituation abhängt. Typische Beispiele für solche aktuell wirksamen Einflussfaktoren sind Promotion- und Sonderpreisaktionen für Produkte einzelner Marken.

Grundlage unserer Betrachtungen ist eine an *Howard, Sheth* (1969, S. 416) und *Müller-Hagedorn* (1986, S. 99) angelehnte Definition der Kaufabsicht: Bei der **Kaufabsicht** handelt es sich um einen kognitiven Zustand, der die Absicht einer Person zum Ausdruck bringt – unter Berücksichtigung solcher Faktoren, die den Kauf verhindern oder fördern können – von einem Produkt (einer bestimmten Marke) eine bestimmte Menge innerhalb eines begrenzten Zeitraums zu kaufen.

Allgemein lassen sich drei Gruppen von Faktoren unterscheiden, die einen Kauf trotz bestehender Kaufabsicht verhindern können, und zwar:

- sozio-ökonomische Faktoren (z.B. das kulturelle Umfeld oder die allgemeine finanzielle Lage des potenziellen Käufers),
- situative Faktoren (z.B. die gegenwärtige Verfügbarkeit oder der aktuelle Preis des Kaufobjekts) und
- antizipative Faktoren (z.B. die Befürchtung, mit der Verwendung eines gekauften Produkts nicht die den Kauf ursprünglich auslösenden Bedürfnisse befriedigen zu können oder sich durch seine Verwendung gesellschaftlichen Missbilligungen auszusetzen).

Wichtige Vorteile von Kaufabsichten bestehen in ihrer relativ einfachen Erhebbarkeit und der Tatsache, dass sie bereits vor der eigentlichen Kaufhandlung zu ermitteln sind. Sie bilden damit eine geeignete Ausgangsbasis für die Prognose zukünftiger Absatzentwicklungen (insbesondere im Bereich von Gebrauchsgütern oder bei der Einführung von Neuprodukten), bei denen entsprechende Daten (z.B. aus Panelerhebungen) für die Produktions-, Lagerhaltungs- und Vertriebsplanung nicht bzw. nur in unzureichender Qualität verfügbar sind.

Im Hinblick auf die Reliabilität von Kaufabsichtsdaten darf aber auch nicht übersehen werden, dass Kaufabsichten zwar wertvolle Indikatoren für das spätere Kaufverhalten sind, dass aber auch immer ein gewisses (z.B. von der Zeit zwischen der Bestimmung einer Kaufabsicht und dem möglichen Kaufzeitpunkt abhängiges) Maß an „Zufälligkeit" erhalten bleibt. Zur Qualität von Kaufabsichtsdaten als Grundlage für die Einschätzung des Kaufverhaltens schreiben *Fishbein, Ajzen* (1975, S. 69): „The best single predictor of an individual's behavior will be a measure of his intention to perform the behavior". In ähnlicher Weise äußert sich *Foxall* (1984, S. 231): „... the probability that an individual will perform a specific act approximates the strength of his verbally-expressed intention so to act". Damit stellt sich die Frage, inwieweit und auf welche Art und Weise aus geäußerten Kaufabsichten tatsächliches Kaufverhalten – zumindest näherungsweise – vorhergesagt werden kann.

16.5.2 Beta-Binomial-Modell für Kaufabsichtsdaten

Zur Beantwortung obiger Frage wird nachfolgend ein quantitativer Ansatz vorgestellt, der es ermöglicht, durch Befragungen ermittelte Kaufabsichten in Bezug auf ein bestimmtes Produkt in „tatsächlich" zu erwartende Kaufwahrscheinlichkeiten zu transformieren. Dazu wird angenommen, dass eine Gruppe von K Probanden ihre derzeitige Kaufabsicht b gegenüber einem bestimmten Produkt auf einer $(B+1)$-stufigen Ratingskala zum Ausdruck gebracht hat. Hierbei gelte $0 \leq b \leq B$, $b \in \mathbb{N}$. In Anlehnung an *Kalwani, Silk* (1982, S. 263) gehen wir bei den weiteren Betrachtungen exemplarisch von einer 5-Punkte-Skala aus. Eine solche Skala könnte z.B. für $b = 0, 1, 2, 3$ oder 4 die folgende inhaltliche Ausgestaltung besitzen:

0: Es besteht keine Kaufabsicht.
1: Ein Kauf ist sehr unwahrscheinlich.
2: Ein Kauf ist wahrscheinlich.
3: Ein Kauf ist sehr wahrscheinlich.
4: Es besteht eine definitive Kaufabsicht.

Die den geäußerten Kaufabsichten anhaftende Unsicherheit im Hinblick auf ihre tatsächliche Verhaltensrelevanz legt eine stochastische Behandlung derselben nahe. Der nachfolgend zur Berechnung der mit den Kaufabsichten korrespondierenden Kaufwahrscheinlichkeiten (vgl. hierzu auch *Pickering, Isherwood* (1974)) herangezogene Ansatz geht ursprünglich auf einen Vorschlag von *Morrison* (1979) zurück und wird u.a. von *Kalwani, Silk* (1982), *Wagner, Bemmaor* (1989), *Jamieson, Bass* (1989), *Decker* (1994a) und *Decker, Stumpf* (1995) diskutiert und – teilweise in modifizierter Form – auf die vorliegende Problemstellung angewandt. Die grundsätzliche Problematik ist in Abbildung 16.6 veranschaulicht.

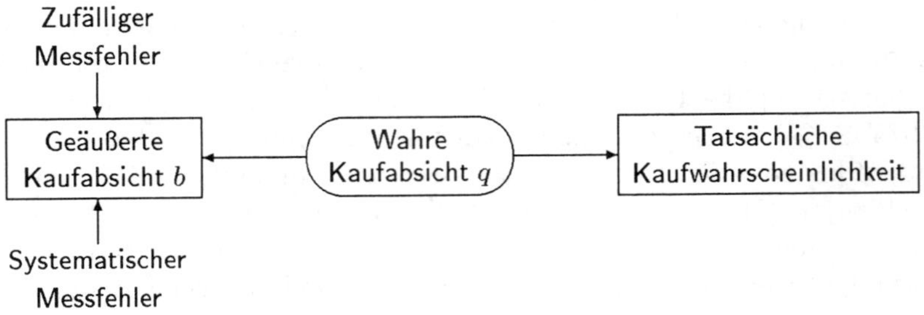

Abbildung 16.6: *Strukturelle Zusammenhänge bei der Kaufabsichtsmodellierung*

Den weiteren Modellierungsüberlegungen liegt die Annahme zugrunde, dass sich die tatsächlich zu erwartende Kaufwahrscheinlichkeit für ein Produkt mittels eines Schätzers $\hat{q}$ für die „wahre" und unbekannte Kaufabsicht q approximieren lässt. Ziel der Modellierung ist die Spezifikation des Schätzers $\hat{q}$ als Funktion der geäußerten Kaufabsicht b – unter Berücksichtigung der einer solchen Näherung zwangsläufig innewohnenden Unsicherheit. Eine einfache Umsetzung dieser Überlegungen stellt folgender linearer Ansatz dar:

$$\hat{q} = \theta_1 + \theta_2 b \tag{16.53}$$

Die unbekannten Modellparameter θ_1 und θ_2 (mit $\theta_1,\ \theta_2 > 0$ und $\theta_1 + \theta_2 < 1$) lassen sich – wie sogleich zu sehen sein wird – auf elegante Weise unter Rückgriff auf eine Beta-Binomial-Verteilung bestimmen.

Zu diesem Zweck sei unterstellt, dass die in die Untersuchung einbezogenen Probanden ihre Kaufabsicht auf einer äquidistanten $(B+1)$-stufigen Ratingskala (s.o.) zum Ausdruck gebracht haben. Die Wahrscheinlichkeit $P(Y_k = b)$, dass ein Konsument k gerade die Kaufabsichtskategorie b äußert, lässt sich dann durch eine **Binomialverteilung** mit entsprechend definierter Zufallsvariable Y_k beschreiben. Es gelte:

$$P(Y_k = b) = \binom{B}{b} q_k^b (1 - q_k)^{B-b} \qquad \forall\ k \tag{16.54}$$

Die Größe q_k entspricht hierbei der auf das Intervall (0; 1) normierten „wahren", aber unbekannten Kaufabsicht[47] des Konsumenten k.

Normalerweise ist jedoch davon auszugehen, dass verschiedene Personen auch unterschiedliche Kaufabsichten für ein bestimmtes Produkt besitzen. Eine Möglichkeit, die Heterogenität in Bezug auf die individuelle Kaufabsicht q_k zu modellieren, besteht darin, diese Größe selbst wiederum als Zufallsvariable zu interpretieren und als gemäß einer geeigneten Verteilung – im vorliegenden Fall einer **Betaverteilung** mit Dichtefunktion

$$f(q_k | \beta_1, \beta_2) = \frac{\Gamma(\beta_1 + \beta_2)}{\Gamma(\beta_1)\Gamma(\beta_2)}\, q_k^{\beta_1 - 1} (1 - q_k)^{\beta_2 - 1} \qquad \forall\ k \tag{16.55}$$

und Parametern $\beta_1, \beta_2 > 0$ – über die Grundgesamtheit streuend anzunehmen.

[47] Die „wahre" Kaufabsicht q_k des Konsumenten k ist nicht direkt beobachtbar, sondern kommt nur indirekt durch die von ihm geäußerte Kaufabsichtskategorie b zum Ausdruck.

Die an *Lilien et al.* (1992, S. 602) angelehnte Abbildung 16.7 beschreibt für einige Parameterkonstellationen die sich daraus ergebenden Verläufe der Dichtefunktion der Betaverteilung. Der durch die Parameterbelegungen $\beta_1 = \beta_2 = 3$ spezifizierte Funktionsverlauf beispielsweise beschreibt eine eher homogene Gesamtheit, da hier die Kaufabsichten für die meisten Probanden im Bereich von 0,5 liegen, während sich für $\beta_1 = \beta_2 = 0,25$ im Wesentlichen zwei Gruppen mit sehr unterschiedlichen Kaufabsichten (in den Bereichen $q = 0$ bis $0,2$ und $q = 0,8$ bis 1) identifizieren lassen.

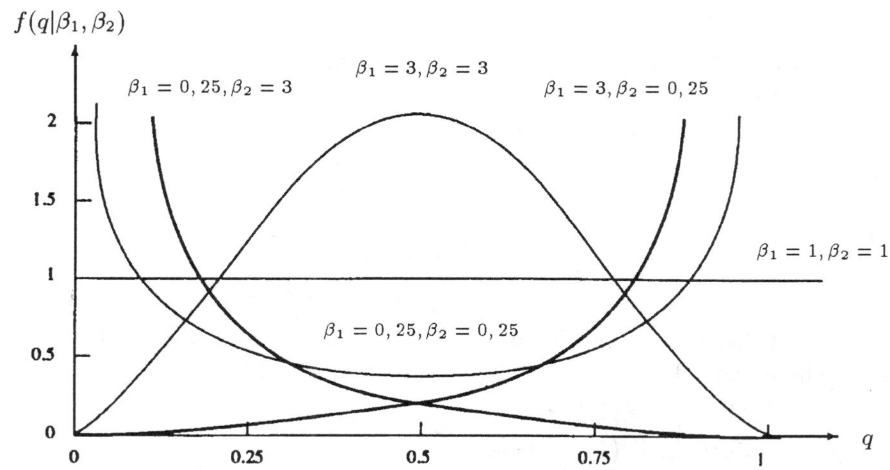

Abbildung 16.7: *Mögliche Verläufe der Dichtefunktion einer Betaverteilung*

Mithilfe der beiden genannten Verteilungen kann nun das Modell für die als heterogen angenommene Grundgesamtheit der Konsumenten formuliert werden. Dazu werden die Gleichungen 16.54 und 16.55 wie folgt miteinander kombiniert:

$$P(Y = b) = \int_0^1 P(Y_k = b) \cdot f(q_k|\beta_1, \beta_1)\, \mathrm{d}q_k \tag{16.56}$$

Nach einigen Umformungsschritten erhält man hieraus die gesuchte Wahrscheinlichkeit, dass eine beliebig aus der Grundgesamtheit herausgegriffene Person in Bezug auf das jeweils interessierende Produkt die Kaufabsicht b äußert:

$$\begin{aligned} P(Y = b) &= \int_0^1 \binom{B}{b} q_k^b (1 - q_k)^{B-b} \cdot \frac{\Gamma(\beta_1 + \beta_2)}{\Gamma(\beta_1)\Gamma(\beta_2)} q_k^{\beta_1 - 1} (1 - q_k)^{\beta_2 - 1} \mathrm{d}q_k \\ &= \int_0^1 \binom{B}{b} \frac{\Gamma(\beta_1 + \beta_2)}{\Gamma(\beta_1)\Gamma(\beta_2)} q_k^{b+\beta_1-1} (1 - q_k)^{B-b+\beta_2-1} \mathrm{d}q_k \\ &= \binom{B}{b} \frac{\Gamma(\beta_1 + \beta_2)}{\Gamma(\beta_1)\Gamma(\beta_2)} \int_0^1 q_k{}^{b+\beta_1-1} (1 - q_k)^{B-b+\beta_2-1} \mathrm{d}q_k \end{aligned} \tag{16.57}$$

Zieht man nun die allgemeine Definition

$$\int_0^1 q^{z_1-1}(1-q)^{z_2-1}\mathrm{d}q = \frac{\Gamma(z_1)\Gamma(z_2)}{\Gamma(z_1+z_2)} \qquad (\text{mit } z_1,\ z_2 > 0) \tag{16.58}$$

der **Betafunktion** (vgl. *Bronstein, Semendjajew* (1983)) heran, so führt dies über die Substitution $z_1 = b+\beta_1$ und $z_2 = B-b+\beta_2$ und mit $\beta_1,\ \beta_2 > 0$ zur gesuchten Modellgleichung

$$P(Y=b) = \binom{B}{b}\frac{\Gamma(\beta_1+\beta_2)}{\Gamma(\beta_1)\Gamma(\beta_2)} \cdot \frac{\Gamma(b+\beta_1)\Gamma(B-b+\beta_2)}{\Gamma(B+\beta_1+\beta_2)} \tag{16.59}$$

Das auf diese Weise spezifizierte **Beta-Binomial-Modell** (BB-Modell) besitzt die für die Schätzung der unbekannten Parameter β_1 und β_2 verwendbaren Momente

$$E(Y) = \frac{B\beta_1}{\beta_1+\beta_2} \tag{16.60}$$

und

$$Var(Y) = \frac{B\beta_1\beta_2(\beta_1+\beta_2+B)}{(\beta_1+\beta_2)^2(\beta_1+\beta_2+1)} \tag{16.61}$$

Mit den vorliegenden Funktionalbeziehungen kann nun die durch Gleichung 16.53 gegebene lineare Beziehung zwischen geäußerter (b) und geschätzter wahrer Kaufabsicht ($\hat{q}$) konkretisiert werden.

Sei (vgl. *Kalwani, Silk* (1982, S. 283)):

$$P(Z=q|Y=b) = \frac{\binom{B}{b}q^b(1-q)^{B-b}\cdot f(q|.)}{P(Y=b)} \tag{16.62}$$

(mit Z als der die wahre Kaufabsicht repräsentierenden Zufallsvariable) die bedingte Wahrscheinlichkeit dafür, dass ein beliebiger Konsument mit geäußerter Kaufabsicht b die wahre Kaufabsicht q besitzt. Dann berechnet sich der zugehörige bedingte Erwartungswert wie folgt:

$$E(Z=q|Y=b) = \int_0^1 q\cdot P(Z=q|Y=b)\,\mathrm{d}q$$

$$= \frac{1}{P(Y=b)}\int_0^1 q\binom{B}{b}q^b(1-q)^{B-b}\frac{\Gamma(\beta_1+\beta_2)}{\Gamma(\beta_1)\Gamma(\beta_2)}q^{\beta_1-1}(1-q)^{\beta_2-1}\mathrm{d}q$$

$$= \frac{\Gamma(B+\beta_1+\beta_2)}{\Gamma(b+\beta_1)\Gamma(B-b+\beta_2)}\int_0^1 q^{b+\beta_1}(1-q)^{B-b+\beta_2-1}\mathrm{d}q$$

$$= \frac{\Gamma(B+\beta_1+\beta_2)\Gamma(b+\beta_1+1)}{\Gamma(B+\beta_1+\beta_2+1)\Gamma(b+\beta_1)}$$

$$= \frac{\Gamma(B+\beta_1+\beta_2)(b+\beta_1)\Gamma(b+\beta_1)}{(B+\beta_1+\beta_2)\Gamma(B+\beta_1+\beta_2)\Gamma(b+\beta_1)} \tag{16.63}$$

Dies führt schließlich auf den einfachen Zusammenhang:

$$
\begin{aligned}
E(Z = q|Y = b) &= \frac{\beta_1 + b}{\beta_1 + \beta_2 + B} \\
&= \underbrace{\frac{\beta_1}{B + \beta_1 + \beta_2}}_{\theta_1} + \underbrace{\frac{1}{B + \beta_1 + \beta_2}}_{\theta_2} b \\
&=: \hat{q}
\end{aligned}
\tag{16.64}
$$

Der Schätzer $\hat{q}$ für die wahre Kaufabsicht q ist damit eine lineare Funktion (vgl. Gleichung 16.53) der aus den Kaufabsichtsdaten zu berechnenden Parameter β_1 und β_2 sowie der geäußerten Kaufabsichtskategorie b und stellt die gesuchte Näherung für die tatsächlich zu erwartende Kaufwahrscheinlichkeit dar.

Um das Modell für Prognosezwecke einsetzen, d.h. die mit einer geäußerten Kaufabsicht b korrespondierende Kaufwahrscheinlichkeit abschätzen zu können, müssen zunächst die unbekannten Parameter β_1 und β_2 aus den in der eingangs skizzierten Art und Weise erhobenen Daten berechnet werden. Hierfür kommen insbesondere zwei Ansätze infrage, nämlich die Momentenmethode und die Maximum-Likelihood-Methode.

Bei der Momentenmethode setzt man den Mittelwert und die Varianz der geäußerten Kaufabsichten ihren theoretischen, d.h. aus dem Modell abgeleiteten Pendants gleich und berechnet aus dem sich auf diese Weise ergebenden Gleichungssystem die gesuchten Parameter β_1 und β_2. Bei der Maximum-Likelihood-Methode werden die Parameter durch die Maximierung der Likelihood-Funktion

$$
f^{ML}(\beta_1, \beta_2) = \prod_{b=0}^{B} \left(\frac{\Gamma(\beta_1 + \beta_2)}{\Gamma(\beta_1)\Gamma(\beta_2)} \cdot \frac{\Gamma(b + \beta_1)\Gamma(B - b + \beta_2)}{\Gamma(B + \beta_1 + \beta_2)} \right)^{n_b}
\tag{16.65}
$$

geschätzt. Der Bezeichner n_b steht für die beobachtete Häufigkeit der Nennung von Kaufabsichtskategorie b.

Die auf diese Weise bestimmten Modellparameter ermöglichen eine vergleichsweise einfache Schätzung der kategorienspezifischen Produktkaufhäufigkeiten $\hat{h}_b$. Es gilt:

$$
\hat{h}_b = n_b \cdot \hat{q} = n_b \cdot \frac{\beta_1 + b}{\beta_1 + \beta_2 + B} \qquad \forall\, b
\tag{16.66}
$$

Der Schätzer $\hat{h}_b$ gibt somit die aufgrund der vorliegenden Daten zu erwartende Anzahl der Käufe des interessierenden Produkts in der Gruppe jener Probanden wieder, die die Kaufabsichtskategorie b geäußert haben.

Das Modell neigt allerdings bei praktischen Anwendungen dazu, das Ausmaß des Unterschieds der individuellen Kaufwahrscheinlichkeiten überzubewerten. *Wagner, Bemmaor* (1989) schlagen deshalb die Einführung einer geeigneten oberen Schranke für den Variationskoeffizienten der Verteilung der wahren Kaufabsichten vor.

Bei entsprechender Qualität der zur Verfügung stehenden Kaufabsichtsdaten ermöglicht obiges BB-Modell somit Prognosen hinsichtlich des zu erwartenden Kaufverhaltens. Die Güte dieser Prognosen ist dabei weniger von der Art des jeweils betrachteten Produkts als vielmehr von der Leistungsfähigkeit des verwendeten Schätzansatzes und dem Umfang der die Kaufabsichten äußernden Stichprobe abhängig.

16.5.3 Anwendungsbeispiel zum BB-Modell

Die Vorgehensweise bei der Parameterschätzung mittels Momentenmethode soll abschließend anhand eines kleinen Datenbeispiels demonstriert werden. Wir wollen dazu annehmen, dass eine repräsentative Befragung von Konsumenten zu den Kaufabsichten in Bezug auf ein neu auf den Markt zu bringendes Gebrauchsgut (z.B. ein neuartiges Fernsehgerät mit Flachbildschirm) die in Tabelle 16.7 zusammengestellten Daten ergeben habe.

Kaufabsichtskategorie b	Anzahl n_b der Konsumenten mit entsprechender Kaufabsicht
0 („Es besteht keine Kaufabsicht.")	714
1 („Ein Kauf ist sehr unwahrscheinlich.")	80
2 („Ein Kauf ist wahrscheinlich.")	51
3 („Ein Kauf ist sehr wahrscheinlich.")	57
4 („Es besteht eine definitive Kaufabsicht.")	98

Tabelle 16.7: *Beobachtete Anzahl der Nennung einzelner Kaufabsichtskategorien*

Hieraus können unmittelbar die beiden für die Parameterschätzung erforderlichen empirischen Momente Mittelwert $\bar{x}$ und Stichprobenvarianz $s_{\bar{x}}^2$ bestimmt werden. Bei einem Stichprobenumfang von $K = 714 + \cdots + 98 = 1.000$ gilt:

$$\bar{x} = \frac{1}{K} \cdot (714 \cdot 0 + \cdots + 98 \cdot 4) = \frac{745}{1.000} = 0,745$$

und

$$\begin{aligned} s_{\bar{x}}^2 &= \frac{1}{K-1} \sum_{b=0}^{4} n_b \cdot (b - \bar{x})^2 \\ &= \frac{1}{999} \cdot \left(714 \cdot (0 - 0,745)^2 + \cdots + 98 \cdot (4 - 0,745)^2\right) = \frac{1.809,98}{999} = 1,812 \end{aligned}$$

Aus den Gleichungen 16.60 und 16.61 ergibt sich damit das nach den gesuchten Parametern β_1 und β_2 aufzulösende Gleichungssystem

$$\begin{aligned} \bar{x} &\overset{!}{=} \frac{B\beta_1}{\beta_1 + \beta_2} \\ s_{\bar{x}}^2 &\overset{!}{=} \frac{B\beta_1\beta_2(\beta_1 + \beta_2 + B)}{(\beta_1 + \beta_2)^2(\beta_1 + \beta_2 + 1)} \end{aligned}$$

Mit den Daten aus unserem Beispiel liefern die Gleichungen

$$\begin{aligned} 0,745 &= \frac{4\beta_1}{\beta_1+\beta_2} \qquad \text{und} \\ 1,812 &= \frac{4\beta_1\beta_2(\beta_1+\beta_2+4)}{(\beta_1+\beta_2)^2(\beta_1+\beta_2+1)} \end{aligned}$$

über

$$\bar{x} = \frac{B\beta_1}{\beta_1+\beta_2} \qquad \Rightarrow \qquad \beta_2 = \beta_1 \frac{B-\bar{x}}{\bar{x}} = \beta_1 \cdot 4,37$$

bzw.

$$s_{\bar{x}}^2 = \frac{B\beta_1\beta_1 \cdot \frac{B-\bar{x}}{\bar{x}}(\beta_1 + \beta_1\frac{B-\bar{x}}{\bar{x}} + B)}{(\beta_1 + \beta_1\frac{B-\bar{x}}{\bar{x}})^2(\beta_1 + \beta_1\frac{B-\bar{x}}{\bar{x}} + 1)}$$

und

$$1,812 = \frac{4 \cdot \beta_1^2 \cdot 4,37 \cdot (\beta_1 + \beta_1 \cdot 4,37 + 4)}{(\beta_1 + 4,37 \cdot \beta_1)^2 \cdot (\beta_1 + 4,37 \cdot \beta_1 + 1)}$$

schließlich die beiden Schätzer:

$$\hat{\beta}_1 = 0,0946 \qquad \text{und} \qquad \hat{\beta}_2 = 0,4134$$

Damit erhalten wir als Schätzfunktion für die wahre Kaufabsicht die Beziehung:

$$\hat{q} = \frac{0,0946}{4,508} + \frac{1}{4,508}b = 0,0210 + 0,2218\,b$$

Um einen Eindruck von der Güte der erzielten Modellanpassung zu erhalten, wollen wir unter Verwendung obiger Parameter die geschätzten Häufigkeiten $\hat{n}_b$ der Nennung der einzelnen Kaufabsichtskategorien bestimmen.

Die manuelle Berechnung der Schätzer $\hat{n}_b$ mit

$$\hat{n}_b = P(Y=b) \cdot K \qquad \text{für } b = 0,1,\ldots,B \tag{16.67}$$

macht aber zunächst eine Umformulierung der Modellgleichung 16.59 erforderlich.

Mit

$$P(Y=b) = \binom{B}{b} \frac{\Gamma(\beta_1+\beta_2)\,\Gamma(b+\beta_1)\,\Gamma(B-b+\beta_2)}{\Gamma(\beta_1)\,\Gamma(\beta_2)\,\Gamma(B+\beta_1+\beta_2)} \tag{16.68}$$

und

$$\frac{\Gamma(b+z)}{\Gamma(z)} = \prod_{l=1}^{b}(b+z-l) = \prod_{l=0}^{b-1}(l+z) \qquad (z \in \mathbb{R}^+,\ b \in \mathbb{N}) \tag{16.69}$$

gilt auch:

$$P(Y=b) = \frac{B!}{b!\,(B-b)!} \cdot \frac{\Gamma(b+\beta_1)}{\Gamma(\beta_1)} \cdot \frac{\Gamma(B-b+\beta_2)}{\Gamma(\beta_2)} \cdot \frac{\Gamma(\beta_1+\beta_2)}{\Gamma(B+\beta_1+\beta_2)}$$

$$= \frac{B!}{b!\,(B-b)!} \cdot \prod_{l=0}^{b-1}(l+\beta_1) \cdot \prod_{l=0}^{B-b-1}(l+\beta_2) \cdot \left(\prod_{l=0}^{B-1}(l+\beta_1+\beta_2)\right)^{-1} \qquad (16.70)$$

In unserem Beispiel erhalten wir dann für die 0-Klasse:

$$\hat{P}(Y=0) = \frac{4!}{0!\,(4-0)!} \cdot 1 \cdot \prod_{l=0}^{4-0-1}(l+0,4134) \cdot \left(\prod_{l=0}^{4-1}(l+0,508)\right)^{-1}$$

$$= 1 \cdot 1 \cdot (0,4134 \cdot 1,4134 \cdot 2,4134 \cdot 3,4134) \cdot \frac{1}{0,508 \cdot 1,508 \cdot 2,508 \cdot 3,508}$$

$$= 4,8134 \cdot \frac{1}{6,7399} = 0,7142$$

Die Berechnung der BB-Wahrscheinlichkeiten für $b = 1, \ldots, 4$ verläuft analog und liefert die in Tabelle 16.8 wiedergegebenen Schätzer für $\hat{n}_b$.

b	0	1	2	3	4
$\hat{P}(Y=b)$	0,7142	0,0792	0,0539	0,0532	0,0996
$\hat{n}_b = \hat{P}(Y=b) \cdot K$	714,2	79,2	53,9	53,2	99,6

Tabelle 16.8: *Geschätzte Anzahl der Nennungen einzelner Kaufabsichtskategorien*

Ein erster visueller Vergleich der Schätzwerte mit den für die Modellkalibrierung herangezogenen Ausgangsdaten signalisiert eine durchaus zufrieden stellende Anpassungsgüte. Der kritische Wert $\chi^{2\,krit}$ eines Chi-Quadrat-Anpassungstests bei einer Irrtumswahrscheinlichkeit von $\alpha = 0,01$ und $FG = 5 - 2 - 1 = 2$ Freiheitsgraden beträgt der Tabellierung im Anhang zufolge 9,21. Die Nullhypothese, dass die beobachteten Klassenhäufigkeiten durch das BB-Modell zu beschreiben sind, kann somit nicht zurückgewiesen werden, da $\chi^{2\,emp} = 0,4613 < 9,21 = \chi^{2\,krit}$.

Akzeptiert man die erzielte Anpassungsgüte, was wir im vorliegenden Fall tun wollen, so können mit der zur Verfügung stehenden Parameterkonstellation die Schätzer $\hat{q}$ für die „wahre" Kaufabsicht in den einzelnen Kaufabsichtskategorien sowie die eigentlich interessierenden, zu erwartenden kategorienspezifischen Produktkaufhäufigkeiten $\hat{h}_q$ gemäß Gleichung 16.66 bestimmt und für die weitere Marketingplanung herangezogen werden. Die entsprechenden Resultate unseres Datenbeispiels finden sich in Tabelle 16.9.

b	0	1	2	3	4
$\hat{q}$	0,0210	0,2428	0,4646	0,6864	0,9082
$\hat{h}_q = n_b \cdot \hat{q}$	14,99	19,42	23,69	39,12	89,00

Tabelle 16.9: *Geschätzte kategorienspezifische Produktkaufhäufigkeiten*

Auf Basis der tabellierten Daten kann zumindest für die herangezogene Stichprobe davon ausgegangen werden, dass beispielsweise von den 57 Probanden mit Kaufabsichtskategorie 3 („Ein Kauf ist sehr wahrscheinlich.“) ca. 39 das Produkt tatsächlich auch kaufen werden. Und sogar aus der großen Gruppe der Probanden ohne (geäußerte) Kaufabsicht werden sich voraussichtlich immerhin noch ca. 15 Personen zum Kauf des Produkts entschließen.

16.6 Kritische Würdigung der Modelle

Zusammenfassend ist festzuhalten, dass die in diesem Kapitel vorgestellten stochastischen Modelle zur Analyse des Käuferverhaltens auf Konsumgütermärkten bei richtiger Anwendung ein leistungsstarkes, gleichzeitig aber auch mathematisch mitunter anspruchsvolles Instrumentarium der quantitativen Marketingforschung darstellen. Die Erfahrungen der Autoren zeigen, dass die Verantwortlichen in der Marketingpraxis ein wachsendes Interesse an einer modellbasierten Entscheidungsunterstützung entwickeln. Auch haben sich die betrieblichen Rahmenbedingungen für den Einsatz quantitativer Modelle in den letzten Jahren deutlich verbessert. Durch gesteigerte Prozessorleistungen können mittlerweile rechenintensive Kalibrierungsalgorithmen, beispielsweise für Maximum-Likelihood-Schätzungen, problemlos auf den üblicherweise in Unternehmen vorhandenen PC in vertretbarer Zeit ausgeführt werden. Zudem werden die einschlägigen Softwarepakete kontinuierlich hinsichtlich ihres Funktionsumfangs verbessert, so dass sich der Implementationsaufwand für den Marketingforscher weitgehend auf datenvorbereitende Maßnahmen, z.B. die Imputation fehlender Werte, beschränkt.

Eine viel versprechende Form der Unterstützung sowohl in der Modellauswahl als auch in der Interpretation der Resultate ermöglichen einschlägige Expertensysteme, wie sie beispielsweise in *Gaul, Schader (Hrsg.)* (1994) und *Wierenga, Bruggen* (2000) vorgestellt werden. Mit dieser Entwicklung einhergehend ist auch der Kenntnisstand des Marketingmanagement über Möglichkeiten und Grenzen der Modellierung des Käuferverhaltens in den vergangenen Jahren gestiegen, da quantitative Marketingmodelle, wenn auch in unterschiedlichem Ausmaß, bereits heute an vielen Hochschulen zu einem elementaren Bestandteil der Ausbildung geworden sind. Abschließend bleibt der Appell an den Leser, die vorgestellten Methoden und Modelle zu nutzen und weiterzuentwickeln.

„START YOUR ENGINES: GEAR UP FOR CHALLENGES AHEAD WITH INNOVATIVE MARKETING RESEARCH PRODUCTS AND SERVICES.“

Wind (1997)

Literaturverzeichnis

Aaker, D. A.; V. Kumar; G. S. Day (1998): Marketing Research, 6th ed., New York, Wiley.

Aamodt, A.; M. Nygård (1995): Different Roles and Mutual Dependencies of Data, Information and Knowledge, Data and Knowledge Engineering, Vol. 16, No. 3, 191 – 222.

ADM; ASI; BVM; DGOF (Hrsg.) (2001): Standards zur Qualitätssicherung für Online-Befragungen, Reihe Mehrwert durch Qualität.

Agrawal, R.; T. Imielinski; A. Swami (1993): Mining Association Rules between Sets of Items in Large Databases, in: Proceedings of the 1993 ACM SIGMOD International Conference on Management of Data, Washington, 207 – 216.

Agrawal, R.; H. Mannila; R. Srikant; H. Toivonen; A. I. Verkamo (1996): Fast Discovery of Association Rules, in: Fayyad, U. M.; G. Piatetsky-Shapiro; P. Smyth; R. Uthurusamy (Eds.): Advances in Knowledge Discovery and Data Mining, Menlo Park, AAAI/MIT Press, 307 – 328.

Agrawal, R.; R. Srikant (1994): Fast Algorithms for Mining Association Rules, in: Proceedings of the 20th International Conference on Very Large Databases, Santiago de Chile, 487 – 499.

Alpar, P. (1991): Knowledge-Based Modeling of Marketing Managers' Problem Solving Behavior, International Journal of Research in Marketing, Vol. 8, No. 1, 5 – 16.

Amemiya, T. (1985): Advanced Econometrics, Oxford, Basil Blackwell.

APA (1974): Standards for Educational and Psychological Tests, American Psychological Association, Washington.

Augustin, S. (1990): Information als Wettbewerbsfaktor: Informationslogistik – Herausforderung an das Management, Köln, Verlag TÜV Rheinland.

Aust, E. (1996): Simultane Conjointanalyse, Benefitsegmentierung, Produktlinien- und Preisgestaltung, Frankfurt, Lang.

Axhausen, S. (1995): Projektive Verfahren, in: Roth, E. (Hrsg.): Sozialwissenschaftliche Methoden: Lehr- und Handbuch für Forschung und Praxis, 4. Aufl., München, Oldenbourg, 461 – 478.

Backhaus, K. (1997): Industriegütermarketing, 5. Aufl., München, Vahlen.

Backhaus, K.; B. Erichson; W. Plinke; R. Weiber (2000): Multivariate Analysemethoden – Eine anwendungsorientierte Einführung, 9. Aufl., Berlin, Springer.

Bagozzi, R. P. (1980): Causal Models in Marketing, New York, Wiley.

Bagozzi, R. P. (1984): A Prospectus for Theory Construction in Marketing, Journal of Marketing, Vol. 48, No. 1, 11 – 29.

Bagozzi, R. P. (1994): Structural Equation Models in Marketing Research: Basic Principles, in: Bagozzi, R. P. (Ed.): Principles of Marketing Research, Cambridge, Blackwell, 317 – 385.

Bagozzi, R. P.; H. Baumgartner (1994): The Evaluation of Structural Equation Models and Hypothesis Testing, in: Bagozzi, R. P. (Ed.): Principles of Marketing Research, Cambridge, Blackwell, 386 – 422.

Baier, D. (1994): Konzipierung und Realisierung einer Unterstützung des kombinierten Einsatzes von Methoden bei der Positionierungsanalyse, Frankfurt, Lang.

Bamberg, G.; F. Baur (2001): Statistik, 11. Aufl., München, Oldenbourg.

Bamberg, G.; A. G. Coenenberg (2000): Betriebswirtschaftliche Entscheidungslehre, 10. Aufl., München, Vahlen.

Banerjee, A. K.; G. K. Bhattacharyya (1976): A Purchase Incidence Model with Inverse Gaussian Interpurchase Times, Journal of the American Statistical Association, Vol. 71, No. 356, 823 – 829.

Bankhofer, U. (1995): Unvollständige Daten- und Distanzmatrizen in der Multivariaten Datenanalyse, Bergisch Gladbach, Eul.

Bankhofer, U.; A. Hilbert (1997): Statistical Software Packages for Windows: A Market Survey, Statistical Papers, Vol. 38, 393 – 407.

Bankhofer, U.; S. Praxmarer (1998): Zur Behandlung fehlender Daten in der Marktforschungspraxis, Marketing ZFP, Jg. 20, Heft 2, 109 – 119.

Barabba, V. P.; G. Zaltman (1991): Hearing the Voice of the Market, Competitive Advantage through Creative Use of Market Information, Harvard Business School Press, Boston.

Bass, F. M. (1995): Empirical Generalizations and Marketing Science: A Personal View, Marketing Science, Vol. 14, No. 3 (Part 2), G6 – G19.

Bass, F. M.; M. M. Givon; M. U. Kalwani; D. Reibstein; G. P. Wright (1984): An Investigation into the Order of the Brand Choice Process, Marketing Science, Vol. 3, No. 4, 267 – 287.

Bass, F. M.; J. Wind (1995): Introduction to the Special Issue: Empirical Generalizations in Marketing, Marketing Science, Vol. 14, No. 3 (Part 2), G1 – G5.

Batinic, B.; A. Werner; L. Gräf; W. Bandilla (Hrsg.) (1999): Online-Research: Methoden, Anwendungen und Ergebnisse, Göttingen, Hogrefe.

Bates, B. (2000): ESOMAR Annual Study on the Market Research Industry 1999, ESOMAR, Amsterdam.

Bausch, T. (1990): Stichprobenverfahren in der Marktforschung, München, Vahlen.

Bawa, K. (1990): Modeling Inertia and Variety Seeking Tendencies in Brand Choice Behavior, Marketing Science, Vol. 9, No. 3, 263 – 278.

Bayardo, R. J.; R. Agrawal (1999): Mining the Most Interesting Rules, in: Proceedings of the 5th ACM SIGKDD International Conference on Knowledge Discovery and Data Mining, 145 – 154.

Bayer, J.; R. Harter (1991): „Miner“, „Manager“, and „Researcher“: Three Modes of Analysis of Scanner Data, International Journal of Research in Marketing, Vol. 8, No. 1, 17 – 27.

Bearden, W. O; R. G. Netemeyer (1999): Handbook of Marketing Scales: Multi-Item Measures for Marketing and Consumer Behavior Research, 2nd ed., Thousand Oaks, Sage.

Bechtel, G. G. (1990): Share-Ratio Estimation of the Nested Multinomial Logit Model, Journal of Marketing Research, Vol. 27, May, 232 – 237.

Bechtloff, V. (1993): Computergestützte Befragungssysteme bei der Datenerhebung und ihr praktischer Einsatz in der Bundesrepublik Deutschland, Münster, Lit.

Behrens, G. (1995): Verhaltenswissenschaftliche Grundlagen des Marketing, in: Tietz, B.; R. Köhler; J. Zentes (Hrsg.): Handwörterbuch des Marketing, 2. Aufl., Stuttgart, Schäffer-Poeschel, 2544 – 2564.

Bell, D. E.; R. L. Keeney; J. D. C. Little (1975): A Market Share Theorem, Journal of Marketing Research, Vol. 12, May, 136 – 141.

Ben-Akiva, M.; S. R. Lerman (1985): Discrete Choice Analysis: Theory and Application to Travel Demand, Cambridge, M.I.T. Press.

Berekoven, L. (1995): Erfolgreiches Einzelhandelsmarketing: Grundlagen und Entscheidungshilfen, 2. Aufl., München, Beck.

Berekoven, L.; W. Eckert; P. Ellenrieder (1999): Marktforschung, 8. Aufl., Wiesbaden, Gabler.

Berthel, J. (1992): Informationsbedarf, in: Frese, E. (Hrsg.): Handwörterbuch der Organisation, 3. Aufl., Sp. 872 – 886.

Bettman, J. R. (1979): An Information Processing Theory of Consumer Choice, Reading, Addison-Wesley.

Beutelmeyer, W.; G. Kaplitza (1995): Sekundäranalyse, in: Roth, E. (Hrsg.): Sozialwissenschaftliche Methoden: Lehr- und Handbuch für Forschung und Praxis, 4. Aufl., München, Oldenbourg, 295 – 310.

Beys, O. (1994): PANELYSER – Ein Beitrag zur effizienten Analyse von Paneldaten mit Hilfe wissensbasierter Elemente, Dissertation, Universität Erlangen-Nürnberg.

Bitner, M. J.; B. Booms; M. Tetreault (1990): The Service Encounter – Diagnosing Favorable and Unfavorable Incidents, Journal of Marketing, Vol. 54, No. 1, 71 – 84.

Blasius, J.; K.-H. Reuband (1996): Postalische Befragungen in der empirischen Sozialforschung: Ausschöpfungsquoten und Antwortqualität, Planung & Analyse, Heft 1, 35 – 41.

Blattberg, R. C.; S. K. Sen (1973): An Evaluation of the Application of Minimum Chi-Square Procedures to Stochastic Models of Brand Choice, Journal of Marketing Research, Vol. 10, November, 421 – 427.

Bleymüller, J.; G. Gehlert; H. Gülicher (1996): Statistik für Wirtschaftswissenschaftler, 10. Aufl., München, Vahlen.

Blossfeld, H.-P.; A. Hamerle; K. U. Mayer (1986): Ereignisanalyse, Statistische Theorie und Anwendung in den Wirtschafts- und Sozialwissenschaften, Frankfurt, Campus.

Böckenholt, I.; M. Both; W. Gaul (1989): A Knowledge-Based System for Supporting Data Analysis Problems, Decision Support Systems, Vol. 5, 345 – 354.

Böcker, F. (1978): Die Bestimmung der Kaufverbundenheit von Produkten, Berlin, Duncker & Humblot.

Böhler, H. (1992): Marktforschung, 2. Aufl., Stuttgart, Kohlhammer.

Böhler, H. (1995): Marktforschung, in: Tietz, B.; R. Köhler; J. Zentes (Hrsg.): Handwörterbuch des Marketing, 2. Aufl., Stuttgart, Schäffer-Poeschel, 1768 – 1781.

Bogner, W.; M. Mayer (2000): Die Validität von Onlinebefragungen II – Land in Sicht?, Planung & Analyse, Heft 1, 50 – 55.

Bollinger, T. (1996): Assoziationsregeln – Analyse eines Data Mining Verfahrens, Informatik Spektrum, Jg. 19, Nr. 5, 257 – 261.

Bordemann, H.-G. (1985): Analyse von Verbundbeziehungen zwischen Sortimentsteilen im Einzelhandel – Ein Ansatz zur Erfassung und empirischen Bestimmung von Verbundbeziehungen auf der Basis von automatischen Warenwirtschaftssystemen im Einzelhandel, Dissertation, Duisburg.

Borg, I. (1992): Grundlagen und Ergebnisse der Facettentheorie, Bern, Huber.

Borg, I.; P. Gronen (1997): Modern Multidimensional Scaling: Theory and Applications, New York, Springer.

Borg, I.; T. Staufenbiel (1997): Theorien und Methoden der Skalierung: Eine Einführung, 3. Aufl., Bern, Huber.

Bortz, J.; N. Döring (1995): Forschungsmethoden und Evaluation, 2. Aufl., Berlin, Springer.

Bortz, J.; G. A. Lienert; K. Boehnke (2000): Verteilungsfreie Methoden der Biostatistik, 2. Aufl., Berlin, Springer.

Bowley, A. L.; A. R. Burnett-Hurst (1915): Livelihood and Poverty, London, Bell.

Brabänder, E.; A. Theobald (1998): Möglichkeiten der Sekundär- und Primärmarktforschung im Internet, Kaiserslauterer Schriftenreihe Marketing, Heft 6/98, Lehrstuhl für Marketing, Universität Kaiserslautern.

Brin, S.; R. Motwani; J. D. Ullman; S. Tsur (1997): Dynamic Itemset Counting and Implication Rules for Market Basket Data, in: Proceedings of the 1997 ACM SIGMOD International Conference on Management of Data, Tuscon, 255 – 264.

Bronstein, I. N.; K. A. Semendjajew (1983): Taschenbuch der Mathematik, 20. Aufl., Thun, Deutsch.

Brown, W. (1909): Some Experimental Results in the Correlation of Mental Abilities, British Journal of Psychology, Vol. 3., 296 – 322.

Bruhn, M.; B. Murmann (1998): Nationale Kundenbarometer: Messung von Qualität und Zufriedenheit; Methodenvergleich und Entwurf eines Schweizer Kundenbarometers, Wiesbaden, Gabler.

Buckley, P. G. (1988): Nested Multinomial Logit Analysis of Scanner Data for a Hierarchical Choice Model, Journal of Business Research, Vol. 17, 133 – 154.

Bucklin, R. E.; S. Gupta (1992): Brand Choice, Purchase Incidence, and Segmentation: An Integrated Modeling Approach, Journal of Marketing Research, Vol. 29, May, 201 – 215.

Büning, H.; G. Haedrich; H. Kleinert; A. Kuß; B. Streitberg (1981): Operationale Verfahren der Markt- und Sozialforschung – Datenerhebung und Datenanalyse, Berlin, de Gruyter.

Büning, H.; G. Trenkler (1994): Nichtparametrische statistische Methoden, 2. Aufl., Berlin, de Gruyter.

Bult J. R.; P. S. H. Leeflang; D. R. Wittink (1997): The Relative Performance of Bivaiate Causality Tests in Small Samples, European Journal of Operational Research, Vol. 97, 450 – 464.

Bultez, A. V.; P. A. Naert (1975): Consistent Sum-Constrained Models, Journal of the American Statistical Association, Vol. 70, No. 351, Part I, 529 – 535.

Bunch, D. S.; R. R. Batsell (1989): A Monté Carlo Comparison of Estimators for the Multinomial Logit Model, Journal of Marketing Research, Vol. 26, February, 56 – 68.

Bunge, M. A. (1967): Scientific Research, Vol. I und II, Berlin, Springer.

Bush, R. R.; F. Mosteller (1955): Stochastic Models for Learning, New York, Wiley.

Cadotte, E. R.; R. B. Woodruff; R. L. Jenkins (1987): Expectations and Norms in Models of Consumer Satisfaction, Journal of Marketing Research, Vol. 24, August, 305 – 314.

Caglayan, A. K.; C. G. Harrison (1998): Intelligente Software-Agenten: Grundlagen, Technik und praktische Anwendung im Unternehmen, München, Hanser.

Campbell, D. T.; D. W. Fiske (1959): Convergent and Discriminant Validation by the Multitrait-Multimethod Matrix, Psychological Bulletin, Vol. 56, March, 81 – 105.

Carpenter, G. S.; L. G. Cooper; D. M. Hanssens; D. F. Midgley (1988): Modeling Asymmetric Competition, Marketing Science, Vol. 7, No. 4, 393 – 412.

Chandrashekaran, M.; B. A. Walker (1993): Meta-Analysis with Heteroscedastic Effects, Journal of Marketing Research, Vol. 30, May, 246 – 255.

Chatfield, C.; G. J. Goodhardt (1973): A Consumer Purchasing Model with Erlang Inter-Purchase Times, Journal of the American Statistical Association, Vol. 68, No. 344, 828 – 835.

Chatfield, C.; G. J. Goodhardt (1975): Results Concerning Brand Choice, Journal of Marketing Research, Vol. 12, February, 110 – 113.

Chintagunta, P. K.; D. C. Jain; N. J. Vilcassim (1991): Investigating Heterogeneity in Brand Preferences in Logit Models for Panel Data, Journal of Marketing Research, Vol. 28, November, 417 – 428.

Churchill, G. A. (1979): A Paradigm for Developing Better Measures of Marketing Constructs, Journal of Marketing Research, Vol. 16, February, 64 – 73.

Churchill, G. A. (1996): Basic Marketing Research, 3rd ed., Fort Worth, Dryden Press.

Churchill, G. A. (1999): Marketing Research: Methodological Foundations, 7th ed., Fort Worth, Dryden Press.

Churchill, G. A.; N. M. Ford; S. W. Hartley; O. C. Walker (1985): The Determinants of Salesperson Performance: A Meta-Analysis, Journal of Marketing Research, Vol. 22, May, 103 – 118.

Churchill, G. A.; C. Suprenant (1982): An Investigation into the Determinants of Customer Satisfaction, Journal of Marketing Research, Vol. 19, November, 491 – 504.

Çinlar, E. (1975): Introduction to Stochastic Processes, Englewood Cliffs, Prentice-Hall.

Cliff, N. (1988): The Eigenvalues-Greater-than-One Rule and the Reliability of Components, Psychological Bulletin, Vol. 103, No. 2, 276 - 279.

Colombo, R. A.; D. G. Morrison; R. F. Bordley; J. D. Greene (1989): A Brand Switching Model with Implications for Marketing Strategies, Marketing Science, Vol. 8, No. 1, 89 – 106.

Cooper, L. G. (1993): Market-Share Models, in: Eliashberg, J.; G. L. Lilien (Eds.): Marketing, Vol. 5, Amsterdam, North-Holland, 259 – 314.

Cooper, L. G.; M. Nakanishi (1988): Market-Share Analysis – Evaluating Competitive Marketing Effectiveness, Boston, Kluwer.

Cox, D. R. (1972): Regression Models and Life-Tables (with discussion), Journal of the Royal Statistical Society, Vol. 34, Series B: Methodological, No. 5, 187 – 220.

Craig, C. S.; S. P. Douglas (2000): International Marketing Research: Concepts and Methods, Chichester, Wiley.

Cronbach, L. J. (1951): Coefficient Alpha and the Internal Structure of Tests, Psychometrika, Vol. 16, No. 3, 297 – 334.

Cronbach, L. J. (1990): Essentials of Psychological Testing, 5th ed., New York, Harper & Row.

Cronbach, L., J.; G. C. Gleser (1965): Psychological Tests and Personnel Decisions, 2nd ed., Urbana, University of Illinois Press.

Cronbach, L., J.; N. Rajaratnam; G. C. Gleser (1963): Theory of Generalizability: Liberalisation of Reliability Theory, British Journal of Statistical Psychology, Vol. 16, 137 – 163.

Cureton, E. E. (1971): The Stability Coefficient, Educational and Psychological Measurement, Vol. 31, 45 – 55.

Curry, D. J. (1993): The New Marketing Research Systems, New York, Wiley & Sons.

Curry, B.; L. Moutinho (1993): Neural Networks in Marketing: Modelling Consumer Responses to Advertising Stimuli, European Journal of Marketing, Vol. 27, No. 7, 5 – 20.

Czienskowski, U. (1996): Wissenschaftliche Experimente: Planung, Auswertung, Interpretation, Weinheim, Beltz.

Dahan, E.; K. Srinivasan (2000): The Predictive Power of Internet-based Product Concept Testing using Visual Depiction and Animation, Journal of Product Innovation Management, Vol. 17, No. 2, 99 – 109.

Decker, R. (1994a): Analyse und Simulation des Kaufverhaltens auf Konsumgütermärkten, Frankfurt, Lang.

Decker, R. (1994b): Ein wissensbasiertes System zur Kaufverhaltensanalyse – WIMDAS-KVA, in: Gaul, W.; M. Schader (Hrsg.): Wissensbasierte Marketing-Datenanalyse, Frankfurt, Lang, 113 – 144.

Decker, R.; C. Bornemeyer (2000): Produktliniengestaltung, in: Albers, S.; A. Herrmann (Hrsg.): Handbuch Produktmanagement, Wiesbaden, Gabler, 531 – 551.

Decker, R.; C. Bornemeyer; T. Temme; R. Wagner (2000): Marktforschung – Eine einführende Darstellung für hochschulinterne Verwertungsgesellschaften, Arbeitsbericht Nr. 2, Lehrstuhl für Betriebswirtschaftslehre und Marketing, Fakultät für Wirtschaftswissenschaften, Universität Bielefeld.

Decker, R.; W. Gaul (1989): Classification and Selection of Consumer Purchase Behaviour Models, in: Opitz, O. (Ed.): Conceptional and Numerical Analysis of Data, Berlin, Springer, 389 – 398.

Decker, R.; W. Gaul (1990): Einige Bemerkungen über Expertensysteme für Marketing und Marktforschung, Marketing ZFP, Jg. 12, Heft 4, 257 – 271.

Decker, R.; W. Gaul; M. Röhle (1994): Berücksichtigung von Kaufvergangenheiten bei der Markenwahl, Der Markt, Jg. 33, Heft 2, 80 – 87.

Decker, R.; M. Röhle; U. Wagner (1997): Modellgestützte Marketing-Mix-Planung unter Berücksichtigung von Konkurrenzeffekten, Zeitschrift für Betriebswirtschaft, Jg. 67, Nr. 11, 1167 – 1187.

Decker, R.; H. Schimmelpfennig (2001): Assoziationskoeffizienten und Assoziationsregeln als Instrumente der Verbundmessung – Eine vergleichende Betrachtung, Diskussionspapier Nr. 473, Fakultät für Wirtschaftswissenschaften, Universität Bielefeld.

Decker, R.; A. Stumpf (1995): Prognose von Kaufwahrscheinlichkeiten auf Basis geäußerter Kaufabsichten, in: Baier, D.; R. Decker (Hrsg.): Marketingprobleme – Innovative Lösungsansätze aus Forschung und Praxis, Regensburg, Roderer, 73 – 80.

Decker, R.; R. Wagner (2000): Log-lineare Modelle und Logit, in: Herrmann, A.; C. Homburg (Hrsg.): Marktforschung: Methoden, Anwendungen, Praxisbeispiele, 2. Aufl., Wiesbaden, Gabler, 549 – 578.

Decker, R.; R. Wagner (2001a): Data Mining, in: H. Diller (Hrsg.): Vahlens Großes Marketing Lexikon, 2. Aufl., München, Beck/Vahlen, 255 – 256.

Decker, R.; R. Wagner (2001b): Data Warehouse, in: H. Diller (Hrsg.): Vahlens Großes Marketing Lexikon, 2. Aufl., München, Beck/Vahlen, 257 – 258.

Decker, R.; R. Wagner (2001c): Online Analytical Processing, in: H. Diller (Hrsg.): Vahlens Großes Marketing Lexikon, 2. Aufl., München, Beck/Vahlen, 1220.

Decker, R.; R. Wagner (2001d): Marketinginformationssysteme, in: H. Diller (Hrsg.): Vahlens Großes Marketing Lexikon, 2. Aufl., München, Beck/Vahlen, 982 – 984.

Decker, R.; R. Wagner; N. Knauff (1998): Data Warehouse – Ein Instrument für Marktforschung und Management?, Marktforschung & Management, Jg. 42, Heft 5, 172 – 176.

Decker, R.; R. Wagner; T. Temme (2000): Fehlende Werte in der Marktforschung, in: Herrmann, A.; C. Homburg (Hrsg.): Marktforschung: Methoden, Anwendungen, Praxisbeispiele, 2. Aufl., Wiesbaden, Gabler, 79 – 98.

Decker, R.; F. Wartenberg (1994): Neue Wege der Wettbewerbsanalyse im Einzelhandel, Markenartikel, Jg. 56, Heft 2, 46 – 51.

Delmas, D.; D. Levy (1998): Consumer Panels, in: McDonald, C.; P. Vangelder (Eds.): The ESOMAR Handbook of Market and Opinion Research, 4th ed., Amsterdam, ESOMAR, 273 – 317.

DeSarbo, W. S.; A. Ansari; P. K. Chintagunta; C. Himmelberg; K. Jedidi; R. Johnson; W. A. Kamakura; P. Lenk; K. Srinivasan; M. Wedel (1997): Representing Heterogeneity in Consumer Response Models, Marketing Letters, Vol. 8, No. 3, 335 – 348.

Dillman, D. A. (1978): Mail and Telephone Surveys: The Total Design Method, New York, Wiley.

Dillon, W. R.; T. J. Madden; N. H. Firtle (1990): Marketing Research in a Marketing Environment, 2nd ed., Homewood, Irwin.

Dinkelbach, W. (1993): Entscheidungstheorie, in: Wittmann, W.; W. Kern; R. Köhler; H.-U. Küpper; K. v. Wysocki (Hrsg.): Handwörterbuch der Betriebswirtschaft, 5. Aufl., Teilband 1, Stuttgart, Schäffer-Poeschel, 929 – 943.

Dobson, G.; S. Kalish (1988): Positioning and Pricing a Product Line, Marketing Science, Vol. 7, No. 2, 107 – 125.

Dorffner, G. (1991): Konnektionismus: von neuronalen Netzwerken zu einer „natürlichen" KI, Stuttgart, Teubner.

Douglas, S. P.; C. S. Craig (1986): International Marketing Research, Englewood Cliffs, Prentice-Hall.

Driver, J. C. (1986): Modelling with Linear Learning, European Journal of Marketing, Vol. 20, No. 3/4, 35 – 43.

Dunn, R.; S. Reader; N. Wrigley (1983): An Investigation of the Assumptions of the NBD Model as Applied to Purchasing at Individual Stores, Applied Statistics, Vol. 32, No. 3, 249 – 259.

Eberhard, K. (1987): Einführung in die Erkenntnis- und Wissenschaftstheorie, Stuttgart, Kohlhammer.

Efron, B.; R. J. Tibshirani (1993): An Introduction to the Bootstrap, New York, Chapman & Hall.

Ehrenberg, A. S. C. (1959): The Pattern of Consumer Purchases, Applied Statistics, Vol. 8, No. 1, 26 – 41.

Ehrenberg, A. S. C. (1988): Repeat Buying: Facts, Theory and Applications, 2nd ed., London, Griffin.

Ehrenberg, A. S. C. (1994): Theory or Well-Based Results: Which Comes First?, in: Laurent, G.; G. L. Lilien; B. Pras (Eds.): Research Traditions in Marketing, Boston, Kluwer, 79 – 108.

Eichhorn, W. (1972): Die Begriffe Modell und Theorie in der Wirtschaftswissenschaft – Teil 1 und 2, WiSt – Wirtschaftswissenschaftliches Studium, Jg. 1, Heft 7 und 8, 281 – 288 und 335 – 344.

Eichner, K.; W. Habermehl (1982): Ergebnis einer empirischen Untersuchung zur Repräsentativität postalischer Befragungen, Kölner Zeitschrift für Soziologie und Sozialpsychologie, Jg. 34, 117 – 126.

Engelhardt, W. H. (1976): Erscheinungsformen und absatzpolitische Probleme von Angebots- und Nachfrageverbunden, Zeitschrift für betriebswirtschaftliche Forschung, Jg. 28, Heft 2, 77 – 90.

Engelhardt, W. H. (1995): Investitionsgütermarketing, in: Tietz, B.; R. Köhler; J. Zentes (Hrsg.): Handwörterbuch des Marketing, 2. Aufl., Stuttgart, Schäffer-Poeschel, 1056 – 1067.

Erdmann, A. (1996): Neue Chancen durch Virtual-Reality-unterstützte Car Clinics, Planung & Analyse, Heft 5, 46 – 51.

Erichson, B. (1992): Elektronische Panelforschung, in: Hermanns, A.; V. Flegel (Hrsg.): Handbuch des Electronic Marketing, München, Beck, 183 – 215.

Erichson, B. (1995): Experimente, in: Tietz, B.; R. Köhler; J. Zentes (Hrsg.): Handwörterbuch des Marketing, 2. Aufl., Stuttgart, Schäffer-Poeschel, 639 – 654.

Ertel, W. (2001): Angewandte Kryptographie, München, Hanser.

Exton, H. (1976): Multiple Hypergeometric Functions and Applications, Chichester, Ellis Horwood.

Fader, P. S.; B. G. S. Hardie (1996): Modeling Consumer Choice Among SKUs, Journal of Marketing Research, Vol. 33, November, 442 – 452.

Fahrmeir, L.; A. Hamerle; C. Tutz (Hrsg.) (1996): Multivariate statistische Verfahren, Berlin, de Gruyter.

Fahrmeir, L.; H. L. Kaufmann; F. Ost (1981): Stochastische Prozesse: Eine Einführung in Theorie und Anwendungen, München, Hanser.

Farley, J. U.; D. R. Lehmann (1986): Meta-Analysis in Marketing: Generalization of Response Models, Lexington, Lexington Books.

Farley, J. U.; D. R. Lehmann; M. J. Ryan (1981): Generalizing Form „Imperfect" Replication, Journal of Business, Vol. 54, October, 597 – 610.

Feinberg, F. M.; B. E. Kahn; L. McAlister (1994): Implications and Relative Fit of Several First-Order Markov Models of Consumer Variety Seeking, European Journal of Operational Research, Vol. 76, No. 2, 309 – 320.

Feldt, L. S.; D. J. Woodruff; F. A. Salih (1987): Statistical Inference for Coefficient Alpha, Applied Psychological Measurement, Vol. 11, No. 1, 93 – 103.

Finn, A. (2001): Are Marketers Deluding Themselves with Reported Coefficient Alphas?, in: Breivik, E.; A. W. Falkenberg; K. Grønhaug (Eds.): Rethinking European Marketing, Proceedings from the 30th EMAC Conference, Bergen.

Fishbein, M.; I. Ajzen (1975): Belief, Attitude, Intention and Behavior, Reading, Addison-Wesley.

Flanagan, J. C. (1939): General Considerations in the Selection of Test Items and a Short Method of Estimating the Product-Moment-Coefficient from the Data at the Tails of the Distribution, Journal of Educational Psychology, Vol. 30, 674 – 680.

Fornell, C.; D. F. Larcker (1981): Evaluating Structual Equation Models with Unobservable Variables and Measurement Error, Journal of Marketing Research, Vol. 18, February, 39 – 50.

Fox, K. F. A.; G. Albaum; S. Ramnarayan (1993): Consumer Panels: A Review of Characteristics and Use in Consumer Behaviour Research, European Advances in Consumer Research, Vol. 1, 133 – 141.

Foxall, G. R. (1984): Consumers' Intentions and Behaviour. A Note on Research and a Challenge to Researchers, Journal of the Market Research Society, Vol. 26, No. 3, 231 – 241.

Freter, H. (1979): Interpretation und Aussagewert mehrdimensionaler Einstellungsmodelle im Marketing, in: Meffert, H.; H. Steffenhagen; H. Freter (Hrsg.): Konsumentenverhalten und Information, Wiesbaden, Gabler, 163 – 207.

Friendly, M. (1991): SAS System for Statistical Graphics, Cary, SAS.

Gaul, W.; D. Baier (1994): Marktforschung und Marketing Management – Computerbasierte Entscheidungsunterstützung, 2. Aufl., München, Oldenbourg.

Gaul, W.; M. Both (1990): Computergestütztes Marketing, Berlin, Springer.

Gaul, W.; R. Decker; F. Wartenberg (1994): Analyse von Panel- und POS-Scanner-Daten mit Neuronalen Netzen, Jahrbuch der Absatz- und Verbrauchsforschung, Jg. 40, Heft 3, 281 – 306.

Gaul, W.; M. Schader (1994): Pyramidal Classification Based on Incomplete Dissimilarity Data, Journal of Classification, Vol. 11, 171 – 193.

Gaul, W.; M. Schader (Hrsg.) (1994): Wissensbasierte Marketing-Datenanalyse, Frankfurt, Lang.

Gemünden, H. G. (1993): Information: Bedarf, Analyse und Verhalten, in: Wittmann, W.; W. Kern; R. Köhler; H.-U. Küpper; K. v. Wysocki (Hrsg.): Handwörterbuch der Betriebswirtschaft, 5. Aufl., Teilband 2, Stuttgart, Schäffer-Poeschel, 1725 – 1735.

Gerling, M. (1994): Scanning: Anfang einer neuen Ära, in: EHI (Hrsg.): Scannersysteme – Neue Impulse für Organisation und Marketing, Köln, DHI-Verlag, 7 – 22.

Geyskens, I.; J.-B. E. M. Steenkamp; N. Kumar (1999): A Meta-Analysis of Satisfaction in Marketing Channel Relationships, Journal of Marketing Research, Vol. 36, May, 223 – 238.

Givon, M.; D. Horsky (1978): Market Share Models as Approximators of Aggregated Heterogeneous Brand Choice Behavior, Management Science, Vol. 24, No. 13, 1404 – 1416.

Givon, M.; D. Horsky (1979): Application of a Composite Stochastic Model of Brand Choice, Journal of Marketing Research, Vol. 16, May, 258 – 266.

Gönül, F.; K. Srinivasan (1993a): Consumer Purchase Behavior in a Frequently Bought Product Category: Estimation Issues and Managerial Insights From a Hazard Function Model With Heterogeneity, Journal of the American Statistical Association, Vol. 88, No. 424, 1219 – 1227.

Gönül, F.; K. Srinivasan (1993b): Modeling Multiple Sources of Heterogeneity in Multinomial Logit Models: Methodological and Managerial Issues, Marketing Science, Vol. 12, No. 3, 213 – 229.

Göppl, H. (1983): Einführung in die Betriebswirtschaftslehre, 2. Aufl., Meisenheim, Hain.

Goodhardt, G. J.; A. S. C. Ehrenberg; C. Chatfield (1984): The Dirichlet: A Comprehensive Model of Buying Behaviour, Journal of the Royal Statistical Society A, Vol. 147, Part 5, 621 – 655.

Goodstein, R. C. (1994): UPC Scanner Pricing Systems: Are They Accurate?, Journal of Marketing, Vol. 58, No. 2, 20 – 30.

Graham, J. W.; S. I. Donaldson (1993): Evaluating Interventions with Differential Attrition: The Importance of Nonresponse Mechanisms and Use of Follow-Up Data, Journal of Applied Psychology, Vol. 78, No. 1, 119 – 128.

Gräf, L. (1999): Optimierung von WWW-Umfragen: Das Online Pretest-Studio, in: Batinic, B.; A. Werner; L. Gräf; W. Bandilla (Hrsg.): Online Research – Methoden, Anwendungen und Ergebnisse, Göttingen, Hofgrefe, 159 – 177.

Granger, C. W. J. (1969): Investigating Causal Relations by Econometric Models and Cross-Spectral Methods, Econometrica, Vol. 37, No. 3, 424 – 438.

Grauel, A. (1992): Neuronale Netze: Grundlagen und mathematische Modellierung, Mannheim, BI-Wissenschaftsverlag.

Green, P. E.; D. S. Tull; G. Albaum (1988): Research for Marketing Decisions, 5th ed., Englewood Cliffs, Prentice-Hall.

Greenacre, M. J. (1993): Correspondence Analysis in Practice, London, Academic Press.

Greene, J. D. (1982): Consumer Behavior Models for Non-Statisticians, New York, Praeger.

Grommé, N. (1998): Data Processing and Analysis, in: McDonald, C.; P. Vangelder (Eds.): The ESOMAR Handbook of Market and Opinion Research, 4th ed., Amsterdam, ESOMAR, 389 – 415.

Guadagni, P. M.; J. D. C. Little (1983): A Logit Model of Brand Choice Calibrated on Scanner Data, Marketing Science, Vol. 2, No. 3, 203 – 238.

Guadagni, P. M.; J. D. C. Little (1987): When and What to Buy: A Nested Logit Model of Coffee Purchase, Working Paper, No. 1919-87, Sloan School of Management, M.I.T., Cambridge.

Gümbel, R.; H. Woratschek (1995): Institutionenökonomik, in: Tietz, B.; R. Köhler; J. Zentes (Hrsg.): Handwörterbuch des Marketing, 2. Aufl., Stuttgart, Schäffer-Poeschel, 1008 – 1019.

Günther, M.; U. Vossebein; R. Wildner (1998a): Marktforschung mit Panels: Arten – Erhebung – Analyse – Anwendung, Wiesbaden, Gabler.

Günther, M.; U. Vossebein; R. Wildner (1998b): Panels in der Marktforschung: Praxisorientierte Einführung, Wiesbaden, Gabler.

Gupta, S. (1988): Impact of Sales Promotions on When, What, and How Much to Buy, Journal of Marketing Research, Vol. 25, November, 342 – 355.

Gupta, S.; P. Chintagunta; A. Kaul; D. R. Wittink (1996): Do Household Scanner Data Provide Representative Inferences From Brand Choices: A Comparison With Store Data, Journal of Marketing Research, Vol. 38, November, 383 – 398.

Gupta, S.; D. G. Morrison (1991): Estimating Heterogeneity in Consumers' Purchase Rates, Marketing Science, Vol. 10, No. 3, 264 – 269.

Guttman, L. (1950): The Basis for Scalogram Analysis, in: Stouffer, S. A. (Ed.): Measurement and Prediction, Princeton, Princeton University Press, 60 – 90.

Häder, S.; S. Gabler (2000): Überlegungen zur Anwendung von RLD-Verfahren bei Telefonumfragen in Deutschland, in: Hüfken, V. (Hrsg.): Methoden in Telefonumfragen, Wiesbaden, Westdeutscher Verlag, 33 – 47.

Hammann, P.; B. Erichson (2000): Marktforschung, 4. Aufl., Stuttgart, Lucius & Lucius.

Han, J.; M. Kamber (2001): Data Mining: Concepts and Techniques, San Francisco, Morgan Kaufmann.

Hanssens, D. M.; L. J. Parsons; R. L. Schultz (2001): Market Response Models: Econometric and Time Series Analysis, 2. Aufl., Boston, Kluwer.

Hart, S. J.; A. Diamantopolus (1993): Marketing Research Activity and Company Performance: Evidence from Manufacturing Industry, European Journal of Marketing, Vol. 27, No. 5, 54 – 72.

Hartung, J. (1995): Statistik: Lehr- und Handbuch der angewandten Statistik, 10. Aufl., München, Oldenbourg.

Hatcher, L. (1994): A Step-by-Step Approach to Using the SAS© System for Factor Analysis and Structual Equation Modeling, Cary, 3rd ed., *SAS* Institute.

Hauke, W.; O. Opitz (1996): Mathematische Unternehmensplanung – Eine Einführung, Landsberg/Lech, Moderne Industrie.

Hauser, J. R.; K. J. Wisniewski (1982a): Application, Predictive Test, and Strategy Implications for a Dynamic Model of Consumer Response, Marketing Science, Vol. 1, No. 2, 143 – 179.

Hauser, J. R.; K. J. Wisniewski (1982b): Dynamic Analysis of Consumer Response to Marketing Strategies, Management Science, Vol. 28, No. 5, 455 – 486.

Hauzeneder, R. (1975): Der Sortimentsverbund im Einzelhandel, Dissertation, München.

Headen, R. S.; J. E. Klompmaker; J. E. Teel (1977): Predicting Audience Exposure to Spot TV Advertising Schedules, Journal of Marketing Research, Vol. 14, February, 1 – 9.

Heckman, J.; B. Singer (1984a): A Method for Minimizing the Impact of Distributional Assumptions in Econometric Models of Duration Data, Econometrica, Vol. 52, No. 2, 271 – 320.

Heckman, J.; B. Singer (1984b): Econometric Duration Analysis, Journal of Econometrics, Vol. 24, 63 – 132.

Hecht-Nielsen, R. (1990): Neurocomputing, Reading, Addison-Wesley.

Heemeyer, H. (1981): Psychologische Marktforschung im Einzelhandel: Entwicklung und Test einer operationalen Befragungs- und Auswertungskonzeption, Wiesbaden, Gabler.

Heerde, H. J. van; P. S. H. Leeflang; D. R. Wittink (2001): Semiparametric Analysis to Estimate the Deal Effect Curve, Journal of Marketing Research, Vol. 38, May, 197 – 215.

Heidenreich, K. (1995a): Grundbegriffe der Meß- und Testtheorie, in: Roth, E. (Hrsg.): Sozialwissenschaftliche Methoden: Lehr- und Handbuch für Forschung und Praxis, 4. Aufl., München, Oldenbourg, 342 – 374.

Heidenreich, K. (1995b): Entwicklung von Skalen, in: Roth, E. (Hrsg.): Sozialwissenschaftliche Methoden: Lehr- und Handbuch für Forschung und Praxis, 4. Aufl., München, Oldenbourg, 407 – 439.

Heimel, J. P. (1994): Konnektionistische Analyse des Kaufverhaltens, Berlin, Verlag für Wissenschaft und Forschung.

Heinrich, L. J. (1996): Informationsmanagement, Planung, Überwachung und Steuerung der Informationsinfrastruktur, München, Oldenbourg.

Heinzelbecker, K. (1995): Datenbanken, externe, in: Tietz, B.; R. Köhler; J. Zentes (Hrsg.): Handwörterbuch des Marketing, 2. Aufl., Stuttgart, Schäffer-Poeschel, 420 – 430.

Helsen, K.; D. C. Schmittlein (1993): Analyzing Duration Times in Marketing: Evidence for the Effectiveness of Hazard Rate Models, Marketing Science, Vol. 12, No. 4, 395 – 414.

Hempel, C. G.; P. Oppenheim (1948): Studies in the Logic of Explanation, Philosophy of Science, Vol. 15, No. 2, 135 – 175.

Herniter, J. D. (1971): A Probabilistic Market Model of Purchase Timing and Brand Selection, Management Science, Vol. 18, No. 4, 102 – 113.

Herniter, J. D. (1973): An Entropy Model of Brand Purchase Behavior, Journal of Marketing Research, Vol. 10, November, 361 – 375.

Herniter, J. D. (1974): A Comparison of the Entropy Model and the Hendry Model, Journal of Marketing Research, Vol. 11, February, 21 – 29.

Herrmann, A.; C. Homburg (2000): Marktforschung: Ziele, Vorgehensweisen und Methoden, in: Herrmann, A.; C. Homburg (Hrsg.): Marktforschung: Methoden, Anwendungen, Praxisbeispiele, 2. Aufl., Wiesbaden, Gabler, 13 – 32.

Hertz, J.; A. Krogh; R. G. Palmer (1991): Introduction to the Theory of Neural Computation, Redwood City, Addison-Wesley.

Hettich, S.; H. Hippner (2001): Assoziationsanalyse, in: Hippner, H.; U. Küsters; M. Meyer; K. Wilde (Hrsg.): Handbuch Data Mining im Marketing – Knowledge Discovery in Marketing Databases, Braunschweig, Vieweg, 427 – 463.

Hettich, S.; H. Hippner; K. D. Wilde (2000): Assoziationsanalyse, Das Wirtschaftsstudium, Jg. 29, Heft 7, 970 – 978.

Heuer, H.-D.; P. Hirvonen (1993): Wie wirken Promotions? Neue Wege der Evaluierung mit dem Nielsen Single Source-Panel, Planung & Analyse, Heft 4, 23 – 27.

Hildebrandt, L. (1983): Konfirmatorische Analysen von Modellen des Konsumentenverhaltens, Berlin, Duncker & Humblot.

Hildebrandt, L. (1984): Kausalanalytische Validierung in der Marketingforschung, Marketing ZFP, Jg. 6, Heft 1, 41 – 51.

Hildebrandt, L. (1995): Kausalanalyse, in: Tietz, B.; R. Köhler; J. Zentes (Hrsg.): Handwörterbuch des Marketing, 2. Aufl., Stuttgart, Schäffer-Poeschel, 1125 – 1135.

Hildebrandt, L. (2000): Hypothesenbildung und empirische Überprüfung, in: Herrmann, A.; C. Homburg (Hrsg.): Marktforschung: Methoden, Anwendungen, Praxisbeispiele, 2. Aufl., Wiesbaden, Gabler, 33 – 57.

Hildebrandt, L.; K. Kamlage (1995): EDIFACT: Die Normung des elektronischen Datenaustauschs (1996), in: Trommsdorff, V. (Hrsg.): Handelsforschung 1995/96, Wiesbaden, Gabler, 3 – 17.

Hildebrandt, L.; V. Trommsdorff (1983): Konfirmatorische Analysen in der empirischen Forschung, in: Forschungsgruppe Konsum und Verhalten (Hrsg.): Innovative Marktforschung, Würzburg, Physica, 139 – 160.

Hippler, H.-J.; K. Seidel (1985): Schriftliche Befragungen bei allgemeinen Bevölkerungsstichproben: Untersuchungen zur Dillmanschen „Total Design Method", ZUMA-Nachrichten, Jg. 16, 39 – 56.

Ho, T. H.; J.-K. Chong (2000): A Parsimonious Model of Stock-Keeping Unit (SKU) Choice, Wharton School, University of Pennsylvania.

Hoepner, G. (1994): Computereinsatz bei Befragungen, Wiesbaden, DUV.

Höft, U. (2000): Der Brandenburger Marktforschungsindex (Sekundärstatistische externe Quellen für die Marktforschung), http://www.fh-brandenburg.de/~hoeft/toolbox/mf-index.htm, Zugriff am 16. 09. 2000.

Hofstätter, P. R. (1957): Gruppendynamik: Die Kritik der Massenpsychologie, Hamburg, Rowohlt.

Hofstätter, P. R. (1959): Zur Problematik der Profilmethode, Diagnostica, Jg. 5, 19 – 25.

Hofstede, G. (1980): Culture's Consequences: International Differences in Work Related Values, Beverly Hills, Sage.

Homburg, C. (1989): Exploratorische Ansätze der Kausalanalayse als Instrument der Marketingplanung, Frankfurt, Lang.

Homburg, C.; H. Baumgartner (1995): Die Kausalanalyse als Instrument der Marketingforschung: Eine Bestandsaufnahme, Zeitschrift für Betriebswirtschaft, Jg. 65, Heft 10, 1091 - 1108.

Homburg, C.; A. Giering (1996): Konzeptualisierung und Operationalisierung komplexer Konstrukte, Marketing ZFP, Jg. 18, Heft 1, 5 – 24.

Homburg, C.; L. Hildebrandt (1998): Die Kausalanalyse: Bestandsaufnahme, Entwicklungsrichtungen, Problemfelder, in: Hildebrandt, L.; C. Homburg (Hrsg.): Die Kausalanalyse: Instrument der empirischen betriebswirtschaftlichen Forschung, Stuttgart, Schäfer-Poeschel, 15 – 43.

Homburg, C.; B. Rudolph (1998): Theoretische Perspektiven zur Kundenzufriedenheit, in: Simon, H.; C. Homburg (Hrsg.): Kundenzufriedenheit: Konzepte – Methoden – Erfahrungen, 3. Aufl., Wiesbaden, Gabler, 33 – 55.

Homburg, C.; H. Werner (1996): Ein Meßsystem für Kundenzufriedenheit, Absatzwirtschaft, Jg. 39, Heft 11, 92 – 100.

Homburg, C.; H. Werner (2000): Kundenzufriedenheit und Kundenbindung, in: Herrmann, A.; C. Homburg (Hrsg.): Marktforschung: Methoden, Anwendungen, Praxisbeispiele, 2. Aufl., Wiesbaden, Gabler, 911 – 932.

Hornik, K.; M. Stinchcombe; H. White (1989): Multilayer Feedforward Networks are Universal Approximators, Neural Networks, Vol. 2, 359 – 366.

Howard, J. A.; J. N. Sheth (1969): The Theory of Buyer Behavior, New York, Wiley.

Hruschka, H. (1985): Der Zusammenhang zwischen paarweisen Verbundbeziehungen und Kaufakt- bzw. Käuferstrukturmerkmalen, Zeitschrift für betriebswirtschaftliche Forschung, Jg. 37, Heft 3, 218 – 231.

Hruschka, H. (1991a): Einsatz künstlicher neuraler Netzwerke zur Datenanalyse im Marketing, Marketing ZFP, Jg. 13, Heft 4, 217 – 225.

Hruschka, H. (1991b): Bestimmung der Kaufverbundenheit mit Hilfe eines probabilistischen Meßmodells, Zeitschrift für betriebswirtschaftliche Forschung, Jg. 43, Heft 5, 418 – 434.

Hruschka, H. (1993): Determining Market Response Functions by Neural Network Modeling: A Comparison to Econometric Techniques, European Journal of Operational Research, Vol. 66, No. 1, 27 – 35.

Hruschka, H. (1996): Marketing-Entscheidungen, München, Vahlen.

Hruschka, H. (2000): Neuronale Netze, in: Herrmann, A.; C. Homburg (Hrsg.): Marktforschung: Methoden, Anwendungen, Praxisbeispiele, 2. Aufl., Wiesbaden, Gabler, 661 – 683.

Hruschka, H. (2001): Semi-parametrische Marktanteilsmodellierung, Zeitschrift für Betriebswirtschaft, Jg. 71, Heft 5, 571 – 589.

Hruschka, H.; H. Stoiber; A. Hamerle (1998): Analyzing Purchase Incidence and Brand Choice by Hazard Models, OR Spektrum, Vol. 20, No. 1, 55 – 63.

Hüttner, M. (1997): Grundzüge der Marktforschung, 5. Aufl., München, Oldenbourg.

Huff, D. L. (1964): Defining and Estimating a Trading Area, Journal of Marketing, Vol. 28, No. 3, 34 – 38.

Hunt, S. D. (1991): Modern Marketing Theory: Critical Issues in the Philosophy of Marketing Science, Cincinnati, South-Western Publishing.

Jain, D. C.; N. J. Vilcassim (1991): Investigating Household Purchase Timing Decisions: A Conditional Hazard Function Approach, Marketing Science, Vol. 10, No. 1, 1 – 23.

Jamieson, L. F.; F. M. Bass (1989): Adjusting Stated Intention Measures to Predict Trial Purchase of New Products: A Comparison of Models and Methods, Journal of Marketing Research, Vol. 26, August, 336 – 345.

Jansen, H. (1994): Automatic Scanning – die neue Generation, in: EHI (Hrsg.): Scannersysteme – Neue Impulse für Organisation und Marketing, Köln, DHI-Verlag, 67 – 68.

Johnson, N. L.; S. Kotz (1970): Distributions in Statistics: Continuous Univariate Distributions – 1, New York, Houghton Mifflin.

Jones, J. M. (1970): A Dual-Effects Model of Brand Choice, Journal of Marketing Research, Vol. 7, November, 458 – 464.

Jones, J. M. (1973): A Composite Heterogeneous Model for Brand Choice Behavior, Management Science, Vol. 19, No. 5, 499 – 509.

Jones, J. M.; F. S. Zufryden (1980): Adding Explanatory Variables to a Consumer Purchase Behavior Model: An Exploratory Study, Journal of Marketing Research, Vol. 17, August, 323 – 334.

Judge, G. G.; W. E. Griffiths; R. C. Hill; H. Lütkepohl; T. C. Lee (1985): The Theory and Practice of Econometrics, 2nd ed., New York, Wiley.

Judge, G. G.; R. C. Hill; W. E. Griffiths; H. Lütkepohl; T. C. Lee (1988): Introduction to the Theory and Practice of Econometrics, 2nd ed., New York, Wiley.

Jung, H.-H.; K.-P. Wiedmann (1994): Konnektionistische Prognose-Modelle, Arbeitspapier Nr. 101, Institut für Marketing, Universität Mannheim.

Kaas, K. P. (1990): Marketing als Bewältigung von Informations- und Unsicherheitsproblemen im Markt, Die Betriebswirtschaft, Jg. 50, Nr. 4, 539 – 548.

Kaase, M. (Hrsg.) (1999): Qualitätskriterien in der Umfrageforschung, Denkschrift der Deutschen Forschungsgemeinschaft, Berlin, Akademie-Verlag.

Kalwani, M. U.; D. G. Morrison (1977): A Parsimonious Description of the Hendry System, Management Science, Vol. 23, No. 5, 467 – 477.

Kalwani, M. U.; A. J. Silk (1982): On the Reliability and Predictive Validity of Purchase Intention Measures, Marketing Science, Vol. 1, No. 3, 243 – 286.

Kamakura, W. A.; G. L. Russell (1989): A Probabilistic Choice Model for Market Segmentation and Elasticity Structure, Journal of Marketing Research, Vol. 26, November, 379 – 390.

Kapferer, C. (1994): Zur Geschichte der deutschen Marktforschung, Hamburg, Marketing-Journal.

Kara, A.; C. Nielsen; S. Sahay; N. Sivasubramaniam (1994): Latent Information in the Pattern of Missing Observations in Global Mail Surveys, Journal of Global Marketing, Vol. 7, No. 4, 103 – 126.

Kassler, H. S. (1997): Mining the Internet for Competitive Intelligence, Online, Vol. 21, No. 5, 34 – 45.

Kendall, M. G. (1970): Rank Correlation Methods, 4th ed., London, Griffin.

Keng, K. A.; A. S. C. Ehrenberg (1984): Patterns of Store Choice, Journal of Marketing Research, Vol. 21, November, 399 – 409.

Kenny, D. A.; D. A. Kashy (1992): Analysis of the Multitrait-Multimethod Matrix by Confirmatory Factor Analysis, Psychological Bulletin, Vol. 112, No. 1, 165 – 172.

Kepper, G. (2000): Methoden der qualitativen Marktforschung, in: Herrmann, A.; C. Homburg (Hrsg.): Marktforschung: Methoden, Anwendungen, Praxisbeispiele, 2. Aufl., Wiesbaden, Gabler, 159 – 202.

Kim, J.; J. Curry (1977): The Treatment of Missing Data in Multivariate Analysis, Sociological Methods & Research, Vol. 6, No. 2, 215 – 240.

Kimmel, A. J. (1999): Ethical Practices in Marketing Research: A Three-Decade Investigation, in: Hildebrandt, L.; D. Annacker; D. Klapper (Eds.): Marketing and Competition in the Information Age, Proceedings from the 28th EMAC Conference, Berlin.

Kistner, K.-P.; M. Steven (1997): Betriebswirtschaftslehre im Grundstudium 2: Buchführung, Kostenrechnung, Bilanzen, Heidelberg, Physika.

Klapper, D. (1998): Die Analyse von Wettbewerbsbeziehungen mit Scannerdaten, Heidelberg, Physica.

Klein, S.; R. Porst (2000): Mail Surveys, Ein Literaturbericht, ZUMA - Technischer Bericht 10/2000, Mannheim.

Knesebeck, O. v. d.; G. Lüschen (2000): Zum Problem von Verweigerungen in telefonischen Befragungen alter Menschen, in: Hüfken, V. (Hrsg.): Methoden in Telefonumfragen, Wiesbaden, Westdeutscher Verlag, 123 – 138.

Kölzer, B. (1995): Senioren als Zielgruppe: Kundenorientierung im Handel, Wiesbaden, Deutscher Universitäts-Verlag.

Kortam, W.; C. Ennew; H. Winklhofer (1999): Factors Influencing the Utilisation of External Market Research: A Reconceptualisation, in: Hildebrandt, L.; D. Annacker; D. Klapper (Eds.): Marketing and Competition in the Information Age, Proceedings from the 28th EMAC Conference, Berlin.

Korte, C. (1995): Customer Satisfaction Measurement: Kundenzufriedenheitsmessung als Informationsgrundlage des Hersteller- und Handelsmarketing am Beispiel der Automobilwirtschaft, Frankfurt, Lang.

Kostol, E. (1932): Betriebsbeobachtung im Einzelhandel, in: Seÿffert, R. (Hrsg.): Handbuch des Einzelhandels, Stuttgart, Poeschel, 595 – 597.

Kothandapani, V. (1971): Validation of Feeling, Belief, and Intention to Act as Three Components of Attitude and their Contributions to Prediction of Contraceptive Behavior, Journal of Personality and Social Psychology, Vol. 19, No. 3, 321 – 333.

Kotler, P.; F. Bliemel (1995): Marketing-Management – Analyse, Planung, Umsetzung und Steuerung, 8. Aufl., Stuttgart, Schäffer-Poeschel.

Krauth, J. (1995): Testkonstruktion und Testtheorie, Weinheim, Beltz.

Kristof, W. (1963): Die Verteilung aufgewerteter Zuverlässigkeitskoeffizienten auf der Grundlage von Testhälften, Archiv für die gesamte Psychologie, Vol. 115, 230 – 240.

Kroeber-Riel, W. (1995): Konsumentenverhalten, in: Tietz, B.; R. Köhler; J. Zentes (Hrsg.): Handwörterbuch des Marketing, 2. Aufl., Stuttgart, Schäffer-Poeschel, 1234 – 1246.

Kroeber-Riel, W.; P. Weinberg (1999): Konsumentenverhalten, 7. Aufl., München, Vahlen.

Kucher, E. (1985): Scannerdaten und Preissensitivität bei Konsumgütern, Wiesbaden, Gabler.

Kuder, G. F.; M. W. Richardson (1937): The Theory of Estimation of Test Reliability, Psychometrika, Vol. 2, 151 – 160.

Kuhn, T. S. (1973): Die Struktur wissenschaftlicher Revolutionen, Frankfurt, Suhrkamp.

Langrock, P.; W. Jahn (1979): Einführung in die Theorie der Markovschen Ketten und ihre Anwendungen, Leibzig, Teubner.

Lawrence, R. J. (1980): The Lognormal Distribution of Buying Frequency Rates, Journal of Marketing Research, Vol. 17, May, 212 – 220.

Leeflang, P. S. H.; D. R. Wittink; M. Wedel; P. A. Naert (2000): Building Models for Marketing Decisions, Boston, Kluwer.

Lehmann, D. R. (1989): Market Research and Analysis, 3rd ed., Homewood, Irwin.

Liebmann, H.-P.; J. Zentes (2001): Handelsmanagement, München, Vahlen.

Lienert, G. A.; U. Raatz (1998): Testaufbau und Testanalyse, 6. Aufl., Weinheim, Beltz.

Likert, R. (1932): A Technique for the Measurement of Attitudes, Archives of Psychology, Vol. 140, 1 – 55.

Lilien, G. L. (1974): A Modified Linear Learning Model of Buyer Behavior, Management Science, Vol. 20, No. 7, 1027 – 1036.

Lilien, G. L.; P. Kotler; K. S. Moorthy (1992): Marketing Models, Englewood Cliffs, Prentice-Hall.

Lillegaard, A. (1987): PC INF*ACT – Marketing-Analysen mit dem Personal Computer, Nielsen Marketing Trends, Heft 1, 14 – 16.

Lipstein, B. (1965): A Mathematical Model of Consumer Behavior, Journal of Marketing Research, Vol. 2, August, 259 – 265.

Little, J. D. C. (1970): Models and Managers: The Concept of a Decision Calculus, Management Science, Vol. 16, No. 8, 466 – 483.

Little, R. (1988): A Test of Missing Completely at Random for Multivariate Data with Missing Values, Journal of the American Statistical Association, Vol. 83, December, 1198 – 1202.

Lukanowicz, M.; C. Buchta (1992): Auswirkungen von absatzpolitischen Maßnahmen auf den Sortimentsverbund, Forschungsbericht Nr. 296, Institut für höhere Studien, Wien.

MacLachlan, J.; J. Czepiel; P. LaBarbera (1979): Implementation of Response Latency Measures, Journal of Marketing Research, Vol. 16, November, 573 – 577.

Maddala, G. S. (1983): Limited-dependent and Qualitative Variables in Econometrics, Cambridge, Cambridge University Press.

Maier, G.; P. Weiss (1990): Modelle diskreter Entscheidungen: Theorie und Anwendung in den Sozial- und Wirtschaftswissenschaften, Wien, Springer.

Malhotra, N. (1987): Analyzing Marketing Research Data with Incomplete Information on the Dependent Variable, Journal of Marketing Research, Vol. 24, February, 74 – 84.

Malhotra, N. K. (1999): Marketing Research – An Applied Orientation, 3rd ed., Englewood Cliffs, Prentice-Hall.

Malhotra, N. K.; J. Agarwal; M. Peterson (1996): Methodological Issues in Cross-cultural Marketing Research, International Marketing Review, Vol. 13, No. 5, 7 – 43.

Malhotra, N. K.; M. Peterson; S. B. Kleiser (1999): Marketing Research: A State-of-the-Art Review and Directions for the Twenty-First Century, Journal of the Academy of Marketing Science, Vol. 27, No. 2, 160 – 183.

Massy, W. F.; D. B. Montgomery; D. G. Morrison (1970): Stochastic Models of Buying Behavior, Cambridge, M.I.T. Press.

Matzler, K. (1997): Kundenzufriedenheit und Involvement, Wiesbaden, Gabler.

Matzler, K. (2000): Die Opponent-Prozess-Theorie als Erklärungsansatz einer Mehr-Faktor-Struktur der Kundenzufriedenheit, Marketing ZFP, Jg. 22, Heft 1, 5 – 24.

Maurer, R. (1993): Marketingforschung im Handel – Aufgaben und Instrumente, Managementinformationssysteme, Strategische und technologische Trends, Wien, Ueberreuter.

Maus, H. (1967): Zur Vorgeschichte der empirischen Sozialforschung, in: König, R. (Hrsg.): Handbuch der empirischen Sozialforschung, Stuttgart, Enke, 18 – 37.

McCann, J. M; J. P. Gallagher (1990): Expert Systems for Scanner Data Environments – The Marketing Workbench Laboratory Experience, Boston, Kluwer.

McDaniel, C.; R. Gates (1999): Contemporary Marketing Research, 4th ed., Cincinnati, South-Western College Publishing.

McFadden, D. (1974): Conditional Logit Analysis of Qualitative Choice Behavior, in: Zarembka, P. (Ed.): Frontiers in Econometrics, New York, Academic Press, 105 – 142.

McFadden, D. (1978): Modelling the Choice of Residential Location, in: Karlqvist, A.; L. Lundqvist (Eds.): Spatial Interaction Theory and Planning Models, Amsterdam, North-Holland, 75 – 96.

Meffert, H. (1992): Marketingforschung und Käuferverhalten, 2. Aufl., Wiesbaden, Gabler.

Meffert, H. (2001): Marketing-Geschichte, in: Diller, H. (Hrsg.): Vahlens Großes Marketinglexikon, 2. Aufl., München, Beck/Vahlen, 976 – 979.

Meier, F. (1992): Computergestützte Befragungen, in: Hermanns, A.; V. Flegel (Hrsg.): Handbuch des Electronic Marketing, München, Beck, 133 – 149.

Merkle, E. (1981): Die Erfassung und Nutzung von Informationen über den Sortimentsverbund in Handelsbetrieben, Berlin, Duncker & Humblot.

Meyer, J.-A. (1999): Visualisierung von Informationen: Verhaltenswissenschaftliche Grundregeln für das Management, Wiesbaden, Gabler.

Milde, H. (1993): Single Source: Ein neuer Ansatz in der Marketing-Forschung macht Einkaufentscheidungen transparent, Planung & Analyse, Heft 1, 24 – 29.

Milde, H. (1995): Panelforschung, in: Tietz, B.; R. Köhler; J. Zentes (Hrsg.): Handwörterbuch des Marketing, 2. Aufl., Stuttgart, Schäffer-Poeschel, 1967 – 1979.

Montgomery, D. C. (1997): Design and Analysis of Experiments, 4th ed., New York, Wiley.

Morrison, D. G. (1979): Purchase Intentions and Purchase Behavior, Journal of Marketing, Vol. 43, No. 2, 65 – 74.

Moutinho, L.; B. Curry (1994): Consumer Perceptions of ATM's: An Application of Neural Networks, in: Hooley, G. J.; M. K. Hussey (Eds.): Quantitative Methods in Marketing, London, Academic Press, 191 – 206.

Müller, S. (2000): Grundlagen der qualitativen Marktforschung, in: Herrmann, A.; C. Homburg (Hrsg.): Marktforschung: Methoden, Anwendungen, Praxisbeispiele, 2. Aufl., Wiesbaden, Gabler, 127 – 157.

Müller-Hagedorn, L. (1978): Das Problem des Nachfrageverbunds in erweiterter Sicht, Zeitschrift für betriebswirtschaftliche Forschung, Jg. 30, Heft 3, 181 – 193.

Müller-Hagedorn, L. (1986): Das Konsumentenverhalten – Grundlagen für die Marktforschung, Wiesbaden, Gabler.

Müller-Hagedorn, L. (1998): Der Handel, Stuttgart, Kohlhammer.

Murthi, B. P. S.; K. Srinivasan (1998): Performance of the Integrated Random Coefficients Covariance Probit Model: Implications for Brand Choice, International Journal of Research in Marketing, Vol. 15, No. 2, 137 – 156.

Nakinishi, M.; L. G. Cooper (1974): Parameter Estimation for a Multiplicative Competitive Interaction Model – Least Squares Approach, Journal of Marketing Research, Vol. 11, August, 303 – 311.

Nakinishi, M.; L. G. Cooper (1982): Simplified Estimation Procedures for MCI Models, Marketing Science, Vol. 1, No. 3, 314 – 322.

Natter, M. (1995): Neuronale Netze und Preismanagement, Wien, Service-Verlag.

Natter, M.; C. Buchta (1993): Measuring Demand Interdependencies by Neural Networks, Forschungsbericht, Nr. 336, Institut für Höhere Studien, Wien.

Neibecker, B. (1983): Computerkontrollierte Magnitudeskalierung, Marketing ZFP, Jg. 5, Heft 4, 185 – 189.

Neibecker, B. (2001a): Reliabilität, in: Diller, H. (Hrsg.): Vahlens großes Marketing-Lexikon, 2. Aufl., München, Beck/Vahlen, 1487 – 1488.

Neibecker, B. (2001b): Messung, in: Diller, H. (Hrsg.): Vahlens großes Marketing-Lexikon, 2. Aufl., München, Beck/Vahlen, 1125 – 1127.

Neubacher, T. (1996): Konzeption und Modellierung eines computergestützten Arbeitsplatzes für Marktleiter in SB-Warenhäusern: Ein ereignisgesteuertes, dezentrales Entscheidungshilfesystem, Dissertation Universität des Saarlandes, Saarbrücken.

Neumann, K.; M. Morlock (1993): Operations Research, München, Hanser.

Niedereichholz, J.; P. Schwarz (1999): Verbundkäufe in Warenkorbdaten, in: Gaul, W.; M. Schader (Hrsg.): Mathematische Methoden der Wirtschaftswissenschaften, Heidelberg, Physica, 15 – 28.

Nieschlag, R.; E. Dichtl; H. Hörschgen (1997): Marketing, 18. Aufl., Berlin, Duncker & Humblot.

Noelle-Neumann, E.; T. Petersen (2000): Das halbe Instrument, die halbe Reaktion: Zum Vergleich von Telefon- und Face-to-Face-Umfragen, in: Hüfken, V. (Hrsg.): Methoden in Telefonumfragen, Wiesbaden, Westdeutscher Verlag, 183 – 200.

Oehme, W. (2001): Handels-Marketing: Vom namenlosen Absatzmittler zur markanten Retail Brand, 3. Aufl., München, Vahlen.

Opitz, O. (1980): Numerische Taxonomie, Stuttgart, Fischer.

Opitz, O. (1991): Mathematik: Lehrbuch für Ökonomen, 3. Aufl., München, Oldenbourg.

Opp, K.-D. (1994): Wissenschaftstheoretische Grundlagen der empirischen Sozialforschung, in: Roth, E. (Hrsg.): Sozialwissenschaftliche Methoden, 4. Aufl., München, Oldenbourg, 49 – 73.

Ortoli, S.; N. Witkowski (1997): Die Badewanne des Archimedes: Berühmte Legenden aus der Wissenschaft, München, Piper.

Osgood, C. E.; G. J. Suci; P. H. Tannenbaum (1957): The Measurement of Meaning, Urbana, University of Illinois Press.

Ostrusska, D. (1992): Systemdynamik nichtlinearer Marktreaktionsmodelle, Heidelberg, Physica.

O. V. (1997): Nielsen Services, Unternehmensdokumentation der A. C. Nielsen GmbH, Frankfurt.

Paull, A. E. (1978): A Generalized Compound Poisson Model for Consumer Purchase Panel Data Analysis, Journal of the American Statistical Association, Vol. 73, No. 364, 706 – 713.

Pedrick, J. H.; F. S. Zufryden (1991): Evaluating the Impact of Advertising Media Plans: A Model of Consumer Purchase Dynamics Using Single-Source Data, Marketing Science, Vol. 10, No. 2, 111 – 130.

Pedrick, J. H.; F. S. Zufryden (1994): An Examination of Consumer Heterogeneity in a Stochastic Model of Consumer Purchase Dynamics with Explanatory Variables, European Journal of Operational Research, Vol. 76, No. 2, 259 – 272.

Pessemier, E. A. (1963): Experimental Methods of Analyzing Demand for Branded Consumer Goods with Application to Problems in Marketing Strategy, Bulletin 39, Bureau of Economic and Business Research, Washington State University.

Peter, J. P. (1981): Construct Validity: A Review of Basic Issues and Marketing Practices, Journal of Marketing Research, Vol. 18, May, 133 – 145.

Peter, S. I. (1998): Kundenbindung als Marketingziel, Absatzwirtschaft, Jg. 41, Heft 7, 74 – 81.

Peterson, R. A. (1994): A Meta-Analysis of Cronbach's Coefficient Alpha, Journal of Consumer Research, Vol. 21, September, 381 – 391.

Petty, R. E.; J. T. Cacioppo (1986): The Elaboration Likelihood Model of Persuasion, in: Berkowitz, L. (Ed.): Advances in Experimental Social Psychology, Vol. 19, New York, Academic Press, 123 – 205.

Pfeifer, A.; M. Schuchmann (1997): Statistik mit SAS, München, Oldenbourg.

Phillips, J. P. N. (1967): A Procedure for Determining Slater's i and All Nearest Adjoining Orders, British Journal of Mathematical and Statistical Psychology, Vol. 20, 217 – 225.

Piatetsky-Shapiro, G. (1991): Discovery, Analysis, and Presentation of Strong Rules, in: Piatetsky-Shapiro, G.; W. Frawley (Eds.): Knowledge Discovery in Databases, Menlo Park, AAAI/MIT Press, 229 – 248.

Pickering, J. F.; B. C. Isherwood (1974): Purchase Probabilities and Consumer Durable Buying Behaviour, Journal of the Market Research Society, Vol. 16, No. 3, 203 – 226.

Picot, A. (1989): Zur Bedeutung allgemeiner Theorieansätze für die betriebswirtschaftliche Information und Kommunikation: Der Beitag der Transaktionskosten – und Principal-Agent-Theorie, in: Kirsch, W.; A. Picot (Hrsg.): Die Betriebswirtschaftslehre im Spannungsfeld zwischen Generalisierung und Spezialisierung, Wiesbaden, Gabler, 361 – 379.

Pincyck, R. S.; D. L. Rubinfeld (1998): Econometric Models and Economic Forecasts, 4th ed., Boston, McGraw-Hill.

Pötter, M. (1993): Branchenspezifische Barcode-Erfassung, Dynamik im Handel, Heft 7, 14 – 17.

Poppe, H.-J. (1990): MADAKOM-Scanning-Daten: Ein neues Instrument, Marketing-Frühwissen zu entwickeln, Planung & Analyse, Jg. 17, Heft 2, 55 –57.

Popper, K. R. (1989): Logik der Forschung, 9. Aufl., Tübingen, Mohr.

Porst, R.; S. Ranft; B. A. Ruoff (1998): Strategien und Maßnahmen zur Erhöhung der Ausschöpfungsquoten bei sozialwissenschaftlichen Umfragen: Ein Literaturbericht, ZUMA-Arbeitsbericht 98/07, Mannheim.

Pukelsheim, F. (1993): Optimal Design of Experiments, New York, Wiley.

Raghuragavan, G.; T. Lewis; Z. Kearns (2001): Factors Underlying Market Research Use: An Empirical Study, in: Breivik, E.; A. W. Falkenberg; K. Grønhaug (Eds.): Rethinking European Marketing, Proceedings from the 30th EMAC Conference, Bergen.

Rangaswamy, A.; B. A. Harlam; L. M. Lodish (1991): INFER: An Expert System for Automatic Analysis of Scanner Data, International Journal of Research in Marketing, Vol. 8, No. 1, 29 – 40.

Rao, A. R.; K. B. Monroe (1989): The Effect of Price, Brand Name and Store Name on Buyers' Perceptions of Product Quality: An Integrative Review, Journal of Marketing Research, Vol. 26, August, 351 – 357.

Rapp, R. (1995): Kundenzufriedenheit durch Servicequalität: Konzeption, Messung, Umsetzung, Wiesbaden, Deutscher Universitätsverlag.

Rasch, G. (1960): Probabilistic Models for some Intelligence and Attainment Tests, Kopenhagen, Nielson & Lydiche.

Reisinger, H. (1996): Goodness-of-Fit-Maße in linearen Regressions- und Logit-Modellen: Theorie und Anwendung in der empirischen Marktforschung, Frankfurt, Lang.

Reuband, K.-H. (2000): Telefonische und postalische Bevölkerungsbefragungen in Ostdeutschland: Auswirkungen auf das Antwortverhalten, in: Hüfken, V. (Hrsg.): Methoden in Telefonumfragen, Wiesbaden, Westdeutscher Verlag, 201 – 223.

Reuband, K.-H.; J. Blasius (1996): Face-to-face, telefonische und postalische Befragungen: Ausschöpfungsquoten und Antwortmuster in einer Großstadt-Studie, Kölner Zeitschrift für Soziologie und Sozialpsychologie, 1996, Jg. 48, 296 – 318.

Reuband, K.-H.; J. Blasius (2000): Situative Bedingungen des Interviews, Kooperationsverhalten und Sozialprofil konvertierter Verweigerer: Ein Vergleich von telefonischen und face-to-face Befragungen, in: Hüfken, V. (Hrsg.): Methoden in Telefonumfragen, Wiesbaden, Westdeutscher Verlag, 139 – 167.

Reutterer, T. (1997): Analyse von Wettbewerbsstrukturen mit neuronalen Netzen: Ein Ansatz zur Kundensegmentierung auf der Basis von Haushaltspaneldaten, Wien, Service-Verlag.

Ripley, B. D. (1996): Pattern Recognition and Neural Networks, Cambridge, Cambridge University Press.

Rittinghaus-Mayer, D. (1993): Anwendung von Neuronalen Netzen in der Marketingforschung, München, Akademischer Verlag.

Röhle, M. (1998): Einsatz stochastischer Kaufverhaltensmodelle für die operative Marketing-Mix-Planung – Entscheidungsunterstützung für Analyse und Optimierung unter Wettbewerbsbedingungen, Aachen, Shaker.

Röhle, M.; U. Wagner; R. Decker (1998): Zur methodengestützten Validierung stochastischer Kaufverhaltensmodelle, Diskussionspapier Nr. 394, Fakultät für Wirtschaftswissenschaften, Universität Bielefeld.

Rogge, H.-J. (1992): Marktforschung – Elemente und Methoden der betrieblichen Informationsgewinnung, 2. Aufl., München, Hanser.

Rogge, H.-J. (1995): Sekundäranalysen, in: Tietz, B.; R. Köhler; J. Zentes (Hrsg.): Handwörterbuch des Marketing, 2. Aufl., Stuttgart, Schäffer-Poeschel, 2275 – 2284.

Rojas, R. (1993): Theorie der neuronalen Netze, Berlin, Springer.

Ronning, G. (1991): Mikroökonometrie, Berlin, Springer.

Roth, E. (1995): Allgemeine Forschungsstrategien, in: Roth, E. (Hrsg.): Sozialwissenschaftliche Methoden, 4. Aufl., München, Oldenbourg, 88 – 106.

Roth, E. (1995) (Hrsg.): Sozialwissenschaftliche Methoden, 4. Aufl., München, Oldenbourg.

Ruberg, C. (1932): Konjunkturbeobachtung im Dienste des Einzelhändlers, in: Seÿffert, R. (Hrsg.): Handbuch des Einzelhandels, Stuttgart, Poeschel, 572 – 595.

Rubin, D. B. (1976): Inference and Missing Data, Biometrika, Vol. 63, No. 3, 581 – 592.

Rubin, D. B. (1987): Multiple Imputation for Nonresponse in Surveys, New York, Wiley.

Rudolph, B. (1998): Kundenzufriedenheit im Industriegüterbereich, Wiesbaden, Gabler.

Runte, M. (2000): Personalisierung im Internet – Individualisierte Angebote mit Collaborative Filtering, Dissertation, Christian-Albrechts-Universität zu Kiel.

Russell, G. J.; A. Petersen (2000): Analysis of Cross Category Dependence in Market Basket Selection, Journal of Retailing, Vol. 76, No. 3, 367 – 392.

Rust, R. T.; J. E. Klompmaker (1981): Improving the Estimation Procedure for the Beta Binomial TV Exposure Model, Journal of Marketing Research, Vol. 18, November, 442 – 448.

Säuberlich, F. (2000): KDD und Data Mining als Hilfsmittel zur Entscheidungsunterstützung, Frankfurt, Lang.

Schaefer, F. (1979): Musterstichprobenpläne für Bevölkerungs-Stichproben in der Bundesrepublik Deutschland und West-Berlin: Herausgegeben vom Arbeitskreis Deutscher Marktforschungsinstitute, Landsberg, Moderne Industrie.

Schaich, E. (1977): Schätz- und Testmethoden für Sozialwissenschaftler, München, Vahlen.

Scharnbacher, K.; G. Kiefer (1998): Kundenzufriedenheit – Analyse, Messbarkeit und Zertifizierung, 2. Aufl., München, Oldenbourg.

Schlittgen, R.; H. J. Streitberg (1999): Zeitreihenanalyse, 8. Aufl., München, Oldenbourg.

Schmidt, B.; E. Topritzhofer (1978): Reaktionsfunktionen im Marketing: Zum Problem der Quantifizierung von Nachfrage- und Konkurrenzreaktionen, in: Topritzhofer, E. (Hrsg.): Marketing – Neue Ergebnisse aus Forschung und Praxis, Wiesbaden, Gabler, 195 – 238.

Schmitt, N.; D. M. Stults (1986): Methodology Review: Analysis of Multitrait-Multimethod Matrices, Applied Psychological Measurement, Vol. 10, No. 1, 1 – 22.

Schmittlein, D. C.; D. G. Morrison (1983): Prediction of Future Random Events with the Condensed Negative Binomial Distribution, Journal of the American Statistical Association, Vol. 78, No. 382, 449 – 456.

Schmittlein, D. C.; R. A. Peterson (1994): Customer Base Analysis: An Industrial Purchase Process Application, Marketing Science, Vol. 13, No. 1, 41 – 67.

Schmitz, J. D.; G. D. Armstrong; J. D. C. Little (1990): CoverStory – Automated News Finding in Marketing, Interfaces, Vol. 20, No. 6, 29 – 38.

Schneid, M. (1997): Einsatz computerisierter Befragungssysteme in Europa: Eine computerisierte Fax-Umfrage, ZUMA-Arbeitsbericht Nr. 97/01, Mannheim.

Schnell, R. (1986): Missing-Data-Probleme in der empirischen Sozialforschung, Dissertation, Ruhr-Universität, Bochum.

Schnell, R.; P. B. Hill; E. Esser (1999): Methoden der empirischen Sozialforschung, 6. Aufl., München, Oldenbourg.

Schuman, H.; S. Presser (1981): Questions and Answers in Attitude Surveys, New York, Academic Press.

Schweiger, G.; G. Schrattenecker (1995): Werbung: eine Einführung, 4. Aufl., Stuttgart, Fischer.

Seiffert, H. (1989): Wissenschaftstheorie, in: Seiffert, H.; G. Radnitzky (Hrsg.): Handwörterbuch zur Wissenschaftstheorie, München, Ehrenberg.

Seÿffert, R. (1929): Allgemeine Werbelehre, Stuttgart, Poeschel.

Seÿffert, R. (1951): Wirtschaftslehre des Handels, Köln, Westdeutscher Verlag.

Sheppard, B. H.; J. Hartwick; P. R. Warshaw (1988): The Theory of Reasoned Action: A Meta-Analysis of Past Research with Recommendations for Modifications and Future Research, Journal of Consumer Research, Vol. 15, December, 325 – 343.

Simmet-Blomberg, H. (1995): Auslandsmarktforschung, in: Tietz, B.; R. Köhler; J. Zentes (Hrsg.): Handwörterbuch des Marketing, 2. Aufl., Stuttgart, Schäffer-Poeschel, 107 – 118.

Sink, K. (1992): Einsatz Neuronaler Netze im Pharmamarketing, Dissertation, Freiburg.

Sixtl, F. (1967): Meßmethoden der Psychologie: Theoretische Grundlagen und Probleme, Weinheim, Beltz.

Skiera, B.; M. Spann (2001): Internet-Portale, in: Diller, H. (Hrsg.): Vahlens großes Marketing-Lexikon, 2. Aufl., München, Beck/Vahlen, 701.

Slater, P. (1961): Inconsistencies in a Schedule of Paired Comparisons, Biometrika, Vol. 48, 303 – 312.

Slater, S. F.; J. C. Narver (1995): Market Orientation and the Learning Organisation, Journal of Marketing, Vol. 59, No. 3, 63 – 74.

Sommer, R.; S. Aitkens (1982): Mental Mapping of Two Supermarkets, Journal of Consumer Research, Vol. 9, September, 211 – 215.

Sommer, R.; G. Unholzer; E. Wiegand (1999): Standards zur Qualitätssicherung in der Markt- und Sozialforschung, Frankfurt, Arbeitskreis Deutscher Markt- und Sozialforschungsinstitute e.V.

Spearman, C. (1909): Correlation Calculated from Faulty Data, British Journal of Psychology, Vol. 3, 271 – 295.

Spreng, R. A.; S. B. MacKenzie; R. W. Olshavsky (1996): A Reexamination of the Determinants of Consumer Satisfaction, Journal of Marketing, Vol. 60, No. 3, 15 – 32.

Srnka, K. (1997): Ethik im Marketing – Einstellung und Verhalten des Managements, WUV-Universitätsverlag, Wien.

Stahl, P. (1977): Verbundwirkungen im Sortiment – Ein Beitrag zur Erfassung und Messung von Verbundwirkungen im Sortiment von Handelsbetrieben, Dissertation, Münster.

Standop, D. (1995): Informationsbedarf im Marketing, in: Tietz, B.; R. Köhler; J. Zentes (Hrsg.): Handwörterbuch des Marketing, 2. Aufl., Stuttgart, Schäffer-Poeschel, 962 – 971.

Stauss, B. (1999): Kundenzufriedenheit, Marketing ZFP, Jg. 21, Heft 1, 5 – 24.

Stegmüller, W. (1969): Wissenschaftliche Erklärung und Begründung: Probleme und Resultate der Wissenschaftstheorie und analytischen Philosophie, Bd. 1, Berlin, Springer.

Steinhausen, D.; K. Langer (1977): Clusteranalyse, Berlin, de Gruyter.

Stevens, S. S. (1946): On the Theory of Scales of Measurement, Science, Vol. 103, No. 2684, 677 – 680.

Stier, W. (1999): Empirische Forschungsmethoden, 2. Aufl., Berlin, Springer.

Stögbauer, A. (2000): Ausschöpfungsprobleme telefonischer Umfragen. Eine Zwischenbilanz praktischer gesamtdeutscher Erfahrung, in: Hüfken, V. (Hrsg.): Methoden in Telefonumfragen, Wiesbaden, Westdeutscher Verlag, 91 – 103.

Stoffels, J. (1989): Der elektronische Minimarkttest, Wiesbaden, Deutscher Universitäts-Verlag.

Stoiber, H. (1996): Eine Analyse des Einflusses von Sales Promotion auf Kaufzeitpunkt- und Markenwahlentscheidung mit Hilfe der Ereignisanalyse unter schwerpunktmäßiger Berücksichtigung konsumentenspezifischer Heterogenität, Weiden, Eurotrans.

Sudman, S.; E. Blair (1998): Marketing Research – A Problem-Solving Approach, Boston, McGraw-Hill.

Sultan, F.; J. U. Farley; D. R. Lehmann (1990): A Meta-Analysis of Applications of Diffusion Models, Journal of Marketing Research, Vol. 27, February, 70 – 77.

Tam, K. Y.; M. Y. Kiang (1992): Managerial Applications of Neural Networks: The Case of Bank Failure Predictions, Management Science, Vol. 32, No. 7, 926 – 947.

Taudes, A. (1984): Die Entwicklung und empirische Validierung eines stochastischen Kaufverhaltensmodells, Dissertation, Wirtschaftsuniversität Wien.

Thoma, M.; M. Zimmermann (1996): Zum Einfluß der Befragungstechnik auf den Rücklauf bei schriftlichen Umfragen: Experimentelle Befunde zur 'Total-Design-Methode', ZUMA-Nachrichten, Jg. 39, 141 – 157.

Thomsen, I.; E. Siring (1983): On the Causes and Effects of Nonresponse: Norwegian Experiences, in: Madow, W. G.; I. Oklin (Eds.): Incomplete Data in Sample Surveys, Vol. 3, New York, Academic Press, 25 – 59.

Thurstone, L. L. (1927): A Law of Comparative Judgment, Psychological Review, Vol. 34, 273 – 286.

Thurstone, L. L.; E. J. Chave (1929): The Measurement of Social Attitudes, Chicago, University of Chicago Press.

Tomczak, T. (1992): Forschungsmethoden in der Marketingwissenschaft: Ein Plädoyer für den qualitativen Forschungsansatz, Marketing ZFP, Jg. 14, Heft 2, 77 – 87.

Topritzhofer, E. (1973): Aggregations- und Heterogenitätsprobleme in stochastischen Nachfragemodellen, Zeitschrift für betriebswirtschaftliche Forschung, Jg. 25, 581 – 603.

Topritzhofer, E. (1974): Absatzwirtschaftliche Modelle des Kaufentscheidungsprozesses unter besonderer Berücksichtigung des Markenwahlaspektes, Wien, Österreichische Akademie der Wissenschaften.

Torgerson, W. S. (1958): Theory and Methods of Scaling, New York, Wiley.

Trommsdorff, V. (1975): Die Messung von Produktimages für das Marketing, Köln, Heymann.

Tull. D. S.; D. I. Hawkins (1993): Marketing Research – Measurement & Method, 6th ed., New York, Macmillan.

Überla, K. (1971): Faktorenanalyse, 2. Aufl., Berlin, Springer.

Umesh, U. N.; J. A. Cote (1988): Influence of Situational Variables on Brand-Choice Models, Journal of Business Research, Vol. 16, No. 2, 91 – 99.

Uncles, M. D.; A. S. C. Ehrenberg (1990): Industrial Buying Behavior: Aviation Fuel Contracts, International Journal of Research in Marketing, Vol. 7, No. 1, 57 – 68.

Urban, G. L.; J. R. Hauser (1993): Design and Marketing of New Products, 2nd ed., Engelwood Cliffs, Prentice-Hall.

Vanhonacker, W. R. (1985): Testing the Exact Order of an Individual's Choice Process in an Information-Theoretic Framework, Journal of Marketing Research, Vol. 22, November, 377 – 387.

Vilcassim, N. J.; D. C. Jain (1991): Modeling Purchase-Timing and Brand-Switching Behavior Incorporating Explanatory Variables and Unobserved Heterogeneity, Journal of Marketing Research, Vol. 28, February, 29 – 41.

Voß, W. (Hrsg.) (2002): Taschenbuch der Statistik, München, Carl Hanser.

Wack, P. (1975): Eine Theorie des Einkaufsverhaltens, Berlin, Duncker & Humblot.

Wagner, R. (1999): Modeling and Measuring of Competitive Reactions to Changes of Marketing Mix at the Retail Level, in: Gaul, W.; H. Locarek-Junge (Eds.): Classification in the Information Age: Studies in Classification, Data Analysis, and Knowledge Organization, Berlin, Springer, 536 – 544.

Wagner, R. (2001): Wettbewerbsreaktionen im Produktmanagement, Wiesbaden, Gabler.

Wagner, R.; R. Decker (1997): Die Marktforschung als Hilfsmittel zur Bewältigung der Bäderkrise, Heilbad und Kurort, Jg. 49, Heft 5, 123 – 127.

Wagner, R.; R. Decker (2000): Remarks on the Behavioristic Analysis of Competitive Reactions, OR Spektrum, Vol. 22, No. 1, 97 – 116.

Wagner, R.; C. Bornemeyer; S. Kerkojus (1999): Imageanalyse des Bielefelder Einzelhandels, Bielefeld 2000plus – Forschungsprojekte zur Region, Diskussionspapier Nr. 5.

Wagner, R.; T. Temme; R. Decker (1998): Die Behandlung fehlender Werte in der angewandten Marktforschung, Jahrbuch der Absatz- und Verbrauchsforschung, Jg. 44, Heft 4, 395 – 417.

Wagner, U. (1985): Vollstochastische Kaufverhaltensmodelle: Ihr Beitrag zur Analyse realer Märkte, Königstein, Hain.

Wagner, U. (1988): Vollstochastische Kaufverhaltensmodelle, Der Markt, Jg. 27, Heft 1, No. 104, 36 – 45.

Wagner, U.; A. C. Bemmaor (1989): Zur Prognose des Kaufverhaltens aus Kaufabsichtsdaten mit Hilfe des Betabinomial-Modells, in: Pressmar, D.; K. E. Jäger; H. Krallmann, H. Schellhaas; L. Streitferdt (Eds.): Operations Research Proceedings 1988, Berlin, Springer, 418 – 425.

Wagner, U.; A. Taudes (1986): A Multivariate Polya Model of Brand Choice and Purchase Incidence, Marketing Science, Vol. 5, No. 3, 219 – 244.

Wagner, U.; A. Taudes (1987): Stochastic Models of Consumer Behavior, European Journal of Operations Research, Vol. 29, No. 1, 1 – 23.

Wagner, U.; A. Taudes (1991): Microdynamics of New Product Purchase: A Model Incorporating Both Marketing and Consumer-Specific Variables, International Journal of Research in Marketing, Vol. 8, No. 3, 223 – 249.

Watson, J. B. (1997): Behaviorismus, 4. Aufl., Frankfurt, Klotz.

Wedel, M.; W. A. Kamakura (1998): Market Segmentation: Conceptual and Methodological Foundations, Boston, Kluwer.

Werner, A.; R. Stephan (1997): Marketing-Instrument Internet, Heidelberg, dpunkt-Verlag.

Wezel, M. C. van; W. R. J. Baets (1995): Predicting Market Responses with a Neural Network: The Case of Fast Moving Consumer Goods, Marketing Intelligence & Planning, Vol. 13, No. 7, 23 – 30.

Wheat, R. D. (1987): Determining the Regularity of Consumers' Interpurchase Times: Modelling, Measurement and Estimation Issues, Dissertation, Columbia University Graduate School of Business.

Wheat, R. D.; D. G. Morrison (1990): Assessing Purchase Timing Models: Whether or Not is Preferable to When, Marketing Science, Vol. 9, No. 2, 162 – 170.

Widaman, K. F. (1985): Hierarchically Nested Covariance Structure Models for Multitrait-Multimethod Data, Applied Psychological Measurement, Vol. 9, 1 – 26.

Wierenga, B. (1978): A Least Squares Estimation Method for the Linear Learning Model, Journal of Marketing Research, Vol. 15, February, 145 – 153.

Wierenga, B.; G. v. Bruggen (2000): Marketing Management Support Systems: Principles, Tools and Implementation, Boston, Kluwer.

Wildner, R. (1994): Die Grenzen von Single Source, Planung & Analyse, Heft 1, 22 – 27.

Williams, K. C. (1992): Behavioral Aspects of Marketing, London, Butterworth-Heinemann.

Williamson, O. E. (1975): Markets and Hierachies, New York, Free Press.

Wind, Y. (1997): Start Your Engines: Gear Up For Challenges Ahead with Innovative Marketing Research Products And Services, Marketing Research, Vol. 9, No. 4, 4 – 11.

Wittmann, W. (1980): Information, in: Grochla, E. von (Hrsg.): Handwörterbuch der Organisation, 2. Aufl., Stuttgart, Poeschel, 894 – 904.

Wolf, F. M. (1986): Meta-Analysis: Quantitative Methods for Research Synthesis, Beverly Hills, Sage.

Wrigley, N.; R. Dunn (1984a): Stochastic Panel-Data Models of Urban Shopping Behaviour: 1. Purchasing at Individual Stores in a Single City, Environment and Planning A, Vol. 16, No. 5, 629 –647.

Wrigley, N.; R. Dunn (1984b): Stochastic Panel-Data Models of Urban Shopping Behaviour: 2. Multistore Purchasing Patterns and the Dirichlet Model, Environment and Planning A, Vol. 16, No. 6, 759 – 778.

Wrigley, N.; R. Dunn (1984c): Stochastic Panel-Data Models of Urban Shopping Behaviour: 3. The Interaction of Store Choice and Brand Choice, Environment and Planning A, Vol. 16, No. 9, 1221 – 1236.

Wrigley, N.; R. Dunn (1985): Stochastic Panel-Data Models of Urban Shopping Behaviour: 4. Incorporating Independent Variables into the NBD and Dirichlet Models, Environment and Planning, Vol. 17, No. 3, 319 – 331.

Wührer, G. A. (2000): Mehrdimensionale Skalierung, in: Herrmann, A.; C. Homburg (Hrsg.): Marktforschung: Methoden, Anwendungen, Praxisbeispiele, 2. Aufl., Wiesbaden, Gabler, 439 – 469.

Zaltman, G.; C. R. A. Pinson; R. Angelmar (1973): Metatheory and Consumer Research, New York, Holt, Rinehart and Winston.

Standardnormalverteilung:

Vertrauenswahrscheinlichkeiten $(1-\alpha)$

z	0,00	0,01	0,02	0,03	0,04
-0,0	0,5000000	0,4960106	0,4920217	0,4880335	0,4840466
-0,1	0,4601722	0,4562047	0,4522416	0,4482832	0,4443300
-0,2	0,4207403	0,4168338	0,4129356	0,4090459	0,4051651
-0,3	0,3820886	0,3782805	0,3744842	0,3707000	0,3669283
-0,4	0,3445783	0,3409030	0,3372427	0,3335978	0,3299686
-0,5	0,3085375	0,3050257	0,3015318	0,2980560	0,2945985
-0,6	0,2742531	0,2709309	0,2676289	0,2643473	0,2610863
-0,7	0,2419637	0,2388521	0,2357625	0,2326951	0,2296500
-0,8	0,2118554	0,2089701	0,2061081	0,2032694	0,2004542
-0,9	0,1840601	0,1814113	0,1787864	0,1761855	0,1736088
-1,0	0,1586553	0,1562476	0,1538642	0,1515050	0,1491700
-1,1	0,1356661	0,1334995	0,1313569	0,1292381	0,1271432
-1,2	0,1150697	0,1131394	0,1112324	0,1093486	0,1074877
-1,3	0,0968005	0,0950979	0,0934175	0,0917591	0,0901227
-1,4	0,0807567	0,0792698	0,0778038	0,0763585	0,0749337
-1,5	0,0668072	0,0655217	0,0642555	0,0630084	0,0617802
-1,6	0,0547993	0,0536989	0,0526161	0,0515507	0,0505026
-1,7	0,0445655	0,0436329	0,0427162	0,0418151	0,0409295
-1,8	0,0359303	0,0351479	0,0343795	0,0336250	0,0328841
-1,9	0,0287166	0,0280666	0,0274289	0,0268034	0,0261898
-2,0	0,0227501	0,0222156	0,0216917	0,0211783	0,0206752
-2,1	0,0178644	0,0174292	0,0170030	0,0165858	0,0161774
-2,2	0,0139034	0,0135526	0,0132094	0,0128737	0,0125455
-2,3	0,0107241	0,0104441	0,0101704	0,0099031	0,0096419
-2,4	0,0081975	0,0079763	0,0077603	0,0075494	0,0073436
-2,5	0,0062097	0,0060366	0,0058677	0,0057031	0,0055426
-2,6	0,0046612	0,0045271	0,0043965	0,0042692	0,0041453
-2,7	0,0034670	0,0033642	0,0032641	0,0031667	0,0030720
-2,8	0,0025551	0,0024771	0,0024012	0,0023274	0,0022557
-2,9	0,0018658	0,0018071	0,0017502	0,0016948	0,0016411
-3,0	0,0013499	0,0013062	0,0012639	0,0012228	0,0011829
-3,1	0,0009676	0,0009354	0,0009043	0,0008740	0,0008447
-3,2	0,0006871	0,0006637	0,0006410	0,0006190	0,0005976
-3,3	0,0004834	0,0004665	0,0004501	0,0004342	0,0004189
-3,4	0,0003369	0,0003248	0,0003131	0,0003018	0,0002909
-3,5	0,0002326	0,0002241	0,0002158	0,0002078	0,0002001
-3,6	0,0001591	0,0001531	0,0001473	0,0001417	0,0001363
-3,7	0,0001078	0,0001036	0,0000996	0,0000957	0,0000920
-3,8	0,0000723	0,0000695	0,0000667	0,0000641	0,0000615
-3,9	0,0000481	0,0000461	0,0000443	0,0000425	0,0000407
-4,0	0,0000317	0,0000304	0,0000291	0,0000279	0,0000267

Standardnormalverteilung:

Vertrauenswahrscheinlichkeiten $(1-\alpha)$

z	0,05	0,06	0,07	0,08	0,09
-0,0	0,4800612	0,4760778	0,4720968	0,4681186	0,4641436
-0,1	0,4403823	0,4364405	0,4325051	0,4285763	0,4246546
-0,2	0,4012937	0,3974319	0,3935801	0,3897388	0,3859081
-0,3	0,3631693	0,3594236	0,3556912	0,3519727	0,3482683
-0,4	0,3263552	0,3227581	0,3191775	0,3156137	0,3120669
-0,5	0,2911597	0,2877397	0,2843388	0,2809573	0,2775953
-0,6	0,2578461	0,2546269	0,2514289	0,2482522	0,2450971
-0,7	0,2266274	0,2236273	0,2206499	0,2176954	0,2147639
-0,8	0,1976625	0,1948945	0,1921502	0,1894297	0,1867329
-0,9	0,1710561	0,1685276	0,1660232	0,1635431	0,1610871
-1,0	0,1468591	0,1445723	0,1423097	0,1400711	0,1378566
-1,1	0,1250719	0,1230244	0,1210005	0,1190001	0,1170232
-1,2	0,1056498	0,1038347	0,1020423	0,1002726	0,0985253
-1,3	0,0885080	0,0869150	0,0853435	0,0837933	0,0822644
-1,4	0,0735293	0,0721450	0,0707809	0,0694366	0,0681121
-1,5	0,0605708	0,0593799	0,0582076	0,0570534	0,0559174
-1,6	0,0494715	0,0484572	0,0474597	0,0464787	0,0455140
-1,7	0,0400592	0,0392039	0,0383636	0,0375380	0,0367270
-1,8	0,0321568	0,0314428	0,0307419	0,0300540	0,0293790
-1,9	0,0255881	0,0249979	0,0244192	0,0238518	0,0232955
-2,0	0,0201822	0,0196993	0,0192262	0,0187628	0,0183089
-2,1	0,0157776	0,0153863	0,0150034	0,0146287	0,0142621
-2,2	0,0122245	0,0119106	0,0116038	0,0113038	0,0110107
-2,3	0,0093867	0,0091375	0,0088940	0,0086563	0,0084242
-2,4	0,0071428	0,0069469	0,0067557	0,0065691	0,0063872
-2,5	0,0053861	0,0052336	0,0050849	0,0049400	0,0047988
-2,6	0,0040246	0,0039070	0,0037926	0,0036811	0,0035726
-2,7	0,0029798	0,0028901	0,0028028	0,0027179	0,0026354
-2,8	0,0021860	0,0021182	0,0020524	0,0019884	0,0019262
-2,9	0,0015889	0,0015382	0,0014890	0,0014412	0,0013949
-3,0	0,0011442	0,0011067	0,0010703	0,0010350	0,0010008
-3,1	0,0008164	0,0007888	0,0007622	0,0007364	0,0007114
-3,2	0,0005770	0,0005571	0,0005377	0,0005190	0,0005009
-3,3	0,0004041	0,0003897	0,0003758	0,0003624	0,0003495
-3,4	0,0002803	0,0002701	0,0002602	0,0002507	0,0002415
-3,5	0,0001926	0,0001854	0,0001785	0,0001718	0,0001653
-3,6	0,0001311	0,0001261	0,0001213	0,0001166	0,0001121
-3,7	0,0000884	0,0000850	0,0000816	0,0000784	0,0000753
-3,8	0,0000591	0,0000567	0,0000544	0,0000522	0,0000501
-3,9	0,0000391	0,0000375	0,0000359	0,0000345	0,0000330
-4,0	0,0000256	0,0000245	0,0000235	0,0000225	0,0000216

Standardnormalverteilung:

Vertrauenswahrscheinlichkeiten $(1 - \alpha)$

z	0,00	0,01	0,02	0,03	0,04
0,0	0,5000000	0,5039894	0,5079783	0,5119665	0,5159534
0,1	0,5398278	0,5437953	0,5477584	0,5517168	0,5556700
0,2	0,5792597	0,5831662	0,5870644	0,5909541	0,5948349
0,3	0,6179114	0,6217195	0,6255158	0,6293000	0,6330717
0,4	0,6554217	0,6590970	0,6627573	0,6664022	0,6700314
0,5	0,6914625	0,6949743	0,6984682	0,7019440	0,7054015
0,6	0,7257469	0,7290691	0,7323711	0,7356527	0,7389137
0,7	0,7580363	0,7611479	0,7642375	0,7673049	0,7703500
0,8	0,7881446	0,7910299	0,7938919	0,7967306	0,7995458
0,9	0,8159399	0,8185887	0,8212136	0,8238145	0,8263912
1,0	0,8413447	0,8437524	0,8461358	0,8484950	0,8508300
1,1	0,8643339	0,8665005	0,8686431	0,8707619	0,8728568
1,2	0,8849303	0,8868606	0,8887676	0,8906514	0,8925123
1,3	0,9031995	0,9049021	0,9065825	0,9082409	0,9098773
1,4	0,9192433	0,9207302	0,9221962	0,9236415	0,9250663
1,5	0,9331928	0,9344783	0,9357445	0,9369916	0,9382198
1,6	0,9452007	0,9463011	0,9473839	0,9484493	0,9494974
1,7	0,9554345	0,9563671	0,9572838	0,9581849	0,9590705
1,8	0,9640697	0,9648521	0,9656205	0,9663750	0,9671159
1,9	0,9712834	0,9719334	0,9725711	0,9731966	0,9738102
2,0	0,9772499	0,9777844	0,9783083	0,9788217	0,9793248
2,1	0,9821356	0,9825708	0,9829970	0,9834142	0,9838226
2,2	0,9860966	0,9864474	0,9867906	0,9871263	0,9874545
2,3	0,9892759	0,9895559	0,9898296	0,9900969	0,9903581
2,4	0,9918025	0,9920237	0,9922397	0,9924506	0,9926564
2,5	0,9937903	0,9939634	0,9941323	0,9942969	0,9944574
2,6	0,9953388	0,9954729	0,9956035	0,9957308	0,9958547
2,7	0,9965330	0,9966358	0,9967359	0,9968333	0,9969280
2,8	0,9974449	0,9975229	0,9975988	0,9976726	0,9977443
2,9	0,9981342	0,9981929	0,9982498	0,9983052	0,9983589
3,0	0,9986501	0,9986938	0,9987361	0,9987772	0,9988171
3,1	0,9990324	0,9990646	0,9990957	0,9991260	0,9991553
3,2	0,9993129	0,9993363	0,9993590	0,9993810	0,9994024
3,3	0,9995166	0,9995335	0,9995499	0,9995658	0,9995811
3,4	0,9996631	0,9996752	0,9996869	0,9996982	0,9997091
3,5	0,9997674	0,9997759	0,9997842	0,9997922	0,9997999
3,6	0,9998409	0,9998469	0,9998527	0,9998583	0,9998637
3,7	0,9998922	0,9998964	0,9999004	0,9999043	0,9999080
3,8	0,9999277	0,9999305	0,9999333	0,9999359	0,9999385
3,9	0,9999519	0,9999539	0,9999557	0,9999575	0,9999593
4,0	0,9999683	0,9999696	0,9999709	0,9999721	0,9999733

Standardnormalverteilung:

Vertrauenswahrscheinlichkeiten $(1-\alpha)$

z	0,05	0,06	0,07	0,08	0,09
0,0	0,5199388	0,5239222	0,5279032	0,5318814	0,5358564
0,1	0,5596177	0,5635595	0,5674949	0,5714237	0,5753454
0,2	0,5987063	0,6025681	0,6064199	0,6102612	0,6140919
0,3	0,6368307	0,6405764	0,6443088	0,6480273	0,6517317
0,4	0,6736448	0,6772419	0,6808225	0,6843863	0,6879331
0,5	0,7088403	0,7122603	0,7156612	0,7190427	0,7224047
0,6	0,7421539	0,7453731	0,7485711	0,7517478	0,7549029
0,7	0,7733726	0,7763727	0,7793501	0,7823046	0,7852361
0,8	0,8023375	0,8051055	0,8078498	0,8105703	0,8132671
0,9	0,8289439	0,8314724	0,8339768	0,8364569	0,8389129
1,0	0,8531409	0,8554277	0,8576903	0,8599289	0,8621434
1,1	0,8749281	0,8769756	0,8789995	0,8809999	0,8829768
1,2	0,8943502	0,8961653	0,8979577	0,8997274	0,9014747
1,3	0,9114920	0,9130850	0,9146565	0,9162067	0,9177356
1,4	0,9264707	0,9278550	0,9292191	0,9305634	0,9318879
1,5	0,9394292	0,9406201	0,9417924	0,9429466	0,9440826
1,6	0,9505285	0,9515428	0,9525403	0,9535213	0,9544860
1,7	0,9599408	0,9607961	0,9616364	0,9624620	0,9632730
1,8	0,9678432	0,9685572	0,9692581	0,9699460	0,9706210
1,9	0,9744119	0,9750021	0,9755808	0,9761482	0,9767045
2,0	0,9798178	0,9803007	0,9807738	0,9812372	0,9816911
2,1	0,9842224	0,9846137	0,9849966	0,9853713	0,9857379
2,2	0,9877755	0,9880894	0,9883962	0,9886962	0,9889893
2,3	0,9906133	0,9908625	0,9911060	0,9913437	0,9915758
2,4	0,9928572	0,9930531	0,9932443	0,9934309	0,9936128
2,5	0,9946139	0,9947664	0,9949151	0,9950600	0,9952012
2,6	0,9959754	0,9960930	0,9962074	0,9963189	0,9964274
2,7	0,9970202	0,9971099	0,9971972	0,9972821	0,9973646
2,8	0,9978140	0,9978818	0,9979476	0,9980116	0,9980738
2,9	0,9984111	0,9984618	0,9985110	0,9985588	0,9986051
3,0	0,9988558	0,9988933	0,9989297	0,9989650	0,9989992
3,1	0,9991836	0,9992112	0,9992378	0,9992636	0,9992886
3,2	0,9994230	0,9994429	0,9994623	0,9994810	0,9994991
3,3	0,9995959	0,9996103	0,9996242	0,9996376	0,9996505
3,4	0,9997197	0,9997299	0,9997398	0,9997493	0,9997585
3,5	0,9998074	0,9998146	0,9998215	0,9998282	0,9998347
3,6	0,9998689	0,9998739	0,9998787	0,9998834	0,9998879
3,7	0,9999116	0,9999150	0,9999184	0,9999216	0,9999247
3,8	0,9999409	0,9999433	0,9999456	0,9999478	0,9999499
3,9	0,9999609	0,9999625	0,9999641	0,9999655	0,9999670
4,0	0,9999744	0,9999755	0,9999765	0,9999775	0,9999784

Student-t-Verteilung:

FG	$\alpha = 0,10$	$\alpha = 0,05$	$\alpha = 0,025$	$\alpha = 0,01$	$\alpha = 0,005$
1	3,07768	6,31375	12,7062	31,82052	63,65674
2	1,88562	2,91999	4,30265	6,96456	9,92484
3	1,63774	2,35336	3,18245	4,54070	5,84091
4	1,53321	2,13185	2,77645	3,74695	4,60409
5	1,47588	2,01505	2,57058	3,36493	4,03214
6	1,43976	1,94318	2,44691	3,14267	3,70743
7	1,41492	1,89458	2,36462	2,99795	3,49948
8	1,39682	1,85955	2,30600	2,89646	3,35539
9	1,38303	1,83311	2,26216	2,82144	3,24984
10	1,37218	1,81246	2,22814	2,76377	3,16927
11	1,36343	1,79588	2,20099	2,71808	3,10581
12	1,35622	1,78229	2,17881	2,68100	3,05454
13	1,35017	1,77093	2,16037	2,65031	3,01228
14	1,34503	1,76131	2,14479	2,62449	2,97684
15	1,34061	1,75305	2,13145	2,60248	2,94671
16	1,33676	1,74588	2,11991	2,58349	2,92078
17	1,33338	1,73961	2,10982	2,56693	2,89823
18	1,33039	1,73406	2,10092	2,55238	2,87844
19	1,32773	1,72913	2,09302	2,53948	2,86093
20	1,32534	1,72472	2,08596	2,52798	2,84534
21	1,32319	1,72074	2,07961	2,51765	2,83136
22	1,32124	1,71714	2,07387	2,50832	2,81876
23	1,31946	1,71387	2,06866	2,49987	2,80734
24	1,31784	1,71088	2,06390	2,49216	2,79694
25	1,31635	1,70814	2,05954	2,48511	2,78744
26	1,31497	1,70562	2,05553	2,47863	2,77871
27	1,31370	1,70329	2,05183	2,47266	2,77068
28	1,31253	1,70113	2,04841	2,46714	2,76326
29	1,31143	1,69913	2,04523	2,46202	2,75639
30	1,31042	1,69726	2,04227	2,45726	2,75000
40	1,30308	1,68385	2,02108	2,42326	2,70446
50	1,29871	1,67591	2,00856	2,40327	2,67779
60	1,29582	1,67065	2,00030	2,39012	2,66028
70	1,29376	1,66691	1,99444	2,38081	2,64790
80	1,29222	1,66412	1,99006	2,37387	2,63869
90	1,29103	1,66196	1,98667	2,36850	2,63157
100	1,29007	1,66023	1,98397	2,36422	2,62589
150	1,28722	1,65508	1,97591	2,35146	2,60900
200	1,28580	1,65251	1,97190	2,34514	2,60063
250	1,28495	1,65097	1,96950	2,34136	2,59564
300	1,28438	1,64995	1,96790	2,33884	2,59232
400	1,28367	1,64867	1,96591	2,33571	2,58818
500	1,28325	1,64791	1,96472	2,33383	2,58570
1.000	1,28240	1,64638	1,96234	2,33008	2,58075

χ^2-Verteilung:

FG	$\alpha = 0,10$	$\alpha = 0,05$	$\alpha = 0,025$	$\alpha = 0,01$	$\alpha = 0,005$
1	2,70554	3,84146	5,02389	6,63490	7,87944
2	4,60517	5,99146	7,37776	9,21034	10,59663
3	6,25139	7,81473	9,34840	11,34487	12,83816
4	7,77944	9,48773	11,14329	13,27670	14,86026
5	9,23636	11,07050	12,83250	15,08627	16,74960
6	10,64464	12,59159	14,44938	16,81189	18,54758
7	12,01704	14,06714	16,01276	18,47531	20,27774
8	13,36157	15,50731	17,53455	20,09024	21,95495
9	14,68366	16,91898	19,02277	21,66599	23,58935
10	15,98718	18,30704	20,48318	23,20925	25,18818
11	17,27501	19,67514	21,92005	24,72497	26,75685
12	18,54935	21,02607	23,33666	26,21697	28,29952
13	19,81193	22,36203	24,73560	27,68825	29,81947
14	21,06414	23,68479	26,11895	29,14124	31,31935
15	22,30713	24,99579	27,48839	30,57791	32,80132
16	23,54183	26,29623	28,84535	31,99993	34,26719
17	24,76904	27,58711	30,19101	33,40866	35,71847
18	25,98942	28,86930	31,52638	34,80531	37,15645
19	27,20357	30,14353	32,85233	36,19087	38,58226
20	28,41198	31,41043	34,16961	37,56623	39,99685
21	29,61509	32,67057	35,47888	38,93217	41,40106
22	30,81328	33,92444	36,78071	40,28936	42,79565
23	32,00690	35,17246	38,07563	41,63840	44,18128
24	33,19624	36,41503	39,36408	42,97982	45,55851
25	34,38159	37,65248	40,64647	44,31410	46,92789
30	40,25602	43,77297	46,97924	50,89218	53,67196
40	51,80506	55,75848	59,34171	63,69074	66,76596
50	63,16712	67,50481	71,42020	76,15389	79,48998
60	74,39701	79,08194	83,29767	88,37942	91,95170
70	85,52704	90,53123	95,02318	100,42518	104,2149
80	96,57820	101,87947	106,62857	112,32879	116,32106
90	107,56501	113,14527	118,13589	124,11632	128,29894
100	118,49800	124,34211	129,56120	135,80672	140,16949
120	140,23257	146,56736	152,21140	158,95017	163,64818
150	172,58121	179,58063	185,80045	193,20769	198,36021
200	226,02105	233,99427	241,05790	249,44512	255,26416
250	279,05043	287,88150	295,68863	304,93956	311,34616
300	331,78852	341,39511	349,87447	359,90643	366,84445
400	436,64899	447,63247	457,30548	468,72450	476,60643
500	540,93031	553,12681	563,85153	576,49281	585,20662
1.000	1057,72390	1074,67945	1089,53091	1106,96899	1118,94807
1.500	1570,60778	1591,21496	1609,23322	1630,35273	1644,83815

$F_{0,90;FG_1;FG_2}$-**Verteilung:**

FG_1	FG_2 1	2	3	4	5	6	7	8	9	10	11
1	39,86	8,53	5,54	4,54	4,06	3,78	3,59	3,46	3,36	3,29	3,23
2	49,50	9,00	5,46	4,32	3,78	3,46	3,26	3,11	3,01	2,92	2,86
3	53,59	9,16	5,39	4,19	3,62	3,29	3,07	2,92	2,81	2,73	2,66
4	55,83	9,24	5,34	4,11	3,52	3,18	2,96	2,81	2,69	2,61	2,54
5	57,24	9,29	5,31	4,05	3,45	3,11	2,88	2,73	2,61	2,52	2,45
6	58,20	9,33	5,28	4,01	3,40	3,05	2,83	2,67	2,55	2,46	2,39
7	58,91	9,35	5,27	3,98	3,37	3,01	2,78	2,62	2,51	2,41	2,34
8	59,44	9,37	5,25	3,95	3,34	2,98	2,75	2,59	2,47	2,38	2,30
9	59,86	9,38	5,24	3,94	3,32	2,96	2,72	2,56	2,44	2,35	2,27
10	60,19	9,39	5,23	3,92	3,30	2,94	2,70	2,54	2,42	2,32	2,25
11	60,47	9,40	5,22	3,91	3,28	2,92	2,68	2,52	2,40	2,30	2,23
12	60,71	9,41	5,22	3,90	3,27	2,90	2,67	2,50	2,38	2,28	2,21
13	60,90	9,41	5,21	3,89	3,26	2,89	2,65	2,49	2,36	2,27	2,19
14	61,07	9,42	5,20	3,88	3,25	2,88	2,64	2,48	2,35	2,26	2,18
15	61,22	9,42	5,20	3,87	3,24	2,87	2,63	2,46	2,34	2,24	2,17
16	61,35	9,43	5,20	3,86	3,23	2,86	2,62	2,45	2,33	2,23	2,16
17	61,46	9,43	5,19	3,86	3,22	2,85	2,61	2,45	2,32	2,22	2,15
18	61,57	9,44	5,19	3,85	3,22	2,85	2,61	2,44	2,31	2,22	2,14
19	61,66	9,44	5,19	3,85	3,21	2,84	2,60	2,43	2,30	2,21	2,13
20	61,74	9,44	5,18	3,84	3,21	2,84	2,59	2,42	2,30	2,20	2,12
50	62,69	9,47	5,15	3,80	3,15	2,77	2,52	2,35	2,22	2,12	2,04
100	63,01	9,48	5,14	3,78	3,13	2,75	2,50	2,32	2,19	2,09	2,01

FG_1	12	13	14	15	16	17	18	19	20	50	100
1	3,18	3,14	3,10	3,07	3,05	3,03	3,01	2,99	2,97	2,81	2,76
2	2,81	2,76	2,73	2,70	2,67	2,64	2,62	2,61	2,59	2,41	2,36
3	2,61	2,56	2,52	2,49	2,46	2,44	2,42	2,40	2,38	2,20	2,14
4	2,48	2,43	2,39	2,36	2,33	2,31	2,29	2,27	2,25	2,06	2,00
5	2,39	2,35	2,31	2,27	2,24	2,22	2,20	2,18	2,16	1,97	1,91
6	2,33	2,28	2,24	2,21	2,18	2,15	2,13	2,11	2,09	1,90	1,83
7	2,28	2,23	2,19	2,16	2,13	2,10	2,08	2,06	2,04	1,84	1,78
8	2,24	2,20	2,15	2,12	2,09	2,06	2,04	2,02	2,00	1,80	1,73
9	2,21	2,16	2,12	2,09	2,06	2,03	2,00	1,98	1,96	1,76	1,69
10	2,19	2,14	2,10	2,06	2,03	2,00	1,98	1,96	1,94	1,73	1,66
11	2,17	2,12	2,07	2,04	2,01	1,98	1,95	1,93	1,91	1,70	1,64
12	2,15	2,10	2,05	2,02	1,99	1,96	1,93	1,91	1,89	1,68	1,61
13	2,13	2,08	2,04	2,00	1,97	1,94	1,92	1,89	1,87	1,66	1,59
14	2,12	2,07	2,02	1,99	1,95	1,93	1,90	1,88	1,86	1,64	1,57
15	2,10	2,05	2,01	1,97	1,94	1,91	1,89	1,86	1,84	1,63	1,56
16	2,09	2,04	2,00	1,96	1,93	1,90	1,87	1,85	1,83	1,61	1,54
17	2,08	2,03	1,99	1,95	1,92	1,89	1,86	1,84	1,82	1,60	1,53
18	2,08	2,02	1,98	1,94	1,91	1,88	1,85	1,83	1,81	1,59	1,52
19	2,07	2,01	1,97	1,93	1,90	1,87	1,84	1,82	1,80	1,58	1,50
20	2,06	2,01	1,96	1,92	1,89	1,86	1,84	1,81	1,79	1,57	1,49
50	1,97	1,92	1,87	1,83	1,79	1,76	1,74	1,71	1,69	1,44	1,35
100	1,94	1,88	1,83	1,79	1,76	1,73	1,70	1,67	1,65	1,39	1,29

$F_{0,95;FG_1;FG_2}$**-Verteilung:**

FG_1 \ FG_2	1	2	3	4	5	6	7	8	9	10	11
1	161,45	18,51	10,13	7,71	6,61	5,99	5,59	5,32	5,12	4,96	4,84
2	199,50	19,00	9,55	6,94	5,79	5,14	4,74	4,46	4,26	4,10	3,98
3	215,71	19,16	9,28	6,59	5,41	4,76	4,35	4,07	3,86	3,71	3,59
4	224,58	19,25	9,12	6,39	5,19	4,53	4,12	3,84	3,63	3,48	3,36
5	230,16	19,30	9,01	6,26	5,05	4,39	3,97	3,69	3,48	3,33	3,20
6	233,99	19,33	8,94	6,16	4,95	4,28	3,87	3,58	3,37	3,22	3,09
7	236,77	19,35	8,89	6,09	4,88	4,21	3,79	3,50	3,29	3,14	3,01
8	238,88	19,37	8,85	6,04	4,82	4,15	3,73	3,44	3,23	3,07	2,95
9	240,54	19,38	8,81	6,00	4,77	4,10	3,68	3,39	3,18	3,02	2,90
10	241,88	19,40	8,79	5,96	4,74	4,06	3,64	3,35	3,14	2,98	2,85
11	242,98	19,40	8,76	5,94	4,70	4,03	3,60	3,31	3,10	2,94	2,82
12	243,91	19,41	8,74	5,91	4,68	4,00	3,57	3,28	3,07	2,91	2,79
13	244,69	19,42	8,73	5,89	4,66	3,98	3,55	3,26	3,05	2,89	2,76
14	245,36	19,42	8,71	5,87	4,64	3,96	3,53	3,24	3,03	2,86	2,74
15	245,95	19,43	8,70	5,86	4,62	3,94	3,51	3,22	3,01	2,85	2,72
16	246,46	19,43	8,69	5,84	4,60	3,92	3,49	3,20	2,99	2,83	2,70
17	246,92	19,44	8,68	5,83	4,59	3,91	3,48	3,19	2,97	2,81	2,69
18	247,32	19,44	8,67	5,82	4,58	3,90	3,47	3,17	2,96	2,80	2,67
19	247,69	19,44	8,67	5,81	4,57	3,88	3,46	3,16	2,95	2,79	2,66
20	248,01	19,45	8,66	5,80	4,56	3,87	3,44	3,15	2,94	2,77	2,65
50	250,10	19,46	8,62	5,75	4,50	3,81	3,38	3,08	2,86	2,70	2,57
100	253,04	19,49	8,55	5,66	4,41	3,71	3,27	2,97	2,76	2,59	2,46

FG_1 \ FG_2	12	13	14	15	16	17	18	19	20	50	100
1	4,75	4,67	4,60	4,54	4,49	4,45	4,41	4,38	4,35	4,03	3,94
2	3,89	3,81	3,74	3,68	3,63	3,59	3,55	3,52	3,49	3,18	3,09
3	3,49	3,41	3,34	3,29	3,24	3,20	3,16	3,13	3,10	2,79	2,70
4	3,26	3,18	3,11	3,06	3,01	2,96	2,93	2,90	2,87	2,56	2,46
5	3,11	3,03	2,96	2,90	2,85	2,81	2,77	2,74	2,71	2,40	2,31
6	3,00	2,92	2,85	2,79	2,74	2,70	2,66	2,63	2,60	2,29	2,19
7	2,91	2,83	2,76	2,71	2,66	2,61	2,58	2,54	2,51	2,20	2,10
8	2,85	2,77	2,70	2,64	2,59	2,55	2,51	2,48	2,45	2,13	2,03
9	2,80	2,71	2,65	2,59	2,54	2,49	2,46	2,42	2,39	2,07	1,97
10	2,75	2,67	2,60	2,54	2,49	2,45	2,41	2,38	2,35	2,03	1,93
11	2,72	2,63	2,57	2,51	2,46	2,41	2,37	2,34	2,31	1,99	1,89
12	2,69	2,60	2,53	2,48	2,42	2,38	2,34	2,31	2,28	1,95	1,85
13	2,66	2,58	2,51	2,45	2,40	2,35	2,31	2,28	2,25	1,92	1,82
14	2,64	2,55	2,48	2,42	2,37	2,33	2,29	2,26	2,22	1,89	1,79
15	2,62	2,53	2,46	2,40	2,35	2,31	2,27	2,23	2,20	1,87	1,77
16	2,60	2,51	2,44	2,38	2,33	2,29	2,25	2,21	2,18	1,85	1,75
17	2,58	2,50	2,43	2,37	2,32	2,27	2,23	2,20	2,17	1,83	1,73
18	2,57	2,48	2,41	2,35	2,30	2,26	2,22	2,18	2,15	1,81	1,71
19	2,56	2,47	2,40	2,34	2,29	2,24	2,20	2,17	2,14	1,80	1,69
20	2,54	2,46	2,39	2,33	2,28	2,23	2,19	2,16	2,12	1,78	1,68
50	2,40	2,31	2,24	2,18	2,12	2,08	2,04	2,00	1,97	1,60	1,48
100	2,35	2,26	2,19	2,12	2,07	2,02	1,98	1,94	1,91	1,52	1,39

$F_{0,99;FG_1;FG_2}$-Verteilung:

FG_1	FG_2: 1	2	3	4	5	6	7	8	9	10	11
1	4052,18	98,50	34,12	21,20	16,26	13,75	12,25	11,26	10,56	10,04	9,65
2	4999,50	99,00	30,82	18,00	13,27	10,92	9,55	8,65	8,02	7,56	7,21
3	5403,35	99,17	29,46	16,69	12,06	9,78	8,45	7,59	6,99	6,55	6,22
4	5624,58	99,25	28,71	15,98	11,39	9,15	7,85	7,01	6,42	5,99	5,67
5	5763,65	99,30	28,24	15,52	10,97	8,75	7,46	6,63	6,06	5,64	5,32
6	5858,99	99,33	27,91	15,21	10,67	8,47	7,19	6,37	5,80	5,39	5,07
7	5928,36	99,36	27,67	14,98	10,46	8,26	6,99	6,18	5,61	5,20	4,89
8	5981,07	99,37	27,49	14,80	10,29	8,10	6,84	6,03	5,47	5,06	4,74
9	6022,47	99,39	27,35	14,66	10,16	7,98	6,72	5,91	5,35	4,94	4,63
10	6055,85	99,40	27,23	14,55	10,05	7,87	6,62	5,81	5,26	4,85	4,54
11	6083,32	99,41	27,13	14,45	9,96	7,79	6,54	5,73	5,18	4,77	4,46
12	6106,32	99,42	27,05	14,37	9,89	7,72	6,47	5,67	5,11	4,71	4,40
13	6125,86	99,42	26,98	14,31	9,82	7,66	6,41	5,61	5,05	4,65	4,34
14	6142,67	99,43	26,92	14,25	9,77	7,60	6,36	5,56	5,01	4,60	4,29
15	6157,28	99,43	26,87	14,20	9,72	7,56	6,31	5,52	4,96	4,56	4,25
16	6170,10	99,44	26,83	14,15	9,68	7,52	6,28	5,48	4,92	4,52	4,21
17	6181,43	99,44	26,79	14,11	9,64	7,48	6,24	5,44	4,89	4,49	4,18
18	6191,53	99,44	26,75	14,08	9,61	7,45	6,21	5,41	4,86	4,46	4,15
19	6200,58	99,45	26,72	14,05	9,58	7,42	6,18	5,38	4,83	4,43	4,12
20	6208,73	99,45	26,69	14,02	9,55	7,40	6,16	5,36	4,81	4,41	4,10
50	6302,52	99,48	26,35	13,69	9,24	7,09	5,86	5,07	4,52	4,12	3,81
100	6334,11	99,49	26,24	13,58	9,13	6,99	5,75	4,96	4,41	4,01	3,71

FG_1	12	13	14	15	16	17	18	19	20	50	100
1	9,33	9,07	8,86	8,68	8,53	8,40	8,29	8,18	8,10	7,17	6,90
2	6,93	6,70	6,51	6,36	6,23	6,11	6,01	5,93	5,85	5,06	4,82
3	5,95	5,74	5,56	5,42	5,29	5,18	5,09	5,01	4,94	4,20	3,98
4	5,41	5,21	5,04	4,89	4,77	4,67	4,58	4,50	4,43	3,72	3,51
5	5,06	4,86	4,69	4,56	4,44	4,34	4,25	4,17	4,10	3,41	3,21
6	4,82	4,62	4,46	4,32	4,20	4,10	4,01	3,94	3,87	3,19	2,99
7	4,64	4,44	4,28	4,14	4,03	3,93	3,84	3,77	3,70	3,02	2,82
8	4,50	4,30	4,14	4,00	3,89	3,79	3,71	3,63	3,56	2,89	2,69
9	4,39	4,19	4,03	3,89	3,78	3,68	3,60	3,52	3,46	2,78	2,59
10	4,30	4,10	3,94	3,80	3,69	3,59	3,51	3,43	3,37	2,70	2,50
11	4,22	4,02	3,86	3,73	3,62	3,52	3,43	3,36	3,29	2,63	2,43
12	4,16	3,96	3,80	3,67	3,55	3,46	3,37	3,30	3,23	2,56	2,37
13	4,10	3,91	3,75	3,61	3,50	3,40	3,32	3,24	3,18	2,51	2,31
14	4,05	3,86	3,70	3,56	3,45	3,35	3,27	3,19	3,13	2,46	2,27
15	4,01	3,82	3,66	3,52	3,41	3,31	3,23	3,15	3,09	2,42	2,22
16	3,97	3,78	3,62	3,49	3,37	3,27	3,19	3,12	3,05	2,38	2,19
17	3,94	3,75	3,59	3,45	3,34	3,24	3,16	3,08	3,02	2,35	2,15
18	3,91	3,72	3,56	3,42	3,31	3,21	3,13	3,05	2,99	2,32	2,12
19	3,88	3,69	3,53	3,40	3,28	3,19	3,10	3,03	2,96	2,29	2,09
20	3,86	3,66	3,51	3,37	3,26	3,16	3,08	3,00	2,94	2,27	2,07
50	3,57	3,38	3,22	3,08	2,97	2,87	2,78	2,71	2,64	1,95	1,74
100	3,47	3,27	3,11	2,98	2,86	2,76	2,68	2,60	2,54	1,82	1,60

Index

Ablehnungsbereich, 85
Agent, Intelligenter, 119
Analyse, a posteriori-, 71, 76
Analyse, a priori-, 71, 73
Analyse, adaptive Conjoint-, 174
Analyse, Bayes-, 71
Analyse, Bedingungs-, 62
Analyse, Frequenz-Relevanz-, 323
Analyse, Gewinn-und-Verlust-, 222
Analyse, Inhalts-, 155
Analyse, Käuferwanderungs-, 221
Analyse, Kausal-, 278
Analyse, Längsschnitts-, 64
Analyse, Meta-, 123
Analyse, pre posteriori-, 72, 78
Analyse, Querschnitts-, 64
Analyse, Skalogramm-, 254
Analyse von Standardereignissen, 322
Antezedenzbedingung, 58
Antwort, sozial erwünschte, 161
Antwortrate, 180
Apriori-Algorithmus, 310
Artefakt, 165
Assimilations-Kontrast-Theorie, 321
Assimilations-Theorie, 320
aTRACKtive, 39
Attraktivität, relative, 393
Aufgabenidentifikation, 21
Aufgabenlösung, 21
Ausfallmechanismus, 287
Ausfallmechanismus, intervariabler, 288
Ausfallmechanismus, intravariabler, 288
Aussage, 48
Aussagen, Typen von, 50
Ausschöpfungsquote, 180
Auswahl aufs Geratewohl, 197
Auswahl, Buchstaben-, 187
Auswahl, einfache Zufalls-, 189
Auswahl, geschichtete, 193
Auswahl, Klumpen-, 194
Auswahl, mehrstufige, 195
Auswahl, nicht-zufällige, 196
Auswahl, sequenzielle, 196
Auswahl, systematische Zufalls-, 187
Auswahl, typische, 198
Auswahl, Zufalls-, 188
Auswahlmodell, diskretes, 351
Auswahlplan, 185
Axiom, 48

Bedingung, Antezedenz-, 51
Befragung, Bildschirm-, 176
Befragung, computergestützte, 173
Befragung, direkte, 161
Befragung, Disk-per-Mail, 152
Befragung, Einthemen-, 162
Befragung, indirekte, 162
Befragung, Klassenraum-, 152
Befragung, Mehrthemen-, 162
Befragung, Omnibus-, 162, 163
Befragung, Online-, 176
Befragung, schriftliche, 152
Befragungsart, 162
Befragungsform, 161
Befragungssystem, interaktives, 174, 176
Befragungstaktik, 161
Behaviorismus, 10
Behaviorismus, Neo- , 10
Bekanntheit, gestützte, 156
Bekanntheit, ungestützte, 156
Beobachtung, Feld-, 159
Beobachtung, Fremd-, 161
Beobachtung, Labor-, 159
Beobachtung, nicht-teilnehmende, 159
Beobachtung, offene, 158
Beobachtung, Selbst-, 161
Beobachtung, teilnehmende, 159
Beobachtung, verdeckte, 158
Bestandsfortschreibung, 204, 216
Bias, Aggregations-, 212
Bias, Interviewer-, 152
Bias-Knoten, 368
Bootstrapping, 284
Box-Plot, 327
Brainstorming, 33

C/D-Theorie, 320
CAPI, 173
CATI, 174
Censoring, 288
Conviction, 315
Critical Incident Technique, 322
Cronbach-α, 269
CSAQ, 174

Daten, 2
Daten, Bon-, 208
Daten, Primär-, 151
Daten, Scanner-, 208
Daten, Sekundär-, 107, 108
Datenbank, numerische, 116
Datenbank, Text-, 116
Deduktion, 51
Design, asymmetrisches faktorielles, 141
Design, balanciertes faktorielles, 141
Design, bifaktorielles, 139
Design, einfaches Zeitreihen-, 132
Design, elementares Experiment-, 128
Design, faktorielles, 139
Design, fraktionelles faktorielles, 141
Design, multiples Zeitreihen-, 132
Design, randomisiertes Block-, 138
Design, Solomon-Vier-Gruppen-, 131
Design, symmetrisches faktorielles, 141
Design, unbalanciertes faktorielles, 141
Design, unvollständiges faktorielles, 141
Design, vollständig randomisiertes, 136
Design, Zeitreihen-, 132
Desk-Research, 107
Dienstleistung, 20
Differenzial, semantisches, 250
Dollar-Metrik, 247
Dominanzmatrix, 240
Dominanzvergleich, 238

EAN, 204
EDIFACT, 46
Editing, 286
Einkaufsmenge, mittlere, 221
Elastizität, Bogenresponse-, 344
Elastizität, direkte Response-, 344
Elastizität, Kreuzresponse-, 344
Elastizität, Punktresponse-, 344
Elastizität, Response-, 344
Entscheidung unter Risiko, 67, 71, 75
Entscheidung unter Sicherheit, 67
Entscheidung unter Ungewissheit, 67
Entscheidungsbaum, 71, 80
Entscheidungsmatrix, 69
Entscheidungsregel, 73
Entscheidungssituation, 66
Entscheidungstheorie, 66
Entscheidungstheorie, Grundmodell der, 66
Ergebnismatrix, 67
Erhebung, Panel-, 163
Erhebung, Teil-, 184
Erhebung, Voll-, 184
Erhebung, Wellen-, 163, 203
Erklärung, 58
ESOMAR, 32
ETET, 52
Ethik, 31
Ethikkodex der MRA, 32
Executive Summary, 38
Experiment, 64, 125
Experiment, echtes, 128
Experiment, ideales, 64
Experiment, Quasi-, 64, 128
Experiment, Split-Ballot-, 165
Experimentalgruppe, 125
Expertensystem, 44
Explanandum, 58
Explanans, 58
EXPRESS, 39

Feed-Forward-Netz, 368
Fehler 1. Art, 84
Fehler 2. Art, 84
Fehler, Stichproben-, 184
Fehler, systematischer, 259
Fehler, systematischer Auswahl-, 185
Fehler, zufälliger, 259
Fehler, zufälliger Auswahl-, 185
Filterführung, 169
Flagging, 167, 286
Fluktuationsmatrix, 221, 389
Forschung, 1
Forschungsrichtung, positivistische, 9
Frage, dichotome, 171
Frage, Eisbrecher-, 167
Frage, geschlossene, 170
Frage, Kontroll-, 168
Frage, offene, 170
Frage, projektive, 154
Frage, Puffer-, 168
Frage, Rating-, 171
Frage, Sach-, 168
Fragebogen, adaptiver, 152
Fragebogen, Master-, 45
Fragebogendramaturgie, 169
Freiheitsgrad, 85
Frequenzmatrix, 302
Funktion, Beta-, 422

Funktion, Bewertungs-, 73
Funktion, Gamma-, 396
Funktion, hypergeometrische, 407
Funktion, kardinale Nutzen-, 69
Funktion, Nutzen-, 68
Funktion, ordinale Nutzen-, 68

Gebrauchsgut, 20
Generalisierung, empirische, 51
Gesetzmäßigkeit, 48
GfK-Box, 217
Gleichgewichtszustand, 391
Griechisch-lateinisches Quadrat, 143
Grundgesamtheit, 183, 186

Haloeffekt, 170, 238
Hempel-Oppenheim-Schema, 58
Heterogenität, beobachtbare, 384
Heterogenität, Kaufneigungs-, 383
Heterogenität, latente, 384
Heterogenität, Modell-, 383
Heterogenität, Parameter-, 383
heterograder Fall, 188
Homo oeconomicus, 10
homograder Fall, 189
HTML, 43
Hypothese, 48
Hypothese, Alternativ-, 82
Hypothese, Bereichs-, 83
Hypothese, einfache, 83
Hypothese, Kausal-, 63
Hypothese, Korrelations-, 63
Hypothese, nomologische, 58
Hypothese, Null-, 82
Hypothese, Punkt-, 83
Hypothese, zusammengesetzte, 83
Hypothese, Zusammenhangs-, 63
Hypothesentableau, 164

IBIS, 176
IBM-Intelligent Miner, 40
IIA-Eigenschaft, 354
Imputation, einfache, 294
Imputation, multiple, 294
Induktion, 51
INF*ACT, 40
Inferenz, statistische, 82
Information, 2, 66
Information Broker, 29
Informationsbedarf, 109
INMARKT Express, 40
Institut, Spezial-, 28
Internet-Portal, 118
Intervalle, gleich erscheinende, 252

Interview, 155
Interview, Board-, 155
Interview, Gruppen-, 155
Interview, Telefon-, 156
Interview, Tendenz-, 155
Interview, Tiefen-, 155
Interviewing, Computer Assisted Personal, 173
Interviewing, Computer Assisted Telephone, 174
INUS-Bedingung, 60
IRI DataServer Analyzer, 40
Isomorphismus, 229
Itemmenge, 309
Itemmenge, häufige, 310

Käuferverhalten, 6
Kaufabsicht, 418
Kaufakt, 208
Kauffrequenz, mittlere, 221
Kaufgeschichte, individuelle, 380
Kaufintensität, 221
Kaufklassenhäufigkeit, Produkt-, 399
Kausalität, Arten von, 61
Kausalität mit Intervention, 62
Kausalität, Mono-, 61
Kausalität, Multi-, 62
Kausalität, quasi-deterministische, 62
Kausalität, stochastische, 62
Kausalität, streng-deterministische, 62
Kausalmodell, ökonometrisches, 55
Klumpungseffekt, 195
Kodierbogen, 167
Konfidenz, 309
Konfidenzintervall, 188
Konkordanz, 246
Konnektivität, vollständige, 368
Konsistenz einer Bewertung, 249
Konsistenz, interne, 269
Konstrukt, hypothetisches, 48
Kontinuum, psychologisches, 242
Kontrast, 142
Kontrastkoeffizient, 142
Kontrasttheorie, 320
Kontrollgruppe, 125
Konvergenzrate, 393
Korrelation, Signifikanz einer, 97
Korrelationskoeffizient, 97

Lateinisches Quadrat, 143
Law of Comparative Judgement, 242
Lift, 315
LISREL, 279

MADAKOM, 17
Mailing-Liste, 119
MAR, 288
MARK^{2}MAN, 41
Markenwahlentscheidung, Modellierung der, 381
Marketing, 1
Marketingforschung, 2
Marketingforschung, exploratorische, 22
Marketingforschung für Industriegüter, 20
Marketingforschung für Konsumgüter, 20
Marketingforschung, handelsbezogene, 22
Marketingforschung, herstellerbezogene, 22
Marketingforschung, Historie der, 15
Marketingforschung, innerbetriebliche, 21
Marketingforschung, institutsgebundene, 21
Marketingforschung, internationale, 19, 44
Marketingforschung, kommerzielle, 22
Marketingforschung, konfirmatorische, 22
Marketingforschung, nationale, 19
Marketingforschung, nicht-kommerzielle, 22
Marketingforschung, operative, 19
Marketingforschung, prospektive, 19
Marketingforschung, rekognoszierende, 19
Marketingforschung, retrospektive, 19
Marketingforschung, strategische, 18
Marketinginformationssystem, 6
Marketingtheorie, 5
Markov-Kette o-ter Ordnung, 387
Marktanteil, 220
Marktanteilstheorem, 362
Marktdurchdringung, 220
Marktforschung, 4
Marktforschungsinstitut, kommerzielles, 28
Matching, 128, 136
MCAR, 288
MCARC, 288
Merkmal, 48
Merkmal, dichotomes, 189
Merkmal, hierarchisches, 233
Merkmal, mehrwertiges, 231
Merkmal, polytomes, 189
Merkmal, zweiwertiges, 231
Messfehlertheorie, 82
Messung, 227
Methode, 49
Methode, Mean-and-Zero-, 399
Methode, Minimum-Chi-Quadrat-, 399
Methode, Paralleltest-, 266
Methode, Testhalbierungs-, 267
Methode, Testwiederholungs-, 265
Methode, Total-Design-, 181
Methodologie, 49
Mikrotestmarkt, elektronischer, 216
Minitab, 41
MIS, 6
Missing At Random, 288
Missing Completely At Random, 288
Missing Completely At Random Classwise, 288
MLP, 367
Model Express, 41
Modell, 49
Modell, 'Adequacy-Importance'-, 324
Modell, ad hoc-, 54
Modell, additives Marktreaktions-, 343
Modell, allgemeines, 54
Modell, asymmetrisches MCI-, 364
Modell, Attraktions-, 361
Modell, BB-, 422
Modell, Beschreibungs-, 54
Modell, Beta-Binomial-, 422
Modell, datenbasiertes, 54
Modell des Käuferverhaltens, stochastisches, 378
Modell, DNM-, 406
Modell, dynamisches, 54
Modell, dynamisches Negativ-Multinomial-, 406
Modell, einfaches MCI-, 363
Modell, einfaches MNL-, 351
Modell, einfaches multinomiales Logit-, 351
Modell, Einprodukt-, 56
Modell, endogenes Mess-, 336
Modell, Entscheidungs-, 66
Modell, Erklärungs-, 54
Modell, erweitertes MCI-, 363
Modell, erweitertes MNL-, 354
Modell, exogenes Mess-, 336
Modell, genistetes MNL-, 355
Modell, Hazard-Raten-, 403
Modell, 'High Level'-, 54
Modell, Idealpunkt- der Zufriedenheitsmessung, 325
Modell, Kaufhäufigkeits-, 394

Modell, logistisches Marktreaktions-, 345
Modell, 'Low Level'-, 54
Modell, Makro-, 53
Modell, Markenwahl- der Ordnung ∞, 381
Modell, Markenwahl- höherer Ordnung, 381
Modell, Markenwahl- nullter Ordnung, 381
Modell, Markov-, 387
Modell, 'Medium Level'-, 54
Modell, Mehrprodukt-, 56
Modell, Mikro-, 53
Modell mit/ohne (Letzt-)Kauf-Feedback, 394
Modell, MNL-, 350
Modell, Multinomiales Logit-, 350
Modell, Multiplicative Competitive Interaction-, 363
Modell, multiplikatives Marktreaktions-, 343
Modell, NB-, 396
Modell, Negativ-Binomial-, 396
Modell, ökonometrisches Marktreaktions-, 341
Modell, Prognose-, 54
Modell, qualitatives, 55
Modell, quantitatives, 55
Modell, saturiertes MCI-, 364
Modell, statisches, 54
Modell, statistisches, 54
Modell, stochastisches Markenwahl-, 386
Modell, Strukturgleichungs-, 336
Modell, theoriebasiertes, 54
Modell, Verhaltens-, 54
Modell, Wartezeit-, 380
Modell, Zähl-, 380
Modell, zeitreihenanalytisches, 55
Modell zur Responsemessung, 339
Modellen, Kriterien zur Beurteilung von, 56
Modellierung, Response-, 339
Modellklassifikation, 53
Monitoring, 18
MRA, 32
Multi-Layer-Perzeptron, 367
Multimerkmale-Multimethoden-Matrix, 274

Nachher-Messung einer Gruppe, 129
Nachher-Messung mit Kontrollgruppe, 131
Nachher-Messung verschiedener Gruppen, 130
Nachsichtseffekt, 237
Netz, neuronales, 367
Netzwerk, nomologisches, 273
Newsgroups, 119
Nielsengebiet, 193
Nomologie, 50
Non-response, 154
Non-response, Item, 154, 285
Non-response, Total, 154, 285

Objekt, 49
Objektivität, 262
OC-Kurve, 106
OCR-Code, 206
OLAP, 39
Operationscharakteristik, 105
Opportunitätskosten, 69
Orthogonalität, 142

Paarvergleich, 238
Panel, 203
Panel, Einzelhandels-, 204
Panel, GfK-Fernseh-, 204
Panel, Großhandels-, 204
Panel, Großverbraucher-, 204
Panel, Handels-, 204, 215
Panel, Haushalts-, 204
Panel, Individual-, 204, 215
Panel, Mail-, 219
Panel, Omnibus-, 219
Panel, ORF-Fernseh-, 204
Panel, Scanner-, 205
Panel, Spezial-, 204
Panel, Standard-, 204
Panel, traditionelles, 205
Panel, traditionelles Haushalts-, 214
Panel, Umfrage-, 219
Panel, Verbraucher-, 159, 204
Paneleffekt, 223
Panelrotation, 214
Panelsterblichkeit, 223
Paradigma, 8, 49
Paradigma, SOR-, 10
Penetration, 220
Penetration, Produkt-, 398
Plasmode, 302
Polaritätsprofil, 250
POS, 205
Primärdaten, 108
Primäreinheiten, 196
Primärforschung, 21

Produktkaufentscheidung, Modellierung der, 380
Protokoll lauten Denkens, 160
Prozess, Forschungs-, 52
Prozess mit Gedächtnis, 381
Prozess, multivariater Poisson-, 404
Prozess ohne Gedächtnis, 381
Prozess, stationärer, 385
Prozess, stochastischer, 380

QPS, 43

Randomisierung, 173
Rechtszensierung, 394
Regel, Assoziations-, 308, 309
Regel, Erwartete-Opportunitätskosten-, 76
Regel, Erwarteter-Geldwert-, 75
Regel, Geburtstags-, 188
Regel, Hurwicz-, 74
Regel, Informationsbeschaffungs-, 78
Regel, Interessantheit einer, 314
Regel, Laplace-, 75
Regel, Maximax-, 74
Regel, Maximin-, 74
Regel, Minimax-Regret-, 74
Regel, Modifizierte Erwarteter-Geldwert-, 77
Regel, Wald-, 74
Relation, Äquivalenz-, 228
Relation, Ordnungs-, 229
Relation, Präferenz-, 68
Relativ, empirisches, 228
Relativ, numerisches, 229
Reliabilität, 159, 259
Reliabilität, Paralleltest-, 266
Reliabilität, Retest-, 265
Reliabilität, Schein-, 265
Reliabilität, Split-half-, 267
Reliabilitätskoeffizient, 263
Replikation, 136
Reproduzierbarkeit, Koeffizient der, 257
Resampling, 284
Response Latency, 173
Restmarke, hypothetische, 383
Retentionsfähigkeit, 392

S-Plus, 42
Sample, ADM-Master-, 199
Sampling Point, 200
SAS, 41
Satisfier-Konzept, 10
Scanner, Laser-, 207
Scanner, LED-, 207
Scanning, 18
Scanning, POS-, 205
Scanning, Self-, 208
Schichtungseffekt, 194
Schwedenschlüssel, 188
Sekundäreinheit, 196
Sekundärforschung, 21, 107
Sekundärquellen, 110
Semiotik, 2
Signifikanzniveau, 85
Single-Source-Ansatz, 204, 216
Skala, absolute, 233
Skala, einfache Rating-, 235
Skala, hierarchische, 233
Skala, Intervall-, 232
Skala, Konstantsummen-, 247
Skala, metrische, 233
Skala, Multi-Item-, 235
Skala, nicht-metrische, 233
Skala, Nominal-, 231
Skala, Ordinal-, 231
Skala, Parallel-, 254
Skala, personenbezogene, 234
Skala, Quasi-, 257
Skala, Rang-, 231
Skala, reizbezogene, 234
Skala, verbandsgeordnete, 233
Skala, Verhältnis-, 233
Skalenniveau, 230
Skalierung, 227
Skalierung, eindimensionale, 234
Skalierung, Guttman-, 255
Skalierung, Likert-, 248
Skalierung, magnitude, 237
Skalierung, mehrdimensionale, 234
Skalierung, multidimensionale, 307
Skalierung, Thurstone, 251
Skalogramm, 254
SMK, 378
SMK, dynamisches, 385
SMK, heterogenes, 383
SMK, homogenes, 383
SMK, multivariates, 383
SMK, statisches, 385
SMK, univariates, 383
Spezialinstitut, 21
SPSS, 42
SQL, 115
Stichprobe, Flächen-, 194
Stichprobe, Zufalls-, 184
Stichprobenumfang, optimaler, 105
Stichprobenziehung, nicht-zufällige, 184
Suchmaschine, 119
Suchmaschine, Meta-, 119

Supertag, 208
Support, 309
SYSTAT, 42

Tanimoto-Koeffizient, 304
Targetable TV-System, 217
Test, Anpassungs-, 98
Test, Chi-Quadrat-Anpassungs-, 98
Test, Chi-Quadrat-Homogenitäts-, 103
Test, Chi-Quadrat-Unabhängigkeits-, 101
Test, einseitiger, 83
Test, Einstichproben-, 85
Test, Einstichproben- für Anteilswerte, 86
Test, Einstichproben- für arithmetische Mittel, 91, 93
Test, Einstichproben- für Varianzen, 94
Test, Homogenitäts-, 103
Test, kontrollierter, 125
Test, Parameter-, 82
Test, t-, 93
Test, thematischer Apperzeptions-, 157
Test, Unabhängigkeits-, 101
Test, Verteilungs-, 82
Test von Kim und Curry, 288
Test, Z-, 87
Test, zweiseitiger, 83
Test, Zweistichproben-, 85
Test, Zweistichproben- für arithmetische Mittel, 95
Testansatz, ganzheitlicher, 84
Testens, Sechs-Punkte-Schema des, 85
Testmarkt, regionaler, 217
Tests, Macht eines, 106
Tests, Trennschärfe eines, 106
Teststatistik, 84
Testtheorie, 82
TETE, 52
Theorem, 49
Theorem, Bayes-, 76
Theorie, 49
Tracking-Forschung, 163
Transaktion, 301
Triade, zirkuläre, 240

Übergangsmatrix, 387
Übergangszeit, mittlere, 393
Umfragen, Qualitätskriterien für, 165
Untersuchung, Beteiligungs-, 163
Untersuchung, Standard-, 163
Untersuchungseinheit, 183
Untersuchungsgegenstand, 183
UPC 205

Validierung, Kreuz-, 284
Validität, 259
Validität, Diskriminanz-, 273
Validität, empirische, 271
Validität, externe, 274
Validität, Face-, 272
Validität, Inhalts-, 272
Validität, interne, 274
Validität, Konkurrent-, 272
Validität, Konstrukt-, 273
Validität, Konvergenz-, 273
Validität, Kreuz-, 274
Validität, Kriteriums-, 272
Validität, nomologische, 273
Validität, Prognose-, 272
Validität, theoretische, 271
Variable, 49
Verbrauchsgut, 20
Verbund, 300
Verbund, Bedarfs-, 300
Verbund, Kauf-, 300
Verbund, Nachfrage-, 300
Verbund, Verwendungs-, 300
Verbundasymmetrie, 300
Verbunddendrogramm, 307
Verbundkoeffizient, 304
Verbundmessung, 298
Verbundsymmetrie, 300
Verfahren, Abschneide-, 198
Verfahren, Compagnon-, 159
Verfahren, Imputations-, 294
Verfahren, Jackknife-, 284
Verfahren, Konstantsummen-, 246
Verfahren, Konzentrations-, 198
Verfahren, projektives, 162
Verfahren, Quoten-, 197
Verfahren, Random Route-, 199
Verfahren, Rangordnungs-, 245
Verfahren, Schlussziffern-, 187
Verfahren, Schneeball-, 198
Verfahren, verteilungsfreies, 82
Verneinungstheorie, generelle, 320
Verteilung, Beta-, 420
Verteilung, Binomial-, 420
Verteilung, Gamma-, 396
Verteilung, multivariate Gamma-, 405
Verteilung, Poisson-, 395
Verteilung, Test-, 88
Verteilung, Wahrscheinlichkeitsfunktion der Poisson-, 99
Vertrauensintervall, 188
Verweigerungsrate, 223
Vierfeldertafel, 302
Vollserviceinstitut, 21

Vorher-Nachher-Messung derselben Gruppe, 130
Vorher-Nachher-Messung mit Kontrollgruppe, 131
Vorher-Nachher-Messung verschiedener Gruppen, 130

Wahrscheinlichkeit, a posteriori-, 76
Wahrscheinlichkeit eines Wechsels, bedingte, 409
Wahrscheinlichkeit eines Wechsels, unbedingte, 408
Wahrscheinlichkeit, Irrtums-, 85, 190
Wahrscheinlichkeit, Vertrauens-, 85
Warenkorb, 297
Wert, empirischer, 84
Wert, kritischer, 85
Wiederkäuferanteil, 221
Wiederkaufrate, 221
Wissen, 2
Wissenschaftstheorie, 47
Wissenschaftstheorie i.e.S., 49
WWW-Katalog, 119

Zensus, 184
Zentralitätseffekt, 237
Zielsystem, 68
Zufallszahl, Pseudo-, 187
Zufallszahlengenerator, 187
Zufriedenheit, Kunden-, 319
Zufriedenheit-Wichtigkeit-Karte, 326
Zufriedenheitsmessung, ereignisorientierte, 322
Zufriedenheitsmessung, explizite, 324
Zufriedenheitsmessung, implizite, 323
Zufriedenheitsmessung, merkmalsorientierte, 323
Zufriedenheitsmessung, objektive, 321
Zufriedenheitsmessung, subjektive, 321